Logibul® 1

Louise HALLÉ • André-Jean ROY

MODULO

Chargé de projet : François Moreault
Montage : Dominique Chabot, Carole Deslandes, Suzanne L'Heureux, Lise Marceau, Nathalie Ménard
Maquette de la couverture : Lise Marceau
Révision : Suzanne Archambault, Dominique Lefort
Correction d'épreuves : Monelle Gélinas, Manon Lewis
Illustrations : Mario Laliberté, Diane Mongeau, Jean Morin

Nous reconnaissons l'aide financière du gouvernement du Canada par l'entremise du Programme d'Aide au Développement de l'Industrie de l'Édition (PADIÉ) pour nos activités d'édition.

Gouvernement du Québec – Programme de crédit d'impôt pour l'édition de livres – Gestion SODEC.

Logibul I
(Guide pédagogique)

© Modulo Éditeur, 2002
233, av. Dunbar, bureau 300
Mont-Royal (Québec)
Canada   H3P 2H4

Téléphone : (514) 738-9818 / 1-888-738-9818
Télécopieur : (514) 738-5838 / 1-888-273-5247
Site Internet : www.modulo.ca

Dépôt légal — Bibliothèque nationale du Québec, 2002
Bibliothèque nationale du Canada, 2002

ISBN 2-89113-**819**-8

Imprimé au Canada
1 2 3 4 5   06 05 04 03 02

Table des matières

Thème 1   La rentrée   1

Thème 2   Des collections   45

Thème 3   Un anniversaire   77

Thème 4   L'Halloween   119

Thème 5   Au parc   167

Thème 6   Noël   195

Thème 7   Jeux d'équipe   237

Thème 8   Des expériences   283

Thème 9   La boîte aux lettres   323

Thème 10   La course   369

Thème 11   Un pique-nique   419

Thème 12   Un coffret de jeux   471

Ce premier thème constitue une amorce « en douceur » de l'année scolaire. Il s'articule autour de sept situations d'apprentissage et dure un peu moins de deux semaines. Le thème comprend un projet : aménager un coin de mathématique dans la classe. Les situations d'apprentissage 5, 6 et 7 favorisent tout particulièrement la réalisation du projet.

Au cours de ce thème, les élèves lieront connaissance et découvriront Logibul et ses amis. Les élèves prendront conscience des besoins d'organisation matérielle de leur nouveau milieu de vie, la classe, besoins qui découlent des diverses activités qu'ils feront en cours d'année.

Les situations d'apprentissage qui leur sont proposées leur permettront, entre autres, de réaliser des activités sur le repérage d'objets et de personnes dans l'espace, la comparaison de quantités, le comptage et la calligraphie des chiffres de 1 à 9. De plus, ils accompliront des tâches en équipe tout en s'y engageant dans un esprit de coopération et en développant leur compétence à communiquer.

TABLEAUX DE PLANIFICATION	2
LE PORTFOLIO	6
PROJET : Aménager un coin de mathématique	6
Situation d'apprentissage 1 : La cour d'école	6
Situation d'apprentissage 2 : Bonjour, je m'appelle Logibul !	12
Situation d'apprentissage 3 : En classe	16
Situation d'apprentissage 4 : Le matériel de Logibul	21
Situation d'apprentissage 5 : Un coin de mathématique	25
Situation d'apprentissage 6 : Une journée d'école	28
Situation d'apprentissage 7 : Une enquête	32
Retour sur le thème	36
Activités de numération	37
ANNEXE	38

PROJET : Aménager un coin de mathématique

SITUATION D'APPRENTISSAGE :	**1** LA COUR D'ÉCOLE Durée : 1 h 30 min	p. 1-3
DOMAINES GÉNÉRAUX DE FORMATION	**COMPÉTENCES TRANSVERSALES**	**DOMAINES D'APPRENTISSAGE**
DOMAINES, AXES DE DÉVELOPPEMENT	**ORDRES, COMPÉTENCES, COMPOSANTES**	**COMPÉTENCES DISCIPLINAIRES, COMPOSANTES**
S'engager dans l'action dans un esprit de coopération et de solidarité	**C** COMMUNIQUER DE FAÇON APPROPRIÉE Établir l'intention de la communication Choisir le mode de communication Réaliser la communication **Ps** COOPÉRER Contribuer au travail collectif	**3** COMMUNIQUER À L'AIDE DU LANGAGE MATHÉMATIQUE S'approprier le vocabulaire mathématique Établir des liens entre le langage mathématique et le langage courant Interpréter ou produire des messages à caractère mathématique

SAVOIRS ESSENTIELS	
Arithmétique	**Sens et écriture des nombres naturels** Nombres naturels inférieurs à 1000 : comparaison (à partir d'éléments d'un ensemble)
Vocabulaire	Autant que, moins que, plus que

SITUATION D'APPRENTISSAGE :	**2** BONJOUR, JE M'APPELLE LOGIBUL ! Durée : 1 h 30 min	p. 4-5
DOMAINES GÉNÉRAUX DE FORMATION	**COMPÉTENCES TRANSVERSALES**	**DOMAINES D'APPRENTISSAGE**
DOMAINES, AXES DE DÉVELOPPEMENT	**ORDRES, COMPÉTENCES, COMPOSANTES**	**COMPÉTENCES DISCIPLINAIRES, COMPOSANTES**
S'engager dans l'action dans un esprit de coopération et de solidarité	**C** COMMUNIQUER DE FAÇON APPROPRIÉE Établir l'intention de la communication Choisir le mode de communication Réaliser la communication **Ps** COOPÉRER Contribuer au travail collectif	**3** COMMUNIQUER À L'AIDE DU LANGAGE MATHÉMATIQUE S'approprier le vocabulaire mathématique Établir des liens entre le langage mathématique et le langage courant Interpréter ou produire des messages à caractère mathématique

SAVOIRS ESSENTIELS	
Géométrie	**Figures géométriques et sens spatial** Espace : repérage d'objets et de soi dans l'espace, relations spatiales; repérage sur un axe, dans un plan
Vocabulaire	Derrière, devant, entre

SITUATION D'APPRENTISSAGE :	**3**	**EN CLASSE** Durée : 1 h 30 min		p. 6-7

DOMAINES GÉNÉRAUX DE FORMATION	COMPÉTENCES TRANSVERSALES	DOMAINES D'APPRENTISSAGE
DOMAINES, AXES DE DÉVELOPPEMENT	**ORDRES, COMPÉTENCES, COMPOSANTES**	**COMPÉTENCES DISCIPLINAIRES, COMPOSANTES**
S'engager dans l'action dans un esprit de coopération et de solidarité	**C** COMMUNIQUER DE FAÇON APPROPRIÉE Établir l'intention de la communication Choisir le mode de communication Réaliser la communication **Ps** COOPÉRER Contribuer au travail collectif	**3** COMMUNIQUER À L'AIDE DU LANGAGE MATHÉMATIQUE S'approprier le vocabulaire mathématique Établir des liens entre le langage mathématique et le langage courant Interpréter ou produire des messages à caractère mathématique

SAVOIRS ESSENTIELS

Géométrie	**Figures géométriques et sens spatial** Espace : repérage d'objets et de soi dans l'espace, relations spatiales; repérage dans un plan
Vocabulaire	À la droite de, à la gauche de, derrière, devant, entre

SITUATION D'APPRENTISSAGE :	**4**	**LE MATÉRIEL DE LOGIBUL** Durée : 1 h 30 min		p. 8-9

DOMAINES GÉNÉRAUX DE FORMATION	COMPÉTENCES TRANSVERSALES	DOMAINES D'APPRENTISSAGE
DOMAINES, AXES DE DÉVELOPPEMENT	**ORDRES, COMPÉTENCES, COMPOSANTES**	**COMPÉTENCES DISCIPLINAIRES, COMPOSANTES**
Développer des stratégies de consommation et d'utilisation responsable de biens et de services	**C** COMMUNIQUER DE FAÇON APPROPRIÉE Établir l'intention de la communication Choisir le mode de communication Réaliser la communication **I** EXERCER SON JUGEMENT CRITIQUE Construire son opinion Exprimer son jugement	**3** COMMUNIQUER À L'AIDE DU LANGAGE MATHÉMATIQUE S'approprier le vocabulaire mathématique Établir des liens entre le langage mathématique et le langage courant Interpréter ou produire des messages à caractère mathématique

SAVOIRS ESSENTIELS

Arithmétique	**Sens et écriture des nombres naturels** Nombres naturels inférieurs à 1000 : comptage
Vocabulaire	Aucun et autres « quantificateurs » : beaucoup, peu, plusieurs, un seul; derrière, devant, entre

SITUATION D'APPRENTISSAGE : **5** UN COIN DE MATHÉMATIQUE		
Durée : 2 h		p. 10-11
DOMAINES GÉNÉRAUX DE FORMATION	**COMPÉTENCES TRANSVERSALES**	**DOMAINES D'APPRENTISSAGE**
DOMAINES, AXES DE DÉVELOPPEMENT	ORDRES, COMPÉTENCES, COMPOSANTES	COMPÉTENCES DISCIPLINAIRES, COMPOSANTES
Valoriser les règles de vie en société et les institutions démocratiques	**C** COMMUNIQUER DE FAÇON APPROPRIÉE	**3** COMMUNIQUER À L'AIDE DU LANGAGE MATHÉMATIQUE
	Établir l'intention de la communication	S'approprier le vocabulaire mathématique
S'engager dans l'action dans un esprit de coopération et de solidarité	Choisir le mode de communication	Établir des liens entre le langage mathématique et le langage courant
	Réaliser la communication	Interpréter ou produire des messages à caractère mathématique
	Ps COOPÉRER	
	Contribuer au travail collectif	
	M SE DONNER DES MÉTHODES DE TRAVAIL EFFICACES	
	Accomplir la tâche	

SAVOIRS ESSENTIELS	
Arithmétique	**Sens et écriture des nombres naturels**
	Nombres naturels inférieurs à 1000 : comparaison (à partir d'éléments d'un ensemble)
Vocabulaire	À la droite de, à la gauche de, autant que, devant, derrière, entre, le moins, le plus, moins que, peu, plusieurs, plus que, un seul

SITUATION D'APPRENTISSAGE : **6** UNE JOURNÉE D'ÉCOLE		
Durée : 2 h		p. 12-13
DOMAINES GÉNÉRAUX DE FORMATION	**COMPÉTENCES TRANSVERSALES**	**DOMAINES D'APPRENTISSAGE**
DOMAINES, AXES DE DÉVELOPPEMENT	ORDRES, COMPÉTENCES, COMPOSANTES	COMPÉTENCES DISCIPLINAIRES, COMPOSANTES
Prendre conscience de soi et de ses besoins fondamentaux	**C** COMMUNIQUER DE FAÇON APPROPRIÉE	**2** RAISONNER À L'AIDE DE CONCEPTS ET DE PROCESSUS MATHÉMATIQUES
	Établir l'intention de la communication	Cerner les éléments de la situation mathématique
	Choisir le mode de communication	Mobiliser des concepts et des processus mathématiques appropriés à la situation
	Réaliser la communication	
	Ps COOPÉRER	**3** COMMUNIQUER À L'AIDE DU LANGAGE MATHÉMATIQUE
	Contribuer au travail collectif	S'approprier le vocabulaire mathématique
	M SE DONNER DES MÉTHODES DE TRAVAIL EFFICACES	Interpréter ou produire des messages à caractère mathématique
	Analyser la tâche à accomplir	
	Accomplir la tâche	

SAVOIRS ESSENTIELS	
Arithmétique	**Sens et écriture des nombres naturels**
	Nombres naturels inférieurs à 1000 : lecture, écriture, chiffre
Mesure	**Temps : estimation et mesurage**
	Durée (cycle quotidien)
Symboles	1 à 9
Vocabulaire	Chiffre, diagramme, nombre, pictogramme; après-midi, avant-midi, journée, matin, etc.

SITUATION D'APPRENTISSAGE :	**7**	UNE ENQUÊTE
		Durée : 2 h

p. 14-15

DOMAINES GÉNÉRAUX DE FORMATION	COMPÉTENCES TRANSVERSALES	DOMAINES D'APPRENTISSAGE
DOMAINES, AXES DE DÉVELOPPEMENT	**ORDRES, COMPÉTENCES, COMPOSANTES**	**COMPÉTENCES DISCIPLINAIRES, COMPOSANTES**
Apprécier les représentations médiatiques de la réalité Adopter un mode de vie actif et sécuritaire	**C COMMUNIQUER DE FAÇON APPROPRIÉE** Établir l'intention de la communication Choisir le mode de communication Réaliser la communication **I EXPLOITER L'INFORMATION** S'approprier l'information Tirer profit de l'information **RÉSOUDRE DES PROBLÈMES** Analyser les éléments de la situation **Ps COOPÉRER** Contribuer au travail collectif **M SE DONNER DES MÉTHODES DE TRAVAIL EFFICACES** Analyser la tâche à accomplir S'engager dans la démarche Accomplir la tâche	**2 RAISONNER À L'AIDE DE CONCEPTS ET DE PROCESSUS MATHÉMATIQUES** Cerner les éléments de la situation mathématique Mobiliser des concepts et des processus mathématiques appropriés à la situation **3 COMMUNIQUER À L'AIDE DU LANGAGE MATHÉMATIQUE** S'approprier le vocabulaire mathématique Interpréter ou produire des messages à caractère mathématique

SAVOIRS ESSENTIELS	
Statistique	Collecte, description et organisation de données à l'aide de tableaux Interprétation des données à l'aide d'un tableau
Vocabulaire	Aucun et autres « quantificateurs » : beaucoup, peu, plusieurs, un seul; autant que, enquête, le moins, le plus, moins que, plus que, tableau

Inviter les élèves à constituer leur portfolio dès la première semaine de l'année scolaire. Une chemise de carton de 21,5 cm sur 35,5 cm dont les deux extrémités sont fermées par des agrafes, une reliure à anneaux ou tout autre type de support pertinent peut faire l'affaire. Amener chaque élève à personnaliser son portfolio : écrire son nom dans un filet-trottoir, y coller une photo ou son autoportrait.

Au cours de ce thème, encourager les élèves à conserver dans leur portfolio un dessin dont ils sont fiers, des fiches et certains travaux personnels : ceux qu'ils jugeront les plus réussis comme les plus difficiles. Prendre soin de noter la date de réalisation. Grâce à cet outil pédagogique, les élèves pourront, dans quelques semaines, prendre conscience de leurs progrès qu'ils auront faits en mathématique.

PROJET   AMÉNAGER UN COIN DE MATHÉMATIQUE

Ce premier thème amènera les élèves à explorer le cadre spatiotemporel dans lequel ils passeront l'année scolaire. D'ailleurs, le projet qui leur est proposé dans ce thème en est une occasion. Il consiste à aménager un coin de mathématique dans la classe. Au cours de ce projet, les élèves prendront conscience que leur classe est un lieu où ils passeront plusieurs mois et qu'il est nécessaire d'y aménager certains coins pour des activités particulières. Les élèves pourront suggérer des idées d'aménagement du coin de mathématique lors d'une causerie (situation d'apprentissage 5). Dans ce coin de la classe, ils rangeront le matériel nécessaire aux activités mathématiques (notamment le matériel de manipulation) et ils pourront y exposer leurs premiers travaux, soit un diagramme représentant l'horaire d'une journée d'école (situation d'apprentissage 6) et un tableau présentant des données recueillies lors d'une enquête sur les moyens de transport que les élèves utilisent pour se rendre à l'école (situation d'apprentissage 7).

▶ SITUATION D'APPRENTISSAGE **I** La cour d'école

Au cours de cette situation d'apprentissage, les élèves auront l'occasion de travailler en équipe, développant ainsi leur aptitude à collaborer. De plus, ils auront à coopérer en acceptant de partager du matériel, l'espace de travail commun de même que leurs réponses. Tout cela les amènera à lier connaissance, à voir l'importance de créer un climat de confiance et d'entraide au sein du groupe-classe, à constater la nécessité d'établir des règles à respecter lors du travail en équipe. À partir de situations réelles et en utilisant du matériel concret, les élèves compareront des quantités d'objets à l'aide des expressions *plus que*, *moins que* et *autant que*. De la sorte, ils découvriront l'importance d'employer un langage mathématique juste et précis pour communiquer de l'information.

Organisation matérielle

- Des étiquettes-prénoms (voir guide cycle, annexe A-17);
- Quatre cartons sur lesquels seront dessinés 2, 3, 4 et 5 points : ⚁ , ⚂ , ⚃ , ⚄ ;
- Deux contenants ou deux sacs de papier;
- Le manuel *Logibul 1*, p. 1 à 3;
- La marotte Logibul (voir guide cycle, annexe A-11);
- L'affiche *Conseils pour travailler en équipe* (en début du manuel);
- Des jetons;
- Les fiches 1 et 2, *RA-1A*, p. 1 et 2;
- La fiche *Plus que..., moins que..., autant que...*, au besoin (guide, p. 38).

1 h 30 min

Facteurs de réussite

Les élèves auront réussi la tâche :

▨ s'ils collaborent entre eux au sein de leur équipe;

▨ s'ils communiquent les moyens qu'ils ont utilisés pour comparer des quantités;

▨ s'ils utilisent de façon appropriée les expressions *plus... que, moins... que, autant... qu*e pour comparer des quantités entre elles.

Portfolio

Les élèves pourront conserver dans leur portfolio la fiche 2. Cette fiche est un excellent indice sur le degré de maîtrise de certaines expressions utilisées (autant que, plus que) dans cette situation d'apprentissage.

LA PRÉPARATION

Rôle de l'enseignante ou de l'enseignant	Rôle de l'élève
La première activité consiste à former des équipes et à en comparer le nombre de membres afin de permettre aux élèves de se familiariser avec les expressions *plus que, moins que* et *autant que*. Annoncer aux élèves : — *À la fin de cette activité, tu auras appris à utiliser les expressions* plus que, moins que *et* autant que *pour comparer des quantités.*	
Informer les élèves qu'ils vont former des équipes et que les membres de chaque équipe seront désignés au hasard. Fabriquer quatre cartes en dessinant respectivement sur chacune d'elles 2, 3, 4 et 5 points. Mettre ces cartes dans l'un des deux contenants (ou sacs de papier). Demander à chaque élève d'écrire son prénom sur une étiquette. Mettre ces étiquettes dans le deuxième contenant.	Écouter attentivement les explications. Poser des questions au besoin. Écrire son prénom sur une étiquette.
Tirer un prénom d'élève. Demander à l'élève de tirer à son tour une carte du deuxième contenant. Expliquer à l'ensemble de la classe que le nombre de points inscrits sur la carte que l'élève a tirée indique le nombre d'élèves qu'il y aura dans son équipe.	
Demander à l'élève de reproduire au tableau le même nombre de points qu'il y a sur sa carte, puis de prendre au hasard, dans le contenant qui contient les prénoms, autant d'étiquettes qu'il y a de points dessinés au tableau.	Participer activement au jeu. Reproduire au tableau le même nombre de points qu'il y a sur la carte tirée et prendre au hasard autant d'étiquettes qu'il y a de points dessinés au tableau.
Amener les élèves à discuter et à arriver à un consensus pour former correctement les équipes. Laisser aux élèves le temps d'échanger leurs opinions et de se tirer d'affaire.	Discuter avec ses pairs et former les équipes. Gérer collectivement la situation.
Profiter de cette occasion pour leur présenter l'affiche *Conseils pour travailler en équipe*.	

Au fur et à mesure que les équipes se forment, poser des questions aux élèves en employant les expressions *plus que, moins que* et *autant que*. Par exemple, en prenant deux équipes comme référence, poser à l'ensemble de la classe la question :

— *Y a-t-il* plus *d'élèves dans cette équipe-ci* que *dans celle-là ? Y a-t-il* autant *d'élèves dans cette équipe-ci* que *dans celle-là ?*

Demander aux élèves de comparer leurs réponses et d'expliquer comment ils procèdent pour les vérifier. Accepter que leurs démarches diffèrent entre elles. Par exemple, certains élèves compteront alors que d'autres reconnaîtront globalement les nombres.

Poursuivre l'activité. Prendre une équipe comme référence et poser des questions comme :

— *Dans l'équipe de Rachelle, y a-t-il* plus *d'élèves* que *j'ai de doigts à la main ?*

— *Dans l'équipe de Sébastien, y a-t-il* plus *d'élèves* que *j'ai d'oreilles ?*

Demander aux élèves de faire des comparaisons à leur tour. Leur donner un exemple :

— *Dans cette équipe, il y a* moins *d'élèves* que *de pupitres dans la classe.*

Observer les élèves et les aider au besoin. Rectifier leurs comparaisons, s'il y a lieu.

Demander aux élèves d'expliquer la méthode de comparaison qu'ils ont utilisée pour arriver à une bonne réponse. Les amener à partager leur démarche entre pairs.

Inviter les élèves à comparer d'autres quantités d'objets dans la classe, par exemple les pupitres, les chaises, les fenêtres, etc. Cesser le jeu lorsque les élèves semblent ne plus s'y intéresser.

Répondre aux questions et comparer la quantité de membres dans son équipe avec celle d'autres équipes en utilisant les expressions *plus que, moins que* et *autant que.*

Comparer ses réponses avec celles des autres élèves. Expliquer sa démarche pour vérifier ses réponses.

Répondre aux questions.

Comparer la quantité d'élèves dans son équipe avec d'autres quantités d'éléments de la classe. Corriger ses erreurs, s'il y a lieu.

Expliquer sa méthode de comparaison. Partager sa démarche avec les autres élèves. Prendre sa place au sein de son équipe et affirmer sa personnalité avec aisance.

Chercher des situations, dans la classe, qui respectent les consignes données. Manifester de l'intérêt à l'égard du jeu en comparant des quantités d'objets.

LA RÉALISATION

Rôle de l'enseignante ou de l'enseignant	Rôle de l'élève
Réunir les élèves en équipes de deux et leur distribuer des jetons. Leur expliquer qu'ils devront grouper les jetons selon la consigne donnée, par exemple : — *Prends* plus *de jetons* que *tu as d'oreilles.* Demander à un ou une élève de chaque équipe d'exécuter la consigne et à l'autre élève de vérifier le résultat. Poursuivre l'activité en inversant les rôles. •	Écouter les explications. Faire l'activité avec son ou sa camarade d'équipe. Regrouper les jetons selon la consigne donnée ou, selon le cas, vérifier le résultat.

Présenter le manuel *Logibul 1* aux élèves. Leur demander d'en observer la couverture. Leur allouer également quelques minutes pour leur permettre de feuilleter leur manuel. Leur expliquer qu'ils devront en prendre soin, en classe comme à la maison. Profiter de l'occasion pour les inviter à proposer des règles à respecter pour conserver leur manuel en bon état.

■ MANUEL, P. 1 ■ Annoncer aux élèves qu'ils observeront des illustrations, puis diront ce qu'ils ont vu. Avant de passer à cette activité d'observation, leur demander :

— *Comme nous sommes plusieurs dans la classe, comment procéder pour que chaque camarade puisse communiquer ses observations pendant une activité collective ?*

Demander aux élèves de répondre à cette question par des exemples. Les amener à se rendre compte qu'il est plus facile de communiquer en respectant certaines règles, par exemple, demander la parole, écouter l'élève qui a pris la parole, parler de façon à se faire comprendre, etc.

Allouer quelques minutes aux élèves pour observer les illustrations, puis leur poser ces questions :

— *Selon toi, qui est ce personnage ? Un humain ? Un animal ?*

— *Où est-il ? À ton avis, comment se sent-il ?*

— *Que lui arrive-t-il ? Que va-t-il faire ? Que voit-il ?*

Demander aux élèves dans quel ordre on doit « lire » les illustrations (comme celui qu'on observe dans les bandes dessinées : de gauche à droite et de haut en bas). Leur montrer cet ordre.

Imaginer avec les élèves des phrases qui décrivent chaque illustration; corriger la structure des phrases au besoin. Intervenir, tout le long de cette activité, pour favoriser l'expression individuelle des élèves et les interactions entre eux. Rappeler les règles de base de la communication orale chaque fois que les élèves les oublient. Encourager ceux et celles qui respectent leur tour de parole.

Redire oralement l'histoire inventée collectivement et écrire au tableau le mot *Logibul*. Montrer et nommer chaque lettre de ce prénom. Présenter, sous forme de marotte, de marionnette ou d'un autre support, Logibul, le personnage principal du manuel.

■ MANUEL, P. 2 ■ Demander aux élèves d'observer les deux illustrations et de dire ce qu'ils y voient. Attirer l'attention des élèves sur Logibul.

— *Que fait Logibul ? Que se passe-t-il ?*

Observer la couverture de son manuel, puis en parcourir les pages. Commenter l'apparence de son manuel. Avec les autres élèves de la classe, énumérer des règles à respecter pour conserver son manuel en bon état. Réagir aux propositions. Poser des questions au besoin.

Se souvenir de ses expériences de communication au sein d'un groupe. Répondre à la question en donnant des exemples.

Observer les illustrations de la p. 1 du manuel et répondre aux questions en émettant des hypothèses. Regarder les illustrations de gauche à droite et de haut en bas. Suivre chaque illustration avec son doigt.

Imaginer des phrases qui décrivent les illustrations. Exprimer ses idées et accepter celles des autres. Participer à la discussion en respectant les règles de la communication orale. Attendre patiemment son tour pour exprimer ses idées.

Écouter l'histoire et la présentation du personnage principal de son manuel. Reconnaître le prénom du personnage : Logibul.

Observer les deux illustrations. Formuler des hypothèses sur l'action qui s'y déroule. Anticiper une suite possible aux situations illustrées.

Amener les élèves à formuler des hypothèses sur l'action qui se déroule et à expliquer leur interprétation des faits (anticipation).

■ MANUEL, P. 3 ■   Inviter les élèves à se grouper en équipes de deux ou trois pour faire les activités. Leur lire les consignes et les questions. S'assurer qu'ils comprennent bien la tâche.

Se réunir en équipe. Expliquer, dans ses mots, le travail à faire.

Allouer le temps nécessaire aux élèves pour réaliser les activités. Circuler parmi les équipes. Aider ceux et celles qui ont de la difficulté à faire les activités.

Réaliser les activités en participant activement au travail d'équipe. Faire part de ses difficultés s'il y a lieu.

Animer un retour sur les activités. Par des questions, amener le plus grand nombre d'élèves à communiquer leurs réponses en utilisant le vocabulaire mathématique. Demander aux élèves comment ils font pour être certains de leurs réponses.

Participer au retour sur les activités. S'efforcer de communiquer ses réponses à l'aide du vocabulaire mathématique : *plus... que, moins... que, autant... que*. Expliquer ses stratégies pour trouver les solutions.

> **NOTE DIDACTIQUE**
> Le vocabulaire présenté ici (*plus que, moins que, autant que*) jouera un rôle important dans les apprentissages à venir puisqu'il sera utilisé plus tard avec des nombres. Pour l'instant, il sert à comparer des quantités que l'élève peut voir concrètement. Les mots *plus*, *moins* et *autant* sont plutôt familiers aux élèves, mais le sens des expressions *plus que*, *moins que* et *autant que* leur sont plus difficile à saisir. Ne pas s'étonner si certains élèves éprouvent de la difficulté à comprendre ces expressions. Il faut veiller à les réutiliser au cours des prochaines semaines quand les circonstances s'y prêteront.

L'INTÉGRATION

Rôle de l'enseignante ou de l'enseignant	Rôle de l'élève
■ FICHE 1, *RA-1A*, P. 1 ■ Expliquer aux élèves qu'ils vont travailler individuellement. Leur préciser qu'ils se mettront au travail une fois que les questions et les consignes seront lues et expliquées. Exiger une écoute attentive de leur part.	Écouter attentivement les explications.
Leur lire les questions et les consignes de la fiche 1. Demander à un ou une élève de redire dans ses mots ce qu'il faut faire. Allouer quelques minutes aux élèves pour réaliser les activités de la fiche.	Écouter les consignes et les questions. Redire dans ses mots ce qu'il faut faire. Réaliser individuellement les activités de la fiche 1.
Animer un retour sur la fiche 1. Demander aux élèves comment ils ont vérifié leurs réponses.	Participer au retour sur la fiche 1 en expliquant comment faire pour vérifier ses réponses.

> **NOTE DIDACTIQUE**
> Il existe plus d'un moyen de vérifier les réponses des activités de la fiche 1. L'un de ces moyens consiste à établir une correspondance biunivoque à l'aide de traits entre les éléments de deux ensembles. Certains élèves utiliseront ce moyen. D'autres seront en mesure de compter les éléments de chaque ensemble; dans ce cas, il ne faut pas les en empêcher. Ce qui importe, c'est de faire connaître à l'ensemble de la classe les différents moyens que les élèves auront trouvés.

■ FICHE 2, *RA-1A*, P. 2 ■ Procéder de la même façon avec la fiche 2.	Réaliser individuellement les activités de la fiche 2. Participer au retour sur cette fiche en expliquant le moyen utilisé pour vérifier ses réponses.

Demander aux élèves de dire ce qu'ils ont trouvé facile ou difficile à faire et d'en donner les raisons. À cette occasion, les amener à faire une première constatation en ce qui touche le travail en équipe.

Si, pour certains élèves, une consolidation est nécessaire, leur proposer la fiche *Plus que..., moins que..., autant que...* Cette fiche peut être l'occasion d'un travail individuel à la maison ou lors d'un moment libre en classe.

Dire ce qui a été facile ou difficile à faire et en donner les raisons. Exprimer comment s'est déroulé le travail en équipe.

Corrigé des activités du manuel, p. 3

1. a) Oui. (*Il y a 5 oiseaux et 3 papillons.*)
   b) Non. (*Il y a 4 sacs jaunes et 5 sacs rouges.*)
   c) Non. (*Il y a 1 ballon et 1 livre.*)

2. a) L'élève prend autant de jetons qu'il ou elle repère de boîtes à lunch (5 boîtes à lunch). En équipe, les élèves comparent la quantité de jetons que chacune ou chacun a pris.
   b) Réponses variables. Pour justifier leur réponse, les élèves mettent en commun leurs démarches.

3. a) L'élève prend plus de jetons qu'il ou elle repère d'enfants dans la cour (9 enfants). En équipe, les élèves comparent la quantité de jetons que chacune ou chacun a pris.
   b) Réponses variables. Pour justifier leur réponse, les élèves mettent en commun leurs démarches.

Comment fais-tu pour savoir s'il y a autant de filles que de garçons dans ta classe ?

Cette activité en est une de réinvestissement qui permet le partage des stratégies. Laisser les élèves trouver un moyen. Certains feront une correspondance terme à terme alors que d'autres compteront. Accepter tous les moyens efficaces. Voici des pistes à suggérer aux élèves :

- Former une rangée de filles et une rangée de garçons, chaque fille se plaçant vis-à-vis d'un garçon. Comparer la quantité de filles et de garçons.
- Chaque fille vient tracer un «X» au tableau et chaque garçon trace un «O» vis-à-vis d'un «X». Comparer la quantité de «X» et de «O».
- Faire compter le nombre de filles et de garçons. Comparer les nombres obtenus.

Réinvestissement

▨ Proposer aux élèves l'activité de l'encadré figurant au bas de la p. 3 du manuel *Logibul 1*.
▨ Demander aux élèves de faire de petits groupements avec des objets de la maison et d'en comparer les quantités à l'aide des expressions *plus que*, *moins que* et *autant que*.

Travaux personnels

Suggérer aux élèves d'expliquer les activités qu'ils ont faites en classe à une personne adulte.

▶ ## SITUATION D'APPRENTISSAGE **2** Bonjour, je m'appelle Logibul !

Dans cette situation d'apprentissage, les élèves réaliseront une partie des activités en équipe et communiqueront leurs observations, continuant ainsi à créer un climat de confiance au sein du groupe-classe et à établir des relations harmonieuses entre pairs. Dans le respect de certaines règles au sein de leur équipe, les élèves auront l'occasion d'émettre leurs opinions tout en s'employant à respecter celles des autres.

Les élèves seront amenés à situer dans l'espace les personnes et les objets de la classe. Ensuite, à partir d'une situation fantaisiste tirée de leur manuel, ils décriront une illustration en utilisant le vocabulaire : *devant, derrière* et *entre*. Ainsi, les élèves développeront leur habileté à se situer dans l'espace et à y situer des objets par rapport à d'autres objets.

Organisation matérielle

1 h 30 min

■ Des objets dans la classe;
■ Le manuel *Logibul 1*, p. 4 et 5;
■ La fiche 3, *RA-1A*, p. 3.

Facteurs de réussite

Les élèves auront réussi la tâche :

■ s'ils utilisent de façon appropriée les mots *devant, derrière* et *entre*;
■ s'ils peuvent se situer dans l'espace et y repérer des objets de la classe à l'aide du vocabulaire approprié;
■ s'ils peuvent repérer des objets sur une illustration par rapport à un objet de référence à l'aide du vocabulaire approprié;
■ s'ils collaborent au travail d'équipe.

Portfolio

Les élèves pourraient réaliser une affichette représentant trois mots utilisés dans cette situation d'apprentissage : *devant, derrière* et *entre*, puis la conserver dans leur portfolio. Ils pourraient aussi y ajouter la fiche 3, celle-ci reflétant bien ce qui est abordé dans la situation d'apprentissage.

LA PRÉPARATION

Rôle de l'enseignante ou de l'enseignant	Rôle de l'élève
Première partie de l'activité	
Faire un retour sur les connaissances antérieures des élèves. Les élèves connaissent déjà les mots *devant, derrière* et *entre*. Toutefois, ils doivent apprendre à les utiliser correctement dans différentes situations. Animer une courte discussion en leur demandant :	Participer au retour sur les connaissances antérieures. Dans ses mots, donner la signification des mots *devant, derrière* et *entre*. Demander des précisions ou d'autres explications si c'est nécessaire.
— *Connais-tu les mots* devant, derrière *et* entre *?*	
Prêter une attention particulière aux élèves qui ne répondent pas; ils peuvent ne pas être à l'aise avec ce vocabulaire ou être simplement timides.	

Deuxième partie de l'activité

Proposer aux élèves de former des équipes de trois où chaque membre aura un rôle à jouer. Leur demander de faire preuve de coopération quel que soit leur rôle dans l'équipe. Les inviter à donner des exemples de coopération. Avec une équipe, faire la démonstration du jeu, qui consiste à utiliser les mots *devant, derrière, entre* dans différentes situations. Choisir un ou une élève de référence. Lui demander de se placer à un endroit de la classe. Inviter une ou un autre membre de son équipe à donner une consigne au troisième membre en utilisant les mots à l'étude, par exemple :

— *William, place-toi* devant *Annie.*

— *William, place-toi* derrière *Annie.*

— *William, place-toi* entre *Annie et le tableau.*

Inverser ensuite les rôles pour que chaque élève puisse donner une consigne. Inviter les autres équipes à poursuivre le jeu de la même façon.

Troisième partie de l'activité

À partir d'objets de la classe ou d'éléments que les élèves peuvent voir dehors par la fenêtre, reprendre l'activité. Exemples de questions :

— *Nomme un objet qui est* devant *le tableau.*

— *Nomme un objet qui est* derrière *mon bureau.*

— Entre *quels objets le globe terrestre est-il placé ?*

Se réunir en équipe de trois. Respecter les règles de fonctionnement au sein de son équipe afin de favoriser un climat de travail harmonieux. Participer activement à l'activité en manifestant de l'intérêt et en faisant preuve de coopération.

Nommer les objets qui sont *devant* ou *derrière* un élément de référence, ou *entre* deux éléments de référence.

LA RÉALISATION

Rôle de l'enseignante ou de l'enseignant	Rôle de l'élève
1. Soi comme référence Poser des questions à chaque élève afin de vérifier s'ils ont bien compris le sens de *devant, derrière* et *entre*, par exemple : — *Louis, qui est* devant *toi ?* — *Nadia, qui est* derrière *toi ?* — *Émilie,* entre *quels élèves es-tu ?*	Écouter attentivement les questions et y répondre.
2. Les autres comme référence Choisir un ou une élève et lui demander de se placer à un endroit précis dans la classe. Poser des questions aux autres élèves, par exemple : — *Qui est* devant *Marco ?* — *Qui est* derrière *lui ?* Demander à l'élève de changer de place et poser à nouveau les mêmes questions. Reprendre cette partie de l'activité avec d'autres élèves au besoin.	Participer à l'activité. Manifester de l'intérêt. Lever la main pour prendre la parole. Répondre aux questions en acceptant, s'il y a lieu, de se tromper.

3. Un objet comme référence

Souligner l'importance d'avoir un élément de référence pour se situer dans l'espace : on est toujours *devant* ou *derrière* une personne ou quelque chose, ou *entre* deux personnes ou deux objets. Demander aux élèves de se grouper en équipes de trois et d'inventer une consigne qu'ils donneront à une autre équipe. Exemples de consignes :

— *Placez-vous* devant *la deuxième fenêtre.*

— *Placez-vous* derrière *le bureau de Yannick.*

— *Placez-vous* entre *la porte et le tableau.*

Se réunir en équipe de trois. Inventer une consigne et la donner à une autre équipe. Écouter les consignes données par les autres équipes. Exprimer son opinion en respectant celle de ses coéquipiers et coéquipières.

■ MANUEL, P. 4 ■ Demander aux élèves d'observer l'illustration en haut de la p. 4 de leur manuel. Leur poser cette question :

— *Mais qu'est-il arrivé à Logibul ?*

Exiger des élèves qu'ils y répondent avec précision et pertinence en les amenant, au besoin par d'autres questions, à exprimer des phrases les plus complètes possible; par exemple : «Les enfants sont surpris de voir quelqu'un tomber dans la cour. »

Observer l'illustration. Dire ce qui est arrivé à Logibul en l'exprimant avec le plus de précision et de cohérence possible.

Inviter maintenant les élèves à observer les deux illustrations de la p. 4 de leur manuel. Leur laisser le temps de reconnaître les personnages. Encourager les élèves plus timides en les invitant à dire ce qu'ils remarquent, à nommer les personnages qu'ils voient et à expliquer comment ils font pour les reconnaître. Les questionner sur l'illustration en haut de page :

— *Où est Logibul ?*

— *Où est le ballon ?*

— *Qu'y a-t-il derrière Logibul ?*

Décrire les illustrations en repérant le plus d'éléments possible et nommer les personnages. Établir des liens entre ces illustrations et celles des p. 1 et 2. Situer des éléments de la grande illustration (p. 4) par rapport à Logibul en utilisant les mots *devant*, *derrière* et *entre*.

■ MANUEL, P. 5 ■ Expliquer les activités aux élèves. Leur lire les questions et les inviter à y répondre en demandant la parole. Amener les élèves à exprimer leurs réponses par des phrases complètes et à utiliser les mots de vocabulaire qui sont l'objet d'apprentissage; exemple : Logibul est *entre* le ballon et la boîte à lunch.

Répondre aux questions en utilisant les mots du vocabulaire à l'étude. Avant de donner ses réponses, attendre son tour. Écouter les réponses des autres. Accepter de faire des erreurs.

NOTE DIDACTIQUE Les activités de la p. 5 du manuel permettent à l'élève d'établir des relations spatiales et de bien saisir le sens de *devant*, *derrière* et *entre*. Il ne faut pas seulement mettre l'accent sur le vocabulaire à acquérir, mais aussi sur la capacité qu'a l'élève de se situer lui-même dans l'espace par rapport à son entourage et de situer les objets qui l'entourent par rapport à lui-même. Les jeux et les activités physiques contribuent également au développement de cette habileté.

L'INTÉGRATION

Rôle de l'enseignante ou de l'enseignant	Rôle de l'élève
n FICHE 3, *RA-1A*, P. 3 n Habituer rapidement les élèves à réfléchir seuls aux tâches qu'ils doivent réaliser. Par exemple, lire et expliquer les consignes d'une activité, puis les faire répéter par un ou une élève afin de vérifier si elles ont été bien comprises, inviter ensuite l'ensemble de la classe à répondre individuellement aux questions de l'activité.	Écouter attentivement les explications pour s'habituer à travailler individuellement.
Écrire les mots *devant*, *derrière* et *entre* au tableau. S'assurer que les élèves reconnaissent globalement ces mots; cela les aidera dans la tâche qu'ils doivent accomplir. Demander aux élèves de réaliser les activités de la fiche 3. Les observer et aider ceux et celles qui en ont besoin.	Repérer globalement au tableau les mots *devant*, *derrière* et *entre*. Réaliser les activités de la fiche 3. Demander de l'aide, au besoin.
Faire un retour sur la fiche et procéder à une correction collective. Permettre aux élèves de s'exprimer sur ce qu'ils ont aimé et appris. Prêter attention aux élèves qui éprouvent des difficultés.	Participer à la correction collective. Exprimer ses sentiments sur le travail accompli et ses apprentissages.

Corrigé des activités du manuel, p. 5

1. a) Devant Logibul : un ballon, un enfant.

   Derrière Logibul : une boîte à lunch, une branche et Léa.

   b) Logibul.

2. a) Devant.

   b) Devant.

   c) Une boîte à lunch.

3. a) Derrière Félix : une fillette.

   Devant Félix : Logibul.

   b) Logibul.

 Ferme les yeux. Dis ce qu'il y a devant toi. Dis ce qu'il y a derrière toi. Compare tes réponses avec celles d'un ou d'une élève.

Cette activité en est une de réinvestissement qui permet le partage de stratégies.

Demander à un ou une élève de se placer à un endroit dans la classe et de nommer ce qu'il y a devant lui, puis derrière lui. Lui demander de faire un demi-tour sur lui-même et lui poser les mêmes questions. Amener l'ensemble de la classe à constater que ce qui est devant soi ou derrière soi peut changer selon la position qu'on occupe.

Réinvestissement

Suggérer aux élèves :

■ l'activité de l'encadré figurant au bas de la p. 5 du manuel *Logibul 1*.

■ de jouer au jeu du robot. Ce jeu se joue à deux personnes : l'une d'elles tguide l'autre en employant les mots *devant*, *derrière* et *entre*. Par exemple, l'une dit à l'autre : « Fais trois pas *devant* toi. Va te placer *entre* la chaise et la table. » L'autre personne confirme qu'elle a terminé d'exécuter l'ordre en disant : « Bip ! »

Travaux personnels

Suggérer aux élèves :

■ d'expliquer à une personne adulte à la maison ce que veulent dire : *devant*, *derrière* et *entre*. Par exemple, lors d'un repas, situer des objets sur la table par rapport à un objet de référence;

■ de jouer au jeu du robot avec une personne, à la maison.

Utilisation des TIC

À partir de la fonction « dessin vectoriel » d'un logiciel de traitement de texte ou de dessin, faire tracer trois formes simples et demander à l'élève d'en situer une par rapport aux autres. Voir l'exemple suggéré. Cette activité est une occasion de faire un retour sur les mots *devant*, *derrière* et *entre* dans un contexte nouveau; de plus, elle est un bon moyen de revoir l'utilisation de la souris ou de s'y familiariser.

Exemple : Où est le cercle par rapport aux deux carrés ?

Devant

Entre

Derrière

▶ SITUATION D'APPRENTISSAGE   3   En classe

Au cours de cette situation d'apprentissage, les élèves réaliseront à nouveau de courtes tâches en équipe. Ils profiteront de cette occasion pour continuer à partager leurs points de vue et à apprendre à travailler en coopération. Les élèves seront amenés à observer des objets ou des personnes (d'abord dans la classe, ensuite à partir d'une illustration de leur manuel) et à les situer par rapport à une autre personne ou à un autre objet de référence. Pour ce faire, ils devront utiliser les expressions *à la gauche de* et *à la droite de*, en plus des mots *devant*, *derrière* et *entre*.

Organisation matérielle

■ Des objets dans la classe;

■ L'affiche *Conseils pour travailler en équipe* (au début du manuel);

■ Le manuel *Logibul 1*, p. 6 et 7;

■ La fiche 4, *RA-1A*, p. 4;

■ La fiche *Autour de Logibul*, au besoin (guide, p. 39).

1 h 30 min

Facteurs de réussite

Les élèves auront réussi la tâche :

- s'ils collaborent au travail d'équipe ;
- s'ils parviennent à utiliser, de façon appropriée, les expressions *à la gauche de* et *à la droite de* ;
- s'ils peuvent situer un élément à leur gauche et à leur droite ;
- s'ils peuvent situer un élément à la gauche et à la droite d'une personne de référence ;
- s'ils peuvent, sur une illustration, situer un élément à la gauche et à la droite d'un élément de référence.

Portfolio

Inviter les élèves à faire une affichette représentant certaines expressions utilisées dans cette situation d'apprentissage (*à la gauche de*, *à la droite de*) et à la conserver dans leur portfolio. Ils pourraient aussi y ajouter la fiche 4 qui reflète bien ce qui est abordé dans la situation d'apprentissage.

LA PRÉPARATION

Rôle de l'enseignante ou de l'enseignant	Rôle de l'élève
Animer un bref retour sur les activités réalisées et le vocabulaire appris lors de la situation d'apprentissage 2. Inviter les élèves à décrire ce qu'ils ont fait comme travail à la maison.	Participer au retour sur la situation d'apprentissage 2. Décrire le travail fait à la maison.
— *As-tu expliqué aux membres de ta famille ce que veulent dire les mots* devant, derrière *et* entre *?* — *As-tu joué au jeu du robot en employant les mots* devant, derrière *et* entre *?*	
Demander aux élèves de lever leur main gauche et de la garder levée, puis de vérifier s'ils ont levé la bonne main.	Écouter la consigne et vérifier si elle est exécutée correctement.
Placer les élèves en situation de déséquilibre cognitif en les amenant à expliciter le doute qui ne manquera pas de surgir à la suite de réponses divergentes, par exemple :	Participer activement à la discussion. Donner son point de vue et accepter de ne pas répondre la même chose que les autres élèves. Justifier ses réponses.
— *Certains amis disent que cette main est la main droite et d'autres disent que c'est la main gauche. Qui dois-je croire ?*	
Amener les élèves à justifier leurs réponses.	

LA RÉALISATION

Rôle de l'enseignante ou de l'enseignant	Rôle de l'élève
Inviter chaque élève à se placer à un endroit dans la classe et à y demeurer debout. Demander aux élèves de nommer, à tour de rôle, une personne ou un objet placé à leur gauche, puis à leur droite.	Se rendre à un endroit de son choix dans la classe et répondre aux questions.
Demander aux élèves de faire un demi-tour sur eux-mêmes et de nommer, à tour de rôle, une personne ou un objet placé à leur gauche, puis à leur droite. Amener les élèves à observer que les personnes ou les objets placés à leur gauche et à leur droite ne sont plus les mêmes.	Faire un demi-tour sur soi et observer ce qui a changé. Décrire la position des personnes et des objets.

Inviter les élèves à se placer à un autre endroit dans la classe. Refaire l'activité en posant les questions aux élèves qui éprouvent de la difficulté à distinguer la gauche et la droite.

À partir d'une illustration ou de ce qu'ils peuvent voir dehors par la fenêtre, demander aux élèves de nommer une personne ou un objet qui est placé à la gauche ou à la droite d'un élément déterminé.

Grouper les élèves en équipes de trois. Avec les élèves, observer l'affiche *Conseils pour travailler en équipe*. En inviter quelques-uns ou quelques-unes à s'exprimer sur la façon de fonctionner, de se comporter en équipe. Leur demander d'expliquer des moyens d'apporter sa collaboration et les amener à s'exprimer sur les avantages du travail d'équipe.

Proposer aux équipes de réaliser une activité dont voici le déroulement. Un ou une élève pose ces questions à l'un ou l'autre des deux membres de son équipe :
— *Qu'y a-t-il* à ta gauche ? à ta droite ?
— *Qu'y a-t-il* à la gauche de... ? à la droite de... ?

L'élève nomme la personne ou l'objet, alors que le ou la troisième élève écoute les réponses et les corrige, si c'est nécessaire. Refaire l'activité en inversant les rôles.

Se placer à un autre endroit dans la classe et refaire l'activité.

Observer une illustration ou ce qu'il y a dehors. Répondre aux questions en manifestant de l'intérêt.

Se grouper en équipe. Observer l'affiche. Parler des façons de se comporter lors d'un travail d'équipe, des moyens de coopérer. Écouter ce que les autres élèves ont à dire à ce sujet. Constater que le travail d'équipe comporte des avantages.

Écouter les explications. Réaliser l'activité avec son équipe. Assumer son rôle au sein de l'équipe. Écouter les réponses des autres et donner son point de vue de façon respectueuse.

L'INTÉGRATION

Rôle de l'enseignante ou de l'enseignant	Rôle de l'élève
■ MANUEL, P. 6 ■ Inviter les élèves à observer les illustrations individuellement et en silence. Leur allouer quelques minutes pour qu'ils apprennent à regarder attentivement. Leur poser ces questions : — *Que fait Logibul à la fenêtre ?* — *Que voit-il dans la classe ?* — *Selon toi, où va-t-il ?* Laisser les élèves exprimer leurs opinions.	Observer les illustrations en silence sans se laisser distraire. Répondre aux questions. Exprimer son opinion sur ce que Logibul fait. Établir des liens entre ces illustrations et celles des pages précédentes.
■ MANUEL, P. 7 ■ Expliquer les activités aux élèves, puis leur demander de répondre aux questions individuellement. Circuler dans la classe et demander à quelques élèves de donner leurs réponses à voix basse.	Écouter les explications, puis répondre aux questions. Demander de l'aide au besoin.
■ FICHE 4, *RA-1A*, P. 4 ■ Présenter la fiche 4 aux élèves et les inviter à avoir une oreille attentive. Leur expliquer les activités en écrivant au tableau les mots *dessine, gauche, droite* et *entre*. (Garder à l'esprit que les auditifs et les visuels ont des façons différentes de percevoir les choses.) Demander ensuite à un ou une élève de redire dans ses mots le travail à faire.	Écouter les explications. Lire les mots écrits au tableau. S'assurer de bien comprendre ces mots avant d'entreprendre les activités de la fiche 4.

Inviter les élèves à réaliser les activités de la fiche 4 individuellement. Observer leur travail et les aider au besoin.

Réaliser les activités de la fiche 4.

Faire un retour sur la fiche 4 et procéder à une mise en commun des réponses et des démarches des élèves.

Participer au retour sur la fiche 4 en expliquant ses réponses et sa démarche.

NOTE DIDACTIQUE
Les élèves n'apprennent pas tous avec la même facilité à repérer leur propre droite (ou gauche), à repérer la droite (ou gauche) d'une personne qui est dans la même position qu'eux ou qui est en face d'eux, ou encore d'un personnage illustré de dos ou de face. Dans ces deux derniers cas, faire mimer la situation peut être profitable. Toutes ces activités peuvent également contribuer à amener les élèves à s'imaginer dans la position de l'autre.

De plus, l'apprentissage de la gauche et de la droite est un long processus. Il ne faut donc pas exiger de tous les élèves qu'ils distinguent la gauche de la droite à la fin de cette situation d'apprentissage. Il faudra faire de nombreux retours lors de toutes sortes d'occasions, qui ne manqueront pas de se présenter au cours des premiers mois de l'année scolaire.

Par ailleurs, selon les principes de la gestion mentale (Antoine de La Garanderie, *et al.*), l'élève qui n'a pas pris l'habitude de se donner mentalement des images visuelles des objets qu'il perçoit éprouvera de la peine pour toutes les disciplines scolaires qui font appel à l'espace (mathématique, sciences physiques, géographie). De façon analogue, l'élève qui n'a pas pris l'habitude de se donner mentalement les images verbales de ce qui lui est transmis oralement éprouvera de la peine pour toutes les disciplines scolaires qui font appel au temps et à la mémorisation (développement littéraire, histoire). Il faut retenir que l'« élève visuel » retient très peu d'une information orale si celle-ci n'est pas complétée par des schémas, des figures et des graphismes divers; que l'« élève auditif » retient très peu d'une information fournie seulement par des dessins, des figures, des graphismes et des schémas, car il a besoin de beaucoup de commentaires oraux.

Corrigé des activités du manuel, p. 7

1. a) À la droite de Léa : la bibliothèque, le globe terrestre, etc.
      À la gauche de Léa : Félix, la table, etc.
   b) Félix est à la gauche de Léa.

2. a) Dans sa main droite. À sa droite, il y a son bureau, son sac, etc.
   b) La fenêtre, Logibul, etc.

   Remarque : L'enseignante et Hoa n'ont pas la même orientation que Léa et Félix. Leur droite et leur gauche diffèrent donc de celles de Léa et Félix. Faire mimer la position de ces 4 personnages par des élèves de la classe pour le leur faire constater.

3. a) Hoa, le globe terrestre, etc.
   b) Le tableau, la brosse, la craie.

4. Félix.

Comment fais-tu pour ne pas oublier où est ta gauche et où est ta droite ? Dis-le à un ou une élève.

Cette question, en permettant le partage de stratégies, amène les élèves à faire un travail sur le plan métacognitif.

• Demander aux élèves de réfléchir à la question, puis d'y répondre. Les amener à s'échanger leurs trucs ou leurs moyens. Animer une discussion; l'enseignante ou l'enseignant peut présenter son moyen de ne pas oublier où est sa gauche et où est sa droite.

• Proposer aux élèves de faire un dessin qui représente comment ils distinguent leur gauche de leur droite. Après une présentation des dessins, choisir avec les élèves ceux qui semblent le mieux représenter des moyens efficaces pour l'ensemble de la classe. Afficher ces dessins dans le coin de mathématique lors de la situation d'apprentissage 5 (voir la rubrique Projet, p. 28).

Projet

Au terme des trois premières situations d'apprentissage du thème 1, la glace est sans doute brisée et les élèves ont commencé à créer des liens entre eux. De plus, ils sont plus familiers avec leur nouvel environnement immédiat, la classe. Il est donc indiqué de préparer dès maintenant un contexte qui rendra signifiant le projet collectif d'aménager un coin de la classe, qui sera formellement proposé à la situation d'apprentissage 5. À cette fin, exploiter la grande illustration de la p. 6 du manuel *Logibul 1* afin d'animer une discussion sur l'aménagement de la classe. Amener les élèves à établir des liens entre cette illustration et divers coins de leur classe (coin de lecture, coin des arts, etc.) et les inviter à faire des propositions sur l'aménagement de la classe. Profiter de l'occasion pour lancer l'idée d'avoir éventuellement un coin de mathématique dans la classe. Rappeler aux élèves l'importance de respecter les règles de la communication orale et celles de la vie en groupe.

Réinvestissement

■ Demander aux élèves de réaliser un dessin soit individuellement, soit en équipe de deux. Par ce dessin, chaque élève doit se représenter parmi différents objets pour ensuite décrire les différents éléments en utilisant les expressions *à la gauche de, à la droite de, devant, derrière* et *entre*. Cette tâche se prête bien à un travail à faire dans un moment libre ou à la maison.

■ Proposer aux élèves la fiche *Autour de Logibul*.

Travaux personnels

■ Expliquer à une personne adulte à la maison ce que veulent dire les expressions *à la gauche de* et *à la droite de*. Par exemple, lors d'un repas, situer des objets ou des personnes par rapport à un objet ou une personne de référence.

■ Jouer au jeu du robot avec une personne à la maison. En employant cette fois les expressions *à la gauche de* et *à la droite de*.

Utilisation des TIC

À partir de la fonction « dessin vectoriel » d'un logiciel de traitement de texte ou de dessin, faire tracer trois formes simples et demander à l'élève d'en situer une par rapport aux autres. Voir l'exemple suggéré. Cette activité est une occasion de faire un retour sur les expressions *à la gauche de, à la droite de* et *entre* dans un contexte nouveau; de plus, elle est un bon moyen de revoir l'utilisation de la souris ou de s'y familiariser.

Exemple : Par rapport à toi, le cercle est-il à gauche des carrés ? À droite ? Entre ?

À droite   Entre   À gauche

▶ SITUATION D'APPRENTISSAGE 4 Le matériel de Logibul

Dans cette situation d'apprentissage, les élèves auront l'occasion de voir Logibul faire ses emplettes au magasin de la forêt Mouchette et de s'interroger sur la pertinence de ses achats. À partir de cette situation fictive, où les élèves vont reconnaître leur rôle de consommateurs tout en s'interrogeant sur la variété des produits de consommation utilisés à l'école et à la maison, ils vont dresser l'inventaire du matériel de la classe pouvant servir à faire de la mathématique. Cette activité prépare le contexte dans lequel les élèves vivront le projet qui leur est proposé dans ce thème. Au fil de la situation d'apprentissage, les élèves vont exercer leur jugement critique et communiquer de façon appropriée. Ils seront à même de se prononcer sur la différence entre un besoin et un désir.

Les élèves auront aussi l'occasion de s'approprier de nouveaux mots du vocabulaire mathématique, soit les « quantificateurs » *un seul, peu, beaucoup, aucun* et *plusieurs*. Ils comprendront le caractère relatif de certains d'entre eux et développeront ainsi leur capacité à transmettre des messages ayant un caractère mathématique.

Organisation matérielle

▨ Du matériel de manipulation : jetons, bâtonnets, cubes, crayons, gommes à effacer, etc.;

▨ Le manuel *Logibul 1*, p. 8 et 9;

▨ La fiche 5, *RA-1A*, p. 5;

▨ La fiche *Des pommes*, au besoin (guide, p. 40).

1 h 30 min

Facteurs de réussite

Les élèves auront réussi la tâche :

▨ s'ils utilisent de façon appropriée les « quantificateurs » : *un seul, peu, beaucoup, aucun* et *plusieurs*;

▨ s'ils peuvent justifier le choix d'un « quantificateur »;

▨ s'ils prennent conscience de la variété des produits de consommation utilisés à l'école et à la maison;

▨ s'ils font la différence entre un désir et un besoin.

Portfolio

La fiche 5 reflète bien ce qui est abordé dans cette situation d'apprentissage et, à ce titre, pourrait être conservée dans le portfolio. On peut également demander aux élèves de représenter, sur une feuille, les « quantificateurs » qu'ils auront vus dans cette situation, cette fois avec un dessin de leur choix. Ils pourront conserver cette feuille dans leur portfolio.

LA PRÉPARATION

Rôle de l'enseignante ou de l'enseignant	Rôle de l'élève
Activité collective Exploiter une série de situations réelles de la vie en classe pour permettre aux élèves d'utiliser les « quantificateurs » : *un seul, peu, beaucoup, aucun* et *plusieurs*. Les laisser exprimer leurs opinions sur les quantités d'objets en leur demandant de les justifier, par exemple : — *À ton avis, y a-t-il* peu *ou* beaucoup *d'élèves dans la classe ? Êtes-vous d'accord avec ce que notre ami dit ?*	Faire appel à ses connaissances antérieures et répondre aux questions en utilisant les « quantificateurs ». Exprimer son opinion sur des quantités d'objets en justifiant les mots choisis.

Former des équipes de trois élèves. Distribuer quelques jetons à chacune des équipes. Faire en sorte que certaines équipes en aient très peu. Demander aux élèves de dire s'ils ont peu ou beaucoup de jetons.

— *Est-ce qu'il y a plus de jetons dans ton équipe qu'il y a d'élèves dans la classe ? Est-ce que ton équipe a* peu *ou* beaucoup *de jetons ?*

— *Est-ce que nous avons assez de matériel pour toute la classe ? Est-ce que nous avons* peu *ou* beaucoup *de matériel ?*

Participer à l'activité en manifestant de l'intérêt. Partager ses idées avec les autres membres de l'équipe. Donner son point de vue et accepter les idées des autres.

NOTE DIDACTIQUE — Les mots *un seul, peu, beaucoup, aucun* et *plusieurs* sont des « quantificateurs ». Ils font partie du vocabulaire prénumérique, c'est-à-dire qu'on les utilise surtout avant de vouloir préciser des quantités à l'aide de nombres. Certains de ces mots sont imprécis et relatifs. Par exemple, que veut dire *beaucoup* ? Une poignée de crayons est-ce beaucoup de crayons ? En général, les élèves n'ont pas de difficulté à utiliser ces mots, mais il faut s'assurer qu'ils les emploient avec justesse et qu'ils peuvent justifier leur choix. Il ne faut pas mettre l'accent sur le vocabulaire à acquérir, mais sur la capacité de l'élève à bien l'utiliser. Observer comment les élèves emploient ces mots permet de repérer quels élèves semblent avoir développé un sens du nombre et quels sont ceux chez qui ce sens est moins développé.

Sur une table, placer quelques objets : des jetons, des bâtonnets, des cubes, des crayons, des gommes à effacer. Proposer aux élèves de composer des consignes en utilisant les quantificateurs *un seul, peu, beaucoup, aucun* et *plusieurs,* par exemple :

— *Prends* un seul *jeton.*

— *Choisis* plusieurs *bâtonnets.*

Grouper les élèves en équipes de deux : un ou une élève donne une consigne et l'autre l'exécute. Si les deux coéquipiers sont d'accord, inverser les rôles. S'il y a désaccord, demander à chaque membre de l'équipe de justifier sa réponse.

— *Pourquoi penses-tu qu'il y en a* beaucoup ?

Observer le matériel placé sur la table. Associer des quantités d'objets à des termes à caractère mathématique en composant une consigne à l'aide des quantificateurs appropriés et à partir des éléments du matériel.

Se réunir en équipe de deux. Participer à l'activité en jouant bien son rôle. Justifier sa réponse. Respecter l'opinion de son coéquipier ou de sa coéquipière.

LA RÉALISATION

Rôle de l'enseignante ou de l'enseignant	Rôle de l'élève
■ MANUEL, P. 8 ■ Demander aux élèves d'observer les illustrations du manuel. Leur allouer quelques minutes, puis leur poser ces questions : — *Y a-t-il beaucoup d'objets sur le comptoir ?* — *Selon toi, Logibul a-t-il acheté seulement ce dont il a besoin ? Qu'a-t-il acheté ?* — *Pourquoi a-t-il acheté tout ce matériel ?*	Observer les illustrations. Nommer les articles que Logibul s'apprête à acheter et décrire leur utilité.
Faire donner des exemples de besoins (se nourrir, se vêtir) et des exemples de désirs (avoir des souliers rouges). Demander aux élèves de décrire des situations dans lesquelles ils expriment un besoin, un désir.	Citer des exemples et décrire des situations.

Profiter de ce moment pour établir un lien avec la consommation. Interroger les élèves sur leur dernière visite dans un magasin et leur demander s'ils ont vu beaucoup d'articles sur les rayons et s'il y avait une seule caisse enregistreuse ou plusieurs. À partir de l'illustration de la p. 8 du manuel, animer une discussion sur ce qu'on peut trouver dans les magasins, sur ce qui s'y passe, etc. Amener les élèves à faire part de leurs récentes expériences dans les magasins et à établir un lien entre l'achat de produits et la satisfaction des besoins.

■ MANUEL, P. 9 ■ Grouper les élèves en dyades. Leur lire la première consigne, leur demander d'y réfléchir pendant quelques instants, puis de donner leur réponse à leur camarade quand le signal est donné. Leur demander de comparer leurs réponses, puis inviter une équipe à donner la sienne. Amener tous les élèves à discuter pour s'entendre sur une réponse (il n'y a pas toujours une seule réponse possible). Procéder de même pour les autres activités de la p. 9.

Parler de ses expériences liées au domaine de la consommation. Raconter sa dernière visite au magasin. Parler des articles vus sur les rayons en utilisant les mots *un seul, peu, beaucoup, aucun* et *plusieurs*. Discuter avec ses camarades du lien qu'il y a entre l'achat de produits et la satisfaction de ses besoins.

Écouter les explications. Se placer en équipe de deux et travailler en coopération. Comparer sa réponse avec celle de son ou sa camarade d'équipe. Discuter avec les autres élèves de la classe pour s'entendre sur des réponses.

L'INTÉGRATION

Rôle de l'enseignante ou de l'enseignant	Rôle de l'élève
■ FICHE 5, *RA-1A*, P. 5 ■ Lire les consignes de la fiche 5 aux élèves et leur expliquer le travail à faire. Écrire les mots suivants au tableau : *un seul, peu, beaucoup, aucun* et *plusieurs* et s'assurer que les élèves sont capables de les reconnaître globalement. Informer les élèves qu'ils devront réaliser les activités individuellement, mais qu'ils compareront ensuite leurs réponses avec celles d'un ou d'une élève.	Écouter attentivement les explications et lire les mots au tableau. Réaliser individuellement les activités de la fiche. Comparer ses réponses avec celles d'une ou d'un élève.
Animer un retour sur la fiche. Mettre les réponses et les démarches des élèves en commun.	Participer au retour sur la fiche. Donner son point de vue sur les réponses et les démarches.
Si, pour certains élèves, une consolidation est nécessaire, leur proposer la fiche *Des pommes*. Cette fiche peut être l'occasion d'un travail individuel à la maison ou lors d'un moment libre en classe.	

Corrigé des activités du manuel, p. 9

1. a) Des livres, des cahiers, des crayons, etc.

    b) Un crayon rouge, des feuilles, des livres, etc.

2. a) L'élève indique avec son doigt où se trouvent ces objets sur l'illustration.

    b) Il y a une seule gomme à effacer; peu de livres verts; une seule règle; beaucoup de balles rouges.

3. a) L'élève indique avec son doigt où se trouvent ces objets sur l'illustration.

    b) Il y a plusieurs cahiers verts; aucun globe terrestre; peu ou plusieurs crayons-feutres.

Remarque : Les quantificateurs *un seul* et *aucun* correspondent à des nombres uniques, soit 1 et 0. Quant à *plusieurs,* il peut être utilisé quand il y a plus d'une chose. L'usage en fait un synonyme de *peu* ou de *beaucoup* selon le contexte dans lequel il est employé. Les quantificateurs *peu* et *beaucoup* ne représentent pas des quantités précises et sont utilisés par comparaison explicite ou non avec une autre quantité. Par exemple, dans la classe, il y a beaucoup d'enfants par rapport aux membres d'une famille mais il y en a peu par rapport à la population de l'école. Il ne faut pas mettre l'accent sur le vocabulaire à acquérir, mais sur la capacité de l'élève à bien l'utiliser.

 Présente ton matériel scolaire à un ou une élève. Pour en parler, utilise les mots : un seul, peu, beaucoup, aucun, plusieurs.

Cette activité permet aux élèves de faire un réinvestissement et d'approfondir les liens nouvellement créés entre eux.

Proposer aux élèves de faire l'inventaire de leurs fournitures scolaires (crayons, règle, cahiers, etc.). Les inviter à présenter ces objets en les amenant à utiliser les mots : *un seul, peu, beaucoup, aucun* et *plusieurs.*

Projet

Continuer à préparer le contexte du projet en amenant les élèves à établir un lien entre le besoin de ranger le matériel dans leur classe et le rangement qu'il y a à la maison (voir la rubrique Travaux personnels, au bas de cette page). Faire échanger les élèves sur leurs propres habitudes en ce qui a trait au rangement de leurs jouets, livres, etc.

Réinvestissement

Voici des suggestions d'activités.

■ Proposer aux élèves l'activité de l'encadré figurant au bas de la p. 9 du manuel *Logibul 1.*

■ Périodiquement, confier à quelques élèves la responsabilité de mettre en ordre le matériel de manipulation. Lorsque les élèves rangent ce matériel, les inciter par des questions à utiliser les mots appris au cours des situations d'apprentissage précédentes.

■ Demander aux élèves de diviser une feuille de papier en cinq parties et d'y illustrer ce qu'ils ont appris dans la situation d'apprentissage 4 (un seul ou beaucoup de cailloux, peu ou plusieurs jetons, etc.). Après une présentation des dessins, choisir avec les élèves ceux qui semblent représenter le mieux, pour l'ensemble de la classe, les notions apprises. Afficher ces dessins dans le coin de mathématique lors de la situation d'apprentissage 5.

Travaux personnels

Demander aux élèves d'observer comment les choses (objets, vêtements, articles ménagers, nettoyants, etc.) sont rangées à la maison. Lors d'une mise en commun des observations, questionner les élèves sur la ou les caractéristiques communes aux objets qu'on retrouve au même endroit dans une maison.

Cette activité les prépare à une discussion sur le rangement d'objets (voir la rubrique Projet de cette page) et à la situation d'apprentissage 5.

▶ SITUATION D'APPRENTISSAGE **5** Un coin de mathématique

Dans cette situation d'apprentissage, les élèves, groupés en petites équipes, partent à la découverte d'objets servant à faire des activités mathématiques et qui sont dispersés dans la classe (mètres, règles, crayons, calculatrices, jetons, solides, dominos, dés, boutons, pièces de monnaie, etc.). Avant de commencer la chasse aux objets, on demandera aux élèves de réfléchir à la manière d'accomplir la tâche proposée. Le besoin de ranger tout ce matériel sera l'occasion d'amorcer concrètement le projet de ce thème, soit aménager un coin de mathématique dans la classe. Pour assurer le bon déroulement du projet, les élèves devront respecter les règles du travail d'équipe et développer leur sens de l'analyse et de la méthode.

Cette situation d'apprentissage leur permettra également de développer leur compétence à communiquer à l'aide du langage mathématique, de revoir leurs connaissances sur les quantificateurs et le vocabulaire appris au cours des situations précédentes, de même qu'à comparer des quantités d'objets appartenant à des ensembles différents.

Organisation matérielle
▨ Des objets servant à faire des activités mathématiques (mètres, règles, crayons, calculatrices, jetons, solides, dominos, dés, boutons, pièces de monnaie, etc.);
▨ Des contenants avec couvercles;
▨ Le manuel *Logibul 1*, p. 10 et 11;
▨ Les fiches 6 à 8, *RA-1A*, p. 6 à 8;
▨ La fiche *C'est la fête!*, au besoin (guide, p. 41).

2 heures

Facteurs de réussite
Les élèves auront réussi la tâche :
▨ s'ils utilisent de façon appropriée le vocabulaire spatial pour situer les objets trouvés;
▨ s'ils utilisent de façon appropriée les expressions *plus que, moins que* et *autant que* pour comparer des quantités d'objets appartenant à des ensembles différents;
▨ s'ils s'engagent dans l'action dans un esprit de coopération et de solidarité;
▨ s'ils collaborent au travail collectif.

LA PRÉPARATION

Rôle de l'enseignante ou de l'enseignant	Rôle de l'élève
Vérifier d'abord la perception que les élèves ont de la mathématique en leur demandant ce que ce mot évoque pour eux. Proposer ensuite aux élèves de faire une chasse aux objets pouvant servir à réaliser des activités mathématiques. Leur demander s'ils ont une idée de ce que pourraient être ces objets. Leur rappeler qu'ils ont déjà utilisé des jetons, des bâtonnets, des cubes.	Répondre aux questions. Participer activement à la discussion. Faire part de ses impressions et de ses expériences personnelles. Respecter l'opinion de ses camarades.
Placer dans des contenants avec couvercles les « objets mathématiques » et les disperser en divers endroits de la classe. Inviter les élèves à dire comment ils feront pour travailler efficacement. Leur demander de se grouper en équipes de deux, puis lancer la chasse aux objets.	Se grouper en équipe de deux. Partir à la découverte des « objets mathématiques » avec son ou sa camarade en manifestant de l'enthousiasme et de la coopération.

Une fois que les équipes ont trouvé les contenants, demander aux élèves de préciser à l'aide du vocabulaire approprié l'endroit où étaient dissimulés ces contenants dans la classe. Inviter ensuite les élèves à ouvrir les contenants, à nommer les objets qui s'y trouvent et à en comparer les quantités.

Demander aux élèves de suggérer des idées de rangement pour les objets découverts. Les amener à constater qu'il est plus facile de trouver un objet lorsqu'il est bien rangé et que ces objets doivent donc être facilement repérables.

Inviter les élèves à trouver un nom à l'endroit où ils rangeront les « objets mathématiques ». Leur mentionner que le nom retenu dans leur manuel (p. 10), Un coin de mathématique, a été choisi par les élèves de la classe de Logibul. Permettre aux élèves de nommer ce coin autrement s'ils le désirent.

Interroger les élèves sur l'ensemble des « objets mathématiques » découverts en leur demandant de les nommer et d'indiquer à quoi ils servent.

— *Comment se nomme cet objet ? À quoi sert-il ?*
— *As-tu des objets pareils à la maison ?*
— *Y en avait-il de semblables dans la classe de maternelle ?*

Nommer le matériel que les élèves ne peuvent reconnaître et les associer aux différents domaines de la mathématique (arithmétique, géométrie, etc.). Informer les élèves qu'ils utiliseront souvent ce matériel en classe.

Décrire l'endroit où les contenants étaient cachés à l'aide des expressions *devant, derrière, entre, à la gauche de, à la droite de.* Présenter aux autres élèves les objets trouvés et les nommer, si c'est possible. Comparer les quantités de ces objets en utilisant les expressions *plus que, moins que, autant que, un seul, peu, beaucoup, aucun, plusieurs.*

Participer à la discussion. Donner des suggestions de rangement et écouter celles de ses camarades. Tenir compte du fait que les « objets mathématiques » doivent être facilement repérables.

Trouver un nom à l'endroit ou seront rangés les « objets mathématiques ». Participer à l'échange d'idées.

Nommer les objets et dire en quoi ils sont utiles. Écouter attentivement les explications.

LA RÉALISATION

Rôle de l'enseignante ou de l'enseignant	Rôle de l'élève
■ MANUEL, P. 10 ■ Allouer quelques minutes aux élèves pour qu'ils observent l'illustration. Leur poser ces questions.	Observer l'illustration et répondre aux questions.

— *Où se trouve Logibul ? Que font ses amis ?*
— *Peux-tu nommer des objets qui sont représentés sur cette illustration ? Comment sont-ils rangés ?*

Demander aux élèves de comparer la classe de Logibul avec la leur.

Comparer le coin de mathématique illustré dans son manuel avec celui de sa classe. Participer à la discussion. Décrire les objets qui sont semblables et différents.

— *Est-ce que les objets que tu as découverts lors de la chasse ressemblent aux objets du coin de mathématique de la classe de Logibul ?*
— *Quels sont les objets de notre classe que tu reconnais sur l'illustration ?*

■MANUEL, P. 11■ Proposer aux élèves de travailler avec un ou une camarade. Distribuer à chaque équipe des jetons et des bâtonnets ou d'autres matériels de manipulation (cubes, boutons, cailloux, pailles, etc.).

Lire les consignes de l'activité 1. Donner des explications si c'est nécessaire, puis inviter les équipes à répondre aux questions. Leur demander de prévenir quand elles auront terminé. Procéder de la même façon avec les activités 2 et 3. Faire un retour en demandant aux élèves de dire quels moyens ils ont utilisés pour être certains de leur réponse.

Écouter les consignes et les explications. Travailler en dyade. Répondre aux questions en parlant à voix basse. Donner son avis à son ou sa camarade et respecter le sien. Accepter de faire des erreurs. Participer au retour.

L'INTÉGRATION

Rôle de l'enseignante ou de l'enseignant	Rôle de l'élève
■FICHES 6-8, *RA-1A*, P. 6-8■ Former des équipes de deux. Lire les consignes de la fiche 6 aux élèves. Les inviter à répondre aux questions et les informer qu'ils feront un retour sur les activités lorsque tous les élèves auront terminé et seront certains de leurs réponses.	Se réunir en équipe et écouter attentivement les consignes.
Observer le travail des équipes. S'allouer du temps pour prendre des notes, au besoin. Faire un retour sur la fiche 6. Demander aux élèves ce qu'ils ont appris et ce qu'ils ont ou n'ont pas aimé. Permettre aux élèves d'exprimer leurs sentiments à l'égard du travail en équipe.	Répondre aux questions en collaborant étroitement avec son ou sa camarade d'équipe. Lui donner son avis et écouter le sien. Participer au retour sur la fiche 6. Exprimer son opinion sur les choses apprises, aimées et moins aimées. Exprimer aussi ses sentiments à l'égard du travail en équipe.
Procéder de la même manière avec la fiche 7.	Réaliser les activités de la fiche 7 avec son ou sa camarade.
Proposer aux élèves de réaliser les activités de la fiche 8 à la maison.	

NOTE DIDACTIQUE

On devine ici que des expressions comme *plus que*, *moins que* et *autant que* préparent les élèves à la comparaison de nombres. Noter toutefois que le mot *autant* n'est pas facile à comprendre pour les élèves. Pour beaucoup d'entre eux, il veut dire *plus*, sans doute en raison du sens que ce mot peut avoir dans certaines expressions que des enfants emploient à l'oral, telles que : « J'aime **autant** aller dehors. » Dire aux élèves que *autant* signifie *pareil* est une explication acceptable, même s'il y a une nuance entre les deux mots, mais utiliser le mot *autant* chaque fois que les circonstances s'y prêtent.

Corrigé des activités du manuel, p. 11

1. a) 5 jetons.

   b) 5 bâtonnets.

   c) Il y a autant de jetons que de bâtonnets.

   Il y a plusieurs façons de vérifier les quantités d'objets, par exemple, l'élève peut les comparer visuellement ou compter un à un les objets qu'il ou elle a pris.

2. a) L'élève prend quelques bâtonnets et peut en avoir moins, autant ou plus que Félix. Il ou elle peut le vérifier en comparant visuellement les quantités de bâtonnets ou en les comptant.

b) Cela varie selon le cas. L'élève peut le vérifier en comparant visuellement les quantités de bâtonnets ou en les comptant.

3. a) L'élève prend quelques jetons et peut en avoir moins, autant ou plus que Léa. Il ou elle peut le vérifier en comparant visuellement les quantités de jetons ou en les comptant.

b) Cela varie selon le cas. L'élève peut le vérifier en comparant visuellement les quantités de jetons ou en les comptant.

 Qu'aimerais-tu voir dans le coin de mathématique de ta classe ? Dis à quoi ces objets peuvent servir.

Cette question donne l'occasion aux élèves de s'approprier le projet (voir la rubrique Projet ci-dessous).

Animer une causerie à ce sujet. Créer un climat de confiance qui va permettre aux élèves d'exprimer leurs idées. Leur expliquer que cette question est directement reliée au projet du thème, aménager un coin de mathématique dans la classe, et que leurs réponses à cette question vont servir à la préparation du projet.

Projet

Profiter de cette situation d'apprentissage pour présenter le projet du thème : aménager un coin de mathématique dans la classe. À cette fin, exploiter l'illustration figurant à la p. 10 du manuel. Déterminer avec les élèves l'endroit dans la classe qui sera réservé aux activités mathématiques et lui trouver un nom. Trouver les objets qui seront placés dans ce coin de mathématique et penser à la façon de les ranger. Rappeler aux élèves que ces objets doivent être facilement repérables. Leur proposer de ranger dans le coin de mathématique des objets comme des boîtes (prismes), des abaques ou des bouliers et d'apporter, s'ils le désirent, quelques objets de la maison. Y afficher également des dessins, des affiches, bref toute trace de démarche à caractère mathématique qui a été produite au cours des situations d'apprentissage précédentes. Enfin, demander aux élèves de suggérer des idées de décorations afin de rendre le coin de mathématique agréable et accueillant.

L'un des buts visés par ce projet est d'amener les élèves à percevoir la mathématique comme un ensemble d'activités ayant un caractère ludique. À cet égard, il est important de laisser aux élèves le temps de manipuler et d'explorer le matériel (jetons, cubes, etc.), ce qu'ils feront notamment lors des activités de la p. 11 du manuel, avant de leur confier la responsabilité de le ranger eux-mêmes dans le coin de mathématique. De plus, le coin de mathématique et le matériel qui s'y trouve doivent être présentés aux élèves comme un bien collectif appartenant à tous les membres du groupe-classe.

Réinvestissement

■ Proposer aux élèves, lorsque le coin de mathématique sera aménagé, de décrire les objets qui s'y trouvent en utilisant le vocabulaire appris au cours des situations précédentes.

■ Leur suggérer la fiche *C'est la fête !*

▶ SITUATION D'APPRENTISSAGE 6 Une journée d'école

Au cours de cette situation d'apprentissage, les élèves vont être amenés à prendre conscience des différents moments d'une journée d'école, à les ordonner dans le temps et à les représenter par des pictogrammes. Ensuite, ils auront à décrire ces moments à l'aide du vocabulaire temporel. Au cours des différentes activités, les élèves devront travailler de manière organisée dans un esprit de coopération et d'entraide.

Les élèves devront également reconnaître l'ordre chronologique des divers moments qui ponctuent une histoire et numéroter ces moments. En créant des liens entre ces moments, ils auront une première occasion de mobiliser des concepts et des processus mathématiques. Aussi, les élèves calligraphieront les chiffres de 1 à 9.

Organisation matérielle

▨ Du papier et des crayons de couleur;

▨ Des magazines et des catalogues;

▨ Le manuel *Logibul 1*, p. 12 et 13;

▨ Les fiches 9 à 11, *RA-1A*, p. 9 à 11;

▨ La fiche *Une histoire de gâteau*, au besoin (guide, p. 42);

▨ Cartons nombres de 1 à 9.

2 heures

Facteurs de réussite

Les élèves auront réussi la tâche :

▨ s'ils ordonnent correctement les moments d'une journée d'école;

▨ s'ils utilisent de façon appropriée le vocabulaire temporel;

▨ s'ils calligraphient fidèlement les chiffres de 1 à 9 d'après un modèle;

▨ s'ils travaillent harmonieusement en équipe.

Portfolio

Proposer aux élèves de conserver dans leur portfolio leur représentation d'une journée d'école qu'ils auront faite en équipe. Ils pourraient aussi y ajouter la fiche 9.

LA PRÉPARATION

Rôle de l'enseignante et de l'enseignant	Rôle de l'élève
Demander aux élèves de décrire leurs activités durant une journée d'école, c'est-à-dire au moment de leur arrivée à l'école, avant et après la récréation du matin, à l'heure du dîner, avant et après la récréation de l'après-midi, puis au moment de leur départ.	Décrire ses activités durant une journée d'école. Exprimer clairement ses idées.
Former des équipes de trois élèves. Expliquer aux élèves qu'ils vont représenter une journée d'école. Leur préciser qu'ils devront illustrer, sur une feuille, une activité qui a lieu le matin, une autre qui a lieu à l'heure du dîner et une dernière qui a lieu l'après-midi.	Se placer en équipe de trois. Écouter attentivement les consignes. Demander des explications, au besoin.
Mettre à la disposition des équipes des magazines et des catalogues qui leur serviront à représenter les trois moments. Les élèves pourront aussi, s'ils le désirent, faire des dessins. Les inviter à déterminer la responsabilité de chacune et de chacun au sein de l'équipe.	Déterminer avec les autres membres de son équipe la responsabilité de chacun et chacune. Accepter sa tâche et les suggestions des autres.

Fixer une limite de temps pour réaliser le travail d'équipe. Expliquer la notion de durée à l'aide des aiguilles d'une horloge, puis amener les élèves à décrire les moments d'une journée d'école en utilisant le vocabulaire temporel approprié, par exemple, *avant, après, en premier, en dernier, premièrement, deuxièmement, aujourd'hui, matin, avant-midi, midi, après-midi*, etc. Inviter les équipes à se mettre à l'œuvre.

Décrire les moments d'une journée d'école en utilisant le vocabulaire temporel approprié. Avec son équipe, réaliser le travail en respectant le temps alloué.

LA RÉALISATION

Rôle de l'enseignante ou de l'enseignant

Rôle de l'élève

Animer un retour sur l'activité précédente. Demander à chaque équipe de présenter le travail accompli en expliquant son choix d'illustrations et en utilisant le vocabulaire temporel approprié. Inviter les élèves à commenter le travail des autres équipes.

■ MANUEL, P. 12 ■ Amener les élèves à décrire leur journée à l'école en utilisant un vocabulaire juste. Par exemple, dire aux élèves :

— *Le matin, tu fais... et Félix, lui, fait de la mathématique...*

Revenir sur le travail des équipes pour résumer les différents moments d'une journée d'école. Demander aux élèves de suggérer des pictogrammes pour symboliser ces moments. Expliquer aux élèves qu'un pictogramme est une petite image simple qu'on utilise pour représenter une idée. Dans l'illustration de la p. 12, les pictogrammes servent à représenter les activités de Félix et apparaissent dans le premier demi-cercle autour du soleil. Par exemple, le sac à dos symbolise le départ de Félix pour l'école ou son retour de l'école, le ballon, la récréation et la boîte à lunch, l'heure du dîner.

Dessiner en désordre les pictogrammes de la p. 12 au tableau. Demander aux élèves de les replacer en ordre chronologique en décrivant les différents moments de la journée de Félix.

■ MANUEL, P. 13 ■ Inviter les élèves à observer les trois façons qu'ont trouvées Hoa, Logibul et Félix pour raconter la journée de Félix. Leur demander de comparer les trois façons et de décrire les ressemblances et les différences qu'il y a entre elles :

— *Ces trois façons de raconter la journée de Félix sont-elles faciles à comprendre ? Explique pourquoi.*

— *Selon toi, parmi les trois façons, laquelle raconte le mieux la journée de Félix ?*

Participer au retour sur l'activité précédente. Présenter le travail réalisé en équipe en expliquant les illustrations choisies et en ayant soin d'utiliser le vocabulaire temporel appris. Manifester de la fierté à l'égard de ce travail et apprécier celui des autres équipes.

Observer et décrire l'illustration de la p. 12 de son manuel. Reconnaître que les besoins de Félix changent tout le long de la journée. Comparer sa journée à celle de Félix.

Suggérer des idées de pictogrammes pour symboliser les moments d'une journée d'école.

Replacer en ordre chronologique les pictogrammes qui sont dessinés au tableau. Exprimer son opinion et respecter celles de ses camarades.

Observer et comparer les trois façons de raconter la journée de Félix. Justifier pourquoi une façon peut être plus efficace qu'une autre.

Les amener à constater qu'il y a des façons plus efficaces que d'autres de raconter des événements.

Demander aux élèves d'ordonner selon l'ordre chronologique les pictogrammes qu'ils ont imaginés pour représenter les moments de leur journée. En organisant ainsi les pictogrammes, ils obtiendront un diagramme.

Ordonner selon l'ordre chronologique les pictogrammes.

L'INTÉGRATION

Rôle de l'enseignante ou de l'enseignant	Rôle de l'élève
■ FICHE 9, *RA-1A*, P. 9 ■ Demander aux élèves d'observer les moments de l'histoire, puis d'en indiquer l'ordre chronologique en reliant les illustrations aux nombres appropriés à l'aide d'un trait. Inviter ensuite les élèves à comparer leurs réponses entre eux.	Observer les moments de l'histoire et indiquer l'ordre des illustrations. Comparer ses réponses avec celles d'autres élèves.
Demander aux élèves de revenir sur la suite de nombres de l'activité 1. Leur expliquer qu'il y a un lien entre cette séquence et l'ordre des illustrations qui y sont reliées. Les inviter ensuite à compléter individuellement les colonnes de chiffres.	Écouter attentivement les explications. Poser des questions si c'est nécessaire. Compléter les colonnes de chiffres.

NOTE DIDACTIQUE C'est l'aspect ordinal du nombre qui est ici présenté. Le nombre ordinal n'est pas explicitement mentionné dans le programme comme objet d'apprentissage, mais il est utile et essentiel dans de nombreuses circonstances de la vie. Ici, il sert à ordonner une séquence d'événements. Cela permet de présenter aux enfants le début de la suite des nombres naturels. L'aspect cardinal du nombre sera travaillé au thème 2.

■ FICHES 10 ET 11, *RA-1A*, P. 10-11 ■ Demander aux élèves d'observer la journée de Logibul. Les inviter à comparer leur journée avec celle de Logibul. — *Fais-tu ces activités dans le même ordre que celui de Logibul ?* — *Que fais-tu avant de t'habiller ? Après ?* Proposer aux élèves de compléter les colonnes de chiffres. Profiter de cette occasion pour présenter les cartons nombres de 1 à 9 aux élèves.	Observer la séquence des illustrations. Comparer sa journée avec celle de Logibul. Compléter les colonnes de chiffres.

Corrigé des activités du manuel, p. 13

a) Réponses variables.

b) La première proposition est la plus facile à comprendre, car les flèches indiquent clairement l'ordre de succession des moments. Il y a un premier et un dernier moments.

La deuxième proposition manque de clarté pour une raison évidente : l'ordre n'y est pas indiqué.

La troisième proposition est intéressante en ce qu'elle fait ressortir l'aspect cyclique des journées de classe. Par contre, elle manque de clarté car le premier moment n'y est pas indiqué; il faut le trouver et l'élève peut se demander si le cadran se parcourt dans le sens des aiguilles d'une montre ou non.

 Représente une journée d'école à l'aide d'un diagramme.

Cette activité est reliée au projet (voir la rubrique Projet ci-dessous).

Projet

Les élèves décrivent les moments importants d'une journée d'école, puis les représentent par des pictogrammes qu'ils créent. En équipe, ils organisent ces pictogrammes de façon à obtenir un diagramme qui représente donc une journée d'école typique. Faire choisir par les élèves le ou les diagrammes qui représentent le mieux cette journée d'école et les afficher dans le coin de mathématique. Ce sera une bonne occasion d'inaugurer de façon officielle ce coin de la classe et de le rendre vivant.

Réinvestissement

▨ Proposer aux élèves de réaliser une affiche sur laquelle apparaissent les tâches qu'ils doivent accomplir à l'école tous les jours, avec les responsabilités de chaque élève. Les élèves, groupés en équipes, pourraient d'abord dresser l'inventaire des tâches, puis s'entendre sur la manière de les présenter sur l'affiche. Ils pourraient alors inventer des pictogrammes pour représenter les tâches.

▨ Suggérer aux élèves la fiche *Une histoire de gâteau*.

Travaux personnels

▨ Proposer aux élèves de réaliser un tableau dans lequel figurent des tâches qu'ils doivent accomplir à la maison et de le présenter. En plus de l'aider à mieux connaître ses tâches, cela permettra à chaque élève de présenter une autre facette de son identité aux autres élèves.

▨ S'ils n'ont pas eu le temps de le faire à l'école, demander aux élèves de réaliser les activités des fiches 10 et 11 à la maison.

Utilisation des TIC

Proposer aux élèves de se familiariser avec le clavier de l'ordinateur. Faire repérer sur le clavier les touches où figurent les chiffres de 1 à 9, puis faire écrire et imprimer ces chiffres. Afficher la feuille dans le coin de mathématique et suggérer aux élèves de la consulter au besoin lorsqu'ils ont à calligraphier les chiffres.

▶ **SITUATION D'APPRENTISSAGE** 7 **Une enquête**

Dans cette dernière situation d'apprentissage du thème, les élèves mèneront collectivement une petite enquête sur les moyens de transport qu'ils utilisent pour se rendre à l'école, le matin. Ils communiqueront leurs résultats à l'aide d'un tableau.

Cette tâche permettra aux élèves d'exploiter l'information, de collaborer à un travail collectif et d'utiliser des méthodes de travail efficaces. De plus, pour s'acquitter de ses responsabilités au sein de son équipe, chaque élève devra s'efforcer de communiquer de façon appropriée. La tâche permettra aussi aux élèves de se sensibiliser à un aspect des représentations médiatiques de la réalité.

Organisation matérielle

▨ Les étiquettes-prénoms des élèves de la classe (situation d'apprentissage 1);
▨ Un grand carton blanc;
▨ Un gros feutre noir;
▨ Des photos ou des coupures de magazines représentant différents moyens de transport (voiture, autobus, bicyclette, un enfant à pied, etc.);
▨ Le manuel *Logibul 1*, p. 14 et 15;
▨ La fiche 12, *RA-1A*, p. 12.

2 heures

Facteurs de réussite

Les élèves auront réussi la tâche :

▨ s'ils reconnaissent des renseignements inscrits dans un tableau;
▨ s'ils découvrent le ou les moyens de transport utilisés par les élèves de leur classe;
▨ s'ils communiquent de façon efficace à l'aide du vocabulaire approprié;
▨ s'ils collaborent au travail collectif.

LA PRÉPARATION

Rôle de l'enseignante ou de l'enseignant	Rôle de l'élève
Lire à voix haute le mot *enquête*, puis demander aux élèves d'exprimer ce que ce mot signifie pour eux. Laisser les élèves exprimer leur point de vue. Poser les questions suivantes :	Dans ses mots, dire ce que signifie le mot *enquête*. Donner son avis et exprimer ses idées clairement.

— *Qu'est-ce qu'une enquête ?*
— *Quand fait-on des enquêtes ? Pourquoi fait-on des enquêtes ?*
— *Qui fait des enquêtes ?*
— *Lorsque une enquête est terminée, comment fait-on pour connaître les résultats ?*

Profiter de cette causerie pour parler des médias et, si c'est possible, montrer des articles de journaux ou donner des exemples de résultat d'enquête ou de sondage. Encourager les élèves à émettre des commentaires (intention de communication, respect du sujet).

| ■ MANUEL, P. 14 ■ Faire observer l'illustration. Profiter de l'occasion pour parler de sécurité. Faire remarquer des comportements sécuritaires (marcher sur le trottoir, attendre à l'arrêt, demeurer assis dans l'autobus, par exemple). Amener les élèves à établir des liens entre les façons sécuritaires de se comporter dans leur déplacement et ce qu'ils voient sur l'illustration. | Observer l'illustration et y repérer Logibul, Léa, Hoa et Félix. S'exprimer sur les comportements sécuritaires lors de ses déplacements. Exprimer son opinion calmement et respecter celles des autres élèves. |
| ■ MANUEL, P. 15 ■ Inviter les élèves à observer le tableau. Leur allouer quelques minutes, puis leur demander de dire tout ce qu'ils peuvent sur les renseignements qui y sont inscrits. Leur poser les questions des activités 1 et 2. S'assurer que les élèves établissent un lien entre l'illustration de la p. 14 et les renseignements contenus dans le tableau de la p. 15. | Observer le tableau. Donner son avis sur les renseignements qu'il contient. Répondre aux questions des activités 1 et 2. Constater le lien qui existe entre l'illustration de la p. 14 et les renseignements contenus dans le tableau. |

LA RÉALISATION

Rôle de l'enseignante ou de l'enseignant	Rôle de l'élève
Proposer aux élèves de mener collectivement une enquête sur les moyens de transport qu'ils utilisent pour se rendre à l'école.	
Demander aux élèves de dessiner le moyen de transport qui, selon eux, est le plus utilisé par les élèves de la classe, puis de conserver ce dessin pour plus tard.	Se demander quel moyen de transport est le plus utilisé par les élèves de la classe pour se rendre à l'école, puis dessiner sa réponse. Ranger son dessin.
Animer une discussion en demandant aux élèves de dire quel moyen de transport, à leur avis, est le plus utilisé et le moins utilisé et de chercher comment ils peuvent le vérifier. Encourager les élèves à avancer des hypothèses et à donner des suggestions. Les amener à créer un lien entre le tableau de la p. 15 de leur manuel et ce qu'ils cherchent. Leur expliquer qu'ils vont en construire un à leur tour.	Participer activement à la discussion. Avancer des hypothèses et donner des suggestions. Constater l'utilité de construire un tableau pour inscrire les résultats d'une enquête.
À l'aide d'un grand carton, inviter les élèves à construire un tableau comme celui de la p. 15 du manuel *Logibul 1*. Mettre à la disposition des élèves les photos et les coupures de magazine représentant des moyens de transport, puis leur demander quels moyens de transport ils ont utilisés le matin pour se rendre à l'école. Inviter les élèves à coller au bas du carton les illustrations qui correspondent aux moyens de transport qu'ils ont utilisés. Leur demander ensuite d'écrire leur prénom sur une étiquette et de la coller dans la colonne appropriée du tableau.	Participer à la construction collective du tableau. Manifester de l'enthousiasme et de l'intérêt à l'égard de l'activité. Choisir avec les autres élèves de la classe des illustrations et les coller au bas du tableau. Écrire son prénom sur une étiquette et la coller dans la colonne appropriée du tableau.
Animer un retour sur la méthode utilisée pour réaliser l'activité.	Dire ce qui a bien fonctionné, ce qui a été facile et difficile.
Proposer aux élèves de reprendre le dessin qu'ils ont fait au début de l'activité et de vérifier leur hypothèse (quel était selon eux le moyen de transport le plus utilisé?) en la confrontant aux données du tableau qu'ils viennent de construire. Inviter les élèves à comparer ces données à l'aide des expressions *le plus, le moins* de même que d'autres expressions apprises au cours du thème 1, soit *plus que, moins que, autant que, un seul, peu, beaucoup, aucun, plusieurs*. Les sensibiliser ensuite au fait que ce type de tableau s'apparente à un diagramme à bandes.	Revoir son dessin et vérifier son hypothèse de départ à l'aide du tableau. Comparer les données du tableau en utilisant des expressions appropriées. Constater que le tableau construit collectivement s'apparente à un diagramme à bandes.

Réinvestissement

Suggérer aux élèves de faire au cours de l'année de petites enquêtes sur différents sujets, par exemple, leur date d'anniversaire classée selon les saisons ou encore leurs activités parascolaires préférées (sports, musique, danse, arts plastiques, etc.).

Travaux personnels

Proposer aux élèves de faire une petite enquête au sein de leur famille élargie (frères, sœurs, cousins, cousines, parents, oncles, tantes, etc.) sur un sujet quelconque, de présenter ensuite les données recueillies sous la forme d'un tableau qu'ils expliqueront à leurs parents.

Utilisation des TIC

Proposer aux élèves de continuer à se familiariser avec le clavier de l'ordinateur. Demander aux élèves de compter les touches du clavier. Leur demander d'essayer de compter le plus grand nombre de touches possible et écrire ce nombre au tableau. Au cours de l'année, répéter cette activité autant de fois qu'il sera nécessaire pour que les élèves parviennent à trouver le nombre total de touches.

Retour sur le thème

Animer un retour sur l'ensemble du thème. Revenir sur les premières pages de chaque situation en demandant aux élèves de se rappeler les activités qu'ils ont faites. Interroger les élèves sur la matière apprise. À partir de situations concrètes, revoir avec eux les nouveaux mots du vocabulaire mathématique et l'utilité des tableaux pour interpréter des données.

- Comment se comportent les élèves au cours des activités qu'ils font individuellement ? en équipe ?
- Y a-t-il des élèves qui éprouvent un malaise à travailler en équipe ? individuellement ?
- Quelles sont les forces et les faiblesses des élèves ? Quelles sont les caractéristiques du groupe-classe ?
- Quelle est l'attitude générale des élèves face aux situations mathématiques ?
- Quels élèves semblent avoir besoin de plus d'attention ?

Voici d'autres pistes de questionnement qui pourraient aider l'enseignante ou l'enseignant à préparer le retour sur le thème.

- Est-ce que j'explique clairement ce que j'attends des élèves ? Est-ce que j'explique la pertinence de la tâche, l'ensemble des activités à faire pour réaliser une production ?
- Est-ce que je permets aux élèves d'exprimer leurs connaissances antérieures sur les sujets ou sur les concepts abordés ?
- Est-ce que je permets aux élèves de construire leur identité et leurs connaissances en interaction avec les autres (l'élève-acteur discute, fait des erreurs, se reprend, etc.) ?
- Pendant les activités, est-ce que je fais régulièrement des retours qui permettent aux élèves d'objectiver, d'avoir confiance en eux-mêmes, de s'encourager à poursuivre ?
- Est-ce que je donne le temps à mes élèves de présenter leurs solutions ? Expliquent-ils comment ils ont fait ? Disent-ils ce qu'ils ont appris, ce qu'ils pourraient faire avec leurs nouvelles connaissances ?

Activités de numération

Voici deux suggestions d'activités.

Activité 1

Matériel : • Les cartons nombres de 0 à 20;
- Les étiquettes-prénoms des élèves de la classe (voir situation d'apprentissage 1);
- Un contenant (ou un sac);
- De petits cartons ou cercles en carton numérotés de 0 à 20.

Placer les cartons nombres de 0 à 20 en ordre croissant sur le rebord du tableau et les étiquettes-prénoms des élèves, dans un contenant.

Tirer une étiquette-prénom et demander à l'élève de piger un petit carton numéroté.

À partir du nombre pigé, l'élève lit les nombres (cartons nombres sur le rebord du tableau) en ordre croissant. Par exemple, l'élève a pigé le nombre 8. Il lit 8, 9, 10, 11, ... Ensuite, il reprend sa lecture des nombres en ordre décroissant à partir du dernier nombre lu.

Variante : Grouper les élèves en équipes de trois. Tirer un carton-nombre, puis une étiquette-prénom. L'équipe de l'élève dont le prénom est tiré essaie de trouver le nombre qui vient immédiatement après et immédiatement avant celui qui figure sur le carton-nombre. Répéter l'activité en demandant aux équipes de trouver les deux nombres, ensuite les trois nombres qui viennent immédiatement après et immédiatement avant le nombre qui figure sur le carton-nombre tiré.

Activité 2

Matériel : • Les étiquettes-prénoms des élèves de la classe;
- Le tableau sur les moyens de transport des élèves de la classe (situation d'apprentissage 7);
- Le manuel *Logibul 1*, p. 15.

Demander aux élèves de compter à haute voix, en ordre croissant et en ordre décroissant :

- les étiquettes-prénoms des élèves de la classe;
- les étiquettes-prénoms dans chaque colonne du tableau;
- les étiquettes-prénoms dans chaque colonne du tableau de la p. 15 du manuel;
- des objets de manipulation (cubes, bâtonnets, pailles, boutons, cailloux, etc.) du coin de mathématique de la classe.

Nom _____

Plus que..., moins que..., autant que...

1. a) Vois-tu plus de garçons que de filles ?

b) Vois-tu moins de chapeaux pointus que de chapeaux ronds ?

c) Vois-tu autant de chapeaux que de visages ?

d) Comment fais-tu pour vérifier tes réponses ?

2. Colorie l'image où il y a autant d'enfants que de doigts
à ta main gauche.

Nom _____

Autour de Logibul

Colorie :

- Le ⚪ qui est à la droite de 🐻.

- La ⚬⚬⚬ qui est sous la 〰.

- Le 🦋 sur la 🧰 qui est en arrière de 🐻.

- Le 🦋 au-dessus de la 🧰 qui est à la gauche de 🐻.

- Le ⚪ qui est entre 🐻 et une 🧰.

Nom _____

Des pommes

Dessine des 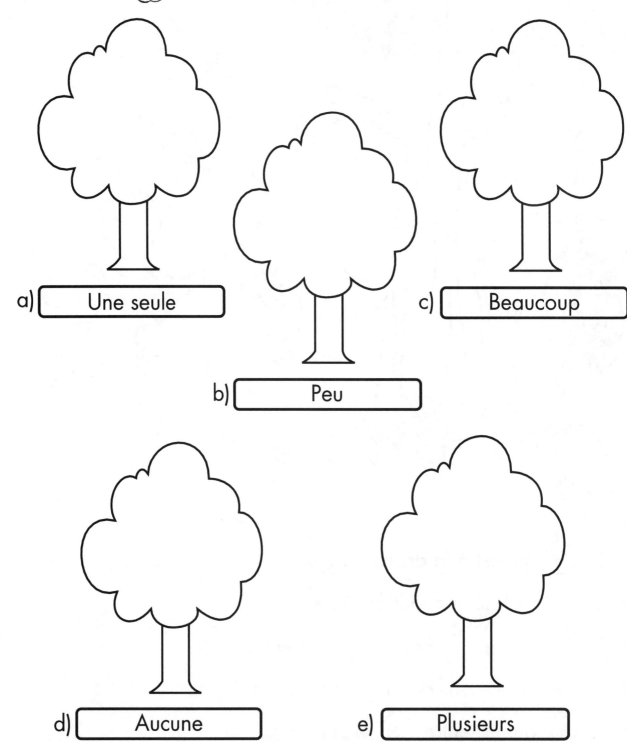.

a) Une seule

b) Peu

c) Beaucoup

d) Aucune

e) Plusieurs

Nom _____

C'est la fête !

Décris l'illustration à un ou une élève.

1. a) Vois-tu autant de △ que d'invités ?

   b) Y a-t-il plus de ▤ que d'invités ?

2. a) Colorie en rouge tous les △.

   Y a-t-il beaucoup de △ ?

   b) Vois-tu peu de △ sur la ▱ ?

3. Colorie tous les ◯ :
   • un seul en vert ;   • aucun en bleu.

Nom _____

Une histoire de gâteau

Regarde les dessins. Ils te racontent une histoire.

1. Dessine la fin de l'histoire dans la dernière case.

2. Écris les nombres de 1 à 5 pour indiquer l'ordre de l'histoire.

3. Raconte ton histoire à tes amis. Avez-vous le même ordre?

Corrigé des fiches 38 et 39

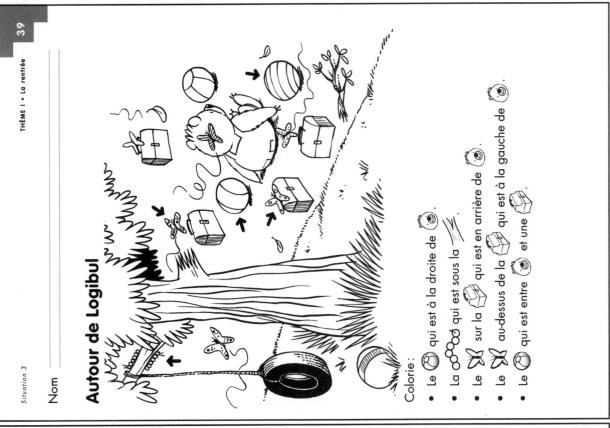

Situation 3

Nom _____

Autour de Logibul

Colorie :

- Le 🏀 qui est à la droite de 🌿.
- La 📿 qui est sous la 〰️.
- Le 🦋 sur la 📦 qui est en arrière de 👦.
- Le 📦 au-dessus de la 🏀 qui est à la gauche de 👶.
- Le 📦 qui est entre 👦 et une 🏀.

Situation 1

Nom _____

Plus que..., moins que..., autant que...

1. a) Vois-tu plus de garçons que de filles ? **Non.**
   b) Vois-tu moins de chapeaux pointus que de chapeaux ronds ? **Oui.**
   c) Vois-tu autant de chapeaux que de visages ? **Oui.**
   d) Comment fais-tu pour vérifier tes réponses ?

2. Colorie l'image où il y a autant d'enfants que de doigts à ta main gauche. **L'image des filles.**

Corrigé des fiches 40, 41 et 42

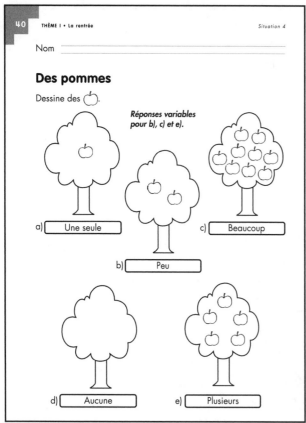

40   THÈME I • La rentrée   Situation 4

Nom _____

Des pommes

Dessine des 🍎.

Réponses variables pour b), c) et e).

a) | Une seule |

b) | Peu |

c) | Beaucoup |

d) | Aucune |

e) | Plusieurs |

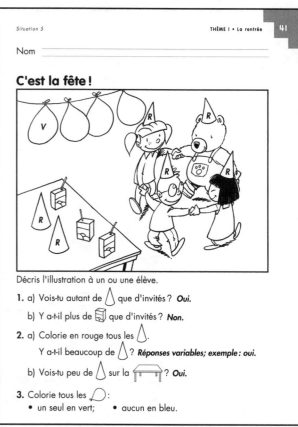

Situation 5   THÈME I • La rentrée   41

Nom _____

C'est la fête !

Décris l'illustration à un ou une élève.

1. a) Vois-tu autant de △ que d'invités ? ***Oui.***

   b) Y a-t-il plus de ▯ que d'invités ? ***Non.***

2. a) Colorie en rouge tous les △.

   Y a-t-il beaucoup de △ ? ***Réponses variables; exemple : oui.***

   b) Vois-tu peu de △ sur la ▱ ? ***Oui.***

3. Colorie tous les ◯ :
   • un seul en vert;   • aucun en bleu.

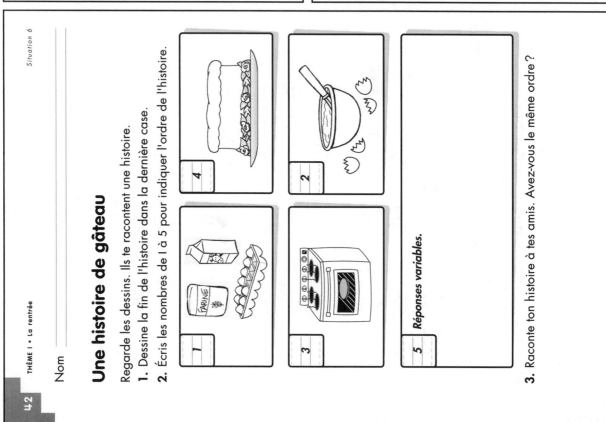

Situation 6

THÈME I • La rentrée

42

Nom _____

Une histoire de gâteau

Regarde les dessins. Ils te racontent une histoire.

1. Dessine la fin de l'histoire dans la dernière case.

2. Écris les nombres de 1 à 5 pour indiquer l'ordre de l'histoire.

Réponses variables.

3. Raconte ton histoire à tes amis. Avez-vous le même ordre ?

DES COLLECTIONS
THÈME
2

Ce thème, d'une durée d'un peu moins de deux semaines, comprend quatre situations d'apprentissage qui s'articulent autour d'un projet : faire des collections. Dans ce projet, les élèves devront choisir collectivement soit de présenter leurs collections personnelles, soit d'en bâtir une ensemble.

Au fil des situations d'apprentissage du thème, les élèves auront l'occasion de faire de la mathématique avec diverses collections (ensembles), notamment en identifiant une propriété commune à un ensemble d'objets, en réunissant des objets en fonction d'une propriété commune, en comptant et dénombrant les éléments d'un ensemble, en abordant l'addition au sens de l'ajout. Ainsi, ils auront, entre autres, à exploiter l'information, à cerner les éléments de situations-problèmes, à mobiliser et à appliquer des concepts et processus mathématiques tout en développant leurs compétences à communiquer et à résoudre des problèmes.

TABLEAUX DE PLANIFICATION _____ 46

LE PORTFOLIO _____ 48

PROJET : Faire des collections _____ 48

Situation d'apprentissage 1 : Dans la forêt Mouchette _____ 48

Situation d'apprentissage 2 : Quel désordre ! _____ 54

Situation d'apprentissage 3 : Les nombres jusqu'à 9 _____ 59

Situation d'apprentissage 4 : Chaque objet à sa place _____ 62

Exploitation des pages pédagogiques des thèmes 1 et 2 _____ 66

Retour sur le thème _____ 68

Activités de numération _____ 68

ANNEXE _____ 69

PROJET : Faire des collections

SITUATION D'APPRENTISSAGE :   **1**   **DANS LA FORÊT MOUCHETTE**
Durée : 1 h 30 min
p. 16-17

DOMAINES GÉNÉRAUX DE FORMATION	COMPÉTENCES TRANSVERSALES	DOMAINES D'APPRENTISSAGE
DOMAINES, AXES DE DÉVELOPPEMENT	**ORDRES, COMPÉTENCES, COMPOSANTES**	**COMPÉTENCES DISCIPLINAIRES, COMPOSANTES**
Valoriser les règles de vie en société et les institutions démocratiques	**EXPLOITER L'INFORMATION** S'approprier l'information Tirer profit de l'information **EXERCER SON JUGEMENT CRITIQUE** Construire son opinion **METTRE EN ŒUVRE SA PENSÉE CRÉATRICE** S'imprégner des éléments d'une situation Imaginer des façons de faire S'engager dans une réalisation **SE DONNER DES MÉTHODES DE TRAVAIL EFFICACES** Analyser la tâche à accomplir S'engager dans la démarche Accomplir la tâche **COMMUNIQUER DE FAÇON APPROPRIÉE** Établir l'intention de la communication Choisir le mode de communication Réaliser la communication	**2** **RAISONNER À L'AIDE DE CONCEPTS ET DE PROCESSUS MATHÉMATIQUES** Cerner les éléments de la situation mathématique Mobiliser des concepts et des processus mathématiques appropriés à la situation Appliquer des processus mathématiques appropriés à la situation Justifier des actions ou des énoncés en faisant appel à des concepts et à des processus mathématiques **3** **COMMUNIQUER À L'AIDE DU LANGAGE MATHÉMATIQUE** Interpréter ou produire des messages à caractère mathématique

SAVOIRS ESSENTIELS

Arithmétique	**Sens et écriture des nombres naturels** Nombres naturels inférieurs à 1000 : classification
Vocabulaire	Collection, ensemble, groupe

SITUATION D'APPRENTISSAGE :   **2**   **QUEL DÉSORDRE !**
Durée : 2 h
p. 18-19

DOMAINES GÉNÉRAUX DE FORMATION	COMPÉTENCES TRANSVERSALES	DOMAINES D'APPRENTISSAGE
DOMAINES, AXES DE DÉVELOPPEMENT	**ORDRES, COMPÉTENCES, COMPOSANTES**	**COMPÉTENCES DISCIPLINAIRES, COMPOSANTES**
Valoriser les règles de vie en société et les institutions démocratiques S'engager dans l'action dans un esprit de coopération et de solidarité	**EXPLOITER L'INFORMATION** Reconnaître diverses sources d'information S'approprier l'information **EXERCER SON JUGEMENT CRITIQUE** Construire son opinion Exprimer son jugement	**2** **RAISONNER À L'AIDE DE CONCEPTS ET DE PROCESSUS MATHÉMATIQUES** Cerner les éléments de la situation mathématique Mobiliser des concepts et des processus mathématiques appropriés à la situation Appliquer des processus mathématiques appropriés à la situation

SAVOIRS ESSENTIELS

Arithmétique	**Sens et écriture des nombres naturels** Nombres naturels inférieurs à 1000 : comptage, représentation, classification
Vocabulaire	Classer, ensemble

SITUATION D'APPRENTISSAGE : **3** LES NOMBRES JUSQU'À 9 Durée : 2 h 30 min		
DOMAINES GÉNÉRAUX DE FORMATION	**COMPÉTENCES TRANSVERSALES**	**DOMAINES D'APPRENTISSAGE**
DOMAINES, AXES DE DÉVELOPPEMENT	**ORDRES, COMPÉTENCES, COMPOSANTES**	**COMPÉTENCES DISCIPLINAIRES, COMPOSANTES**
Contribuer à construire un environnement viable dans une perspective de développement durable	**I RÉSOUDRE DES PROBLÈMES** Analyser les éléments de la situation Imaginer des pistes de solution	**1 RÉSOUDRE UNE SITUATION-PROBLÈME MATHÉMATIQUE** Décoder les éléments de la situation-problème Modéliser la situation-problème Appliquer différentes stratégies en vue d'élaborer une solution **2 RAISONNER À L'AIDE DE CONCEPTS ET DE PROCESSUS MATHÉMATIQUES** Cerner les éléments de la situation mathématique Mobiliser des concepts et des processus mathématiques appropriés à la situation Appliquer des processus mathématiques appropriés à la situation Justifier des actions ou des énoncés en faisant appel à des concepts et à des processus mathématiques

SAVOIRS ESSENTIELS

Arithmétique
Sens et écriture des nombres naturels
Nombres naturels inférieurs à 1000 : lecture, écriture (de 0 à 9), chiffre, nombre, comptage, représentation
Sens des opérations sur des nombres naturels
Opération, sens des opérations : addition (ajout, complémentaire); propriété des opérations : commutativité

Symboles 0 à 9

Vocabulaire Ajouter, classer, combien, compter, égaler, ensemble, le plus, nombre, plus

SITUATION D'APPRENTISSAGE : **4** CHAQUE OBJET À SA PLACE Durée : 2 h		
DOMAINES GÉNÉRAUX DE FORMATION	**COMPÉTENCES TRANSVERSALES**	**DOMAINES D'APPRENTISSAGE**
DOMAINES, AXES DE DÉVELOPPEMENT	**ORDRES, COMPÉTENCES, COMPOSANTES**	**COMPÉTENCES DISCIPLINAIRES, COMPOSANTES**
Valoriser les règles de vie en société et les institutions démocratiques S'engager dans l'action dans un esprit de coopération et de solidarité	**I RÉSOUDRE DES PROBLÈMES** Analyser les éléments de la situation Imaginer des pistes de solution **METTRE EN ŒUVRE SA PENSÉE CRÉATRICE** Imaginer des façons de faire S'engager dans une réalisation **C COMMUNIQUER DE FAÇON APPROPRIÉE** Réaliser la communication	**1 RÉSOUDRE UNE SITUATION-PROBLÈME MATHÉMATIQUE** Décoder les éléments de la situation-problème Appliquer différentes stratégies en vue d'élaborer une solution Partager l'information relative à la solution **3 COMMUNIQUER À L'AIDE DU LANGAGE MATHÉMATIQUE** S'approprier le vocabulaire mathématique Interpréter ou produire des messages à caractère mathématique

SAVOIRS ESSENTIELS

Arithmétique
Sens et écriture des nombres naturels
Nombres naturels inférieurs à 1000 : nombre, comptage, dénombrement
Sens des opérations sur des nombres naturels
Opération, sens des opérations : addition (ajout, complémentaire)

Vocabulaire Ajouter, autant que, collection, combien, égaler, élément, le moins, le plus, nombre, plus

Au cours du thème, les élèves explorerons un certain nombre de choses importantes inhérentes aux nombres (comptage, lecture et écriture) et aux opérations sur des nombres (complémentaires de 5). En effet, ils seront amenés à s'engager dans un processus d'abstraction, dans une première étape de symbolisation d'objets mathématiques. Afin de souligner ce passage, il serait important que les élèves conservent, dans leur portfolio, une production particulièrement significative à cet égard. Ce pourrait être, par exemple, une fiche parmi les fiches 17 à 20 du *RA-1A*. Il est aussi suggéré que les élèves ajoutent au contenu de leur portfolio un dessin par lequel ils représenteront leurs sentiments, ce qu'ils ressentent par rapport à des aspects de la vie en groupe. Des aspects que le projet leur permet d'ailleurs d'expérimenter.

PROJET FAIRE DES COLLECTIONS

Les enfants collectionnent toutes sortes de choses : des cailloux, des figurines, des cartes en tous genres, des coquillages, des billes, etc. Leurs collections ne sont pas toujours bien organisées mais sont importantes à leurs yeux. Le projet, faire des collections, devrait donc intéresser la grande majorité des élèves de la classe. Il exige une plus grande autonomie et un investissement personnel plus important de leur part que ce à quoi le projet du thème 1 les conviait. De plus, il comporte une dimension sociale importante puisque, dès le départ, les élèves décident collectivement comment il prendra forme : préparer une exposition de collections personnelles ou bâtir une nouvelle collection à laquelle tous les élèves contribueront. Toutes les avenues sont possibles pour faire de ce projet une expérience enrichissante pour eux. L'important est de miser sur l'intérêt qu'ils ont pour les collections en général afin de les amener à considérer d'un point de vue « mathématique » une parcelle de leur réalité.

Au fil des deux prochaines semaines, il reviendra à l'enseignante ou à l'enseignant de transposer aux diverses activités du projet le questionnement qui structure les situations d'apprentissage présentées dans le guide et le manuel. À cette fin, les questions du manuel peuvent lui servir de guide. Les points sur lesquels il sera important d'insister lorsque les élèves se pencheront sur leurs propres collections sont :

— l'identification d'une propriété commune à un ensemble d'objets (situations d'apprentissage 1 et 2);

— la réunion d'objets en fonction d'une propriété commune (situation d'apprentissage 2);

— le comptage d'objets et dénombrement (situations d'apprentissage 3 et 4);

— la lecture et l'écriture des chiffres et de nombres (situation d'apprentissage 3);

— l'addition au sens de l'ajout (situations d'apprentissage 3 et 4).

▶ SITUATION D'APPRENTISSAGE ▮ Dans la forêt Mouchette

Dans cette situation d'apprentissage, les élèves devront décider collectivement soit d'apporter leurs propres collections d'objets de la maison, soit de faire une collection en groupe. Ce choix les amènera à vivre une expérience collective enrichissante où chacun et chacune devra être à l'écoute de l'autre et sensibilisé au fait que tous et toutes devront arriver à un consensus. Cette situation peut ouvrir la porte à un débat sur le droit à la différence des individus.

Sur le plan disciplinaire, les élèves observeront plusieurs objets afin d'identifier la propriété commune à partir de laquelle on peut grouper ces objets. Pour eux, il s'agit là d'une occasion de former leur raisonnement et de communiquer aux autres le fruit de leur réflexion.

Organisation matérielle

■ Des objets de la classe pouvant être groupés selon une propriété commune;

■ Le manuel *Logibul 1*, p. 16 et 17;

■ Les fiches 13 et 14, *RA-1A*, p. 13 et 14;

■ Des collections apportées par les élèves (s'il y a lieu);

1 h 30 min

Facteurs de réussite

Les élèves auront réussi la tâche :

■ s'ils nomment au moins une propriété commune aux objets d'un ensemble;

■ s'ils jouent le rôle qui leur est assigné dans l'équipe;

■ s'ils communiquent leurs idées et s'efforcent de comprendre celles des autres;

■ s'ils prennent collectivement une décision à propos du projet (exposition de collections ou bâtir une collection en groupe).

Portfolio

Demander aux élèves de choisir parmi les travaux qu'ils auront faits au cours de la situation d'apprentissage celui qu'ils préfèrent et de le placer dans leur portfolio. S'il s'agit du travail d'équipe, leur suggérer d'en dessiner le déroulement ou d'en faire la description à une personne adulte qui transcrira le tout sur une feuille, puis d'insérer le dessin ou la description dans leur portfolio.

LA PRÉPARATION

Rôle de l'enseignante et de l'enseignant	Rôle de l'élève
Animer une discussion avec les élèves sur les collections. Leur poser ces questions : — *Selon toi, qu'est-ce qu'une collection ?* — *As-tu une collection chez toi ? Laquelle ?* — *Pourquoi as-tu choisi de faire cette collection ?* — *Quand as-tu commencé à faire ta collection ?* — *Connais-tu des adultes qui ont des collections ? Décris-les.* Laisser les élèves exprimer leurs opinions à leur guise.	Participer à la discussion en exprimant son opinion. Parler de sa collection, s'il y a lieu. Décrire des collections que des adultes possèdent.
Profiter de cette causerie pour faire ressortir les caractéristiques d'une collection : — *Pourquoi dis-tu que cette collection en est une ?* — *Comment procèdes-tu pour monter une collection ?*	Dire pourquoi une collection en est une. Expliquer la façon de faire une collection.

NOTE DIDACTIQUE

Dans ce thème-ci, le concept d'ensemble est abordé par l'intermédiaire du mot collection qui est plus familier aux élèves. Une collection est un exemple d'ensemble. Dans une collection, des objets sont réunis en raison d'une propriété commune présentant un intérêt pour le collectionneur.

Les propriétés dont il est question dans le thème sont facilement observables par les enfants et leur sont accessibles. Elles permettent donc de développer une logique élémentaire : un élément appartient ou non à une collection selon qu'il a ou non la ou les propriétés déterminées. Plus tard, les propriétés deviendront plus abstraites, par exemple, un ensemble de nombres pairs.

LA RÉALISATION

Rôle de l'enseignante et de l'enseignant	Rôle de l'élève
■ MANUEL, P. 16 ■ Rappeler le titre du thème : *Des collections* aux élèves et leur lire l'encadré de la p. 16. Leur demander d'observer pendant quelques minutes les illustrations.	Observer les illustrations.
Placer ensuite les élèves en équipes de trois. Leur expliquer que chaque élève aura un rôle particulier à jouer au sein de son équipe. Leur suggérer les rôles suivants : • un ou une élève donnera à voix haute la réponse ; • un ou une élève veillera que chaque membre s'exprime durant la discussion ; • un ou une élève résumera ce qui s'est dit dans l'équipe. Laisser aux équipes le temps de s'organiser. S'assurer que chaque élève a un rôle à jouer au sein de son équipe.	Se grouper en équipe de trois. Déterminer avec les membres de son équipe le rôle de chacun et chacune. Accepter son rôle et celui de chaque membre.
■ MANUEL, P. 17, ACTIVITÉ 1 ■ Demander aux élèves de décrire la grande illustration de la p. 16 en posant les questions suivantes, à tour de rôle, aux équipes : — *Nomme les personnages que tu vois sur l'illustration.* — *Où sont-ils ? Que font-ils ?* — *Où est Logibul ? À quoi reconnais-tu sa maison ? Explique pourquoi.* Inviter les élèves à écouter les réponses données par les autres élèves. Tracer un tableau pour y consigner les réponses des équipes.	Décrire l'illustration en répondant aux questions de l'enseignante ou de l'enseignant. Partager ses observations avec les membres de son équipe. Participer à l'activité de manière active.
Amener les élèves à repérer les indices qui permettent de trouver la maison de Logibul (le dessin de sa patte sur la boîte aux lettres et sa salopette accrochée à la corde).	Repérer les indices qui permettent de trouver la maison de Logibul.
■ MANUEL, P. 17, ACTIVITÉ 2 ■ L'étiquette que les élèves ont à choisir doit correspondre à l'ensemble des personnages. Les aider à trouver l'étiquette en leur posant des questions. Exemples : — *Est-ce que le canard a une boîte aux lettres ?* — *Est-ce que les papillons ont un sac à dos ?* Amener les élèves à justifier leurs réponses. — *Pourquoi as-tu choisi cette étiquette ?*	Observer l'ensemble et les étiquettes. Trouver l'étiquette qui correspond à l'ensemble et justifier sa réponse par des phrases le plus précises possible.

■ MANUEL, P. 17, ACTIVITÉ **3a** ■ Inviter les élèves à observer les fleurs de la forêt Mouchette, sur la grande illustration de la p. 16 du manuel. Laisser quelques minutes aux équipes pour préparer leur réponse. Demander aux porte-parole des équipes de donner leur réponse. Noter les réponses au tableau, puis les relire à voix haute. Poser ensuite ces questions aux élèves :

— *Que remarques-tu ?*

— *Est-ce que les fleurs sont toutes pareilles ?*

— *Que veut dire le mot* pareilles *?*

Demander aux élèves de trouver une propriété commune à toutes les fleurs. Si les élèves ne parviennent pas à mentionner que les fleurs poussent toutes dans la forêt Mouchette, le leur dire en revenant à l'activité 2, où l'ensemble des personnages avait pour propriété commune d'habiter la forêt Mouchette. Recourir, au besoin, à des étiquettes de propriété, à l'exemple de celles illustrées à l'activité 2.

■ MANUEL, P. 17, ACTIVITÉ **3b** ■ Demander aux élèves de décrire les fleurs de chaque bouquet, puis de leur trouver une propriété commune. Leur laisser le temps d'en discuter en équipe. Inviter les porte-parole à présenter les réponses.

Faire avec les élèves une évaluation du travail d'équipe. Les amener à réfléchir sur leur attitude et celles des autres membres de leur équipe à l'égard du rôle que chacun et chacune devait accomplir.

— *Qu'est-ce que tu as aimé faire avec tes camarades ?*

— *Qu'est-ce que tu as trouvé le plus difficile ? Pourquoi ?*

— *Comment as-tu corrigé ce qui n'allait pas ?*

— *As-tu appris de nouvelles choses ? de nouveaux mots ?*

Observer les fleurs de la forêt Mouchette. Faire part de ses observations aux membres de son équipe et accepter les leurs. Donner la réponse de son équipe et écouter celles des autres équipes. Répondre aux questions de l'enseignante ou de l'enseignant et dire ce que le mot *pareilles* veut dire.

Décrire les trois bouquets de fleurs. Essayer de trouver une propriété commune aux fleurs de chaque bouquet. Exprimer ses idées aux membres de son équipe et accepter leurs suggestions. Trouver des mots pour décrire les fleurs.

Participer à l'évaluation du travail d'équipe. Réfléchir sur son attitude et celles des membres de son équipe à l'égard du rôle que chacun et chacune devait tenir. Donner ses impressions sur le travail accompli et les choses apprises.

L'INTÉGRATION

Rôle de l'enseignante et de l'enseignant	Rôle de l'élève
Animer un retour collectif sur les activités précédentes. Rappeler aux élèves qu'une collection est un ensemble d'objets ayant une ou plusieurs propriétés communes. Illustrer cette notion à l'aide de cas concrets. Ainsi, si des élèves ont apporté leurs collections en classe, poser des questions en s'inspirant des exemples suivants : — *Peut-on ajouter un macaron de la collection de Louis à la collection d'autocollants de Louisa ? Pourquoi ?*	Participer au retour collectif. Exprimer son opinion. Trouver une propriété commune à un ensemble donné.

— *Qu'est-ce que les objets de la collection de Louis ont en commun? Et les objets de la collection de Louisa?*

Faire une courte activité de manipulation pour que les élèves comprennent bien le sens de propriété commune. Former des équipes et distribuer des objets de la classe à chacune. Inviter les élèves à former un ensemble en groupant certains de ces objets selon une propriété commune. Par exemple:

- crayon, craie, marqueur (objets servant à écrire);
- livre, cahier, feuille (objets en papier);
- règle, calculatrice, solide (objets servant à faire de la mathématique).

Animer un retour collectif sur l'activité. Demander à chaque équipe de présenter son ensemble et d'expliquer la propriété commune des objets qui le composent.

■FICHE 13, *RA-1A*, P. 13■ Lire les consignes de l'activité 1. Demander à un ou une élève de les redire dans ses mots afin de s'assurer qu'elles sont bien comprises par l'ensemble de la classe. Inviter les élèves à faire l'activité individuellement.

Circuler parmi les élèves et observer le travail de chacun et chacune. Au besoin, fournir de l'aide en reformulant les consignes ou en posant des questions sur le travail à faire. Corriger l'activité collectivement.

Procéder de la même façon avec l'activité 2.

Animer une discussion avec les élèves sur ce qu'ils ont appris dans cette situation d'apprentissage et sur ce qu'ils ont trouvé facile ou difficile à réaliser.

En équipe, former un ensemble en groupant des objets selon une propriété commune. Participer au retour collectif. Présenter son ensemble en expliquant la propriété commune des objets qui le composent aux autres équipes.

Écouter les consignes et les redire dans ses mots. Faire l'activité individuellement.

Demander de l'aide, au besoin. Participer à la correction collective.

Faire l'activité 2 individuellement.

Dire ce qui a été appris dans la situation d'apprentissage et expliquer ce qui a été facile ou difficile à réaliser.

Corrigé des activités du manuel, p. 17

1. Les élèves doivent dire le plus de choses possible.

2. L'étiquette «habite la forêt Mouchette».

3. a) Non. Leur forme et leur couleur diffèrent.

   b) Les 3 bouquets comptent chacun 3 fleurs.
      Dans le premier bouquet, les 3 fleurs sont de la même couleur (bien que d'espèces différentes).
      Dans le deuxième, les fleurs sont de couleurs différentes (bien que de même espèce).
      Dans le troisième, les fleurs sont de la même couleur (bien que d'espèces différentes).

Forme différents groupes avec les élèves de ta classe.

Cette activité en est une de réinvestissement. Proposer aux élèves de former des groupes d'élèves à partir d'une ou de deux propriétés communes qu'ils auront déterminées au préalable. Par exemple, former un groupe avec les élèves dont les pupitres sont situés près du tableau; former un groupe avec les filles qui portent une jupe; former un groupe avec les élèves qui ont les yeux bleus, etc.

Projet

Profiter de cette situation d'apprentissage pour présenter le projet aux élèves et leur expliquer qu'ils ont à choisir entre deux possibilités : apporter de la maison une de leurs collections en vue d'une exposition en classe, ou faire une collection d'objets en groupe. Leur préciser que ce choix se fait collectivement et qu'ils devront déterminer par quel moyen le groupe-classe va prendre cette décision. Il va de soi que la décision devra être prise de façon démocratique.

■ Si les élèves décident d'apporter leurs propres collections, prévoir d'en faire une présentation et une exposition de courte durée. En effet, certaines collections pourraient avoir beaucoup de valeur et il serait préférable de les exposer en classe le moins longtemps possible. Dans tous les cas, il est sans doute indiqué de consulter les parents au préalable.

■ Si les élèves décident de commencer une collection en classe, prévoir suffisamment de temps pour qu'ils puissent, à leur satisfaction, amasser assez d'objets. Prévoir aussi ce qui adviendra de cette collection à la fin du projet (par exemple, à qui appartiendra-t-elle ? qui en prendra soin ?).

Au fur et à mesure que les élèves présenteront leurs collections à leurs camarades de classe ou en monteront une nouvelle, selon ce que le groupe-classe aura décidé, l'enseignante ou l'enseignant veillera à les questionner afin qu'ils aient l'occasion d'identifier la ou les propriétés communes à chaque collection.

Réinvestissement

■ Suggérer aux élèves l'activité de l'encadré, au bas de la p. 17 du manuel *Logibul 1*.

■ Demander aux élèves de se placer en cercle. Grouper certains d'entre eux selon une propriété commune (par exemple, des élèves vêtus d'un pantalon), puis demander à l'ensemble de la classe de nommer cette propriété. Une fois la propriété trouvée, demander à la classe si d'autres élèves peuvent se joindre à ce groupe et d'expliquer pourquoi.

Faire d'autres groupements ou demander à une équipe de choisir une propriété qu'elle confiera en secret à l'enseignant ou l'enseignante. Grouper des élèves selon le choix de l'équipe, puis demander aux autres élèves de nommer la propriété. Choisir un ou une élève au hasard. Lui demander de grouper des élèves selon une propriété commune qu'il ou qu'elle gardera secrète, puis inviter les autres élèves à trouver cette propriété.

■ Proposer aux élèves la fiche 14.

Travaux personnels

■ Si le groupe-classe a décidé de faire une collection, demander à chaque élève de commencer à chercher comment ils la constitueront.

■ Proposer à chaque élève de trouver une personne dans son entourage ou sa parenté ayant une collection, puis de lui demander de la lui présenter, de lui indiquer depuis combien de temps elle l'a commencée, si elle en a eu d'autres par le passé, etc.

Utilisation des TIC

Suggérer aux élèves de créer de petites collections d'images à partir d'une banque d'images numérisées (on peut s'en procurer une pour quelques dollars), puis d'identifier la ou les propriétés communes à l'ensemble des éléments de chaque collection.

▶ SITUATION D'APPRENTISSAGE 2 Quel désordre !

Dans cette situation d'apprentissage, les élèves s'engageront dans les diverses tâches reliées au projet qu'ils ont amorcé lors de la situation d'apprentissage précédente. Ils seront donc amenés à évaluer diverses pistes d'exploitation de leur projet, à les analyser et à prendre des décisions. Par la même occasion, ils auront à établir et à respecter des règles de fonctionnement au sein de la classe.

Aussi, les élèves constateront que des objets peuvent être groupés en un ensemble selon différentes propriétés : nature des objets, leur fonction, leur couleur, etc. Par l'entremise de Léa, les élèves, groupés en équipes, aident Logibul à classer ses objets. Ils y arriveront dans l'entraide. Ils auront aussi à trouver le cardinal d'un ensemble et à le représenter d'une façon plus abstraite.

Organisation matérielle

■ Des objets de la classe pouvant être groupés selon une propriété commune (objets de manipulation du coin de mathématique par exemple);

■ Des bouts de ficelle ou de laine de couleurs différentes, des jetons;

■ Le manuel *Logibul 1*, p. 16, 18 et 19;

■ Les fiches 15 et 16, *RA-1A*, p. 15 et 16;

■ La fiche de soutien *Quel désordre!* (guide, p. 69);

■ Ciseaux, colle, feuilles de papier, circulaires, contenant ou sac;

■ Les fiches *Drôles de collections*; *Le plus, le moins* et *Des cartes*, au besoin (guide, p. 70 à 72).

2 heures

Facteurs de réussite

Les élèves auront réussi la tâche :

■ s'ils respectent les règles de fonctionnement établies au sein de l'équipe;

■ s'ils groupent des objets selon une propriété commune;

■ s'ils trouvent le cardinal d'un ensemble d'objets;

■ s'ils représentent graphiquement un ensemble d'objets et son cardinal.

Portfolio

Proposer aux élèves d'y conserver les résultats de leur classement fait à l'activité 1 de la p. 18 de leur manuel (voir la fiche de soutien *Quel désordre!*). Cette activité assez exigeante leur permet de travailler certains savoirs essentiels vus dans la présente situation d'apprentissage et de développer leurs compétences à raisonner, à exploiter l'information et à exercer leur esprit critique.

LA PRÉPARATION

Rôle de l'enseignante ou de l'enseignant	Rôle de l'élève
■ MANUEL, P. 16 ■ Inviter les élèves à observer la petite illustration au bas de la page. Leur demander de donner leur avis sur le sens de l'exclamation des trois personnages : — *Où sont les trois amis ? Où habite Logibul ?* — *Selon toi, pourquoi Léa, Hoa et Félix disent-ils « Quel désordre ! » ? Que te suggère l'expression de leur visage ?*	Donner son avis sur l'exclamation des trois personnages et la situation représentée. Participer à la discussion. Exprimer ses idées et écouter celles des autres élèves.

L'INTÉGRATION

Rôle de l'enseignante ou de l'enseignant	Rôle de l'élève
Demander aux élèves d'observer le tableau de la p. 15 de leur manuel et celui qu'ils ont construit, et de comparer les renseignements qui y sont inscrits : les moyens utilisés, le nombre d'élèves par moyen de transport, le nombre total d'élèves, etc. Inciter les élèves à le faire à l'aide des expressions *le plus, le moins, plus que, moins que, autant que, un seul, peu, beaucoup, aucun, plusieurs.*	Observer les deux tableaux et comparer les renseignements qui y sont inscrits à l'aide du vocabulaire approprié. Faire du comptage.
■ FICHE 12, *RA-1A*, P.12 ■ Expliquer les consignes et le déroulement des activités aux élèves. Leur préciser qu'ils travailleront individuellement. Leur fixer une limite de temps pour cette tâche.	Réaliser individuellement les activités de la fiche 12 en respectant le temps alloué.
Lorsqu'ils auront terminé, demander aux élèves de se grouper en équipes de trois ou quatre et de comparer leur travail. Observer les élèves et prêter attention à ceux et celles qui ont de la difficulté. Les aider au besoin.	Se placer en équipe et comparer son travail avec celui de ses camarades. Écouter les commentaires des autres. Accepter de faire des erreurs et les corriger s'il y a lieu. Demander de l'aide à l'enseignante ou à l'enseignant, au besoin.

Corrigé des activités du manuel, p. 15

1. Le tableau renseigne sur le moyen que chaque élève de la classe de Logibul prend pour se rendre à l'école, sur le nombre d'élèves qui utilisent chaque moyen et sur le prénom de ces élèves.

2. a) La marche.   b) L'auto.

🐾 *Selon toi, quel moyen est le moins utilisé dans ta classe ? le plus utilisé ? Comment vas-tu faire pour vérifier tes réponses ?*

Les élèves répondent à ces questions à l'étape de la réalisation de la présente situation d'apprentissage. La mise sur pied d'une enquête et la construction d'un tableau leur permettent de développer leur capacité de travailler en coopération et de mettre de l'avant des méthodes de travail efficaces. De plus, puisqu'il est demandé aux élèves de vérifier une hypothèse de départ, cette enquête contribue aussi à développer leur sens critique.

Proposer aux élèves soit d'afficher le tableau qu'ils auront fait dans un lieu communautaire à l'intérieur de l'école (par exemple, un corridor, la grande salle de l'école), soit d'en faire la présentation devant une autre classe. De la sorte, ils auront l'occasion de se sensibiliser au fait que les moyens graphiques sont une excellente façon de communiquer de l'information dans notre société. Par la suite, leur suggérer de conserver leur tableau en l'affichant près du coin de mathématique de la classe (voir la rubrique Projet ci-dessous).

Projet

■ Proposer aux élèves d'afficher leur tableau sur les moyens de transport près du coin de mathématique de la classe.

■ Profiter de l'occasion pour rappeler aux élèves qu'il est important de toujours garder le coin de mathématique en ordre et les inviter, si cela est nécessaire, à ranger le matériel.

— *Es-tu d'accord avec ce commentaire? Que penses-tu de Logibul?*

— *Que penses-tu de cette situation?*

— *Que pourrait faire Logibul?*

— *Est-ce qu'il t'arrive parfois de ne pas retrouver des choses à la maison?*

— *Pourquoi est-ce que tu n'arrives pas à trouver les choses que tu cherches? Comment te sens-tu dans ces moments-là?*

Amener les élèves à constater que, à la maison comme en classe, les choses sont groupées et rangées.

— *À la maison, où trouves-tu la vaisselle? tes jouets? les livres?*

— *À ton avis, pourquoi range-t-on les choses dans une armoire? sur une étagère?*

— *À quoi sert une bibliothèque?*

Écrire les idées des élèves au tableau.

Constater que les choses sont rangées tant à la maison qu'en classe et se rendre compte de l'utilité de ranger les choses.

LA RÉALISATION

Rôle de l'enseignante ou de l'enseignant	Rôle de l'élève
■ MANUEL, P. 18 ■ Demander aux élèves d'observer l'illustration, puis de nommer les objets qui sont autour de Léa. Leur lire l'encadré en haut de la p. 18. Placer les élèves en dyades et leur proposer de trouver des façons de classer les objets de Logibul. Leur accorder de 5 à 10 minutes pour réaliser cette tâche. Les aider, si c'est nécessaire, en leur posant cette question: — *Si tu étais à la place de Léa, comment ferais-tu pour aider Logibul?*	Observer l'illustration et nommer les objets autour de Léa. Se placer en équipe de deux et trouver des façons de classer les objets de Logibul. Accepter de travailler avec l'autre élève.
Réunir les réponses des équipes. Vérifier si les élèves ont fait des classements qui tiennent compte d'une propriété commune. Si certaines équipes ne l'ont pas fait, le leur faire remarquer. Les aider à revoir leurs classements en leur posant, par exemple, cette question: — *Où Logibul va-t-il retrouver ses patins? son ballon? sa raquette de tennis?*	Vérifier si les éléments de chaque classement ont une propriété commune. Faire d'autres suggestions au besoin. Écouter celles des autres équipes.
Si c'est nécessaire, reprendre l'une des activités de groupement de la rubrique Réinvestissement, p. 53 du guide.	
Distribuer à chaque équipe une fiche de soutien *Quel désordre!* Préciser aux élèves que pour l'instant ils n'auront à découper que les quatre premières rangées d'illustrations qui correspondent aux objets illustrés à la p. 18 de leur manuel.	Observer la fiche de soutien *Quel désordre!* et écouter les explications de l'enseignante ou de l'enseignant.

Attribuer les rôles suivants au sein de chaque dyade : un ou une élève découpe chaque rangée d'illustrations, puis l'autre élève découpe les illustrations une à une. Une fois la tâche de découpage terminée, demander aux membres de chaque équipe de réfléchir aux différentes façons de classer les illustrations et de s'entendre sur des classements.

Distribuer des bouts de laine ou de ficelle à chaque équipe. Demander aux élèves d'entourer les ensembles qu'ils ont faits au moyen de ces bouts de laine ou de ficelle. Inviter chaque équipe à expliquer ses ensembles à la classe. Animer la discussion et aider les élèves à corriger leur travail.

Une fois les présentations terminées et le travail corrigé, demander aux élèves de coller les illustrations de leurs ensembles sur des feuilles. Leur préciser qu'il doivent utiliser une feuille par ensemble. Les inviter ensuite à compter les illustrations de chaque ensemble.

Accepter son rôle au sein de l'équipe. Trouver avec son coéquipier ou sa coéquipière des façons de classer les illustrations. Faire preuve de coopération.

Entourer ses ensembles avec des bouts de laine ou de ficelle. Expliquer ses ensembles aux autres équipes. Poser des questions pour mieux comprendre les ensembles des autres équipes. Corriger son travail.

Coller ses ensembles sur des feuilles. Compter ensuite les éléments de chacun de ses ensembles.

NOTE DIDACTIQUE

Dans la situation d'apprentissage 2, il est important de faire la distinction entre un ensemble et sa représentation. Un ensemble existe à partir du moment où on a rassemblé des éléments selon une propriété commune. Quand on forme un ensemble, on entoure par convention les éléments qui composent cet ensemble à l'aide d'une ligne courbe fermée (ou d'un bout de ficelle disposé en cercle si on travaille avec des objets concrets). Mais ce cercle ne constitue pas en lui-même l'ensemble. Il convient donc, quand on s'adresse aux élèves, non pas de leur expliquer cette différence mais de nuancer ses propos. Par exemple, leur laisser entendre qu'ils n'ont pas formé d'ensemble tant qu'ils n'ont pas tracé de cercle autour des éléments qui le composent serait une erreur. Les élèves d'une classe forment bien un ensemble et, pourtant, il n'y a pas de corde qui les entoure.

■ **MANUEL, P. 19, ACTIVITÉ 2** ■ Inviter les élèves à découper les quatre dernières illustrations de leur fiche de soutien *Quel désordre !*, puis leur demander s'ils peuvent les classer dans les ensembles qu'ils ont formés à l'activité 1 de la p. 18.

Demander aux élèves ayant décidé de classer l'une ou l'autre de ces quatre illustrations dans l'un ou l'autre des ensembles de les y coller. Leur demander ensuite de compter et d'écrire le nombre d'éléments qu'il y a dans chaque ensemble.

■ **MANUEL, P. 19, ACTIVITÉ 3** ■ Expliquer l'activité 3 aux élèves et leur demander de la réaliser. Procéder à une mise en commun des réponses. Prolonger cette activité en invitant les élèves à représenter chacun de leurs ensembles par un dessin comme celui illustré dans leur manuel. Faire une mise en commun des dessins, puis animer un retour sur ce que les élèves ont appris.

Découper les nouvelles illustrations, puis, s'il y a lieu, classer dans ses ensembles.

S'il y a lieu, vérifier ses nouveaux classements et coller l'une ou l'autre des illustrations dans les ensembles appropriés. Compter et écrire le nombre d'éléments de chaque ensemble.

Réaliser l'activité 3 et préparer ses réponses pour la mise en commun. Représenter chacun de ses ensembles par un dessin. Participer à la mise en commun des dessins. Exprimer son opinion et respecter celles des autres.

NOTE DIDACTIQUE

Les notions abordées à l'activité 3 de la p. 19 du manuel sont une étape importante dans le développement du processus d'abstraction chez l'élève. En effet, on lui demande de substituer des objets neutres, dans ce cas-ci, de gros points bleus, à des objets réels ou concrets. Ce procédé sera fréquemment utilisé par la suite. En général, l'élève de six ans accepte volontiers cette substitution. Il est également intéressant de souligner qu'un autre effort d'abstraction lui est demandé : la propriété numérique 5 apparaissant dans l'étiquette est d'un autre ordre que les propriétés vues à l'activité 2 de la p. 17. Dans cette dernière activité, chaque élément de l'ensemble avait la propriété « habite la forêt Mouchette », mais ici, c'est l'ensemble qui a la propriété numérique 5 et non chacun de ses éléments.

L'INTÉGRATION

Rôle de l'enseignante et de l'enseignant	Rôle de l'élève
■FICHE 15, *RA-1A*, P. 15■ Préciser aux élèves qu'ils réaliseront individuellement les activités de la fiche, puis les inviter à observer attentivement les illustrations. Leur expliquer qu'ils doivent former des ensembles avec ces illustrations. Demander à un ou une élève de redire dans ses mots la tâche à faire.	Observer les illustrations. Redire la tâche à faire dans ses mots.
Proposer aux élèves, dans un premier temps, de faire des essais avec des bouts de ficelle ou de laine. Une fois qu'ils seront certains de leurs réponses, les inviter, dans un deuxième temps, à entourer leurs ensembles à l'aide d'un crayon. Leur allouer environ 10 minutes. Circuler parmi eux et observer leur travail. Leur apporter de l'aide, au besoin.	Faire d'abord des essais avec des bouts de ficelle ou de laine. Vérifier ses réponses avant d'entourer ses ensembles à l'aide d'un trait. Respecter le temps alloué. Demander de l'aide, s'il y a lieu.
Inviter les élèves à corriger leurs fiches en dyades. Demander aux membres de chaque équipe de comparer leurs ensembles et de les expliquer. Accepter toutes les réponses (il y a plusieurs possibilités) pour autant qu'elles soient pertinentes et que les élèves les justifient.	Corriger les activités de la fiche en dyade. Comparer ses ensembles avec ceux de l'autre élève, puis les lui expliquer. Accepter les ensembles de l'autre élève. Corriger ses erreurs, s'il y a lieu.
■FICHE 16, *RA-1A*, P. 16■ Préciser aux élèves qu'ils réaliseront les activités individuellement, puis leur expliquer la tâche. Demander à un ou une élève de redire dans ses mots ce qu'il faut faire. Fixer une durée pour réaliser la tâche. Suggérer aux élèves de relier d'abord les objets aux ensembles avec des bouts de ficelle ou de laine, puis en traçant des traits.	Redire dans ses mots le travail à faire. Réaliser individuellement les activités de la fiche en respectant le temps alloué. Faire des essais avec des bouts de ficelle ou de laine.
Regrouper les élèves en dyades et les inviter à comparer et à corriger leur travail. Animer un retour sur la fiche 16.	Corriger son travail en dyade. Participer au retour sur la fiche. Faire part de ses commentaires. Manifester de l'enthousiasme et de l'intérêt à l'égard des commentaires des autres élèves.
Demander aux élèves ce qu'ils ont appris. Écrire leurs commentaires sur une grande feuille et l'afficher afin de pouvoir l'utiliser au début d'une autre activité. Garder ainsi des traces de ce que les élèves apprennent leur permet de revoir certains concepts plus souvent.	

Corrigé des activités du manuel, p. 18 et 19

p. 18

1. Tout classement est acceptable pour autant qu'il soit justifié.

   Exemples : On peut faire un ensemble avec les jouets, un autre avec les fournitures scolaires, un autre avec les objets qui ont des roues, etc.

p. 19

2. a) Les réponses varieront selon les propriétés que l'élève aura choisies pour former ses ensembles.

   b) Le nombre d'objets dans les ensembles augmentera ou non selon que l'élève y ajoutera ou non des objets.

3. a) Le dessin peut être associé à tout ensemble comportant 5 éléments.

   b) Les élèves forment, sur leur pupitre, des ensembles ayant le même nombre de jetons qu'il y a d'objets dans l'ensemble qu'ils nomment.

Regarde les objets du coin de mathématique de ta classe. Peux-tu classer ces objets autrement ?

Cette activité en est une de réinvestissement.

Les réponses sont variables. Tout classement que l'élève pourra justifier par la mise en évidence d'une propriété commune à un groupe d'objets est une réponse acceptable.

Projet

Encourager les élèves à poursuivre leur projet en relançant le travail amorcé. Y a-t-il un tableau de planification pour ce projet ? S'ils montent une collection, en ont-ils déterminé le sujet ? Comment vont-ils trouver les objets à collectionner ? Les conseiller dans leurs diverses tâches.

Si des élèves ont déjà apporté des collections en classe, les inviter à les présenter. Ensuite, grouper les élèves en autant d'équipes qu'il y a de collections, puis demander à chaque équipe de regarder attentivement l'une des collections. Poser à chaque équipe ces questions :

- *Qu'est-ce que les éléments de cette collection ont en commun ?*
- *Pourquoi ces choses sont-elles réunies ?*
- *Comment la personne qui les a collectionnées a-t-elle fait pour les organiser ?*

Réinvestissement

- Grouper les élèves en équipes et leur proposer cette activité :
  - découper, à partir de dépliants publicitaires, toutes sortes d'illustrations (des aliments, des objets vendus en pharmacie ou dans les quincailleries, etc.);
  - placer les illustrations découpées dans un contenant et en piger quelques-unes sans regarder;
  - grouper l'une ou l'autre des illustrations pigées selon une propriété commune;
  - entourer les ensembles formés à l'aide d'un bout de ficelle ou de laine;
  - préparer une étiquette en vue d'indiquer le cardinal de chaque ensemble;
  - compter les objets de chaque ensemble, puis écrire ce nombre sur l'étiquette.

- Proposer aux élèves la fiche intitulée *Des cartes*.

Travaux personnels

Proposer aux élèves de réaliser :

- la première activité de la rubrique Réinvestissement ci-dessus avec un ou une adulte à la maison;
- les fiches *Drôles de collections* et *Le plus, le moins*.

SITUATION D'APPRENTISSAGE 3 Les nombres jusqu'à 9

Au cours de cette situation d'apprentissage, les élèves se questionneront sur les raisons qui ont pu décider Logibul à classer ses objets. Par là, il sera possible d'amener les élèves à se sensibiliser au fait que prendre soin des choses qui les entourent, c'est une façon d'éviter le gaspillage et de respecter l'environnement.

Aussi, les élèves aborderont les nombres de 0 à 9 (lecture, écriture) dans les activités qui leur sont proposées et feront appel à quelques processus leur permettant de construire graduellement le concept de nombre (représentation) et d'explorer les complémentaires d'un nombre. Ils se familiariseront également avec une stratégie appliquée à la résolution d'une situation-problème mathématique.

Organisation matérielle

▨ Du matériel de manipulation (jetons, cubes, boutons, etc.) et des bouts de laine ou de ficelle;

▨ Des dépliants publicitaires ou magazines;

▨ Le manuel *Logibul 1*, p. 20 et 21;

▨ Les fiches 17 à 19, *RA-1A*, p. 17 à 19;

▨ La fiche *Je sais compter*, au besoin (guide, p. 73).

2 h 30 min

Facteurs de réussite

Les élèves auront réussi la tâche :

▨ s'ils reconnaissent des objets classés selon une propriété commune;

▨ s'ils comptent de 0 jusqu'à 9;

▨ s'ils utilisent adéquatement du matériel de manipulation pour représenter un problème d'addition;

▨ s'ils lisent et écrivent les nombres de 0 à 9;

▨ s'ils trouvent tous les complémentaires d'un nombre.

Portfolio

Proposer aux élèves d'insérer les fiches 18 et 19 dans leur portfolio. Leur suggérer aussi d'y inclure une représentation du nombre 5, telle que décrite à la rubrique Réinvestissement, p. 62 du guide.

LA PRÉPARATION

Rôle de l'enseignante ou de l'enseignant	Rôle de l'élève
■ MANUEL, P. 20 ■ Inviter les élèves à observer attentivement l'illustration. Leur demander de décrire les objets qui sont dans les trois étagères et les amener à dire si ces objets sont groupés selon une propriété commune. — *Regarde bien les étagères de Logibul. Décris les objets qu'il y a dans chacune.* — *Selon toi, sont-ils classés selon une propriété commune?*	Observer attentivement l'illustration. Décrire les objets qu'il y a dans chaque étagère et trouver si ces objets sont classés selon une propriété commune.
■ MANUEL, P. 20, ACTIVITÉ 1 ■ Demander aux élèves de compter les objets qu'il y a sur chaque tablette, puis de comparer ces quantités à l'aide des expressions *plus que, moins que, autant que*. Faire un retour sur ces expressions, si c'est nécessaire.	Compter les objets qu'il y a sur chaque tablette. Comparer ces quantités à l'aide des expressions *plus que, moins que, autant que*. Poser des questions, au besoin.

LA RÉALISATION

Rôle de l'enseignante ou de l'enseignant	Rôle de l'élève
■ MANUEL, P. 20, ACTIVITÉ 2 ■ Grouper les élèves en dyades et distribuer à chaque équipe du matériel de manipulation en grande quantité (jetons, cubes, boutons, etc.), ainsi que des bouts de laine ou de ficelle.	Se grouper en équipe de deux. Partager le matériel de manipulation avec son coéquipier ou sa coéquipière.
Demander aux élèves d'observer l'étagère jaune, puis leur expliquer le travail à faire. Laisser les élèves examiner la situation et faire des essais pour résoudre le problème. Leur allouer une limite de temps pour le réaliser. Leur rappeler d'utiliser le matériel de manipulation mis à leur disposition pour trouver combien d'objets ils doivent ajouter pour en avoir cinq sur chaque tablette. Si les élèves n'arrivent pas à terminer le travail dans les limites du temps alloué, leur donner encore quelques minutes. Les amener progressivement à apprendre à s'organiser dans le temps. Circuler parmi les élèves. Les encourager à faire des essais et à s'entendre sur les réponses. Les aider, au besoin.	Observer l'étagère jaune. Utiliser le matériel de manipulation pour réaliser l'activité. S'efforcer de respecter le temps alloué. Faire des essais. Exprimer ses idées et accepter celles de son coéquipier ou de sa coéquipière. Au besoin, demander de l'aide à l'enseignante ou à l'enseignant.
Inviter les équipes à comparer leurs réponses avec celles d'une autre équipe, puis animer un retour sur l'activité. Demander aux équipes d'expliquer comment elles ont réalisé l'activité. Proposer ensuite à quelques élèves de dire s'ils ont eu de la difficulté à travailler en équipe. — *Comment as-tu fait pour réaliser l'activité ?* — *Qu'est-ce que tu as trouvé facile à faire ? difficile à faire ?* — *As-tu eu de la difficulté à t'entendre avec ton coéquipier ou ta coéquipière ?* — *Comment as-tu fait pour résoudre les conflits ?*	Comparer son travail avec celui d'une autre équipe. Participer au retour sur l'activité en expliquant comment son équipe a réalisé l'activité. Dire s'il y a eu des conflits dans son équipe et comment ils ont été résolus.

L'INTÉGRATION

Rôle de l'enseignante ou de l'enseignant	Rôle de l'élève
■ FICHE 18, *RA-1A*, P. 18 ■ Préciser aux élèves qu'ils réaliseront individuellement la tâche, puis leur expliquer les consignes. S'il y a lieu, permettre aux élèves qui éprouvent des difficultés d'utiliser du matériel de manipulation.	Réaliser individuellement les activités de la fiche. Utiliser du matériel de manipulation, au besoin. Vérifier son travail avec un ou une élève; vérifier celui de l'autre.
Animer un retour sur la fiche. Distribuer aux élèves cinq jetons (ou autres objets de manipulation : cubes, boutons, etc.). Leur demander de former deux groupes en utilisant les cinq jetons. Inviter quelques élèves à venir dessiner au tableau les groupes de jetons qu'ils ont formés en remplaçant les jetons par des points ou des X.	Participer au retour sur la fiche. Former deux groupes de jetons en utilisant les cinq jetons. Reproduire au tableau ses deux groupes en dessinant des points ou des X à la place des jetons.

Leur suggérer d'utiliser, par exemple, ce type de représentation :

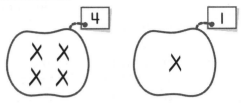

S'assurer que tous les complémentaires du 5 seront trouvés.

■ FICHE 17, *RA-1A*, P. 17 ■ Demander aux élèves de réaliser individuellement la tâche. Cette fiche est en fait un exercice d'écriture des nombres. Observer le tracé que les élèves suivent pour former les nombres. Corriger les élèves qui ne respectent pas le sens des flèches. L'écriture des nombres doit se faire avec la même application que l'écriture des lettres. Inviter ensuite les élèves à compter les éléments qui apparaissent dans chaque ensemble. Considérer le nombre 0 comme tout autre nombre.

Réaliser individuellement la tâche. Respecter le sens des flèches pour former les nombres. Travailler avec application. Compter les éléments de chaque ensemble.

NOTE DIDACTIQUE Dans la fiche 17, de même que dans tout le thème 2, c'est le sens cardinal du nombre qui est présenté à l'élève. Le cardinal d'un ensemble est le nombre de ses éléments. Évidemment, à cette étape-ci, on n'a pas à expliquer aux élèves la différence entre un nombre ordinal et un nombre cardinal. Toutefois, ils auront l'occasion de se rendre compte de cette distinction au fil du premier cycle.

■ MANUEL, P. 21 ■ Lire aux élèves le problème et sa résolution, étape par étape. Les inviter ensuite à répéter toute la démarche à l'aide de jetons. Vérifier le travail des élèves à chaque étape. Leur lire la phrase mathématique en insistant sur les mots *plus* et *égalent* afin de les sensibiliser peu à peu au sens de l'addition.

Inventer un problème semblable. Proposer ensuite aux élèves de le résoudre en suivant les étapes 1 à 3. Les élèves apprennent ici une stratégie de résolution de problème, soit utiliser du matériel de manipulation pour représenter une situation.

Écouter attentivement le déroulement de la situation-problème. Représenter chaque étape à l'aide de jetons. Demander de l'aide, au besoin. Écouter la phrase mathématique en prêtant attention aux mots *plus* et *égalent*.

Sans l'aide de l'enseignante ou de l'enseignant, résoudre le problème en suivant les trois étapes.

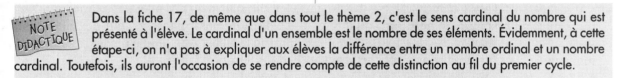

Corrigé des activités du manuel, p. 20

1. a) De haut en bas :
       étagère verte : il y a 9, 8, 7, 6 et 5 livres ;
       étagère bleue : il y a 2, 3 et 2 objets ;
       étagère jaune : il y a 1, 2, 3 et 4 objets.
   b) Sur la première tablette du haut de l'étagère verte.

Remarque : Certains objets comportent plusieurs éléments. Il en est ainsi de la boîte de crayons et du gobelet à crayons de l'étagère bleue. Certains élèves pourraient compter ces éléments. Toutefois, il faut considérer ici la boîte de crayons et le gobelet à crayons comme étant des objets à compter.

2. De haut en bas : il faut ajouter 4, 3, 2 et 1 jouets.

Projet

■ Si les élèves ont décidé de faire une exposition de leurs collections personnelles, les guider dans la préparation de cette exposition : en déterminer la date, le lieu et la durée, préparer les invitations, décider s'il y aura des stands ou pas, etc.

■ Si les élèves ont décidé de faire une collection, voir avec eux où ils en sont dans leur collecte d'objets : Éprouvent-ils de la difficulté à trouver des objets ? Les objets qu'ils apportent correspondent-ils au sujet de leur collection ? Ont-ils fixé une date limite pour apporter les objets ? Etc.

■ Faire un retour sur les illustrations des p. 18 et 20 du manuel. Amener les élèves à donner des raisons pour lesquelles il est avantageux de ranger et prendre soin de ses choses. Animer une discussion qui leur permettra d'établir un lien entre le fait d'éviter le gaspillage, en prenant soin des choses qui les entourent, et le respect de l'environnement. Sensibiliser les élèves au fait qu'ils doivent prendre soin des collections d'objets qu'ils apportent en classe. Afin de concrétiser les idées qui auront été échangées au cours de la discussion, demander aux élèves de :

  • vérifier le rangement du matériel dans le coin de mathématique de la classe; au besoin, les inviter à classer et à ranger le matériel de ce coin;

  • illustrer, sous forme d'affiche, quelques actions quotidiennes, signifiantes pour eux, qui limitent le gaspillage et contribuent ainsi à favoriser un développement durable.

Réinvestissement

■ Proposer aux élèves de chercher, dans des dépliants publicitaires ou des magazines quelconques, une image représentant le nombre 5 ou d'illustrer ce nombre par un dessin. Leur demander ensuite de coller l'image ou le dessin qu'ils ont fait sur une feuille. Cette feuille deviendra la « référence de 5 ». Les inviter à conserver leur réalisation dans leur portfolio.

■ Suggérer aux élèves la fiche intitulée *Je sais compter*. Elle peut être l'occasion d'un travail individuel à la maison ou lors d'un moment libre en classe.

Travaux personnels

Proposer aux élèves la fiche 19. Elle fiche peut être l'occasion d'un travail individuel à la maison ou lors d'un moment libre en classe. Si ce travail est fait à la maison, suggérer aux élèves de montrer à une personne adulte comment ils ont fait pour trouver les réponses.

▶ SITUATION D'APPRENTISSAGE ❹ Chaque objet à sa place

Cette dernière situation d'apprentissage du thème nous présente un Logibul collectionneur, qui invite ses amis à partager son intérêt pour ce passe-temps. Les élèves ne manqueront pas de reconnaître, voire partager, la passion de Logibul étant donné le projet dans lequel ils se sont déjà engagés. La situation fantaisiste présentée dans le manuel servira de déclencheur permettant aux élèves de s'exprimer sur leur propre intérêt et sur les talents que le projet leur permet de développer.

Sur le plan disciplinaire, les élèves chercheront, dans un contexte de résolution de problème, des compléments de certains nombres. Aussi, ils utiliserons un langage mathématique à leur portée.

Organisation matérielle

■ Du matériel de manipulation (jetons, cubes, boutons, etc.);

■ Des bouts de laine ou de ficelle;

■ Le manuel *Logibul 1*, p. 22 et 23;

■ La fiche 20, *RA-1A*, p. 20;

■ La fiche *Des dominos*, au besoin (guide, p. 74).

2 heures

Facteurs de réussite

Les élèves auront réussi la tâche :

▧ s'ils acceptent de travailler en équipe ;

▧ s'ils dénombrent correctement des collections d'objets ;

▧ s'ils reconnaissent une propriété commune aux objets d'une collection ;

▧ s'ils trouvent ce qu'il faut ajouter à un nombre pour obtenir un autre nombre plus petit que 10 ;

▧ s'ils communiquent leurs résultats à l'aide d'un langage mathématique à leur portée.

Portfolio

Proposer aux élèves d'y conserver les fiches 20 et 21. Ces fiches sont un excellent reflet du travail qu'ils réaliseront dans cette situation d'apprentissage.

LA PRÉPARATION

Rôle de l'enseignante ou de l'enseignant	Rôle de l'élève
Faire un bref retour sur les situations d'apprentissage précédentes. Demander aux élèves de se rappeler ce qu'ils ont fait et ce qu'ils y ont appris (comptage, identification d'une propriété commune aux objets d'un ensemble, complémentaires de 5, etc.).	Participer au retour sur les situations d'apprentissage précédentes. Se rappeler les choses apprises lors des dernières activités mathématiques.
■ MANUEL, P. 22 ET 23 ■ Présenter aux élèves les cinq collections de Logibul. Leur demander de les observer et de les décrire en disant le plus de choses possible. Exiger que leur description de chaque collection de Logibul soit précise.	Observer les cinq collections de Logibul. Les décrire en en disant le plus de choses possible.
■ MANUEL, P. 22, ACTIVITÉ 1 ■ Grouper les élèves en dyades et leur lire les consignes de l'activité. Demander à un ou une élève de les redire dans ses mots, puis inviter les équipes à répondre aux questions. Fixer une limite de temps. Circuler entre les équipes. Expliquer aux élèves qui éprouvent des difficultés qu'ils doivent dénombrer tous les éléments des cinq collections pour pouvoir répondre aux questions.	Se placer en équipe de deux. Écouter les consignes et les redire dans ses mots. Répondre aux questions en coopération. Respecter la limite de temps.

> **NOTE DIDACTIQUE**
> Dans l'activité 1, il ne s'agit pas de mettre l'accent sur les expressions *le plus, le moins*. Il s'agit plutôt de faire ressortir le processus de comparaison, qui se fait ici à partir d'illustrations et qui se fera plus tard à partir de nombres. Il ne faut donc pas hésiter à poser des questions aux élèves et à leur demander d'expliquer leurs réponses. Les inviter à répondre aux questions en utilisant les mots de vocabulaire appropriés afin de vérifier s'ils ont bien compris le travail à faire.

■ MANUEL, P. 23, ACTIVITÉ 2 ■ Grouper les élèves en dyades et leur expliquer l'activité. Préciser aux élèves qu'ils doivent être capables de dire ce que les éléments de chaque collection ont en commun.	Réaliser l'activité en dyade.
Animer une correction collective sur les activités 1 et 2. Demander aux équipes de décrire leur démarche et d'expliquer leurs réponses.	Participer à la correction collective. Décrire sa démarche et expliquer ses réponses.

LA RÉALISATION

Rôle de l'enseignante ou de l'enseignant	Rôle de l'élève
■ MANUEL, P. 23, ACTIVITÉ 3 ■ Faire un bref retour sur les activités 1 et 2 avec les élèves. Leur poser ces questions : — *Dans ses collections, combien Logibul a-t-il de fleurs ? de cailloux ? de feuilles ? d'autocollants ? de photos ?*	Participer au retour sur les activités 1 et 2. Répondre aux questions de l'enseignante ou de l'enseignant.
Former des équipes de deux élèves et distribuer à chacune du matériel de manipulation. Il est suggéré de donner à chaque équipe deux types de matériel différents, par exemple, des jetons et des cubes : les premiers serviront à représenter les collections déjà illustrées et les deuxièmes, à représenter les cailloux qui doivent être ajoutés.	Se placer en équipe de deux et partager le matériel de manipulation avec son ou sa camarade.
Présenter l'activité 3 aux équipes. Les inviter à représenter chaque problème à l'aide de leur matériel de manipulation. Fixer une limite de temps. Circuler entre les équipes et observer leurs stratégies. Encourager et aider les élèves qui en ont besoin. Les valoriser par du renforcement positif.	Réaliser l'activité 3 en utilisant le matériel de manipulation. Respecter la limite de temps. Demander de l'aide, au besoin. Accepter les encouragements.

 Dans l'activité 3, il ne s'agit pas de mettre l'accent sur le mot *autant*, mais plutôt de faire ressortir le processus de comparaison. Dans chaque problème, il y a deux ensembles : un ensemble de cailloux et un autre (des fleurs, des autocollants, des photos ou des feuilles). L'ensemble de cailloux est comparé à chacun des autres ensembles. Il y a moins de cailloux. Que faut-il faire pour qu'il y en ait autant que d'éléments de chacun des autres ensembles ? Il faut en ajouter, compléter l'ensemble de cailloux. C'est la recherche de l'ensemble complémentaire.

Corriger l'activité avec chaque équipe. Demander ensuite à chacune de présenter son travail à la classe. Poser des questions à l'ensemble des élèves pour vérifier leur compréhension. Faire ressortir les phrases mathématiques qui correspondent à chaque situation (a : 1 plus 5 égalent 6; b : 3 plus 5 égalent 8; c : 2 plus 5 égalent 7; d : 4 plus 5 égalent 9). Écrire ces phrases mathématiques au tableau pour qu'elles soient bien visibles.	Corriger l'activité. Présenter son travail aux autres élèves. Répondre aux questions de l'enseignante ou de l'enseignant. Prêter attention aux phrases mathématiques qui correspondent à chaque situation.
Animer un retour sur l'activité et le travail d'équipe. Demander aux élèves ce qu'ils ont appris pendant cette activité. Leur permettre d'exprimer ce qu'ils ont ressenti durant l'activité.	Participer au retour sur l'activité et le travail d'équipe. Dire les choses apprises et exprimer ses sentiments à l'égard du travail d'équipe.

L'INTÉGRATION

Rôle de l'enseignante ou de l'enseignant	Rôle de l'élève
■ FICHE 20, *RA-1A*, P. 20 ■ Demander aux élèves d'observer Léa et les représentations des divers ensembles. Leur poser ces questions : — *Que fait Léa ?* — *À ton avis que te propose-t-on de faire dans cette fiche ?* Laisser les élèves anticiper la tâche. Leur expliquer ensuite les consignes de l'activité. Demander à un ou une élève de les redire dans ses mots. Fixer une limite de temps pour la tâche. Permettre aux élèves d'utiliser du matériel de manipulation. Animer une correction collective. Faire une mise en commun des réponses des élèves et des différentes stratégies qu'ils ont utilisées.	Observer Léa et les divers ensembles. Répondre aux questions de l'enseignante ou de l'enseignant en essayant d'anticiper la tâche. Redire dans ses mots les consignes de l'activité. La réaliser individuellement en respectant la limite de temps fixée. Utiliser du matériel de manipulation, au besoin. Participer à la correction collective. Donner ses réponses et écouter celles des autres. Expliquer ses stratégies et prêter attention à celles des autres.

Corrigé des activités du manuel, p. 22 et 23

p. 22

1. a) La collection de feuilles; elle compte 9 éléments.

   b) La collection de cailloux; elle compte 5 éléments.

p. 23

2. • La feuille : Logibul a une collection de feuilles, on peut donc y ajouter la feuille. Toutefois, si on observe attentivement cette collection, on constate que Logibul ne semble pas collectionner n'importe quelle sorte de feuilles. On peut donc aussi ne pas ajouter cette feuille à la collection de Logibul.

   • La robe : on ne peut ajouter cet élément à aucune collection.

   • La photo de madame Lelièvre : Logibul a une collection de photos, mais celle-ci ne comprend que des photos des membres de sa famille ou de ses proches : ce sont tous des ours. La photo de madame Lelièvre ne peut donc pas faire partie de la collection de photos de Logibul.

   • La fleur : Logibul a une collection de fleurs qui sont de différentes sortes. On peut donc y ajouter la fleur.

3. a) 1 caillou; b) 3 cailloux; c) 2 cailloux; d) 4 cailloux.

 Observe les collections de ta classe. Vois-tu des situations où tu peux dire « j'ajoute » ?

Cette activité consiste à amener les élèves à réinvestir les habiletés acquises à l'activité 3. Pour ce faire, il est souhaitable d'utiliser les collections personnelles des élèves ou celle qu'ils ont faite en classe (projet). Toutefois, une autre collection d'objets de la classe peut convenir.

Exemple de réponse : J'observe ma collection de billes. Si j'ajoute 2 billes à ma collection, j'aurai autant de billes qu'il y a d'images dans la collection de Loulou.

Projet

Cette dernière situation d'apprentissage marque l'achèvement du projet. Et, peu importe le choix des élèves (apporter leurs collections personnelles en classe ou en monter une), c'est le temps pour eux de montrer le fruit de leur travail et d'exposer leurs réalisations.

Réinvestissement

■ Inviter les élèves à réaliser des affiches sur les notions apprises au cours des thèmes 1 et 2.

■ Proposer aux élèves la fiche *Des dominos*. Elle peut être l'occasion d'un travail individuel à la maison ou lors d'un moment libre en classe.

Travaux personnels

Proposer aux élèves d'explorer les dominos et leurs propriétés. Leur en distribuer et leur permettre de les manipuler. Leur demander de grouper tous les dominos dont la somme des points donne 9. Les inviter à faire de même pour les dominos dont la somme des points est égale à 8, 7, 6, puis 5.

p. 24-25

EXPLOITATION DES PAGES PÉDAGOGIQUES DES THÈMES **1** ET **2**

Les p. 24 et 25 du manuel de même que la fiche 21 du *RA-1A* proposent aux élèves de se pencher sur leurs apprentissages. Sans leur présenter immédiatement ces pages, animer un bref retour sur les thèmes 1 et 2 en invitant les élèves à feuilleter leur manuel et leur portfolio. Leur demander de se rappeler ce qu'ils ont fait et ce qu'ils ont appris, d'en donner des exemples, et d'expliquer comment ils font pour ne pas l'oublier. Noter au tableau les éléments importants de leurs réponses. Il est aussi suggéré de demander aux élèves de dessiner sur une feuille un élément qu'ils ont retenu et de conserver ce dessin dans leur portfolio. Enchaîner avec la présentation des p. 24 et 25 du manuel. Avec les élèves, lire les consignes des activités, puis leur demander d'y répondre oralement en utilisant, au besoin, du matériel de manipulation. Ensuite, leur distribuer la fiche 21 et les inviter à la réaliser individuellement. Lors d'une correction collective, exploiter cette fiche de façon à amener les élèves à constater les progrès qu'ils ont accomplis dans leurs apprentissages.

• Je suis capable de situer des objets ou des personnes autour de moi.

L'activité proposée permet aux élèves de revoir le vocabulaire des relations spatiales : *devant, derrière, entre, à gauche, à droite*. Voici deux façons de réaliser l'activité.

• Grouper les élèves en équipes de cinq. Donner à chaque équipe un mot à mimer représentant un objet de la classe. Un ou une élève par équipe mime le mot et les autres équipes doivent trouver ce mot et situer l'objet qu'il ou elle représente en utilisant le vocabulaire approprié des relations spatiales (exemple : globe terrestre; le globe est sur la table *entre* le tableau et la fenêtre).

• Placer divers objets de la classe sur une table. Demander à un ou une élève de décrire leur position les uns par rapport aux autres en utilisant le vocabulaire approprié des relations spatiales (exemple : la gomme à effacer est placée *devant* la règle).

Je suis capable de comparer des ensembles.

L'activité proposée permet aux élèves de revoir les expressions *moins que, plus que, autant que, le moins, le plus*. Inviter les élèves à réaliser l'activité, puis leur suggérer cette variante.

- Grouper les élèves en équipes de trois. L'élève 1 prend une quantité de jetons (ou autre matériel) pour représenter un des ensembles illustrés (exemple : deux jetons pour représenter l'ensemble des deux fleurs). L'élève 2 prend la quantité de jetons de son choix (exemple : cinq jetons). L'élève 3 compare les deux quantités en utilisant le vocabulaire approprié (exemple : l'élève 3 dit que l'élève 2 a plus de jetons que l'élève 1; l'élève 1 a moins de jetons que l'élève 2).
- Proposer également aux élèves la fiche 21. Leur expliquer la tâche et leur permettre de travailler en dyades.

Je suis capable de former des ensembles et de les décrire.

- Préciser aux élèves qu'ils doivent décrire chaque ensemble en indiquant leur propriété commune et en dénombrant leurs éléments.
- Proposer également aux élèves cette autre activité. Leur remettre des illustrations d'objets déjà découpées. Leur demander de former des ensembles avec les illustrations à partir d'une propriété commune et d'écrire sur une étiquette le nombre d'éléments qu'il y a dans chaque ensemble. Leur faire ensuite comparer les ensembles en utilisant les expressions *moins que, plus que, autant que, le moins, le plus*.

Je peux obtenir un nombre de plusieurs façons.

- Demander aux élèves de réaliser l'activité. Écrire au tableau les phrases mathématiques qui correspondent à des façons d'obtenir 4 (1 plus 3 égalent 4; 2 plus 2 égalent 4; 3 plus 1 égalent 4).
- Proposer également aux élèves cette autre activité. Dire un nombre à un ou une élève et lui demander de trouver ses complémentaires en utilisant du matériel de manipulation (exemple : « 6; fais 2 paquets pareils avec 6 cubes; fais 2 paquets différents avec 6 pailles », etc.).

Autour de moi

Inviter les élèves à compter différents objets dans la classe. Leur suggérer de faire la même activité à la maison (par exemple, compter divers objets dans leur chambre à coucher ou dans la cuisine ou dans une autre pièce) en présence d'une personne adulte.

Pour t'amuser

- La première activité suggérée permet un réinvestissement intéressant pour les élèves qui ont particulièrement aimé faire des collections.
- Pour la deuxième activité, proposer aux élèves ce jeu de dominos simple. Placer des dominos dans un contenant quelconque (boîte, sac de papier, etc.). Inviter deux joueurs à tirer chacun un domino. Celui ou celle qui a tiré le domino où apparaît le plus de points gagne la manche.

  Ce jeu permet aux élèves de développer la perception globale des quantités. Également, de voir concrètement différentes façons d'obtenir un même nombre (exemple : 3 plus 2 égalent 5 et 4 plus 1 égalent 5).

Retour sur le thème

Animer un retour sur le thème 2. Revenir sur chaque situation d'apprentissage en demandant aux élèves de se rappeler les activités qu'ils ont faites. Les interroger sur leurs apprentissages et les mots nouveaux qu'ils ont appris.

Voici des pistes de questionnement pour permettre aux élèves de faire une réflexion sur le thème. Leur poser ces questions et les inviter à répondre par oui ou par non sur une feuille.

■ As-tu aimé le thème *Des collections* ?

■ As-tu participé aux discussions (avec l'enseignante ou l'enseignant, avec les élèves, avec ton équipe) ?

■ Acceptes-tu de travailler avec d'autres élèves ?

■ Respectes-tu les règles de fonctionnement (règles de vie) du travail d'équipe ?

Le retour sur le thème est également l'occasion pour l'enseignante ou l'enseignant de s'interroger sur son enseignement et son animation.

■ Est-ce que j'explique à mes élèves pourquoi je leur propose de travailler en équipe ?

■ Est-ce que je leur dis ce que le travail en équipe va leur apporter ?

■ Est-ce que je les rassure en leur faisant comprendre que chacun et chacune va apprendre des choses ?

■ Est-ce que je les accompagne dans leurs travaux d'équipe :

  ● en renforçant leur confiance en eux (en donnant des réponses par des sourires, des clins d'œil, etc.);

  ● en les félicitant, même pour de petites réussites;

  ● en valorisant l'effort de chacun et de chacune.

■ Est-ce que je leur fais décrire ce qu'ils ont vécu ?

■ Est-ce que les élèves ont démontré leur intérêt pour les collections ? (Ont-ils parlé de collections en dehors des périodes allouées à la mathématique ? Ont-ils apporté des photos représentant des collections ? des albums de collections, etc.) ?

Activités de numération

Voici deux suggestions d'activités.

Activité 1

Matériel, par équipe de quatre ou cinq :
• Boîte d'œufs vide;
• Petits objets : jetons, cubes, trombones, etc.

Dans les alvéoles d'une boîte d'œufs, les élèves placent 0 objet dans la première, 1 objet dans la deuxième, 2 objets dans la suivante et ainsi de suite jusqu'à la dernière. Les équipes échangent leur boîte pour fins de vérification.

Activité 2

En équipe, les élèves écrivent les nombres de 1 à 10 : un nombre par feuille.

Dans des journaux, revues, dépliants publicitaires, ils découpent des illustrations de différents objets, par exemple : une voiture, deux chats, trois maisons, etc. Sur chaque feuille, ils collent la quantité d'objets correspondant au nombre indiqué.

Quel désordre !

Utilise cette fiche pour faire les activités 1 et 2 des pages 18 et 19 de ton manuel *Logibul 1.*

Nom _____

Drôles de collections

● Combien d'objets y a-t-il dans chaque ensemble ?
Écris le nombre approprié sur chaque ☐.

Nom _____

Le plus, le moins

1. a) Colorie l'ensemble qui a le plus d'éléments.

   b) Trace un ✘ sur l'ensemble qui a le moins d'éléments.

2. a) Complète chaque ensemble pour avoir
   autant d'éléments qu'il y a de points sur ce dé.

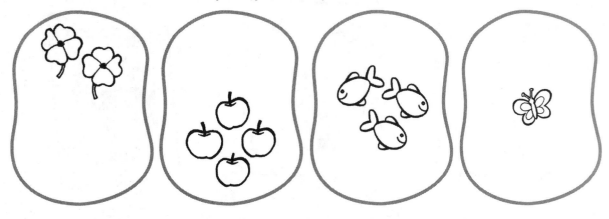

   b) Dis à un ou une élève où tu as dessiné :

     ● le plus d'éléments ;   ● le moins d'éléments.

Nom _____

Des cartes

1. Forme des ensembles avec ces cartes. Utilise une couleur différente pour chaque ensemble.

2. Quelle est la propriété commune aux éléments de chaque ensemble ? Dis-le à un ou une élève.

Nom _____

Je sais compter

1. Relie chaque ensemble à son ☐ .

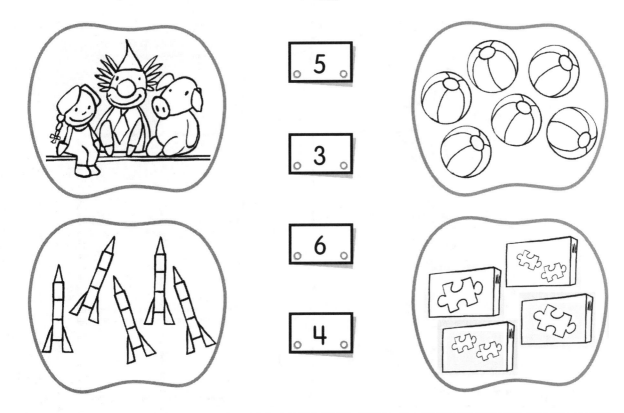

2. Dessine le nombre de ● approprié dans chaque ensemble.

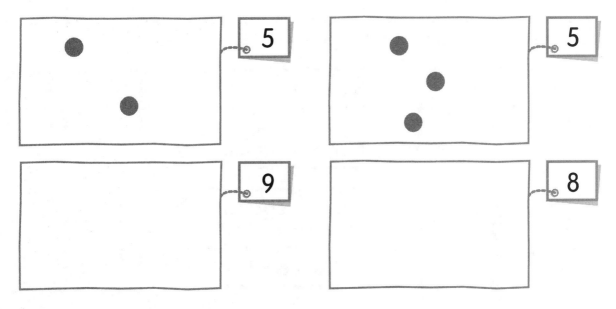

Nom

Des dominos

1. a) Dessine des • dans les dominos pour illustrer chaque fois :

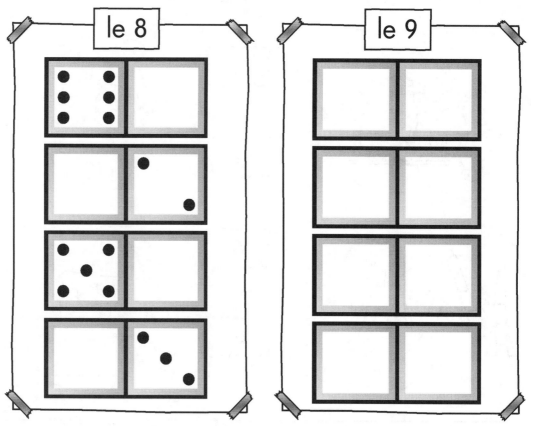

b) Compare tes dominos avec ceux d'autres élèves.

2. Relie chaque domino à l'étiquette appropriée.

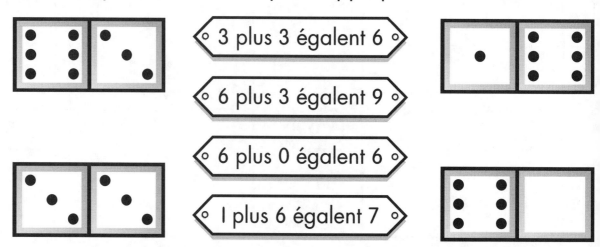

Corrigé des fiches 70 et 71

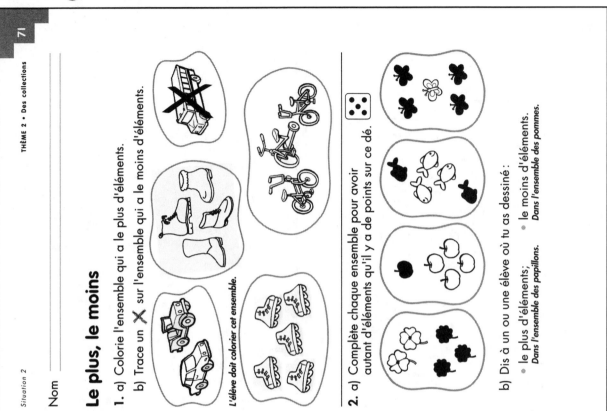

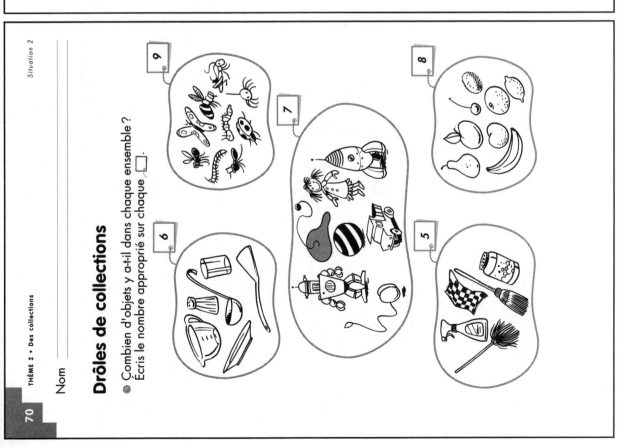

Corrigé des fiches 72, 73 et 74

Nom

Des cartes

1. Forme des ensembles avec ces cartes. Utilise une couleur différente pour chaque ensemble. *Réponses variables; exemple:*

2. Quelle est la propriété commune aux éléments de chaque ensemble? Dis-le à un ou une élève. *Réponses variables; exemple: un ensemble est formé avec les carreaux; un ensemble est formé avec les piques; un ensemble est formé avec les cœurs.*

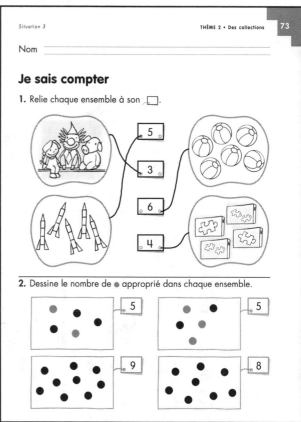

Nom

Je sais compter

1. Relie chaque ensemble à son ☐.

2. Dessine le nombre de ● approprié dans chaque ensemble.

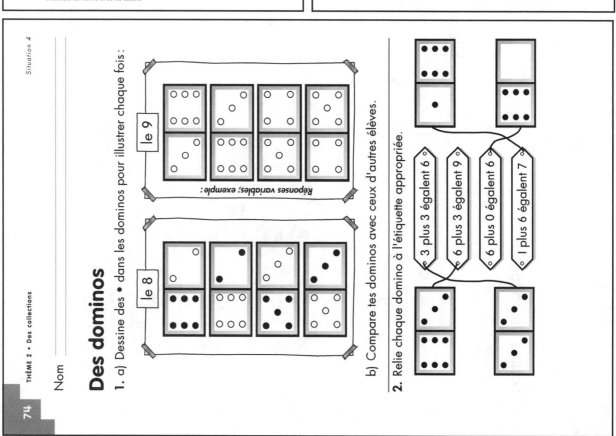

Nom

Des dominos

1. a) Dessine des ● dans les dominos pour illustrer chaque fois: *Réponses variables; exemple:*

le 9

le 8

b) Compare tes dominos avec ceux d'autres élèves.

2. Relie chaque domino à l'étiquette appropriée.

3 plus 3 égalent 6

6 plus 3 égalent 9

6 plus 0 égalent 6

1 plus 6 égalent 7

UN ANNIVERSAIRE

Ce thème, qui comprend six situations d'apprentissage, dure environ deux semaines. En suivant les préparatifs de l'anniversaire d'Alex, le frère de Léa, et en réalisant les activités proposées, les élèves découvriront, entre autres, des méthodes de travail efficaces autant en mathématique que dans leur vie quotidienne.

Déterminer à quel moment aura lieu la fête, établir la liste du matériel nécessaire à sa préparation, aller à l'épicerie, décorer le local, toutes ces activités auxquelles participeront Léa et ses amis permettront aux élèves de lire un calendrier, de compter, de découvrir des complémentaires de nombres, de classer des solides, de faire des groupements de dix et de résoudre des problèmes de soustraction. Enfin, le projet, en lien avec le thème, amènera les élèves à fabriquer un plateau de jeu.

TABLEAUX DE PLANIFICATION **78**

LE PORTFOLIO **81**

PROJET : Fabriquer un plateau de jeu **81**

Situation d'apprentissage 1 : Des préparatifs de fête **81**

Situation d'apprentissage 2 : La cuisine chez Léa **87**

Situation d'apprentissage 3 : À l'épicerie **91**

Situation d'apprentissage 4 : Une catastrophe à l'épicerie **95**

Situation d'apprentissage 5 : Que la fête commence ! **99**

Situation d'apprentissage 6 : Après la fête **103**

Retour sur le thème **106**

Activité de numération **107**

ANNEXE **108**

PROJET : Fabriquer un plateau de jeu

SITUATION D'APPRENTISSAGE :	**1** DES PRÉPARATIFS DE FÊTE Durée : 2 h	p. 26-27

DOMAINES GÉNÉRAUX DE FORMATION	COMPÉTENCES TRANSVERSALES	DOMAINES D'APPRENTISSAGE
DOMAINES, AXES DE DÉVELOPPEMENT	**ORDRES, COMPÉTENCES, COMPOSANTES**	**COMPÉTENCES DISCIPLINAIRES, COMPOSANTES**
S'engager dans l'action dans un esprit de coopération et de solidarité S'approprier des stratégies liées à un projet	**EXPLOITER L'INFORMATION** Reconnaître diverses sources d'information S'approprier l'information Tirer profit de l'information **METTRE EN ŒUVRE SA PENSÉE CRÉATRICE** S'imprégner des éléments d'une situation Imaginer des façons de faire	**RÉSOUDRE UNE SITUATION-PROBLÈME MATHÉMATIQUE** Décoder les éléments de la situation-problème

SAVOIRS ESSENTIELS	
Arithmétique	**Sens et écriture des nombres naturels** Nombres naturels inférieurs à 1000 : lecture, écriture, nombre, comptage, ordre (de 0 à 31)
Mesure	**Temps : estimation et mesurage** Unités conventionnelles, durée (jour, cycle hebdomadaire)
Repères culturels	**Nombres** Contexte social
Symboles	0 à 9
Vocabulaire	Nombre, suite; les jours de la semaine

SITUATION D'APPRENTISSAGE :	**2** LA CUISINE CHEZ LÉA Durée : 2 h	p. 28-29

DOMAINES GÉNÉRAUX DE FORMATION	COMPÉTENCES TRANSVERSALES	DOMAINES D'APPRENTISSAGE
DOMAINES, AXES DE DÉVELOPPEMENT	**ORDRES, COMPÉTENCES, COMPOSANTES**	**COMPÉTENCES DISCIPLINAIRES, COMPOSANTES**
Développer des stratégies de consommation et d'utilisation responsable de biens et de services	**EXPLOITER L'INFORMATION** Tirer profit de l'information **EXERCER SON JUGEMENT CRITIQUE** Exprimer son jugement Relativiser son jugement **SE DONNER DES MÉTHODES DE TRAVAIL EFFICACES** Analyser la tâche à accomplir S'engager dans la démarche Accomplir la tâche **COMMUNIQUER DE FAÇON APPROPRIÉE** Réaliser la communication	**RÉSOUDRE UNE SITUATION-PROBLÈME MATHÉMATIQUE** Décoder les éléments de la situation-problème Modéliser la situation-problème Appliquer différentes stratégies en vue d'élaborer une solution Partager l'information relative à la solution **RAISONNER À L'AIDE DE CONCEPTS ET DE PROCESSUS MATHÉMATIQUES** Cerner les éléments de la situation mathématique Mobiliser des concepts et des processus mathématiques appropriés à la situation Appliquer des processus mathématiques appropriés à la situation

SAVOIRS ESSENTIELS	
Arithmétique	**Sens des opérations sur des nombres naturels** Opération, sens des opérations : addition (ajout), complémentaires
Vocabulaire	Ensemble, figure géométrique, nombre

| SITUATION D'APPRENTISSAGE : | **3** | À L'ÉPICERIE Durée : 1 h | p. 30-31 |

DOMAINES GÉNÉRAUX DE FORMATION	COMPÉTENCES TRANSVERSALES	DOMAINES D'APPRENTISSAGE
DOMAINES, AXES DE DÉVELOPPEMENT	**ORDRES, COMPÉTENCES, COMPOSANTES**	**COMPÉTENCES DISCIPLINAIRES, COMPOSANTES**
Développer des stratégies de consommation et d'utilisation responsable de biens et de services	**I** EXPLOITER L'INFORMATION S'approprier l'information Tirer profit de l'information EXERCER SON JUGEMENT CRITIQUE Construire son opinion Exprimer son jugement METTRE EN ŒUVRE SA PENSÉE CRÉATRICE S'engager dans une réalisation **M** SE DONNER DES MÉTHODES DE TRAVAIL EFFICACES Analyser la tâche à accomplir S'engager dans la démarche Accomplir la tâche **C** COMMUNIQUER DE FAÇON APPROPRIÉE Réaliser la communication	**2** RAISONNER À L'AIDE DE CONCEPTS ET DE PROCESSUS MATHÉMATIQUES Cerner les éléments de la situation mathématique Mobiliser des concepts et des processus mathématiques appropriés à la situation Appliquer des processus mathématiques appropriés à la situation

SAVOIRS ESSENTIELS

Arithmétique	**Sens et écriture des nombres naturels** Nombres naturels inférieurs à 1000 : comptage, représentation **Sens des opérations sur des nombres naturels** Opération, sens des opérations : addition (réunion), complémentaires, soustraction (retrait); propriété des opérations : commutativité
Repères culturels	**Nombres** Contexte social
Vocabulaire	Complémentaires, nombre

| SITUATION D'APPRENTISSAGE : | **4** | UNE CATASTROPHE À L'ÉPICERIE Durée : 1 h | p. 32-33 |

DOMAINES GÉNÉRAUX DE FORMATION	COMPÉTENCES TRANSVERSALES	DOMAINES D'APPRENTISSAGE
DOMAINES, AXES DE DÉVELOPPEMENT	**ORDRES, COMPÉTENCES, COMPOSANTES**	**COMPÉTENCES DISCIPLINAIRES, COMPOSANTES**
Adopter un mode de vie actif et une conduite sécuritaire	**I** EXPLOITER L'INFORMATION S'approprier l'information METTRE EN ŒUVRE SA PENSÉE CRÉATRICE Imaginer des façons de faire S'engager dans une réalisation **M** SE DONNER DES MÉTHODES DE TRAVAIL EFFICACES Analyser la tâche à accomplir S'engager dans la démarche Accomplir la tâche **C** COMMUNIQUER DE FAÇON APPROPRIÉE Réaliser la communication	**2** RAISONNER À L'AIDE DE CONCEPTS ET DE PROCESSUS MATHÉMATIQUES Cerner les éléments de la situation mathématique Mobiliser des concepts et des processus mathématiques appropriés à la situation Appliquer des processus mathématiques appropriés à la situation

SAVOIRS ESSENTIELS

| **Géométrie** | **Figures géométriques et sens spatial**
Solides : comparaison des objets de l'environnement aux solides |
| **Vocabulaire** | Face, ensemble, solide |

SITUATION D'APPRENTISSAGE :	**5**	**QUE LA FÊTE COMMENCE !** Durée : 2 h	p. 34-35

DOMAINES GÉNÉRAUX DE FORMATION	COMPÉTENCES TRANSVERSALES	DOMAINES D'APPRENTISSAGE
DOMAINES, AXES DE DÉVELOPPEMENT	**ORDRES, COMPÉTENCES, COMPOSANTES**	**COMPÉTENCES DISCIPLINAIRES, COMPOSANTES**
S'engager dans l'action dans un esprit de coopération et de solidarité	**I EXERCER SON JUGEMENT CRITIQUE** Construire son opinion Exprimer son jugement Relativiser son jugement **METTRE EN ŒUVRE SA PENSÉE CRÉATRICE** S'engager dans une réalisation **M SE DONNER DES MÉTHODES DE TRAVAIL EFFICACES** Analyser la tâche à accomplir S'engager dans la démarche Accomplir la tâche **C COMMUNIQUER DE FAÇON APPROPRIÉE** Réaliser la communication	**2 RAISONNER À L'AIDE DE CONCEPTS ET DE PROCESSUS MATHÉMATIQUES** Cerner les éléments de la situation mathématique Mobiliser des concepts et des processus mathématiques appropriés à la situation Appliquer des processus mathématiques appropriés à la situation

SAVOIRS ESSENTIELS

Arithmétique **Sens et écriture des nombres naturels**
Nombres naturels inférieurs à 1000 (unité, dizaine) : lecture, écriture, représentation, groupement par 10

Vocabulaire Cube, groupe (groupement), grouper, nombre

SITUATION D'APPRENTISSAGE :	**6**	**APRÈS LA FÊTE** Durée : 1 h	p. 36-37

DOMAINES GÉNÉRAUX DE FORMATION	COMPÉTENCES TRANSVERSALES	DOMAINES D'APPRENTISSAGE
DOMAINES, AXES DE DÉVELOPPEMENT	**ORDRES, COMPÉTENCES, COMPOSANTES**	**COMPÉTENCES DISCIPLINAIRES, COMPOSANTES**
Prendre conscience de soi, de son potentiel et de ses modes d'actualisation	**I EXERCER SON JUGEMENT CRITIQUE** Construire son opinion Exprimer son jugement Relativiser son jugement **M SE DONNER DES MÉTHODES DE TRAVAIL EFFICACES** Analyser la tâche à accomplir S'engager dans la démarche Accomplir la tâche **C COMMUNIQUER DE FAÇON APPROPRIÉE** Réaliser la communication	**1 RÉSOUDRE UNE SITUATION-PROBLÈME MATHÉMATIQUE** Décoder les éléments de la situation-problème Modéliser la situation-problème Appliquer différentes stratégies en vue d'élaborer une solution **2 RAISONNER À L'AIDE DE CONCEPTS ET DE PROCESSUS MATHÉMATIQUES** Cerner les éléments de la situation mathématique Mobiliser des concepts et des processus mathématiques appropriés à la situation Appliquer des processus mathématiques appropriés à la situation

SAVOIRS ESSENTIELS

Arithmétique **Sens et écriture des nombres naturels**
Nombres naturels inférieurs à 1000 : représentation
Sens des opérations sur des nombres naturels
Opération, sens des opérations : soustraction (retrait)

Vocabulaire Combien, enlever, rester

Le portfolio est d'abord un outil qui permet à l'élève de trouver des traces du travail qu'elle ou il accomplit dans chacun des thèmes. Au cours de ce thème, lui proposer, entre autres, d'y conserver :

■ une page de calendrier qui permet le comptage de 1 à 31;

■ des activités sur les complémentaires de 10 (fiches 24 et 25 du *RA-1A*) ou d'autres complémentaires de nombres que l'élève aura illustrés;

■ une activité sur les solides (fiches 27 et 28 du *RA-1A*);

■ des activités sur les groupements de 10 (fiches 29 et 30 du *RA-1A*);

■ des activités sur la soustraction (fiches 31 et 32 du *RA-1A*) ou des histoires de soustraction que l'élève inventera et illustrera selon la méthode de travail proposée.

PROJET   FABRIQUER UN PLATEAU DE JEU

Dès la première situation d'apprentissage, les élèves ont l'occasion de jouer à un jeu que Logibul a inventé pour l'anniversaire d'Alex (voir fiche 23 du *RA-1A*). Il s'apparente aux jeux de parcours bien connus des enfants. Ce jeu peut se jouer à deux mais aussi à plusieurs. Le plateau de jeu que constitue la fiche est malheureusement trop petit pour une partie à 10 joueurs; les élèves auront à résoudre ce problème dans le cadre du projet, qui consiste à fabriquer un plateau de jeu permettant à 10 élèves de jouer ensemble une partie. Ils devront prévoir le matériel nécessaire à sa fabrication et un calendrier des diverses étapes de sa réalisation. Comme les élèves travailleront en collaboration, ils devront aussi organiser le travail en équipe et se partager les diverses tâches. À mesure qu'ils exploreront de nouvelles méthodes de travail en compagnie de Léa et de ses amis, ils les intégreront dans l'élaboration de leur projet. Les élèves pourraient même prévoir la possibilité de changer les nombres qui apparaissent sur le jeu et augmenter ainsi le degré de difficulté de comptage au cours de l'année.

▶ SITUATION D'APPRENTISSAGE ▮ Des préparatifs de fête

Comment souligner l'anniversaire de naissance d'une personne qu'on aime et lui faire plaisir? Avec ses amis, Léa prépare une fête pour son frère Alex, qui va avoir 10 ans. Ils mettent leurs idées en commun pour rendre cette journée mémorable. Dans cette première situation d'apprentissage, les élèves échangeront leurs idées sur les préparatifs de la fête d'Alex et tireront profit des illustrations pour imaginer le déroulement de la fête. Ce sera pour eux l'occasion de travailler en équipe.

Toutefois, des problèmes se posent. Combien y aura-t-il d'enfants à cette fête? Quand la fête aura-t-elle lieu et de combien de temps disposent Léa et ses amis pour la préparer? Recourir au calendrier de la classe permet de résoudre un aspect du problème. Le jeu de Logibul fournit un support aux activités de comptage.

Organisation matérielle

■ Le manuel *Logibul 1*, p. 26 et 27;

■ Les fiches 22 et 23, *RA-1A*, p. 22 et 23;

■ Le calendrier de la classe;

■ Un grand carton (ou feuille);

■ 31 petits cartons (ou bouts de papier) carrés, gomme adhésive;

■ Plusieurs dés à jouer (un par groupe de joueurs);

■ Un pion par élève;

■ La fiche *Je suis les nombres*, au besoin (guide, p. 108).

2 heures

Facteurs de réussite

Les élèves auront réussi la tâche :

▪ s'ils lisent, écrivent et ordonnent les nombres de 0 à 31;

▪ s'ils recourent efficacement aux informations contenues dans un dessin;

▪ s'ils repèrent les données utiles à la résolution d'un problème.

Portfolio

Suggérer aux élèves de reproduire, sur une feuille, une page de calendrier qui comporte 31 jours et de la conserver dans leur portfolio.

LA PRÉPARATION

Rôle de l'enseignante ou de l'enseignant	Rôle de l'élève
Animer avec les élèves une causerie de 15 à 20 minutes sur les anniversaires. Leur poser ces questions : — *Qui a célébré son anniversaire dernièrement ?* — *Connais-tu une personne dont c'est l'anniversaire prochainement ?* — *Comment célèbres-tu habituellement ton anniversaire ?* — *Qu'est-ce qui te fait le plus plaisir quand on te fête ?* — *Comment fais-tu plaisir aux gens que tu aimes pour leur anniversaire ?* — *Est-ce que tu prépares une fête avec des amis ?* — *Y a-t-il des jeux ?*	Participer à la causerie en répondant aux questions de l'enseignante ou de l'enseignant. Raconter comment son anniversaire et celui des personnes de son entourage sont habituellement fêtés. Écouter les commentaires des autres élèves. Accepter qu'ils célèbrent leur anniversaire d'une façon différente.
▪ MANUEL, P. 26 ▪ Demander aux élèves d'observer pendant quelques minutes l'illustration. Les grouper ensuite en équipes de quatre. Leur expliquer qu'ils vont faire un jeu de rôles et que chaque membre des équipes va incarner l'un des quatre personnages illustrés à la p. 26.	Observer l'illustration, puis se grouper en équipe de quatre. Écouter les explications sur le jeu de rôles.
Inviter les élèves à choisir leur personnage. Observer dans chaque équipe si les élèves s'entendent sur la façon de faire ce choix. Ont-ils décidé de piger, à tour de rôle, un prénom de personnages ? Font-ils leur choix rapidement sans discuter ? Si certaines équipes éprouvent des difficultés à s'entendre, demander à d'autres équipes de leur expliquer comment elles procèdent.	Choisir son personnage. S'entendre avec les membres de son équipe sur une façon de faire ce choix. Expliquer, au besoin, sa méthode de travail.
Demander aux équipes d'observer à nouveau l'illustration de la p. 26 de leur manuel. Leur laisser quelques minutes pour préparer leur saynète. Animer la narration : *Léa veut fêter l'anniversaire de son frère Alex. Elle est dans sa chambre avec ses trois amis. Que font-ils ? De quoi parlent-ils ?* (Leur lire le contenu des phylactères.)	Observer attentivement l'illustration, puis préparer sa saynète avec les membres de son équipe.

Inviter chaque équipe à présenter sa saynète. Une fois les représentations terminées, animer un retour sur celles-ci.

— *Est-ce que toutes les équipes ont joué la scène de façon satisfaisante ?*

— *Est-ce que chaque élève a interprété le rôle qui lui était assigné ?*

— *Est-ce que certaines équipes ont eu besoin d'aide pour comprendre le sens des dialogues à interpréter ?*

■ MANUEL, P. 27 ■ Demander aux élèves d'observer les illustrations, puis leur poser ces questions :

— *Quels amis Léa veut-elle inviter ?*

— *De quels objets Félix a-t-il besoin pour chaque invité ?*

— *Quels aliments Hoa veut-elle offrir aux invités ?*

— *Quel jeu Logibul va-t-il suggérer aux invités ?*

Présenter sa saynète. Évaluer son travail et celui des autres équipes. Exprimer son opinion et écouter celle des autres élèves.

Observer les illustrations pour répondre aux questions de l'enseignante ou de l'enseignant. Considérer la liste d'invités, nommer les objets, les aliments et quelques éléments du jeu. Établir un lien entre les éléments de cette situation et les préparatifs de la fête.

LA RÉALISATION

Rôle de l'enseignante ou de l'enseignant	Rôle de l'élève
Prendre le calendrier de la classe. Le comparer avec celui de la p. 26 du manuel. Demander aux élèves de vérifier sur le calendrier de la classe les éléments suivants : — le nombre de mois qu'il y a dans une année ; — le nom des mois de l'année ; — le nombre de jours qu'il y a dans une semaine ; — le nom des jours de la semaine ; — le nombre de rangées qu'il y a pour chaque mois ; — le nombre de jours qu'il y a dans chaque mois.	Comparer le calendrier de la classe avec celui du manuel. Observer sur le calendrier de la classe les éléments suivants : le nombre de mois qu'il y a dans une année et leur nom ; le nombre de jours qu'il y a dans une semaine et leur nom ; le nombre de rangées et de jours qu'il y a pour chaque mois.
Proposer aux élèves de fabriquer une page de calendrier pareille à celle illustrée à la p. 26 du manuel. Leur distribuer 31 petits cartons (ou bouts de papier) carrés et les inviter à y écrire les nombres de 1 à 31. Préparer un quadrillage (5 rangées de 7 cases carrées) sur une feuille ou un grand carton ; y inscrire les jours de la semaine. Recueillir les 31 cartons nombres. Demander aux élèves de coller, à tour de rôle et à l'aide de gomme adhésive, un de ces cartons nombres à l'endroit approprié sur le quadrillage en suivant le modèle du calencrier de la p. 26 du manuel. Une fois leur tâche terminée, leur demander de compter à voix haute les 31 jours du calendrier.	Participer à la fabrication de la page de calendrier. Préparer les cartons nombres. Poser des questions, au besoin. Choisir et placer un carton nombre au bon endroit sur le calendrier. Compter avec la classe les jours du calendrier.

> **NOTE DIDACTIQUE**
>
> Les activités qui précèdent portent sur le comptage. Le comptage a souvent été associé à une tâche banale et routinière ne présentant aucun intérêt. Même s'il y a un peu de vrai dans cette observation, il ne faut pas pour autant sous-estimer l'importance de savoir compter. Ce qui est visé ici, c'est que l'élève soit capable de réciter une suite de nombres, sans en oublier, sans en intervertir, sans en répéter. Il ne s'agit pas encore de demander à l'élève de connaître la structure du système de numération. Cela viendra plus tard. Le comptage est une étape préparatoire au dénombrement. Pour s'en convaincre, demander aux élèves, à ce moment-ci de l'année, de compter le nombre d'élèves dans la classe; il y aura sans doute plusieurs réponses !

■ MANUEL, P. 27, ACTIVITÉ 1 ■ Demander aux élèves d'observer Léa à la p. 26 du manuel. Leur relire le contenu de la bulle, puis les inviter à réaliser l'activité 1a. Déplacer le carton nombre représentant le jour de la fête (le 13) en diagonale sur la grande page de calendrier. Demander aux élèves de compter le nombre de jours complets qui restent avant la fête en partant du 2 (date de la réunion de Léa et ses amis). Expliquer aux élèves que lorsque la journée est déjà commencée, on compte à partir du lendemain. Répéter cette tâche avec des dates d'anniversaire de quelques élèves.

Se servir de l'illustration de la p. 26 pour répondre à la question 1a. Compter les jours qui restent avant la fête. Refaire l'activité avec des dates d'anniversaire de quelques camarades de classe.

■ MANUEL, P. 27, ACTIVITÉ 2 ■ Demander aux élèves de trouver combien d'enfants il va y avoir à la fête. Certains élèves ne penseront peut-être pas à compter Alex et les organisateurs de la fête. Leur poser ces questions :

— *Es-tu certain ou certaine d'avoir compté tout le monde ?*

— *Est-ce que Léa, Félix, Hoa et Logibul vont assister à la fête ? Nomme les invités. Qui sera fêté ?*

— *Combien de personnes cela fait-il en tout ?*

Compter les enfants qu'il va y avoir à la fête en n'oubliant personne : Alex, les organisateurs de la fête et les invités.

■ MANUEL, P. 27, ACTIVITÉ 3 ■ Lire la consigne aux élèves, puis les inviter à observer les dessins de Félix, Hoa et Logibul. Leur laisser un peu de temps pour imaginer le déroulement de la fête. Demander à certains d'entre eux de raconter leur histoire.

Observer les illustrations. En en tenant compte, imaginer le déroulement de la fête.

■ MANUEL, P. 27 ■ Inviter les élèves à observer le jeu de Logibul. Leur demander s'ils connaissent ce type de jeu :

— *As-tu déjà joué à un jeu semblable ? Avec qui ?*

— *Est-ce que les règles de ce type de jeu sont faciles ou difficiles à comprendre ?*

— *De quoi a-t-on besoin pour jouer à ce jeu ?*

Observer le jeu de Logibul. Faire part de ses connaissances sur ce type de jeu.

■ FICHE 23, *RA-1A*, P. 23 ■ Présenter et expliquer le jeu de Logibul aux élèves. Leur proposer d'en jouer une partie à deux. Circuler parmi eux. Vérifier si les élèves comprennent et respectent les règles. Aider les élèves qui éprouvent des difficultés. Leur répéter les règles du jeu, au besoin. Laisser le temps à tout le monde de jouer une partie.

Écouter les explications relatives au jeu de Logibul. Poser des questions, au besoin. Se grouper avec un ou une élève pour jouer une partie. Respecter les règles du jeu. Demander de l'aide si c'est nécessaire. Manifester de l'enthousiasme.

Animer un retour collectif sur le déroulement du jeu de Logibul. Poser aux élèves ces questions:

— *As-tu aimé jouer à ce jeu? L'as-tu trouvé facile ou difficile?*

— *As-tu eu de la difficulté à reconnaître les nombres et à compter les cases?*

— *As-tu eu de la difficulté à bien t'entendre avec ton ou ta camarade de jeu?*

Inviter les élèves à s'exprimer sur les stratégies qu'ils utilisent pour bien s'entendre.

Participer au retour sur le jeu de Logibul. Dire si le jeu est amusant et s'il est facile ou difficile. Expliquer ses stratégies pour bien s'entendre avec sa ou son camarade de jeu.

NOTE DIDACTIQUE Les jeux de parcours, comme celui de Logibul, sont souvent très riches en apprentissages de toutes sortes. Ils amènent l'élève à compter, à voir l'ordre des nombres dans une suite, à prêter attention aux nombres qui précèdent et à ceux qui suivent. Ils lui permettent également de faire du double comptage, c'est-à-dire de compter à partir de 0 et de compter à partir d'un nombre quelconque, en allant soit vers l'avant, soit vers l'arrière. Il est intéressant de souligner que la ligne des nombres qui serpente est une variante de la droite numérique et que le sens cardinal du nombre est abordé avec l'utilisation du dé. Enfin, l'élève a l'occasion d'expérimenter une activité liée au hasard.

L'INTÉGRATION

Rôle de l'enseignante ou de l'enseignant	Rôle de l'élève

■FICHE 23, *RA-1A*, P. 23■   Inviter les élèves à jouer au jeu de Logibul à quatre. Faire un retour sur le jeu. Poser aux élèves ces questions:

— *Selon toi, y a-t-il des différences entre jouer à deux et jouer à quatre?*

— *Est-ce plus ou moins facile de repérer l'endroit où se trouvent les quatre pions?*

— *Est-ce plus ou moins facile de s'entendre sur les règles du jeu quand on joue à quatre?*

Jouer au jeu de Logibul avec trois autres élèves. Participer au retour sur le jeu. Donner son opinion sur les différences qu'il y a entre jouer à deux et jouer à quatre. Exprimer son point de vue sur les difficultés éprouvées et sur les moyens utilisés pour les surmonter.

■FICHE 22, *RA-1A*, P. 22■   Lire les consignes des trois activités aux élèves. Demander à un ou une élève de les redire dans ses mots afin de s'assurer que le travail à faire est bien compris. Inviter les élèves à réaliser individuellement la tâche. Animer un retour sur l'activité 1.

Écouter les consignes. Les redire dans ses mots. Poser des questions, au besoin. Compléter les suites de nombres. Participer au retour sur l'activité 1 en manifestant de l'intérêt.

Prendre les cartons nombres de 13 à 23. Tracer les contours d'une bande rectangulaire au tableau de la classe. Y coller, à l'aide de gommette adhésive, les cartons nombres 13, 16, 19 et 23 en prenant soin de laisser des espaces pour les nombres qui manquent. Demander aux élèves de compléter cette suite (de 13 à 23) à haute voix. Chaque fois qu'un nombre manquant est nommé, coller le carton nombre correspondant au bon endroit dans la suite. Une fois la suite complétée, inviter les élèves à en lire à haute voix les nombres. Corriger l'activité 2 de la même manière mais cette fois avec les cartons nombres de 0 à 29.

Compléter la suite de nombres en nommant ceux qui manquent. Lire correctement les nombres de 13 à 23. Participer à la correction de l'activité 2.

Corriger l'activité 3. Demander aux élèves de comparer leurs réponses en équipe de deux. Circuler parmi les équipes pour vérifier les connaissances des élèves à propos de l'heure. Profiter de cette occasion pour leur expliquer comment lire l'heure quand la grande aiguille indique 12.

Se placer en équipe de deux et comparer ses réponses avec celles de son coéquipier ou de sa coéquipière. Profiter de ce moment pour apprendre à lire l'heure quand la grande aiguille indique 12.

Corrigé des activités du manuel, p. 27

1. a) La fête aura lieu le samedi 13. Le mois et l'année ne doivent pas être pris en considération.
   b) Il reste 11 jours avant la fête.

2. Il va y avoir 10 enfants à la fête : les 5 enfants dont les prénoms figurent sur la liste de Léa, auxquels il faut ajouter Alex, Léa, Félix, Hoa et Logibul (on suppose que tous seront présents).

3. Les dessins laissent deviner qu'il y aura des objets qu'on retrouve habituellement lors d'une fête (chapeaux, flûtes, ballons, assiettes et verres), de la nourriture (fruits, légumes, gâteau) et le jeu de Logibul. L'interprétation des illustrations et du déroulement de la fête peut amener des réponses variables de la part des élèves.

 Amuse-toi avec le jeu de Logibul. Utilise la fiche qu'on te remet.

Les élèves jouent au jeu de Logibul à deux moments différents au cours du déroulement de la situation d'apprentissage. Il y jouent à deux à la phase Réalisation (voir p. 83 du guide) et à quatre à la phase Intégration (guide, p. 85).

Projet

Amorcer le projet du thème en revenant à la fiche 23 et en posant le problème suivant au groupe-classe :

— *Selon toi, est-ce que les 10 enfants présents à la fête d'Alex vont pouvoir jouer tous en même temps au jeu de Logibul ?*

— *Quelles suggestions peut-on faire à Logibul et à ses amis pour leur permettre de jouer tous en même temps une même partie ?*

Demander aux élèves d'y aller de leurs suggestions et d'exprimer leurs idées. Les écrire au tableau. Expliquer ensuite aux élèves que l'idée qui sera retenue sera expérimentée en classe et qu'elle doit respecter ce critère : au moins 10 élèves doivent pouvoir jouer ensemble une même partie à l'aide d'un plateau de jeu. Grouper les élèves en équipes de quatre ou cinq et les inviter à réfléchir aux suggestions qui ont été faites. Animer la discussion en circulant parmi les équipes. Leur poser ces questions :

— *Faut-il faire plusieurs plateaux de jeu ?*

— *Faut-il faire un seul plateau de jeu assez grand pour jouer à 10 ?*

— *Comment fabrique-t-on un plateau de jeu ?*

Mettre en commun les différentes solutions proposées et, en plénière, en retenir une. Avec les élèves, fixer la date à laquelle le projet doit être terminé. Entourer la date sur le calendrier de la classe. Demander aux élèves de compter le nombre de jours qui restent avant cette date.

Réinvestissement

Proposer aux élèves :

■ de jouer au jeu de Logibul avec des amis en dehors de la classe : au service de garde ou à la maison par exemple ;

■ de reproduire, sur une feuille, une page de calendrier comportant 31 jours ;

■ d'expliquer le projet de la classe à une personne adulte à la maison.

Travaux personnels

■ Suggérer aux élèves d'écrire les nombres de 0 à 31 dans un cahier à trottoirs, puis de les nommer à haute voix à une personne adulte à la maison.

■ Proposer aux élèves la fiche *Je suis les nombres*.

Utilisation des TIC

Inviter les élèves à écrire à l'ordinateur les nombres de 0 à 31 en différents caractères et en différentes grosseurs. Si les élèves sont habiles avec le clavier, leur demander de faire une page de calendrier (le mois de leur anniversaire, par exemple). La date de leur anniversaire pourrait y figurer en très gros, de couleur différente. Imprimer et afficher le travail dans la classe.

▶ SITUATION D'APPRENTISSAGE 2 La cuisine chez Léa

En bons consommateurs, Léa et ses amis font l'inventaire de ce qu'ils ont déjà pour organiser la fête, avant de se rendre à l'épicerie. Cette situation amènera les élèves à juger de la pertinence de dresser une liste et de la manière de la construire, ce qui leur permettra de se rendre compte de l'importance de travailler méthodiquement pour trouver des réponses précises. Les élèves aideront aussi Félix à trouver combien d'objets il faudra acheter pour la fête. Ainsi, en se donnant des stratégies, ils trouveront des complémentaires de 10.

Organisation matérielle

■ Le manuel *Logibul 1*, p. 28 et 29 ;

■ Les fiches 24 et 25, *RA-1A*, p. 24 et 25 ;

■ Les fiches de soutien *La cuisine chez Léa (1)* et *(2)*, p. 109 et 110 du guide ;

■ Du matériel de manipulation (jetons, cubes, bâtonnets, etc.) ;

■ La fiche *De nouveaux ensembles*, au besoin (guide, p. 111).

2 heures

Facteurs de réussite

Les élèves auront réussi la tâche :

■ s'ils dressent l'inventaire des choses que Léa a déjà ;

■ s'ils dressent la liste des choses dont Léa a besoin ;

■ s'ils trouvent les complémentaires de 10 à l'aide de matériel de manipulation ;

■ s'ils utilisent une méthode de travail efficace pour résoudre un problème.

Portfolio

Comme les fiches 24 et 25 reflètent bien le travail effectué sur les complémentaires de 10, proposer aux élèves de conserver ces fiches dans leur portfolio.

LA PRÉPARATION

Rôle de l'enseignante ou de l'enseignant	Rôle de l'élève
Inviter les élèves à se rappeler les préparatifs de la fête d'Alex (situation d'apprentissage 1) en leur posant cette question :	Essayer de se rappeler ce que Léa et ses amis faisaient. Prêter attention à l'ordre chronologique des événements.
— *Que faisaient Léa, Félix, Hoa et Logibul ?*	
En plus de permettre aux élèves de se replacer dans le contexte du thème et de développer leur mémoire, ce retour les amène à travailler l'ordre chronologique des événements; par exemple :	
— *Hier, Léa, Félix, Hoa et Logibul préparaient une fête. Voyons ce qu'ils font aujourd'hui.*	
■ Manuel, p. 28 ■ Demander aux élèves d'observer l'illustration. Leur poser ces questions en leur précisant d'y répondre dans leur tête :	Observer l'illustration. Essayer d'expliquer la scène. Réfléchir en silence.
— *Selon toi, où se passe cette situation ?*	
— *Que vois-tu dans l'armoire ?*	
— *À quoi servent ces objets ?*	
— *Reconnais-tu les personnages ? Que font-ils ?*	
Grouper les élèves en dyades. Leur lire les questions de la p. 28 de leur manuel et les inviter à y répondre en leur précisant qu'ensuite ils compareront leurs réponses avec celles de leur camarade d'équipe. Demander aux élèves s'ils ont les mêmes réponses. Animer une discussion. Amener les élèves à se rendre compte de l'utilité des listes.	Se grouper en équipe de deux. Répondre aux questions en travaillant calmement et à voix basse. Comparer ses réponses avec celles de son ou sa camarade d'équipe. Participer à la discussion. Donner son point de vue sur l'utilité des listes et écouter celui des autres élèves.

LA RÉALISATION

Rôle de l'enseignante ou de l'enseignant	Rôle de l'élève
■ Manuel, p. 29, activité 4 ■ Rappeler aux élèves qu'il y aura 10 enfants à la fête. Les amener à constater qu'il manque des choses pour la fête et que Félix a dressé la liste de ces objets. Leur faire remarquer le nombre 7 sur le sachet de ballons. Inviter les élèves à répondre aux questions de l'activité et à compléter la liste de Félix. Leur remettre la fiche de soutien *La cuisine chez Léa (partie 1)* et leur suggérer d'utiliser du matériel de manipulation. Les aider, au besoin.	Compter les objets illustrés dans l'armoire. Remarquer le nombre 7 figurant sur le sachet de ballons, que Léa tient. Constater qu'il manque des choses pour la fête. Répondre aux questions de l'activité et compléter la liste de Félix en utilisant la fiche de soutien et du matériel de manipulation. Demander de l'aide, au besoin.

Faire un retour sur l'activité 4 et la corriger collectivement. Reproduire la liste de Félix au tableau. Inviter un ou une élève à la compléter en posant des questions à l'ensemble de la classe. Demander aux élèves s'ils ont trouvé l'activité facile ou difficile à réaliser et d'expliquer pourquoi.

Compléter la liste de Félix reproduite au tableau à l'aide de sa propre liste (fiche de soutien). Donner ses réponses et écouter celles des autres élèves. Participer à la discussion. Dire si l'activité a été facile ou difficile à réaliser et expliquer pourquoi.

> **NOTE DIDACTIQUE** Les activités 4 et 5 portent essentiellement sur la recherche de complémentaires. Il est demandé aux élèves de trouver les complémentaires de 10 qui, en raison de la base de numération, revêtent une importance capitale. Le défi est posé aux élèves sous forme de résolution de problème et ils doivent trouver le plus de complémentaires possible. C'est la recherche de complémentaires et non leur mémorisation qui importe. Proposer aux élèves qui ont terminé avant les autres de chercher les complémentaires d'autres nombres. Il est intéressant de remarquer que les activités du manuel et des fiches du recueil amènent graduellement les enfants à un degré d'abstraction plus grand.

■ MANUEL, P. 29, ACTIVITÉ 5 ■ Grouper les élèves en dyades. Leur demander d'observer les trois bouquets et, pour chacun, de compter les ballons de chaque couleur. Leur expliquer qu'ils doivent trouver toutes les autres façons de former un bouquet de 10 ballons avec des ballons rouges et des ballons bleus.

Se grouper en équipe de deux. Observer les bouquets et, pour chacun, compter les ballons de chaque couleur. Trouver les autres façons de former un bouquet de 10 ballons avec des ballons rouges et bleus.

Amener les élèves à trouver une façon de représenter les ballons rouges et bleus et de vérifier leurs groupements.

— *Selon toi, quel moyen pourrait-on prendre pour représenter les ballons rouges et les ballons bleus ?*

— *Comment peux-tu vérifier que tu ne refais pas le même bouquet ?*

— *Peux-tu placer tes résultats en ordre ? Comment ?*

Trouver des stratégies pour résoudre le problème. Apporter des suggestions à la classe (par exemple : proposer d'utiliser du matériel de manipulation, écrire *r* pour rouge dans les ballons et *b* pour bleu, dessiner des points de couleur rouge ou bleu).

Permettre aux élèves d'apporter leur suggestions pour se donner des méthodes de travail personnelles.

Une fois la tâche terminée, remettre aux élèves la fiche de soutien *La cuisine chez Léa (2)*. Les inviter à représenter toutes les façons de former un bouquet avec des ballons rouges et bleus en les coloriant. Leur demander de comparer leur travail avec celui de leur camarade d'équipe et de le corriger s'il y a lieu.

Compléter la fiche. Comparer son travail avec celui de son ou de sa camarade d'équipe. Apporter les corrections, s'il y a lieu.

L'INTÉGRATION

Rôle de l'enseignante ou de l'enseignant	Rôle de l'élève
■ FICHE 24, *RA-1A*, P. 24 ■ Expliquer l'activité 1 aux élèves. Leur donner un exemple en dessinant au tableau deux ensembles de points. Leur allouer une limite de temps pour réaliser l'activité.	Écouter les explications sans se laisser distraire. Réaliser individuellement l'activité en respectant la limite de temps.

Demander aux élèves de comparer leur travail en équipe de deux et d'apporter les corrections s'il y a lieu. Les inviter ensuite à faire l'activité 2, puis à compter les fruits réunis pour s'assurer qu'il y en a 10.

■ FICHE 25, *RA-1A*, P. 25 ■ Demander aux élèves d'observer les illustrations et d'anticiper la tâche qui leur est demandée. Lire ensuite les consignes et les comparer avec les hypothèses des élèves. Inviter ensuite ceux-ci à réaliser les activités de la fiche à la maison.

Comparer son travail avec celui d'un ou d'une autre élève. Corriger ses réponses s'il y a lieu. Faire l'activité 2.

Observer les illustrations et anticiper le travail à faire. Comparer ses hypothèses avec les consignes. Réaliser les activités de la fiche à la maison.

Corrigé des activités du manuel, p. 28 et 29

p. 28

1. Félix se prépare à prendre des notes sur une feuille. On peut supposer qu'il attend que Hoa, Léa et Logibul lui dictent quelque chose.

2. a) Dans l'armoire, il y a des objets servant habituellement à une fête : des chapeaux, des flûtes, des verres et des assiettes. Il y a aussi une boîte de carton, un plateau et un bol. Léa tient dans une main un sac de ballons, qu'elle a probablement pris dans l'armoire.

   b) Il n'y a pas assez de choses pour 10 personnes.

3. a) Réponses variables.

   b) On écrit une liste pour ne rien oublier. Il y a toutes sortes de listes : d'épicerie, de noms, de livres, etc.

p. 29

4. a) Il y a 6 chapeaux, 2 flûtes, 5 verres, 1 assiette et 7 ballons.

   b) Il manque 4 chapeaux, 8 flûtes, 5 verres, 9 assiettes et 3 ballons.

5. Hoa a imaginé ces trois façons de former un bouquet de 10 ballons : un bouquet avec 2 ballons bleus et 8 ballons rouges; un bouquet avec 5 ballons bleus et 5 ballons rouges; un bouquet avec 1 ballon bleu et 9 ballons rouges.

   Les élèves peuvent former ces bouquets : 3 ballons bleus et 7 ballons rouges; 4 bleus et 6 rouges; 6 bleus et 4 rouges; 7 bleus et 3 rouges; 8 bleus et 2 rouges; 9 bleus et 1 rouge.

   Remarque : Ces réponses correspondent à la tâche demandée à l'activité 5, soit former un bouquet de 10 ballons *avec* des ballons rouges et des ballons bleus. Le mot *avec* suppose qu'il doit y avoir au moins 1 ballon de chaque couleur dans chaque bouquet. Si la tâche avait été de former un bouquet de 10 ballons qui comporte un nombre de ballons rouges et un nombre de ballons bleus, il aurait fallu ajouter aux possibilités de bouquet déjà trouvées ces deux autres : 0 ballon rouge et 10 ballons bleus; 10 ballons rouges et 0 ballon bleu. Il serait intéressant de mentionner ces deux dernières possibilités aux élèves, même si, à ce moment-ci, ils n'en saisissent pas toute la nuance.

 De quel matériel as-tu besoin pour agrandir le jeu de Logibul ? Écris la liste.

Cette question est reliée au projet du thème (voir la rubrique Projet à la page suivante).

Projet

Relancer le projet, qui a été amorcé lors de la situation d'apprentissage précédente. Demander aux élèves s'ils se souviennent de quoi il a été question à ce moment-là.

— *Quelles décisions ont été prises au sujet du projet à réaliser ?*

— *De quoi avons-nous besoin pour fabriquer le plateau de jeu ?*

— *Quand doit-il être terminé ?*

Dresser avec les élèves l'inventaire des choses qu'ils ont déjà et la liste des choses qu'il leur manque pour fabriquer le plateau de jeu. Profiter de l'occasion pour rappeler aux élèves l'utilité d'une liste.

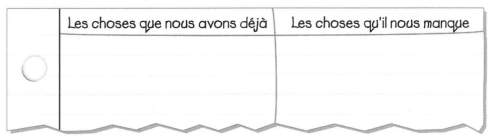

Les choses que nous avons déjà	Les choses qu'il nous manque

Réinvestissement

Proposer aux élèves de trouver, dans des dépliants publicitaires, des journaux ou des magazines, des illustrations de biens de consommation. Leur demander de découper les illustrations et de les coller sur une feuille par groupe de 10. Les inviter à présenter leur travail aux élèves de la classe, puis de conserver leur feuille dans leur portfolio.

Travaux personnels

■ Suggérer aux élèves de réaliser les activités de la fiche 25 à la maison et d'expliquer à une personne adulte le travail accompli.

■ Proposer aux élèves la fiche *De nouveaux ensembles*. Elle peut être l'occasion d'un travail individuel à la maison ou lors d'un moment libre en classe.

Utilisation des TIC

■ Proposer aux élèves de faire des ensembles de 10 objets à l'aide de l'ordinateur.

■ Inviter les élèves à créer une affiche illustrant des situations où une quantité est ajoutée à une autre pour donner 10 comme résultat. Permettre aux élèves de former les groupements qu'ils veulent; exemple : 6 plus 1 plus 3.

▶ SITUATION D'APPRENTISSAGE 3 À l'épicerie

Cette situation d'apprentissage amènera les élèves à s'interroger sur la consommation et à réfléchir aux choses dont ils peuvent avoir besoin et aux moyens de se les procurer. Ainsi, en exerçant leur jugement critique, ils découvriront la différence qu'il y a entre un désir et un besoin.

Ils retrouveront Léa et Logibul dans une épicerie en train de se procurer ce qui manque pour la fête. Ce sera l'occasion pour les élèves de faire plusieurs activités de comptage, ce qui les prépare à l'addition et à la soustraction. La compréhension d'une procédure systématique pour trouver les complémentaires d'un nombre exige des élèves qu'ils mobilisent des concepts et des processus.

Organisation matérielle

1 heure

▪ Le manuel *Logibul 1,* p. 30 et 31;

▪ La fiche 26, *RA-1A,* p. 26;

▪ La fiche *Des complémentaires,* au besoin (guide, p. 112).

Facteurs de réussite

Les élèves auront réussi la tâche :

▪ s'ils donnent un exemple d'un désir (une chose superflue, inutile) et un exemple d'un besoin (une chose nécessaire, utile);

▪ s'ils comptent correctement des objets;

▪ s'ils se donnent une méthode efficace pour trouver les complémentaires d'un nombre.

Portfolio

Proposer aux élèves de choisir un nombre plus grand que 5 mais plus petit que 11 et d'illustrer les complémentaires de ce nombre sur une feuille. Les inviter à la conserver dans leur portfolio.

LA PRÉPARATION

Rôle de l'enseignante ou de l'enseignant	Rôle de l'élève
Animer une discussion sur la consommation en demandant aux élèves s'il leur arrive d'aller dans les magasins et, si oui, à quelle fréquence : — *Est-ce qu'il t'arrive d'aller dans les magasins ?* — *Souvent (plusieurs fois) ? Quelquefois (pas toutes les fins de semaine) ? Peu souvent ? Presque jamais ?*	Participer à la discussion. Répondre aux questions de l'enseignante ou de l'enseignant en prêtant attention aux mots *souvent, quelquefois, peu* et *presque jamais.*
Poursuivre la discussion avec les élèves afin de les amener à réfléchir au rôle de consommateur et de consommatrice. Leur poser ces questions : — *Pourquoi vas-tu dans les magasins ?* — *Lorsque tu y vas, cherches-tu à obtenir des choses que tu as vues dans toutes sortes de publicités, à la télévision, dans des journaux ou des magazines ?* — *As-tu toujours besoin de ces choses-là ?* — *Connais-tu le mot* désir *? Sais-tu ce qu'il veut dire ?* — *Connais-tu le mot* besoin *? Sais-tu ce qu'il veut dire ?* — *Quelle différence y a-t-il entre : « je désire ce jeu » et « j'ai besoin de ce jeu » ?*	Réfléchir à son rôle de consommateur ou de consommatrice. Expliquer l'utilité des magasins. Se demander si les publicités diffusées à la télévision, dans les journaux ou les magazines influencent ses choix. Prendre conscience de la différence qu'il y a entre un désir et un besoin.
Laisser les élèves exprimer leurs opinions et donner leurs points de vue sans intervenir. Clore la discussion en leur demandant d'y réfléchir et d'observer ce qui se passe autour d'eux.	Exprimer son opinion et donner son point de vue. Écouter les commentaires des autres élèves. Poursuivre sa réflexion sur la consommation en observant ce qui se passe autour de soi.

LA RÉALISATION

Rôle de l'enseignante ou de l'enseignant	**Rôle de l'élève**
■ MANUEL, P. 30 ET 31, ACTIVITÉS 1 À 4 ■ Demander aux élèves d'observer l'illustration de la p. 30 de leur manuel. Leur poser ces questions :	Observer l'illustration. Expliquer ce que chaque personnage fait en situant la scène dans l'ensemble du thème et en la reliant aux préparatifs de la fête. Prêter attention aux canettes de jus et aux litres de lait sur les tablettes.
— *Où sont Léa et Logibul ?*	
— *Pourquoi sont-ils à l'épicerie ?*	
— *Qui les accompagne ?*	
— *Qu'est-ce que Léa tient dans sa main gauche ?*	
— *Selon toi, à quoi Logibul pense-t-il ?*	
— *Que vois-tu sur les tablettes ?*	
Lire les activités 1 à 4 aux élèves. Pour chacune d'elles, leur expliquer ce qu'ils doivent faire, puis les inviter à répondre aux questions. Si certains élèves éprouvent des difficultés, leur permettre d'utiliser du matériel de manipulation. Corriger les réponses collectivement.	Répondre aux questions en utilisant son matériel de manipulation, si c'est nécessaire. Participer à la correction collective. Écouter les réponses des autres élèves et corriger les siennes, s'il y a lieu.

NOTE DIDACTIQUE

À la p. 30 du manuel, il est demandé aux élèves de comparer la quantité de litres de lait avec la quantité de canettes de jus. Les élèves feront cette comparaison à partir des nombres qu'ils obtiendront en comptant les litres de lait puis les canettes de jus. Ils n'ont pas à établir de correspondance biunivoque entre les litres de lait et les canettes de jus. Par exemple, les élèves pourraient dire : « Il y a plus de canettes de jus que de litres de lait parce que j'ai compté plus loin » *ou* « Il y a plus de canettes de jus que de litres de lait parce que 32 c'est plus gros que 30 ». Il s'agit ici du passage imperceptible du sens ordinal du nombre à son sens cardinal. Quand l'élève compte la dernière canette de jus et dit : « 32 », cela correspond à la 32e canette. S'il ou elle dit : « Il y a 32 canettes », l'élève transforme le nombre ordinal en nombre cardinal. Certes, cette nuance n'est pas très claire pour l'élève, mais il n'y a pas lieu de s'en inquiéter. Les nombreuses activités de dénombrement qui sont proposées au fil du premier cycle vont permettre aux élèves d'intégrer graduellement ces deux concepts.

L'INTÉGRATION

Rôle de l'enseignante ou de l'enseignant	**Rôle de l'élève**
■ MANUEL, P. 31, ACTIVITÉ « QUELS SONT LES COMPLÉMENTAIRES DE 7 ? » ■ Grouper les élèves en équipes de trois, puis attribuer un rôle à chaque membre : un ou une responsable du matériel qui s'assurera qu'il y a suffisamment de cubes ou autres objets à la disposition de l'équipe (facteur); un ou une responsable qui présentera le travail à la classe (porte-parole); un ou une responsable de l'équipe qui veillera à maintenir la bonne entente et l'enthousiasme au sein de l'équipe (motivateur). Il est important que chaque membre connaisse son rôle et les responsabilités qui lui sont attribuées.	Se grouper en équipe de trois. Accepter son rôle et s'assurer de bien le comprendre. Demander des explications au besoin. Respecter le rôle de ses coéquipiers et coéquipières.

Demander aux élèves d'observer l'illustration de la p. 31 de leur manuel (les tours) puis, avec l'aide des facteurs, distribuer du matériel de manipulation aux équipes. Expliquer aux élèves que leur tâche consiste à comprendre et à expliquer l'illustration (qui représente le concept de nombre complémentaire) en faisant eux-mêmes des tours.

Allouer 10 minutes aux équipes pour réaliser l'activité. Circuler parmi elles. Rappeler également aux élèves leur rôle dans l'équipe.

Observer l'illustration. À l'aide de son matériel de manipulation, essayer avec les membres de son équipe de comprendre et d'expliquer l'illustration en faisant des tours.

Réaliser l'activité en respectant le temps alloué. Comprendre comment former une ou deux tours avec le même nombre de cubes sans oublier de possibilités. Faire des essais. Jouer son rôle dans l'équipe.

> **NOTE DIDACTIQUE**
>
> En formant leurs tours, certains élèves illustreront peut-être la commutativité de l'addition. Si tel est le cas, mentionner simplement à ces élèves qu'il est vrai que l'on peut dire, par exemple, 3 et 4 et aussi 4 et 3, que l'on peut inverser les nombres. Un nombre complémentaire est un nombre qui en complète un autre pour en obtenir un troisième par addition. Ainsi, 3 est un nombre complémentaire de 4 par rapport à 7 et, du même coup, 4 est un nombre complémentaire de 3. La commutativité sera présentée dans un thème subséquent. Par ailleurs, la consigne en caractères gras (encadré, p. 31 du manuel) précise : « 1 ou 2 tours », pour inclure le cas de 0 et 7.

Faire un retour collectif sur l'activité. Demander au porte-parole de chaque équipe de présenter le travail. Poser des questions aux autres équipes :

— *Avez-vous compris la même chose ?*

— *Avez-vous autre chose à proposer ?*

— *Avez-vous des questions ?*

Prolonger l'activité en invitant les équipes à construire des tours avec neuf cubes.

■ FICHE **26**, *RA-1A*, P. **26** ■ Lire et expliquer les consignes de l'activité 1 aux élèves. Demander à un ou une élève de les répéter dans ses mots pour s'assurer que la tâche à réaliser est bien comprise. Inviter ensuite les élèves à travailler individuellement et leur laisser suffisamment de temps pour le faire.

Expliquer l'activité 2 aux élèves. Animer ensuite un retour sur la fiche. Demander aux élèves ce qu'ils ont appris et d'expliquer les stratégies qu'ils ont utilisées. Si des élèves éprouvent des difficultés, les inviter à se joindre à un ou une élève qui comprend bien le concept et leur faire réaliser la fiche *Des complémentaires* à la maison ou lors d'un temps libre en classe.

Participer au retour collectif. Présenter son travail. Écouter les commentaires des autres équipes. Poser des questions au besoin.

Construire avec son équipe des tours avec 9 cubes.

Écouter attentivement les consignes. Poser des questions, au besoin. Réaliser l'activité individuellement.

Compter les bougies de chaque couleur sur chaque gâteau. Comparer son travail avec celui d'un ou d'une autre élève. Accepter de faire des erreurs. Les corriger, au besoin. Critiquer le travail de l'autre élève de façon respectueuse. Participer au retour sur la fiche. Expliquer ses stratégies.

Corrigé des activités du manuel, p. 30 et 31

p. 30

1. Il y a 30 litres de lait.

2. Il y a 32 canettes de jus. Il y a donc plus de canettes de jus que de litres de lait.

p. 31

3. a) Oui.

   b) On peut compter 11 pommes et il est vraisemblable de penser que le sac en contient davantage.

4. a) Non; il y a 7 canettes de jus et il y aura 10 enfants à la fête.

   b) Léa doit prendre 3 autres canettes, il en restera donc 29 sur les tablettes.

 Comment ta classe va-t-elle se procurer le matériel nécessaire à la fabrication du jeu de Logibul ?

Cette question est reliée au projet du thème : fabriquer un plateau de jeu (voir la rubrique Projet ci-dessous).

Projet

Rappeler aux élèves la liste de matériel qu'ils ont préparée lors de la situation d'apprentissage précédente. Leur suggérer de la consulter attentivement. Pour chaque élément qui manque, inviter les élèves à se demander s'ils peuvent le trouver ailleurs (à la maison, par exemple), s'ils peuvent le fabriquer eux-mêmes ou sinon à quel endroit ils peuvent se le procurer. Amener les élèves à repérer, sur le calendrier de la classe, la date à laquelle tout doit être fini et, ainsi, à tenir compte du temps qui leur reste pour se procurer le matériel et fabriquer le ou les plateaux de jeu.

Réinvestissement

Proposer aux élèves de trouver des façons d'illustrer les complémentaires des nombres de 6 à 10. Les inviter à en faire des affiches, à en conserver une dans leur portfolio et à exposer les plus originales dans le coin de mathématique de la classe.

Travaux personnels

Proposer aux élèves la fiche *Des complémentaires* et leur en expliquer les consignes. Elle peut être l'occasion d'un travail individuel à la maison ou lors d'un temps libre en classe.

▶ SITUATION D'APPRENTISSAGE **4** Une catastrophe à l'épicerie

À l'épicerie, Logibul se met les pieds dans les plats. Cette situation devient, pour les élèves, une occasion de réfléchir à la manière de se comporter dans un endroit public, de poursuivre leur réflexion sur la consommation et de s'interroger sur le travail d'un caissier ou d'une caissière.

Aussi, les élèves compareront la forme des objets éparpillés autour de Logibul avec celles d'objets et de solides présents dans la classe. Ils devront ensuite trouver des critères pour les classer, puis communiquer à tous comment ils s'y sont pris pour effectuer leur classement.

Organisation matérielle

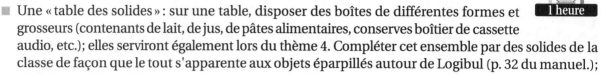

▦ Le manuel *Logibul 1*, p. 32 et 33;

▦ Les fiches 27 et 28, *RA-1A*, p. 27 et 28;

▦ Une «table des solides»: sur une table, disposer des boîtes de différentes formes et grosseurs (contenants de lait, de jus, de pâtes alimentaires, conserves boîtier de cassette audio, etc.); elles serviront également lors du thème 4. Compléter cet ensemble par des solides de la classe de façon que le tout s'apparente aux objets éparpillés autour de Logibul (p. 32 du manuel.);

▦ Quelques solides et boîtes par équipe de 4 ou 5 élèves;

▦ 3 jetons par élèves;

▦ La fiche *D'autres solides*, au besoin (guide, p. 113).

Facteurs de réussite

Les élèves auront réussi la tâche:

▦ s'ils donnent des exemples de comportements sécuritaires dans un endroit public;

▦ s'ils associent des solides à des objets de l'environnement;

▦ s'ils dégagent certaines caractéristiques des solides;

▦ s'ils retiennent à quoi sert un tiroir-caisse.

Portfolio

Comme les fiches 27 et 28 reflètent bien ce qui est abordé dans la situation d'apprentissage, proposer aux élèves de les conserver dans leur portfolio.

LA PRÉPARATION

Rôle de l'enseignante ou de l'enseignant	Rôle de l'élève
■ MANUEL, P. 32 ■ Inviter les élèves à observer l'illustration en haut de la page. Leur poser ensuite ces questions: — *Que font Léa et la caissière?* — *De quel objet la caissière se sert-elle pour son travail? Pourquoi?* Amener les élèves à réfléchir à la consommation, à constater qu'il y a un enchaînement d'actions liées à la consommation: lorsqu'on a besoin d'un objet, on doit se le procurer et lorsqu'on en achète un, on doit le payer. Attirer l'attention des élèves sur l'objet que la caissière utilise pour son travail. Les amener à constater qu'une caisse enregistreuse est comme une grosse calculatrice.	Observer l'illustration. Répondre aux questions en expliquant, dans ses mots, ce que font Léa et la caissière. S'interroger sur la consommation. Prêter attention à la caisse enregistreuse qui ressemble à une grosse calculatrice.
Lire le titre de la situation d'apprentissage aux élèves: *Une catastrophe à l'épicerie*. Faire un retour sur l'illustration de la p. 30 et attirer l'attention des élèves sur Logibul. Revenir à la p. 32 et demander aux élèves d'observer l'illustration du bas. Les amener à établir un lien entre les deux illustrations et à imaginer ce qui s'est passé. — *Qu'est-il arrivé à Logibul?* — *Selon toi, pourquoi Logibul a-t-il renversé les boîtes derrière lui?* — *Pourquoi Logibul était-il distrait?*	Observer l'illustration de la p. 30, puis celle au bas de la p. 32. Tenter de faire un lien entre les deux illustrations et d'imaginer ce qui est arrivé à Logibul.

Sensibiliser les élèves aux accidents qui peuvent arriver quand on est distrait et qu'on ne prête pas attention à ce qu'on fait. Les amener à réfléchir aux façons de les éviter et à établir des règles de sécurité dans les endroits publics. Alimenter la réflexion des élèves en leur demandant si les différentes boîtes tombées par terre peuvent causer à leur tour des accidents.

■ MANUEL, P. 33, ACTIVITÉS 1 ET 2 ■ Inviter les élèves à observer les objets de la p. 32 qui sont autour de Logibul. Leur faire remarquer la quantité et la diversité des contenants qu'il y a dans une épicerie. Leur présenter la « table des solides ». Leur laisser le temps de regarder attentivement les objets qui sont sur cette table. Demander aux élèves de comparer les objets qui sont autour de Logibul avec ceux de la « table des solides » en faisant ressortir les ressemblances et les différences. Inviter ensuite les élèves à répondre aux questions des activités 1 et 2.

Penser aux accidents qui peuvent arriver à la suite d'une distraction ou d'un manque d'attention. Réfléchir aux façons de les éviter et établir des règles de sécurité à respecter dans les endroits publics. Se demander si les boîtes qui sont par terre peuvent causer des accidents.

Observer les objets autour de Logibul. Constater qu'il y a beaucoup de boîtes de toutes sortes dans une épicerie. Regarder attentivement les objets placés sur la « table des solides ». Comparer les objets autour de Logibul avec ceux de la table. Faire ressortir ce qu'il y a de semblable et de différent. Répondre aux questions des activités 1 et 2.

LA RÉALISATION

Rôle de l'enseignante ou de l'enseignant	Rôle de l'élève

■ MANUEL, P. 33, ACTIVITÉ 3 ■ Former des équipes de quatre ou cinq élèves. Remettre quelques boîtes et solides à chaque équipe et lui demander de trouver une façon de les classer. Inviter les élèves à faire des propositions, à en discuter et à s'entendre sur elles. Proposer ensuite aux équipes d'expliquer leurs classements à la classe. Représenter sur une grande feuille ces classements en dessinant les objets. Demander aux élèves de grouper les boîtes et solides différemment, à partir d'autres critères, et d'expliquer leurs nouveaux classements à la classe. S'assurer que des classements sont faits en tenant compte de la forme des objets.

■ MANUEL, P. 33, ACTIVITÉ 4 ■ Lire et expliquer la consigne aux élèves. Les inviter ensuite à réaliser l'activité individuellement. Pour les élèves qui éprouvent des difficultés, leur expliquer le premier cas :

— *Observe la boîte de céréales. À quel solide ressemble-t-elle le plus ? Place ton jeton sous ce solide. Fais la même chose avec les autres objets.*

Animer ensuite une correction collective.

Se placer en équipe de quatre ou cinq élèves. Trouver avec son équipe une façon de classer les boîtes et les solides. Faire des propositions aux membres de son équipe, écouter les leurs et s'entendre sur elles. Expliquer son classement à la classe. Refaire d'autres classements et les expliquer aux élèves de la classe.

Écouter la consigne. Poser des questions, au besoin. Réaliser l'activité individuellement. Participer à la correction collective en donnant les raisons de son choix.

NOTE DIDACTIQUE

Contrairement aux solides situés en haut du tableau et qui ont une forme presque parfaite (leurs contours sont précis), les objets de la première colonne ont une forme imparfaite (leurs contours sont moins réguliers). Il est important d'expliquer aux élèves qu'ils ne doivent pas s'arrêter à ces différences et qu'ils doivent s'attacher seulement à la forme des objets prise globalement. Il faut aussi amener les élèves à faire abstraction des proportions des objets qu'ils doivent comparer. C'est le cas, par exemple, du cylindre en bois : celui-ci doit être reconnu comme ayant globalement la même forme que le cylindre en haut du tableau même s'il n'en présente pas les mêmes proportions ni la même disposition.

L'INTÉGRATION

Rôle de l'enseignante ou de l'enseignant	Rôle de l'élève
■ FICHE 27, *RA-1A*, P. 27 ■ Lire et expliquer les consignes de l'activité 1 aux élèves. Exiger d'eux une écoute attentive, car ils la réaliseront individuellement.	Écouter les explications de l'enseignante ou de l'enseignant.
Suggérer aux élèves d'observer les solides puis, pour chacun d'eux, de se poser cette question : — *Est-ce que ce solide roule ?*	Observer chaque solide avant de répondre à la question. Réaliser l'activité individuellement en respectant la durée de temps allouée.
Leur faire remarquer qu'en procédant ainsi ils réduisent les possibilités de se tromper et d'entourer une mauvaise réponse. Leur allouer une durée de temps limitée pour réaliser l'activité.	
Poursuivez avec l'activité 2.	Réaliser l'activité 2.
Inviter les élèves à comparer leur travail en équipe et à expliquer leurs réponses.	Comparer son travail avec celui des membres de son équipe et expliquer ses réponses.

NOTE DIDACTIQUE Un solide illustré ne correspond pas exactement à son équivalent réel : un carré devient un losange; un rectangle, un parallélogramme; un cercle, un ovale. De plus, les personnes ne perçoivent pas toutes une forme de la même façon. Il est donc important, surtout au début du premier cycle, de montrer aux élèves les solides qui correspondent aux illustrations de leur manuel et de leur permettre de les manipuler.

Corrigé des activités du manuel, p. 32 et 33

p. 32

Réponses variables; exemple :

Léa dépose ses achats sur le tapis roulant et la caissière enregistre leur prix.

La caissière se sert d'une caisse enregistreuse. Elle entre le prix des articles en appuyant sur les boutons appropriés de la caisse et celle-ci calcule le total des ventes. Il existe des caisses plus perfectionnées qui lisent et enregistrent elles-mêmes le prix d'un article à partir de son code à barres. Une caisse enregistreuse, c'est une calculatrice plus grosse et plus perfectionnée.

p. 33

1. a) Les élèves doivent décrire les objets en s'attardant à leur forme et non pas à d'autres caractéristiques comme la couleur.

   b) Les élèves doivent nommer des objets de la classe qui, par leur forme, ressemblent aux objets autour de Logibul.

2. a) et b) S'assurer que, parmi les réponses des élèves, on retrouve des cylindres, des prismes triangulaires, des prismes rectangulaires, des cubes et des boules.

3. a) Les élèves doivent classer les objets en tenant compte de leur forme.

   b) Les élèves expliquent leurs classements en tenant compte de la forme des objets.

4. La boîte de céréales ressemble au prisme rectangulaire; le cylindre en bois, au cylindre; la tente, au prisme triangulaire; la commode, au prisme rectangulaire.

 Fabrique le jeu de Logibul.

Cette activité est reliée au projet (voir la rubrique Projet à la page suivante).

Projet

C'est au cours de cette situation d'apprentissage que les élèves vont fabriquer un ou des plateaux de jeu. Profiter de ce moment pour leur rappeler que l'échéance est proche. À cette étape-ci, les élèves devraient envisager des façons pour le fabriquer et avoir en main le matériel nécessaire. Leur rappeler également que le plateau de jeu doit être assez grand pour permettre à 10 élèves de jouer une partie en même temps.

Réinvestissement

Suggérer aux élèves :

- de découper des illustrations de contenants dans des journaux, des magazines ou des dépliants publicitaires, puis de classer ces illustrations selon une propriété commune;
- de compléter la fiche *D'autres solides*. Leur préciser qu'ils doivent former des ensembles avec les solides; leur rappeler ce qu'est une propriété commune.

Travaux personnels

Proposer aux élèves :

- de créer, en équipe de trois ou quatre, une affiche qui résume ce qu'ils ont appris au cours de la situation d'apprentissage et de la présenter à la classe;
- de compléter la fiche 28. Elle peut être l'occasion d'un travail individuel à la maison ou lors d'un temps libre en classe.

▶ SITUATION D'APPRENTISSAGE　5　Que la fête commence !

C'est le jour de la fête. Jusqu'au dernier moment, Léa peut compter sur la collaboration de ses amis pour terminer les préparatifs. Les élèves de la classe le constateront en observant les illustrations du manuel. Ils auront à les interpréter, tout en exerçant leur jugement critique, pour en extraire des informations utiles à la réalisation des activités qui leur sont proposées. De plus, cette situation d'apprentissage est pour eux une première occasion de se familiariser, en faisant des groupements par 10, avec le système de numération décimal. Prenant appui sur le contexte d'une situation, l'élève la transpose en un mode de représentation plus abstrait, d'abord à l'aide de matériel de manipulation, ensuite à l'aide d'un schéma, sollicitant ainsi constamment son raisonnement.

Organisation matérielle

- Le manuel *Logibul 1*, p. 34 et 35;
- Les fiches 29 et 30, *RA-1A*, p. 29 et 30;
- Des bouts de ficelle ou de laine;
- Du matériel de manipulation : jetons, cubes, papier de bricolage bleu, rouge et jaune, etc.;
- La fiche *Beaucoup de billes*, au besoin (guide, p. 114).

2 heures

Facteurs de réussite

Les élèves auront réussi la tâche :

- s'ils repèrent l'information leur permettant d'accomplir une tâche;
- s'ils analysent une situation et en organisent les données;
- s'ils communiquent leur interprétation du dessin de Félix.

Portfolio

Comme les fiches 29 et 30 reflètent bien ce qui est abordé dans la situation d'apprentissage, proposer aux élèves de les conserver dans leur portfolio.

LA PRÉPARATION

Rôle de l'enseignante ou de l'enseignant	Rôle de l'élève
Animer une discussion avec les élèves sur la façon de célébrer les anniversaires. Leur demander s'ils se rappellent ce qu'ils en ont déjà dit lors de la première situation d'apprentissage de ce thème. Revoir avec eux les principaux éléments qui ont été relevés à ce moment-là.	Participer à la discussion. Se rappeler ce qui a été dit sur la façon de célébrer les anniversaires lors de la première situation d'apprentissage. Se rendre compte de l'importance d'organiser une fête dans un climat d'entraide.
■ MANUEL, P. 34 ■ Demander aux élèves d'observer l'illustration. Les inviter à décrire la situation : — *Où se passe cette fête ?* — *Qui est fêté ? Quel âge Alex a-t-il ?* — *Quelles décorations Félix et Léa ont-ils installées ?* — *Que font Félix et Léa ?* — *Décris le groupe de ballons fixé à la banderole.*	Observer l'illustration. Essayer d'imaginer le déroulement de la situation en répondant aux questions de l'enseignante ou de l'enseignant.
Attirer l'attention des élèves sur les ballons rouges et jaunes placés sur la table devant Léa et Félix. Leur poser cette question : — *Selon toi, à quoi va ressembler le groupe de ballons que Léa et Félix vont faire ?*	Observer les ballons sur la table. Réfléchir avec les autres élèves à la façon dont Léa et Félix vont s'y prendre pour grouper des ballons. Exprimer son opinion et écouter celle des autres élèves.
Amener les élèves à justifier leurs réponses.	Justifier sa réponse.

LA RÉALISATION

Rôle de l'enseignante ou de l'enseignant	Rôle de l'élève
■ MANUEL, P. 35 ■ Grouper les élèves en équipes de trois. Distribuer à chaque équipe du matériel de manipulation pour représenter les ballons illustrés à la p. 35 du manuel. À l'intérieur de chacune des équipes, faire choisir une couleur de ballon par élève.	Se grouper en équipe de trois élèves. S'entendre avec eux de façon que chacun et chacune choisisse une couleur de ballon différente.
Inviter ensuite les élèves à représenter, à l'aide de leur matériel de manipulation, le groupe de ballons qu'ils ont choisi.	Écouter attentivement les explications. Poser des questions, au besoin. Représenter le groupe de ballons qui lui est attribué à l'aide de son matériel de manipulation, former un groupe qui comporte le même nombre de ballons que celui choisi.
S'assurer que les élèves font une correspondance entre le nombre de ballons du groupe qu'ils ont choisi et le nombre de ballons du groupe qu'ils doivent former : les élèves qui ont choisi les ballons bleus ou les ballons rouges doivent former un groupe de 10 ballons; ceux ayant choisi les ballons jaunes doivent en former un de 7 ballons.	

Réaliser les activités 3, 4 et 5 avec l'ensemble de la classe. Poser aux élèves qui ont formé des groupes de ballons bleus et rouges ces questions :

— *Combien de ballons bleus as-tu représentés ?*

— *Combien de rouges ?*

Inviter ensuite ces élèves à entourer leurs 10 ballons avec une ficelle ou un bout de laine. Refaire la même démarche avec les élèves qui ont formé des groupes de ballons jaunes.

Poser maintenant aux élèves qui ont formé des groupes de ballons jaunes ces questions :

— *Combien de ballons jaunes as-tu représentés ?*

— *Est-ce que tu as assez de ballons pour faire un groupe de 10 ballons ?*

— *Selon toi, peux-tu entourer tes ballons avec une ficelle ou un bout de laine ?*

Demander aux élèves d'observer le dessin de Félix à l'activité 6. Leur proposer de découvrir ce que le dessin veut dire. Leur laisser du temps pour en discuter. Circuler parmi les équipes. Aux élèves qui éprouvent des difficultés, poser des questions comme :

— *Qu'a fait Félix ?*

— *Selon toi, que veut dire le 2 ? le 7 ?*

Dessiner au tableau le schéma de Félix. Ensuite, remplacer le 2 et le 7 par d'autres nombres, comme 3 et 5, et demander aux élèves de représenter cette quantité à l'aide du matériel de manipulation. Poursuivre avec une autre activité semblable, si c'est nécessaire.

Animer un retour sur l'activité 6. Demander aux élèves de comparer le dessin de Félix avec les ballons de la table (p. 35 du manuel). Les amener à constater qu'il y a sur cette table 1 groupe de 10 ballons bleus et 1 de 10 ballons rouges (cela fait 2 groupes de 10 ballons comme indiqué sur le dessin de Félix) et qu'il n'y a pas assez de ballons jaunes pour former un groupe de 10 ballons (il y a 7 ballons jaunes comme indiqué sur le dessin de Félix).

Réaliser les activités 3, 4 et 5 avec les autres élèves de la classe. Répondre aux questions de l'enseignante ou de l'enseignant. Compter les ballons qu'il y a dans son groupe et les ballons qu'il y a dans le groupe illustré dans son manuel.

Entourer son groupe de 10 ballons avec une ficelle ou un bout de laine.

Répondre aux questions de l'enseignante ou de l'enseignant. Compter les ballons qu'il y a dans son groupe et les ballons qu'il y a dans le groupe illustré dans son manuel. Constater que son groupe de ballons n'en compte pas 10.

Observer le dessin de Félix et en trouver la signification. Exprimer ses idées et écouter celles de ses coéquipiers ou coéquipières. Poser des questions, au besoin.

Représenter, avec du matériel, le schéma.

Participer au retour sur l'activité 6. Comparer le dessin de Félix avec les ballons de la table. Établir le lien entre ce dessin et les ballons.

NOTE DIDACTIQUE

Dans la situation d'apprentissage 5, pour la première fois, l'élève se familiarise avec les règles d'écriture de notre système de numération. Même si ces règles sont simples, cela ne veut pas dire pour autant qu'elles sont faciles à comprendre pour l'élève. Deux conventions sont présentées dans cette situation : d'abord, le groupement par 10 (on dit alors que notre système est à base 10), puis les dizaines qui s'écrivent à la gauche des unités.

L'INTÉGRATION

Rôle de l'enseignante ou de l'enseignant	Rôle de l'élève
■ FICHES 29 ET 30, *RA-1A*, P. 29 ET 30 ■ Demander aux élèves d'observer les illustrations, puis d'anticiper la tâche qu'ils doivent réaliser. Leur laisser le temps d'émettre des hypothèses et d'en discuter. Leur expliquer ensuite la tâche en leur demandant de prêter attention au fait qu'ils devront représenter leurs groupements par un nombre.	Observer les illustrations et anticiper la tâche à réaliser. Émettre des hypothèses et écouter celles des autres.
Inviter les élèves à réaliser les activités des fiches. Leur suggérer d'utiliser du matériel de manipulation, au besoin. Leur proposer ensuite de vérifier leurs réponses avec un ou une autre élève.	Réaliser individuellement les activités. Utiliser du matériel de manipulation, au besoin. Vérifier ses réponses avec un ou une autre élève.

Corrigé des activités du manuel, p. 34 et 35

p. 34

1. Il comporte 10 ballons bleus.

2. Il va comporter 10 ballons rouges.

p. 35

3. a) Il y a 10 ballons bleus et 10 ballons rouges.   b) Cela fait 2 groupes de 10 ballons.

4. a) Il y a 7 ballons jaunes.   b) Non.

5. Il y a 27 ballons. Les élèves vont utiliser différentes façons pour compter les ballons. Par exemple, certains diront : « 2 groupes de 10 plus 7 font 27 », alors que d'autres les compteront un à un, ce qui est tout aussi acceptable à ce moment-ci de l'année.

6. Les élèves doivent expliquer que le dessin de Félix illustre 2 groupes de 10 ballons et 7 ballons.

Projet

À cette étape-ci du thème, les élèves devraient avoir terminé la fabrication de leur jeu. Prévoir leur allouer du temps pour qu'ils puissent l'expérimenter en jouant une partie à 10. Si plusieurs plateaux ont été fabriqués, inviter les équipes à se les échanger. Suggérer à un ou une élève d'expliquer comment les membres de son équipe ont fabriqué leur jeu, puis d'en jouer une partie avec 9 autres joueurs.

Réinvestissement

■ Proposer aux élèves de prendre une poignée de jetons et de représenter la quantité d'objets de la même manière que Félix (p. 35 du manuel).

■ Suggérer aux élèves de récupérer de la maison un petit contenant et d'y placer 10 objets, par exemple 10 pois ou 10 haricots secs, 10 macaronis, etc. Les inviter ensuite à ranger leur contenant dans le coin de mathématique de la classe.

Travaux personnels

Proposer aux élèves la fiche *Beaucoup de billes*. Elle peut être l'occasion d'un travail individuel à la maison ou lors d'un temps libre en classe.

▶ SITUATION D'APPRENTISSAGE　6　Après la fête

Cette dernière situation d'apprentissage du thème permettra aux élèves de découvrir d'autres qualités de Léa. Non seulement est-elle une bonne organisatrice mais elle pense à partager les ballons avec les amis qui ont participé à la fête et, avec son ami Félix, à faire du ménage et de la récupération. Ce sera pour les élèves une belle occasion de discussion sur les talents qu'ils sont susceptibles d'exploiter lors de l'organisation d'une fête, d'un événement, etc.

Dans les activités qui leur sont proposées, les élèves observeront des situations à partir desquelles ils dégageront des informations; parmi celles-ci, ils choisiront les plus pertinentes et les organiseront. Ainsi, en cernant les éléments d'une situation, ils mobiliseront les concepts et les processus appropriés à cette situation, puis la représenteront par un schéma.

Organisation matérielle

1 heure

- Le manuel *Logibul 1*, p. 36 et 37;
- Les fiches 31 et 32, *RA-1A*, p. 31 et 32;
- Du matériel de manipulation (jetons, cubes, etc.);
- La fiche *Je représente une situation par un dessin*, au besoin (guide, p. 115).

Facteurs de réussite

Les élèves auront réussi la tâche :

- s'ils organisent les informations contenues dans un problème de soustraction;
- s'ils appliquent adéquatement le processus utilisé pour résoudre un problème de soustraction;
- s'ils représentent une situation à l'aide de matériel de manipulation ou par un dessin.

Portfolio

Comme les fiches 31 et 32 reflètent bien ce qui est abordé dans la situation d'apprentissage, proposer aux élèves de les conserver dans leur portfolio.

LA PRÉPARATION

Rôle de l'enseignante ou de l'enseignant	Rôle de l'élève
■MANUEL, P. 36■　Lire l'intention de lecture aux élèves. Attirer leur attention sur Léa qui offre des ballons à ses amis, puis animer une discussion sur la récupération. Amener les élèves à se rendre compte que plusieurs objets au lieu d'être jetés peuvent être réutilisés et servir encore, et qu'en récupérant de la sorte le plus d'objets possible, on contribue à moins polluer son environnement. Faire remarquer que Léa va faire un peu de ménage avec Félix. Sensibiliser les élèves au fait que ce petit geste répété à grande échelle contribue lui aussi à réduire la pollution.	Participer à la discussion. Donner son point de vue et respecter celui de ses camarades. Prendre conscience que réutiliser les choses encore utiles et garder son milieu propre sont des gestes qui contribuent à réduire la pollution dans l'environnement.
Lire le titre de la situation d'apprentissage aux élèves, puis leur demander d'observer les deux illustrations. Les inviter à imaginer ce qui se passe dans ces deux scènes et à le raconter comme une histoire. Leur préciser que le titre leur indique à quel moment ont lieu les scènes. (Exemple : «La fête est finie. Les amis se disent au revoir. Léa donne des ballons à Logibul qui est bien content. »)	En s'appuyant sur le titre de la situation d'apprentissage et en observant les illustrations, imaginer ce qui s'y passe et interpréter, dans ses mots, l'information qui s'en dégage.

LA RÉALISATION

Rôle de l'enseignante ou de l'enseignant	Rôle de l'élève
Expliquer aux élèves qu'ils vont maintenant raconter des histoires où les nombres sont importants. Les inviter à raconter une «histoire mathématique» à partir des illustrations de la p. 36 de leur manuel. (Exemples: «La fête est finie. Les amis se disent au revoir. Ils sont d'abord 5, puis il y en a 3 qui s'en vont. Il n'en reste que 2: Léa et Logibul.» *ou* «La fête est finie. Léa distribue des ballons. Elle en a 5 et en donne 2 à Logibul. Il lui en reste 3.»)	Raconter une «histoire mathématique» en faisant ressortir le nombre d'éléments qu'il y a dans les illustrations.
Expliquer aux élèves qu'une «histoire mathématique» peut devenir un problème mathématique si elle se termine par une question ou une tâche. (Exemples: «La fête est finie. Les amis se disent au revoir. Ils sont d'abord 5, puis 3 amis s'en vont. Combien d'amis reste-t-il?» *ou* «La fête est finie. Léa distribue des ballons. Elle en a 5 et en donne 2 à Logibul. Combien de ballons lui reste-t-il?») Lire les consignes de l'activité 1 aux élèves, puis les inviter à résoudre le problème.	Transformer ses «histoires mathématiques» en problèmes mathématiques ou en tâches. Résoudre le problème de l'activité 1.
■ MANUEL, P. 37, ACTIVITÉ 2 ■ Demander aux élèves d'observer l'illustration, puis d'imaginer le problème qui y est représenté. Leur lire ensuite le problème de l'activité 2. Leur poser ces questions : — *Est-ce que le problème de l'activité 2 ressemble à celui que tu avais imaginé?* — *Comment vas-tu faire pour résoudre le problème de l'activité 2?*	Observer l'illustration et essayer d'imaginer le problème qui y est représenté. Écouter le problème de l'activité 2. Comparer le problème imaginé avec celui de l'activité 2.
Laisser les élèves exprimer ce qu'ils comprennent, puis les inviter à résoudre le problème de l'activité 2.	Expliquer le problème de l'activité 2, puis le résoudre.
■ MANUEL, P. 37, ACTIVITÉ « JE REPRÉSENTE LA SITUATION PAR UN DESSIN. » ■ Grouper les élèves en équipes de quatre. Leur lire d'abord le problème, puis leur demander d'observer les deux dessins. Les inviter ensuite à découvrir le processus qui est proposé dans l'encadré.	Se placer en équipe de quatre élèves. Écouter l'énoncé du problème et observer les dessins. Se demander ce que représentent les points verts. Discuter et donner son opinion; comprendre pourquoi il y a des X sur les points. Découvrir le processus utilisé et l'expliquer aux élèves de son équipe.
Animer une discussion sur le processus proposé. Demander à quelques équipes de l'expliquer et d'en faire la démonstration, étape par étape. Les inviter à se rappeler ce processus lors de situations semblables.	Participer à la discussion. Expliquer le processus et le représenter par des schémas.

Les élèves n'ont pas à utiliser à cette étape-ci les symboles mathématiques pour représenter une soustraction. Ils verront ces symboles dans un thème subséquent

L'INTÉGRATION

Rôle de l'enseignante ou de l'enseignant	Rôle de l'élève
■ FICHE 31, *RA-1A*, P. 31 ■ Lire les problèmes avec les élèves et leur demander de les résoudre individuellement. Ensuite, faire un retour en demandant aux élèves d'expliquer ce qu'ils ont fait.	Lire les problèmes avec l'enseignante ou l'enseignant. Revoir le problème mentalement. Choisir son processus. Écrire la réponse. Justifier ce qu'il ou elle a fait.
■ FICHE 32, *RA-1A*, P. 32 ■ Proposer aux élèves de revoir le processus illustré à la p. 37 de leur manuel et de l'utiliser pour résoudre les problèmes de la fiche 32. Les inviter à travailler individuellement. Ensuite, demander aux élèves de se grouper en dyades, puis d'expliquer ce qu'ils ont fait.	Revoir le processus représenté à la p. 37. Avec l'enseignante ou l'enseignant, lire le problème 1a. Redire le problème dans ses mots. Appliquer le processus approprié et laisser des traces de sa démarche. Procéder de la même façon pour le problème 1b. Expliquer sa démarche à un ou une camarade.
Animer un retour collectif sur les problèmes. Inviter les élèves à revoir leurs démarches et leurs réponses, s'il y a lieu.	Revoir ses démarches et ses réponses, s'il y a lieu.

Corrigé des activités du manuel, p. 36 et 37

p. 36

1. a) Les élèves s'approprient les éléments de la situation.
   b) Léa a maintenant 3 ballons.

p. 37

2. Il reste 5 chapeaux sur la table.

Réinvestissement

■ Proposer aux élèves d'inventer et d'illustrer des « histoires de soustraction », puis de les conserver dans leur portfolio.

■ Suggérer aux élèves la fiche *Je représente une situation par un dessin.*

Travaux personnels

Proposer aux élèves de se grouper en dyades. Un ou une élève invente une histoire mathématique et demande à son camarade d'équipe de la représenter. Inverser les rôles.

Retour sur le thème

Animer un retour sur l'ensemble du thème 3. Revenir sur chaque situation d'apprentissage du thème en demandant aux élèves de se rappeler les activités qu'ils ont faites. Les interroger sur leurs apprentissages, les amener à prendre conscience des progrès qu'ils ont accomplis, des compétences qu'ils ont continué à développer. À partir de situations concrètes, revoir avec eux les mots du vocabulaire mathématique avec lesquels ils se sont familiarisés tout au long du thème.

Voici, sous forme de tableau, une liste de points à aborder, qui pourront aider à préparer le retour sur ce thème.

RÔLE DE L'ENSEIGNANTE OU DE L'ENSEIGNANT	RÔLE DE L'ÉLÈVE
Phase de préparation	**Phase de préparation**
• Susciter l'intérêt des élèves (déséquilibre cognitif). • Les motiver. • Leur poser des questions. • Piquer leur curiosité.	• Être réceptif ou réceptive aux propositions de l'enseignante ou de l'enseignant et de ses pairs. • Communiquer ses réactions. • Poser des questions. • Proposer des activités, du matériel à utiliser.
Phase de réalisation	**Phase de réalisation**
• Guider et soutenir les élèves. • Les encourager dans le choix d'une démarche. • Stimuler leur créativité. • Proposer des pistes de solution. • Vérifier la compréhension des élèves. • Exprimer sa satisfaction devant l'effort fourni par les élèves.	• Explorer la tâche. • Imaginer des pistes de solution. • Agir, se mettre au travail, expérimenter. • Dire ce qu'il ou elle fait. • Raconter dans ses mots ce qu'il ou elle comprend. • Faire part de ses découvertes, de ses apprentissages. • Exprimer sa satisfaction.
Phase d'intégration	**Phase d'intégration**
• Favoriser la communication, la rétroaction. • Faire des retours sur les activités, les outils, les observations notées en cours de réalisation. • Permettre aux élèves de porter un jugement sur ce qu'ils ont appris.	• Prendre conscience de ce qu'il ou elle apprend et le communiquer. • Réinvestir ses connaissances et compétences dans des activités similaires. • Exprimer sa démarche, ses stratégies, etc. • Comparer ses perceptions initiales avec ses nouvelles connaissances.

Activité de numération

Matériel :   • Cartons nombres de 0 à 31;

• Étiquettes-prénoms des élèves dans un sac.

Distribuer des cartons nombres aux élèves : 1 par élève. Conserver le reste des cartons nombres.

Expliquer aux élèves que, à tour de rôle, ils placeront en ordre croissant leur carton nombre sur le rebord du tableau de la classe et qu'ils liront la suite des nombres de 0 à 31.

Piger le prénom d'un ou d'une élève et lui demander de placer son carton nombre sur le rebord du tableau.

Inviter les autres élèves à placer, au fur et à mesure, leur carton nombre au bon endroit dans la suite; au besoin, ils déplacent des cartons nombres de façon à pouvoir y insérer le leur.

Une fois cette tâche terminée, grouper les élèves en petites équipes et leur demander de chercher les nombres qui manquent dans la suite (soit les cartons nombres qui n'ont pas été distribués).

Inviter les équipes à faire part de leurs réponses : les élèves lisent alors à haute voix la suite des nombres en suivant les cartons nombres sur le rebord du tableau et en nommant ceux qui manquent.

Deux ou trois jours plus tard, il est suggéré de répéter cette activité de numération en demandant, cette fois, aux élèves de placer les cartons nombres en ordre décroissant.

Nom _____

Je suis les nombres

1. Relie les nombres de 1 jusqu'à 15. Tu vas obtenir un joli dessin.

2. Relie les nombres de 0 jusqu'à 31. Tu vas obtenir un joli dessin.

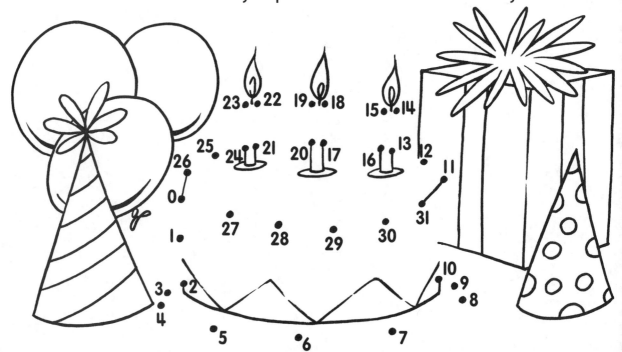

Nom _____

La cuisine chez Léa (I)

Utilise cette fiche pour faire l'activité 4 b de la page 29
de ton manuel *Logibul I.*

Traces de ta démarche

Tes réponses :

- [ ] chapeaux
- [ ] flûtes
- [ ] verres
- [ ] assiettes
- [ ] ballons

Nom _____

La cuisine chez Léa (2)

Utilise cette fiche pour faire l'activité 5 de la page 29
de ton manuel *Logibul 1*.

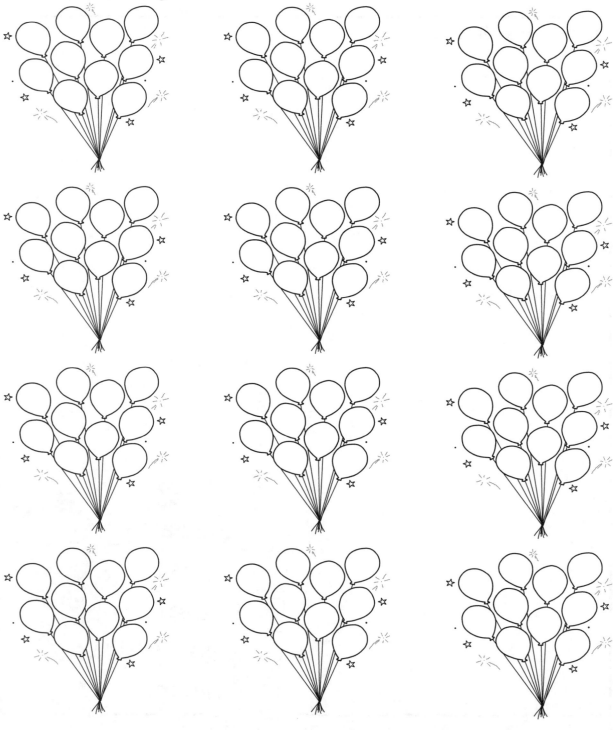

Nom _____

De nouveaux ensembles

Complète chaque ensemble pour avoir 10 jetons en tout.

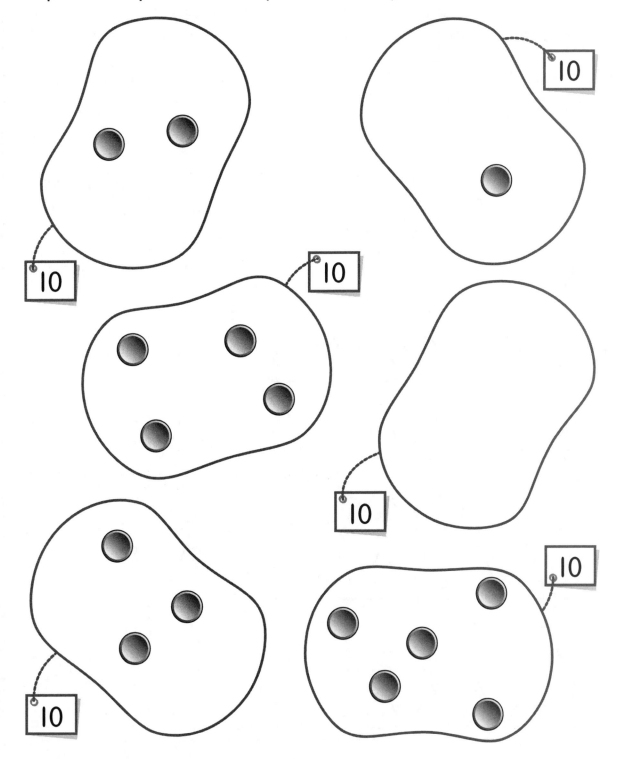

Nom

Des complémentaires

a) Trouve différentes façons de former une rangée de 9 chapeaux avec des chapeaux bleus et des chapeaux jaunes.
Colorie des chapeaux en bleu et d'autres en jaune.

b) Écris dans les ☐ combien de chapeaux bleus et de chapeaux jaunes tu as coloriés.

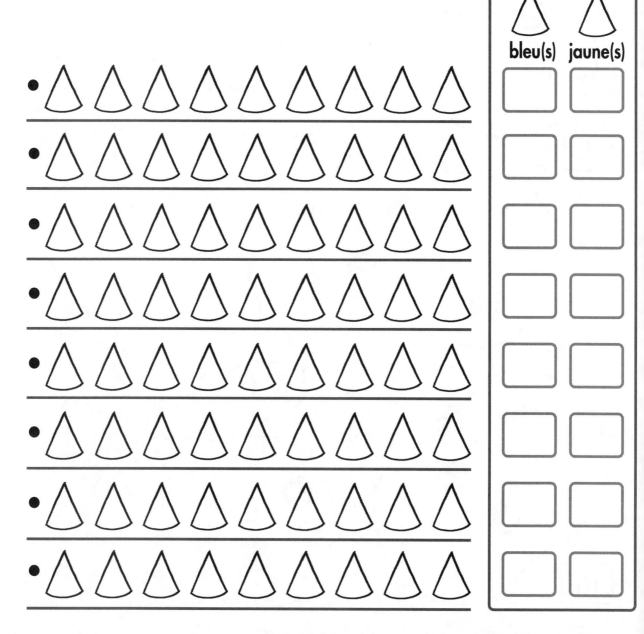

Nom _____

D'autres solides

a) Observe les solides. Forme des ensembles.

b) Explique à un ou une élève comment tu as fait tes ensembles.

Nom _____

Beaucoup de billes

1. a) Groupe les billes par 10 en les entourant.

b) Écris ce que tu as obtenu.

2. Dessine des billes pour représenter le nombre indiqué.

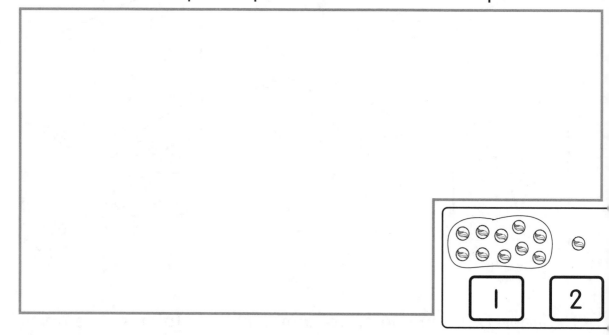

Nom _____

Je représente une situation par un dessin

Résous le problème.

> Il y a 12 verres dans l'armoire.
>
> Léa prend 8 verres pour servir du jus à ses amis.
>
> Combien de verres reste-t-il dans l'armoire?

a) Représente les verres qu'il y avait dans l'armoire par des points.

b) Trace un ✖ sur les verres que Léa a pris.

c) Compte les points sans ✖.

Il reste ☐ verres dans l'armoire.

Corrigé des fiches 108 et 111

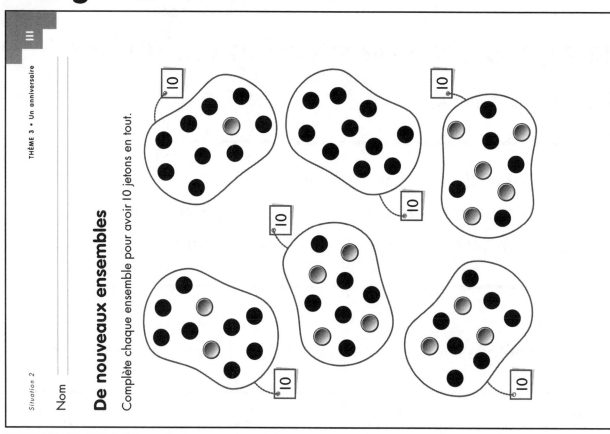

Situation 2

Nom

De nouveaux ensembles

Complète chaque ensemble pour avoir 10 jetons en tout.

Situation 1

Nom

Je suis les nombres

1. Relie les nombres de 1 jusqu'à 15. Tu vas obtenir un joli dessin.

2. Relie les nombres de 0 jusqu'à 31. Tu vas obtenir un joli dessin.

Corrigé des fiches II2, II3, II4 et II5

Nom

Des complémentaires

a) Trouve différentes façons de former une rangée de 9 chapeaux avec des chapeaux bleus et des chapeaux jaunes. Colorie des chapeaux en bleu et d'autres en jaune.

b) Écris dans les ☐ combien de chapeaux bleus et de chapeaux jaunes tu as coloriés.

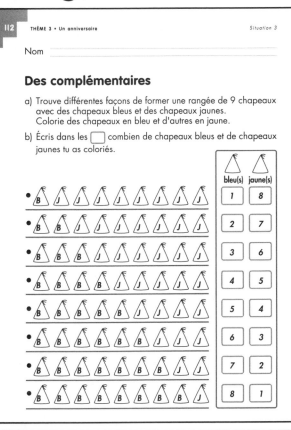

bleu(s)	jaune(s)
1	8
2	7
3	6
4	5
5	4
6	3
7	2
8	1

Nom

D'autres solides

a) Observe les solides. Forme des ensembles.

Réponses variables; exemple :

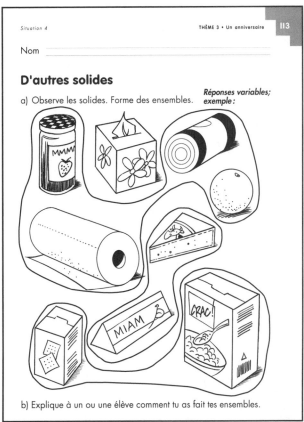

b) Explique à un ou une élève comment tu as fait tes ensembles.

Nom

Beaucoup de billes

1. a) Groupe les billes par 10 en les entourant.

   b) Écris ce que tu as obtenu.

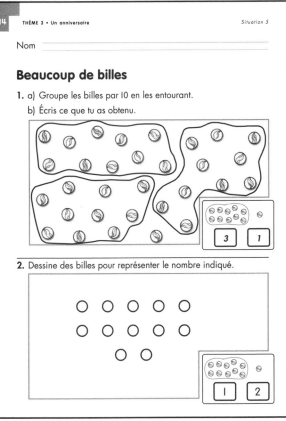

2. Dessine des billes pour représenter le nombre indiqué.

Nom

Je représente une situation par un dessin

Résous le problème.

> Il y a 12 verres dans l'armoire.
> Léa prend 8 verres pour servir du jus à ses amis.
> Combien de verres reste-t-il dans l'armoire ?

a) Représente les verres qu'il y avait dans l'armoire par des points.

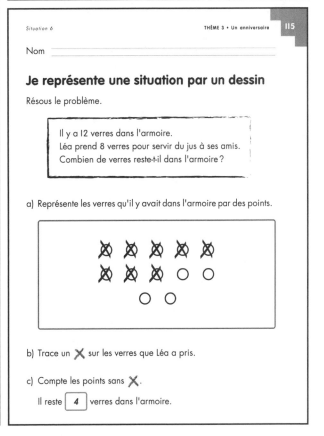

b) Trace un ✗ sur les verres que Léa a pris.

c) Compte les points sans ✗.

   Il reste ☐4☐ verres dans l'armoire.

L'HALLOWEEN
THÈME

4

Dans le cadre de ce thème, qui comprend sept situations d'apprentissage et dure un peu plus de deux semaines, les élèves se verront proposer un projet : décorer leur classe à l'occasion de la fête de l'Halloween. Ce qui leur permettra de faire certaines découvertes mathématiques, notamment en géométrie par la comparaison d'objets aux solides et l'identification de figures planes. De plus, ils compareront des longueurs, se familiariseront avec une grille de nombres, en construiront une, compteront et compareront des quantités d'objets en utilisant des symboles mathématiques et découvriront l'utilité du groupement par 10 pour dénombrer des objets. Ainsi, ils développeront, entre autres, leurs compétences à communiquer et à raisonner.

TABLEAUX DE PLANIFICATION	120
LE PORTFOLIO	124
PROJET : Décorer la classe à l'occasion de l'Halloween	124
Situation d'apprentissage 1 : Logibul revient en classe	125
Situation d'apprentissage 2 : Trois mobiles amusants	129
Situation d'apprentissage 3 : Des banderoles	132
Situation d'apprentissage 4 : Une grille de nombres	136
Situation d'apprentissage 5 : En ordre	141
Situation d'apprentissage 6 : Des symboles utiles	144
Situation d'apprentissage 7 : Qui dit vrai ?	150
Exploitation des pages pédagogiques des thèmes 3 et 4	155
Retour sur le thème	156
Activités de numération	156
ANNEXE	158

PROJET: Décorer la classe à l'occasion de l'Halloween

SITUATION D'APPRENTISSAGE : **1** LOGIBUL REVIENT EN CLASSE
Durée : 1 h
p. 38-39

DOMAINES GÉNÉRAUX DE FORMATION	COMPÉTENCES TRANSVERSALES	DOMAINES D'APPRENTISSAGE
DOMAINES, AXES DE DÉVELOPPEMENT	**ORDRES, COMPÉTENCES, COMPOSANTES**	**COMPÉTENCES DISCIPLINAIRES, COMPOSANTES**
S'engager dans l'action dans un esprit de coopération et de solidarité	**I** EXPLOITER L'INFORMATION S'approprier l'information **Ps** STRUCTURER SON IDENTITÉ Prendre conscience de sa place parmi les autres Mettre à profit ses ressources personnelles **C** COMMUNIQUER DE FAÇON APPROPRIÉE Réaliser la communication	**3** COMMUNIQUER À L'AIDE DU LANGAGE MATHÉMATIQUE S'approprier le vocabulaire mathématique Interpréter ou produire des messages à caractère mathématique

SAVOIRS ESSENTIELS

Géométrie	**Figures géométriques et sens spatial** Solides : comparaison des objets de l'environnement aux solides
Repères culturels	Figures géométriques : contexte interdisciplinaire ou social (arts, décoration)
Vocabulaire	Boule, carré, cercle, cube, cylindre, figure plane, prisme, pyramide, rectangle, solide, triangle

SITUATION D'APPRENTISSAGE : **2** TROIS MOBILES AMUSANTS
Durée : 2 h
p. 40-41

DOMAINES GÉNÉRAUX DE FORMATION	COMPÉTENCES TRANSVERSALES	DOMAINES D'APPRENTISSAGE
DOMAINES, AXES DE DÉVELOPPEMENT	**ORDRES, COMPÉTENCES, COMPOSANTES**	**COMPÉTENCES DISCIPLINAIRES, COMPOSANTES**
Contribuer à construire un environnement viable dans une perspective de développement durable	**I** RÉSOUDRE DES PROBLÈMES Analyser les éléments de la situation EXERCER SON JUGEMENT CRITIQUE Construire son opinion Exprimer son jugement METTRE EN ŒUVRE SA PENSÉE CRÉATRICE S'imprégner des éléments d'une situation **M** SE DONNER DES MÉTHODES DE TRAVAIL EFFICACES Analyser la tâche à accomplir **C** COMMUNIQUER DE FAÇON APPROPRIÉE Choisir le mode de communication	**2** RAISONNER À L'AIDE DE CONCEPTS ET DE PROCESSUS MATHÉMATIQUES Cerner les éléments de la situation mathématique Appliquer des processus mathématiques appropriés à la situation **3** COMMUNIQUER À L'AIDE DU LANGAGE MATHÉMATIQUE S'approprier le vocabulaire mathématique Interpréter ou produire des messages à caractère mathématique

SAVOIRS ESSENTIELS

Géométrie	**Figures géométriques et sens spatial** Solides : comparaison des objets de l'environnement aux solides; comparaison de solides
Repères culturels	Figures géométriques : contexte interdisciplinaire ou social (arts, décoration)
Vocabulaire	Boule, carré, cercle, cube, cylindre, figure plane, losange, prisme, pyramide, rectangle, solide, triangle

SITUATION D'APPRENTISSAGE : **3** DES BANDEROLES Durée : 2 h	p. 42	

DOMAINES GÉNÉRAUX DE FORMATION	COMPÉTENCES TRANSVERSALES	DOMAINES D'APPRENTISSAGE
DOMAINES, AXES DE DÉVELOPPEMENT	**ORDRES, COMPÉTENCES, COMPOSANTES**	**COMPÉTENCES DISCIPLINAIRES, COMPOSANTES**
Développer des stratégies de consommation et d'utilisation responsable de biens et de services	**I EXPLOITER L'INFORMATION** Tirer profit de l'information **METTRE EN ŒUVRE SA PENSÉE CRÉATRICE** Imaginer des façons de faire S'engager dans une réalisation Adopter un fonctionnement souple **M SE DONNER DES MÉTHODES DE TRAVAIL EFFICACES** Analyser sa démarche	**2 RAISONNER À L'AIDE DE CONCEPTS ET DE PROCESSUS MATHÉMATIQUES** Cerner les éléments de la situation mathématique Mobiliser des concepts et des processus mathématiques appropriés à la situation Appliquer des processus mathématiques appropriés à la situation **3 COMMUNIQUER À L'AIDE DU LANGAGE MATHÉMATIQUE** S'approprier le vocabulaire mathématique Établir des liens entre le langage mathématique et le langage courant

SAVOIRS ESSENTIELS

Géométrie	**Figures géométriques et sens spatial** Figures planes : identification du carré, du rectangle, du triangle, du cercle et du losange
Mesure	**Longueurs : estimation et mesurage :** dimensions d'un objet
Repères culturels	Figures géométriques : contexte interdisciplinaire ou social (arts, décoration)
Vocabulaire	Carré, cercle, figure plane, la plus longue, la plus courte, largeur, longueur, losange, rectangle, triangle

SITUATION D'APPRENTISSAGE : **4** UNE GRILLE DE NOMBRES Durée : 2 h	p. 43	

DOMAINES GÉNÉRAUX DE FORMATION	COMPÉTENCES TRANSVERSALES	DOMAINES D'APPRENTISSAGE
DOMAINES, AXES DE DÉVELOPPEMENT	**ORDRES, COMPÉTENCES, COMPOSANTES**	**COMPÉTENCES DISCIPLINAIRES, COMPOSANTES**
Prendre conscience de soi, de son potentiel et de ses modes d'actualisation	**I EXPLOITER L'INFORMATION** S'approprier l'information Tirer profit de l'information **EXERCER SON JUGEMENT CRITIQUE** Exprimer son jugement Relativiser son jugement **C COMMUNIQUER DE FAÇON APPROPRIÉE** Réaliser la communication	**2 RAISONNER À L'AIDE DE CONCEPTS ET DE PROCESSUS MATHÉMATIQUES** Cerner les éléments de la situation mathématique Mobiliser des concepts et des processus mathématiques appropriés à la situation Appliquer des processus mathématiques appropriés à la situation Justifier des actions ou des énoncés en faisant appel à des concepts et à des processus mathématiques **3 COMMUNIQUER À L'AIDE DU LANGAGE MATHÉMATIQUE** Établir des liens entre le langage mathématique et le langage courant Interpréter ou produire des messages à caractère mathématique

SAVOIRS ESSENTIELS

Arithmétique	**Sens des opérations sur des nombres naturels** Opération, sens des opérations : somme, complémentaires. Propriété des opérations : commutativité **Opérations sur des nombres naturels** Répertoire mémorisé : additions (jusqu'à 10)
Symboles	0 à 9
Vocabulaire	Nombre, plus

SITUATION D'APPRENTISSAGE : **5** **EN ORDRE**
Durée : 2 h
p. 44

DOMAINES GÉNÉRAUX DE FORMATION	COMPÉTENCES TRANSVERSALES	DOMAINES D'APPRENTISSAGE
DOMAINES, AXES DE DÉVELOPPEMENT	**ORDRES, COMPÉTENCES, COMPOSANTES**	**COMPÉTENCES DISCIPLINAIRES, COMPOSANTES**
Prendre conscience de soi, de son potentiel et de ses modes d'actualisation	**RÉSOUDRE DES PROBLÈMES** Imaginer des pistes de solution Mettre à l'essai des pistes de solution **EXERCER SON JUGEMENT CRITIQUE** Exprimer son jugement **STRUCTURER SON IDENTITÉ** S'ouvrir aux stimulations environnantes Prendre conscience de sa place parmi les autres **COMMUNIQUER DE FAÇON APPROPRIÉE** Réaliser la communication	**1 RÉSOUDRE UNE SITUATION-PROBLÈME MATHÉMATIQUE** Décoder les éléments de la situation-problème Appliquer différentes stratégies en vue d'élaborer une solution Partager l'information relative à la solution **2 RAISONNER À L'AIDE DE CONCEPTS ET DE PROCESSUS MATHÉMATIQUES** Justifier des actions ou des énoncés en faisant appel à des concepts et à des processus mathématiques

SAVOIRS ESSENTIELS

Arithmétique	**Sens et écriture des nombres naturels** Nombres naturels inférieurs à 1000 : lecture, écriture, comptage, dénombrement, représentation (nombres de 0 à 13), ordre, régularités **Opérations sur des nombres naturels** Régularités : suite de nombres
Vocabulaire	Ajouter, aucun, dénombrement, enlever, moins, nombre, ordre croissant, plus, suite

SITUATION D'APPRENTISSAGE :	**6**	**DES SYMBOLES UTILES** Durée : 1 h		p. 45

DOMAINES GÉNÉRAUX DE FORMATION	**COMPÉTENCES TRANSVERSALES**	**DOMAINES D'APPRENTISSAGE**
DOMAINES, AXES DE DÉVELOPPEMENT	**ORDRES, COMPÉTENCES, COMPOSANTES**	**COMPÉTENCES DISCIPLINAIRES, COMPOSANTES**
Prendre conscience de soi, de son potentiel et de ses modes d'actualisation Prendre conscience de la place et de l'influence des médias dans sa vie quotidienne et dans la société Apprécier des représentations médiatiques de la réalité	**I EXPLOITER L'INFORMATION** S'approprier l'information Tirer profit de l'information **M SE DONNER DES MÉTHODES DE TRAVAIL EFFICACES** Analyser la tâche à accomplir Accomplir la tâche	**2 RAISONNER À L'AIDE DE CONCEPTS ET DE PROCESSUS MATHÉMATIQUES** Cerner les éléments de la situation mathématique Justifier des actions ou des énoncés en faisant appel à des concepts et à des processus mathématiques **3 COMMUNIQUER À L'AIDE DU LANGAGE MATHÉMATIQUE** S'approprier le vocabulaire mathématique

SAVOIRS ESSENTIELS

Arithmétique	**Sens et écriture des nombres naturels** Nombres naturels inférieurs à 1000 : dénombrement, représentation, comparaison
Repères culturels	Opérations : symboles $<$, $>$, $=$
Symboles	0 à 9, $<$, $>$, $=$
Vocabulaire	Chiffre, est égal à, est plus grand que, est plus petit que, nombre

SITUATION D'APPRENTISSAGE :	**7**	**QUI DIT VRAI ?** Durée : 2 h		p. 46-47

DOMAINES GÉNÉRAUX DE FORMATION	**COMPÉTENCES TRANSVERSALES**	**DOMAINES D'APPRENTISSAGE**
DOMAINES, AXES DE DÉVELOPPEMENT	**ORDRES, COMPÉTENCES, COMPOSANTES**	**COMPÉTENCES DISCIPLINAIRES, COMPOSANTES**
S'engager dans l'action dans un esprit de coopération et de solidarité Cultiver la paix	**I RÉSOUDRE DES PROBLÈMES** Analyser les éléments de la situation Imaginer des pistes de solution **EXERCER SON JUGEMENT CRITIQUE** Construire son opinion **M SE DONNER DES MÉTHODES DE TRAVAIL EFFICACES** S'engager dans la démarche **C COMMUNIQUER DE FAÇON APPROPRIÉE** Réaliser la communication	**2 RAISONNER À L'AIDE DE CONCEPTS ET DE PROCESSUS MATHÉMATIQUES** Cerner les éléments de la situation mathématique Mobiliser des concepts et des processus mathématiques appropriés à la situation Appliquer des processus mathématiques appropriés à la situation **3 COMMUNIQUER À L'AIDE DU LANGAGE MATHÉMATIQUE** S'approprier le vocabulaire mathématique Interpréter ou produire des messages à caractère mathématique

SAVOIRS ESSENTIELS

Arithmétique	**Sens et écriture des nombres naturels** Nombres naturels inférieurs à 1000 (unité, dizaine) : lecture, écriture, **comptage**, dénombrement (jusqu'à 25), représentation (groupement par 10)
Vocabulaire	Compter, dénombrement, ensemble, groupe de 10, groupement, nombre

Il est bon d'inviter régulièrement les élèves à consulter le contenu de leur portfolio de façon à ce qu'ils remarquent les progrès accomplis depuis la rentrée. De la sorte et quelle que soit l'ampleur des progrès, ils renforcent leur confiance en leur capacité d'apprendre, ce qui est un atout inestimable dans leur apprentissage. En gardant cet outil à leur portée, ils peuvent revoir ce qu'ils ont fait, comparer leurs réalisations passées avec celles de maintenant et, ainsi, constater plus facilement le chemin parcouru. Aussi, cela les aide à mieux choisir ce qui les représente.

Au cours de ce thème, veiller à ce que les élèves conservent au moins un travail représentant l'un des éléments suivants :

- une évaluation sur sa participation à un travail en équipe (voir fiche *Notre travail en équipe,* guide cycle, annexe A-5);
- une activité sur la comparaison des objets de l'environnement aux solides (fiche 33 du *RA-1A*);
- une activité sur la comparaison de longueurs et l'observation de figures planes (fiche 34 du *RA-1A*) ou une banderole fabriquée à l'occasion du projet;
- une grille de nombres, celle de la fiche 36 du *RA-1A* ou l'une de celles que les élèves auront construites;
- une activité de comparaison des nombres (fiche 40 du *RA-1A*) ou l'affichette représentant une stratégie sur l'emploi des symboles : =, <, > (voir Évaluation – 1re étape, fiche D, p. 63 du guide cycle);
- un travail montrant le groupement par 10 (fiche 41 du *RA-1A*).

PROJET DÉCORER LA CLASSE À L'OCCASION DE L'HALLOWEEN

Le projet de ce thème consiste à décorer la classe pour la fête de l'Halloween. Dans un premier temps, les élèves réfléchiront à ce qui a assuré le succès ou l'insuccès des projets précédents. Y a-t-il eu des lacunes dans le travail en équipe? Le travail était-il partagé équitablement entre les membres de l'équipe? Le temps alloué pour les tâches a-t-il été respecté? Ce sont des questions qu'il faudra soulever et soumettre aux élèves pour que, s'il y a lieu, ils amorcent des ajustements dans l'élaboration du présent projet. Il importe de les amener à se rendre compte de l'importance de se donner des méthodes de travail efficaces et de raffiner le travail en coopération pour le mener à bien.

Les décorations que les élèves réaliseront leur permettront de concrétiser les notions mathématiques à l'étude dans ce thème. Quand viendra le moment de présenter leurs décorations, ils le feront en s'efforçant d'utiliser le vocabulaire mathématique approprié. Au cours de ce projet, ils auront l'occasion de se sensibiliser à la récupération de matériaux (feuilles de papier et boîtes de carton récupérés, retailles de papier), qu'ils utiliseront pour réaliser leurs décorations. Ainsi, ils prendront part, à leur façon, à la préservation de l'environnement. Aussi, ils auront à travailler en équipe et à faire le point sur leur rôle au sein de l'équipe, leur participation, la tâche à accomplir, le temps dont ils disposent pour réaliser leur projet, etc.

Les décorations qu'il est suggéré aux élèves de réaliser sont illustrées dans le manuel aux p. 40, 42, 44 et 45. Plusieurs façons d'aménager le projet peuvent être considérées. En voici quelques-unes :

- toutes les équipes réalisent la même décoration (soit un mobile, soit une banderole, soit un montage, soit une affiche);
- chaque équipe choisit librement la décoration qu'elle veut réaliser — il se peut alors que certaines possibilités ne retiennent l'attention d'aucune équipe; ce qui veut dire, par exemple, qu'il pourrait ne pas y avoir de banderoles parmi les décorations;
- quelques équipes réalisent collectivement une même décoration, par exemple : une banderole par équipe; les élèves réunissent ensuite ces banderoles de façon à obtenir une décoration collective.

▶ SITUATION D'APPRENTISSAGE ▋ **1** Logibul revient en classe

Au cours de cette situation d'apprentissage, les élèves auront l'occasion de s'exprimer sur la façon dont se sont déroulés les projets qu'ils ont réalisés antérieurement. Cette discussion a pour but de les amener à considérer les aspects positifs et négatifs du travail d'équipe, à prendre conscience de leur participation et de la place qu'ils prennent au sein d'une équipe. Ce début de thème marque donc un moment d'arrêt qui permet à chaque élève d'objectiver sa participation et ainsi de l'améliorer au besoin. Forts de leurs constatations, les élèves investiront leurs ressources personnelles dans un nouveau projet, décorer leur classe à l'occasion de l'Halloween, qui s'amorce avec cette situation d'apprentissage.

En observant le matériel utilisé dans la classe de Logibul, les élèves pourront exploiter toutes les informations que peut renfermer une illustration. Lorsqu'ils auront à communiquer leurs observations en utilisant un langage mathématique, ils devront s'efforcer de le faire en des termes précis.

Organisation matérielle

1 heure

- ▨ Le manuel *Logibul 1,* p. 38 et 39;
- ▨ Une grande feuille divisée en deux colonnes, des solides de la classe;
- ▨ Fiche d'autoévaluation *Notre travail en équipe,* guide cycle, annexe A-5.

Facteurs de réussite

Les élèves auront réussi la tâche :
- ▨ s'ils s'expriment sur leur rôle respectif au sein d'une équipe de travail;
- ▨ s'ils reconnaissent les formes géométriques de quelques objets courants en les comparant à certains solides;
- ▨ s'ils s'approprient le vocabulaire mathématique en l'utilisant pour faire ces comparaisons;
- ▨ s'ils participent à l'élaboration d'un nouveau projet en mettant à profit leurs ressources personnelles.

Portfolio

Inviter les élèves à remplir la fiche d'autoévaluation *Notre travail en équipe,* guide cycle, annexe A-5, et à la conserver dans leur portfolio. Il serait tout indiqué d'inviter les élèves à y revenir au cours de leur projet. Cela les aidera à prendre conscience des comportements qu'ils adoptent lors d'un travail d'équipe de plus longue haleine et à améliorer la qualité de leur participation, s'il y a lieu.

LA PRÉPARATION

Rôle de l'enseignante et de l'enseignant	Rôle de l'élève
▮ MANUEL, P. 38-39, ACTIVITÉS 1 ET 2 ▮ Inviter les élèves à ouvrir leur manuel aux p. 38 et 39, puis à constater l'étonnement de Logibul. Leur lire l'encadré (en haut de la p. 38) et les laisser émettre des hypothèses sur les raisons pouvant expliquer l'absence de Logibul.	Repérer les p. 38 et 39 de son manuel. Émettre des hypothèses au sujet de l'absence de Logibul.
Animer la discussion en demandant : — *T'est-il déjà arrivé de t'absenter de la classe? Pourquoi?* — *Comment te sentais-tu à ton retour en classe? Qu'est-ce que tu as trouvé le plus difficile?*	Se souvenir de son retour en classe après une absence. S'exprimer sur les sentiments que ce retour a pu susciter et sur les difficultés que cela a pu soulever. Prendre part à la discussion et prendre sa place au sein du groupe-classe.

Amener les élèves à s'exprimer sur les réalités suivantes :

- s'absenter de l'école en raison d'une maladie, d'un rendez-vous, etc.

- ne pas savoir ce que les autres élèves ont fait en classe pendant son absence, constater qu'il y a eu des changements en classe (nouveaux dessins, affiches sur les murs).

- s'apercevoir que le groupe-classe a progressé dans un projet, éprouver de la difficulté à suivre le rythme en classe.

Poursuivre la discussion en demandant :

— *À ton retour en classe, comment as-tu surmonté tes difficultés ? Qu'est-ce qui a pu t'aider à les surmonter ?*

Voici quelques pistes à explorer :

- l'enseignante ou un élève lui a-t-il expliqué le travail accompli en classe pendant son absence ?

- une élève a-t-elle employé la durée de la récréation pour l'aider ?

Prendre soin de noter les remarques des élèves sur une grande feuille divisée en deux colonnes. Intituler la première : « Ce que j'ai trouvé difficile »; la deuxième, « Ce qui m'a aidé ». Y revenir quand l'occasion s'y prête.

Inviter les élèves à lire le titre du thème et à s'exprimer sur cette fête, puis à regarder attentivement l'illustration. Leur poser la question de l'activité 1 et leur demander :

— *Selon toi, quel projet les élèves de la classe de Logibul sont-ils en train de faire ?*

— *Quel matériel utilise-t-il ?*

Leur parler un peu de la fête de l'Halloween. Repérer la date de celle-ci sur le calendrier de la classe et leur proposer de compter le nombre de jours qu'il y a avant cette fête.

Les inviter à observer les objets sur la table devant laquelle se tient Hoa et à décrire le matériel qui s'y trouve en le comparant aux solides qu'ils connaissent. Nommer, au besoin, les solides.

S'exprimer sur ce qui a pu aider à surmonter ses difficultés et à reprendre son rythme. Poser des questions au besoin.

Lire le titre du thème et s'exprimer sur la fête de l'Halloween. Établir des liens entre le travail des élèves de la classe de Logibul et cette fête. Observer l'illustration et nommer le matériel qu'ils utilisent.

À l'aide du calendrier de la classe, compter le nombre de jours qu'il reste avant la fête de l'Halloween.

Observer les objets sur la table de Hoa et les décrire en les comparant aux solides : boule, cube, cylindre, prisme et pyramide. Dans sa description, s'efforcer d'employer les termes appropriés.

NOTE DIDACTIQUE

Il est fréquent de demander aux élèves d'observer une illustration et de dire ce qu'ils y voient en leur posant des questions comme : « Observe cette illustration. Que remarques-tu ? » ou « Je te montre un objet, décris-le-moi. » Les p. 38 et 39 s'y prêtent tout particulièrement. À partir de cette illustration, les élèves feront des observations, mais aussi des inférences. Par exemple, affirmer qu'il y a une élève devant l'écran d'ordinateur est une observation dont personne ne doutera. Cependant, affirmer que cette élève fait de la mathématique à l'aide de cet ordinateur est une inférence, c'est-à-dire une hypothèse que les éléments de l'illustration ne permettent pas de vérifier. Il est certain que cette élève est devant un écran, mais il n'est pas sûr qu'elle fasse de la mathématique. Elle pourrait s'adonner à une tout autre activité.

Il importe de faire prendre conscience aux élèves qu'il y a une différence entre une observation et une interprétation. Avec des élèves de six ans, une bonne façon de le leur faire constater est de réagir différemment devant l'une de leurs observations ou l'une de leurs inférences, par exemple en leur demandant : « Êtes-vous tous d'accord avec l'observation de Miguel ? » ou « Êtes-vous certains de ceci ? ». Il n'est pas question ici de condamner les interprétations. Elles sont utiles, voire même nécessaires. En effet, tous les jours, une personne doit faire des dizaines d'inférences, par exemple en conduisant sa voiture ou dans ses relations avec les autres. Cependant, il est bon de distinguer une « observation » d'une « inférence » et de reconnaître que ces deux processus diffèrent sur le plan de l'objectivité.

LA RÉALISATION

Rôle de l'enseignante et de l'enseignant	Rôle de l'élève
Animer un échange sur les différents projets réalisés par les élèves jusqu'à maintenant. Exemples de questions : — *Quel projet as-tu le plus aimé ? Pourquoi ?* — *Est-ce que tu as bien compris ce que tu devais faire lors des explications ?* — *Est-ce que les explications étaient faciles à comprendre ?* — *Qu'est-ce qu'il faudrait changer pour que tu comprennes mieux les explications ?* — *Est-ce que tu avais assez de temps pour accomplir les tâches demandées ?*	Se rappeler les projets réalisés antérieurement. S'exprimer sur ses projets préférés. Écouter respectueusement les propos de ses pairs. Partager ses émotions et ses impressions. Parler des points positifs et négatifs dans le déroulement d'un projet, des difficultés éprouvées. Prendre conscience du temps alloué pour la réalisation d'un projet et des tâches qui s'y rattachent.
Demander aux élèves de nommer deux ou trois comportements qui leur permettent de bien fonctionner en équipe et leur dire de commencer leurs phrases par : « Ça va bien en équipe quand… » ou « Ça va mal en équipe quand… ».	Nommer quelques comportements positifs et négatifs qui surviennent lors d'un travail en équipe. Suggérer des améliorations.

L'INTÉGRATION

Rôle de l'enseignante et de l'enseignant	Rôle de l'élève
Procéder au bilan de la discussion. Avec les élèves, en rappeler les points saillants. Leur demander de dessiner un moment pendant lequel ils se sentent bien en classe, puis d'expliquer leur dessin. Sur un carton, écrire quelques phrases qui résument ce que les élèves ont dit pendant la présentation des dessins. Les commencer par « Je me sens bien quand… ». Afficher les dessins et ce carton dans la classe.	Participer activement au bilan. S'appliquer dans l'exécution de la tâche demandée. Expliquer son dessin et accepter de l'afficher.
Suggérer le projet aux élèves : décorer la classe pour l'Halloween (voir la rubrique Projet, p. 128 du guide). Amorcer la discussion sur les possibilités de ce projet : — *Quelles décorations aimerais-tu faire pour souligner l'Halloween ?* Feuilleter les pages du thème pour donner aux élèves des idées de décoration : mobiles, banderoles, guirlandes, dessins représentant le thème de l'Halloween (personnages, animaux, etc.).	Réagir à la proposition du projet. En équipe, participer à la discussion et suggérer des idées de décorations. Écouter celles des autres membres de son équipe dans le respect.

Diviser la classe en équipes. Partager le travail entre les équipes. Dresser une liste de leurs suggestions. Revenir sur les moments agréables de ce travail d'équipe.

Corrigé des activités du manuel, p. 38 et 39

1. Réponses variables; exemple : une élève est assise devant l'ordinateur; Léa et un autre élève décorent des bandes de papier ou de carton avec des formes géométriques; un groupe de 4 élèves manipulent des solides; une élève en fauteuil roulant s'amuse à un jeu avec un autre élève; Hoa, l'enseignante et un autre élève ont groupé des objets et vont peut-être les attacher à l'aide des ficelles; Hoa tient une ficelle au bout de laquelle il y a une boule; Félix accroche des objets sous des cartons en forme de citrouille suspendus à une cordelette.

2. Il y a des objets de différentes formes. Certains sont d'usage courant comme les 2 boîtes de mouchoirs de papier, d'autres (cylindres) s'apparentent à des objets vus lors de la situation d'apprentissage 4, du thème 3 (p. 32 et 33 du manuel).

   Remarque : Certains élèves ne manqueront pas de nommer les solides qu'ils voient à l'aide du vocabulaire approprié (boule, cube, cylindre, pyramide). Profiter de cette occasion pour amener ces élèves à partager leurs connaissances. Au besoin, apporter les précisions nécessaires.

 Quelles décorations aimerais-tu faire pour l'Halloween ?

Cette question prépare l'amorce du projet (se reporter à la rubrique Projet ci-dessous). Les élèves y vont de leurs suggestions. Cette question s'inscrit dans la phase Intégration (p. 127 du guide).

Projet

Au cours de la phase Intégration, les élèves amorceront le projet, qui consiste à décorer leur classe à l'occasion de l'Halloween. Exploiter l'illustration des p. 38 et 39 du manuel. Elle contient un certain nombre d'indices pouvant aider les élèves à trouver des idées de décoration. Aussi, les inviter à feuilleter les p. 40, 42, 43, 44 et 45. Les illustrations qui s'y trouvent peuvent donner des idées de décoration que les élèves pourraient réaliser facilement. Écrire sur une grande feuille leurs suggestions. Inviter les élèves à décider lesquelles seront retenues dans le cadre du projet. Revoir avec eux la date de la fête de l'Halloween en demandant à un ou une élève de la repérer sur le calendrier. Leur demander à nouveau de compter le nombre de jours qu'il y a avant cette fête et en profiter pour leur faire prendre conscience du temps dont ils peuvent disposer pour réaliser les décorations. Déterminer avec eux les étapes de leur projet, la constitution des équipes de travail et la répartition des tâches entre les équipes. En profiter pour souligner l'importance d'attribuer des rôles et des tâches à chaque membre au sein d'une équipe afin que le travail se déroule bien.

Réinvestissement

Demander aux élèves de raconter un projet qu'ils ont réalisé à la maternelle ou avec leurs parents et de le décrire dans leurs mots, puis d'expliquer les tâches qu'ils ont aimé faire en équipe ou celles qu'ils ont préféré réaliser individuellement.

Utilisation des TIC

Grâce à un moteur de recherche, il est possible de découvrir d'innombrables sites abordant différents aspects de l'Halloween : costumes, décorations, histoires à faire peur, etc. L'adresse suivante en donne un bon aperçu : www.toile.qc.ca/guide/evenements/halloween/index.html

▶ SITUATION D'APPRENTISSAGE **2** Trois mobiles amusants

Les emballages (boîtes de carton, de conserve, etc.) de tous les jours ont des formes variées qu'il est intéressant de soumettre à l'examen des élèves pour qu'ils se familiarisent avec les caractéristiques des solides. Récupérer ce matériel et le réutiliser à des fins pédagogiques fournit aussi l'occasion de leur montrer que les objets récupérés peuvent avoir une deuxième vie, cette fois-ci en classe, et ainsi contribuer à préserver l'environnement. Cette situation d'apprentissage s'y prête bien, car elle permettra aux élèves d'analyser les formes géométriques à partir d'emballages récupérés au cours du thème 3. De plus, en comparant divers solides, ils pourront en découvrir certaines caractéristiques et les associer aux figures planes (carré, cercle, triangle, rectangle). En équipe, ils en discuteront, se donneront des méthodes de travail efficaces et devront en arriver à un consensus avant de communiquer de façon appropriée leurs trouvailles à leurs pairs.

Organisation matérielle

▨ Le manuel *Logibul 1,* p. 40 et 41;

▨ Des solides géométriques et les diverses boîtes utilisées lors du thème 3 (situation d'apprentissage 4);

▨ De la ficelle et des goujons;

▨ La fiche 33, *RA-1A,* p. 33;

▨ La fiche *À chacune son couvercle,* au besoin (guide, p. 158);

2 heures

Facteurs de réussite

Les élèves auront réussi la tâche :

▨ s'ils prennent conscience que les objets récupérés peuvent avoir une deuxième vie;

▨ s'ils établissent des liens entre des objets de l'environnement et certains solides géométriques;

▨ s'ils comparent différents solides en reconnaissant certaines de leurs caractéristiques;

▨ s'ils associent des figures planes (carré, cercle, rectangle, triangle) à certaines faces de solides;

▨ s'ils expriment leur jugement.

Portfolio

Suggérer aux élèves d'y conserver la fiche 33 une fois qu'ils en auront réalisé les activités.

LA PRÉPARATION

Rôle de l'enseignante et de l'enseignant	Rôle de l'élève
Grouper les élèves en équipes. Leur distribuer des solides et des boîtes. Rappeler les classements effectués (« roule », « ne roule pas ») lors du thème 3. Amener les élèves à observer et à décrire les objets mis à leur disposition en faisant des comparaisons. Leur mentionner que la récupération d'objets et leur réutilisation sont des actions qui favorisent la préservation de l'environnement et qu'ainsi, ils y participent à leur façon.	Séparer les solides géométriques des boîtes. Se rappeler les caractéristiques de certains solides (« roule », « ne roule pas »). En équipe, comparer les solides et les boîtes entre eux. Dans ses mots, parler de leur forme. Écouter ce que les autres membres de son équipe ont à dire. Arriver à un consensus au sein de son équipe sur les observations faites. Les comparer avec celles des autres équipes.
Procéder à une mise en commun des observations de toutes les équipes. Encourager les élèves à partager leurs observations tout en respectant le droit de parole de leurs pairs.	Participer à la mise en commun. Respecter son tour pour prendre la parole.

LA RÉALISATION

Rôle de l'enseignante et de l'enseignant	Rôle de l'élève
■ MANUEL, P. 40-41 ■ Grouper les élèves, cette fois, en équipes de trois. Leur demander d'ouvrir leur manuel aux p. 40 et 41 et d'observer les trois mobiles.	Repérer les p. 40 et 41 de son manuel et observer les trois mobiles.
Expliquer l'activité 1a aux élèves. Les membres d'une équipe doivent se répartir les mobiles à décrire : un différent par membre. L'élève qui décrit un mobile doit le faire tout en consultant les deux autres membres de son équipe afin d'en arriver à une description qui rallie toute l'équipe. S'assurer que l'élève devant décrire un mobile dispose du temps nécessaire pour se préparer avant de faire part de sa description aux deux autres membres de son équipe. Veiller également à ce que les élèves établissent les critères de comparaison appropriés : ils doivent tenir compte de la forme et non de la couleur ou de la texture des éléments des mobiles.	En équipe, se répartir les mobiles à décrire. Se préparer avant d'entreprendre sa description. Dans ses mots, décrire son mobile aux deux autres membres en tenant compte de leur opinion. Accepter leurs critiques et reformuler sa description s'il y a lieu. En arriver à un consensus sur cette description.
Expliquer les autres activités de la p. 41 aux équipes. S'assurer que les élèves comprennent bien la tâche. Leur faire remarquer les différentes formes dans les éléments composant les mobiles, les ressemblances et les différences. Les amener à comparer les boîtes des mobiles B et C aux solides du mobile A. Également, à trouver ce qu'ont en commun les solides du mobile A et à les associer aux figures planes (rectangle, triangle, cercle, carré). En profiter pour amener les élèves à se familiariser avec le vocabulaire mathématique approprié. Circuler parmi les équipes. Les encourager et les soutenir dans leur travail. Poser des questions à celles qui sont en difficulté afin de les relancer.	Redire les questions dans ses mots. S'engager activement dans le travail d'équipe. Demander de l'aide au besoin.
Procéder à la mise en commun des réponses. Encourager les élèves à partager leurs observations et à les confronter : — *Toi, as-tu observé la même chose que… ?* — *Qu'as-tu remarqué en plus ?*	Participer activement à la mise en commun des réponses. Faire part de ses observations et de ses comparaisons. Expliquer sa façon de procéder et ses réponses. Les comparer avec celles des autres élèves.

L'INTÉGRATION

Rôle de l'enseignante et de l'enseignant	Rôle de l'élève
Par des questions, amener les élèves à exprimer ce qu'ils viennent de vivre, à objectiver leur façon de procéder, à prendre conscience de leurs progrès sur le plan des compétences tant transversales que disciplinaires.	

■Fiche 33, *RA-1A*, p. 33■ Lire la consigne aux élèves et les laisser travailler individuellement. Leur indiquer qu'une fois leur tâche terminée, ils pourront comparer leur travail avec celui d'une ou d'un autre élève. Circuler parmi les élèves et leur apporter de l'aide au besoin. Procéder à une correction collective.

Animer un retour sur la situation d'apprentissage 2. Exemples de questions :
— *Qu'as-tu appris ?*
— *As-tu aimé les activités que tu as faites ?*
— *Qu'as-tu aimé le plus ? le moins ?*
— *Y a-t-il des choses à améliorer ?*

Dire aux élèves qu'il y a des métiers où il est important de comparer des solides et d'observer des formes géométriques; par exemple l'architecte, le menuisier ou la menuisière, la décoratrice ou le décorateur ont l'occasion d'utiliser cette compétence. Amener les élèves à associer des objets de leur environnement aux solides de la p. 40 (mobile A) en donnant des exemples (maison, édifice, éléments décoratifs qu'ils connaissent).

Individuellement, réaliser la fiche 33. Demander de l'aide au besoin. Comparer son travail avec un ou une autre élève.

Participer à la discussion. Faire part de son appréciation sur la situation d'apprentissage et les activités réalisées individuellement ou en équipe. S'exprimer sur les choses à améliorer, à changer.

Trouver des exemples d'objets autour de soi qui ressemblent aux solides du mobile A.

Corrigé des activités du manuel, p. 41

1. a) Réponses variables. Des objets de différentes formes sont attachés à des baguettes (goujons). Les solides du mobile A ressemblent à ceux du coin de mathématique de la classe. Les boîtes des mobiles B et C ressemblent à des objets du quotidien : boîtes de mouchoirs de papier, de chocolat, de céréales, de conserve, etc.

   b) Réponses variables. Les questions de cette activité amènent l'élève à préciser davantage sa description, notamment en faisant des comparaisons, en remarquant des ressemblances entre certains objets, par exemple la boule du mobile B et celle du mobile A; les boîtes cubiques (mobiles B et C) et le cube (A) ou encore en remarquant la ressemblance qu'il y a entre ces 2 boîtes cubiques; entre la boîte de conserve (C) et le cylindre (A).

2. a) Au solide 2.   b) Au solide 4.   c) Au solide 5.   d) Au solide 1.

3. La boîte de chocolat ressemble au solide 6; la brune (fromage), au solide 3; la boîte de céréales, au solide 1; la rouge (nourriture pour chat), au solide 3; la verte, au solide 5.

4. a) Les solides 1 et 6.
   b) Le solide 3.
   c) Sur aucun des solides.
   d) Sur le solide 5 (et le 2, plus facilement repérable si la base de cette pyramide était visible).
   e) Les solides 2 et 6.

   Remarque : En raison de la déformation de ses angles, un solide illustré ne correspond pas toujours exactement à son équivalent réel : un carré (une face carrée) devient un losange; un rectangle, un parallélogramme; un cercle, un ovale. De plus, les personnes ne perçoivent pas toutes une forme de la même façon. Il est donc important, surtout en début d'année scolaire, de montrer aux élèves les véritables solides correspondant à ceux illustrés dans leur manuel ou dans le *RA-1A* et de leur permettre de les manipuler.

As-tu déjà vu des solides ou des boîtes qui ont d'autres formes que celles illustrées plus haut ? Comment ces formes étaient-elles ?

Réponses variables. Cette question est en lien avec le projet (voir la rubrique Projet ci-dessous). La majorité des boîtes utilisées pour l'emballage des produits d'usage courant ont la forme du prisme rectangulaire, mais on en trouve aussi qui ont d'autres formes comme celles utilisées pour les jouets ou les produits destinés aux soins corporels. Il serait bon de prévoir en apporter quelques exemples pour les besoins de cette activité ou demander aux élèves d'en trouver et de les rapporter en classe pour les examiner et décrire leur forme.

Projet

Les élèves fabriqueront des mobiles à l'aide des solides géométriques et des diverses boîtes utilisées lors du thème 3, en s'inspirant des modèles apparaissant à la p. 40 du manuel. Au moment de présenter leurs mobiles, ils auront l'occasion de décrire les boîtes dont ils se sont servis en les comparant aux solides du coin de mathématique de la classe et en associant la forme de leurs faces à certaines figures planes. Inviter les élèves à utiliser du matériel de récupération.

Réinvestissement

Proposer aux élèves de réaliser les activités de la fiche *À chacune son couvercle*. Au moment de la correction collective, revenir sur les différentes formes géométriques.

Travaux personnels

Inviter les élèves à découper des illustrations de boîtes qu'ils auront repérées dans des circulaires ou magazines, puis à les classer selon leur forme (carrée, rectangulaire, triangulaire, etc.).

Utilisation des TIC

Suggérer aux élèves d'utiliser un logiciel de dessin, par exemple Claris Works, pour tracer des formes géométriques simples. Exposer les dessins près du coin de mathématique.

▶ SITUATION D'APPRENTISSAGE 3 Des banderoles

Dans la présente situation d'apprentissage, les élèves se pencheront sur les dimensions d'objets, tout particulièrement en en comparant la longueur. Cela les préparera au sens de la mesure qui sera abordé au thème 5. De plus, ils identifieront des figures planes et auront l'occasion d'en dessiner sur les banderoles de l'Halloween qu'ils réaliseront et dont ils compareront la longueur. La réalisation de cette décoration leur permettra de déployer leur créativité en plus de leur fournir l'occasion de récupérer des retailles de papier ou des feuilles de papier dont le verso est intact, ce qui leur fera prendre conscience que l'utilisation de papier récupéré est une bonne façon, à petite échelle certes, de préserver les arbres. Aussi, les élèves devront se donner des méthodes de travail efficaces.

Organisation matérielle
- Le manuel *Logibul 1*, p. 42;
- Les fiches 34 et 35, *RA-1A*, p. 34 et 35;
- Des retailles de papier, des feuilles de papier récupérées.

2 heures

Facteurs de réussite

Les élèves auront réussi la tâche :

▨ s'ils utilisent l'information que fournit une illustration ;

▨ s'ils comparent la longueur de certains objets ;

▨ s'ils s'engagent dans une réalisation en déployant leur créativité ;

▨ s'ils identifient des figures planes ;

▨ s'ils analysent leurs démarches.

LA PRÉPARATION

Rôle de l'enseignante et de l'enseignant	Rôle de l'élève
Activer les connaissances des élèves au sujet des mots suivants : long, court, plus long, plus court.	Décrire dans ses mots ce que signifient « long », « court », « plus long » et « plus court ».
Demander aux élèves de repérer dans la classe des objets de différentes longueurs et leur faire comparer ces longueurs à l'aide du vocabulaire approprié. Les inviter ensuite à trouver des objets de même longueur, puis leur demander : — *Comment peux-tu être sûr que ces objets ont la même longueur ?* Laisser les élèves suggérer leur propre méthode en se gardant bien de leur en fournir une.	Écouter les consignes. Au besoin, poser des questions. Repérer dans la classe des objets de différentes longueurs. Comparer les longueurs en utilisant les expressions : « plus court que », « plus long que », « le plus court », « le plus long ». Repérer dans la classe des objets de même longueur. Expliquer sa méthode pour vérifier la longueur des objets.

LA RÉALISATION

Rôle de l'enseignante et de l'enseignant	Rôle de l'élève
▧ MANUEL, P. 42 ▧ Grouper les élèves en dyades. Lire l'encadré en haut de la page et leur demander : — *Comment fais-tu pour comparer des longueurs ?*	Dans ses mots, expliquer aux autres élèves une stratégie pour comparer des longueurs (par exemple, en rapprochant deux objets, en utilisant une ficelle).
Inviter les élèves à observer les banderoles, puis à comparer leur longueur en utilisant le vocabulaire vu lors de la phase de préparation. Leur dire qu'ils doivent discuter en équipe et s'entendre sur le résultat de ces comparaisons. Par exemple, une équipe peut en arriver à constater que la banderole jaune est plus longue que la banderole rouge mais est plus courte que la bleue. Circuler parmi les équipes et les amener à faire plusieurs comparaisons. Leur allouer suffisamment de temps pour que chacune puisse discuter et se mettre d'accord sur les comparaisons. Prêter une attention particulière aux élèves qui pourraient être daltoniens.	Regarder attentivement les banderoles, puis comparer leur longueur « à l'œil ». En équipe, discuter des longueurs des banderoles, donner ses réponses et accepter celles de l'autre, puis en arriver à s'entendre sur les comparaisons.
Expliquer les activités 1 à 3 aux élèves et les inviter à les réaliser en équipe. Leur lire les consignes. Demander à un ou une élève de les redire dans ses mots. Circuler parmi les équipes et, au besoin,	Écouter attentivement les explications. Réaliser les activités avec son ou sa camarade d'équipe. Démontrer son esprit d'entraide en l'encourageant. Prendre la parole en évitant de monter le

leur expliquer les consignes et les leur faire reformuler. S'assurer que les élèves utilisent le vocabulaire approprié, formulent des phrases complètes et donnent leurs idées. Aider ceux et celles qui ne font qu'acquiescer aux réponses des autres sans apporter leur point de vue en exigeant d'eux qu'ils reprennent la comparaison dans leurs mots (par exemple, «Moi aussi, je pense que la banderole...»).

Animer une mise en commun des réponses et des démarches. Veiller à ce que chaque élève s'exprime au moins une fois.

Poursuivre avec l'activité 4. Demander aux élèves d'observer la banderole brune et les amener à identifier les deux figures géométriques qui y apparaissent. Laisser les élèves proposer à leur guise une façon de compléter cette banderole. Ils n'ont pas à trouver la règle de construction mais seulement à nommer les figures avec lesquelles ils compléteraient cette banderole.

Revenir aux autres banderoles de la p. 42 en demandant aux élèves, par exemple :

- de nommer la couleur de la banderole sur laquelle il n'y a que des cercles;
- de repérer la banderole qui contient les mêmes figures qu'il y a sur la banderole brune.

Ce travail d'observation permet aux élèves de se familiariser avec les différentes figures planes avec lesquelles ils pourront décorer leur propre banderole (voir la rubrique Projet, p. 136).

Possibilité d'enrichissement pour les élèves qui ont de la facilité : mettre l'accent sur l'observation des frises figurant sur les banderoles; demander aux élèves de dégager les régularités.

ton. Dans ses descriptions et ses comparaisons, donner le plus de détails possible en nommant la couleur des banderoles et les figures géométriques qui les composent. Écouter ce que l'autre a à dire et accepter ses encouragements comme ceux de l'enseignante ou de l'enseignant.

Participer à la mise en commun des réponses et des stratégies en expliquant sa démarche. Comparer sa stratégie avec celles des autres.

Observer la banderole et nommer les deux figures géométriques qui y apparaissent. Proposer une façon de compléter cette banderole en nommant les figures géométriques qui pourraient la décorer.

Répondre aux questions en aiguisant son esprit d'observation.

Essayer de dégager les régularités de figures géométriques dans les banderoles.

L'INTÉGRATION

Rôle de l'enseignante et de l'enseignant	Rôle de l'élève
Par des questions, amener les élèves à exprimer ce qu'ils viennent de vivre, à objectiver leur façon de procéder, à prendre conscience de leurs progrès sur le plan des compétences tant transversales que disciplinaires.	
■ FICHE 34, *RA-1A*, P. 34 ■ Expliquer l'activité 1 aux élèves en leur précisant qu'ils devront la faire individuellement et qu'ensuite ils pourront comparer leur travail avec celui d'un ou d'une élève : — *Il est important que tu travailles de façon individuelle, que tu te fasses confiance. Tu en es capable. Si tu as des problèmes, fais-moi signe.*	Écouter les explications et redire les consignes dans ses mots.

Leur présenter l'affiche *Conseils pour faire une activité de mathématique* (au début du manuel) et les inviter à y revenir au besoin. Allouer le temps nécessaire à la réalisation de l'activité. Circuler parmi les élèves, les soutenir, les observer et prendre des notes.

Procéder de la même façon avec l'activité 2.

Procéder à une mise en commun des réponses et des stratégies employées.

■ FICHE 35, *RA-1A*, P. 35■   Guider les élèves tout le long de l'activité 1 en leur lisant chaque consigne. Les arrêter dans leur travail pour qu'ils vérifient la longueur des bandes qu'ils ont dessinées :

— *Est-ce que tu as dessiné une bande plus longue que la bande noire ?*
— *Est-ce que tu as dessiné une bande plus courte que la bande grise ?*
— *Quelle est la dernière bande que tu as dessinée ?*
— *Maintenant, dessine une bande de la même longueur que la dernière bande que tu as dessinée.*

Finalement, inviter les élèves à colorier au gré de leur créativité les trois bandes qu'ils ont dessinées.

Enchaîner avec l'activité 2a. Expliquer aux élèves la tâche et leur demander de formuler individuellement une comparaison et d'en faire part à la classe. Leur lire l'activité 2b qu'ils réaliseront en équipe de deux ou trois. Cette activité leur permettra de comparer les dimensions de deux bandes en utilisant plus d'un critère de comparaison (longueur, largeur et couleur).

Vérifier s'ils savent ce que signifient *largeur* et *longueur*. Veiller à ce que chaque membre de l'équipe puisse s'exprimer à tour de rôle en s'efforçant d'utiliser le vocabulaire approprié (plus... moins... long que, plus... moins large que, plus... moins... court que).

Animer un retour collectif : amener les élèves à expliquer comment ils ont fait pour comparer les longueurs. Encourager les élèves par du renforcement positif comme : «Vous êtes bons, ça va très bien, je suis fière de vous...»

Prendre connaissance de l'affiche. Réaliser individuellement les activités 1 et 2. S'exercer à suivre les conseils de l'affiche et à se donner une méthode de travail. Aller lentement, prendre le temps de réfléchir et se faire confiance. S'il y a lieu, poser des questions pour obtenir d'autres explications.

Comparer son travail avec celui d'une ou d'un élève. Expliquer sa démarche et ses stratégies.

Écouter les explications. Suivre les indications de l'enseignante ou de l'enseignant en ne brûlant pas les étapes. Repérer la bande grise et en dessiner une plus courte. Repérer ensuite la bande noire et en dessiner une plus longue. Revoir son travail et vérifier les longueurs de ses bandes. Repérer la dernière qui a été dessinée et en dessiner une autre de même longueur. Colorier ses trois bandes.

Individuellement, comparer une des bandes de l'activité 1 avec celle de l'activité 2 et en faire part à toute la classe.

Dans ses mots, expliquer la signification des mots *longueur* et *largeur*. Attendre son tour pour comparer les 2 bandes en parlant de leur longueur, de leur largeur et de leur couleur aux membres de son équipe. Écouter leurs comparaisons.

Expliquer sa démarche. Écouter celles des autres et les comparer avec sa propre démarche.

Corrigé des activités du manuel, p. 42

1. a) La rose et la violette.
   b) La rouge et la bleue.

2. La verte.

3. a) Elle est violette et est composée de cercles et de triangles.
   b) Elle est rouge et n'est composée que de cercles. Il y en a 5.

4. Réponses variables; exemple : avec des cercles et des carrés.

 Fabrique une banderole. Compare sa longueur avec celles d'autres banderoles.

Cette activité fait partie du projet. Demander aux élèves de trouver, parmi les banderoles fabriquées, celle qui est la plus longue ou la plus courte. Les laisser se débrouiller dans leur recherche d'une méthode permettant d'y arriver (voir la rubrique Projet ci-dessous).

Projet

Mettre à la disposition des élèves du papier de récupération, des retailles de papier ou tout autre matériel de récupération pouvant leur être utile pour fabriquer des banderoles. Il serait bon de prévoir, si ce n'est pas déjà fait, dans un coin de la classe, un petit bac pour la récupération du papier. Ainsi, les élèves pourraient réutiliser, au gré de leurs besoins, des feuilles dont le verso est intact. Leur proposer de s'inspirer de figures planes pour créer les motifs de leur banderole de papier; par exemple de tracer différentes figures à partir desquelles ils pourraient donner corps aux personnages ou aux animaux qui illustreront leur banderole d'Halloween. Au moment de la présentation de ces banderoles, ils auront l'occasion d'en comparer la longueur, de décrire les figures planes qui y sont dessinées, de trouver la banderole la plus longue, la plus courte ou celles qui sont de même longueur. Au besoin, poser des questions aux élèves afin de les amener à communiquer à l'aide du langage mathématique approprié.

Suggestion : Lancer les élèves en projet dès la phase Réalisation. Orienter leur démarche en ponctuant leur travail des questions figurant à la p. 42.

Réinvestissement

Suggérer aux élèves de comparer la longueur de différents objets de la maison, de la classe ou de l'école, puis de décrire leurs comparaisons.

Travaux personnels

Proposer aux élèves de faire des dessins en lien avec l'Halloween en traçant des formes géométriques simples, par exemple : un cercle pour une citrouille, des triangles pour les ailes d'une chauve-souris, un cercle pour le visage d'une sorcière et un triangle pour son chapeau, etc. Exposer les dessins pour en décorer la classe, puis demander aux élèves de nommer les figures planes qu'ils reconnaissent en s'efforçant de recourir au vocabulaire mathématique approprié. Ces dessins pourraient aussi être collés sur les banderoles d'Halloween (voir la rubrique Projet de cette page).

Utilisation des TIC

Inviter les élèves à tracer, à l'aide d'un logiciel de dessin, des figures géométriques simples dont ils pourraient se servir pour décorer leur banderole.

▶ SITUATION D'APPRENTISSAGE 4 Une grille de nombres

Cette situation d'apprentissage permettra aux élèves de s'approprier une autre façon d'aborder les complémentaires de certains nombres, qu'ils ont déjà travaillés dans les thèmes précédents, par l'utilisation de grilles de nombres. Ainsi, ils pourront commencer à mémoriser le répertoire d'additions jusqu'à 10. Ils découvriront et examineront d'abord la stratégie qu'une élève de la classe de Logibul emploie pour compléter une telle grille. Ils auront à en compléter d'autres et seront à même d'évaluer si cette stratégie peut leur être utile. Ils recourront aussi à leurs propres stratégies. De plus, ils auront l'occasion de constater l'une des propriétés de l'addition : la commutativité, d'inventer des grilles de nombres. Aussi, les élèves prendront conscience des talents, qualités et attitudes qui leur permettent de bien travailler.

Organisation matérielle

- Le manuel *Logibul 1*, p. 43;
- La fiche 36, *RA-1A*, p. 36; la fiche de soutien *La grille de Camille* (guide, p. 159);
- Du matériel de manipulation : cubes, boutons, trombones, réglettes, etc.;
- De la gomme adhésive réutilisable, de petits cartons, une grande feuille de papier;
- La fiche *D'autres grilles*, au besoin (guide, p. 160).

2 heures

Facteurs de réussite

Les élèves auront réussi la tâche :

- s'ils repèrent des éléments d'information à partir d'une illustration;
- s'ils s'expriment sur la stratégie qu'ils ont explorée et sur les leurs;
- s'ils peuvent compléter une grille de nombres;
- s'ils prennent conscience des talents et qualités leur permettant de travailler consciencieusement.

Portfolio

Suggérer aux élèves d'y conserver une grille de nombres qu'ils auront complétée.

LA PRÉPARATION

Rôle de l'enseignante et de l'enseignant	Rôle de l'élève
■ MANUEL, P. 43 ■ Lire la première phrase de l'encadré (en haut de la p. 43) aux élèves, puis les inviter à observer l'illustration et à lire les nombres de la grille. Enchaîner en leur posant la question suivante : — *Selon toi, que signifie le mot* plus *inscrit dans la première case de la grille ?* Amener les élèves à préciser leurs réponses. Au besoin, leur rappeler les activités qu'ils ont faites au thème 2 quand ils utilisaient ce mot pour exprimer une quantité qui s'ajoutait à une autre (par exemple, les fiches 19 et 20 du *RA-1A* ou la p. 21 du manuel *Logibul 1*).	Observer l'illustration. Lire les nombres de la grille. Dans ses mots, donner la signification du mot *plus*.
Leur faire remarquer la position des nombres dans la grille et la relation qui existe entre ces nombres, puis leur demander : — *Selon toi, comment fonctionne cette grille ?*	Remarquer la position des nombres dans la grille et découvrir comment celle-ci fonctionne.
Attirer tout particulièrement leur attention sur ce que Camille est en train de faire : — *Quelles réponses Camille a-t-elle déjà trouvées ?* — *Quel moyen Camille utilise-t-elle pour trouver les réponses ?* — *Et toi, quel moyen utiliserais-tu ?* Inviter les élèves à vérifier, à l'aide de leur propre stratégie, les réponses de Camille, soit les sommes 4, 1 et 7. Laisser à leur disposition le matériel dont ils ont besoin.	Dans ses mots, expliquer le moyen que Camille utilise pour compléter la grille. Se rappeler une ou plusieurs de ses propres stratégies et les utiliser pour vérifier les réponses de Camille.

Procéder à une mise en commun des stratégies que les élèves viennent d'employer. Sur le tableau de la classe, reproduire la grille du manuel, mais en n'y inscrivant pas les sommes 7, 1 et 4. Demander à quelques élèves de montrer comment ils ont fait pour vérifier ces trois sommes. Chaque fois, pointer, sur la grille tracée au tableau, les termes de l'addition, par exemple le nombre 3, le mot *plus* et le nombre 1, puis écrire la somme correspondante dans la case appropriée. Au moment de la présentation des démarches, certains élèves auront sans doute remarqué que la somme d'une addition donnée reste la même peu importe si l'on commence par un nombre à la verticale ou par un à l'horizontale (3 plus 1 *ou* 1 plus 3). S'ils ne l'ont pas déjà remarqué, leur faire constater cette propriété de l'addition, la commutativité, sans toutefois la nommer.

Participer à la mise en commun. Constater la commutativité.

LA RÉALISATION

Rôle de l'enseignante et de l'enseignant	Rôle de l'élève
■ MANUEL, P. 43 ■ Avec les élèves, lire les consignes des activités a à c. Leur remettre la fiche de soutien *La grille de Camille* et leur expliquer qu'ils vont la compléter individuellement, puis qu'ils vérifieront leurs réponses en équipe de deux. Leur demander de redire les consignes dans leurs mots. S'assurer que la tâche est bien comprise. Grouper les élèves en équipes de deux pour qu'ils comparent leurs réponses et leurs stratégies.	S'efforcer de lire les consignes, puis les redire dans ses mots. Prendre connaissance de la tâche. S'assurer de bien la comprendre en posant des questions au besoin. Compléter individuellement la grille en utilisant sa propre stratégie. En équipe de deux, vérifier ses réponses en expliquant sa stratégie à l'autre élève. Écouter celle de l'autre.
Animer un retour collectif sur la tâche. Demander aux élèves d'expliquer leurs démarches et stratégies.	Participer à la mise en commun des stratégies.

NOTE DIDACTIQUE

Au cours de cette tâche, l'élève doit vérifier ses réponses avec un ou une autre élève. Les élèves auront souvent à le faire tout le long de l'année. Mais que leur demande-t-on au juste de faire et en quoi cela consiste-t-il ? La comparaison des réponses est sans doute un bon moyen de vérification, mais elle n'est pas le seul et a ses limites. En effet, le fait que deux personnes obtiennent le même résultat ne constitue pas une preuve de son exactitude : ne peut-on pas être 10 ou 1000 à se tromper ? Il faut donc parfois inviter, et c'est le cas ici, les élèves à aller plus loin, en les amenant à ne pas s'arrêter à la simple comparaison des réponses et à trouver un moyen de vérification plus sûr. Voilà pourquoi la consigne en c est importante, car elle leur permet d'expliquer à toute la classe la façon dont ils ont procédé. Ce faisant, deux choses ressortiront : la cohérence de la démarche et l'adéquation de la réponse à la démarche. Ainsi, cela permet de repérer un raisonnement incomplet ou faux qui a pu produire accidentellement une bonne réponse. Évidemment, il faut distinguer les cas où l'explication d'une démarche est de mise, comme c'est le cas ici, de ceux qui, à l'évidence, ne l'exigent pas.

L'INTÉGRATION

Rôle de l'enseignante et de l'enseignant	Rôle de l'élève

■ FICHE 36, *RA-1A*, P. 36 ■ Expliquer la tâche aux élèves. Inviter une ou un élève à redire la consigne dans ses mots. Demander aux élèves de remplir la grille individuellement en leur disant qu'ils peuvent utiliser le matériel de manipulation mis à leur disposition. Fixer la durée de la tâche.

Écouter les explications. Redire la tâche dans ses mots. Compléter la grille individuellement. Utiliser du matériel de manipulation au besoin. Se mettre immédiatement au travail. Respecter le temps alloué pour accomplir la tâche.

Grouper les élèves en équipes de deux afin qu'ils comparent leurs réponses, les vérifient, partagent leur stratégie et corrigent les erreurs s'il y a lieu. Pendant cette activité, circuler parmi les équipes et observer leur travail. Consigner ses observations sur les élèves qui éprouvent des difficultés afin de vérifier si les difficultés persistent.

Comparer ses réponses avec celles de l'autre élève et les vérifier. Lui expliquer ses stratégies. Repérer les erreurs et les corriger.

Animer un retour sur la tâche. Exemples de questions :

— *Comment as-tu complété la grille ?*

— *As-tu utilisé du matériel de manipulation ? fait des dessins pour trouver les réponses ? As-tu procédé tout le temps de la même façon ?*

— *Qu'est-ce que tu as trouvé difficile ?*

— *En équipe, avez-vous utilisé votre matériel pour vérifier les réponses ? L'avez-vous utilisé tout le temps ?*

— *Y a-t-il des réponses dont vous êtes certains et que vous n'avez pas eu besoin de vérifier ?*

— *Avez-vous fait des erreurs ?*

— *Auriez-vous pu éviter ces erreurs ? Comment ?*

S'assurer que les élèves ayant fait des erreurs sauront y remédier.

Participer activement au retour. S'exprimer sur sa démarche. Juger du choix de ses stratégies et de leur efficacité. En trouver d'autres plus appropriées s'il y a lieu. Se rendre compte de sa capacité à faire certaines additions sans l'aide du matériel de manipulation ou d'une autre stratégie. Reconnaître les additions qui posent problème.

Lire l'affiche *Conseils pour faire une activité mathématique* avec les élèves. Amener les élèves à s'exprimer sur les attitudes qui leur permettent de travailler efficacement. Aider les élèves à nommer ces attitudes.

Prendre conscience des attitudes qui permettent de bien faire une activité à caractère mathématique. Essayer de s'exprimer sur ce sujet.

Corrigé des activités du manuel, p. 43

a)

Plus	3	1	5
2	5	3	7
0	3	1	5
1	4	2	6

b) Les élèves vérifient leurs réponses en équipes de deux.

c) Réponses variables. Certains élèves diront, dans leurs mots, qu'ils ont calculé mentalement, d'autres qu'ils se sont servis d'objets comme des jetons ou ont tracé des traits sur une feuille ou encore, ce qui est tout à fait acceptable à ce moment-ci, ont compté sur leurs doigts.

Projet

Inviter les élèves à faire le point sur le déroulement de leur projet : consulter le calendrier pour constater le nombre de jours qu'il reste avant l'Halloween et à évaluer, par le fait même, le temps qu'il leur reste pour terminer leurs décorations; s'interroger sur le travail fait en équipe jusqu'à maintenant (par exemple, chaque membre respecte-t-il son rôle ? réalise-t-il les tâches qui lui ont été attribuées ?). Amener les élèves à s'attribuer des rôles et des tâches en vue de poursuivre le projet. Faire de ce bilan d'étape l'occasion, pour les élèves, d'une prise de conscience de leur potentiel, de leurs qualités et de la façon concrète dont cela se manifeste à travers le projet.

Réinvestissement

Suggérer aux élèves :

- de réaliser les activités de la fiche *D'autres grilles*;

- d'inventer une grille, semblable à celle qu'ils ont vue à la p. 43 de leur manuel. Mettre à leur disposition de petits cartons, de la gomme adhésive et une grande feuille. Dans la première colonne et la première rangée de la grille, des élèves se chargent de coller, à l'aide de gomme adhésive, les nombres de 0 à 5 qu'ils auront écrits sur les petits cartons. D'autres complètent la grille en écrivant leur réponse sur un petit carton qu'ils vont coller dans la case appropriée. Procéder à une correction collective. En l'absence des élèves, modifier la grille : changer de place des cartons nombres indiquant des sommes ou encore des cartons nombres de la première colonne ou de la première rangée, puis demander aux élèves de trouver ce qui a été changé. (Au lieu de faire tracer une grille par les élèves, en tracer une au tableau et écrire « plus » dans la première case ou utiliser celle que les élèves peuvent faire à l'aide d'un logiciel de traitement de texte. Voir à ce sujet la rubrique Utilisation des TIC de cette page.)

Travaux personnels

Inviter les élèves à inventer des grilles de nombres sans les compléter, puis à les décorer en s'inspirant du thème de l'Halloween. Chaque élève échange sa grille contre une autre, puis complète celle-ci. Ensuite, les élèves reprennent la grille qu'ils ont inventée et corrigent les réponses. Cette échange de grilles pourrait se faire dans le cadre d'une petite fête soulignant l'Halloween.

Utilisation des TIC

Suggérer aux élèves de créer, à l'aide d'un logiciel de traitement de texte, une grille de nombres et de la compléter. Ils peuvent travailler individuellement ou en équipe de deux. Leur montrer comment procéder :

- Dans la barre de menus du logiciel, cliquer sur « tableau », puis sur « insérer tableau ». Déterminer le nombre de colonnes et de rangées.

- Écrire « plus » et les nombres de 0 à 5 (termes de l'addition) dans les cases appropriées. Mettre ces nombres en gras.

- Compléter la grille.

► SITUATION D'APPRENTISSAGE 5 En ordre

En constatant leurs progrès en mathématique, les élèves vont prendre davantage conscience d'eux-mêmes et de leur potentiel. Cette situation d'apprentissage leur permettra de renforcer leur confiance en leur capacité à analyser une situation mathématique. Ils auront à porter un jugement critique sur une décoration que Félix, l'un des personnages de leur manuel, a commencée. Ils auront à la compléter concrètement. Le problème qui leur sera posé met en œuvre des concepts mathématiques de plus en plus complexes sur le dénombrement et la représentation des nombres. De plus, en travaillant en équipe, ils pourront partager leurs connaissances et leurs méthodes de travail tout en constatant que, pour arriver à collaborer harmonieusement, ils doivent se respecter mutuellement.

Organisation matérielle

- Cartons nombres de 0 à 13;
- Le manuel *Logibul 1*, p. 44;
- Les fiches 37 et 38, *RA-1A*, p. 37 et 38;
- La fiche *Des fantômes*, au besoin (guide, p. 161);
- Retailles de carton, bouts de ficelle ou de laine, pinces à linge, jetons, crayons-feutres, ciseaux, colle.

2 heures

Facteurs de réussite

Les élèves auront réussi la tâche :

- s'ils imaginent des pistes de solution au problème posé;
- s'ils prennent conscience de l'apport de chaque membre de leur équipe;
- s'ils comprennent qu'un nombre représente une quantité;
- s'ils peuvent compléter une suite de nombres.

LA PRÉPARATION

Rôle de l'enseignante et de l'enseignant	Rôle de l'élève
Vérifier le degré de compréhension des élèves en ce qui concerne les mots *avant* et *après*, qu'ils ont vus depuis le début de l'année. Leur demander de donner des exemples de situation où ils utilisent ces mots. Leur spécifier qu'il est important d'en connaître le sens pour réaliser la prochaine activité.	Donner des exemples de ce que veulent dire les mots *avant* et *après*.
Prévenir les élèves que, au cours de cette activité, ils travailleront en équipes de trois, qu'ils auront besoin de matériel divers et qu'ils verront l'ordre des nombres. Vérifier si les élèves ont compris ce qui allait se passer en demandant de l'expliquer dans leurs mots.	Au besoin, poser des questions pour s'assurer d'avoir bien compris. Redire dans ses mots ce que l'enseignante ou l'enseignant a dit.
En utilisant les cartons nombres de 0 à 13, demander aux élèves de les lire à voix haute. Au besoin, leur faire répéter la comptine des nombres jusqu'à 13.	Lire les nombres à voix haute.

LA RÉALISATION

Rôle de l'enseignante et de l'enseignant	**Rôle de l'élève**

■ MANUEL, P. 44 ■ Lire l'encadré aux élèves et leur faire observer le montage de Félix. Leur poser les questions suivantes :

— *Selon toi, Félix a-t-il des talents ? Lesquels ?*

— *Pourquoi a-t-il montré son bricolage en classe ?*

— *T'arrive-t-il de montrer ce que tu fais à d'autres personnes ? Pourquoi ?*

Leur demander à nouveau de regarder attentivement le montage en leur annonçant qu'ils devront le décrire en équipe. Grouper les élèves en équipes de trois. Circuler parmi les équipes en s'assurant que chaque élève a son mot à dire. Dire aux élèves de préparer leur description. Leur allouer quelques minutes pour qu'ils en discutent.

Écouter les descriptions des élèves. En noter les principaux éléments au tableau afin de pouvoir faire des comparaisons (ressemblances et différences). Les amener à établir un lien entre le nombre inscrit sur un carton-citrouille et la quantité de pinces qu'il y a sur la ficelle qui y correspond.

Proposer aux élèves de compléter le montage de Félix en équipe. D'abord, leur demander de reproduire, à leur façon, le début du montage (de 0 à 6). Ils peuvent y arriver de différentes manières : par un dessin, en utilisant des jetons ou des pinces et des ficelles. Mettre à leur disposition le matériel de manipulation dont ils peuvent avoir besoin (pinces à linge, retailles de papier, ficelles, bouts de laine, jetons, petits contenants, etc.). Les laisser se débrouiller.

Revenir sur la tâche que les équipes ont entreprise. Demander à chaque équipe comment elle a reproduit le montage de Félix.

Proposer aux élèves de continuer le montage de Félix et de le compléter. Leur lire les consignes des activités 1, 2 et 3. Allouer le temps nécessaire pour que les équipes les réalisent à leur façon. Circuler parmi elles : poser des questions pour vérifier la compréhension des élèves quant à la tâche, leur demander des explications sur ce qu'ils font.

Rôle de l'élève :

Répondre aux questions. Exprimer la fierté qu'il ou qu'elle ressent au moment de montrer l'une de ses réalisations à quelqu'un. Observer le montage. Se préparer à travailler en équipe. Agir en concertation pour décrire le montage de Félix. Compter les citrouilles, remarquer qu'il en manque, lire les nombres sur les citrouilles. Constater qu'il y a un lien entre les citrouilles, les nombres inscrits et la quantité de pinces à linge sous chaque citrouille.

Faire part de ses descriptions et écouter celles des autres équipes. Comparer les descriptions : remarquer ce qui est semblable ou différent de sa description. Se rendre compte qu'un nombre représente une quantité.

Avec son équipe, réaliser la tâche demandée. Émettre ses idées sur les façons de procéder et accepter celles des autres membres. S'entendre sur une manière d'accomplir la tâche.

Décrire comment il ou elle a reproduit le montage de Félix.

Avec son équipe, compléter le montage. Écouter les consignes et les redire dans ses mots. Y aller de ses suggestions. Travailler sérieusement tout en se préoccupant de la tâche à accomplir. Accepter d'apporter des changements en cours de route.

NOTE DIDACTIQUE

L'aspect cardinal des nombres naturels est présenté plus explicitement aux élèves par le biais du montage de Félix (p. 44 du manuel). Le nombre cardinal, c'est le nombre d'éléments d'un ensemble. Dans ce montage, l'élève constatera qu'il y a cinq pinces à linge sous le nombre 5, que le 5 vient après le 4 qui, lui, compte une pince de moins et vient avant le 6, qui en compte une de plus. En observant ainsi le nombre de pinces, puis en complétant le montage, les élèves pourront se construire une image mentale de la suite des nombres cardinaux; ils se rendront compte que le nombre de pinces sur une ficelle augmente de 1 ($n + 1$) par rapport à celle qui vient immédiatement avant. On peut en arriver à la même constatation en construisant un escalier où sont alignées des colonnes de cubes ou de réglettes Cuisenaire d'une même couleur. Au besoin, en faire la démonstration aux élèves.

Animer un retour en invitant chaque équipe à présenter son travail, à le comparer avec celui des autres équipes, à expliquer sa démarche. Suggérer aux équipes qui le désirent d'exposer leur montage dans la classe.	Participer activement à la mise en commun. Faire une critique positive du travail des autres équipes. Accepter les critiques. Manifester de la fierté pour le travail accompli avec son équipe. Féliciter les autres équipes pour leur montage. Exposer celui de son équipe.

L'INTÉGRATION

Rôle de l'enseignante et de l'enseignant	Rôle de l'élève
Par des questions, amener les élèves à exprimer ce qu'ils viennent de vivre, à objectiver leur façon de procéder, à prendre conscience de leurs progrès sur le plan des compétences tant transversales que disciplinaires.	Essayer de dire ce qu'il ou elle a compris et retenu; exprimer en quoi il ou elle se sent plus habile qu'avant quand vient le temps de répondre à des questions difficiles et de travailler avec les autres.
■FICHE 37, *RA-1A*, P. 37■ Avec les élèves, lire les consignes de la fiche. Vérifier si les élèves comprennent ce qu'ils doivent faire. Les inviter à redire les consignes dans leurs mots. Leur demander de réaliser individuellement les deux activités. Circuler parmi les élèves pour corriger leurs fiches.	Lire les consignes, puis les redire dans ses mots. Effectuer individuellement la tâche. Vérifier son travail avant de le faire corriger par l'enseignante ou l'enseignant.
■FICHE 38, *RA-1A*, P. 38■ Réactiver les connaissances (thèmes 1 et 2) des élèves relativement aux mots : avant, après, à gauche, à droite. Leur expliquer la tâche. Cette fiche pourrait donner lieu à un travail à la maison pendant lequel l'élève pourrait raconter ce qu'il ou elle a fait en classe.	Donner des exemples pour expliquer les mots : avant, après, à gauche, à droite. Écouter les explications de la tâche et l'accomplir individuellement.
Lorsque la fiche est terminée, procéder à une mise en commun des réponses des élèves en les invitant à exprimer leur démarche.	Participer activement à la mise en commun en expliquant sa démarche et en faisant part de sa ou de ses stratégies.

Corrigé des activités du manuel, p. 44

1. a) Félix doit écrire le nombre qui manque sur certaines citrouilles, attacher des ficelles munies de pinces à des cartons en forme de citrouille, puis accrocher ceux-ci à la corde.

   b) Les nombres 1, 2, 3, 10, 11 et 12.

2. Félix doit :
- attacher la ficelle de 8 pinces au carton (citrouille 8) qu'il tient dans sa main, puis fixer le tout à la corde, après le 6;
- écrire 7 sur la citrouille qui est munie d'une ficelle de 7 pinces, puis la fixer à la corde, entre le 6 et le 8;
- attacher la ficelle de 11 pinces au carton (citrouille 11) qui est fixé à la corde, entre les ficelles de 10 et de 12 pinces.

3. Première ficelle de pinces : remplacer le 12 par 13.
   Deuxième ficelle : enlever une pince pour en avoir 9 en tout.

Projet

Pour réaliser les activités de la p. 44, les équipes auront à compléter le montage de Félix à l'aide du matériel mis à leur disposition. Les montages que les élèves ont faits à la phase Réalisation peuvent servir à décorer la classe. Proposer alors aux élèves d'utiliser les pinces pour accrocher aux ficelles des dessins en lien avec le thème de l'Halloween. Ces montages pourraient aussi faire l'objet d'une activité de réinvestissement (voir la rubrique ci-dessous).

Réinvestissement

Suggérer aux élèves :
- de réaliser les activités de la fiche *Des fantômes*;
- de rectifier les montages. Pour ce faire, avant l'arrivée des élèves en classe, changer la quantité de pinces (ou de dessins) sur certaines ficelles et en changer l'ordre.

Utilisation des TIC

Inviter les élèves à dessiner, à l'aide d'un logiciel, des collections de quelques objets, puis à écrire le cardinal de chaque collection sur une étiquette. Exemple :

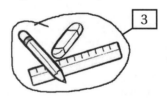

Les élèves peuvent réaliser cette activité en équipes de deux en utilisant, à tour de rôle, l'ordinateur.

▶ SITUATION D'APPRENTISSAGE 6 Des symboles utiles

Cette situation d'apprentissage permettra aux élèves de découvrir de nouveaux symboles mathématiques. Outre les chiffres (0 à 9) qu'ils connaissent déjà, ils découvriront la signification des symboles de comparaison (<, > et =). En équipe, ils chercheront des façons d'exprimer qu'une quantité est plus grande ou plus petite qu'une autre ou égale à une autre en symbolisant, à leur manière, ces relations, puis émettront des hypothèses sur le sens des symboles de comparaison conventionnels. Ils le feront à partir d'ensembles dont ils compareront le cardinal. Ainsi, en dénombrant et en comparant les éléments de deux ensembles à l'aide des symboles appropriés, les élèves franchissent un pas de plus dans leur compréhension du nombre.

Ils auront aussi l'occasion de trouver des stratégies pouvant les aider à utiliser correctement ces symboles. Tout le long des tâches qui leur sont proposées, ils devront s'efforcer de les accomplir avec méthode et de tirer parti de toute l'information dont ils disposent. De plus, en recueillant des images dans les imprimés (circulaires, magazines, journaux), qui leur serviront à former des ensembles, les élèves prendront conscience du fait que les médias reflètent la réalité d'une certaine façon, le contexte du moment : l'Halloween.

Organisation matérielle

▨ Le manuel *Logibul 1*, p. 45;

▨ Cartons nombres et symboles : 2 séries de 0 à 9 et les <, > et =;

▨ Les fiches 39 et 40, *RA-1A*, p. 39-40;

▨ Du matériel de manipulation, des bouts de ficelle ou de laine, gomme adhésive réutilisable;

▨ Des magazines, des circulaires et des journaux récents dont le contenu reflète le thème de l'Halloween;

▨ La fiche *Le truc de Hoa*, au besoin (guide, p. 162);

▨ De grandes feuilles de papier.

1 heure

Facteurs de réussite

Les élèves auront réussi la tâche :

▨ s'ils émettent des hypothèses sur la signification des symboles <, > et =;

▨ s'ils utilisent leurs propres stratégies pour choisir le symbole approprié entre deux nombres qu'ils comparent;

▨ s'ils placent le symbole approprié : <, > ou = entre deux nombres et qu'ils comprennent que chacun de ces nombres exprime une quantité;

▨ s'ils prennent conscience du fait que les médias reflètent la réalité d'une certaine façon.

Portfolio

Suggérer aux élèves d'y conserver la fiche 40 ou une affichette représentant une stratégie sur l'emploi des symboles de comparaison.

LA PRÉPARATION

Rôle de l'enseignante et de l'enseignant	Rôle de l'élève
Animer un retour sur la situation d'apprentissage 5 du présent thème. Demander aux élèves de se rappeler ce qu'ils ont fait en complétant le montage de Félix :	Participer à la discussion en s'exprimant sur ses apprentissages et le travail réalisé en équipe. Expliquer comment faire pour se souvenir de ses acquis.
— *Qu'as-tu appris de nouveau en complétant le montage ?*	
Les amener à se rappeler qu'un nombre représente une quantité, ce qu'ils auront l'occasion de constater de nouveau au cours de cette situation d'apprentissage, cette fois, avec des ensembles d'objets et leur cardinal. Ainsi, quand viendra le moment de comparer deux nombres, ils comprendront qu'ils comparent deux quantités.	

Souligner aux élèves que la présente situation d'apprentissage s'intitule *Des symboles utiles*. Leur demander :

— *Connais-tu des symboles mathématiques ? Lesquels ?*

Le moment est indiqué pour expliquer aux élèves que les chiffres 0 à 9 sont les symboles qui servent à écrire les nombres. Leur en faire la démonstration avec les cartons nombres correspondants.

En profiter pour leur faire lire ces cartons nombres en les leur montrant, un par un, mais dans le désordre. Disposer pêle-mêle deux séries de cartons nombres 0 à 9 sur une table : l'une du côté « nombre »; l'autre du côté « cubes ». Demander aux élèves de réunir le symbole (carton nombre) avec l'ensemble de cubes qui y correspond.

Annoncer aux élèves qu'ils :

- découvriront d'autres symboles mathématiques et constateront leur utilité en s'en servant;
- utiliseront du matériel de manipulation, également des images d'objets pour comparer des quantités;
- travailleront en équipe de deux.

Distribuer aux élèves des magazines, circulaires ou journaux dont la publication est récente. Leur demander d'y repérer des images représentant des objets ou des personnages reliés à l'Halloween et de les découper. Demander aux élèves de montrer tout ce qu'ils ont vu dans les publications faisant écho au contexte actuel : la fête de l'Halloween. En profiter pour expliquer aux élèves que les médias peuvent servir à informer les gens comme à promouvoir un produit (publicité).

Grouper les élèves en équipes de deux. En plus des images qu'ils ont recueillies, mettre à leur disposition des cubes, jetons, bâtonnets, ficelles ou bouts de laine. Inviter les élèves à construire, à l'aide de ce matériel, deux ensembles comportant le même nombre d'éléments. Indiquer aux élèves que les ensembles doivent être constitués d'objets différents. Leur demander d'écrire sur un morceau de papier ou de carton le nombre d'objets contenus dans chaque ensemble (cardinal). Ensuite, d'inventer une façon d'écrire que les deux ensembles sont égaux, c'est-à-dire qu'ils représentent la même quantité d'éléments bien que les éléments soient différents. Après un certain temps, demander aux élèves de présenter les solutions qu'ils ont imaginées et faire écrire au tableau de la classe les signes ou symboles qu'ils ont imaginés. Les féliciter pour leur travail.

S'il y a lieu, décrire dans ses mots les symboles mathématiques qu'il ou elle connaît ou en repérer dans la classe et les montrer du doigt.

Lire les nombres et comprendre que les chiffres sont des symboles utilisés pour écrire des nombres.

Écouter les explications et les redire dans ses mots.

Participer à la tâche en manipulant les ciseaux de façon sécuritaire. Constater que dans le contenu des imprimés il y a des images d'Halloween.

Utiliser le matériel pour former des ensembles, puis en comparer le cardinal. En équipe, trouver des symboles de comparaison et les noter sur une feuille. Participer activement à la mise en commun. Présenter ses symboles et les comparer avec ceux des autres équipes. Se rendre compte que les équipes ont inventé différents symboles pour exprimer une même chose et que cette diversité n'aide pas à la compréhension du message qu'on veut transmettre.

Faire modifier un ensemble par les élèves en leur demandant d'enlever ou d'ajouter un ou des éléments. Demander aux élèves d'écrire sur un morceau de papier ou de carton le nombre d'objets contenus dans chaque ensemble (cardinal). Ensuite, d'inventer un symbole qui signifie que l'un des deux nombres est soit plus petit, soit plus grand que l'autre. Après un certain temps, demander aux élèves de présenter les solutions qu'ils ont imaginées et faire écrire au tableau de la classe les signes ou symboles qu'ils ont imaginés. Leur faire remarquer les différences parmi les symboles inventés pour comparer le nombre d'éléments contenus dans les ensembles. Faire ressortir le fait qu'il est difficile de communiquer efficacement quand on utilise des symboles différents servant à comparer des quantités. Expliquer aux élèves que, pour remédier à ces difficultés, des mathématiciens et des mathématiciennes ont établi des symboles conventionnels et que les activités suivantes vont leur permettre de connaître ces symboles.

LA RÉALISATION

Rôle de l'enseignante et de l'enseignant	Rôle de l'élève
■ MANUEL, P. 45, ACTIVITÉ 1 ■ Grouper les élèves en équipes de trois. Inviter les élèves à observer les trois affiches du manuel pendant quelques minutes, puis leur demander de comparer les symboles qu'ils ont inventés avec ceux présentés sur les affiches. Demander à quelques élèves de venir tracer au tableau les symboles <, =, >, puis disposer les cartons symboles correspondant sur le rebord du tableau de sorte que tous les élèves les voient. Poser aux élèves les questions suivantes :	Observer les trois affiches du manuel et y repérer les symboles <, > et =. Écrire au tableau ces trois symboles à l'invitation de l'enseignante ou de l'enseignant.
— *Quels avantages et quels inconvénients y a-t-il à utiliser ses propres symboles ? les symboles inventés par les mathématiciens et les mathématiciennes ?*	
Permettre aux équipes d'en discuter et leur demander de préparer leurs réponses. Circuler parmi les équipes et vérifier si les élèves ont bien compris la tâche. Si, dans une équipe, il y a désaccord sur les idées émises, demander aux équipes d'en arriver à un compromis : le ou la porte-parole de l'équipe pourrait dire, par exemple : « Ma coéquipière pense que..., mais moi je crois que... »	Discuter des questions avec les membres de son équipe. Exprimer son idée calmement. S'il y a lieu, accepter de ne pas être d'accord avec l'autre. S'efforcer alors de s'en tenir à une réponse qui pourra satisfaire l'équipe. Choisir qui sera le ou la porte-parole de l'équipe.
Procéder à la mise en commun des avantages et des inconvénients.	

Faire ressortir que si un symbole a la même signification pour tous il est alors plus facile de comprendre la relation qu'il représente (au besoin, revenir sur les différents symboles de comparaison que les élèves ont inventés). Amener les élèves à le constater, puis leur faire remarquer l'importance d'établir une convention. C'est ce que les mathématiciens ont fait avec les symboles <, > et =.

Lire les phrases mathématiques de chaque affiche, par exemple :

— *Il y a 2 chats dans l'ensemble de gauche et 3, dans l'ensemble de droite. Il y a une quantité de chats plus grande à gauche qu'à droite.*

— *2 est plus petit que 3.*

Écrire deux nombres au tableau puis demander à un ou une élève de venir coller, à l'aide de gomme adhésive, le bon carton symbole entre ces deux nombres.

■ MANUEL, P. 45, ACTIVITÉS 2 ET 3 ■ Mettre à la disposition des équipes du matériel de manipulation. Leur expliquer les consignes.

Animer un retour sur ces activités en mettant en commun les réponses des équipes. Ensuite, demander aux élèves d'expliquer comment ils ont fait pour trouver le symbole approprié (activité 3). Les amener à trouver des stratégies pour se rappeler la signification des symboles (<, > et =) et pour les utiliser de façon appropriée :

— *Comment vas-tu faire pour te rappeler quel symbole utiliser quand tu compares deux nombres ?*

Laisser les élèves y réfléchir, puis mettre leurs stratégies en commun pour qu'ils puissent les comparer. Suggérer aux élèves de conserver les traces de leur stratégie sur une feuille, puis de la conserver dans leur portfolio.

Faire part de ses descriptions et exprimer ses hypothèses sur la signification des symboles tout en les justifiant. Écouter celles des autres équipes. Reconnaître l'importance de convenir de symboles pour comparer des quantités

Écouter les explications et constater qu'il est établi d'employer les symboles <, > et = pour comparer des quantités.

Utiliser du matériel de manipulation pour réaliser, en équipe, les activités. Noter les phrases mathématiques de l'activité 3 sur une feuille.

Participer activement à la mise en commun. Faire part de sa stratégie et écouter celles des autres.

NOTE DIDACTIQUE

Qu'y a-t-il de plus banal que d'affirmer que 3 = 3 ? Cela semble si évident qu'on en oublie le long processus d'abstraction qui se passe dans la tête de l'enfant avant qu'il ou elle en arrive à cette certitude. À cette étape-ci, il importe que l'élève comprenne que ce n'est pas parce qu'il y a le même chiffre à gauche comme à droite qu'il convient d'écrire le symbole = entre les deux (sinon on ne pourrait écrire = entre 3 + 2 et 5, ce que l'élève expérimentera plus tard). L'égalité illustrée sur la troisième affiche, p. 45 du manuel, se fait en référence à la quantité que chacun des deux nombres représente, non pas aux chiffres eux-mêmes, non plus à la nature et à la taille des éléments composant les ensembles. Les deux « 3 » sont le symbole d'un même nombre qui illustre ici une quantité déterminée de citrouilles, peu importe leur taille : il n'y a pas pour autant de petits « 3 » et de gros « 3 ». C'est ce qui importe de faire observer à l'élève qui, peu à peu, généralisera et en arrivera à une représentation du « 3 » plus abstraite, comme 3 lignes, 3 idées, 3 fois. Le nombre 3 renvoyant à une quantité déterminée d'objets, peu importe la nature et la taille de l'objet.

Par ailleurs, à proprement parler, les symboles < et > signifient respectivement « est inférieur à » et « est supérieur à ». Toutefois, pour des raisons pédagogiques évidentes, on substituera ces expressions par « est plus petit que » et « est plus grand que », qui sont celles que les enfants utilisent plus aisément.

L'INTÉGRATION

Rôle de l'enseignante et de l'enseignant	Rôle de l'élève
Par des questions, amener les élèves à exprimer ce qu'ils viennent de vivre, à objectiver leur façon de procéder, à prendre conscience de leurs progrès sur le plan des compétences tant transversales que disciplinaires.	Écouter les consignes. Les redire dans ses mots.
■ FICHES 39 ET 40, *RA-1A,* P. 39-40■ Demander aux élèves de réaliser individuellement les fiches 39 et 40. Leur expliquer les consignes et s'assurer qu'ils les comprennent bien. Circuler parmi eux, les soutenir en les amenant à se servir de leur stratégie, en leur faisant remarquer qu'ils comparent des nombres et que ces nombres représentent chacun une quantité. Si certains élèves ont besoin d'une consolidation, leur faire réaliser les activités de la fiche *Le truc de Hoa*.	Réaliser les fiches individuellement.
Procéder à une correction collective et à une mise en commun des stratégies.	Participer activement à la correction collective. Expliquer sa ou ses stratégies, s'exprimer sur les difficultés éprouvées et sur ce qui a été plus facile à faire.

Corrigé des activités du manuel, p. 45

1. Les élèves émettront des hypothèses sur la signification des symboles (voir la phase Réalisation, p. 147). Ils devraient en arriver à la constatation que :
   - ce qui est à gauche du symbole < est plus petit que ce qui est à droite;
   - ce qui est à gauche du symbole > est plus grand que ce qui est à droite;
   - ce qui apparaît à gauche et à droite du symbole = représente la même quantité.

2. a) 1 est plus petit que 4.
   b) 7 est plus grand que 3.
   c) 5 est égal à 5.

3. a) >   b) >   c) =

 Explique comment tu fais pour placer <, > ou = entre deux nombres.

Cette question permet d'explorer les stratégies des élèves.

Réponses variables; exemple : du côté où c'est pointu, c'est plus petit. C'est aussi l'occasion pour l'enseignante ou l'enseignant de proposer aux élèves ses propres trucs. Quant au signe =, il soulève rarement une difficulté.

Projet

À l'aide d'images ou de photos découpées dans des magazines, circulaires, journaux récents, etc., les élèves fabriquent des affiches sur les symboles de comparaison en s'inspirant de celles apparaissant à la p. 45 du manuel. Ainsi, ils ont l'occasion de dénombrer des objets, de lire et d'écrire des nombres de même qu'à en travailler l'aspect cardinal. Lors de la présentation des affiches, leur faire lire les phrases mathématiques qu'ils y ont écrites. Apposer les affiches près du coin de mathématique. Les élèves doivent prendre conscience du fait que les médias reflètent l'actualité d'une certaine façon.

Réinvestissement

Suggérer aux élèves de se partager les tâches suivantes : préparer de petits cartons représentant les symboles : <, >, = et les nombres (de 0 à 9); trouver des images ou dessiner des objets en quantités différentes pour former des ensembles. Ensuite, ils comparent ces ensembles à l'aide des petits cartons nombres et symboles.

Travaux personnels

Mettre à la disposition des élèves des cartons nombres et les cartons symboles <, > et =. À tour de rôle, les élèves forment un ensemble d'objets soit en le dessinant au tableau ou en y collant, à l'aide de gomme adhésive, des images d'objets, soit, autour d'une table, en utilisant du matériel de manipulation. Ils trouvent ensuite le carton nombre représentant le cardinal de l'ensemble. Ils font de même pour un autre ensemble. Ensuite, ils comparent ces deux ensembles en plaçant le carton symbole approprié entre les deux nombres. Cette activité peut se dérouler en équipe où les élèves ont l'occasion de se concerter; ainsi, ceux qui ont plus de facilité avec les symboles de comparaison peuvent aider leurs pairs qui éprouvent des difficultés.

Utilisation des TIC

Proposer aux élèves de relever un défi : préparer un aide-mémoire sur les symboles de comparaison (<, > et =). Leur expliquer qu'ils doivent illustrer, à l'aide d'un logiciel de dessin, des ensembles d'objets (deux ensembles par page ou demi-page, placés côte à côte) et, pour chacun, écrire le cardinal. Ensuite, comparer deux ensembles à la fois et écrire le symbole de comparaison approprié entre le cardinal du premier ensemble et le cardinal du deuxième. Inviter les élèves à conserver cet aide-mémoire dans leur portfolio.

▶ SITUATION D'APPRENTISSAGE 7 Qui dit vrai ?

Cette situation d'apprentissage permettra aux élèves, regroupés en équipes, d'énoncer des hypothèses sur une situation qui leur sera présentée. Ceci suscitera fort probablement de vives discussions au sein des équipes. Il faudra alors faire comprendre aux élèves que l'on peut discuter fermement sans nécessairement en arriver, si chacun et chacune respecte l'opinion de l'autre, à un conflit entre des personnes. L'équipe mettra alors en branle tout un processus pour trouver une solution au problème de comptage d'un grand nombre d'objets et aura l'occasion de découvrir que les groupements par 10 peuvent être la solution la plus aidante.

Organisation matérielle

▨ Le manuel *Logibul 1*, p. 46 et 47;

▨ Affiche *Conseils pour travailler en équipe* (au début du manuel);

▨ Un sac de 35 jetons par équipe de 5 ou 6 élèves;

▨ Du matériel de manipulation : boutons, bâtonnets, pinces à linge, etc. (plus de 20 objets par équipe); bouts de ficelle ou de laine;

▨ Les fiches 41 et 42, *RA-1A*, p. 41-42;

▨ La fiche *Et compte les pinces!*, au besoin (guide, p. 163).

2 heures

Facteurs de réussite

Les élèves auront réussi la tâche :

▨ s'ils analysent les éléments d'une situation ;

▨ s'ils respectent l'opinion de l'autre dans le cadre d'un travail fait en coopération ;

▨ s'ils dénombrent des quantités en faisant des groupements de 10 ;

▨ s'ils interprètent l'organisation des groupements de 10 ;

▨ s'ils écrivent des nombres à deux chiffres.

Portfolio

Inviter les élèves à y conserver un travail sur le groupement par 10.

LA PRÉPARATION

Rôle de l'enseignante et de l'enseignant	Rôle de l'élève
Informer les élèves que, au cours de la présente situation d'apprentissage, ils utiliseront du matériel de manipulation ; travailleront en équipe ; auront à dénombrer des objets et à écrire des nombres.	Écouter les explications du déroulement de la situation d'apprentissage.
Allouer quelques minutes aux élèves pour se grouper en équipes de trois ou quatre. Remettre un sac contenant 35 jetons à chaque équipe : — *Combien y a-t-il de jetons dans le sac ?* Laisser quelques minutes aux élèves pour répondre à la question. Leur demander d'essayer d'écrire leur réponse sur une feuille. S'il n'y a pas d'unanimité au sein de l'équipe, accepter pour l'instant qu'il y ait plus d'une réponse.	Se grouper en équipe de trois ou quatre élèves. Participer au dénombrement des jetons. Essayer d'en écrire le nombre. Noter les différents résultats obtenus par l'équipe.
Demander aux équipes de présenter leur résultat à tour de rôle. Noter ces résultats au tableau. C'est le moment de préciser aux élèves qu'il y a le même nombre de jetons dans chacun des sacs. Si les équipes ne sont pas arrivées au même résultat, le faire ressortir et demander : — *Comment faire pour connaître exactement le nombre d'objets de chaque sac ?* — *Comment faire pour être certains du résultat ?*	Présenter le ou les résultats de son équipe. Les comparer avec ceux des autres équipes. Exposer ses idées sur la stratégie à utiliser pour dénombrer une grande quantité d'objets sans se tromper.

LA RÉALISATION

Rôle de l'enseignante et de l'enseignant	Rôle de l'élève
▤ Manuel, p. 46 ▤ Lire l'intention de lecture et demander aux équipes d'observer l'illustration. Leur expliquer les activités 1 à 3 et les inviter ensuite à y répondre. Circuler parmi les équipes pour s'assurer que les élèves comprennent bien les consignes. Au besoin, leur rappeler les conseils qui sont de mise pour travailler en équipe (affiche).	Observer l'illustration et écouter les explications. Comprendre l'information que contient cette illustration. Donner son point de vue aux autres membres de son équipe et leur expliquer la situation dans ses mots. Respecter le droit de parole de chaque membre de son équipe.

Au terme de ce questionnement, les élèves devraient très certainement se rendre compte que Logibul et ses amis ont le même problème qu'eux ont eu au moment du dénombrement des jetons (phase Préparation).

Proposer aux élèves de reprendre leur sac de jetons et de trouver une solution au problème de dénombrement.

Analyser le problème de Logibul et ses amis et se rendre compte qu'il est de même nature que celui survenu lors du dénombrement des jetons.

Suggérer des façons de résoudre le problème.

NOTE DIDACTIQUE

Devant quels problèmes les amis de Logibul se trouvent-ils quand ils comptent les pinces à linge ? Il peut y en avoir plusieurs, comme oublier de compter des pinces, en compter certaines deux fois, se tromper en récitant la suite des nombres, etc. Quand les élèves comptent des objets, il faut prêter attention à ce type de difficultés et leur demander les solutions qu'ils pourraient appliquer pour les surmonter. Par exemple, pour dénombrer correctement des objets, il faut s'assurer de savoir réciter la suite des nombres sans faire d'erreur ou encore, une fois qu'un objet est compté, le mettre de côté pour l'isoler des autres qui restent à compter. Dans cette situation, le « truc » proposé à la p. 47 du manuel sert deux causes : diminuer les risques d'erreur de comptage et présenter la base 10. En formant des groupements de 10 objets, l'enfant se trouve à morceler son travail sur le dénombrement. De plus, si un recomptage était nécessaire, il serait plus facile de vérifier des paquets de 10 que de réciter la suite des nombres jusqu'à 24. Il va sans dire que c'est également une façon d'aborder le groupement par 10, une convention de notre système de numération.

Laisser les élèves proposer des solutions. Accepter leurs suggestions. Circuler parmi les équipes et soutenir celles qui seraient en difficulté, par exemple, en leur suggérant de grouper des jetons sans dire quel sorte de groupement faire.

Lorsque toutes les équipes ont terminé, animer une mise en commun des solutions envisagées. Si des équipes ont fait des groupements de 10, n'émettre aucun commentaire. Laisser les autres élèves se rendre compte que le groupement par 10 est plus approprié quand vient le temps de compter sans faire d'erreurs.

Essayer des pistes de solution, la sienne ou celles des autres élèves de l'équipe. Utiliser le matériel de manipulation. Accepter de demander de l'aide et d'en recevoir, s'il y a lieu.

Participer à la mise en commun. Présenter sa solution. Écouter celles des autres équipes. Comparer sa solution avec celles des autres. Poser des questions pour se faire préciser des stratégies.

L'INTÉGRATION

Rôle de l'enseignante et de l'enseignant	Rôle de l'élève
■ MANUEL, P.46 ■ Revenir au problème de Logibul et ses amis et demander aux élèves : — *Que peux-tu faire pour les aider ?* Laisser les élèves suggérer leurs idées.	S'exprimer sur la solution à donner à Logibul et ses amis.
■ MANUEL, P. 47 ■ Enchaîner avec la situation de la p. 47 du manuel en demandant aux élèves d'observer le moyen qui y est présenté et de trouver le bon, puis poser les questions suivantes : — *Quelle solution Logibul et ses amis ont-ils trouvée ? Qu'en penses-tu ?*	Décrire la stratégie utilisée par Logibul et ses amis. Expliquer comment elle facilite le comptage d'une grande quantité d'objets. La comparer à la stratégie de son équipe.

— *Selon toi, est-elle différente de la tienne ? meilleure que la tienne ?*

— *Quel conseil donnerais-tu à des amis qui doivent compter une grande quantité d'objets ?*

Faire une synthèse sur la solution qui consiste à dénombrer une grande quantité d'objets en faisant des groupements par 10. Illustrer concrètement la chose par une démonstration : dénombrer une poignée de jetons en les regroupant par 10, puis entourer ces groupements à l'aide de bouts de ficelle ou de laine. Inviter les élèves à faire un retour sur la situation d'apprentissage 5 du thème 3 (p. 34-35 de leur manuel et fiches 29 et 30 du *RA-1A*).

■ FICHE 41, *RA-1A,* P. 41 ■ Distribuer la fiche aux élèves en leur demandant d'en observer le contenu et d'anticiper la tâche à réaliser. Demander de dire ce qu'ils en comprennent. Leur expliquer la tâche et les laisser travailler individuellement pendant quelques minutes. Ensuite, grouper les élèves en équipes de deux et leur demander de comparer leur travail.

Animer une mise en commun des réponses et des stratégies. Faire ressortir la stratégie qui a été le plus utilisée, puis demander aux élèves si elle est efficace et de dire pourquoi elle l'est.

■ FICHE 42, *RA-1A,* P. 42 ■ Vérifier la compréhension des élèves sur ce que représente 25, au bas de la fiche. Leur demander :

— *Que veut dire le dessin au bas de la fiche ?*

— *Y a-t-il assez de chapeaux ? Alors, dessine les chapeaux qui manquent pour représenter 25.*

Laisser les élèves réaliser individuellement la fiche. Circuler parmi les élèves et les soutenir dans leur tâche. Corriger les fiches 41 et 43. Encourager les élèves qui éprouvent des difficultés en revenant avec eux sur la stratégie permettant de compter sans se tromper (groupement de 10).

Écouter activement la synthèse sur les groupements de 10 en suivant attentivement la démonstration. Reconnaître que, à la p. 35 du manuel, le dessin de Félix représente les 27 ballons figurant au haut de la même page. Se rappeler comment il ou elle avait réalisé les activités des fiches 29 et 30.

Observer le contenu de la fiche. Énoncer une hypothèse sur la tâche à réaliser. S'efforcer de lire les consignes. Expliquer la tâche dans ses mots. Comparer sa compréhension de la tâche avec les autres idées émises par les élèves. Écouter les explications de son enseignante ou enseignant. Réaliser individuellement les activités de la fiche. En équipe, comparer son travail avec celui de l'autre élève. Remarquer les différences et les ressemblances. Les expliquer dans ses mots.

Participer à la mise en commun. Expliquer pourquoi la stratégie la plus utilisée est efficace.

Observer le contenu de la fiche et dire, dans ses mots, ce que représente l'illustration au bas de la fiche. Comprendre la tâche à accomplir et travailler individuellement. Dire comment s'y prendre pour éviter de commettre des erreurs.

Corrigé des activités du manuel, p. 46 et 47

p. 46

1. Oui, car ils ne s'entendent pas sur le nombre de pinces à linge qu'ils ont comptées.

2. Personne n'a raison. (Il y a 24 pinces à linge.)

   Remarque: Les élèves essaieront aussi de compter et se buteront aux mêmes difficultés que Logibul et ses amis.

3. a) Réponses variables; exemples: Les 4 amis peuvent avoir oublié de compter des pinces, en avoir compté certaines 2 fois, se tromper en récitant la suite des nombres.

   b) Réponses variables; exemples: une fois qu'un objet est compté, le mettre de côté pour l'isoler des autres qui restent à compter et procéder de même pour le reste; former des paquets de 10.

p. 47

Dans A, il y a 1 groupe de 10 pinces, 1 groupe de 9 et 5 autres pinces; dans B, 1 groupe de 11, 1 groupe de 10 et 3 autres pinces; dans C, 2 groupes de 10 et 4 autres pinces. Si les moyens A et B ne peuvent être qualifiés de mauvaises réponses, c'est de toute évidence le moyen C qui est le plus pratique.

Projet

C'est le moment pour les élèves de présenter les décorations qu'ils ont réalisées. Lors des présentations, les encourager à communiquer à l'aide du vocabulaire mathématique. Déterminer avec eux l'emplacement des décorations dans la classe. Revenir sur la date de l'Halloween à l'aide du calendrier de la classe. Animer une discussion sur le déroulement du travail d'équipe en amenant les élèves à s'exprimer sur ce sujet, à dire ce qu'ils ont aimé le plus, le moins, sur ce qu'ils pourraient améliorer lors d'un prochain projet.

Réinvestissement

Suggérer aux élèves de réaliser les activités de la fiche *Et compte les pinces!*

Travaux personnels

Proposer aux élèves de dénombrer des objets à la maison, par exemple des boutons, des figurines, des autocollants ou des ustensiles de cuisine, d'écrire les résultats sur une feuille et d'utiliser les symboles <, > ou = pour comparer les nombres. À leur retour en classe, les élèves présentent leur travail.

Utilisation des TIC

Proposer aux élèves de former un ensemble contenant un grand nombre d'objets. Leur expliquer la tâche:

■ Dessiner un ensemble vide.

■ Choisir un objet à placer dans l'ensemble. À l'aide des fonctions «copier» et «coller» reproduire plusieurs fois, à l'intérieur de l'ensemble, le même objet sans compter.

■ Imprimer la feuille.

■ Dénombrer les objets de l'ensemble en utilisant une stratégie. Écrire son résultat.

p. 48-49

EXPLOITATION DES PAGES PÉDAGOGIQUES DES THÈMES 3 ET 4

Les p. 48 et 49 du manuel de même que les fiches 43 et 44 du *RA-1A* proposent aux élèves de se pencher sur leurs apprentissages. Sans leur présenter immédiatement ces pages, animer un bref retour sur les thèmes 3 et 4 en invitant les élèves à feuilleter leur manuel et leur portfolio. Leur demander de se rappeler ce qu'ils ont fait et ce qu'ils ont appris, d'en donner des exemples, et d'expliquer comment ils font pour ne pas l'oublier. Noter au tableau les éléments importants de leurs réponses. Il est aussi suggéré de demander aux élèves de dessiner sur une feuille un élément qu'ils ont retenu et de conserver ce dessin dans leur portfolio. Enchaîner avec la présentation des p. 48 et 49 du manuel. Avec les élèves, lire les consignes des activités, puis leur demander d'y répondre oralement en utilisant, au besoin, du matériel de manipulation. Ensuite, leur distribuer les fiches 43 et 44 et les inviter à les réaliser individuellement. Lors d'une correction collective, exploiter ces fiches de façon à amener les élèves à constater les progrès qu'ils ont accomplis dans leurs apprentissages.

• **Je sais ce que veulent dire *plus court* et *plus long*.**

La corde bleue est la plus courte; la violette, la plus longue; la rouge et la jaune sont de la même longueur.

• **J'ai appris la signification des symboles <, > et =.**

a) 5 > 3;   7 > 5;   7 > 1;   3 > 1.   b) 6 < 7;   7 < 8;   6 < 8.

• **Je suis capable de trouver des complémentaires.**

a) 5   b) 6   c) 2   d) 4

• **Je suis capable de compter des objets et d'écrire combien il y en a.**

Il y a **2** groupes de 10 papillons et **8** papillons qui ne sont pas groupés. Il y a **28** papillons en tout.

Autour de moi

Cette activité de dénombrement donne aux élèves l'occasion de recourir aux groupements de 10. Animer un retour collectif sur cette activité.

Pour t'amuser

▨ Fabriquer un mobile à la maison donne l'occasion à l'élève de faire de la récupération et d'associer les boîtes récupérées à des solides géométriques. Lui proposer d'apporter son mobile en classe et d'expliquer, au groupe-classe, comment s'est déroulé ce petit projet personnel.

▨ Cette activité, une façon amusante de comparer des nombres à l'aide des symboles appropriés, peut se dérouler en équipes de deux, dans le cadre de la petite fête d'Halloween en classe. Ce jeu est l'occasion pour les élèves de justifier leur choix de symboles de comparaison et d'échanger leurs stratégies.

Retour sur le thème

Faire un retour sur l'ensemble du thème 4. Revenir sur chaque situation d'apprentissage du thème en demandant aux élèves de se rappeler les activités qu'ils ont faites. Les interroger sur leurs apprentissages, les amener à prendre conscience des progrès qu'ils ont accomplis, des compétences qu'ils ont continuées à développer. À partir de situations concrètes, revoir avec eux les mots du vocabulaire mathématique avec lesquels ils se sont familiarisés tout le long du thème, le groupement de 10, une stratégie utile pour dénombrer une grande quantité d'objets, les symboles de comparaison (<, > et =), etc.

Voici d'autres pistes de questionnement qui pourront aider à préparer le retour sur ce thème.

- Est-ce que les situations d'apprentissage ont suscité l'intérêt des élèves ?
- Quelle nouvelle stratégie les élèves ont-ils développée ?
- Quels sont les élèves qui éprouvent le plus de difficultés ? Comment les soutenir ?
- Quelle est l'attitude générale des élèves face aux situations mathématiques ?
- Ont-ils participé au projet ? Quels types de progrès le projet leur a-t-il permis de réaliser ?
- Y a-t-il eu une amélioration dans leur travail en équipe ?

Activités de numération

Voici trois suggestions d'activités qui font travailler la comptine et l'écriture des nombres, de même que les symboles de comparaison (<, >, =).

Activité 1

Grouper les élèves en équipes de trois ou quatre. Demander à chaque équipe de compter le plus loin possible à voix haute. Répartir les rôles au sein de l'équipe : un élève compte pendant que les deux autres écoutent en vérifiant si l'élève qui compte le fait sans sauter de nombres. S'assurer que les élèves inversent les rôles. Chaque équipe note le plus grand nombre atteint sur une feuille.

Poursuivre l'activité, cette fois en formant de nouvelles équipes parmi lesquelles se répartissent les élèves qui ont compté le plus loin. Ce sont les rois ou les reines du comptage. Le roi ou la reine de chaque équipe est responsable de ses sujets (les autres membres de son équipe) et doit trouver des moyens pour que ses sujets atteignent le royaume, c'est-à-dire arrivent à compter, sans se tromper, jusqu'au nombre que le roi ou la reine a atteint.

Activité 2

Les élèves réalisent cette activité en équipe de cinq. Pour former les équipes, tirer les prénoms des élèves (utiliser les étiquettes-prénoms) ou laisser les élèves se grouper à leur guise. Dans chaque équipe, les membres décident qui va commencer en premier et ceux et celles qui vont suivre.

Séparer le tableau de la classe en quatre parties et inviter un ou une élève de chaque équipe à commencer à écrire des nombres à partir de zéro. Au signal de l'enseignante ou de l'enseignant, l'élève qui écrivait les nombres cède sa place au suivant qui doit s'assurer qu'il n'y a pas d'erreur avant de poursuivre l'écriture des nombres. Les élèves qui attendent leur tour ne doivent pas souffler mot ni aider l'élève qui accomplit sa tâche au tableau. Si une ou un élève constate une erreur, il ou elle doit attendre son tour pour la corriger. Ainsi, chaque élève participe de près ou de loin à l'activité en s'assurant que la suite de nombres est exacte.

Activité 3

Matériel : • Étiquettes-prénoms des élèves de la classe dans un sac (ou contenant);
  • Cartons nombres de 0 à 20 dans un sac (ou contenant);
  • Cartons symboles <, > et =.

Tirer une étiquette-prénom pour nommer l'animateur ou l'animatrice de l'activité. L'animateur tire deux étiquettes-prénoms et demande à ces deux élèves de tirer, à tour de rôle, un carton nombre. L'animateur tire une autre étiquette-prénom et demande à l'élève de choisir un carton symbole. Les trois joueurs s'entendent sur une façon de comparer les deux nombres à l'aide du symbole, puis lisent la phrase mathématique ainsi formée. Les autres élèves de la classe corrigent la phrase, s'il y a lieu. L'activité se poursuit jusqu'à l'épuisement des étiquettes-prénoms.

Nom _____

À chacune son couvercle

a) Observe les boîtes et les couvercles.

b) Colorie de la même couleur une boîte et son couvercle.
   Tu dois utiliser une couleur différente pour chaque boîte.

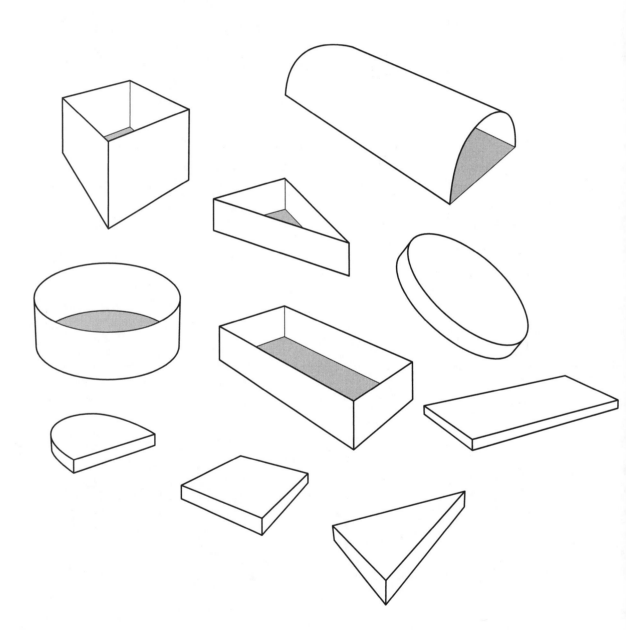

Nom _____

La grille de Camille

Utilise cette fiche pour réaliser l'activité de la page 43
de ton manuel *Logibul I*.

Plus	3	1	5
2			7
0		1	
1	4		

Nom _____

D'autres grilles

1. a) Complète la grille de nombres.

b) Vérifie ensuite tes réponses avec un moyen de ton choix.

Plus	1	4	2	0	5	3
2						
1						
4						
5						

2. a) Écris un nombre de ton choix dans chaque ⬜.

b) Complète la grille et vérifie tes réponses.

Plus	0	1	2	3	4	5
⬜						
⬜						
⬜						
⬜						

Nom _____

Des fantômes

Dans chaque cas, complète l'ensemble **ou** l'étiquette.

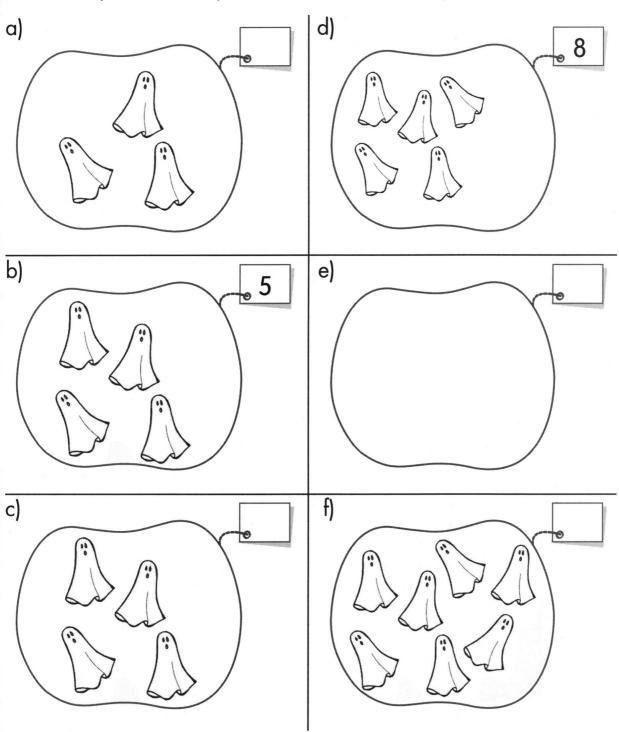

Nom _____

Le truc de Hoa

Écris le nombre de cubes dans chaque ☐.

Compare les nombres et écris **<** ou **>** dans les ◯.

> Le bout pointu va du côté du nombre le plus petit.
>
> 2 < 4
> 4 > 2

a)

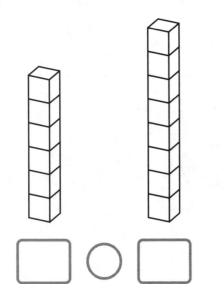

c)

b)

d)

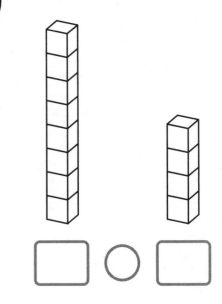

Nom

Et compte les pinces !

a) Observe chaque ensemble de pinces.

b) Est-ce que ce sont tous des groupes de 10 pinces ?
Vérifie-le. Réponds par **oui** ou par **non**.

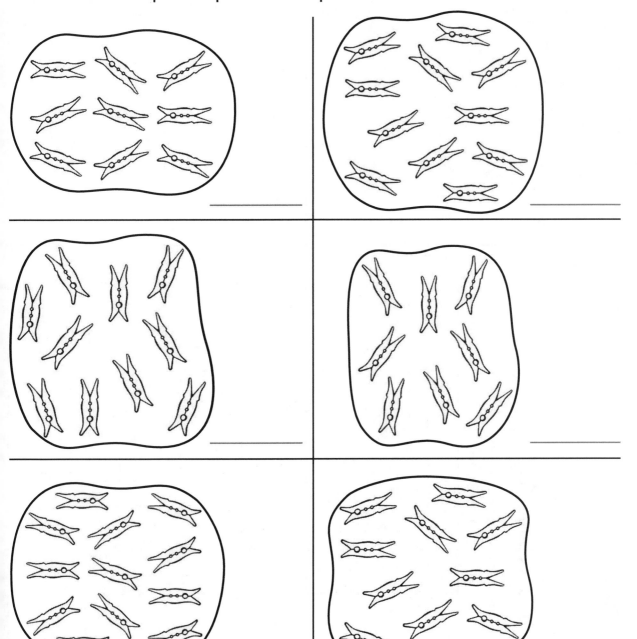

Corrigé des fiches 158, 159 et 160

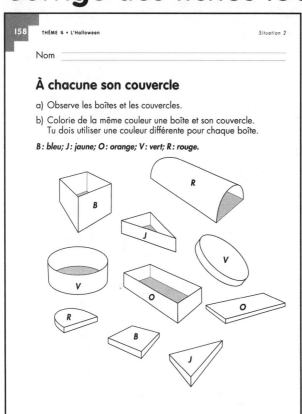

Nom _____

À chacune son couvercle

a) Observe les boîtes et les couvercles.

b) Colorie de la même couleur une boîte et son couvercle.
Tu dois utiliser une couleur différente pour chaque boîte.

B : bleu; J : jaune; O : orange; V : vert; R : rouge.

Nom _____

La grille de Camille

Utilise cette fiche pour réaliser l'activité de la page 43
de ton manuel *Logibul 1.*

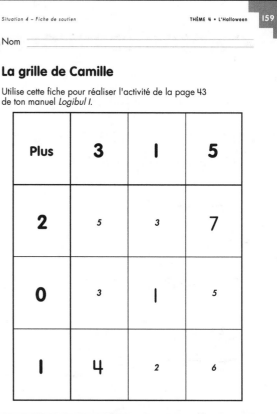

Plus	3	1	5
2	5	3	7
0	3	1	5
1	4	2	6

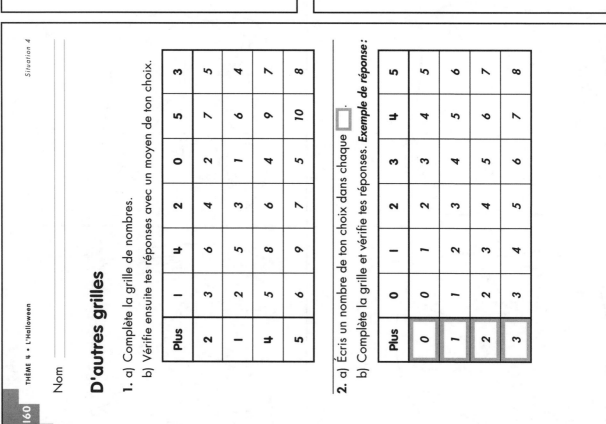

Nom _____

D'autres grilles

1. a) Complète la grille de nombres.

b) Vérifie ensuite tes réponses avec un moyen de ton choix.

Plus	1	2	4	2	0	5	3
2	3	3	6	4	2	7	5
1	2	2	5	3	1	6	4
4	5	5	8	6	4	9	7
5	6	6	9	7	5	10	8

2. a) Écris un nombre de ton choix dans chaque ☐.

b) Complète la grille et vérifie tes réponses. *Exemple de réponse :*

Plus	0	1	2	3	4	5
0	0	1	2	3	4	5
1	1	2	3	4	5	6
2	2	3	4	5	6	7
3	3	4	5	6	7	8

Corrigé des fiches 161, 162 et 163

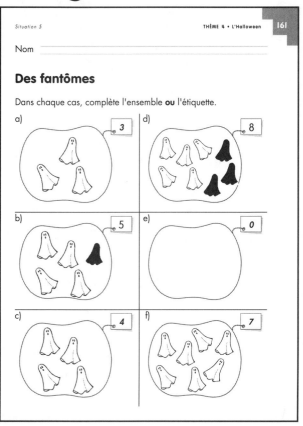

Situation 5 THÈME 4 • L'Halloween **161**

Nom

Des fantômes

Dans chaque cas, complète l'ensemble **ou** l'étiquette.

a) **3**

d) **8**

b) **5**

e) **0**

c) **4**

f) **7**

162 THÈME 4 • L'Halloween *Situation 6*

Nom

Le truc de Hoa

Le bout pointu va du côté du nombre le plus petit.

2 < 4
4 > 2

Écris le nombre de cubes dans chaque ☐.

Compare les nombres et écris **<** ou **>** dans les ◯.

a) **5** **>** **3**

c) **2** **<** **5**

b) **6** **<** **8**

d) **8** **>** **4**

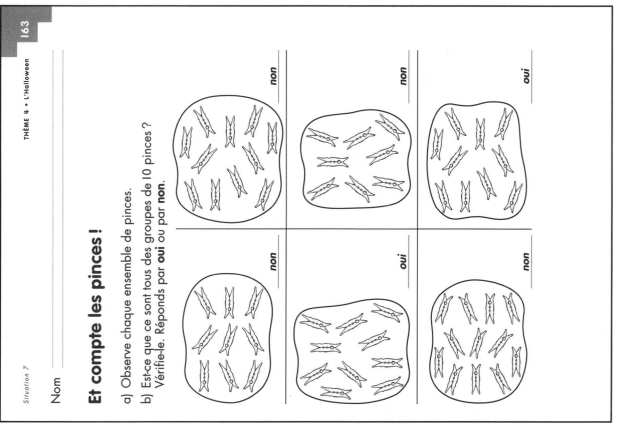

Situation 7 THÈME 4 • L'Halloween **163**

Nom

Et compte les pinces !

a) Observe chaque ensemble de pinces.

b) Est-ce que ce sont tous des groupes de 10 pinces ?
Vérifie-le. Réponds par **oui** ou par **non**.

non

non

oui

non

oui

non

Ce cinquième thème s'articule autour de quatre situations d'apprentissage et s'étend sur environ deux semaines. Durant cette période, les élèves auront l'occasion d'imaginer le parc de leurs rêves et de le représenter sous forme de maquette, tout en se sensibilisant aux règles de sécurité à suivre dans leurs activités et déplacements quotidiens. Ce projet leur permettra, entre autres, d'approfondir leurs connaissances sur des figures géométriques en prêtant, notamment, attention aux éléments de leur environnement. Aussi, ils apprendront à estimer une quantité, puis auront à vérifier leurs estimations en utilisant les groupements par 10. Ils s'approprieront le concept de longueur (déjà effleuré dans le thème 4) et aborderont le sens de la mesure. À cette occasion, les élèves verront certains aspects historiques de la mesure. De plus, ils pourront intégrer davantage les apprentissages faits jusqu'à maintenant au sujet de l'addition. Ainsi, au fil des situations d'apprentissage de ce thème, les élèves continueront à développer, notamment, leurs compétences à raisonner, à travailler en équipe et avec méthode, à résoudre des problèmes et à exploiter l'information.

TABLEAUX DE PLANIFICATION _____ **168**

LE PORTFOLIO _____ **170**

PROJET : Fabriquer la maquette d'un parc imaginaire _____ **170**

Situation d'apprentissage 1 : Autour du parc _____ **171**

Situation d'apprentissage 2 : À la recherche de figures géométriques _____ **176**

Situation d'apprentissage 3 : Des façons de mesurer _____ **180**

Situation d'apprentissage 4 : Que s'est-il passé ? _____ **184**

Retour sur le thème _____ **188**

Activité de numération _____ **188**

ANNEXE _____ **189**

PROJET : Fabriquer la maquette d'un parc imaginaire

SITUATION D'APPRENTISSAGE : 1 AUTOUR DU PARC
Durée : 2 h

p. 50-51

DOMAINES GÉNÉRAUX DE FORMATION	COMPÉTENCES TRANSVERSALES	DOMAINES D'APPRENTISSAGE
DOMAINES, AXES DE DÉVELOPPEMENT	**ORDRES, COMPÉTENCES, COMPOSANTES**	**COMPÉTENCES DISCIPLINAIRES, COMPOSANTES**
Adopter un mode de vie actif et une conduite sécuritaire	**EXERCER SON JUGEMENT CRITIQUE** Construire son opinion Exprimer son jugement Relativiser son jugement **METTRE EN ŒUVRE SA PENSÉE CRÉATRICE** Imaginer des façons de faire **SE DONNER DES MÉTHODES DE TRAVAIL EFFICACES** Analyser la tâche à accomplir S'engager dans la démarche Accomplir la tâche Analyser sa démarche	**2 RAISONNER À L'AIDE DE CONCEPTS ET DE PROCESSUS MATHÉMATIQUES** Cerner les éléments de la situation mathématique Mobiliser des concepts et des processus mathématiques appropriés à la situation Appliquer des processus mathématiques appropriés à la situation

SAVOIRS ESSENTIELS

Arithmétique — **Sens et écriture des nombres naturels**
Nombres naturels inférieurs à 1000 : lecture, écriture, comptage, dénombrement, groupement par 10
Approximation (estimation)

Vocabulaire — Compter, dénombrement, estimation, estimer, groupe de 10, nombre

SITUATION D'APPRENTISSAGE : 2 À LA RECHERCHE DE FIGURES GÉOMÉTRIQUES
Durée : 2 h

p. 52-53

DOMAINES GÉNÉRAUX DE FORMATION	COMPÉTENCES TRANSVERSALES	DOMAINES D'APPRENTISSAGE
DOMAINES, AXES DE DÉVELOPPEMENT	**ORDRES, COMPÉTENCES, COMPOSANTES**	**COMPÉTENCES DISCIPLINAIRES, COMPOSANTES**
Prendre conscience de soi et de ses besoins fondamentaux Adopter un mode de vie actif et une conduite sécuritaire Contribuer à construire un environnement viable dans une perspective de développement durable	**EXPLOITER L'INFORMATION** Reconnaître diverses sources d'information Tirer profit de l'information **RÉSOUDRE DES PROBLÈMES** Analyser les éléments de la situation Imaginer des pistes de solution **METTRE EN ŒUVRE SA PENSÉE CRÉATRICE** S'imprégner des éléments d'une situation Imaginer des façons de faire	**2 RAISONNER À L'AIDE DE CONCEPTS ET DE PROCESSUS MATHÉMATIQUES** Cerner les éléments de la situation mathématique Mobiliser des concepts et des processus mathématiques appropriés à la situation Appliquer des processus mathématiques appropriés à la situation **3 COMMUNIQUER À L'AIDE DU LANGAGE MATHÉMATIQUE** S'approprier le vocabulaire mathématique Interpréter ou produire des messages à caractère mathématique

SAVOIRS ESSENTIELS

Géométrie — **Figures géométriques et sens spatial**
Figures planes : comparaison et construction; description du carré, du rectangle, du triangle et du losange; identification du carré, du rectangle, du triangle, du cercle et du losange

Vocabulaire — Carré, cercle, côté, figure géométrique, figure plane, losange, rectangle, triangle

SITUATION D'APPRENTISSAGE : 3 — DES FAÇONS DE MESURER
Durée : 2 h
p. 54-56

DOMAINES GÉNÉRAUX DE FORMATION	COMPÉTENCES TRANSVERSALES	DOMAINES D'APPRENTISSAGE
DOMAINES, AXES DE DÉVELOPPEMENT	**ORDRES, COMPÉTENCES, COMPOSANTES**	**COMPÉTENCES DISCIPLINAIRES, COMPOSANTES**
S'engager dans l'action dans un esprit de coopération et de solidarité Cultiver la paix	**EXPLOITER L'INFORMATION** Tirer profit de l'information **RÉSOUDRE DES PROBLÈMES** Analyser les éléments de la situation Évaluer sa démarche **SE DONNER DES MÉTHODES DE TRAVAIL EFFICACES** Accomplir la tâche **COOPÉRER** Interagir avec ouverture d'esprit dans différents contextes Contribuer au travail collectif Tirer profit du travail en coopération	**2 RAISONNER À L'AIDE DE CONCEPTS ET DE PROCESSUS MATHÉMATIQUES** Cerner les éléments de la situation mathématique Mobiliser des concepts et des processus mathématiques appropriés à la situation Appliquer des processus mathématiques appropriés à la situation

SAVOIRS ESSENTIELS

Mesure	**Longueurs : estimation et mesurage** Dimensions d'un objet (sens de la mesure, estimation). Unités non conventionnelles : comparaison, construction de règles
Repères culturels	Mesures : système de mesure (aspect historique)
Vocabulaire	Estimation, estimer, longueur, mesurer, tableau, unité de mesure

SITUATION D'APPRENTISSAGE : 4 — QUE S'EST-IL PASSÉ ?
Durée : 2 h
p. 57-59

DOMAINES GÉNÉRAUX DE FORMATION	COMPÉTENCES TRANSVERSALES	DOMAINES D'APPRENTISSAGE
DOMAINES, AXES DE DÉVELOPPEMENT	**ORDRES, COMPÉTENCES, COMPOSANTES**	**COMPÉTENCES DISCIPLINAIRES, COMPOSANTES**
Adopter un mode de vie actif et une conduite sécuritaire Valoriser les règles de vie en société et les institutions démocratiques Cultiver la paix	**EXPLOITER L'INFORMATION** Tirer profit de l'information **RÉSOUDRE DES PROBLÈMES** Analyser les éléments de la situation Mettre à l'essai des pistes de solution **SE DONNER DES MÉTHODES DE TRAVAIL EFFICACES** Analyser la tâche à accomplir S'engager dans la démarche Accomplir la tâche **COMMUNIQUER DE FAÇON APPROPRIÉE** Établir l'intention de la communication Choisir le mode de communication Réaliser la communication	**1 RÉSOUDRE UNE SITUATION-PROBLÈME MATHÉMATIQUE** Décoder les éléments de la situation-problème **2 RAISONNER À L'AIDE DE CONCEPTS ET DE PROCESSUS MATHÉMATIQUES** Cerner les éléments de la situation mathématique Mobiliser des concepts et des processus mathématiques appropriés à la situation Appliquer des processus mathématiques appropriés à la situation

SAVOIRS ESSENTIELS

Arithmétique	**Sens et écriture des nombres naturels** Nombres naturels inférieurs à 1000 : représentation	**Sens des opérations sur des nombres naturels** Opération, sens des opérations : addition (ajout)
Symboles	+, =	
Vocabulaire	Addition, ajouter, égaler, plus	

Au cours de ce thème, veiller à ce que les élèves conservent, dans leur portfolio, des traces de quelques activités en lien avec les situations d'apprentissage 2 et 4, par exemple :

- la fiche 47 (figures planes : identification et construction) du *RA-1A* ;
- la fiche 50 (situation additive) du *RA-1A* ;
- une affichette représentant une situation additive, que les élèves feront dans le cadre de leur projet.

Au moment où les élèves ajouteront de nouveaux documents dans leur portfolio, leur demander de comparer leurs récents travaux avec certaines de leurs productions réalisées antérieurement afin qu'ils prennent conscience de leurs progrès, notamment en ce qui a trait à l'addition. Cette tâche de comparaison n'est pas anodine puisqu'elle leur permet de percevoir leur portfolio non pas comme un ramassis de travaux épars, mais plutôt comme un bon portrait de leur cheminement et du degré de développement de leurs habiletés et compétences.

PROJET   FABRIQUER LA MAQUETTE D'UN PARC IMAGINAIRE

Le projet de ce thème propose aux élèves de réaliser, sur un grand carton, une maquette représentant un parc public qu'ils auront imaginé. Ils travailleront en coopération et fabriqueront, au choix, une maquette par équipe ou une pour toute la classe. La maquette sera simple ou complexe, selon l'ampleur que l'on décidera de donner au projet. Les élèves la confectionneront à partir d'objets récupérés (boîtes de formes diverses, retailles de papier et de carton, etc.), de cubes, de réglettes, de pâte à modeler, etc. Il est suggéré d'exiger des élèves qu'ils utilisent, pour représenter les divers éléments composant le parc, tant des formes à plat (figures planes qu'ils tracent sur du papier ou du carton, puis découpent) que des boîtes et autres solides. D'abord, les élèves vont nommer, à partir de leur propre expérience de fréquentation d'un parc, les éléments qui y sont généralement présents (balançoires, glissoires et autres accessoires dans l'aire de jeux pour enfants, piscine, terrains de jeux, pavillon, fontaines, poubelles, arbres, plates-bandes, etc.). Les illustrations du manuel fournissent d'ailleurs plusieurs pistes pour amorcer cette tâche (p. 50 à 53 du manuel *Logibul 1*). Par la suite, les élèves exploreront diverses façons de représenter ces éléments sur leur maquette. Par exemple, en représentant une plate-bande par un triangle, une aire de jeux par un cercle, un bac à sable par un carré, un terrain de soccer par un rectangle, une pataugeoire par une boîte de forme cylindrique, un pavillon par un cube, un lampadaire par un tube en carton, un arbuste par une boule de pâte à modeler. Laisser libre cours à l'imagination des élèves en leur permettant de représenter leurs idées sous diverses formes.

En élaborant ce projet et en explorant les différentes possibilités de le réaliser, les élèves mettront en œuvre leur pensée créatrice. Tout le long du projet, ils ressentiront le besoin d'adopter des méthodes de travail efficaces et développeront diverses compétences en lien avec des notions propres au domaine de la géométrie (construction, comparaison et identification de figures planes). De plus, les élèves découvriront certains aspects historiques de la mesure, ce qui les amènera à mesurer concrètement les dimensions des divers éléments qui composent leur maquette à l'aide d'unités non conventionnelles. Outre de fournir des points d'ancrage à d'autres disciplines, dont l'univers social et les arts plastiques, ce projet offre l'occasion aux élèves d'intégrer davantage les apprentissages faits jusqu'à maintenant au sujet de l'addition. Par ailleurs, le thème qu'est le parc fournira un excellent prétexte pour les sensibiliser aux règles de sécurité à observer dans leurs activités de la vie quotidienne et dans leurs déplacements.

▶ SITUATION D'APPRENTISSAGE ▌I Autour du parc

Avec cette première situation d'apprentissage, au cours de laquelle le thème sera présenté aux élèves, s'amorce le projet de fabriquer la maquette d'un parc imaginaire. Les élèves auront d'abord l'occasion de participer à une discussion sur les comportements sécuritaires à adopter dans leurs activités de la vie quotidienne et sur les règles de sécurité à observer dans leurs déplacements. Ils aborderont ensuite l'estimation d'une quantité et exploreront une méthode pour y arriver.

Organisation matérielle

▨ Le manuel *Logibul 1*, p. 50 et 51;
▨ Du matériel de manipulation : une trentaine de jetons ou de cubes par équipe de quatre ou cinq élèves;
▨ La fiche 45, *RA-1A*, p. 45;
▨ Les fiches *Des triangles* et *Je fais une estimation*, au besoin (guide, p. 189 et 190).

2 heures

Facteurs de réussite

Les élèves auront réussi la tâche :

▨ s'ils comprennent le concept d'estimation;
▨ s'ils appliquent correctement des processus mathématiques reliés à la tâche;
▨ s'ils peuvent grouper par 10 des éléments d'un ensemble et juger de la pertinence d'un tel groupement;
▨ s'ils peuvent compter de 0 à 30;
▨ s'ils peuvent exécuter la séquence de travail proposée en adoptant une méthode de travail.

LA PRÉPARATION

Rôle de l'enseignante ou de l'enseignant	Rôle de l'élève
Animer une causerie en incitant les élèves à s'exprimer sur leurs habitudes de fréquentation des parcs : — *T'arrive-t-il d'aller au parc ou au terrain de jeux ?* — *Comment t'y rends-tu ? Avec qui ?* — *Le parc est-il situé près de ta maison ?* — *Dois-tu traverser des rues pour t'y rendre ?*	Se rappeler ses visites au parc et participer activement à la causerie en répondant aux questions.
Enchaîner en leur parlant des règles de sécurité à suivre quand ils circulent sur la voie publique, par exemple lorsqu'ils doivent traverser une rue. Les amener à s'exprimer sur ce sujet et à partager leurs connaissances.	Partager ses expériences en s'exprimant sur les règles de sécurité qui sont de mises en traversant les rues ou en circulant sur les trottoirs; s'efforcer de communiquer avec aisance et enthousiasme avec ses pairs.
▮MANUEL, P. 50▮ Présenter le thème aux élèves, puis leur lire l'encadré du haut de la page. Leur allouer quelques minutes pour observer l'illustration. Enchaîner en redisant la question suivante : — *Selon toi, qu'est-ce qui retient l'attention de Logibul ?*	Observer l'illustration de la p. 50 du manuel. Y repérer Logibul.

Laisser les élèves faire part de leurs observations, puis les questionner sur l'illustration. Leur demander, par exemple, d'énumérer ce qu'ils y voient (maisons, trottoirs, intersections, signalisation, passages pour piétons, feux de circulation, arrêt obligatoire, personnes, voitures, etc.). Profiter de l'occasion pour amorcer une discussion sur certaines règles de sécurité. Attirer l'attention des élèves sur le garçon qui se prépare à traverser la rue et leur demander :

— *Que devrait-il faire ?*

Poursuivre en leur demandant d'observer le passeur scolaire qui rappelle aux écoliers de s'arrêter au feu rouge, l'adulte qui surveille les enfants au parc, la clôture entourant le parc, etc. Leur faire observer les comportements sécuritaires : la motocycliste portant un casque, l'automobiliste respectant l'obligation de marquer l'arrêt (panneau ARRÊT), les écoliers qui attendent à l'intersection (près du dépanneur) le feu vert pour traverser, la policière qui fait de même et qui se prépare à emprunter le passage pour piétons, etc. Poser des questions sur ce qui peut arriver aux personnages qui marchent et qui courent sur le trottoir (dans le coin supérieur droit de l'illustration).

Explorer avec les élèves les raisons pour lesquelles il existe des lieux aménagés, comme des parcs. À partir d'exemples proches de leur réalité, amener les élèves à prendre conscience des besoins divers auxquels un parc public permet de répondre (besoin d'activités physiques, d'espace vert, etc.), à saisir l'importance de préserver des espaces verts, etc. Faire ressortir l'importance d'un parc en milieu urbain.

Rendre compte de ses observations. Énumérer le plus de choses possible. Exprimer son point de vue sur les règles de sécurité à respecter. Faire part de ses propres comportements sécuritaires. Exprimer son opinion sur le comportement du garçon qui s'apprête à traverser la rue.

Dans ses mots, décrire les comportements sécuritaires et ceux qui ne le sont pas.

Partager son point de vue sur les services qu'offre le parc ou l'aire de jeux des environs et se rendre compte de son utilité.

LA RÉALISATION

Rôle de l'enseignante ou de l'enseignant	Rôle de l'élève
■ MANUEL, P. 50 ET 51, ACTIVITÉS 1 ET 2 ■ Demander aux élèves de regarder attentivement l'illustration de la p. 50 du manuel pendant quelques instants. Leur expliquer qu'ils devront, après l'avoir observée, dégager un renseignement de cette illustration, sans pour cela la regarder. Les inviter à réaliser l'activité 1 (p. 51 du manuel) : à cacher d'abord l'illustration de la p. 50 avec une feuille ou à refermer leur manuel.	Observer l'illustration en ayant en tête d'en dégager une information. Recouvrir cette illustration d'une feuille ou refermer son manuel.

Animer une séance de visualisation : demander aux élèves de fermer les yeux et d'essayer de se rappeler les personnages qu'ils ont vus sur l'illustration et combien il y en avait. Ensuite, d'ouvrir les yeux, puis d'écrire, sans regarder l'illustration, le nombre de personnages qu'il y a. Les inviter à donner leurs réponses et à venir les noter au tableau. Leur expliquer qu'ils viennent de faire une estimation. Les amener à expliquer comment ils y sont arrivés.

Visualiser brièvement l'illustration. En gardant cachée l'illustration, estimer le nombre de personnages et écrire son résultat. Exprimer sa démarche d'estimation du nombre de personnages. Écouter les explications des autres élèves. Poser des questions au besoin. Dire dans ses mots ce que signifie *estimation*.

> **NOTE DIDACTIQUE**
>
> À l'activité 1 (p. 51 du manuel), les élèves doivent faire une estimation. Il s'agit ici de l'estimation d'une quantité d'éléments en s'appuyant sur une perception visuelle. En d'autres mots, c'est une situation tout à fait semblable à celle où une ou un journaliste estime une foule participant à un événement. Plusieurs moyens s'offrent aux enfants pour estimer une quantité et il faut les encourager à les employer sans discrimination. À titre d'exemples, voici quelques-uns de ces moyens : tenter de recréer mentalement l'illustration en fermant les yeux; dans sa tête, séparer l'illustration en différentes sections; se fier à son expérience de dénombrement dans des situations semblables en utilisant des cubes, etc. Le résultat d'une estimation est une approximation, c'est-à-dire une valeur approchée d'un résultat; par exemple, un enfant pourrait dire qu'il y a 25 personnages dans l'illustration : 25 est une approximation, le fruit de son estimation.

■ MANUEL, P. 51, ACTIVITÉ 3 ■ Demander aux élèves de vérifier leur estimation en suivant les étapes de l'activité 3. Leur expliquer ces étapes. S'il y a lieu, leur préciser de dénombrer seulement les personnages visibles, c'est-à-dire sans tenir compte des automobilistes.

Avant de passer à une autre activité d'estimation, expliciter la démarche d'estimation :

- Tout d'abord, regarder la quantité à estimer sans en compter les éléments.
- Ensuite, écrire le résultat de son estimation sur une feuille.
- Enfin, vérifier son estimation en comptant tous les éléments. Écrire le nombre exact d'éléments tout juste sous le résultat de son estimation.

Demander aux élèves de répéter cette démarche dans leurs mots afin de s'assurer qu'ils l'ont bien comprise, puis leur proposer une activité d'estimation. Demander aux élèves de se grouper en équipes de quatre ou cinq. Distribuer à chaque équipe du matériel de manipulation et demander à chacune d'estimer le nombre d'objets reçus. Leur rappeler, au besoin, de conserver leur résultat d'estimation en le notant sur une feuille. Ensuite, demander aux équipes de vérifier leur estimation. Inviter les élèves à le faire en dénombrant les objets au moyen du groupement par 10. Inviter ceux et celles qui ont procédé autrement à en faire part aux autres élèves (partage des stratégies). Répéter l'activité d'estimation, cette fois, en distribuant des objets plus gros ou plus petits aux élèves. Leur allouer quelques minutes et leur permettre de procéder à leur guise. Circuler parmi les élèves et aider ceux et celles qui en ont besoin.

Regarder de nouveau la p. 50 du manuel. Suivre la procédure de l'activité 3a. Vérifier son estimation en comptant les personnages à l'intérieur du parc, près du dépanneur et tous les autres qui sont visibles. Faire part de ses réponses à ses pairs. Reprendre le comptage s'il y a erreur.

Écouter attentivement les explications et poser des questions au besoin.

Redire les étapes de la démarche dans ses mots. Accomplir les tâches proposées en équipe. Au besoin, consulter l'affiche *Conseils pour travailler en équipe* (au début du manuel). Travailler dans le respect mutuel avec les membres de son équipe tout en acceptant leurs suggestions. Suggérer ses idées calmement en évitant d'élever la voix. Accepter de se tromper et de se faire aider. Partager ses stratégies, s'il y a lieu. Vérifier l'estimation en recourant aux groupements par 10. Faire part de sa ou ses stratégies aux autres élèves de la classe.

L'INTÉGRATION

Rôle de l'enseignante ou de l'enseignant	Rôle de l'élève
Au cours d'une brève discussion, amener les élèves à objectiver ce qu'ils viennent de vivre et à prendre conscience en quoi ils ont progressé sur le plan des compétences en jeu dans cette situation d'apprentissage.	Participer activement à la discussion. Poser des questions, s'il y a lieu. Constater les progrès accomplis et manifester sa fierté. Revoir le contenu de son portfolio au besoin.
■ FICHE 45, *RA-1A*, P. 45 ■ Inviter les élèves à réaliser individuellement les activités de cette fiche. Leur expliquer les consignes. Insister sur l'exigence de procéder par étapes : • Ne pas compter les ballons un par un, mais en estimer le nombre, puis noter le résultat de son estimation; • Vérifier l'estimation, puis écrire le nombre exact de ballons, sans pour autant effacer le résultat de l'estimation.	Procéder par étapes pour accomplir la tâche d'estimation et de vérification de l'estimation.
Lors d'une mise en commun, amener les élèves à porter un jugement sur leurs estimations et à partager leurs stratégies sur le dénombrement. Faire ressortir que le groupement par 10 facilite le dénombrement d'une grande quantité d'objets.	Comparer son résultat avec ceux des autres élèves. Porter un jugement sur son estimation. Parler de sa façon de procéder pour vérifier l'estimation. Juger de la pertinence du groupement par 10 pour dénombrer une quantité.
Si une consolidation est nécessaire pour certains élèves, leur proposer les fiches *Des triangles* et *Je fais une estimation*. Ces fiches peuvent être l'occasion d'un travail individuel à la maison ou lors d'un moment libre en classe.	

Corrigé des activités du manuel, p. 50 et 51

Encadré de la page 50 : Logibul est perché dans l'arbre, près du dépanneur. Il s'aperçoit que l'enfant traverse la rue à un mauvais endroit, c'est-à-dire en n'empruntant pas le passage pour piétons à l'intersection et sans regarder s'il vient une voiture. Logibul semble s'en inquiéter.

1. a) Réponses variables selon la perception de l'élève.

    Remarque : Il y a exactement 29 personnages visibles.

    b) Réponses variables selon le nombre d'élèves du groupe-classe.

2. Réponses variables (processus personnels propres à l'élève); exemples : un élève pourrait dire qu'en voyant l'illustration dans sa tête, il essaie de compter les personnages; une autre, qu'elle pense qu'il y avait environ 10 personnages dans le parc, un peu moins près du dépanneur, etc.

3. a) • 10; • 9 (y compris Logibul); • 10.

    Remarque : Au besoin, préciser aux élèves de ne compter que les personnages visibles, c'est-à-dire sans tenir compte des automobilistes.

    b) 2 groupes de 10 personnages.

    c) 9 personnages.

    d) En tout, il y a 29 personnages.

Projet

Dès la situation d'apprentissage 1, il est suggéré d'amorcer le projet. Animer des séances de remue-méninges. Demander aux élèves d'imaginer le parc de leurs rêves, puis de le comparer avec celui des illustrations des p. 50 et 52 de leur manuel *Logibul 1*:

■ *Qu'est-ce que tu préfères dans un parc?*

■ *Qu'est-ce qu'il y aurait dans le parc de tes rêves?*

Les questionner également sur la possibilité de fabriquer la maquette d'un parc imaginaire:

■ *Peux-tu me dire ce qu'est une maquette? Avec quoi peut-on faire une maquette?*

■ *Quel matériel utiliserais-tu pour faire une maquette de ce parc? As-tu déjà représenté une forme ou un objet? Qu'as-tu utilisé pour le faire?*

■ *Où placerait-on la maquette?*

Suggérer aux élèves d'en discuter en équipe et d'explorer les différentes possibilités de réaliser cette maquette ou former une seule équipe chargée d'y réfléchir et de communiquer le fruit de sa réflexion au reste du groupe-classe. Allouer quelques périodes à la planification de la maquette. Proposer aux élèves l'idée de la confectionner à l'aide d'un matériel simple comme des cubes, des réglettes, etc. ainsi que des objets récupérés, comme de petites boîtes de carton de formes diverses et, pour les figures planes, des feuilles de papier, des retailles de papier ou de carton, etc. Procéder à une mise en commun des idées tout en amenant les élèves à exprimer ce qu'est, pour eux, le parc de leurs rêves. Avec les élèves, planifier le déroulement du projet: en prévoir les principales étapes et la durée, dresser la liste du matériel nécessaire, établir une démarche, etc. Ainsi, en élaborant un projet de création, en échangeant leurs idées et en travaillant en vue d'un objectif commun, les élèves mettront en œuvre leur pensée créatrice et ressentiront le besoin de se donner des méthodes de travail et de les appliquer tout au long du projet.

Réinvestissement

Suggérer aux élèves de se grouper en équipes de deux. Dans chaque équipe, les deux élèves dessinent un certain nombre d'objets sur une feuille, puis s'échangent leur feuille. Chaque élève estime le nombre d'objets dessinés, note le nombre estimé, vérifie son estimation en prenant soin de noter le résultat de son dénombrement, puis remet la feuille à l'autre élève. Ensuite, ils discutent de leur démarche respective.

Travaux personnels

Demander aux élèves d'expliquer à un ou une adulte de la maison comment ils procèdent pour estimer une quantité d'objets. Suggérer aux élèves d'utiliser, pour leur tâche d'estimation, une poignée de petits objets, comme des pâtes alimentaires, pièces de monnaie, figurines, etc.

Utilisation des TIC

Suggérer aux élèves qui sont habiles à l'ordinateur de préparer de petites activités d'estimation en utilisant un logiciel de dessin ou un fichier d'images ou de formes accessible par un logiciel de traitement de texte. À l'aide de la fonction «copier-coller», ils constituent une quantité d'objets par pages. Ces pages d'activités permettront aux élèves en difficulté de revoir leur démarche d'estimation.

▶ SITUATION D'APPRENTISSAGE 2
À la recherche de figures géométriques

Les élèves poursuivront l'exploration des règles de sécurité à suivre dans leurs activités et déplacements quotidiens. Par l'observation d'éléments dans un parc et de panneaux de signalisation, les élèves seront amenés à déployer un raisonnement mathématique en lien avec des figures géométriques. Ils auront ainsi l'occasion de décrire, d'identifier certaines figures planes, de les comparer et d'en construire, tout en s'efforçant d'employer le langage mathématique approprié.

Organisation matérielle

2 heures

▨ Le manuel *Logibul 1*, p. 52 et 53;

▨ Les fiches 46 et 47, *RA-1A*, p. 46 et 47.

Facteurs de réussite

Les élèves auront réussi la tâche :

▨ s'ils peuvent décrire, à l'aide du langage mathématique, des figures planes : carré, triangle, rectangle;

▨ s'ils peuvent comparer des figures géométriques avec des objets de leur environnement en utilisant le langage mathématique approprié;

▨ s'ils identifient des figures planes : carré, cercle, losange, rectangle, triangle;

▨ s'ils peuvent tracer des figures planes : carré, rectangle, triangle;

▨ s'ils sélectionnent et utilisent de l'information pertinente.

Portfolio

Suggérer aux élèves d'y conserver la fiche 47.

LA PRÉPARATION

Rôle de l'enseignante ou de l'enseignant	Rôle de l'élève
Annoncer aux élèves qu'ils réaliseront une activité d'identification d'objets. Les aviser que ces objets s'apparentent à des figures géométriques.	Écouter les explications avec attention.
Activer les connaissances antérieures des élèves en leur demandant d'énumérer les figures géométriques qu'ils connaissent. Revenir au besoin sur les figures planes dont ils ont décoré leurs banderoles d'Halloween (thème 4). Leur poser ces questions :	Se souvenir des figures géométriques qu'il ou elle connaît déjà et essayer de les nommer. Nommer des objets de son environnement immédiat qui lui font penser à des figures géométriques.
— *Y a-t-il, dans la classe, des objets qui te font penser à des figures géométriques ?*	
— *Y a-t-il, dans un parc, des objets qui te font penser à des figures géométriques ?*	
— *As-tu déjà observé dans les rues des objets qui te font penser à des figures géométriques ?*	

LA RÉALISATION

Rôle de l'enseignante ou de l'enseignant	Rôle de l'élève
■ MANUEL, P. 52 ■ Présenter l'intention de lecture aux élèves (encadré en haut de la page). Leur allouer le temps nécessaire pour observer l'illustration. Leur demander de nommer les objets qu'ils y voient. Les amener à associer des figures planes de l'activité 1 aux objets du parc. (**Remarque :** Aucun de ces objets, dans son tout ou dans ses parties, n'a la forme d'un losange.) Leur faire remarquer les différentes parties (formes) de ces objets : briques de la fontaine, la fenêtre de la maisonnette, les planches de cette construction ainsi que le revêtement du toit, le couvercle de la poubelle, etc.	Observer l'illustration de la p. 52 en silence. Nommer le plus d'objets possible et dire, dans ses mots, à quoi ils servent. Exprimer ses expériences en rapport avec ces objets. Associer des figures planes aux objets (et à leurs parties). Faire des comparaisons. Constater qu'aucun de ces objets, dans son tout ou dans ses parties, n'a la forme d'un losange.
■ MANUEL, P. 53 ■ Enchaîner en présentant les activités 2 et 3 aux élèves. En profiter pour les inviter à lire, dans leur tête, les nombres figurant à l'activité 2b, puis demander à quelques élèves de les lire à voix haute.	Écouter la présentation de la p. 53. Lire les nombres de 1 à 8.
Demander aux élèves d'observer les panneaux de signalisation figurant à l'activité 2, puis enchaîner avec ces questions : — *Y a-t-il des panneaux de signalisation près de l'école ? En vois-tu sur le chemin de l'école ? Sont-ils semblables à ceux du manuel ?* — *Quels sont les panneaux que tu as déjà vus ?* — *À quoi les panneaux de signalisation servent-ils ?* — *Parmi les panneaux que tu vois dans ton manuel, lesquels connais-tu ? Selon toi, que veulent-ils dire ?*	Observer les panneaux. Faire part de ses connaissances à leur sujet. Nommer des endroits où il y en a, sur le chemin de l'école ou près de chez soi. Émettre des hypothèses sur leur signification.
Amener les élèves à exprimer le lien qui peut exister entre chacun de ces panneaux et la sécurité des personnes. S'assurer que les élèves observent la forme des panneaux. Veiller à ce qu'ils comprennent la signification du mot *côté*. Pendant qu'ils réalisent les activités 2 et 3, circuler parmi les élèves, les soutenir dans leur tâche. Procéder à une mise en commun des réponses. Par des questions, amener les élèves à expliquer leurs réponses.	Exprimer son opinion, discuter avec ses pairs du lien pouvant exister entre les panneaux et la sécurité des personnes. Réaliser les activités 2 et 3. Dans ses mots, dire ce que signifie *côté*. S'apercevoir que certains panneaux ont le même nombre de côtés. Trouver les ressemblances entre les panneaux et les figures planes. Participer activement à la mise en commun des réponses en partageant ses réponses et ses explications avec les autres élèves.

NOTE DIDACTIQUE

Une figure à deux dimensions peut avoir une longueur, une largeur, une hauteur, un diamètre mais n'a pas d'épaisseur. Une telle figure est donc une notion abstraite, que les enfants de six ans ont de la difficulté à saisir. C'est pourquoi il importe, pour les aider à se familiariser avec cette notion, de recourir à des objets de leur environnement. Peu à peu, ils arriveront à se détacher de l'objet concret pour s'attacher à sa forme et à ses caractéristiques. Les activités de la présente situation d'apprentissage exigent des élèves un premier effort d'abstraction : ignorer certaines caractéristiques d'un objet, comme sa couleur, son apparence, sa matière, pour se concentrer sur sa forme.

L'INTÉGRATION

Rôle de l'enseignante ou de l'enseignant	Rôle de l'élève
Au cours d'une brève discussion, amener les élèves à objectiver ce qu'ils viennent de vivre et à prendre conscience en quoi ils ont progressé sur le plan des compétences en jeu dans cette situation d'apprentissage.	Participer activement à la discussion. Poser des questions, s'il y a lieu. Constater les progrès accomplis et manifester sa fierté. Revoir le contenu de son portfolio au besoin.
■ FICHE 46, *RA-1A*, P. 46 ■ Expliquer la tâche aux élèves, puis demander à quelques-uns de la redire dans leurs mots. Il est fortement suggéré que les élèves réalisent les activités de cette fiche individuellement. Au moment de la correction, qui se fait collectivement, amener les élèves à classer les objets en fonction de caractéristiques communes (attributs des concepts) : nombre de côtés, forme carrée, etc.	Redire la tâche dans ses mots. Travailler individuellement en demandant de l'aide au besoin. Participer à la correction de la fiche. Classer les objets comme demandé.
■ FICHE 47, *RA-1A*, P. 47 ■ Vérifier d'abord l'habileté des élèves à identifier des figures planes. En nommer quelques-unes et inviter quelques élèves à venir les dessiner à main levée, au tableau de la classe. Demander aux élèves de nommer ces figures. Leur annoncer qu'ils utiliseront leur règle pour en tracer d'autres. Présenter la fiche aux élèves et leur expliquer la tâche en traçant, sur le tableau, quelques points et en leur montrant ce que veut dire l'expression « relier des points ». S'assurer qu'ils comprennent bien la tâche et les inviter à l'accomplir. Circuler parmi les élèves en observant leur façon de travailler. À ceux et celles qui éprouveraient des difficultés, leur faire redire la tâche dans leurs mots. Inviter ensuite les élèves à comparer leur travail entre eux.	Au tableau de la classe, dessiner à main levée des figures planes, comme demandé. Identifier chacune d'elles. Écouter les explications. Redire la tâche dans ses mots, puis l'accomplir. Comparer son travail avec celui d'une ou d'un élève. Nommer des figures que l'autre élève a tracées. Lui expliquer sa démarche.

Corrigé des activités du manuel, p. 52 et 53

1. Voici quelques exemples de réponse (sauf pour la figure E).

   A : piliers soutenant la maisonnette; les planches de cette construction; les faces de la fontaine;

   B : la charpente de la balançoire forme un triangle avec le sol; les équerres des piliers de la maisonnette ainsi que les faces de son toit; l'échelle de même que la glissoire forment, avec les piliers et le sol, un triangle;

   C : le couvercle de la poubelle; les anneaux (jeu);

   D : les céramiques sur les faces de la fontaine; la fenêtre de la maisonnette;

   E : aucun objet.

 Qu'est-ce que tu préfères dans un parc ? Imagine le parc de tes rêves.

Cette activité est en lien avec le projet de maquette d'un parc imaginaire amorcé à la situation d'apprentissage 1. Les équipements illustrés à la p. 52 du manuel peuvent aider les élèves au moment où ils entreprennent d'imaginer le parc de leurs rêves.

2. b) A : 4 côtés; B : 8 côtés; C : 3 côtés; D : 4 côtés; E : 5 côtés; F : 4 côtés; G : 4 côtés.

3. a) Panneau C;   b) Panneaux A, D et F;   c) Panneau G.

🐾 *Selon toi, que signifient les panneaux qui figurent sur cette page?*

Il est suggéré d'inviter les élèves à répondre à cette question lors de la phase de réalisation (p. 177 du guide) ou en cours de projet (voir rubrique Projet ci-dessous).

Projet

▨ Amorcer la réalisation concrète de la maquette. Demander aux élèves de suggérer des formes géométriques dont ils s'inspireront pour donner forme à leur parc et à certains des éléments qui le composeront. Amener les élèves à suggérer plusieurs figures planes en ne se limitant pas qu'au rectangle et au carré. Les inviter à tracer, selon les méthodes qu'ils auront décidées, ces figures sur du papier et du carton récupérés, à les découper, puis à les coller sur un grand carton. Leur demander de nommer et de décrire ces divers éléments. Dans cette tentative de décrire des figures (carré, rectangle, triangle ou losange), il se peut que l'imprécision de leur découpage soulève quelques problèmes. Il importera alors de baliser la démarche des élèves par un questionnement adéquat en les amenant à parler des spécificités des figures géométriques qu'ils ont fabriquées.

▨ Mettre à la disposition des élèves des objets (réglettes, cubes, petites boîtes de carton, objets récupérés, pâte à modeler, etc.) dont ils se serviront pour représenter les différentes composantes du parc, comme une piscine, des balançoires, une glissoire, un pavillon, etc. Sensibiliser les élèves à l'importance d'utiliser des objets récupérés plutôt que des matériaux neufs. Afin de les amener à prendre conscience de l'importance de construire un environnement viable, leur faire observer le comportement de Logibul, qui dispose de son trognon de pomme en le jetant à la poubelle (illustration, p. 52 du manuel). Proposer aux élèves d'intégrer à la maquette du parc de leurs rêves, au moyen de leur choix, la représentation d'une poubelle.

▨ Revenir sur les panneaux de signalisation de la p. 53 du manuel et poser la question figurant au bas de cette page. Insister pour que les élèves incorporent à leur maquette au moins un panneau de signalisation en lien avec l'une ou l'autre des règles de sécurité qui ont fait l'objet d'une discussion en classe depuis le début du thème. À cette fin, diverses sources peuvent être consultées, par exemple, la p. 53 du manuel, un guide de sécurité routière ou encore le site Internet du ministère des Transports du Québec. Également, organiser une petite excursion aux alentours de l'école avec les élèves, ce qui leur donnerait l'occasion de repérer et d'observer des panneaux de signalisation.

▨ Pendant les moments consacrés au projet, circuler parmi les équipes et demander aux élèves d'associer certaines figures géométriques aux objets et solides dont ils se servent pour leur maquette.

Réinvestissement

Intégrer le réinvestissement au projet, au moment où démarre la confection de la maquette. Voir à ce sujet la rubrique Projet ci-dessus.

Travaux personnels

Suggérer à chaque élève de repérer, à la maison, des objets qui peuvent être associés à l'une ou l'autre des figures planes à l'étude dans ce thème, d'identifier la figure en cause, puis de soumettre ses observations à une personne adulte de la maisonnée.

Utilisation des TIC

Proposer aux élèves de construire des figures planes (rectangle, triangle, cercle, carré, losange) à l'aide de la barre de menus d'un traitement de texte (dessin). Leur suggérer d'intégrer ces figures à la maquette du parc. Ces activités permettraient aux élèves en difficulté de revenir sur la description et l'identification de certaines figures planes.

▶ SITUATION D'APPRENTISSAGE 3 Des façons de mesurer

Cette troisième situation d'apprentissage permettra aux élèves d'explorer certains aspects historiques de la mesure. Ils expérimenteront, par divers moyens concrets utilisés par le passé, des façons de mesurer une longueur. Ils appliqueront certains de ces moyens dans le cadre de leur projet. À partir d'une expérimentation concrète, les élèves, en travaillant en équipe, seront amenés à déployer un raisonnement mathématique par lequel ils pourront juger les avantages et les inconvénients d'utiliser différents moyens pour mesurer la longueur des objets.

Organisation matérielle

▨ Le manuel *Logibul 1*, p. 54 à 56;

▨ Des objets de la classe;

▨ L'affiche *Conseils pour travailler en équipe* (au début du manuel);

▨ De petits et de gros trombones, jetons, cubes, réglettes jaunes, roses et rouges;

▨ Les fiches 48 et 49, *RA-1A*, p. 48 et 49;

▨ La fiche *Je mesure une longueur*, (guide, p. 191), au besoin.

2 heures

Facteurs de réussite

Les élèves auront réussi la tâche :

▨ s'ils comprennent le sens du mot *mesure*;

▨ s'ils peuvent justifier leurs énoncés;

▨ s'ils peuvent justifier les actions entreprises pour mesurer la longueur d'un objet;

▨ s'ils manifestent leur compréhension de l'estimation d'une longueur;

▨ s'ils exécutent la séquence de travail proposée.

LA PRÉPARATION

Rôle de l'enseignante ou de l'enseignant	Rôle de l'élève
Entreprendre une brève causerie en demandant aux élèves s'ils savent de quelle façon on s'y prenait autrefois pour mesurer les objets. Exemple de question :	Faire part de ses connaissances, opinions ou idées sur des façons de mesurer utilisées il y a très longtemps. Participer activement à la causerie en respectant les règles d'une communication orale efficace.
— *Comment aurais-tu mesuré ta taille si tu avais vécu aux temps préhistoriques ?*	
Certains élèves auront peut-être déjà entendu parler de ce sujet ou parleront de leur propres expériences de mesurage, par exemple avec un bout de ficelle ou en comptant ses pas. Allouer aux élèves le temps nécessaire pour qu'ils explorent le sujet, ramassent leurs idées et les expriment. Accepter toutes les réponses, même celles qui pourraient sembler fausses.	
Expliquer aux élèves que les activités à venir touchent à la mesure, qu'ils vont travailler en équipe et que chaque membre aura un rôle à jouer au sein de son équipe.	

LA RÉALISATION

Rôle de l'enseignante ou de l'enseignant	Rôle de l'élève
■MANUEL, P. 54■ Demander aux élèves d'observer les illustrations de la p. 54. Après un certain temps, leur faire exprimer ce qu'ils ont observé. Leur demander ensuite d'expliquer comment, à leur avis, on peut s'y prendre pour mesurer des choses selon les méthodes illustrées à la p. 54.	Observer les illustrations. Faire part de ses observations. Proposer une ou des explications au sujet des méthodes de mesurage illustrées à la p. 54. En discuter avec d'autres élèves.
■MANUEL, P. 55■ Lire les consignes de l'activité 1 aux élèves et leur annoncer qu'ils la réaliseront en équipes de quatre. Demander à quelques élèves de lire les consignes. S'assurer que toutes et tous ont compris chacune des tâches à réaliser en amenant d'autres élèves à redire dans leurs mots ce qu'ils doivent faire.	Écouter les explications. Lire les consignes de l'activité et les redire dans ses mots. Si la tâche ne lui paraît pas claire, poser des questions.
Voici une suggestion pour le déroulement de cette activité. Faire travailler les élèves en coopération : dans chaque équipe, les membres se répartissent les quatre tâches, soit mesurer une longueur en pas, en coudées, en paumes et en doigts. Rappeler aux élèves l'importance de respecter les consignes de l'affiche intitulée *Conseils pour travailler en équipe*.	Se grouper en équipe de quatre élèves. Accueillir ses camarades d'équipe. Accepter son rôle au sein de l'équipe et accomplir la tâche de mesurage en suivant les consignes. Participer activement à la tâche en respectant les consignes présentées sur l'affiche *Conseils pour travailler en équipe*.
Au terme de l'activité 1, proposer aux élèves de réaliser l'activité 2. Cette activité consiste à comparer les résultats obtenus lors de l'activité 1. Pour ce faire, grouper les élèves ayant mesuré avec la même méthode en une équipe. Il y aura donc quatre équipes (celles des pas, des coudées, des paumes et des doigts) qui compareront leurs résultats. Amener les élèves à mettre en évidence qu'ils n'obtiennent pas nécessairement les mêmes mesures. Leur demander pourquoi. À partir de leurs réponses, les amener à prendre conscience que les différences existant entre les résultats dépendent des caractéristiques physiques (longueur de l'enjambée, de l'avant-bras et de la main, largeur de paume et de doigt) de chaque élève. En profiter pour rappeler l'importance de mesurer avec méthode (prendre soin de ne pas laisser d'espace entre chaque unité de mesure, sauf, évidemment, quand l'unité est l'enjambée).	Se grouper avec les élèves des autres équipes qui ont joué le même rôle que le sien. Comparer ses résultats avec ceux des autres élèves. Démontrer de l'intérêt pour les remarques de ses camarades. Se questionner sur les différences entre les résultats. Tenter d'expliquer ces différences. Rectifier sa façon de mesurer, au besoin.
■MANUEL, P. 56■ Mettre à la disposition des élèves le matériel dont ils ont besoin pour réaliser l'activité 3. Prendre soin de leur fournir des trombones de même taille. Leur présenter l'activité tout en insistant sur l'importance de procéder avec méthode pour le mesurage. Il est suggéré que les élèves travaillent individuellement. Les inviter ensuite à comparer leurs résultats. Leur faire constater que les résultats sont moins divergents que ceux obtenus à l'activité 1.	Mesurer les longueurs, puis comparer ses résultats avec ceux d'autres élèves. Constater que les résultats sont moins divergents que ceux obtenus à l'activité 1 et comprendre qu'il en est ainsi en raison de l'uniformité des unités de mesure utilisées.

Faire remarquer aux élèves que les trombones, les jetons, les cubes et les réglettes sont des objets uniformes contrairement à une paume ou à une coudée, par exemple.

Grouper les élèves en équipes de deux et leur suggérer d'estimer, en réglettes jaunes, la longueur d'un objet de leur choix (crayon, sac d'école, brosse, craie, etc.) en prenant soin de noter leur estimation sur une feuille. Les inviter ensuite à vérifier leur estimation en mesurant la longueur de l'objet avec méthode, c'est-à-dire en alignant bout à bout les réglettes jaunes.

En équipe, accomplir la tâche proposée. Choisir un objet. Avec l'autre élève, en arriver à un consensus sur l'estimation du nombre de réglettes jaunes. Procéder avec méthode pour vérifier l'estimation.

NOTE DIDACTIQUE

L'initiation des jeunes élèves à la mesure se fait en plusieurs étapes. Des étapes d'ailleurs qui s'inspirent de celles que l'humanité a franchies dans la mise au point d'un système cohérent et pratique de mesure. Il est naturel pour un enfant de se servir spontanément des parties de son corps pour mesurer. Historiquement, il en fut également ainsi. Mais ces unités de mesure non conventionnelles ont un fâcheux défaut : elles varient d'une personne à une autre. Des objets présents dans l'environnement, ayant sensiblement la même longueur (parce qu'il s'agit ici de mesure de longueur), vont combler cette lacune. En mettant les objets bout à bout, l'enfant va constater que plus l'unité est petite, plus elle entre de fois dans la longueur à mesurer. Plus tard, viendront les unités conventionnelles (le centimètre, le décimètre et le mètre) et l'emploi d'un instrument fort utile, la règle graduée.

L'INTÉGRATION

Rôle de l'enseignante ou de l'enseignant	Rôle de l'élève
Au cours d'une brève discussion, amener les élèves à objectiver ce qu'ils viennent de vivre et à prendre conscience en quoi ils ont progressé sur le plan des compétences en jeu dans cette situation d'apprentissage.	Participer activement à la discussion. Poser des questions, s'il y a lieu. Constater les progrès accomplis et manifester sa fierté. Revoir le contenu de son portfolio au besoin.

Prévoir mettre à la disposition des élèves le matériel dont ils auront besoin pour réaliser les fiches 48 et 49.

■ FICHE 48, *RA-1A*, P. 48 ■   Avec les élèves, lire les consignes de l'activité 1, puis inviter un ou une élève à les relire ou à les redire dans ses mots. Faire réaliser cette activité individuellement. (Important : ne pas avertir les élèves d'utiliser des trombones identiques.) Une fois la tâche terminée, demander aux élèves de comparer leurs résultats. Les inciter à s'exprimer sur leurs comparaisons en leur demandant :

— *Les mesures faites à l'aide de réglettes roses sontelles toutes identiques ?*

— *Celles faites avec les trombones le sont-elles ? Pourquoi ?*

Lire les consignes. Les répéter ou les redire dans ses mots. Exécuter individuellement la tâche. Comparer ses résultats avec d'autres élèves. Expliquer les résultats et constater en quoi ils diffèrent.

■**FICHE 49**, *RA-1A*, P. 49■ Présenter la fiche aux élèves en leur expliquant de procéder en deux étapes : estimation et vérification. Veiller à ce qu'ils comprennent bien la tâche et qu'ils prêtent attention à noter leurs réponses dans la bonne colonne du tableau. (Ils doivent noter le nombre de réglettes rouges et non le nombre de centimètres.)

Vérifier sa compréhension de la tâche en posant des questions s'il y a lieu. Estimer, en réglettes rouges, la longueur de chaque sentier. Noter ses estimations. Mesurer la longueur des sentiers à l'aide des réglettes et reporter ces réponses dans le tableau.

Corrigé des activités du manuel, p. 55 et 56

1. a), b), c) et d) Réponses variables.

    Remarque : Lorsque le résultat d'un mesurage ne correspond pas à un nombre exact d'unités, inciter les élèves à ajouter ou non une unité de plus pour en arriver le plus possible à une exactitude et à utiliser un terme ou une expression, comme *environ*, *presque* ou *un peu plus de* pour exprimer l'approximation du résultat.

2. Les élèves constateront que leurs résultats sont parfois identiques, parfois différents. L'écart entre les résultats s'explique par le fait que chaque sorte d'unité n'a pas la même longueur. En effet, les élèves n'ont pas tous la même portée d'enjambée (certains feront des petits pas rapprochés ; d'autres, des plus grands), la même longueur d'avant-bras et de main, non plus la même largeur de paume et de doigt. De plus, il se peut que des élèves aient mesuré des manuels de différentes tailles (en 1d ou encore qu'ils aient laissé un espace plus ou moins grand entre les unités).

    À la prochaine récréation, mesure la longueur de la cour d'école en pas.

Cette tâche en est une de réinvestissement en plus de fournir l'occasion aux élèves de s'exercer à compter (comptine des nombres). Au retour de cette récréation, mettre en commun les résultats et demander aux élèves comment ils ont procédé.

3. b) Nombre de trombones, de jetons et de cubes : réponses variables selon la taille de ces unités. Nombre de réglettes jaunes : un peu moins que 1 pour la feuille, un peu plus de 2 pour la branche et presque 2 pour la plume.

    c) Réponses variables ; exemple : Les élèves constateront que, pour chaque objet qu'ils ont mesuré, les résultats diffèrent (nombre d'unités) selon l'unité de mesure utilisée. Les unités, que sont les trombones, les jetons, les cubes et les réglettes jaunes, n'étant pas de même taille, les résultats de mesure ne peuvent qu'être différents. De plus, ils remarqueront que les résultats sont sensiblement les mêmes quand ils ont mesuré à l'aide de réglettes jaunes : cette unité étant de même longueur pour tous. Ce qui ne pourrait pas être le cas pour les trois autres unités si les élèves ont employé des trombones, des jetons et des cubes de différentes tailles.

    À ta prochaine sortie au parc, mesure la longueur d'un banc avec un objet de ton choix.

Cette activité pourrait être l'amorce d'un réinvestissement (voir la rubrique Réinvestissement, p. 184 du guide).

Projet

■ Les élèves poursuivent la réalisation de leur maquette. Les inviter à participer à une séance d'imagerie créatrice s'ils sont en panne d'idées ou pour leur permettre, s'il y a lieu, d'ajouter une touche d'originalité à leur projet ou de le relancer.

■ Demander aux élèves de mesurer leur maquette en coudées (si c'est possible), en paumes et en doigts ou à l'aide de réglettes rouges, de trombones, etc.

Réinvestissement

Suggérer aux élèves de mesurer différentes longueurs de diverses façons (avec un objet, une coudée, la paume, etc.).

■ Lors de sa prochaine sortie au parc, l'élève pourrait mesurer la longueur d'un banc en paumes, puis la mesurer avec un objet de son choix et demander à l'adulte qui l'accompagne d'en faire autant. Ensuite, comparer leurs résultats de mesure.

■ Demander aux élèves de mesurer la longueur d'une table de la classe avec l'un de leurs crayons. Faire comparer les différents résultats obtenus. En profiter pour faire ressortir que les différences entre les résultats s'expliquent par le fait que les crayons ne sont pas tous de même longueur.

■ Inviter les élèves à mesurer la maquette de leur parc imaginaire (qu'ils sont en train de réaliser dans le cadre du projet) à l'aide de réglettes rouges, de trombones, etc.

Travaux personnels

Proposer aux élèves :

■ de mesurer la largeur d'une porte à la maison avec un objet de leur choix. Leur demander d'expliquer leur démarche à une ou un adulte de la maison. Lors d'un retour sur cette tâche, amener les élèves à comprendre que les résultats obtenus varient selon l'objet qui a servi à mesurer.

■ la fiche *Je mesure un longueur*; mettre alors à leur disposition le matériel nécessaire (grains de riz, réglettes jaunes, jetons).

Utilisation des TIC

■ À cette étape de la construction du concept de mesure, il est préférable que l'élève y travaille concrètement. Autant que possible, on abordera la mesure en gardant à l'esprit que l'élève doit manipuler des objets réels pour effectuer des mesures.

■ Par ailleurs, l'enseignante ou l'enseignant qui souhaiterait avoir un peu d'information sur certains aspects historiques de la mesure peut consulter les sites suivants :
  • http://205.151.64.120/html/Grece_unites.htm
  • http://quartier-rural.org/smd-si/histoire/precurs.htm

Dans le premier, y sont présentées diverses méthodes de mesure employées à l'époque gréco-latine; dans le second, de l'information sur les aspects historiques de la mesure en général et de la mesure de la longueur en particulier. Il va sans dire qu'on devra communiquer cette information en la vulgarisant afin de la rendre accessible aux élèves.

▶ SITUATION D'APPRENTISSAGE 4 Que s'est-il passé ?

Dans cette dernière situation d'apprentissage du thème, les élèves, à partir d'illustrations et de matériel de manipulation, seront amenés à découvrir le sens de l'addition par ajout. Ils y découvriront aussi le symbole de cette opération. Le vocabulaire contextuel permettra aux élèves de décrire des situations de la vie courante tout en s'appropriant un peu plus le concept d'addition.

Organisation matérielle

■ Le manuel *Logibul 1*, p. 57 à 59;

■ Du matériel de manipulation;

■ Les fiches 50 et 51, *RA-1A*, p. 50 et 51;

■ La fiche *Que s'est-il passé ?*, au besoin (guide, p. 192).

2 heures

Facteurs de réussite

Les élèves auront réussi la tâche :

■ s'ils peuvent décrire, dans leurs mots, une situation d'addition;

■ s'ils représentent sous forme d'addition une situation d'addition;

■ s'ils appliquent correctement des processus mathématiques reliés à la tâche d'addition;

Portfolio

Suggérer aux élèves d'y conserver, au choix, une affichette représentant une situation additive, qu'ils auront l'occasion de faire dans le cadre de leur projet (voir p. 187 du guide), ou la fiche 50.

LA PRÉPARATION

Rôle de l'enseignante ou de l'enseignant	Rôle de l'élève
Demander aux élèves de repérer la p. 50 de leur manuel *Logibul 1* et d'y observer l'illustration. À l'aide de questions, les amener à remarquer qu'il n'y a pas de bicyclettes à l'intérieur du parc et à en expliquer la raison : — *Que vois-tu à l'intérieur du parc?* — *Quels types de véhicules vois-tu près du parc?* — *Que vois-tu près de l'entrée du parc?* (Un support à bicyclettes et un panneau de signalisation.) *Selon toi, à quoi cela sert-il? Que signifie le panneau de signalisation?*	Répondre aux questions, discuter avec ses pairs, interpréter la situation représentée par l'illustration.
Avec les élèves, revenir sur les règles de sécurité à respecter dans un lieu public tel qu'un parc, sur la signification de quelques panneaux de signalisation.	Faire appel à ses connaissances antérieures au sujet des règles de sécurité et des panneaux de signalisation. Réfléchir à l'importance de respecter des règles de sécurité et les prescriptions des panneaux de signalisation.
Féliciter les élèves pour leur esprit d'observation et l'application avec laquelle ils ont interprété les détails de l'illustration. Expliquer aux élèves qu'ils vont maintenant regarder attentivement des illustrations qui leur feront découvrir de petites histoires et qu'il est possible d'en raconter à l'aide d'une addition.	

LA RÉALISATION

Rôle de l'enseignante ou de l'enseignant	Rôle de l'élève
■MANUEL, P. 57■ Inviter les élèves à former des équipes de deux, puis à ouvrir leur manuel à la p. 57. Leur lire les phrases de l'encadré en haut de la page.	Se grouper en équipe de deux. Se rappeler les règles de conduite à suivre pour que le travail d'équipe se déroule bien.
Demander aux équipes d'observer les deux illustrations de l'activité 1, puis de partager leurs observations. Au besoin, établir préalablement un accord entre tous les élèves sur le contenu de ces illustrations. Allouer du temps aux équipes pour leur permettre de discuter de la situation. Demander aux élèves de dire ce qui, à leur avis, a pu se passer. S'assurer que tous les élèves comprennent bien la chronologie des événements; à cette fin, utiliser les expressions *avant* et *après*, ou *d'abord* et *ensuite*, ou *au début* et *à la fin*.	En équipe, observer les deux illustrations. Partager ses observations avec l'autre élève et lui témoigner de l'intérêt, être à son écoute dans un esprit de coopération. Proposer son explication sur ce qui s'est passé en utilisant les expressions *avant* et *après*, ou *d'abord* et *ensuite*, ou *au début* et *à la fin*. Parler calmement.

Poursuivre avec l'activité 2 (pratique guidée). Expliquer aux élèves qu'ils doivent remplacer chaque case par un nombre. Lire les phrases avec les élèves :

— *Il y avait **2** bicyclettes dans le support.*

— ***3** bicyclettes s'ajoutent.*

— *Il y a maintenant **5** bicyclettes.*

Faire lire le message de Léa, puis l'écrire au tableau. Poursuivre en remplaçant les mots *plus* et *égalent* par les symboles mathématiques appropriés. Expliquer aux élèves qu'ils viennent de faire une addition et qu'additionner, c'est l'action de faire une addition. Faire remarquer la parenté de ces deux mots. Demander aux élèves d'écrire sur une feuille l'addition qu'ils viennent de faire.

Au besoin, répéter la même démarche à partir d'une situation semblable dessinée au tableau.

■ MANUEL, P. 58 ■   Procéder de la même façon que celle employée pour les activités de la p. 57. Toutefois, amener les élèves à objectiver leur démarche.

■ MANUEL, P. 59 ■   Demander aux élèves de réaliser l'activité 3 en équipes de deux. Leur expliquer la tâche et leur proposer d'utiliser du matériel de manipulation. Leur annoncer qu'ils auront à préparer leurs réponses pour les présenter à la classe : chaque équipe disposera alors de quelques minutes pour se mettre d'accord avant d'expliquer aux autres équipes comment chaque situation s'est transformée, puis d'exprimer cela à l'aide d'une addition. Laisser les équipes travailler de façon autonome. Circuler parmi les élèves pour les observer, vérifier s'ils comprennent la tâche, s'ils éprouvent de la difficulté à exprimer chaque situation sous forme d'une addition; les inviter à consulter la p. 58 du manuel, au besoin.

Au terme de cette activité, demander aux équipes de présenter leurs réponses et leurs démarches.

À la lumière des deux illustrations préalablement observées, lire les phrases en remplaçant chaque case par le nombre approprié.

S'efforcer de lire le message de Léa. Écouter les explications. Écrire la phrase mathématique de Léa en remplaçant les mots par les symboles mathématiques appropriés : + et =. Relire l'addition à voix haute en utilisant les mots *plus* et *égalent*.

En équipe, observer la situation. Partager ses observations avec l'autre élève. Proposer son explication sur ce qui s'est passé. Lire les phrases en remplaçant chaque case par le nombre approprié. Lire le message de Félix. Écrire la phrase mathématique de Félix en remplaçant les mots par les symboles mathématiques appropriés. Expliquer sa démarche.

Se grouper en équipe de deux. Écouter attentivement les consignes. Poser des questions au besoin. Accomplir la tâche en manifestant son intérêt. Avec l'autre élève, travailler calmement et de façon autonome en utilisant du matériel de manipulation, au besoin. Accepter de demander de l'aide, si c'est nécessaire. Dans ses mots, raconter la situation en utilisant les termes *avant* et *après*, *d'abord* et *ensuite*, *au début* et *à la fin*; exprimer l'addition à l'aide des mots *plus* et *égalent*, des symboles + et =. Considérer les réponses de l'autre élève.

Présenter ses réponses et sa démarche aux autres élèves. Exprimer les difficultés éprouvées, s'il y a lieu.

NOTE DIDACTIQUE

Dans cette situation d'apprentissage, chaque situation-problème est présentée aux élèves par le biais de deux illustrations, présentant chacune une étape de la situation-problème. De la première à la seconde illustration, il s'est passé quelque chose que l'élève doit d'abord reconnaître. En recourant ainsi à une représentation de la situation-problème sous forme d'illustrations plutôt qu'en l'énonçant sous forme de texte, cela facilite la tâche des enfants qui, en début de premier cycle, commencent leur apprentissage en lecture. De plus, cette façon de leur soumettre une situation-problème est particulièrement appropriée pour leur présenter l'un des sens de l'addition, *ajout*, qui est au cœur de la situation d'apprentissage 4.

Par ailleurs, rappelons que le sens d'une opération se réfère à un contexte. Dans les situations-problèmes présentées ici, ce contexte est celui de l'ajout. Au départ, il y a une certaine quantité d'objets ou de personnes, puis cette quantité se modifie en devenant plus grande parce qu'il y a eu ajout. L'addition a d'autres sens que l'on présentera plus tard. Notons que connaître les sens des opérations est essentiel pour résoudre des situations-problèmes plus complexes.

L'INTÉGRATION

Rôle de l'enseignante ou de l'enseignant	Rôle de l'élève
■ FICHES 50 ET 51, *RA-1A*, P. 50 ET 51 ■ Présenter les fiches aux élèves. S'assurer qu'ils comprennent bien la tâche. Leur demander de travailler individuellement et de consulter l'affiche *Conseils pour résoudre un problème* (à la fin du manuel). Circuler parmi les élèves et les observer. Soutenir les élèves en difficulté en leur demandant, par exemple, de raconter la situation-problème dans leurs mots, de se la répéter dans leur tête, d'utiliser du matériel de manipulation pour s'aider. Utiliser ces fiches comme moyen d'évaluer la compréhension de l'élève quant à des situations d'addition. Corriger collectivement les fiches. Amener les élèves à exprimer leur démarche, à dire ce qu'ils ont trouvé facile ou plus difficile à faire.	Écouter les explications. Redire les consignes dans ses mots. Travailler individuellement de façon autonome et, si possible, sans demander l'aide de ses pairs ou de l'enseignante ou l'enseignant. Au moment de la correction collective, faire part de sa démarche et s'exprimer sur ce qui a été difficile, facile à faire.

Corrigé des activités du manuel, p. 57 et 59

1. L'élève doit constater qu'il y a de nouvelles bicyclettes dans le support.

2. a) Il y avait **2** bicyclettes dans le support. **3** bicyclettes s'ajoutent. Il y a maintenant **5** bicyclettes.

   b) 2 + 3 = 5.

3. **Situation A**

   a) Il y avait 3 enfants près de la glissoire. Un enfant s'est ajouté. Il y a maintenant 4 enfants.

   b) L'élève dit **3 plus 1 égalent 4** et écrit **3 + 1 = 4**.

   Situation B

   a) Il y avait 5 cubes sur la table de Hoa. Elle a ajouté 3 cubes. Il y a maintenant 8 cubes sur sa table.

   b) L'élève dit **5 plus 3 égalent 8** et écrit **5 + 3 = 8**.

Projet

■ Les élèves en sont à l'étape finale de leur projet : terminer la maquette. Prévoir exposer la maquette en classe ou la présenter à une autre classe de premier cycle pour favoriser des échanges stimulants.

■ Proposer aux élèves d'utiliser leur maquette pour mettre en scène, par exemple, des figurines ou des personnages de pâte à modeler avec lesquels ils pourraient imaginer quelques situations simples, qu'ils représenteraient ensuite par une addition. Demander aux élèves de dessiner l'une de ces situations sur une feuille et d'y écrire l'addition correspondante. Cette affichette pourrait être présentée en même temps que la maquette. Il est suggéré d'inviter les élèves à conserver cette affichette dans leur portfolio.

Réinvestissement

Suggérer aux élèves :

- d'imaginer des situations d'addition semblables à celles qu'ils viennent de considérer et de les dessiner, de les mimer ou de les raconter à une ou un élève. Ensuite, l'autre élève exprime chaque situation sous forme d'addition.
- de réaliser les activités de la fiche *Que s'est-il passé ?*
- de réaliser de courtes activités, que l'enseignant ou l'enseignante aura préparées en s'inspirant du modèle des situations-problèmes présentées au cours de la situation d'apprentissage 4.

Travaux personnels

Suggérer aux élèves de repérer dans des magazines, des catalogues ou des feuillets publicitaires des illustrations avec lesquelles ils pourraient représenter des situations d'addition.

Utilisation des TIC

Demander aux élèves habiles à l'ordinateur de représenter des situations d'addition. Les afficher près du coin de mathématique.

Retour sur le thème

Voici quelques pistes de questionnement qui pourront aider à faire un retour sur le thème.

- Quels types de progrès, sur le plan des compétences comme sur celui des savoirs essentiels, le projet a-t-il permis aux élèves de faire ?
- Les activités ont-elles été assez motivantes pour les élèves ? Étaient-elles à leur niveau ?
- Quels sont les élèves qui ont le plus de facilité devant des situations mathématiques ?
- Qui éprouvent le plus de difficulté ? Comment les aider à surmonter leur difficulté ?
- Quelle est l'attitude générale des élèves face aux situations mathématiques ?
- Quel bilan peut-on faire des diverses activités réalisées au cours du thème ? Lors d'un prochain thème, sur quoi faudra-t-il insister : la géométrie ? la mesure ? l'addition ?
- Comment les élèves participent-ils aux activités en équipe ? Comment se comportent-ils ?

Activité de numération

Matériel : Cartons nombres de 0 à n, n étant le nombre d'élèves dans la classe.

Remettre au hasard à chaque élève de la classe un carton nombre.

Donner comme consigne de compter en ordre croissant à partir de 0. Les élèves doivent dire le nombre qu'ils ont reçu quand c'est leur tour.

Varier la consigne de comptage ; par exemple, faire compter :

- en ordre décroissant à partir de n ;
- en ordre croissant à partir de 8, puis en ordre décroissant à partir de 8.

Autre variante possible : Distribuer à des élèves les cartons nombres qui restent jusqu'à 31, de sorte que certains élèves puissent avoir 2 cartons. Répéter les mêmes consignes de comptage.

Nom _____

Des triangles

1. Observe les 3 ensembles de triangles.

2. Estime le nombre de triangles qu'il y a dans chaque ensemble.

a)

Il y a environ _____ triangles.

b)
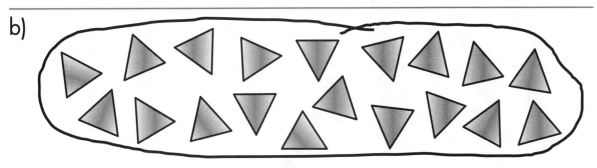

Il y a environ _____ triangles.

c)

Il y a environ _____ triangles.

3. Dis, selon toi, dans quel ensemble il y a :

- 27 triangles;
- 35 triangles;
- 19 triangles.

Nom _____

Je fais une estimation

a) Estime le nombre de morceaux de fromage.

Il y a environ ☐ morceaux de fromage.

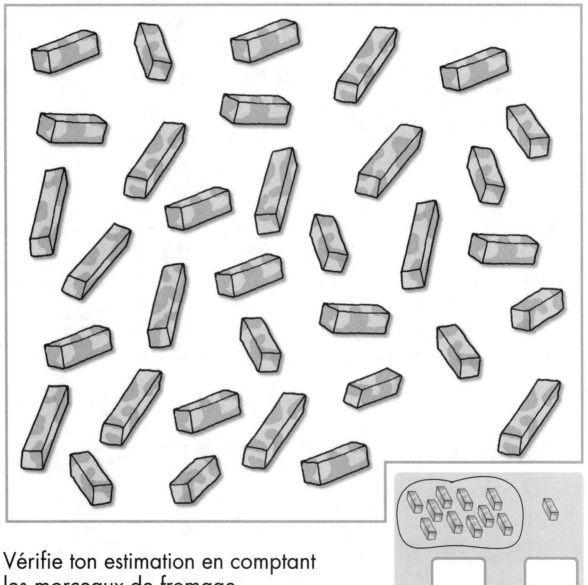

b) Vérifie ton estimation en comptant
les morceaux de fromage.

Combien de morceaux y a-t-il ?

c) Compare ce résultat à ton estimation.

Que penses-tu de ton estimation ?

Nom _____

Je mesure une longueur

1. Indique combien d'unités chaque paille mesure.

a)

☐ grains de riz

b)

☐ réglettes jaunes

c)

☐ jetons

2. a) Observe tes résultats. Que remarques-tu ?

    b) Les 3 pailles sont-elles de la même longueur ?

    c) Comment expliques-tu tes résultats ?

Nom _____

Que s'est-il passé ?

Observe les 2 illustrations et raconte ce qui s'est passé.

 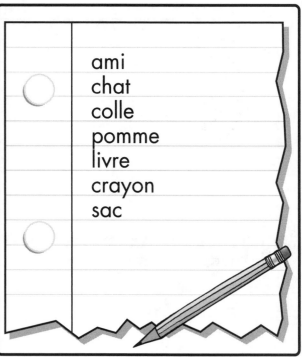

a) Écris le nombre approprié dans chaque ☐ .

    Sur la feuille, il y avait ☐ mots.

    Quelqu'un a écrit ☐ autres mots.

    Il y a maintenant ☐ mots d'écrits sur la feuille.

b) Écris l'addition qui représente la situation.

[   ]

Corrigé des fiches 189 et 190

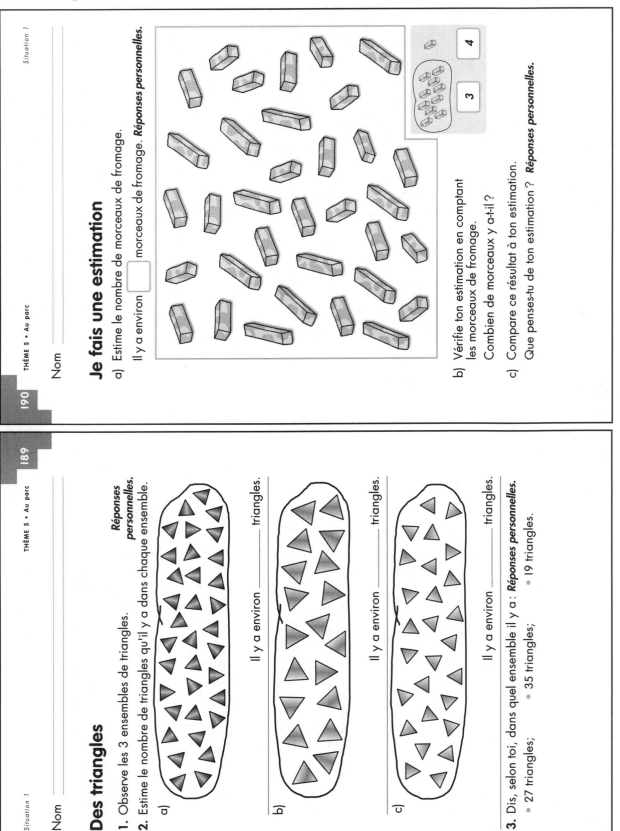

Corrigé des fiches 191 et 192

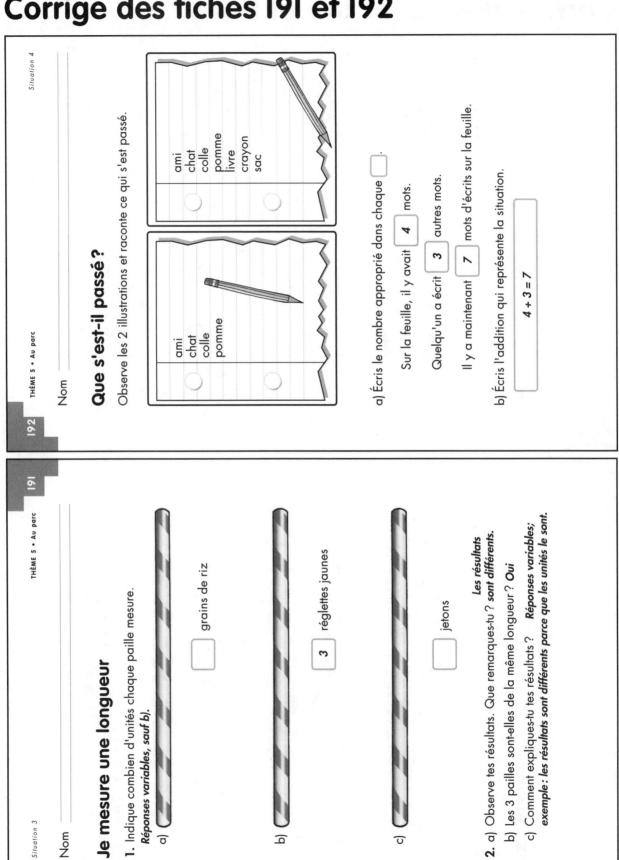

192　THÈME 5 • Au parc

Nom _____

Que s'est-il passé ?

Observe les 2 illustrations et raconte ce qui s'est passé.

ami
chat
colle
pomme

ami
chat
colle
pomme
livre
crayon
sac

a) Écris le nombre approprié dans chaque ☐ .

Sur la feuille, il y avait **4** mots.

Quelqu'un a écrit **3** autres mots.

Il y a maintenant **7** mots d'écrits sur la feuille.

b) Écris l'addition qui représente la situation.

4 + 3 = 7

191　THÈME 5 • Au parc

Nom _____

Je mesure une longueur

1. Indique combien d'unités chaque paille mesure.
Réponses variables, sauf b).

a) ☐ grains de riz

b) **3** réglettes jaunes

c) ☐ jetons

2. a) Observe tes résultats. Que remarques-tu ? *sont différents.*

Les résultats

b) Les 3 pailles sont-elles de la même longueur ? *Oui*

c) Comment expliques-tu tes résultats ? *Réponses variables; exemple : les résultats sont différents parce que les unités le sont.*

Ce thème, qui dure trois semaines, se compose de cinq situations d'apprentissage, lesquelles offrent la possibilité aux élèves de réaliser un projet en quatre volets. Dans la première situation d'apprentissage, ils abordent l'étude du calendrier et ont l'occasion de fabriquer des cartes de souhaits en les décorant de figures planes. Il est suggéré de remettre ces cartes à des personnes âgées résidant en centre d'accueil, aux élèves d'une autre classe ou d'une autre école, à des amis, etc. Dans les deuxième et troisième situations d'apprentissage, les élèves réaliseront des frises et des guirlandes pour en décorer la classe, ce qui leur donnera l'occasion de dégager des régularités. Dans la quatrième situation d'apprentissage, ils résoudront des problèmes de soustraction. Enfin, dans la cinquième situation d'apprentissage, les élèves ont l'occasion de faire une collecte de denrées pour Noël à partir desquelles ils construiront un diagramme à bandes. Ainsi, au fil du thème, les élèves continueront à développer leurs compétences, notamment, celles leur permettant d'exploiter l'information, de travailler avec méthode et de mettre en œuvre leur pensée créatrice de même que leurs compétences mathématiques.

TABLEAUX DE PLANIFICATION _____ 196

LE PORTFOLIO _____ 199

PROJET : Préparer la fête de Noël _____ 199

Situation d'apprentissage 1 : Le dernier mois de l'année _____ 200

Situation d'apprentissage 2 : De la suite dans les... dessins _____ 206

Situation d'apprentissage 3 : Guirlandes et autres fantaisies _____ 212

Situation d'apprentissage 4 : Une visite au centre d'accueil _____ 217

Situation d'apprentissage 5 : En partage _____ 222

Exploitation des pages pédagogiques des thèmes 5 et 6 _____ 227

Retour sur le thème _____ 229

Activité de numération _____ 229

ANNEXE _____ 230

PROJET: Préparer la fête de Noël

SITUATION D'APPRENTISSAGE: **1** LE DERNIER MOIS DE L'ANNÉE — Durée : 3 h — p. 60-61

DOMAINES GÉNÉRAUX DE FORMATION	COMPÉTENCES TRANSVERSALES	DOMAINES D'APPRENTISSAGE
DOMAINES, AXES DE DÉVELOPPEMENT	**ORDRES, COMPÉTENCES, COMPOSANTES**	**COMPÉTENCES DISCIPLINAIRES, COMPOSANTES**
Contribuer à construire un environnement viable dans une perspective de développement durable	**EXPLOITER L'INFORMATION** S'approprier l'information **EXERCER SON JUGEMENT CRITIQUE** Construire son opinion **METTRE EN ŒUVRE SA PENSÉE CRÉATRICE** S'imprégner des éléments d'une situation	**COMMUNIQUER À L'AIDE DU LANGAGE MATHÉMATIQUE** S'approprier le vocabulaire mathématique

SAVOIRS ESSENTIELS	
Arithmétique	**Sens et écriture des nombres naturels** Nombres naturels inférieurs à 1000 : lecture, écriture, nombres (de 0 à 31), comptage, dénombrement
Géométrie	**Figures géométriques et sens spatial** Figures planes : identification du carré, du rectangle, du triangle, du cercle et du losange
Mesure	**Temps : estimation et mesurage** Unités conventionnelles, durée (jour, cycle annuel)
Repères culturels	**Nombres** Contexte social **Figures géométriques** Contexte interdisciplinaire ou social (art, décoration)
Vocabulaire	Carré, cercle, date, figure géométrique, figure plane, jour, losange, rectangle, triangle; les 12 mois de l'année

SITUATION D'APPRENTISSAGE: **2** DE LA SUITE DANS LES... DESSINS — Durée : 3 h — p. 62-63

DOMAINES GÉNÉRAUX DE FORMATION	COMPÉTENCES TRANSVERSALES	DOMAINES D'APPRENTISSAGE
DOMAINES, AXES DE DÉVELOPPEMENT	**ORDRES, COMPÉTENCES, COMPOSANTES**	**COMPÉTENCES DISCIPLINAIRES, COMPOSANTES**
S'engager dans l'action dans un esprit de coopération et de solidarité	**EXPLOITER L'INFORMATION** S'approprier l'information **COOPÉRER** Contribuer au travail collectif	**RAISONNER À L'AIDE DE CONCEPTS ET DE PROCESSUS MATHÉMATIQUES** Mobiliser des concepts et des processus mathématiques appropriés à la situation **COMMUNIQUER À L'AIDE DU LANGAGE MATHÉMATIQUE** Interpréter ou produire des messages à caractère mathématique

SAVOIRS ESSENTIELS	
Arithmétique	**Sens et écriture des nombres naturels** Nombres naturels inférieurs à 1000 : approximation (estimation)
Géométrie	**Figures géométriques et sens spatial** Espace : relations spatiales Frises et dallages : observation et production de régularités à l'aide de figures géométriques
Repères culturels	**Figures géométriques** Contexte interdisciplinaire ou social (décoration)
Vocabulaire	À l'horizontale, à la verticale, ensemble, estimation, estimer, nombre, suite

SITUATION D'APPRENTISSAGE : 3 GUIRLANDES ET AUTRES FANTAISIES
Durée : 3 h
p. 64-65

DOMAINES GÉNÉRAUX DE FORMATION	COMPÉTENCES TRANSVERSALES	DOMAINES D'APPRENTISSAGE
DOMAINES, AXES DE DÉVELOPPEMENT	**ORDRES, COMPÉTENCES, COMPOSANTES**	**COMPÉTENCES DISCIPLINAIRES, COMPOSANTES**
Contribuer à construire un environnement viable dans une perspective de développement durable	**EXPLOITER L'INFORMATION** S'approprier l'information **RÉSOUDRE DES PROBLÈMES** Analyser les éléments de la situation **METTRE EN ŒUVRE SA PENSÉE CRÉATRICE** Imaginer des façons de faire	1 **RÉSOUDRE UNE SITUATION-PROBLÈME MATHÉMATIQUE** Décoder les éléments de la situation-problème Modéliser la situation-problème 2 **RAISONNER À L'AIDE DE CONCEPTS ET DE PROCESSUS MATHÉMATIQUES** Cerner les éléments de la situation mathématique Mobiliser des concepts et des processus mathématiques appropriés à la situation

SAVOIRS ESSENTIELS

Arithmétique	**Sens et écriture des nombres naturels** Nombres naturels inférieurs à 1000 : lecture, écriture, chiffres, nombres, comptage, ordre, régularités **Sens des opérations sur des nombres naturels** Opération, sens des opérations : addition (ajout, complémentaires, réunion) Propriété des opérations : commutativité **Opérations sur des nombres naturels** Répertoire mémorisé : additions (jusqu'à 10)
Symboles	0 à 9, +, =
Vocabulaire	Additionner, ajouter, compter, de moins, de plus, enlever, nombre, ordre croissant, ordre décroissant, plus, suite

SITUATION D'APPRENTISSAGE : 4 UNE VISITE AU CENTRE D'ACCUEIL
Durée : 3 h
p. 66-67

DOMAINES GÉNÉRAUX DE FORMATION	COMPÉTENCES TRANSVERSALES	DOMAINES D'APPRENTISSAGE
DOMAINES, AXES DE DÉVELOPPEMENT	**ORDRES, COMPÉTENCES, COMPOSANTES**	**COMPÉTENCES DISCIPLINAIRES, COMPOSANTES**
S'engager dans l'action dans un esprit de coopération et de solidarité	**EXPLOITER L'INFORMATION** S'approprier l'information Tirer profit de l'information **METTRE EN ŒUVRE SA PENSÉE CRÉATRICE** Imaginer des façons de faire	1 **RÉSOUDRE UNE SITUATION-PROBLÈME MATHÉMATIQUE** Décoder les éléments de la situation-problème 2 **RAISONNER À L'AIDE DE CONCEPTS ET DE PROCESSUS MATHÉMATIQUES** Mobiliser des concepts et des processus mathématiques appropriés à la situation Appliquer des processus mathématiques appropriés à la situation 3 **COMMUNIQUER À L'AIDE DU LANGAGE MATHÉMATIQUE** S'approprier le vocabulaire mathématique

SAVOIRS ESSENTIELS

Arithmétique	**Sens et écriture des nombres naturels** Nombres naturels inférieurs à 1000 : représentation **Sens des opérations sur des nombres naturels** Opération, sens des opérations : soustraction (retrait)
Vocabulaire	Égaler, enlever, moins, nombre, rester

SITUATION D'APPRENTISSAGE : **5** EN PARTAGE Durée : 3 h		
DOMAINES GÉNÉRAUX DE FORMATION	COMPÉTENCES TRANSVERSALES	DOMAINES D'APPRENTISSAGE
DOMAINES, AXES DE DÉVELOPPEMENT	ORDRES, COMPÉTENCES, COMPOSANTES	COMPÉTENCES DISCIPLINAIRES, COMPOSANTES
S'engager dans l'action dans un esprit de coopération et de solidarité Cultiver la paix	**EXPLOITER L'INFORMATION** S'approprier l'information Tirer profit de l'information **RÉSOUDRE DES PROBLÈMES** Analyser les éléments de la situation Imaginer des pistes de solution **SE DONNER DES MÉTHODES DE TRAVAIL EFFICACES** Analyser la tâche à accomplir S'engager dans la démarche Accomplir la tâche	**RÉSOUDRE UNE SITUATION-PROBLÈME MATHÉMATIQUE** Décoder les éléments de la situation-problème Modéliser la situation-problème **RAISONNER À L'AIDE DE CONCEPTS ET DE PROCESSUS MATHÉMATIQUES** Mobiliser des concepts et des processus mathématiques appropriés à la situation Justifier des actions ou des énoncés en faisant appel à des concepts et à des processus mathématiques

SAVOIRS ESSENTIELS

Arithmétique	**Sens et écriture des nombres naturels** Nombres naturels inférieurs à 1000 : lecture, écriture, dénombrement
Statistique	Collecte de données Interprétation des données à l'aide d'un diagramme à bandes Représentation des données à l'aide d'un diagramme à bandes
Vocabulaire	Diagramme à bandes, ordonner

Au cours de ce thème, il est indiqué d'encourager les élèves à conserver de nouvelles réalisations dans leur portfolio. Voici des suggestions :

■ une page de calendrier représentant la date de son anniversaire;

■ l'estimation d'une quantité d'objets;

■ les complémentaires de 9;

■ une affichette illustrant l'ordre croissant et l'ordre décroissant;

■ la représentation d'une situation de soustraction;

■ la construction d'un diagramme à bandes.

PROJET PRÉPARER LA FÊTE DE NOËL

Ce projet comporte quatre volets. Il est possible de réaliser l'un ou l'autre de ces volets ou encore les quatre, selon les préférences du groupe-classe, les priorités de l'enseignante ou l'enseignant et du temps à sa disposition. Une autre possibilité consiste à réaliser l'ensemble des quatre volets de façon collective, c'est-à-dire en les répartissant entre différentes équipes. Ces volets sont les suivants :

● créer des cartes de vœux;

● faire des frises et des guirlandes ou d'autres décorations de Noël;

● rendre visite à des personnes âgées dans un centre d'accueil et leur offrir les cartes de vœux fabriquées lors du premier volet;

● recueillir des denrées non périssables et en préparer un panier de Noël (dans cette éventualité, il importe que la collecte de denrées soit proposée aux élèves dès le début du thème de façon qu'ils puissent l'avoir terminée au moment de la situation d'apprentissage 5).

Selon nous, réaliser l'ensemble des volets de façon collective permet de toucher à un plus grand nombre de domaines généraux de formation et de développer davantage certaines compétences transversales, notamment celles d'ordre méthodologique et de l'ordre de la communication. S'il est décidé de privilégier la réalisation d'un ou de quelques volets, il va sans dire que cela favorisera le développement de certaines compétences et de certains savoirs plutôt que d'autres. Dans ce cas, la répartition du travail entre plusieurs équipes est également indiquée de même que la mise en commun des réalisations en raison de l'avantage que cela procure sur le plan de la coordination, mais aussi parce que cela encourage la coopération entre les élèves.

Afin d'amener les élèves à bien visualiser l'ensemble de ces possibilités, il est suggéré de leur présenter le projet en exploitant les p. 60 à 69 du manuel sous la forme d'un récit. Par exemple, dire aux élèves :

Ce sera bientôt la fête de Noël et les élèves de la classe de Logibul ont plusieurs projets en tête. Au cours d'une séance de remue-méninges (p. 60 du manuel), ils émettent quelques idées : créer des cartes de vœux, faire des frises et des guirlandes en guise de décorations de Noël, préparer des paniers de Noël. Après avoir consulté le calendrier et compté les jours qui restent avant Noël pour mieux planifier leur travail, ils décident de :

● créer des cartes de vœux en utilisant des figures géométriques planes qu'ils connaissent (p. 61);

● faire des frises et des guirlandes pour montrer qu'ils connaissent les régularités et l'ordre croissant ou décroissant (p. 62-64);

● offrir leurs cartes de vœux à des personnes âgées habitant dans un centre d'accueil, question de partager avec la communauté et d'apprendre ainsi à mieux la connaître et à mieux se faire connaître d'elle (p. 66);

● préparer des paniers de provisions pour Noël, afin de s'associer à une tradition bien vivante dans la société québécoise et présenter leur inventaire des provisions à l'aide d'un diagramme à bandes (p. 68-69).

Tout le long de ce récit, on peut mentionner que Logibul et ses amis ont utilisé du papier recyclé pour réaliser leurs cartes de vœux, frises, guirlandes et autres décorations. Ce récit peut être le point de départ d'une discussion sur la consommation et la protection de l'environnement. De plus, comme la période de Noël en est une de partage, l'occasion pour les élèves de s'engager dans un projet collectif de collecte de denrées devient plus que signifiante.

▶ SITUATION D'APPRENTISSAGE ▮ Le dernier mois de l'année

Cette première situation d'apprentissage se partage en deux moments : le premier porte sur le cycle du temps et l'étude du calendrier; le second sur les figures géométriques. Elle s'ouvre sur le contexte de la fête de Noël qui approche et est l'occasion d'amorcer, avec les élèves, le projet du présent thème. À l'instar de Logibul et de ses amis, les élèves sont conviés à prendre des décisions quant aux différentes facettes de ce projet et devront en planifier les tâches en tenant compte du temps dont ils disposent. L'étude du calendrier leur permettra d'établir un échéancier en plus de réaliser des activités de comptage.

Aussi, les élèves sont invités à déployer leur créativité en fabriquant, tout comme la classe de Logibul, des cartes de vœux. Ils les décoreront de figures géométriques qu'ils auront tracées sur des retailles de carton et autres matériels récupérés. Il s'agit là d'une belle occasion d'animer une discussion au sujet de l'environnement et des habitudes à prendre pour en protéger les ressources. L'imagination des élèves est donc mise à profit lors des différentes activités où les figures planes sont à l'honneur. Ils auront d'ailleurs à les identifier lors de la présentation de leurs cartes. La représentation du temps est également un élément très important, ce que les élèves constateront s'ils veulent remettre leurs cartes de vœux à des personnes de la communauté ou à leur entourage avant le congé des fêtes.

Organisation matérielle
■ Le manuel *Logibul 1*, p. 60 et 61;
■ Plusieurs calendriers de l'année;
■ Des retailles de carton de couleurs différentes et autres matériels de récupération;
■ Les fiches 52 et 53, *RA-1A*, p. 52 et 53.

3 heures

Facteurs de réussite
Les élèves auront réussi la tâche :
■ s'ils comptent de 0 à 31, lisent et écrivent les nombres de 0 jusqu'à 31;
■ s'ils continuent à élaborer une représentation du temps structurée en fonction des notions de mois, semaine et jour;
■ s'ils comptent le nombre de jours qui restent jusqu'à la fin d'un mois, à partir d'une date donnée;
■ s'ils identifient et nomment des figures planes (carré, rectangle, triangle, cercle et losange);
■ s'ils utilisent du matériel de récupération pour faire des cartes de vœux.

Portfolio

Proposer aux élèves de conserver dans leur portfolio une trace concrète d'une activité qu'ils auront faite à partir d'un calendrier. Par exemple, leur suggérer de construire une page de calendrier, celle du mois de leur anniversaire, sur laquelle ils indiquent par un signe distinctif la date de leur anniversaire de naissance.

LA PRÉPARATION

Rôle de l'enseignante ou de l'enseignant	Rôle de l'élève
■MANUEL, P. 60■ Amorcer une discussion avec les élèves à partir de la situation représentée à la p. 60. Leur poser ces questions : — *Selon toi, que se passe-t-il dans la classe de Logibul ?* — *Que dit l'enseignante ?* — *Que suggère Logibul ?*	Participer à la discussion en donnant son opinion sur ce qui se passe dans la classe de Logibul. Répondre aux questions en s'efforçant d'interpréter l'illustration.
Amener les élèves à remarquer que Logibul et un autre personnage demandent la parole pour faire leurs suggestions. En profiter pour souligner le fait que ces deux personnages respectent des règles de vie démocratique.	Remarquer que Logibul et ses amis expriment leurs idées à tour de rôle en respectant le droit de parole des autres.
Proposer aux élèves de feuilleter les p. 60 à 69 du manuel afin de voir ce que la classe de Logibul va réaliser au cours du thème. Par des questions, les amener à formuler des hypothèses d'interprétation. Exemples de questions à poser aux élèves : — *Selon toi, de quoi sera-t-il question dans ce thème ?* — *Qu'est-ce qui t'amène à répondre cela ?* — *À ton avis, que va-t-on apprendre ?* — *Y a-t-il des choses que tu connais déjà ? Lesquelles ?*	Explorer les pages du thème et, à partir des différentes illustrations, essayer d'anticiper ce qui va se passer. Émettre des hypothèses et exprimer son point de vue. Répondre aux questions et justifier ses réponses par des exemples simples.
Insister pour que les élèves se servent des illustrations afin de donner des réponses plausibles (par exemple, Logibul et ses amis font des activités avec des figures géométriques; ils vont apprendre à compter à l'aide de guirlandes). Inviter les élèves à lire les mots *Noël* et *décembre* figurant sur l'illustration de la p. 60 et à observer les cartes de vœux de la p. 61.	Explorer le contenu et le sens des illustrations. Essayer de lire les mots *Noël* et *décembre* et observer les cartes de vœux de la p. 61.

LA RÉALISATION

Rôle de l'enseignante ou de l'enseignant	Rôle de l'élève
Premier moment : Cycle du temps	

En plénière, demander à chaque élève de nommer le mois de son anniversaire de naissance. Proposer ensuite de situer ces mois dans le temps les uns par rapport aux autres. Amener les élèves à utiliser les mots *avant* et *après*. Par exemple, leur demander :	Nommer le mois de son anniversaire. Situer le moment de son anniversaire de naissance par rapport à celui d'autres élèves en employant les termes *avant* et *après*.
— *Est-ce que ton anniversaire est avant ou après celui de... ?*	
Mettre à la disposition des élèves des calendriers de l'année et leur allouer du temps pour qu'ils en fassent l'exploration.	Observer le calendrier et l'explorer.
■ MANUEL, P. 60, ACTIVITÉS 1 ET 2 ■ Inviter les élèves à réaliser ces activités en dyades. Leur demander de reproduire le calendrier du mois de décembre de l'année courante pour démontrer l'exactitude de leurs réponses.	Répondre aux questions des activités à l'aide du calendrier. Tracer une grille de sept colonnes et cinq rangées et y reproduire le mois de décembre. Vérifier l'exactitude de ses réponses.
Après un moment, procéder à une correction collective. En profiter pour passer en revue tous les mois du calendrier. Lire le nom de chaque mois et faire l'appel des élèves dont l'anniversaire a lieu au cours de chacun des mois. Demander à chaque élève d'écrire son prénom sur le calendrier de la classe, dans la case correspondant à la date de son anniversaire.	Dire ses réponses aux autres élèves et partager sa démarche avec eux. Communiquer son opinion de manière efficace. Participer activement à l'activité sur les dates des anniversaires. Écrire son prénom au bon endroit sur le calendrier de la classe.
Inviter les élèves à considérer l'organisation du calendrier. Ouvrir le calendrier de la classe à la page du mois de décembre. Leur demander de nommer les jours et de voir comment ils se répètent dans le calendrier. Leur poser des questions :	Observer le calendrier et comprendre son organisation en répondant aux questions.
— *Combien y a-t-il de lundis dans ce mois ?*	
— *Quel jour de la semaine serons-nous le 17 décembre ?*	
— *À quelle date commencent les vacances de Noël ? Quel jour est-ce ?*	
Faire remarquer aux élèves que le premier jour du mois n'est pas nécessairement dans la première case et leur expliquer pourquoi. Leur faire remarquer combien de jours il y a dans chaque mois.	Écouter les explications de l'enseignante ou de l'enseignant.
Deuxième moment : Figures géométriques	
■ MANUEL, P. 61, ACTIVITÉ 3 ■ Demander aux élèves d'observer les cartes dessinées par Logibul et ses amis, puis de nommer les figures géométriques qu'il y a sur chacune. Les inviter à employer des termes précis (un cercle et non un rond, un carré et non un carreau).	Observer et nommer les figures géométriques qu'il y a sur chaque carte. S'efforcer d'utiliser le vocabulaire juste. Accepter de se tromper.

Animer une discussion en demandant aux élèves de suggérer des façons de construire des figures géométriques. Au besoin, leur rappeler qu'ils ont déjà tracé des figures planes en traçant le contour des faces d'un solide géométrique et d'un bloc logique ou en utilisant des gabarits). Leur demander de nommer avec le plus d'exactitude possible les figures géométriques considérées.

Inviter les élèves à observer à nouveau les cartes de vœux illustrées dans leur manuel et leur demander des suggestions quant au matériel que Logibul et ses amis ont pu utiliser pour réaliser ces cartes. Profiter de l'occasion pour lancer un débat sur la question de l'environnement. Demander aux élèves :

— *À ton avis, qu'est-ce que Logibul et ses amis ont fait ? Ont-ils utilisé des matériaux neufs pour fabriquer les cartes ou ont-ils utilisé du matériel de récupération ?*

Au besoin, enchaîner avec les questions suivantes :

— *Est-ce que des retailles de carton pourraient être utilisées pour faire les cartes ?*

— *Est-ce que tu connais d'autre matériel que nous pourrions récupérer (contenant en polystyrène, papier de couleur, morceaux de tissu, etc.) ?*

Suggestion : Proposer aux élèves de découper des figures géométriques dans des retailles de carton de couleur récupérées et de créer une carte de vœux. Ainsi, en découpant des carrés, des rectangles, des triangles, des cercles et des losanges, ils explorent plusieurs possibilités de décorer leurs cartes.

Cette manipulation, en plus de donner l'occasion aux élèves de s'appliquer à construire des figures géométriques et de se concentrer sur les caractéristiques propres à chacune, les prépare aux activités qui suivent. Au moment où les élèves ont terminé leur tâche, les inviter à nommer les figures géométriques qu'ils ont utilisées.

■ MANUEL, P. 61, ACTIVITÉ 4 ■ Demander aux élèves d'observer la carte que Léa a fabriquée. Leur expliquer que Léa a utilisé les retailles de carton ou de papier qu'elle a récupérées après la confection des cartes illustrées à l'activité 3. Inviter les élèves à réaliser individuellement l'activité 4, puis à mettre en commun leurs réponses. Faire remarquer aux élèves que la taille des figures ne change pas leur nature. Par exemple, quelle que soit la forme d'un triangle, tant qu'il a trois côtés, il reste un triangle.

Suggestion : Proposer aux élèves de créer des cartes avec des retailles de carton. Leur demander ensuite de décrire leur carte en nommant, quand c'est possible, les formes utilisées.

Donner ses suggestions sur la manière de construire des figures géométriques. Écouter les suggestions des autres élèves et en tenir compte. S'exprimer en utilisant les mots justes.

Observer les cartes. Faire des suggestions quant au matériel que Logibul et ses amis ont pu utiliser pour réaliser leurs cartes. Participer au débat sur la protection de l'environnement. Exprimer son opinion et prêter attention à celle des autres élèves en respectant leur point de vue. Faire des suggestions quant à l'utilisation de matériel de récupération.

Écouter les explications de l'enseignante ou de l'enseignant. Réaliser individuellement l'activité 4. Participer activement à la mise en commun des réponses et des démarches. Remarquer que la taille des figures ne change pas leur nature.

L'INTÉGRATION

Rôle de l'enseignante et de l'enseignant	Rôle de l'élève
■ FICHE 52, *RA-1A*, P. 52 ■ Expliquer les consignes de la fiche aux élèves. Les aider à établir la relation entre le calendrier de la classe et celui de la fiche. Leur demander de nommer le premier jour de la semaine et les jours de fin de semaine. Inviter les élèves à réaliser les activités, puis en faire une correction collective. Pour les réponses de l'activité 3, le jour présent ne compte pas (la mention « à partir d'aujourd'hui » signifie donc que la journée est entamée).	Observer le calendrier de la classe et s'y reporter pour compléter celui de la fiche 52. Utiliser le calendrier complété pour faire les activités 2 et 3. Participer à la correction collective en exprimant son point de vue et en posant des questions, s'il y a lieu.
Remarque : Les élèves réalisent individuellement les activités mais participent à une correction collective après chaque activité afin de s'assurer qu'une erreur dans la première ne fausse pas les résultats des deux autres.	
■ FICHE 53, *RA-1A*, P. 53 ■ Animer avec les élèves un bref retour sur l'activité 4 de la p. 61 du manuel. Leur poser les questions suivantes : — *Qu'a fait Léa avec les retailles de carton ?* — *Qu'avais-tu remarqué au sujet des formes et des couleurs ?*	Se rappeler l'activité 4 de la p. 61 du manuel. Observer la fiche 53 et la comparer à l'activité 4 du manuel.
Grouper les élèves en équipes de quatre ou cinq. Leur demander d'observer les locomotives de la fiche 53 et de lire la consigne. Leur allouer quelques minutes pour qu'ils discutent de la tâche à réaliser.	En équipe, discuter de la tâche et l'expliquer dans ses mots.
Animer un retour en leur demandant ce qu'ils doivent faire. Les inviter ensuite à travailler individuellement. Lorsque la tâche est terminée, leur demander de comparer leur travail en équipe et de nommer les figures planes composant les locomotives.	Accomplir individuellement la tâche. Comparer son travail avec des élèves de son équipe. Expliquer son travail en nommant les figures planes. S'assurer que les figures semblables ont été coloriées de la même couleur.
Inviter les élèves à décider quels volets du projet ils pourraient réaliser pour la fête de Noël. Suivre le même procédé que la classe de Logibul, lequel est évoqué par l'illustration de la p. 60 du manuel : écrire des suggestions au tableau. S'il y en a trop, proposer de procéder à un vote. Discuter de cette question avec les élèves. — *Qu'est-ce qu'un vote ? Pourquoi voter ?* — *Quand cela est-il nécessaire ?* — *Que doivent faire ceux et celles qui ne sont pas d'accord avec les résultats d'un vote ?*	Faire des suggestions relativement au projet. Respecter le droit de parole des autres élèves et le sien. Participer à la discussion sur la notion de vote.
S'il y a lieu, amener les élèves à voter en faveur de l'une ou l'autre des suggestions, tout en tenant compte du temps qui reste jusqu'à Noël. Pour cela, animer un retour sur les acquis en ce qui a trait au calendrier de la classe.	Procéder à un vote, s'il y a lieu.

Corrigé des activités du manuel, p. 60 et 61

1. a) Décembre.

b) Il y a 31 jours dans le mois de décembre.

2. a) Cela dépend de la date du jour. Pour compter les jours qui restent avant Noël, il ne faut pas tenir compte du jour d'aujourd'hui, car il est déjà entamé, ni de celui de Noël, car il s'agit de trouver combien il reste de jours **avant** Noël.

b) Cela dépend du mois. Certains ont 30 jours, d'autres 31. Le mois de février a 28 ou 29 jours.

c) Il y a 12 mois dans une année.

3. • Première carte (à partir de la gauche) : des cercles (le corps du bonhomme), un carré (son chapeau), des rectangles (son chapeau et ses bras).

• Deuxième carte : un rectangle (la bougie), un losange (la flamme), un cercle (la poignée du plateau).

• Troisième carte : des triangles (l'arbre), un carré (le tronc), des cercles (les boules), un rectangle (la bande de couleur représentant le sol).

• Quatrième carte : des carrés (la face visible de la boîte et les parties de cette face séparées par le ruban), des rectangles (les parties du ruban).

4. a) Il y a 2 cercles, 2 triangles, 2 carrés, 2 rectangles et 1 losange.

b) Pour chaque couleur, on peut observer deux figures géométriques différentes mais appartenant à la même classe (sauf pour le losange).

As-tu d'autres idées pour créer une carte de vœux ?

Cette activité est en lien avec le projet (voir la rubrique Projet ci-dessous).

Projet

▨ Après avoir survolé les p. 60 à 69 de leur manuel, les élèves seront en mesure de faire des suggestions en lien avec le projet et de décider de façon démocratique ce qu'ils réaliseront. À cette étape-ci, il convient donc de les accompagner dans cette démarche collective qui les conduira à voter pour décider le ou les volets du projet qu'ils ont envie de réaliser.

▨ La situation d'apprentissage 1 permet d'amorcer le premier volet du projet, soit la fabrication de cartes de vœux. La fabrication des cartes de vœux est un prétexte pour construire des figures géométriques. La p. 61 du manuel devient alors une référence de premier ordre pour les élèves. En effet, cette page peut aider les élèves en panne d'idées en leur proposant des modèles de cartes. De plus, les élèves y trouveront une représentation nette du carré, du rectangle, du triangle, du cercle et du losange. Profiter de cette activité de fabrication de figures géométriques pour demander aux élèves de décrire les caractéristiques communes et particulières à chacune d'elles.

▨ Les élèves ont-ils pensé à qui ils veulent donner leurs cartes ? À la situation d'apprentissage 4 (p. 66), il leur est proposé de faire comme Logibul et ses amis, soit d'offrir les cartes de vœux aux résidents d'un centre d'accueil. Évidemment, il ne s'agit que d'une suggestion que l'enseignante ou l'enseignant adaptera selon la réalité de la communauté locale. Les cartes pourraient aussi bien être offertes aux bénéficiaires d'un centre hospitalier, aux enfants d'une autre classe ou d'une autre école, aux membres de la famille, à des correspondantes ou à des correspondants, etc.

Suggestion: Les élèves pourraient réaliser une œuvre en équipe, par exemple, une mosaïque ou un collage mural. L'important étant que les élèves tiennent compte des éléments suivants dans la réalisation de leur projet : a) ils doivent construire eux-mêmes des figures géométriques; b) ils doivent utiliser du matériel de récupération pour fabriquer les figures géométriques; c) leur décision quant au projet doit être collective et prise selon des méthodes démocratiques (proposition d'idées, consultation, vote); d) la planification du projet doit être établie en fonction d'un calendrier.

Réinvestissement

Proposer aux élèves :

- de construire une page de calendrier, celle du mois de leur anniversaire, sur laquelle ils indiquent par un signe distinctif la date de leur anniversaire de naissance;
- de repérer sur un calendrier les mois de 30 jours, puis ceux de 31 jours;
- d'utiliser des retailles de carton pour réaliser une carte de vœux soulignant l'anniversaire d'un membre de leur famille.

Travaux personnels

Suggérer aux élèves de préparer un calendrier perpétuel et d'y inscrire certaines de leurs activités scolaires (musique, éducation physique, etc.).

Utilisation des TIC

Proposer aux élèves :

- de préparer une page de calendrier à l'aide d'un tableur;
- d'imaginer des cartes de vœux décorées de figures géométriques obtenues à l'aide d'un logiciel de dessins.

▶ SITUATION D'APPRENTISSAGE 2 De la suite dans les... dessins

Dans cette situation d'apprentissage, les élèves auront l'occasion de réaliser une frise de Noël pour décorer la classe ou leur maison. Ainsi, ils se familiariseront avec les régularités par le biais d'une suite de dessins disposés selon une règle de construction. Cela leur permettra, entre autres, de continuer à développer la compétence mathématique 2 et les préparera à dégager «des régularités géométriques facilement observables» (voir *Programme de formation de l'école québécoise*, 6.1 Mathématique, p. 129, MEQ, 2001).

En s'engageant ainsi dans un travail collectif, les élèves réfléchiront aux moyens à prendre pour le mener à bien et en discuteront tout en mettant à contribution leur créativité. La période des fêtes leur offre aussi la possibilité de collaborer à d'autres projets en groupe que ce soit en famille, à l'école ou dans leur communauté. De plus, au cours de la présente situation d'apprentissage, ils reviendront sur le concept d'estimation, précédemment abordé au thème 5.

Organisation matérielle

▦ Le manuel *Logibul 1*, p. 62 et 63;

▦ La fiche de soutien *Activité d'estimation* (guide, p. 230), à reproduire sur un transparent;

▦ Un rétroprojecteur;

▦ Du matériel de manipulation;

▦ Les fiches 54 et 55, *RA-1A*, p. 54 et 55;

▦ La fiche *Des ensembles de cubes*, au besoin (guide, p. 231);

▦ Le calendrier de la classe;

▦ Des retailles de papier et de carton récupérées, papier de bricolage, etc.

3 heures

Facteurs de réussite

Les élèves auront réussi la tâche :

▦ s'ils estiment le nombre d'objets d'un ensemble (approximation);

▦ s'ils se forment une idée de ce qu'est une régularité par le biais d'une suite de dessins;

▦ s'ils s'expriment en utilisant le langage mathématique approprié;

▦ s'ils nomment des actions qu'ils peuvent entreprendre en coopération dans la classe, à l'école, à la maison.

Portfolio

▦ Proposer aux élèves d'y conserver une activité d'estimation. Par exemple, leur suggérer de dessiner, sans les compter, un certain nombre de points ou de jetons sur une feuille, puis d'estimer cette quantité et de vérifier le résultat de leur estimation.

▦ Demander aux élèves de dessiner une situation où ils ont coopéré à un projet avec leurs pairs en classe ou avec des membres de leur famille.

LA PRÉPARATION

Rôle de l'enseignante ou de l'enseignant	Rôle de l'élève
■ MANUEL, P. 62 ■ Avec les élèves, lire l'encadré en haut de la p. 62. Leur allouer quelques minutes pour observer l'illustration, puis animer une discussion sur l'initiative de Félix : — *Que fait Félix ?* — *Pourquoi a-t-il décidé de décorer un mur de la classe ? à quelle occasion ? Est-ce une bonne idée ?* — *Toi, as-tu envisagé de préparer des décorations pour la classe, la maison, ta chambre ?* Animer une causerie en demandant aux élèves de décrire un mur de leur chambre, par exemple : — *Le mur de ta chambre est-il peint ou y a-t-il une bande de papier peint ?* — *Quels dessins y a-t-il sur le papier peint ?* — *As-tu déjà remarqué une autre suite de dessins ailleurs dans la maison ou à l'école ? Comment était-elle ?*	Observer l'illustration de la p. 62 du manuel. Décrire, dans ses mots, ce que Félix fait. Participer activement à la discussion. Trouver des raisons plausibles au comportement de Félix et en faire part à toute la classe. Réfléchir sur la possibilité d'entreprendre soi-même des actions en vue de s'engager (en classe, à l'école ou à la maison) dans un projet collectif ou personnel lié à la période des fêtes.

Amener les élèves à s'exprimer sur les suites de dessins qu'ils voient dans leur environnement et à remarquer que des éléments se répètent pour former une décoration. Au besoin, revenir sur la frise de Félix en faisant remarquer aux élèves que celui-ci imite du papier peint. Leur dire qu'ils auront à regarder plus attentivement comment Félix s'y prend et, qu'à leur tour, ils auront l'occasion de réaliser une suite de dessins.

Participer à la causerie. S'exprimer sur les suites de dessins présents autour de soi (dans sa chambre ou ailleurs à la maison ou à l'école). Remarquer que certains dessins peuvent se répéter, comme dans la frise de Félix.

LA RÉALISATION

Rôle de l'enseignante ou de l'enseignant

Rôle de l'élève

■ MANUEL, P. 62, ACTIVITÉS 1 ET 2 ■ Demander aux élèves de regarder plus attentivement la frise de Félix ainsi que la table devant laquelle Léa et Hoa sont assises et de décrire ce qu'ils voient. Enchaîner ensuite avec les activités 1 et 2. Amener les élèves à décrire comment Félix procède et à imaginer comment il peut compléter sa suite de dessins : grouper les élèves en équipes de deux de façon à leur permettre d'échanger leurs idées à ce sujet. Procéder à une mise en commun des réponses. Utiliser les expressions : *à l'horizontale* et *à la verticale* pour décrire la position des cannes.

Regarder attentivement l'illustration, en dire le plus de choses possible et décrire la suite de dessins que Félix a commencée. Avec un ou une élève, imaginer des façons de la compléter : dire de quelle manière Félix peut placer les autres dessins de canne. En faire part aux autres élèves de la classe en s'efforçant d'utiliser le vocabulaire approprié (relations spatiales). Comparer ses réponses avec celles des autres élèves.

■ MANUEL, P. 63, ACTIVITÉ 3 ■ **Remarque :** La présente activité 3 est destinée à réinvestir les connaissances antérieures de l'élève. Elle peut se dérouler après l'activité 4.

Activer les connaissances antérieures des élèves au sujet du concept d'estimation avant de passer aux consignes de l'activité 3. Avec les élèves, repérer la p. 50 du manuel, les inviter à regarder l'illustration et leur demander :

— *Te souviens-tu du thème* Au parc *?*

— *Te souviens-tu d'avoir fait une estimation ?*

Amener les élèves à parler de leur méthode d'estimation, à se rappeler la façon dont ils ont procédé pour estimer le nombre de personnes dans le parc.

Se rappeler sa ou ses façons d'estimer le nombre de personnes dans le parc (thème 5, p. 50 du manuel).

Avoir prévu reproduire la fiche de soutien *Activité d'estimation* sur un transparent. Annoncer aux élèves qu'ils devront estimer le nombre de boules représentées sur ce transparent et qu'ils disposeront d'environ cinq secondes pour le faire. Placer le transparent sur le rétroprojecteur pendant la durée déterminée. Suggérer aux élèves de fermer les yeux et d'essayer de se rappeler ce qu'ils ont vu sur le transparent (visualisation) avant d'écrire leur estimation. Procéder à la mise en commun des résultats d'estimation et des démarches.

Écouter attentivement les consignes. Observer le transparent pendant quelques secondes, puis estimer le nombre de boules qui y sont représentées. Participer à la mise en commun en expliquant, dans ses mots, sa démarche, c'est-à-dire les différentes étapes de son estimation. Écouter attentivement la démarche des autres élèves.

Poursuivre avec les consignes de l'activité 3 en demandant aux élèves de procéder par étapes : d'abord de regarder attentivement l'ensemble d'étoiles, puis d'en estimer le nombre. Leur demander de procéder de la même façon pour les deux autres ensembles. Ensuite, inviter les élèves à comparer leurs estimations et à les vérifier en équipes de deux ou trois.

À l'aide du matériel de manipulation, proposer aux élèves de s'exercer à estimer une quantité. Par exemple, déposer une poignée de jetons sur le rétroprojecteur en prenant soin de les espacer, puis demander aux élèves d'en estimer le nombre.

■ MANUEL, P. 63, ACTIVITÉ 4 ■ Faire observer la frise de Noël aux élèves. Ils pourront s'en inspirer pour réaliser leur décoration (voir la rubrique Projet, p. 211 du guide). Leur faire remarquer le début de cette suite de dessins en attirant leur attention sur la répétition des dessins : des étoiles, baies et feuilles, de nouveau des étoiles, baies et feuilles, etc. N'insister pas sur la disposition des dessins dans chaque case ni sur leur couleur, mais sur leur répétition dans la bande. Demander aux élèves d'imaginer les dessins qui pourraient compléter cette bande décorative. Les laisser en discuter en équipe.

Estimer le nombre d'éléments de chaque ensemble. Noter ses estimations. Se grouper en équipe pour les comparer avec celles de ses coéquipiers, puis vérifier ses estimations.

Participer activement aux activités d'estimation proposées par l'enseignante ou l'enseignant.

Observer la frise de Noël. Remarquer que des dessins s'y répètent, comme dans celle de Félix (illustration de la p. 62 du manuel). En équipe, imaginer les dessins qui pourraient compléter les trois autres cases. En discuter avec les autres membres de son équipe tout en respectant leur opinion.

NOTE DIDACTIQUE Une frise est une bande sur laquelle se répète un motif selon une certaine régularité. Il y a certaines règles à respecter dans la construction d'une frise. L'usage de la frise comme décoration (papier peint, bande décorative où il y a répétition de différents dessins, artisanat, etc.) est très fréquent dans l'environnement des enfants et ne peut manquer d'attirer leur attention. C'est pourquoi, il y a des illustrations de ce genre dans le manuel. Les élèves pourront d'ailleurs s'en inspirer pour réaliser des décorations de Noël dans le cadre de leur projet. De plus, ici par le biais d'une suite de dessins, cela les préparera à dégager « des régularités géométriques facilement observables » (voir *Programme de formation de l'école québécoise*, p. 129, MEQ, 2001).

L'INTÉGRATION

Rôle de l'enseignante ou de l'enseignant	Rôle de l'élève
Au cours d'une brève discussion, amener les élèves à objectiver ce qu'ils viennent de vivre et à prendre conscience en quoi ils ont progressé sur le plan des compétences en jeu dans cette situation d'apprentissage.	Participer activement à la discussion. Poser des questions, s'il y a lieu. Constater les progrès accomplis et manifester sa fierté. Revoir le contenu de son portfolio au besoin.
Avec les élèves, revenir sur la causerie (phase Préparation) pendant laquelle ils ont entrevu les possibilités d'entreprendre des actions en vue de s'engager dans un projet collectif. Leur demander ensuite de dessiner une situation où ils ont coopéré à un tel projet avec leurs pairs en classe ou avec leur famille. Inviter les élèves à conserver leur dessin dans leur portfolio.	Revenir sur les faits saillants de la causerie et sur les réflexions qu'elle a suscitées. Se représenter, par un dessin, dans une situation de coopération reliée à un projet réalisé antérieurement. Conserver son dessin dans son portfolio.

■FICHE 54, *RA-1A*, P. 54■ Demander aux élèves d'inventer deux frises (a et b) en équipe à l'aide des dessins suggérés. Inviter les équipes à comparer leurs frises. Au besoin, ces frises pourront leur servir de modèle au moment de réaliser leurs décorations de Noël dans le cadre de leur projet. Le reste de l'activité 1 pourrait faire l'objet d'un travail individuel.

■FICHE 55, *RA-1A*, P. 55■ Il est suggéré que les élèves réalisent collectivement ou en atelier guidé les activités de cette fiche.

Si une consolidation est nécessaire pour certains élèves, leur proposer la fiche *Des ensembles de cubes.* Cette fiche peut être l'occasion d'un travail individuel à la maison ou lors d'un moment libre en classe.

Se grouper en équipe pour réaliser la tâche. Faire des suggestions et accepter celles des autres élèves. Comparer les deux frises avec celles des autres équipes. Respecter le droit de parole des autres élèves et s'efforcer de leur parler calmement.

Réaliser la tâche. Accepter l'aide de son enseignant ou de son enseignante, s'il y a lieu.

Corrigé des activités du manuel, p. 62 et 63

Encadré en haut de page : Réponses variables ; exemple : Félix décore la classe avec une frise de Noël. Il colle un dessin de canne. Il en a collé d'autres en les plaçant différemment d'une case à l'autre.

1. Pour réaliser sa décoration, Félix utilise le même dessin : une canne de Noël. Il n'y a pas deux cannes de suite placées de la même façon. Félix a placé les cannes dans deux positions différentes : couché (à l'horizontale) et debout (à la verticale).

2. a) Des dessins de canne (que Félix utilisera pour sa frise), crayons-feutres, ciseaux, bâtonnet de colle.

   b) Après la dernière canne fixée par Félix, ajouter une canne debout (à la verticale), une canne couchée (à l'horizontale), une canne debout et ainsi de suite.

3. a) Réponses variables.

   b) Il y a 18 étoiles ; 15 feuilles, 20 baies.

4. 3 baies et 3 feuilles ; 3 étoiles ; 3 baies et 3 feuilles.

Remarque : Laisser les élèves imaginer la suite de dessins. Ce qui importe, c'est qu'ils en discutent en équipe et constatent que les dessins se répètent (étoiles, baies-feuilles, étoiles, etc.).

 En équipe, réalise une frise avec les dessins de ton choix. Décores-en un mur de ta classe.

Cette activité est en lien avec le projet de décorations (voir la rubrique Projet à la page suivante). Les frises de Noël illustrées aux p. 62 et 63 du manuel peuvent aider les élèves au moment où ils entreprennent d'imaginer leurs bandes décoratives.

Projet

■ Pour souligner le temps des fêtes, proposer aux élèves de décorer la classe en s'inspirant des frises de Noël apparaissant aux p. 62 et 63 de leur manuel *Logibul 1* et de celles de la fiche 54 (*RA-1A*) s'ils y ont travaillé. Exploiter ces suites de dessins afin d'amorcer ce deuxième volet du projet. Amener les élèves à déterminer le matériel (retailles de papier, illustrations à découper dans des magazines, crayons, colle, etc.) dont ils auront besoin, à se constituer en équipes, à discuter des différents aspects et étapes de leur travail d'équipe. En profiter pour souligner l'importance de la coopération entre les membres de l'équipe et de l'attribution des rôles et des tâches afin que le travail se déroule bien. Écrire sur une grande feuille les suggestions des élèves. Revoir avec eux la date de Noël ou le premier jour du congé des fêtes en demandant à un ou une élève de la repérer sur le calendrier. Leur demander de compter le nombre de jours qui restent avant cette fête et en profiter pour leur faire constater le temps dont ils disposent pour réaliser leurs décorations.

■ Au moment de la présentation des frises de Noël, demander aux équipes d'expliquer comment s'est déroulé leur travail, leur choix de dessins ainsi que la façon dont ils les ont disposés pour créer une jolie suite de dessins.

■ La période des fêtes leur offre aussi l'occasion de collaborer à d'autres projets en groupe que ce soit en famille, à l'école ou dans leur communauté. Animer une discussion à ce sujet. Amener les élèves à prendre conscience qu'ils peuvent travailler dans un esprit de coopération et d'entraide.

Réinvestissement

Grouper les élèves en équipes. Distribuer des réglettes ou des bâtonnets à chaque équipe. Leur demander de les disposer de façon à créer une suite. Les laisser se débrouiller et imaginer une suite d'objets qui se répètent : les élèves peuvent s'inspirer de la suite de dessins de Félix (p. 62 du manuel *Logibul 1*). Les inviter à observer le travail des autres équipes et à expliquer leur démarche.

Travaux personnels

Proposer aux élèves :

■ d'observer à la maison s'il y a un papier peint ou un tissu imprimé sur lequel apparaît une suite de dessins quelconque. Inviter les élèves à en parler en classe et à les comparer avec les frises qu'ils ont vues en classe.

■ de montrer à une personne à la maison comment il ou elle procède pour estimer une quantité d'objets. Ensuite, de lui en faire une démonstration, puis de jouer avec elle à essayer d'estimer diverses quantités.

Utilisation des TIC

Proposer aux élèves de produire un dessin à l'aide d'un logiciel de dessin. Puis, avec ce dessin, de créer une bande décorative.

▶ SITUATION D'APPRENTISSAGE 3 Guirlandes et autres fantaisies

Dans cette situation d'apprentissage, les élèves développeront, entre autres, leurs compétences à résoudre des problèmes, à exploiter l'information et à mettre en œuvre leur pensée créatrice. Ils seront d'abord invités à placer des nombres en ordre croissant et décroissant. Ensuite, ils découvriront les complémentaires de 9, ce qui leur permettra d'observer la commutativité. Enfin, ils devront résoudre un problème et expliquer la démarche et les stratégies qu'ils utiliseront pour en trouver la solution. Dans le cadre de leur projet, les élèves fabriqueront des guirlandes à partir de matériel de récupération.

Organisation matérielle

- Le manuel *Logibul 1*, p. 64 et 65;
- Les fiches 56 et 57, *RA-1A*, p. 56 et 57;
- Les cartons nombres de 0 à 30 et de la gommette adhésive réutilisable;
- Du matériel de manipulation;
- Du matériel de récupération;
- La fiche *Additionner des nombres*, au besoin (guide, p. 232).

3 heures

Facteurs de réussite

Les élèves auront réussi la tâche :

- s'ils placent les nombres de 0 à 30 en ordre croissant et décroissant;
- s'ils trouvent les complémentaires de 9;
- s'ils résolvent une situation-problème comportant les expressions *de plus* et *de moins*;
- s'ils utilisent du matériel de récupération pour fabriquer des guirlandes.

Portfolio

- Proposer aux élèves d'y conserver le dessin qu'ils feront pour illustrer comment ils distinguent l'ordre croissant et décroissant. Pour les élèves qui éprouveraient de la difficulté à le représenter, leur suggérer des stratégies. Par exemple, le dessin d'une grenouille faisant des bonds réguliers sur des nénuphars.
- Leur proposer également de conserver la feuille sur laquelle ils mettront au propre les complémentaires de 9.

LA PRÉPARATION

Rôle de l'enseignante ou de l'enseignant	Rôle de l'élève
Composer une suite de nombres (de 0 à 15) avec des cartons nombres. Les poser sur le rebord du tableau en laissant des espaces pour des nombres manquants. Exemple : _, _, _, 3, _, 5, 6, _, 8, _, 10, 11, _, _, _, 15. Demander aux élèves d'observer la suite et de la décrire dans leurs mots en les amenant à constater qu'il y a des espaces vides. Les inviter ensuite à compléter la suite individuellement en écrivant les nombres sur une feuille. Circuler dans la classe. Aider les élèves qui éprouvent des difficultés, au besoin.	Observer la suite de nombres incomplète sur le rebord du tableau et la décrire dans ses mots. Émettre des hypothèses sur les espaces vides. Compléter individuellement la suite de nombres. Demander de l'aide, au besoin.

Répéter l'activité avec d'autres nombres mais placés, cette fois, en ordre décroissant. Animer un retour sur les deux activités. Inviter les élèves à dire comment ils ont fait pour trouver les nombres manquants.

Informer les élèves qu'au cours de cette situation d'apprentissage ils vont compléter des suites de nombres en plaçant des nombres en ordre croissant et décroissant (régularités).

Refaire l'activité avec des nombres placés en ordre décroissant. Participer au retour sur les deux activités. Expliquer sa démarche et ses stratégies pour trouver des nombres manquants dans une suite.

Écouter avec attention les informations données par l'enseignant ou l'enseignante.

LA RÉALISATION

Rôle de l'enseignante ou de l'enseignant

■ MANUEL, P. 64, ACTIVITÉS 1, 2 ET 3 ■ Grouper les élèves en équipes de deux, puis les inviter à réaliser les trois activités. Lire les consignes avec eux. Demander à un ou une élève de les redire dans ses mots pour s'assurer que le travail à faire est bien compris. Amener les élèves à voir les différences qu'il y a entre les trois activités : à l'activité 1, ils doivent trouver les nombres qui manquent dans une suite; à l'activité 2, il doivent placer des nombres au bon endroit dans une suite; enfin, à l'activité 3, ils doivent placer les nombres d'une suite en ordre décroissant.

Laisser suffisamment de temps aux élèves pour qu'ils puissent accomplir leur tâche. Circuler parmi les équipes. Faire redire les consignes et proposer de revoir le calendrier fabriqué lors de la première situation d'apprentissage, au besoin. Animer ensuite un retour sur les trois activités. Demander aux élèves d'expliquer ce que veulent dire les expressions *ordre croissant* et *ordre décroissant* et comment ils font pour se rappeler comment placer les nombres en ordre croissant et décroissant.

■ MANUEL, P. 65, ACTIVITÉ 4 ■ Grouper les élèves en équipes de deux. Les inviter à observer les cartes, puis à réaliser l'activité. Leur préciser qu'ils peuvent utiliser du matériel de manipulation et leur allouer suffisamment de temps pour leur permettre de trouver des solutions avec leur coéquipier ou coéquipière. Circuler parmi les équipes. Proposer aux élèves qui éprouvent des difficultés d'illustrer la situation. Leur poser ces questions :

— *Pour réaliser cette tâche, que dois-tu faire d'abord ?*

— *As-tu compté les flocons sur chaque carte ?*

— *Combien de flocons manque-t-il sur chaque carte pour en obtenir 9 ?*

Rôle de l'élève

Se grouper en équipe de deux pour réaliser les trois activités. Lire les consignes et les redire dans ses mots pour s'assurer de bien les comprendre. Saisir les différences qu'il y a entre les trois activités.

Trouver des solutions avec son coéquipier ou sa coéquipière. Exprimer son opinion et écouter celle de l'autre avec respect. Expliquer calmement ses solutions et accepter de faire des erreurs, s'il y a lieu. Participer au retour sur les trois activités. Expliquer dans ses mots les expressions *ordre croissant* et *ordre décroissant* et sa stratégie pour se rappeler comment placer les nombres en ordre croissant et décroissant.

Se grouper en équipe. Observer les cartes, puis réaliser l'activité. Utiliser du matériel de manipulation pour trouver des solutions avec son coéquipier ou sa coéquipière. Illustrer la situation, au besoin. Répondre aux questions de l'enseignant ou de l'enseignante.

■ **MANUEL, P. 65,** ACTIVITÉ 5 ■ Lire la consigne avec les élèves, puis les inviter à résoudre les trois équations. En plénière, animer un retour sur les activités 4 et 5. Amener les élèves à voir que, dans les deux cas, on doit trouver un nombre qui manque (ou un nombre qu'on doit ajouter à un autre) pour obtenir 9. Profiter de cette occasion pour faire un retour sur la notion de « complémentaire », qui a été vue au thème 3 (voir p. 31 du manuel). Expliquer aux élèves qu'à l'activité 5, par exemple, 4 et 5 sont des complémentaires de 9 parce que 4 + 5 = 9, et que 7 et 2, comme 6 et 3 sont d'autres complémentaires de 9.

Écrire au tableau les équations de l'activité 5 mais en inversant les deux termes de chaque addition et en remplaçant leur résultat par un point d'interrogation (5 + 4 = ?; 2 + 7 = ?; 3 + 6 = ?). Demander aux élèves de trouver les résultats et de dire ce qu'ils remarquent. Les amener à voir que, dans une addition, on peut intervertir les deux termes sans que cela en modifie la somme. Leur dire que cette propriété s'appelle la commutativité. En faire la démonstration, au besoin. Exemple : prendre 4 jetons dans la main droite et 5 autres dans la main gauche. Réunir tous les jetons dans la main gauche et demander aux élèves de dire combien il y a de jetons en tout. Refaire l'activité mais en réunissant tous les jetons dans la main droite et poser la même question. Proposer ensuite aux élèves de trouver tous les complémentaires de 9 en utilisant au besoin du matériel de manipulation, de les écrire au propre sur une feuille, puis de la conserver dans leur portfolio.

■ **MANUEL, P. 65,** ACTIVITÉ 6 ■ Grouper les élèves en équipes de trois. Leur demander d'observer l'illustration en bas de page. Leur poser cette question :

— *Combien de cartes Félix a-t-il dans les mains ?*

Lire ensuite le problème avec les élèves, puis les inviter à le résoudre. Leur laisser le temps nécessaire pour qu'ils puissent discuter avec leurs coéquipiers et coéquipières et s'entendre sur des stratégies à adopter. Circuler parmi les équipes. Proposer à ceux et celles qui éprouvent des difficultés de mimer le problème, au besoin (chaque membre de l'équipe joue respectivement le rôle de Félix, Léa et Hoa). Animer ensuite un retour sur l'activité. Demander aux équipes d'expliquer la démarche et les stratégies qu'elles ont utilisées pour trouver la solution.

Lire la consigne, puis trouver le terme manquant dans chaque équation. Participer au retour sur les activités 4 et 5. Tenter de comprendre le lien et de voir les ressemblances entre les deux activités. Écouter les explications de l'enseignant ou de l'enseignante. Découvrir ce que veut dire le mot *complémentaire*.

Observer les équations au tableau. Trouver les nombres qui manquent, puis décrire la situation. Exprimer ses commentaires posément et écouter ceux des autres élèves avec intérêt. Remarquer que même si les deux termes sont intervertis dans une addition cela donne le même résultat. Suivre attentivement la démonstration de l'enseignant ou de l'enseignante sur la commutativité de l'addition. Trouver les autres complémentaires de 9 en utilisant du matériel de manipulation. Les écrire au propre sur une feuille et insérer son travail dans son portfolio.

Se grouper en équipe. Observer l'illustration au bas de la p. 65 et dire le nombre de cartes que Félix a dans ses mains.

Lire le problème et trouver avec ses coéquipiers et coéquipières une solution. Faire des suggestions et accepter celles de ses camarades. S'entendre avec eux sur des stratégies de résolution de problème. Mimer la situation, au besoin. Participer au retour sur l'activité en comparant sa démarche et ses stratégies avec celles des autres équipes et en les expliquant.

NOTE DIDACTIQUE

L'activité 6 de la p. 65 du manuel présente aux élèves une belle situation-problème en ceci qu'elle exige d'eux de faire preuve de raisonnement, de décoder des éléments d'information, d'utiliser une ou plusieurs stratégies de résolution et d'expliquer celles-ci. Même si, à première vue, il semblerait que les élèves doivent être familiers avec l'addition et la soustraction pour résoudre ce problème — ce qui n'est pas le cas à ce moment-ci de l'année —, ils peuvent néanmoins y arriver sans nécessairement faire appel à ces deux opérations. C'est donc là un moment idéal pour amener les élèves à développer leur propre stratégie, par exemple, en représentant des nombres par une quantité d'objets, comme cela leur a été présenté à la p. 21 du manuel, ou encore en illustrant les données du problème à l'aide de dessins. Ils pourraient aussi mimer la situation-problème. Dans cette éventualité, il faudrait la lire aux élèves, mais les laisser ensuite explorer par eux-mêmes différentes avenues. Les interventions visent non pas à donner des stratégies aux élèves mais à orienter leur réflexion vers la recherche de ces stratégies.

L'INTÉGRATION

Rôle de l'enseignante ou de l'enseignant	Rôle de l'élève
Animer avec les élèves un retour sur la situation d'apprentissage. Au cours d'une brève discussion, les amener à objectiver ce qu'ils viennent de vivre et à prendre conscience en quoi ils ont progressé sur le plan des compétences en jeu.	Participer activement au retour sur la situation d'apprentissage et à la discussion. Poser des questions, s'il y a lieu. Constater les progrès accomplis et manifester sa fierté. Revoir le contenu de son portfolio, au besoin.
Proposer aux élèves de dessiner la ou les stratégies qu'ils utilisent pour distinguer l'ordre croissant et l'ordre décroissant. Inviter chaque élève à présenter son dessin et à expliquer sa stratégie, puis à conserver son dessin dans son portfolio (voir la rubrique Portfolio, p. 212).	Dessiner son moyen ou ses stratégies pour placer correctement les nombres en ordre croissant et décroissant. Présenter son dessin et expliquer ses stratégies aux autres élèves de la classe. Conserver son dessin dans son portfolio.
■ FICHE 56, *RA-1A*, P. 56 ■ Lire les consignes avec les élèves. Les inviter à les redire dans leurs mots afin de s'assurer qu'ils comprennent bien ce qu'ils doivent faire. Leur demander ensuite de réaliser individuellement les activités, puis de comparer leur travail avec celui d'un ou d'une autre élève. Procéder à une mise en commun des réponses et des démarches.	Lire les consignes et les redire dans ses mots afin de s'assurer de bien les comprendre. Réaliser individuellement les activités et vérifier ensuite ses réponses avec celles d'un ou d'une autre élève. Participer à la mise en commun des réponses et des démarches.
Faire un retour sur les complémentaires de 9 que les élèves ont trouvés aux activités 4 et 5, p. 65 du manuel. Amener les élèves à se rendre compte qu'ils recourent parfois à des répertoires mémorisés et que cela leur permet de trouver des résultats rapidement.	Participer au retour sur les complémentaires de 9. Se rendre compte que le recours à un répertoire mémorisé permet d'obtenir le résultat de certaines opérations rapidement.
■ FICHE 57, *RA-1A*, P. 57 ■ Cette fiche peut être l'occasion d'un travail à la maison. Procéder ensuite à une correction collective en invitant les élèves à comparer leurs réponses.	Réaliser l'activité 1 de la fiche à la maison. Participer à la correction collective. Corriger ses erreurs, s'il y a lieu.
Pour les élèves qui auraient besoin d'une consolidation, leur proposer la fiche *Additionner des nombres*. Elle peut être l'occasion d'un travail à la maison ou lors d'un moment libre en classe.	

Corrigé des activités du manuel, p. 64 et 65

1. Il manque les nombres 17, 20, 23, 24, 26, 28, 30.

2. Les nombres sur la guirlande apparaissent en ordre décroissant. Les nombres manquants doivent être placés dans cet ordre : 24, 22, 21, 19, 17.

3. L'élève dit à haute voix et indique en même temps les nombres de 10 à 0.

Fais une guirlande qui va te permettre de compter de 30 jusqu'à 0.

Cette activité est liée au projet (voir la rubrique Projet de la présente page).

4. a) Première carte : il faut ajouter 5 flocons ; deuxième carte : 3 flocons ; troisième carte : 1 flocon ; quatrième carte : 6 flocons.

b) L'élève vérifie ses réponses avec un ou une autre élève, au besoin.

5. a) 5;   b) 2;   c) 3.

6. Félix a dessiné 3 cartes. Léa a dessiné 3 cartes de plus que Félix, elle en a donc dessiné 6. Hoa en a dessiné 2 de moins que Léa, elle en a donc dessiné 4.

Projet

Proposer aux élèves de fabriquer des guirlandes de Noël. Il est fortement suggéré qu'ils exploitent en équipe cette idée de projet en raison de l'effort de communication et de coopération plus grand que cela suppose. Ainsi, chaque équipe pourrait fabriquer une guirlande différente pour égayer davantage la classe en y intégrant une notion mathématique. Une équipe pourrait, par exemple, faire une guirlande avec des nombres placés en ordre croissant ou décroissant (du même coup, les élèves reverraient la notion d'ordre) ; une autre équipe, avec les figures planes vues lors de la première situation d'apprentissage de ce thème ; ou encore, 0avec différents dessins qui respectent une régularité. Dans tous les cas, inviter les élèves à faire preuve d'imagination, à manifester leur sens de la coopération, à utiliser du matériel de récupération et à témoigner de leur participation au projet. À la fin de ce projet, inviter les équipes à présenter en quelques minutes le résultat de leur travail.

Réinvestissement

À l'aide de gommette adhésive, fixer au tableau les cartons nombres de 0 jusqu'à 30 en ordre croissant ou encore la guirlande que les élèves fabriqueront dans le cadre de leur projet. Dire un nombre aux élèves et leur demander de donner le nombre qu'ils obtiennent si on enlève 1, 2 ou 3 à ce nombre. Suggérer aussi cette variante : un ou une élève indique un nombre, un ou une autre donne un nombre à enlever, puis les autres élèves de la classe donnent la réponse.

Travaux personnels

Proposer aux élèves de dénombrer, avec une personne adulte de la maison ou une sœur ou un frère plus âgé, des objets courants (verres, assiettes, fourchettes, etc.), puis de compter en ordre croissant de 0 jusqu'aux nombres obtenus, ou en ordre décroissant des nombres obtenus jusqu'à 0.

Utilisation des TIC

▨ Proposer aux élèves de découvrir les « mystères » du clavier de l'ordinateur en cherchant tous les symboles que le clavier permet d'écrire. Imprimer sur une feuille les symboles que les élèves seront parvenus à découvrir, puis exploiter cette feuille de cette façon :
  • demander aux élèves de dénombrer les symboles qu'ils ont trouvés;
  • de compter en ordre décroissant à partir du nombre obtenu jusqu'à 0.

▨ Aux élèves qui posent des questions sur la signification des symboles imprimés, leur montrer des exemples d'utilisation de ces symboles dans des livres, des journaux ou des magazines (l'important n'est pas que les élèves comprennent la signification de tous ces symboles mais qu'ils prennent conscience du fait que les adultes les connaissent et les utilisent).

▶ SITUATION D'APPRENTISSAGE ![4] Une visite au centre d'accueil

Dans cette situation d'apprentissage, Logibul et ses amis visitent des résidents d'un centre d'accueil et leur offrent les cartes de vœux qu'ils ont fabriquées. C'est là une belle occasion pour discuter avec les élèves de la situation des personnes âgées de leur entourage et de prendre conscience des attitudes à adopter à leur égard et de l'importance de s'engager dans une action collective pour améliorer les conditions de vie des gens qui en ont besoin. À cette fin, la capacité des élèves à mettre en œuvre leur pensée créatrice sera mise à contribution.

Aussi, les élèves aborderont un nouveau type de situations, soit des situations de soustraction (sens : retrait). Pour se les représenter, les élèves devront faire appel à une compétence transversale qu'ils ont eu maintes fois l'occasion de développer depuis le début de l'année, soit celle consistant à exploiter l'information. Ainsi, à partir d'une situation-problème illustrée en deux ou trois séquences, les élèves développeront des concepts et des processus mathématiques pour résoudre des problèmes de soustraction. Ils auront ensuite à exprimer en mots les éléments d'information qu'ils auront tirés des illustrations et à les communiquer à l'aide du langage mathématique approprié.

Organisation matérielle

3 heures

▨ Le manuel *Logibul 1*, p. 66 et 67;
▨ Du matériel de manipulation;
▨ Les fiches 58 et 59, *RA-1A*, p. 58 et 59;
▨ La fiche *De petites histoires*, au besoin (guide, p. 233).

Facteurs de réussite

Les élèves auront réussi la tâche :
▨ s'ils prennent conscience des attitudes à adopter à l'égard des personnes âgées;
▨ s'ils constatent l'importance de s'engager dans une action collective pour aider les gens qui en ont besoin;
▨ s'ils expriment, dans leurs mots, l'information contenue dans une situation-problème illustrée;
▨ s'ils communiquent cette information à l'aide des mots *moins* et *égalent*.

Portfolio

Proposer aux élèves de dessiner une situation de soustraction. Si c'est nécessaire, ils pourraient s'inspirer de la situation illustrée à la p. 67. Demander aux élèves de dater leur dessin et de le conserver dans leur portfolio.

LA PRÉPARATION

Rôle de l'enseignante ou de l'enseignant	Rôle de l'élève
■ MANUEL, P. 66 ■ Lire aux élèves le titre de la situation d'apprentissage et l'intention de lecture. Animer une discussion en leur posant ces questions :	Lire le titre de la situation d'apprentissage. Participer activement à la discussion. Répondre aux questions de l'enseignant ou de l'enseignante en manifestant de la curiosité.

— *As-tu des grands-parents ou des arrière-grands-parents qui demeurent dans un centre d'accueil ?*

— *Leur as-tu déjà rendu visite ?*

— *As-tu déjà rendu visite à des personnes âgées ou seules ?*

— *Selon toi, est-ce possible que certaines personnes âgées ou seules ne reçoivent jamais de visite ?*

— *À ton avis, qui s'occupe des personnes âgées ou seules ?*

— *Selon toi, pourquoi Logibul et ses amis ont-ils apporté des cartes de vœux aux personnes âgées d'un centre d'accueil ?*

Rôle de l'enseignante ou de l'enseignant	Rôle de l'élève
Laisser les élèves parler de leurs expériences et exprimer leurs sentiments sur la situation des personnes âgées ou seules. Les amener à réfléchir sur des valeurs comme le respect des autres dans leurs différences, l'établissement de rapports égalitaires entre les individus, l'engagement dans des actions collectives pour aider les gens qui en ont besoin (le bénévolat, par exemple), etc. Profiter aussi de cet échange pour rappeler aux élèves que la période des fêtes est un moment de partage et une belle occasion de penser à faire plaisir aux autres. Amener les élèves à parler de Logibul et ses amis qui ont apporté des cartes de vœux aux personnes âgées d'un centre d'accueil.	Parler de son expérience avec les personnes âgées ou seules. Exprimer ses sentiments sur la situation de ces personnes, s'interroger sur ce qu'elles vivent. Écouter les commentaires des autres élèves avec intérêt. Poser des questions, au besoin. Donner son avis sur différentes valeurs comme le respect des autres, l'égalité entre les individus ou l'entraide. Nommer des individus ou des organismes qui s'occupent des personnes âgées ou seules. Se rendre compte que la fête de Noël est un beau moment pour se rappeler d'autres valeurs comme le partage. Donner son opinion sur le geste de Logibul et ses amis.
Informer les élèves qu'à partir des cartes de vœux de Logibul et ses amis ils vont résoudre des problèmes de soustraction.	

LA RÉALISATION

Rôle de l'enseignante ou de l'enseignant	Rôle de l'élève
■ MANUEL, P. 66, ACTIVITÉ 1 ■ Demander aux élèves d'observer l'illustration et de la décrire en prêtant attention aux cartes de vœux de Logibul et de ses amis. Réaliser l'activité collectivement en posant aux élèves des questions sur le nombre de cartes que chaque personnage a dans les mains et sur le nombre de cartes remises aux personnes âgées. Demander ensuite aux élèves de trouver le nombre de cartes apportées en tout par chaque personnage, puis d'expliquer leurs réponses.	Observer l'illustration et la décrire en prêtant attention aux cartes de vœux. Réaliser l'activité 1 collectivement. Répondre aux questions de l'enseignant ou de l'enseignante en respectant son tour de parole. Trouver le nombre de cartes que chaque personnage a dans les mains, le nombre de cartes remises aux personnes âgées et le nombre de cartes que chacun a apportées en tout. Expliquer ses réponses.

■ MANUEL, P. 67, ACTIVITÉ 2 ■ Grouper les élèves en équipes de trois. Les inviter à observer les trois illustrations, puis à inventer une histoire pour raconter ce qui s'est passé (chaque membre d'équipe pourrait raconter une partie de l'histoire). Circuler parmi les équipes. À cette étape-ci, accorder plus d'importance à la pertinence des récits, à la cohérence des histoires qu'à l'exactitude des nombres utilisés. En plénière, animer ensuite un retour sur l'activité en demandant aux équipes de raconter et de comparer leurs histoires.

Proposer aux élèves d'inventer d'autres histoires « mathématiques » à l'aide du matériel disponible dans la classe : cahiers, crayons, matériel de manipulation, etc. En plus de permettre aux élèves de se familiariser avec la notion de soustraction, ce genre d'activités les amènent à développer leur autonomie, leur sens du leadership et leur confiance en eux. Former des équipes différentes pour permettre aux élèves de travailler avec d'autres camarades.

■ MANUEL, P. 67, ACTIVITÉ 3 ■ Inviter les élèves à observer à nouveau les illustrations de l'activité 2, puis à lire les phrases de l'activité 3 en remplaçant les points d'interrogation par le nombre approprié. Écrire les phrases complétées au tableau :

« Sur la table, il y avait **5** boules.

Le chat a cassé **2** boules.

Il y a maintenant **3** boules sur la table. »

Demander ensuite aux élèves d'essayer de lire le texte qui apparaît dans la bulle et qui est dit par Camille. Écrire la phrase mathématique au tableau : « 5 moins 2 égalent 3. » Animer un échange avec les élèves. Les amener à établir un lien entre cette phrase mathématique et l'histoire racontée à l'activité 3.

Proposer aux élèves de reprendre les histoires qu'ils ont inventées avec le matériel de la classe et de les exprimer à l'aide d'une phrase mathématique. S'assurer que les efforts des élèves portent sur le sens de la soustraction et non sur les calculs.

Se grouper en équipe de trois. Observer les illustrations et raconter ce qui s'est passé. Accepter de partager la tâche avec les autres. Raconter sa partie de l'histoire. S'assurer avec ses camarades d'équipe de la cohérence de l'histoire, de la pertinence du récit. Utiliser des mots précis et faire des phrases complètes. Travailler calmement en manifestant de la coopération. Corriger sa partie d'histoire, au besoin. Participer au retour sur l'activité. Écouter avec intérêt les histoires préparées par les autres équipes. Apprécier leur travail et les féliciter.

Inventer d'autres histoires avec du matériel de la classe. Trouver des idées pour son histoire. Profiter de cette activité pour développer son autonomie, son sens du leadership et sa confiance en soi. Accepter de changer d'équipe et de jouer un autre rôle au sein de la nouvelle équipe.

Observer les illustrations de l'activité 2 et lire les phrases de l'activité 3 en remplaçant les points d'interrogation par le nombre approprié. Lire les phrases notées au tableau.

Essayer de lire ce que dit Camille. Prêter attention à la phrase mathématique. Participer à l'échange. Tenter d'établir le lien qu'il y a entre cette phrase mathématique et l'histoire racontée à l'activité 3.

Reprendre son histoire inventée avec le matériel de la classe et l'exprimer à l'aide d'une phrase mathématique. S'assurer de bien utiliser les mots *moins* et *égalent*.

NOTE DIDACTIQUE

Dans l'activité 2, la situation-problème illustrée en trois tableaux présente l'un des sens de la soustraction : retrait. Ce sens est montré en premier aux élèves car, selon certaines études sur le sujet, c'est celui qu'ils comprennent le plus rapidement. Voyons cette situation-problème de plus près : il y a 5 boules sur la table; le chat joue avec les boules et en casse 2; il reste 3 boules sur la table. Sur le plan didactique, 2 boules ont été enlevées ou retirées du nombre initial, ce qui se traduit par une soustraction; il y a retrait et celui-ci a pour effet de modifier la quantité initiale. Par ailleurs, ce sens de la soustraction se prête également bien à des manipulations concrètes par les élèves. Par exemple, avec deux élèves, on peut illustrer la situation-problème suivante : « Christophe tient 7 cubes dans sa main. Il en enlève 3 pour les remettre à Marie-Ève. Le nombre de cubes qu'il avait dans la main est donc modifié. Christophe avait 7 cubes, il en retiré 3 pour les donner à Marie-Ève, il en a maintenant 4. » Amener les élèves à voir que, dans ce genre de problèmes, on utilise souvent des verbes d'action comme ôter, enlever, retirer, donner.

L'INTÉGRATION

Rôle de l'enseignante ou de l'enseignant	Rôle de l'élève
Animer avec les élèves un retour sur la situation d'apprentissage. Au cours d'une brève discussion, les amener à objectiver ce qu'ils viennent de vivre et à prendre conscience en quoi ils ont progressé sur le plan des compétences en jeu.	Participer activement au retour sur la situation d'apprentissage et à la discussion. Poser des questions, s'il y a lieu. Constater les progrès accomplis et manifester sa fierté. Revoir le contenu de son portfolio, au besoin.
■ FICHES **58** ET **59**, *RA-1A*, P. **58** ET **59**■ Pour chacune des fiches, lire les consignes des activités avec les élèves. Leur demander de les redire dans leurs mots pour vérifier s'ils comprennent bien le travail à faire. Les inviter ensuite à réaliser individuellement les activités. Une fois le travail terminé, grouper les élèves en équipes de deux et leur demander de comparer leurs réponses.	Lire les consignes des activités. Les redire dans ses mots pour s'assurer de bien comprendre le travail à faire. Réaliser individuellement la tâche. Utiliser du matériel de manipulation, au besoin. Participer au retour sur son travail en comparant ses réponses avec celles d'un ou d'une autre élève. Corriger ses erreurs, s'il y a lieu.
Pour les élèves qui auraient besoin d'une consolidation, leur proposer la fiche *De petites histoires*. Elle peut être l'occasion d'un travail à la maison ou lors d'un moment libre en classe.	

Corrigé des activités du manuel, p. 66 et 67

1. a) Hoa a 3 cartes dans les mains; Léa en a 5; Logibul en a 1; Félix en a 5.

   b) Hoa a donné 2 cartes; Léa en a donné 1; Logibul en a échappé 3; Félix n'en a pas encore donné.

   c) Hoa a apporté 5 cartes en tout; Léa en a apporté 6; Logibul en a apporté 4; Félix en a apporté 5.

2. a) L'élève observe les trois illustrations représentant une histoire.

   b) Réponses variables; exemple : Il y a 5 boules de Noël sur une table. Un chat grimpe sur la table et joue avec les boules. Il en a fait tomber 2 et déguerpit. Il reste 3 boules sur la table.

3. « Sur la table, il y avait **5** boules. Le chat a cassé **2** boules. Il y a maintenant **3** boules sur la table. »

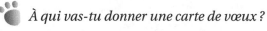 *À qui vas-tu donner une carte de vœux ?*

Cette question est en lien avec le projet (voir la rubrique Projet à la page suivante). Les cartes en question sont les cartes fabriquées lors du premier volet (situation d'apprentissage 1).

Projet

▨ À cette étape-ci, les élèves qui ont choisi de rendre visite à des personnes âgées dans un centre d'accueil doivent en préparer l'organisation avec l'aide de leur enseignante ou enseignant. Par exemple, ont-ils déterminé ce qu'ils apporteront aux personnes âgées? S'ils ont décidé de leur offrir des cartes de vœux comme Logibul et ses amis, ont-ils terminé ces cartes? (les cartes en question sont les cartes fabriquées lors du premier volet). Une date de visite a-t-elle été arrêtée? Est-ce que les élèves ont pris contact avec la personne adulte qui les accompagnera lors de la visite? La direction du centre d'accueil choisi a-t-elle été mise au courant du projet des élèves? Par ailleurs, profiter de ce moment pour rappeler aux élèves qu'en plus de découvrir des personnes différentes d'eux, cette visite va leur permettre d'apprendre à partager avec les autres et à leur faire plaisir.

▨ Proposer aux élèves de montrer à leurs camarades de classe les cartes qu'ils ont fabriquées en les exposant sur une table ou sur le rebord de la fenêtre. Profiter de cette exposition de cartes pour leur suggérer l'activité suivante: un ou une élève invente une histoire simple comportant une soustraction (par exemple: « Le facteur a 7 cartes. Il m'en remet 3. Combien de cartes reste-t-il au facteur? »); un ou une autre élève mime l'histoire et manipule les cartes de vœux qui sont exposées en respectant le fil de l'histoire (l'élève prend 7 cartes de vœux; il en donne 3; il lui en reste 4); un ou une troisième élève dit la phrase mathématique correspondant à l'histoire (« 7 moins 3 égalent 4 »).

Réinvestissement

Grouper les élèves en équipes de deux et leur proposer de réaliser des activités avec des nombres plus petits que 10:

▨ un ou une élève choisit un nombre d'objets, par exemple 9 jetons; l'autre élève lui donne une consigne comportant le retrait d'une quantité, par exemple, « enlève 3 jetons »; ensemble, les deux élèves comptent les objets qui restent, dans cet exemple-ci, 6 jetons;

▨ un ou une élève invente une histoire de soustraction à l'aide d'objets et la raconte à l'autre qui doit la compléter avec des nombres. Inverser ensuite les rôles.

Travaux personnels

Proposer aux élèves d'apporter la fiche 59 du *RA-1A* à la maison et de raconter chaque situation sous forme d'histoire à une personne adulte ou à un ou une enfant plus âgé.

Utilisation des TIC

Proposer aux élèves d'inventer une phrase mathématique comportant les mots *moins* et *égalent*, puis de la représenter à l'aide d'un logiciel de dessins ou d'une banque d'images. Leur suggérer ensuite d'imprimer leur dessin et d'y ajouter la phrase mathématique correspondante. Rassembler ces dessins en un recueil, et le mettre à la disposition de tous dans le coin de mathématique de la classe.

▶ SITUATION D'APPRENTISSAGE 5 En partage

Bien que se nourrir soit un besoin essentiel, le satisfaire pleinement n'est pas toujours à la portée de tous. Prendre conscience de l'existence de cette réalité fournira l'occasion aux élèves de se sensibiliser à la nécessité du partage. Ainsi, au cours de cette cinquième situation d'apprentissage, ils auront l'occasion de s'engager, en démontrant leur esprit de coopération et de solidarité, dans une action concrète liée au vivre-ensemble et au phénomène de la pauvreté, forme d'exclusion sociale.

Comme c'est la coutume dans de nombreuses écoles à cette période-ci de l'année, les élèves de la classe prépareront un panier de Noël. Une fois leur panier de Noël complété, ils dresseront l'inventaire de son contenu. Ils exploreront les possibilités mathématiques de ce projet à partir d'une situation modèle fournie par leur manuel.

Ainsi, dans un enchaînement d'activités débouchant sur un problème à résoudre, les élèves vont développer leurs compétences en se penchant sur des notions élémentaires en statistique. Les élèves devront donc rassembler des données, construire et lire un diagramme à bandes, en dégager le plus d'éléments d'information possible, puis les exploiter. De la sorte, ils devront se donner des méthodes de travail efficaces et justifier des actions ou des énoncés en faisant appel à des concepts et des processus mathématiques.

Organisation matérielle
▦ Le manuel *Logibul 1*, p. 68 et 69;
▦ La fiche 60, *RA-1A*, p. 60;
▦ Un calendrier de l'année en cours (particulièrement le mois de décembre);
▦ Une ou deux grandes boîtes de carton qui serviront de paniers de Noël;
▦ Des denrées non périssables que les élèves apporteront (par exemple, pâtes alimentaires, conserves, etc.);
▦ Les fiches de soutien *En partage* et au besoin, *Je construis un diagramme à bandes*, (guide, p. 234 et 235).

3 heures

Facteurs de réussite
Les élèves auront réussi la tâche:
▦ s'ils prennent conscience de l'importance du partage dans la société;
▦ s'ils interprètent des données à partir d'un diagramme à bandes;
▦ s'ils représentent des données à l'aide d'un diagramme à bandes;
▦ s'ils décodent les éléments d'une situation-problème.

Portfolio
Proposer aux élèves de conserver dans leur portfolio un diagramme à bandes qu'ils auront eu l'occasion de contruire au cours de cette situation d'apprentissage.

LA PRÉPARATION

Rôle de l'enseignante de l'enseignant	Rôle de l'élève
Amorcer avec les élèves une discussion sur les activités de partage qui sont fréquentes durant cette période de l'année. Leur poser des questions afin d'activer leurs connaissances antérieures. — *T'arrive-t-il de partager des choses avec des amis?* — *Comment t'es-tu alors senti?* — *As-tu déjà reçu quelque chose d'un ou d'une amie?* — *Comment t'es-tu alors senti?* — *As-tu déjà participé à des activités de partage, à l'école? quand tu étais à la garderie?*	Participer à la discussion en répondant aux questions et en partageant son point de vue avec les autres élèves. Faire part aux autres de ses expériences.
En échangeant avec les élèves, les amener à prendre conscience de l'existence de deux aspects d'une situation de partage: le point de vue des personnes qui donnent et celui des personnes qui sont dans le besoin et qui reçoivent. Aborder le phénomène du partage inégal des richesses dans le monde à partir d'un retour sur la fête de l'Halloween. Dans ce cas, poser la question suivante aux élèves: — *As-tu déjà recueilli des sous à l'Halloween?* — *Pour qui recueille-t-on des fonds pendant cette occasion?* — *Te rappelles-tu de la boîte de l'UNICEF? Te rappelles-tu ce qu'est l'UNICEF?*	Participer activement aux échanges et prendre conscience des aspects inhérents aux situations de partage. Faire un retour sur sa propre expérience de collecte de fonds à l'occasion de l'Halloween et se rappeler la fonction de la boîte de l'UNICEF et la mission de cet organisme.
Inviter les élèves à se rassembler autour des denrées que le groupe-classe a récoltées depuis le lancement de la collecte destinée à offrir un panier de Noël aux démunis. Amener les élèves à exprimer leurs impressions sur leur expérience: sont-ils fiers d'eux-mêmes? Ont-ils l'impression que, par leur geste, ils viennent en aide à des personnes?	Exprimer ses impressions sur la collecte de denrées et sur l'expérience de partage que cela représente. Partager sa fierté et prendre conscience de sa participation à une expérience de solidarité.
Demander aux élèves de dénombrer les denrées, de les classer selon une propriété commune. Leur présenter ensuite la situation-problème suivante: — *Comment pourrions-nous présenter aux élèves d'une autre classe les renseignements que nous venons de trouver?*	Participer activement au dénombrement et au classement des denrées. En utilisant le vocabulaire approprié, montrer que la notion de propriété commune est en bonne voie d'acquisition (sinon acquise). Proposer une solution à la situation-problème et la partager avec les autres élèves.
Recueillir les réponses des élèves sans les juger ni en exclure aucune. Y revenir au moment de l'intégration (voir guide, p. 224).	

LA RÉALISATION

Rôle de l'enseignante et de l'enseignant	Rôle de l'élève
■ MANUEL, P. 68 ■ Amener les élèves à échanger leurs points de vue sur les avantages et les inconvénients des différentes propositions de solution. Inviter les élèves à observer la situation représentée à la p. 68 du manuel, puis leur demander : — *Que font les élèves de la classe de Logibul ?* — *Quel est le titre de la situation ?* — *À quoi le mot* partage *te fait-il penser ?* — *Que contient le panier de Noël de la classe de Logibul ?* — *Comment cette information est-elle présentée ?*	Participer activement à la discussion en donnant son opinion sur les avantages et les inconvénients des différentes propositions. Prendre connaissance de la situation représentée dans le manuel et répondre aux questions.
Laisser du temps aux élèves pour qu'ils s'approprient les éléments d'information des illustrations de la p. 68 et les amener à établir des liens entre ceux-ci et le diagramme à bandes de la p. 69.	S'approprier l'information.
■ MANUEL, P. 68, ACTIVITÉ 1 ■ Inviter les élèves à se grouper en dyades, puis leur demander d'ordonner les sortes de jus selon la préférence des élèves de la classe de Logibul. Pour leur faciliter la tâche, leur distribuer la fiche de soutien *En partage*.	Se grouper en équipe. Exploiter les données fournies par l'illustration et ordonner les sortes de jus selon la préférence des élèves. Travailler dans le respect de sa ou son camarade d'équipe.
■ MANUEL, P. 69, ACTIVITÉ 2 ■ Demander aux élèves d'observer le diagramme à bandes et leur demander de nommer les informations qu'il contient. Suggérer aux élèves de dire dans leurs mots comment le diagramme est fait, en s'assurant qu'ils tiennent compte des renseignements de base, soit le nombre d'élèves, les nombres de 0 à 10, la sorte de jus, le titre du diagramme.	Observer le diagramme à bandes et nommer les informations qu'il contient. Observer comment le diagramme est construit et en faire la description.
■ MANUEL, P. 69, ACTIVITÉS 3, 4 ET 5 ■ Expliquer ces activités aux élèves et leur demander de les réaliser en dyades. Procéder à une correction collective. Demander aux élèves de justifier chaque réponse en s'appuyant sur les informations fournies par le diagramme à bandes.	En équipe, répondre aux questions à l'aide du diagramme à bandes : comparer le nombre d'élèves qui préfèrent le jus de raisin au nombre d'élèves qui préfèrent le jus de pomme, etc. Trouver un moyen de déterminer le nombre d'élèves qui ont participé à la collecte. Partager sa stratégie et considérer celle des autres élèves.

L'INTÉGRATION

Rôle de l'enseignante ou de l'enseignant	Rôle de l'élève
Rappeler aux élèves la situation-problème proposée lors de la phase Préparation : — *Nous avons dressé l'inventaire des denrées que nous avons apportées en classe et nous les avons classées. Comment pourrions-nous présenter aux élèves d'une autre classe les renseignements que nous avons trouvés ?*	Participer au retour sur la situation-problème. Établir un lien entre la situation représentée dans le manuel et la possibilité d'exprimer les résultats de l'inventaire du panier de Noël de sa classe à l'aide d'un diagramme à bandes.

Amener les élèves à envisager d'exprimer les résultats de l'inventaire de leur panier de Noël à l'aide d'un diagramme à bandes.

Inviter les élèves à travailler soit individuellement, soit en petites équipes, selon leur préférence. Mettre à la disposition des élèves des feuilles quadrillées. Venir en aide aux élèves qui éprouvent des difficultés à modéliser la situation qui leur est soumise : les amener à se rappeler ce qu'ils ont fait lors de la phase Réalisation et à consulter le diagramme à bandes de la p. 69 du manuel. Au besoin, distribuer aux élèves la fiche de soutien *Je construis un diagramme à bandes*. Leur proposer d'afficher les diagrammes à bandes sur un mur de la classe ou ailleurs dans l'école.

L'enseignante ou l'enseignant qui a choisi de ne pas constituer de panier de Noël dans sa classe peut proposer une intégration des acquis à partir de la fiche 60.

■ FICHE **60**, *RA-1A*, P. **60** ■ Lire le contenu de la fiche aux élèves. Leur faire redire ce qu'ils ont compris, puis les inviter à travailler soit individuellement, soit en petites équipes, selon leur préférence. Venir en aide aux élèves qui éprouvent des difficultés.

Animer un retour sur les activités de la situation d'apprentissage 5. Demander aux élèves d'exprimer ce qu'ils ont appris et de dire ce qu'il fallait faire pour réussir l'une ou l'autre de ces activités.

Choisir d'accomplir individuellement ou en équipe la tâche. Réaliser le diagramme à bandes qui permettra de décrire ce que contient le panier de Noël de sa classe.

Choisir d'accomplir individuellement ou en équipe la tâche. Comparer son travail avec celui d'un ou d'une élève. Porter un jugement sur la construction du diagramme à bandes.

Participer au retour sur les tâches réalisées au cours de la situation d'apprentissage et dire ce qui a été appris et comment il ou elle a procédé pour réussir les activités.

NOTE DIDACTIQUE

Pour la deuxième fois depuis le début de l'année, une situation d'apprentissage présente une façon de représenter des données (voir p. 15 du manuel). Dans la vie courante, il arrive que l'on consulte toutes sortes de diagrammes, dont des diagrammes à bandes, dans les magazines, les journaux, comme l'illustre d'ailleurs la deuxième situation de la p. 154 du manuel (section Mes repères), à la télévision, ou encore dans les publications à caractère technique, les recherches et enquêtes, etc. C'est sans doute pourquoi la statistique est à l'étude dès le 1er cycle. Quand l'occasion se présente, il serait opportun de montrer des diagrammes à bandes ou à pictogrammes provenant des médias aux élèves en prenant soin d'y aller de quelques explications de façon à les leur rendre plus compréhensibles. Ainsi, les élèves verront d'autant mieux l'utilité et l'intérêt du travail qui leur est demandé.

Corrigé des activités du manuel, p. 68 et 69

1. Le jus préféré par le plus d'élèves est le jus d'orange (9 élèves); ensuite vient le jus de raisin (8 élèves); le jus de pomme (7 élèves) et finalement, le jus de tomate (2 élèves).

2. • Les jus préférés des élèves de la classe de Logibul;
   • les différentes sortes de jus;
   • le nombre d'élèves préférant chaque sorte de jus.

3. a) 2 élèves;   b) 9 élèves;   c) 8 élèves.

4. a) Oui.

   b) 1 élève de plus.

   c) Le jus de tomate.

5. 26 élèves.

Que contient le panier de Noël de ta classe ? Exprime-le à l'aide d'un diagramme à bandes.

Cette activité est en lien avec le projet (voir la rubrique Projet ci-dessous). Selon la séquence d'enseignement suggérée, elle s'inscrit dans la phase Intégration des apprentissages (voir guide, p. 224 et 225).

Projet

■ Proposer aux élèves de dresser l'inventaire des denrées apportées en classe. Les élèves doivent établir eux-mêmes leurs propres critères de classement. Pour y parvenir, ils devront discuter des caractéristiques communes à certaines denrées et définir collectivement des catégories.

■ Inviter les élèves à consulter les p. 68 et 69 du manuel afin de trouver une façon de représenter les résultats de l'inventaire. Les illustrations des p. 68 et 69 sont en quelque sorte le reflet de la situation dans laquelle se trouvent les élèves de la classe et constituent des facilitateurs qui leur permettent de s'approprier l'idée de construire un diagramme à bandes pour présenter leurs données.

■ Inviter les élèves à travailler soit individuellement, soit en petites équipes, selon leur préférence. Mettre à leur disposition des feuilles de papier quadrillées. Venir en aide aux élèves qui éprouvent des difficultés.

■ Recueillir des denrées pour en faire un panier de Noël est une excellente occasion de concrétiser certains aspects de la vie humaine évoqués dans le chapitre 4 du Programme de formation de l'école québécoise (MEQ, 2001), notamment en ce qui concerne le domaine général de formation « vivre-ensemble et citoyenneté ». Constituer un panier de Noël représente pour les élèves une manière concrète de s'engager, dans un esprit de coopération et de solidarité, dans un projet d'entraide qui leur permet de s'ouvrir à certaines réalités de notre société, de contribuer, en quelque sorte, au mieux-être de certaines personnes. Afin de rendre encore plus concrète cette dimension, il est fortement suggéré de :

  ◦ faire un retour avec les élèves sur leur expérience de collecte de fonds pour l'UNICEF à l'occasion de l'Halloween; activer leurs connaissances antérieures au sujet de la boîte de l'UNICEF, de l'UNICEF, de la pauvreté dans le monde (à cette fin, on peut consulter le site www. unicef.org/french/about/index.html);

  ◦ concrétiser la démarche de partage amorcée par les élèves en invitant en classe une personne responsable d'un organisme de charité local, ou encore une ou un bénévole engagé dans la collecte de paniers de Noël.

■ Proposer aux élèves d'afficher leurs diagrammes à bandes dans la classe ou ailleurs dans l'école. Si d'autres classes de l'école ont fait le même projet, il serait intéressant de leur demander d'exposer leurs diagrammes dans leur propre classe. Ainsi, les élèves pourraient comparer leurs diagrammes avec ceux des élèves d'une autre classe, ce qui constituerait une activité d'enrichissement.

Réinvestissement

▪ Proposer aux élèves de faire un nouveau classement des denrées contenues dans le panier de Noël de la classe. Par exemple, classer les denrées en fonction de la forme des emballages et des solides géométriques auxquels on peut les associer. Suggérer ensuite aux élèves de préparer un diagramme à bandes afin de présenter ce nouveau classement.

▪ Si, pour une raison ou une autre, il n'y a pas eu de collecte de denrées, il est toujours possible de proposer aux élèves de construire un diagramme à partir d'une question à laquelle ils répondraient, par exemple : Quel est ton jus préféré ? Quelle est ta couleur préférée ? Quel est ton dessert préféré ?

Travaux personnels

Suggérer aux élèves de dresser l'inventaire des sortes de jouets ou d'objets qu'ils ont à la maison (figurines, petites autos, toutous, par exemple) et de présenter le résultat de leur inventaire sous la forme d'un diagramme à bandes.

p. 70-71

EXPLOITATION DES PAGES PÉDAGOGIQUES DES THÈMES 5 ET 6

Les p. 70 et 71 du manuel de même que les fiches 61 et 62 du *RA-1A* proposent aux élèves de se pencher sur leurs apprentissages. Sans leur présenter immédiatement ces pages, animer un bref retour sur les thèmes 5 et 6 en invitant les élèves à feuilleter leur manuel et leur portfolio. Leur demander de se rappeler ce qu'ils ont fait et ce qu'ils ont appris, d'en donner des exemples, et d'expliquer comment ils font pour ne pas l'oublier. Noter au tableau les éléments importants de leurs réponses. Il est aussi suggéré de demander aux élèves de dessiner sur une feuille un élément qu'ils ont retenu et de conserver ce dessin dans leur portfolio. Enchaîner avec la présentation des p. 70 et 71 du manuel. Avec les élèves, lire les consignes des activités, puis leur demander d'y répondre en utilisant, au besoin, du matériel de manipulation et en laissant des traces de leur démarche. Ensuite, leur distribuer les fiches 61 et 62, puis les inviter à les réaliser individuellement. Lors d'une correction collective, exploiter ces fiches de façon à amener les élèves à constater les progrès qu'ils ont accomplis dans leurs apprentissages.

● Je suis capable de reconnaître des figures géométriques autour de moi.

Tranche d'orange : cercle ; carte : rectangle ; timbre : carré ; biscuit : triangle ; cerf-volant : losange (les parties de l'étoffe du cerf-volant : triangle).

Cette activité permet de vérifier si les élèves peuvent reconnaître des figures géométriques et les associer à des objets de l'environnement. Leur demander de la réaliser individuellement, puis de comparer leurs réponses avec celles d'un ou d'une élève.

● J'ai appris à faire des additions.

10 étoiles (4 + 6 = 10).

Dans cette activité, les élèves actualiseront la compétence mathématique 1 tout en revoyant leurs acquis en ce qui a trait à l'addition. Par ailleurs, cette activité peut être exploitée en classe de façon à leur faire travailler les complémentaires de 10.

● **Je peux faire une estimation.**

a) Réponses variables. Amener les élèves à utiliser le mot *environ* quand ils font part de leur estimation. Par ailleurs, il est important qu'ils se donnent des méthodes pour estimer une quantité et justifient leur estimation. En voici des exemples :

   • En percevant globalement les éléments contenus dans chaque rangée, on peut voir qu'il y a un peu plus d'étoiles que de cadeaux;

   • En essayant de réunir, par paire, une étoile à un cadeau, on peut remarquer qu'il y a plus d'étoiles que de cadeaux.

   Procéder à une mise en commun des méthodes que les élèves ont utilisées en les invitant à les expliquer dans leurs mots.

b) Il y a plus d'étoiles (11) que de cadeaux (9). Demander aux élèves de comparer leurs réponses et leur démarche.

● **Je sais résoudre des problèmes.**

a) 9   b) 6   c) 7   d) 3

Par ailleurs, en profiter pour exploiter cette activité en posant d'autres questions aux élèves; par exemple : Si les tuques vertes et les tuques rouges se décollent, combien de tuques va-t-il rester?

Autour de moi

■ Réponses variables selon le nombre d'élèves dans la classe.

■ À l'aide des cartes nombres, faire compter à rebours de 31 à 0.

■ Réponses variables selon le type de clavier. Demander aux élèves d'estimer le nombre de touches sur le clavier de l'ordinateur, puis en inviter deux ou trois à vérifier les estimations.

Pour t'amuser

■ Demander aux élèves d'estimer le nombre de boules que contient le sapin de Noël de la classe ou de l'école.

■ Au besoin, répéter cette activité d'estimation plus d'une fois avec d'autres poignées de jetons.

   Les élèves sont enclins à vouloir obtenir une réponse exacte et, ainsi, à compter plutôt qu'à estimer une quantité. C'est pourquoi il est bon qu'ils estiment souvent des quantités. Profiter de toutes les occasions pour les y inviter. Cela les préparera d'autant mieux quand ils auront à estimer un résultat d'addition ou celui d'une autre opération. Ils éprouveront alors moins de difficulté à le faire parce qu'ils comprendront qu'ils n'ont pas toujours besoin d'obtenir une réponse exacte.

Retour sur le thème

Animer un retour sur l'ensemble du thème 6. Revenir sur chaque situation d'apprentissage du thème en demandant aux élèves de se rappeler les activités qu'ils ont faites. Les interroger sur leurs apprentissages, les amener à prendre conscience des progrès qu'ils ont accomplis, des compétences qu'ils ont continué à développer. À partir de situations concrètes, revoir avec eux les mots du vocabulaire mathématique avec lesquels ils se sont familiarisés tout au long du thème, leurs méthodes d'estimation, l'identification de certaines figures planes, l'un des sens de la soustraction : retrait, etc.

Voici d'autres pistes de questionnement qui pourront aider à préparer le retour sur ce thème.

- Quelle nouvelle stratégie les élèves ont-ils développée ?
- Quels sont les élèves qui éprouvent le plus de difficultés ? Comment les soutenir ?
- Quelle est l'attitude générale des élèves face aux situations mathématiques ?
- Ont-ils participé au projet ? Quels types de progrès le projet leur a-t-il permis de réaliser ?
- Y a-t-il eu une amélioration dans leur travail en équipe ?

Le retour sur le thème est également l'occasion pour l'enseignante ou l'enseignant de s'interroger sur son enseignement.

- Est-ce que j'explique clairement ce que j'attends des élèves ? Est-ce que j'explique la pertinence de la tâche ? Est-ce que je vérifie si les élèves comprennent la tâche ?
- Est-ce que je donne l'occasion aux élèves d'exprimer leurs connaissances antérieures sur le sujet ou sur les concepts abordés ?
- Est-ce que je permets aux élèves de construire leur identité et leurs connaissances en interaction avec les autres ? Est-ce que j'offre l'occasion à mes élèves d'être des « élèves-acteurs » ?
- Est-ce que je fais régulièrement des retours pendant les activités ?
- Est-ce que mes élèves présentent leurs solutions, expliquent comment ils ont fait, disent ce qu'ils ont appris, ce qu'ils pourraient faire avec leurs nouvelles connaissances ?

Activité de numération

Dessiner au tableau des schémas comme le suivant :

18
29. 5
.11
14   23

Demander aux élèves de le reproduire sur une feuille.

Leur demander de tracer des lignes en joignant les points selon l'ordre croissant des nombres.

Nom _____

Activité d'estimation

Reproduire cette fiche sur un transparent en vue de l'activité d'estimation suggérée à la phase Réalisation de la situation d'apprentissage 2 du guide Logibul 1.

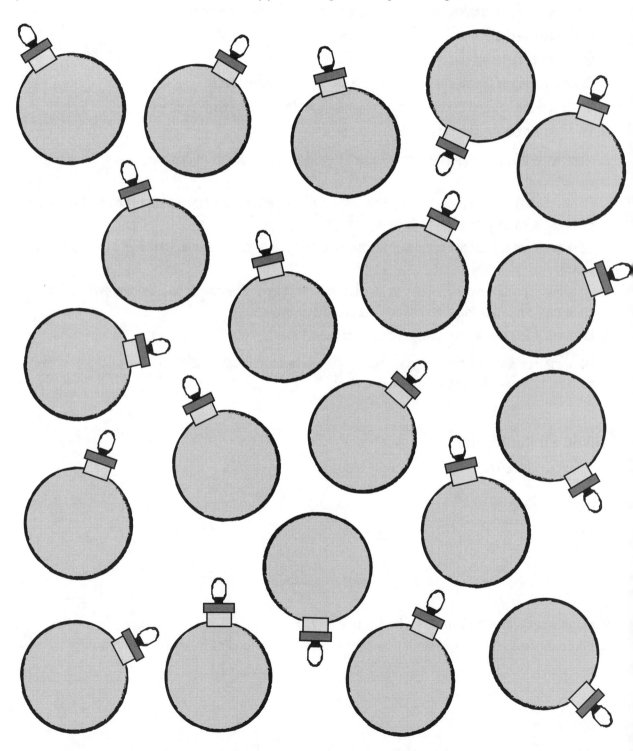

Nom _____

Des ensembles de cubes

1. Estime le nombre de cubes qu'il y a dans chaque ensemble.

2. Vérifie chaque estimation. Compte les cubes de chaque ensemble.

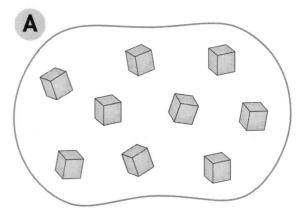

A

Mon estimation : ☐ cubes.

Après vérification : ☐ cubes.

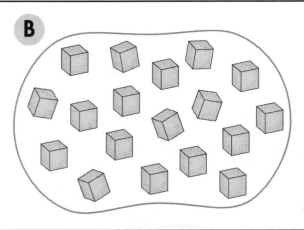

B

Mon estimation : ☐ cubes.

Après vérification : ☐ cubes.

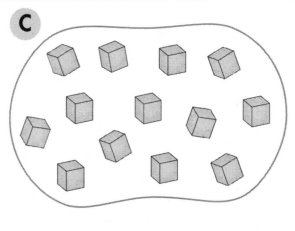

C

Mon estimation : ☐ cubes.

Après vérification : ☐ cubes.

Nom _____

Additionner des nombres

1. Écris le nombre qui manque dans chaque ⬜ .

a) $4 + \boxed{} = 6$

b) $2 + \boxed{} = 4$

c) $8 + \boxed{} = 9$

d) $6 + \boxed{} = 6$

e) $5 + \boxed{} = 7$

f) $3 + \boxed{} = 6$

g) $8 + \boxed{} = 10$

h) $6 + \boxed{} = 9$

2. Écris le nombre qui manque dans chaque ⬜ pour obtenir :

a)

9

$\boxed{} + \boxed{}$

$\boxed{} + \boxed{}$

$\boxed{} + \boxed{}$

$\boxed{} + \boxed{}$

b)

6

$\boxed{} + \boxed{}$

$\boxed{} + \boxed{}$

$\boxed{} + \boxed{}$

$\boxed{} + \boxed{}$

Nom _____

De petites histoires

1. Observe les situations **A** et **B**.

2. Écris le nombre qui convient dans chaque ☐.

Il y avait ☐ pommes.

Félix a retiré ☐ pomme.

Il y a maintenant ☐ pommes.

Il y avait ☐ oiseaux.

☐ oiseaux sont partis.

Il reste ☐ oiseaux maintenant.

Nom _____

En partage

Utilise cette fiche pour faire l'activité I de la page 68
de ton manuel *Logibul I.*

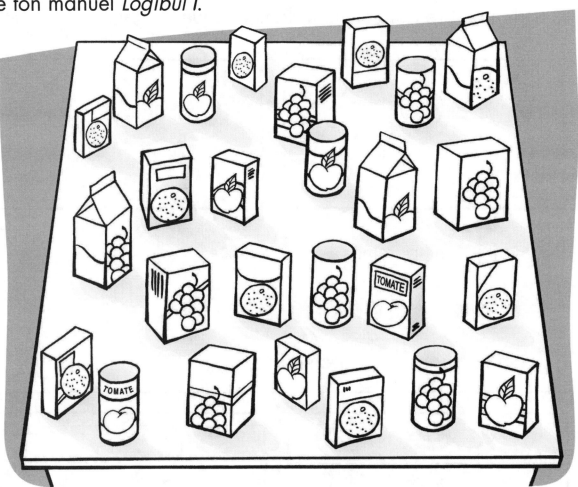

Ordonne les sortes de jus selon la préférence des élèves.

Sortes de jus par ordre de préférence	Quantité

Nom _____

Je construis un diagramme à bandes

Corrigé des fiches 231, 232, 233 et 234

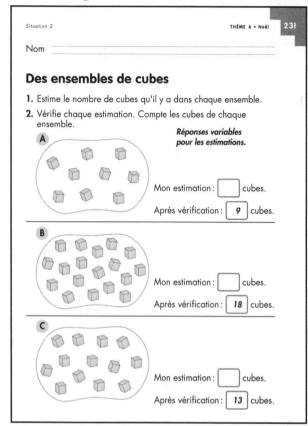

Nom

Des ensembles de cubes

1. Estime le nombre de cubes qu'il y a dans chaque ensemble.

2. Vérifie chaque estimation. Compte les cubes de chaque ensemble.

Réponses variables pour les estimations.

A

Mon estimation : ☐ cubes.

Après vérification : **9** cubes.

B

Mon estimation : ☐ cubes.

Après vérification : **18** cubes.

C

Mon estimation : ☐ cubes.

Après vérification : **13** cubes.

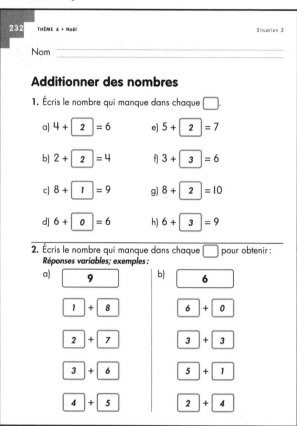

Nom

Additionner des nombres

1. Écris le nombre qui manque dans chaque ☐.

a) 4 + **2** = 6   e) 5 + **2** = 7

b) 2 + **2** = 4   f) 3 + **3** = 6

c) 8 + **1** = 9   g) 8 + **2** = 10

d) 6 + **0** = 6   h) 6 + **3** = 9

2. Écris le nombre qui manque dans chaque ☐ pour obtenir :
Réponses variables; exemples :

a) **9**

1 + **8**

2 + **7**

3 + **6**

4 + **5**

b) **6**

6 + **0**

3 + **3**

5 + **1**

2 + **4**

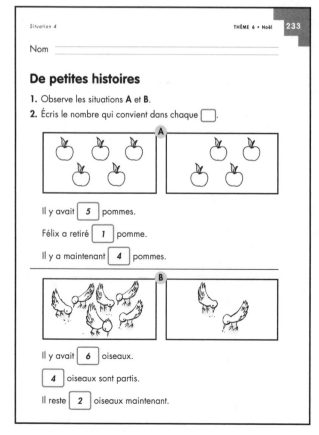

Nom

De petites histoires

1. Observe les situations **A** et **B**.

2. Écris le nombre qui convient dans chaque ☐.

A

Il y avait **5** pommes.

Félix a retiré **1** pomme.

Il y a maintenant **4** pommes.

B

Il y avait **6** oiseaux.

4 oiseaux sont partis.

Il reste **2** oiseaux maintenant.

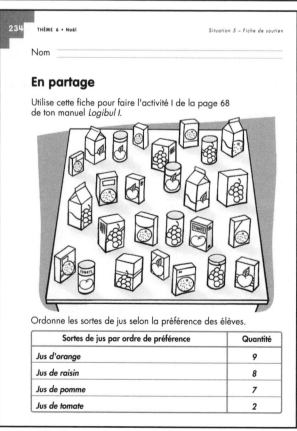

Nom

En partage

Utilise cette fiche pour faire l'activité I de la page 68 de ton manuel *Logibul I*.

Ordonne les sortes de jus selon la préférence des élèves.

Sortes de jus par ordre de préférence	Quantité
Jus d'orange	9
Jus de raisin	8
Jus de pomme	7
Jus de tomate	2

JEUX D'ÉQUIPE
THÈME

7

Comme son titre l'annonce, ce thème offre l'occasion aux élèves, outre de réfléchir aux comportements et attitudes à adopter ou à éviter lors de jeux d'équipe, de participer à un jeu bien spécial en classe : un tournoi de mathématique au cours duquel ils pourront constater leurs progrès, exercer leur savoir-faire et leurs compétences, faire preuve d'un esprit d'équipe autant que « sportif », en un mot, démontrer leur aptitude à concourir dans un esprit de franche camaraderie. C'est le projet qui leur est proposé. Dans le cadre de ce thème, qui comprend six situations d'apprentissage et se répartit sur environ trois semaines, les élèves approfondiront, entre autres, l'un des sens de la soustraction (retrait), précédemment abordé au thème 6, symboliseront cette opération arithmétique, reverront comment dénombrer une grande quantité d'objets au moyen du groupement par 10 tout en se familiarisant, cette fois, avec les termes *dizaine* et *unité*, vivront concrètement diverses activités liées au hasard et auront à résoudre des problèmes d'addition et de soustraction, notamment en choisissant l'opération arithmétique appropriée.

TABLEAUX DE PLANIFICATION **238**
LE PORTFOLIO **242**
PROJET : Un tournoi de mathématique **242**
Situation d'apprentissage 1 : Bravo ! **243**
Situation d'apprentissage 2 : À l'aréna **248**
Situation d'apprentissage 3 : Une stratégie pour compter **255**
Situation d'apprentissage 4 : Formons des équipes **260**
Situation d'apprentissage 5 : La ronde des numéros **263**
Situation d'apprentissage 6 : Un tournoi **265**
Retour sur le thème **272**
Activité de numération **273**
ANNEXE **274**

PROJET : Un tournoi de mathématique

SITUATION D'APPRENTISSAGE : **1** BRAVO ! Durée : 1 h		p. 72-73
DOMAINES GÉNÉRAUX DE FORMATION	**COMPÉTENCES TRANSVERSALES**	**DOMAINES D'APPRENTISSAGE**
DOMAINES, AXES DE DÉVELOPPEMENT	**ORDRES, COMPÉTENCES, COMPOSANTES**	**COMPÉTENCES DISCIPLINAIRES, COMPOSANTES**
Cultiver la paix	**I** EXPLOITER L'INFORMATION S'approprier l'information Tirer profit de l'information **M** SE DONNER DES MÉTHODES DE TRAVAIL EFFICACES Analyser la tâche à accomplir **Ps** STRUCTURER SON IDENTITÉ S'ouvrir aux stimulations environnantes	**2** RAISONNER À L'AIDE DE CONCEPTS ET DE PROCESSUS MATHÉMATIQUES Cerner les éléments de la situation mathématique Mobiliser des concepts et des processus mathématiques appropriés à la situation Appliquer des processus mathématiques appropriés à la situation

SAVOIRS ESSENTIELS

Arithmétique	**Sens et écriture des nombres naturels** Nombres naturels inférieurs à 1000 : lecture, écriture, chiffre, nombre, comptage, dénombrement
Géométrie	**Figures géométriques et sens spatial** Espace : relations spatiales
Repères culturels	**Nombres** Contexte social
Vocabulaire	À la droite de, à l'extérieur de, à l'intérieur de, derrière, devant, en face de, entre (et autres termes liés aux relations spatiales); chance, nombre

SITUATION D'APPRENTISSAGE : **2** À L'ARÉNA Durée : 2 h 30 min		p. 74-77
DOMAINES GÉNÉRAUX DE FORMATION	**COMPÉTENCES TRANSVERSALES**	**DOMAINES D'APPRENTISSAGE**
DOMAINES, AXES DE DÉVELOPPEMENT	**ORDRES, COMPÉTENCES, COMPOSANTES**	**COMPÉTENCES DISCIPLINAIRES, COMPOSANTES**
Prendre conscience des conséquences sur sa santé et son bien-être de ses choix en matière d'alimentation, d'activité physique, etc. Adopter un mode de vie actif et une conduite sécuritaire	**I** RÉSOUDRE DES PROBLÈMES Analyser les éléments de la situation Imaginer des pistes de solution Mettre à l'essai des pistes de solution METTRE EN ŒUVRE SA PENSÉE CRÉATRICE Imaginer des façons de faire **M** SE DONNER DES MÉTHODES DE TRAVAIL EFFICACES Analyser la tâche à accomplir Accomplir la tâche **Ps** STRUCTURER SON IDENTITÉ S'ouvrir aux stimulations environnantes	**1** RÉSOUDRE UNE SITUATION-PROBLÈME MATHÉMATIQUE Décoder les éléments de la situation-problème **2** RAISONNER À L'AIDE DE CONCEPTS ET DE PROCESSUS MATHÉMATIQUES Cerner les éléments de la situation mathématique Mobiliser des concepts et des processus mathématiques appropriés à la situation Appliquer des processus mathématiques appropriés à la situation **3** COMMUNIQUER À L'AIDE DU LANGAGE MATHÉMATIQUE S'approprier le vocabulaire mathématique

SAVOIRS ESSENTIELS

Arithmétique	**Sens et écriture des nombres naturels** Nombres naturels inférieurs à 1000 : représentation **Sens des opérations sur des nombres naturels** Opération, sens des opérations : soustraction (retrait)
Symboles	$+, -, =$
Vocabulaire	Addition, égaler, moins, nombre, opération arithmétique, plus, rester, soustraction

SITUATION D'APPRENTISSAGE : **3** UNE STRATÉGIE POUR COMPTER
Durée : 1 h 30 min

p. 78

DOMAINES GÉNÉRAUX DE FORMATION	COMPÉTENCES TRANSVERSALES	DOMAINES D'APPRENTISSAGE
DOMAINES, AXES DE DÉVELOPPEMENT	**ORDRES, COMPÉTENCES, COMPOSANTES**	**COMPÉTENCES DISCIPLINAIRES, COMPOSANTES**
Développer des stratégies de consommation et d'utilisation responsable de biens et de services	**I** EXPLOITER L'INFORMATION S'approprier l'information Tirer profit de l'information **M** SE DONNER DES MÉTHODES DE TRAVAIL EFFICACES Analyser la tâche à accomplir S'engager dans la démarche Analyser sa démarche **C** COMMUNIQUER DE FAÇON APPROPRIÉE Établir l'intention de la communication	**3** COMMUNIQUER À L'AIDE DU LANGAGE MATHÉMATIQUE S'approprier le vocabulaire mathématique Établir des liens entre le langage mathématique et le langage courant

SAVOIRS ESSENTIELS

Arithmétique	**Sens et écriture des nombres naturels** Nombres naturels inférieurs à 1000 (unité, dizaine) : lecture, écriture, nombre, dénombrement, représentation, groupement par 10
Vocabulaire	Ajouter, dizaine, enlever, nombre, rangée, unité

SITUATION D'APPRENTISSAGE : **4** FORMONS DES ÉQUIPES
Durée : 2 h

p. 79

DOMAINES GÉNÉRAUX DE FORMATION	COMPÉTENCES TRANSVERSALES	DOMAINES D'APPRENTISSAGE
DOMAINES, AXES DE DÉVELOPPEMENT	**ORDRES, COMPÉTENCES, COMPOSANTES**	**COMPÉTENCES DISCIPLINAIRES, COMPOSANTES**
Cultiver la paix	**I** EXERCER SON JUGEMENT CRITIQUE Construire son opinion **Ps** STRUCTURER SON IDENTITÉ S'ouvrir aux stimulations environnantes Prendre conscience de sa place parmi les autres COOPÉRER Contribuer au travail collectif Tirer profit du travail en coopération	**2** RAISONNER À L'AIDE DE CONCEPTS ET DE PROCESSUS MATHÉMATIQUES Cerner les éléments de la situation mathématique Mobiliser des concepts et des processus mathématiques appropriés à la situation Appliquer des processus mathématiques appropriés à la situation

SAVOIRS ESSENTIELS

Probabilité	Expérimentation d'activités liées au hasard Prédiction d'un résultat (certain, possible ou impossible)
Vocabulaire	Chance, événement certain, événement impossible, événement possible

SITUATION D'APPRENTISSAGE :	**5**	LA RONDE DES NUMÉROS	
		Durée : 2 h 30 min	p. 80

DOMAINES GÉNÉRAUX DE FORMATION	COMPÉTENCES TRANSVERSALES	DOMAINES D'APPRENTISSAGE
DOMAINES, AXES DE DÉVELOPPEMENT	**ORDRES, COMPÉTENCES, COMPOSANTES**	**COMPÉTENCES DISCIPLINAIRES, COMPOSANTES**
S'engager dans l'action dans un esprit de coopération et de solidarité	**I** METTRE EN ŒUVRE SA PENSÉE CRÉATRICE Imaginer des façons de faire **C** COMMUNIQUER DE FAÇON APPROPRIÉE Établir l'intention de la communication	**2** RAISONNER À L'AIDE DE CONCEPTS ET DE PROCESSUS MATHÉMATIQUES Cerner les éléments de la situation mathématique Mobiliser des concepts et des processus mathématiques appropriés à la situation Appliquer des processus mathématiques appropriés à la situation **3** COMMUNIQUER À L'AIDE DU LANGAGE MATHÉMATIQUE S'approprier le vocabulaire mathématique Interpréter ou produire des messages à caractère mathématique

SAVOIRS ESSENTIELS	
Probabilité	Expérimentation d'activités liées au hasard Prédiction d'un résultat (certain, possible ou impossible)
Vocabulaire	Chance, numéro, résultat probable

SITUATION D'APPRENTISSAGE :	**6**	UN TOURNOI	
		Durée : 3 h 30 min	p. 81-85

DOMAINES GÉNÉRAUX DE FORMATION	COMPÉTENCES TRANSVERSALES	DOMAINES D'APPRENTISSAGE
DOMAINES, AXES DE DÉVELOPPEMENT	**ORDRES, COMPÉTENCES, COMPOSANTES**	**COMPÉTENCES DISCIPLINAIRES, COMPOSANTES**
Prendre conscience de soi, de son potentiel et de ses modes d'actualisation S'engager dans l'action dans un esprit de coopération et de solidarité	**I** EXPLOITER L'INFORMATION S'approprier l'information Tirer profit de l'information RÉSOUDRE DES PROBLÈMES Analyser les éléments de la situation Imaginer des pistes de solution Mettre à l'essai des pistes de solution **M** SE DONNER DES MÉTHODES DE TRAVAIL EFFICACES Analyser la tâche à accomplir S'engager dans la démarche Accomplir la tâche Analyser sa démarche **Ps** STRUCTURER SON IDENTITÉ Mettre à profit ses ressources personnelles COOPÉRER Contribuer au travail collectif Tirer profit du travail en coopération	**I** RÉSOUDRE UNE SITUATION-PROBLÈME MATHÉMATIQUE Décoder les éléments de la situation-problème Appliquer différentes stratégies en vue d'élaborer une solution Partager l'information relative à la solution

SAVOIRS ESSENTIELS	
Arithmétique	**Sens des opérations sur des nombres naturels** Choix de l'opération : addition, soustraction Propriété des opérations : commutativité **Opérations sur des nombres naturels** Calcul mental, processus personnels : addition, soustraction Répertoire mémorisé : additions Régularités : suite de nombres
Statistique	Interprétation des données à l'aide d'un tableau
Symboles	+, −
Vocabulaire	Addition, ajouter, enlever, moins, nombre, résultat, somme, soustraction, tableau

Il est tout d'abord suggéré aux élèves de conserver, dans leur portfolio, une photo ou un dessin d'eux-mêmes en train de s'adonner à un sport ou à un jeu d'équipe ou encore une coupure de journal ou de magazine représentant un sport ou une activité d'équipe. Au cours du thème, leur proposer également de :

■ représenter un problème de soustraction, semblable à celui figurant à la p. 77 du manuel;

■ illustrer les complémentaires d'un nombre (de 7 à 10);

■ s'imaginer dans une activité liée au hasard et de dessiner leurs prédictions, c'est-à-dire des résultats probables;

■ laisser des traces de leur démarche de résolution de problèmes;

■ exprimer, en un court texte, leurs sentiments à la suite du tournoi de mathématique.

Voilà des réalisations que les élèves pourront conserver dans leur portfolio.

PROJET   UN TOURNOI DE MATHÉMATIQUE

Au cours de ce thème, les élèves se prépareront à participer à un tournoi de mathématique, dont le déroulement aura lieu lors de la situation d'apprentissage 6. C'est d'ailleurs le projet auquel ils sont conviés. Les situations d'apprentissage 1, 2, 4 et 5 les y préparent tout particulièrement. Dans la première, à partir du petit monde de Logibul et de ses amis, qui sont occupés à jouer une partie de hockey, les élèves seront invités à réfléchir aux comportements et attitudes à adopter pour réussir une activité collective.

La situation d'apprentissage 2 présentera explicitement la soustraction (sens : retrait) et le symbole de cette opération arithmétique. Au cours de la situation d'apprentissage 3, les élèves auront l'occasion de s'approprier une manière de dénombrer des objets sans avoir à les compter un à un.

Aux situations d'apprentissage 4 et 5, il est proposé aux élèves de former des équipes et de s'attribuer des numéros de joueurs et de joueuses en vue du tournoi. Ce sera l'occasion pour eux d'expérimenter concrètement une facette de la probabilité en s'inspirant des méthodes que la classe de Logibul utilise.

Avec la situation d'apprentissage 6 débute le tournoi au cours duquel les élèves travailleront tantôt individuellement, tantôt collectivement. Après chaque activité du tournoi, ils participeront à une mise en commun des démarches et des stratégies. Au moment de la correction de ces activités, des points sont accordés aux élèves selon un barème. À la fin du tournoi, les élèves entreprendront une autoévaluation de leur travail et seront invités à s'exprimer sur ce qu'ils ont le plus aimé pendant le tournoi et ce qui pourrait être amélioré. Pour en savoir davantage sur le déroulement du tournoi, se reporter à la rubrique Projet, p. 271, du guide.

Par ailleurs, il est fortement suggéré à l'enseignante ou à l'enseignant de préparer les élèves à ce projet avec l'aide de la personne responsable du cours d'éducation physique, à qui il est proposé de centrer les périodes d'éducation physique, qui précèdent le début du projet, sur des activités de jeux d'équipe. En effet, comme les élèves s'approprient le projet à partir d'une discussion sur les attitudes et comportements qu'il est préférable d'adopter dans les situations de jeux en équipe, il est essentiel qu'ils aient présentes à l'esprit des expériences récentes leur permettant de nourrir leur démarche de réflexion et de prise de conscience. Aussi, cela permettra à la personne responsable du cours d'éducation physique d'aborder la question de la sécurité lors des périodes d'activités physiques ou de récréation, ce qui est l'une des dimensions du thème *Jeux d'équipe*. Par la suite, cette dimension pourra alors être exploitée en classe à partir de certaines illustrations du manuel *Logibul 1*.

▶ SITUATION D'APPRENTISSAGE ▮ Bravo !

Dans cette situation d'apprentissage, les élèves amorceront une réflexion sur les plaisirs que procure la pratique d'un sport d'équipe, mais aussi sur les conflits pouvant surgir entre les membres d'une même équipe ou entre deux équipes lors d'une partie. Les élèves auront ainsi l'occasion de s'exprimer sur la résolution pacifique d'un conflit, sur les attitudes à adopter pour favoriser l'esprit d'équipe et la franche camaraderie entre pairs. Cela les préparera au tournoi de mathématique, le projet de ce thème, dont le déroulement se fait en équipe. De plus, à partir d'une illustration, montrant Logibul et ses amis en train de jouer une partie de hockey à l'aréna, ils aiguiseront leur esprit d'observation de façon à s'approprier les éléments d'information que recèle cette illustration. Ce qui leur servira à réaliser des activités qui sont liées à la lecture des nombres, au dénombrement et aux relations spatiales.

Organisation matérielle

▨ Le manuel *Logibul 1,* p. 72 et 73;

▨ La fiche 63, *RA-1B,* p. 63;

▨ Une grande feuille ou un grand carton pour y consigner les réflexions des élèves sur les comportements et attitudes à adopter lors d'un jeu d'équipe;

▨ Des crayons-feutres, de la pâte à modeler.

1 heure

Facteurs de réussite

Les élèves auront réussi la tâche :

▨ s'ils utilisent l'information que fournit une illustration pour répondre à des questions;

▨ s'ils décrivent les éléments d'une illustration en utilisant les expressions : *à l'extérieur de* et *à l'intérieur de*;

▨ s'ils repèrent, sur une illustration, des numéros à l'aide d'indications d'ordre spatial : *en face de, derrière, à la droite de,* etc. et lisent ces numéros;

▨ s'ils suggèrent au moins un moyen de résolution de conflit au sein d'une équipe.

Portfolio

Suggérer aux élèves d'y conserver la représentation d'un jeu d'équipe. Par exemple, une photo d'eux-mêmes lorsqu'ils s'adonnent à un jeu d'équipe ou un dessin les représentant dans cette situation ou encore trouver des coupures de journaux illustrant un tel jeu.

LA PRÉPARATION

Rôle de l'enseignante ou de l'enseignant	Rôle de l'élève
Avant d'amorcer la présente situation d'apprentissage, exposer les grandes lignes du thème 7 aux élèves en les invitant à feuilleter leur manuel et en les amenant à anticiper ce qu'ils vont apprendre. Prendre des notes sur ce qu'ils expriment et y revenir plus tard, lors du retour sur le thème. Au besoin, les convier à clarifier leurs propos. Leur relire ces notes et s'assurer, en questionnant les élèves, qu'elles correspondent à ce qu'ils ont voulu dire. Enchaîner avec la question suivante : — *Qu'est-ce que le mot* chance *représente pour toi ?* Animer une brève discussion à ce sujet.	Survoler le thème 7 du manuel, essayer de découvrir sur quoi porteront les nouveaux apprentissages et l'exprimer dans ses mots. Émettre des hypothèses sur la signification du mot *chance.* S'efforcer d'exprimer ses idées le plus nettement possible et les clarifier, au besoin.

Demander aux élèves s'ils savent ce qu'est un numéro, s'ils en ont déjà vu à l'école, autour d'eux. Si c'est possible, leur proposer une petite promenade dans l'école au cours de laquelle ils pourraient repérer des numéros. Les amener à donner des exemples (numéro de téléphone, adresse postale, numéros sur des portes de l'école, sur les autobus, plaque d'immatriculation, touches du téléphone, etc.) Encourager les élèves à s'exprimer sur ce sujet.

Donner des exemples où il y a des numéros.

Demander aux élèves de trouver des exemples de situations concrètes où on emploie le mot *nombre*. Au besoin, fournir quelques exemples aux élèves.

— *Dans la classe, il y a un nombre d'élèves.*

— *Dans la classe, il y a un nombre de chaises.*

— *Dans mon sac, il y a un nombre de livres.*

— *Sur l'illustration de la p. 72, il y a un nombre de joueuses et de joueurs. Chacun a un numéro.*

Donner des exemples d'emploi du mot *nombre*. Constater que les nombres et numéros sont utiles dans la vie de tous les jours.

LA RÉALISATION

Rôle de l'enseignante ou de l'enseignant	Rôle de l'élève
■ MANUEL, P. 72 ■ Présenter cette page aux élèves, leur demander d'en observer l'illustration et de la décrire. Les soutenir dans cette tâche en les amenant à remarquer le plus de choses possible, à préciser leurs propos. Les inviter à repérer Logibul, Léa et Félix et à lire les numéros sur leur chandail, puis ceux des autres joueurs, à donner leur avis sur l'utilité de ces numéros. Leur faire remarquer l'affichage des points et demander quel est le numéro du joueur qui, à leur avis, vient de marquer un but. Demander aux élèves jouant ou ayant déjà joué au hockey de raconter leur expérience aux autres élèves de la classe.	Observer l'illustration de la p. 72 et la décrire dans ses mots. S'efforcer de remarquer le plus de choses possible. Participer à la tâche proposée.
Enchaîner en animant une discussion sur les jeux d'équipe. Faire exprimer les élèves sur ceux qu'ils connaissent, ceux auxquels ils participent en les amenant à raconter comment cela se passe pour eux. Exemples de questions :	Prendre part activement à la discussion sur les jeux d'équipe en nommant ceux qui lui sont familiers, en parlant de ses expériences de jeux d'équipe. Respecter son tour de parole et celui de ses pairs.

— *Quels jeux d'équipe connais-tu ?*

— *Quels sont tes jeux d'équipe préférés ?*

— *As-tu du plaisir à y participer ? Que préfères-tu dans un jeu d'équipe ?*

— *Es-tu à l'aise quand tu participes à des jeux d'équipe ? Qu'est-ce que tu trouves facile dans ces jeux ? difficile ?*

— *Raconte une expérience de jeux en équipe.*

En profiter pour aborder, avec eux, les attitudes et les comportements à adopter et à éviter lorsqu'ils font partie d'une équipe qu'elle soit sportive ou non, les qualités d'un joueur ou d'une joueuse qui manifeste un esprit sportif ou d'équipe. Poser les questions suivantes aux élèves :

— *Quelles attitudes doit-on avoir (envers soi, les autres membres de son équipe, l'autre équipe) quand on gagne ? quand on perd ?*

— *Quels comportements adopter en cas de conflit entre les membres de son équipe ?*

Amener les élèves à illustrer leurs points de vue à l'aide d'exemples. Faire ressortir les bons comportements et attitudes, les noter à l'aide de crayons-feutres de couleur sur une grande feuille (ou carton) et l'afficher à la vue des élèves de façon à y revenir au besoin. S'en servir lors de l'activité d'autoévaluation prévue en fin de thème (voir Retour sur le thème, p. 272 du guide).

■ Manuel, p. 73 ■ Lire les consignes aux élèves et revenir sur le repérage spatial et les mots reliés au vocabulaire spatial qui leur font problème. Au besoin, leur rappeler les activités qu'ils ont faites en début d'année (situations d'apprentissage 2 et 3 du thème 1). Allouer le temps nécessaire aux élèves de façon à leur permettre de réaliser individuellement les activités. Circuler parmi eux et, au besoin, leur faire répéter les consignes dans leurs mots. Au terme de chacune des activités, grouper les élèves en équipes pour qu'ils comparent leurs réponses, puis animer un retour collectif sur l'ensemble de la tâche.

Si, au terme de cette tâche, des élèves éprouvent certaines difficultés avec le vocabulaire spatial, organiser une activité en grand groupe. Par exemple, demander à quelques élèves de se placer en divers endroits dans la classe, puis proposer aux autres élèves d'inventer des consignes ou leur en proposer, par exemple :

— *Qui est en face de Maxime ? derrière Bianca ? entre Laurie et Émile ? etc.*

— *Maxime, place-toi devant Laurie. Émile et Bianca, placez-vous face à face, etc.*

Cette activité pourrait aussi se dérouler en atelier, cette fois à l'aide de figurines, toutous, jouets, etc. Les élèves manipulent alors concrètement ces objets qu'ils déplacent, puis décrivent leur disposition à l'aide du vocabulaire spatial. Leur suggérer de laisser en place quelques-uns de ces objets, puis d'écrire sur de petits cartons les mots qu'ils ont utilisés (*devant, derrière, entre, à la droite de,* etc.) et de les faire correspondre aux dispositions des objets.

Exprimer son opinion et donner des suggestions sur les attitudes et comportements à adopter pour favoriser et renforcer l'esprit sportif et la franche camaraderie lors de tels jeux. Nommer des qualités requises pour être une coéquipière ou un coéquipier apprécié des autres membres de son équipe, des façons de régler un conflit.

Vérifier si les suggestions retenues et notées sur la grande feuille correspondent à celles que les élèves ont énoncées. Préciser ses idées au besoin.

Écouter attentivement les consignes et poser des questions au besoin. Se rappeler la signification des mots : *en face de, derrière, à la droite de,* etc. Observer de nouveau l'illustration de la p. 72 et utiliser les renseignements qu'elle contient pour réaliser les activités de la p. 73. Au terme de chacune, comparer ses réponses avec celles des autres membres de son équipe. Leur expliquer ses réponses et, s'il y a lieu, les rectifier en tenant compte de leurs suggestions. Participer à la mise en commun en s'exprimant sur sa démarche. Également sur la ou les stratégies qui lui ont permis de s'assurer d'avoir une réponse correcte.

Accepter de réaliser la ou les tâches proposées afin de surmonter ses difficultés.

L'INTÉGRATION

Rôle de l'enseignante ou de l'enseignant	Rôle de l'élève
Animer un retour sur l'ensemble des activités précédentes en invitant les élèves à dire ce qu'ils y ont appris, ce qu'ils ont aimé faire ou trouvé facile ou difficile. Au cours de cette discussion, amener les élèves à objectiver ce qu'ils viennent de vivre et à prendre conscience en quoi ils ont progressé sur le plan des compétences en jeu dans cette situation d'apprentissage.	Participer activement à la discussion. Poser des questions, s'il y a lieu. Constater les progrès accomplis et manifester sa fierté, donner son appréciation sur les activités. Revoir le contenu de son portfolio au besoin.
■ FICHE **63**, *RA-1B*, P. 63 ■ Demander aux élèves d'observer l'illustration, puis leur lire les mots en gras. Leur présenter la tâche et leur laisser le temps de comprendre ce qui leur est proposé. Demander à quelques élèves d'expliquer ce qu'ils comprennent de la tâche. Au besoin, reprendre les explications de façon que tous les élèves soient en mesure de réaliser individuellement l'activité. Soutenir les élèves qui en éprouvent le besoin. Une fois que les élèves ont terminé, leur demander de revoir leur travail. Procéder à une correction collective ou recueillir les fiches pour les corriger. Dans ce dernier cas, une fois les fiches corrigées, les remettre aux élèves en leur demandant de donner une appréciation du travail accompli. Par exemple :	Observer la fiche 63, en écouter la présentation et anticiper la tâche. Expliquer la tâche ou écouter les explications des autres élèves. Se représenter la tâche dans sa tête avant de la commencer. Si des difficultés surgissent, relire la consigne, la redire dans ses mots, imaginer des solutions et accepter, au besoin, de demander de l'aide. Une fois la tâche terminée, revoir son travail en vérifiant s'il a été mené à terme. Participer à la correction de l'activité et expliquer sa démarche de même que la ou les stratégies employées pour surmonter ses difficultés.
— *Qu'est-ce qui était facile à faire ? difficile ?*	
— *Comment as-tu fait pour surmonter tes difficultés ?*	
Dans le cas d'une correction collective, inviter d'abord les élèves à comparer leurs réponses, puis procéder à la correction. Amener les élèves à expliquer en quoi leurs réponses sont bonnes ou mauvaises.	

Corrigé des activités du manuel, p. 72 et 73

1. a) Réponses variables; exemple : À l'intérieur de la patinoire, Logibul, Léa, Félix et d'autres joueurs jouent au hockey. Logibul vient de marquer un but. Il y a 2 équipes, l'une vêtue d'un costume bleu, l'autre d'un costume rouge; des filles et des gars : 4 joueurs de l'équipe des Bleus et 5, de l'équipe des Rouges; un gardien de but. Des joueurs ont un numéro sur leur chandail.

   b) Réponses variables; exemple : À l'extérieur de la patinoire, il y a des spectateurs enthousiastes agitant des fanions bleus pour exprimer leur joie à la suite du but qu'un Bleu (Logibul) a marqué; ces spectateurs appuient les Bleus. D'autres spectateurs sont déçus : les partisans des Rouges qui, eux, n'agitent pas leur fanion rouge. Camille se tient près du tableau où les points sont affichés.

2. a) 45   b) 15   c) 13   d) 46   e) 23; Logibul

3. a) 15   b) Bleus : 5; Rouges : 2   c) 7

Quels jeux d'équipe connais-tu ?

Réponses variables. Cette activité est l'amorce d'une discussion sur les jeux d'équipe (voir la phase Réalisation, p. 244 et 245).

Projet

Afin de mieux préparer les élèves au projet du présent thème, il est suggéré d'y associer le ou la responsable du cours d'éducation physique en lui proposant d'intégrer des jeux d'équipe aux périodes d'éducation physique qui précéderont l'amorce du projet. De la sorte, les élèves auront l'occasion de vivre une situation authentique et signifiante à partir de laquelle ils s'approprieront le présent projet, qui les amènera, dans un premier temps, à réfléchir à l'importance d'avoir un esprit d'équipe, d'adopter des comportements et des conduites sécuritaires lors d'activités d'équipe.

Suggérer également à cette personne d'aborder la sécurité dans les sports et les bienfaits de l'activité physique sur la santé et le bien-être des élèves. Les comportements sécuritaires sont un autre aspect du thème *Jeux d'équipe*. Cet aspect, en lien avec le domaine général de formation « santé et bien-être », sera exploité en classe (à partir de certaines illustrations du manuel), au cours de la situation d'apprentissage 2.

Exploiter l'illustration et le contenu de la phylactère, p. 73 du manuel, de façon à amorcer le projet : un tournoi de mathématique.

▨ Comme Logibul le leur suggère, les élèves formeront, eux aussi, des équipes. Leur annoncer qu'ils participeront à un jeu d'équipe bien spécial : un tournoi de mathématique. Leur demander s'ils ont une idée en quoi cela consiste; établir des liens entre les sports d'équipe et les jeux d'équipe tout en faisant ressortir qu'avoir un esprit d'équipe favorise les relations harmonieuses entre pairs. Amener les élèves à en prendre conscience en leur permettant de s'exprimer sur ce sujet, de parler d'une expérience où ils ont fait preuve d'un esprit d'équipe; leur rappeler les grandes lignes de leur discussion amorcée à la phase Réalisation (voir p. 244 et 245 du guide).

▨ Inviter les élèves à survoler les activités de la situation d'apprentissage 6 en leur indiquant qu'ils auront à les réaliser lors du tournoi.

▨ Pointer sur le calendrier de la classe la date du tournoi ou la déterminer avec les élèves.

▨ Leur demander d'anticiper ce qu'ils feront lors de ce tournoi, leur souligner l'importance de s'y préparer et qu'avoir un esprit d'équipe peut contribuer à aplanir des conflits ou même à les éviter. Leur mentionner que les activités qu'ils leur sont suggérées au cours des situations d'apprentissage 1 à 5 faciliteront leur préparation à ce tournoi.

Réinvestissement

Demander aux élèves d'apporter des figurines en classe ou d'en façonner avec de la pâte à modeler et de les disposer de différentes façons sur une table. Les inviter ensuite à présenter leurs personnages en les situant à l'aide du vocabulaire rattaché aux relations spatiales (à l'extérieur de, à l'intérieur de, à la droite de, à la gauche de, derrière, devant, en face de, entre, etc.).

Travaux personnels

Proposer aux élèves de trouver une illustration représentant des personnages ou des animaux (dans leur manuel *Logibul 1* ou un autre livre, une bande dessinée, etc.), puis de les dénombrer. Ensuite, de les situer les uns par rapport aux autres en utilisant le vocabulaire rattaché aux relations spatiales.

Utilisation des TIC

Proposer aux élèves d'utiliser un logiciel de dessin pour représenter des personnages ou des figures qu'ils disposeront à leur guise sur la surface d'affichage. Ensuite, ils impriment cet agencement et en décrivent les éléments en utilisant le vocabulaire approprié (à l'intérieur de, à l'extérieur de, en bas de, en haut de, etc.).

Exemple : *Le visage est...*

à l'intérieur de...   *en bas de...*   *en haut de...*

▶ SITUATION D'APPRENTISSAGE **2** À l'aréna

La discussion amorcée lors de la précédente situation d'apprentissage, au cours de laquelle les élèves se sont sensibilisés à l'importance de développer un esprit d'équipe, se poursuivra dans la deuxième. Cette fois, ils aborderont un autre aspect des activités physiques, celui de la santé et, dans la foulée, discuteront des bienfaits de l'exercice physique sur leur bien-être et réagiront aux opinions exprimées. Ils auront également l'occasion de se pencher sur la sécurité dans les activités à caractère sportif auxquelles ils s'adonnent en prenant peu à peu conscience des conséquences de leur choix à ce sujet.

De plus, au cours de la présente situation d'apprentissage, les élèves feront appel à des concepts et processus mathématiques reliés à l'arithmétique. Plus particulièrement à l'un des sens de la soustraction, effleuré lors du précédent thème : le retrait, qu'ils approfondiront par le biais de situations-problèmes liées à la vie courante. Ils devront, pour cela, analyser les éléments de telles situations tout en imaginant diverses possibilités dans la façon d'accomplir leur tâche, se donner des méthodes de travail efficaces et expliquer leur démarche pour résoudre des problèmes de soustraction.

Organisation matérielle

- Le manuel *Logibul 1*, p. 74 à 77;
- Du matériel de manipulation (jetons, cubes, etc.), de la ficelle ou des bouts de laine;
- Les fiches 64 à 68, *RA-1B*, p. 64 à 68;
- Quelques exemplaires de magazine, catalogue, circulaire, de grandes feuilles ou cartons;
- Les fiches *Pas à pas* et *Des soustractions*, au besoin (guide, p. 274 et 275);
- L'affiche *Conseils pour travailler en équipe* (au début du manuel).

2 h 30 min

Facteurs de réussite

Les élèves auront réussi la tâche :

- s'ils prennent conscience du fait que l'activité physique contribue à maintenir leur corps en santé;
- s'ils prennent conscience de l'importance d'adopter des comportements sécuritaires;
- s'ils décrivent, dans leurs mots, une situation de soustraction après en avoir analysé les éléments;
- s'ils représentent une telle situation sous la forme d'une soustraction;
- s'ils appliquent correctement des processus mathématiques liés à la tâche de soustraction.

Portfolio

Suggérer aux élèves d'y conserver une situation de soustraction qu'ils auront représentée par un dessin ou à l'aide d'images recueillies dans des magazines, catalogues ou circulaires.

LA PRÉPARATION

Rôle de l'enseignante ou de l'enseignant	Rôle de l'élève
Revenir sur la discussion amorcée à la situation d'apprentissage 1 (voir guide, p. 243 et 244) en amenant les élèves à s'exprimer sur les bienfaits du sport ou de l'activité physique sur leur santé et leur bien-être, à découvrir que l'activité physique contribue au maintien d'un corps en santé. Demander aux élèves de raconter ce qu'ils font avant de s'adonner à un sport, quelles pièces d'équipement ils portent. En profiter pour leur parler des comportements sécuritaires et des moyens de se protéger lors de la pratique de sports, par exemple le port du casque à bicyclette, au hockey, en patins à roues alignées, à skis, en planche à neige ou à roulettes, etc. Leur demander, à leur tour, de parler des comportements sécuritaires qu'ils adoptent ou devraient adopter et des pièces d'équipement pour se protéger en cas de chute (casque, protège-genoux, protège-coudes, etc.)	Participer activement à la discussion. S'exprimer sur les bienfaits de l'activité physique sur sa santé ou sur le bien-être que procure la pratique d'un sport. Parler des comportements sécuritaires et des pièces d'équipement pour se protéger en cas de chute et prendre conscience de leur utilité. Affirmer ses choix en cette matière et en constater les conséquences sur sa sécurité et son bien-être. Réagir aux propos des autres.
■ MANUEL, P. 74 ■ Lire avec les élèves l'encadré en haut de la p. 74 en établissant un lien entre la partie de hockey de la p. 72 et les joueurs bleus qui se reposent dans le vestiaire. Annoncer aux élèves qu'ils auront l'occasion d'analyser les deux illustrations de l'activité 1 et qu'ils en dégageront des informations leur permettant de raconter une histoire mathématique, comme ils l'ont déjà fait au thème 6, situation d'apprentissage 4; au besoin, revenir sur ces activités (notamment, la p. 67 du manuel).	Se rappeler une ou des histoires mathématiques du thème 6 et en donner un exemple.

LA RÉALISATION

Rôle de l'enseignante ou de l'enseignant	Rôle de l'élève
■ MANUEL, P. 74, ACTIVITÉS 1 ET 2 ■ Grouper les élèves en équipes de deux. Les inviter à observer les deux illustrations de l'activité 1, puis à partager leurs observations avec leur camarade d'équipe. S'assurer que tous les élèves comprennent qu'il s'agit du même coin de vestiaire mais à deux moments différents, qu'ils en établissent la chronologie et qu'ils constatent qu'il s'est passé quelque chose entre ces moments; à cette fin, utiliser les termes *avant* et *après* ou *d'abord* et *ensuite* ou *au début* et *à la fin*.	Se grouper en équipe avec un ou une élève. Observer les deux illustrations et proposer son explication sur ce qui s'est passé en utilisant les termes *avant* et *après*, ou *d'abord* et *ensuite*, ou *au début* et *à la fin*. Écouter les explications de l'autre élève. En arriver à un consensus sur l'interprétation de la situation.
Les inviter à décrire la situation dans leurs mots, puis transposer cette description au tableau de la classe en écrivant: — *Il y avait 7 joueurs dans le vestiaire.* — *2 joueurs sont partis.* — *Il reste 5 joueurs.*	Raconter à toute la classe cette situation. Écouter les descriptions des autres équipes. Expliquer le sens des phrases notées au tableau de la classe en s'appuyant sur les deux illustrations de l'activité 1.

Demander aux élèves de lire le message de Camille. Le répéter tout en l'écrivant au tableau. Amener les élèves à expliquer ce qu'ils comprennent du message de Camille et à établir un lien entre celui-ci et les phrases à compléter (activité 2a). Poursuivre en remplaçant les mots *moins* et *égalent* par les symboles mathématiques appropriés. Expliquer aux élèves qu'ils viennent de résoudre un problème de soustraction, puis leur demander d'écrire, sur une feuille, la soustraction qu'ils viennent de faire (activité 2b).

Au besoin, répéter la même démarche à partir d'une autre situation semblable. Dessiner cette situation au tableau ou la faire mimer par des élèves. Par exemple :

— *4 amis sont près du coin de mathématique de la classe. 1 ami retourne s'asseoir à sa place. Il reste 3 amis près du coin de mathématique. 4 moins 1 égalent 3.*

Inviter les élèves à trouver d'autres situations semblables et à les représenter à l'aide de jetons ou à les mimer.

■ MANUEL, P. 75 ■   Grouper les élèves en équipes de quatre. Demander aux élèves d'observer la situation. Veiller à ce qu'ils comprennent qu'il s'agit de la même étagère, mais à des moments différents.

Demander aux élèves de chaque équipe de se répartir les rôles suivants, qui se rapportent aux étapes de la p. 75, et s'assurer que chacun et chacune respecte le sien :

1. Raconter la situation dans ses mots;

2. Décrire la situation avec des nombres en complétant à haute voix les phrases du manuel;

3. Dire le message de Camille;

4. Écrire au tableau cette phrase à l'aide des nombres et des symboles mathématiques appropriés.

Leur allouer quelques minutes de préparation; au besoin, expliquer de nouveau à chaque élève le rôle qui lui est attribué. Inviter une équipe à présenter la situation au reste du groupe-classe. Marquer une pause après chaque étape de la présentation en demandant aux autres élèves de la classe d'expliquer ce qu'ils ont compris. Les amener à établir des liens entre chacune de ces étapes.

Lire le message de Camille. Établir un lien entre ce message et les phrases à compléter (activité 2a). Écouter les explications de son enseignante ou enseignant. Écrire la phrase mathématique de Camille en remplaçant les mots par les symboles mathématiques appropriés : – et =. Relire la soustraction à haute voix en utilisant les mots *moins* et *égalent*.

Écouter les consignes. Imaginer d'autres scénarios semblables, les présenter à son équipe ou à la classe en utilisant les mots *moins* et *égalent*.

Se grouper en équipe. Observer la situation.

Accepter son rôle.

Accomplir la tâche en respectant son rôle au sein de l'équipe. S'il y a lieu, participer à la présentation de la situation en respectant son rôle. Sinon, commenter chaque étape de cette présentation; établir des liens entre chacune de ces étapes.

NOTE DIDACTIQUE

La situation d'apprentissage 2 a pour pivot l'un des sens de la soustraction, le retrait, qui a d'ailleurs fait l'objet d'une note didactique lors de la situation d'apprentissage 4 du thème précédent. Dans chacune des situations de soustraction, présentées aux p. 74 et 75 du manuel, est représentée une quantité initiale (de joueurs dans la première, de patins dans la seconde) modifiée à la suite d'un retrait, ou prélèvement, d'un certain nombre d'éléments. Il est proposé à l'élève d'aborder ces situations en s'engageant dans une démarche en quatre étapes, allant progressivement du concret à l'abstrait. En voici une brève présentation.

• Premièrement, prendre connaissance de la situation; à cette fin, l'élève doit observer et décrire, dans ses propres mots, les éléments de la situation. Outre de lui permettre de décoder les éléments de la situation-problème, cette étape lui est primordiale car elle lui sert de base sur laquelle appuyer le reste de sa démarche. Il est donc essentiel que tous les élèves décrivent la situation, d'où l'importance de les faire travailler en équipe.

• Deuxièmement, se représenter la situation; l'élève entreprend de la décrire à l'aide du langage courant, mais en se limitant à l'essentiel et en explicitant la dimension numérique de cette situation. Il s'agit donc d'une étape de synthèse, d'un premier degré de formalisation.

• Troisièmement, Camille, un personnage auquel l'élève peut s'identifier, exprime la synthèse faite précédemment en employant, cette fois, un vocabulaire proprement mathématique. Le moment est alors bien choisi, pour l'enseignante ou l'enseignant, de repérer les élèves pour qui les termes *moins* et *égalent* leur sont familiers. Aussi, d'observer les élèves qui ne connaissent pas ce vocabulaire, de leur donner l'occasion de l'employer, comme le font les autres élèves qui, à l'instar de Camille, le comprennent, et, ainsi, leur permettre de s'approprier cette façon particulière de décrire la situation.

• Quatrièmement, l'élève se laisse guider afin d'exprimer en langage et symboles mathématiques la situation dont la description s'est faite au fil des étapes précédentes.

L'expérience nous a enseigné que cette pratique guidée était très efficace, car elle contribue à rendre les termes et les symboles mathématiques significatifs pour l'élève. Toutefois, il est important de garder à l'esprit que l'appropriation du langage mathématique inhérent aux situations de soustraction est graduelle et qu'une simple pratique guidée, par le biais d'un manuel, ne saurait y suffire. La p. 74 du manuel et, davantage, la page modèle qui lui fait suite (p. 75) constituent une assise solide, quoique limitée, permettant d'aller plus loin dans cette appropriation. Il est donc très important que l'élève ait l'occasion de reproduire, par lui-même, des situations semblables lors d'une pratique autonome dont le contexte lui permettra de manipuler à loisir du matériel concret, puis d'exprimer ses façons de faire à un ou une autre élève.

■ MANUEL, P. 76 ■ Annoncer aux élèves qu'ils raconteront, à l'aide de nombres, d'autres histoires mathématiques à partir de deux situations, puis qu'ils exprimeront chacune d'elles à l'aide d'une soustraction. Les inviter à réaliser l'activité 3 en équipes de deux. Leur expliquer la tâche, puis les laisser travailler de façon autonome. Circuler parmi les équipes : les soutenir, au besoin, dans leur tâche, observer comment elles s'y prennent pour l'accomplir puis noter ses observations (ces dernières seront utiles lors de la mise en commun). Insister pour que les élèves racontent chaque situation à l'aide de nombres (activité 3a). Suggérer aux élèves qui éprouvent de la difficulté de consulter la p. 75 de leur manuel et d'utiliser du matériel de manipulation, au besoin. Au terme de leur tâche, demander aux équipes de présenter leurs réponses et leurs démarches. Demander à quelques équipes d'exprimer, à haute voix ou en les écrivant au tableau, les soustractions correspondant à chaque situation. Amener les élèves à s'exprimer sur la tâche accomplie et leur rappeler qu'ils viennent d'effectuer des soustractions.

Écouter attentivement les consignes. Poser des questions s'il y a lieu. En équipe de deux, entreprendre la tâche proposée tout en travaillant calmement et de façon autonome, en utilisant du matériel de manipulation, en se rappelant sa démarche lors de la réalisation des activités des p. 74 et 75 du manuel. Observer la situation A, puis s'entendre avec l'autre élève sur ce qui s'y est passé, y aller de ses suggestions et accepter que l'autre donne ses idées. Après en avoir analysé les éléments, raconter la situation en utilisant des nombres et les termes *avant* et *après*, ou *d'abord* et *ensuite*, ou *au début* et *à la fin*. Exprimer la soustraction à l'aide des termes *plus* et *égalent*, puis l'écrire à l'aide des symboles – et =. Accepter de demander de l'aide, si c'est nécessaire. Présenter ses réponses et sa démarche à une autre équipe. Exprimer, s'il y a lieu, les difficultés éprouvées au cours de la tâche. Procéder de la même façon pour la situation B.

■ MANUEL, P. 77, ACTIVITÉ 4 ■ Lire la situation aux élèves. Demander à deux ou trois élèves de la redire dans leurs mots. Inviter les élèves à observer ce que Félix a fait et qu'ainsi ils trouveront combien de pommes il avait, combien il en a donné à ses amis et combien il lui en reste. Animer une discussion en invitant les élèves à expliquer la façon de procéder de Félix et à comparer leurs explications :

— *Qu'est-ce que Félix a fait ?*
— *Comment Félix a-t-il illustré ce qu'il a fait ?*
— *Combien de pommes Félix a-t-il apportées en tout ?*
— *Combien de pommes a-t-il données à ses amis ?*
— *Combien de pommes lui reste-t-il ?*
— *Comment montre-t-il qu'il n'a plus certaines pommes qu'il avait au départ ?*

Analyser la situation que Félix a représentée. Observer et expliquer comment il l'a fait. Établir des liens entre la soustraction et l'illustration. Participer activement à la discussion en faisant valoir son point de vue sur la façon dont Félix a représenté la situation et en réagissant aux propos de ses pairs.

NOTE DIDACTIQUE

À l'activité 4 de la p. 77, l'élève observe une façon de représenter une situation où il y a eu modification d'une quantité initiale à la suite du retrait d'un nombre d'éléments. En analysant cette situation, l'élève constate que le personnage Félix a entouré les pommes qu'il a données à ses amis, puis a tracé un X sur ce sous-ensemble pour en montrer le retrait. Cette manière de représenter un problème de soustraction est un pas de plus vers l'abstraction, un pas que l'élève avait commencé à franchir, mais dans une moindre mesure, au thème 3 (voir p. 37 du manuel; fiches 31 et 32 du *RA-1A*). Comparons le degré d'abstraction de ces deux manières de faire. À la p. 37, la démarche est très élémentaire, elle se déroule pas à pas : chaque fois que l'élève retire mentalement un élément, il ou elle s'empresse de l'indiquer en traçant un X sur cet élément. À la p. 77, la situation représentée exige plus de réflexion de sa part; en ce sens que la quantité à enlever est non pas les éléments retirés un à un mais l'ensemble de ces mêmes éléments. Une plus grande distance se crée alors entre le processus mental, par lequel l'élève en vient à retirer une quantité à une quantité initiale, et la représentation concrète de ce processus. Ce degré d'abstraction plus élevé est le signe d'une évolution dans la façon de se représenter un problème de soustraction; à terme, cela représentera une forme d'économie, cette habileté d'abstraction permettant à l'élève de gagner du temps.

■ MANUEL, P. 77, ACTIVITÉS 5 ET 6 ■ Poursuivre avec l'activité 5. Demander à quelques élèves de lire à haute voix chaque soustraction. Rectifier le tir au besoin. Expliquer la tâche aux élèves et les inviter à la réaliser en équipes de deux. Lors d'une correction collective, veiller à ce que les élèves expriment leur démarche et expliquent leurs réponses :

— *Pourquoi dis-tu que cette soustraction va avec cette illustration ?*

Inviter les élèves à réaliser individuellement l'activité 6. Leur mentionner qu'ils auront à présenter leur travail. Laisser à leur disposition du matériel de manipulation qu'ils utiliseront au besoin. Circuler parmi les élèves de manière à vérifier s'ils comprennent la tâche et s'ils sont capables d'illustrer une soustraction et d'en effectuer. Demander aux élèves de résoudre, s'ils ne l'ont pas déjà fait, les équations b et d à l'aide de leurs dessins. Avant de les inviter à présenter leur travail, leur demander de le vérifier. Si une consolidation est nécessaire pour certains élèves, leur proposer la fiche *Pas à pas*. Cette fiche peut être l'occasion d'un travail individuel à la maison ou lors d'un moment libre en classe.

Se grouper en équipe. Faire correspondre les illustrations aux soustractions. Participer à la correction collective en expliquant ses réponses et sa démarche.

Représenter chaque soustraction à l'aide d'un dessin. Écrire la soustraction qui correspond à chaque dessin. Vérifier son travail avant de le présenter aux autres élèves de la classe.

L'INTÉGRATION

Rôle de l'enseignante ou de l'enseignant	Rôle de l'élève

Rôle de l'enseignante ou de l'enseignant

Certaines des fiches 64 à 68 pourraient être l'occasion d'un travail personnel à la maison ou en classe. Les distribuer aux élèves une fois qu'ils auront réalisé les activités de la p. 77 du manuel ou à d'autres moments jugés opportuns, c'est-à-dire en se préoccupant du cheminement et des besoins de chaque élève.

Avant d'animer un retour collectif sur ces fiches, prendre soin de s'assurer que les élèves ont vérifié leurs réponses. Ainsi, peu à peu, ils comprendront qu'accomplir une tâche comporte plusieurs étapes dont l'une, la vérification, fait aussi partie d'une méthode de travail efficace. Lors du retour collectif, amener les élèves à prendre conscience de leurs apprentissages et leur demander de donner une appréciation du travail accompli :

— *Qu'est-ce qui était facile à faire ? difficile ?*

— *Comment as-tu fait pour surmonter tes difficultés ?*

Voici un bref aperçu des fiches 64 à 68.

■ FICHES **64** À **66**, *RA-1B*, P. **64** À **66** ■ Outre de favoriser la capacité de l'élève à observer et à représenter des situations concrètes à l'aide du langage mathématique, ces fiches favorisent également sa capacité à les mathématiser. Les distribuer selon les besoins des élèves : elles sont tout particulièrement indiquées pour ceux et celles qui éprouveraient des difficultés.

La fiche 64 a ceci de particulier que l'élève observe d'abord une situation, la même que le personnage Léa, puis constate que celle-ci a fait une petite erreur (activité b) même si elle a utilisé l'opération appropriée : la soustraction. Ainsi, l'élève constate l'importance de revoir un travail accompli.

■ FICHE **67**, *RA-1B*, P. **67** ■ Dans cette fiche, outre la soustraction, l'addition est aussi représentée, ce qui permet à l'élève de revoir des situations d'addition.

■ FICHE **68**, *RA-1B*, P. **68** ■ Cette fiche permet aux élèves de revenir sur les complémentaires des nombres 7, 8 et 10, également sur l'addition.

Rôle de l'élève

Réaliser les activités des fiches. Se rendre compte que, si le besoin s'en fait sentir, demander de l'aide est important. Comprendre peu à peu que vérifier ses réponses fait partie d'une méthode de travail efficace. Prendre conscience des progrès accomplis et de ses apprentissages. En parler avec les autres élèves de la classe. S'exprimer sur les difficultés éprouvées et la façon de les surmonter, sur ce qui a été plus facile, plus difficile à faire. Écouter les commentaires des autres élèves.

Corrigé des activités du manuel, p. 74 à 77

1. Réponses variables; exemple : Les Bleus se reposent dans leur vestiaire, à l'aréna. Après, certains joueurs se sont levés et sont partis.

   Remarque : Les élèves peuvent bien évidemment raconter la situation dans leurs mots. L'essentiel étant qu'ils en aient constaté la transformation.

2. a) Il y avait **7** joueurs dans le vestiaire. **2** joueurs sont partis. Il reste **5** joueurs.

   b) $7 - 2 = 5$

   Remarque : L'activité *Je sais faire une soustraction* (p. 75 du manuel) porte sur l'un des sens de la soustraction, le retrait. Les quatre étapes amènent les élèves à représenter une soustraction à l'aide de nombres et des symboles – et =. Cette démarche leur permet de franchir un pas de plus vers une représentation plus abstraite de cette opération arithmétique et ils pourront y revenir au gré de leurs besoins (voir p. 251 du guide). Il y avait **6** patins sur l'étagère. Quelqu'un a pris **2** patins. Il reste **4** patins.

3. **Situation A**

   a) Amener les élèves à raconter la situation à l'aide de nombres.

   Réponses variables; exemple : Au début, il y avait 3 bouteilles sur l'étagère. Ensuite, des personnes ont pris 2 bouteilles. Il reste maintenant 1 bouteille.

   b) $3 - 2 = 1$

   Situation B

   a) (Même remarque qu'à la situation A.)

   Réponses variables; exemple : Logibul avait 9 cubes devant lui. Il a enlevé 8 cubes. Il lui reste 1 cube.

   b) $9 - 8 = 1$

4. a) Réponses variables; exemple : Félix a illustré les pommes qu'il a apportées par un ensemble de 7 pommes. Il a entouré la quantité de pommes qu'il a données à ses amis. Pour montrer qu'il a retiré les pommes qu'il leur a remises, il a tracé un grand X sur cet ensemble de 4 pommes. Sur une étiquette, il a représenté, à l'aide de symboles et de nombres, ce qui s'est passé.

   b) Réponses variables.

5. a) $8 - 0 = 8$ b) $6 - 4 = 2$ c) $6 - 1 = 5$

6. Chaque élève a le choix des dessins. Ceux-ci devraient néanmoins s'apparenter à ceux de l'activité 5 du manuel. Exemples de réponses :

   a)   b)   c)   d)

 Bientôt, tu vas participer à un tournoi de mathématique. Pour te préparer, revois les complémentaires des nombres 1 à 10.

Cette activité est liée au projet; elle prépare les élèves au tournoi de mathématique (voir la rubrique Projet, guide, p. 255). Leur proposer, entre autres, de trouver oralement les complémentaires des nombres de 1 à 10. Au besoin, revoir avec eux la p. 31 du manuel et leur distribuer du matériel de manipulation à l'aide duquel ils pourront trouver les complémentaires de ces nombres.

Projet

Rappeler aux élèves qu'ils participeront bientôt à un tournoi de mathématique et qu'il est temps de s'y préparer. Repérer avec eux la date du tournoi sur le calendrier de la classe. Animer une causerie en amenant les élèves à trouver comment ils peuvent s'y préparer. Comme ce tournoi se déroulera en petites équipes, revoir avec les élèves l'affiche *Conseils pour travailler en équipe*. Mettre à la disposition des élèves les ressources qui peuvent leur être utiles : matériel de manipulation, portfolio, affiches représentant des stratégies, etc. Leur suggérer des exercices de « réchauffement » en vue du tournoi, par exemple en les invitant à :

■ trouver oralement des complémentaires des nombres de 1 à 10 en équipes de deux;

■ revoir la p. 31 du manuel, où la notion de complémentaires d'un nombre leur est concrètement présentée, puis à utiliser du matériel de manipulation à l'aide duquel ils pourront trouver les complémentaires des nombres de 1 à 10;

■ revenir à la fiche 68 du *RA-1B*, puis à s'inspirer des activités de cette fiche pour trouver tous les complémentaires des nombres de 1 à 10;

■ compléter des tables d'addition. Pour ce faire, en tracer quelques-unes au tableau de la classe.

Réinvestissement

Suggérer aux élèves de :

■ découper des illustrations dans des magazines, catalogues, dépliants publicitaires avec lesquelles ils représenteront des situations de soustraction pour en faire des affiches. Quand leur tâche est terminée, les inviter à décrire ce qu'ils ont fait.

■ réaliser les activités de la fiche *Des soustractions* (guide, p. 275).

Travaux personnels

Proposer aux élèves de :

■ représenter une soustraction à l'aide d'un dessin ou de matériel concret (ficelle, jetons, etc.);

■ former un ensemble à l'aide d'images prises dans un catalogue, un magazine ou autres imprimés. À partir de cet ensemble d'éléments, effectuer une soustraction en prenant exemple sur les activités de la fiche 66, *RA-1B*.

▶ SITUATION D'APPRENTISSAGE ⬛3 Une stratégie pour compter

En observant une illustration où des objets sont disposés de façon ordonnée, en rangeant du matériel de manipulation dans le coin de mathématique de leur classe et en discutant de la pertinence de faire du rangement, les élèves s'apercevront que le rangement est un moyen de protéger les biens qu'ils utilisent, d'en prolonger la durée de vie. Cette situation d'apprentissage est aussi l'occasion pour les élèves de se donner des moyens efficaces de dénombrer rapidement de grandes quantités d'objets. Ils découvriront alors que, lorsqu'une telle quantité est répartie en piles ou en rangées uniformes de 10 objets, il devient inutile de compter un à un tous ces objets pour les dénombrer. Voilà une stratégie de groupement par 10 bien utile qu'ils expérimenteront concrètement à l'aide de matériel de manipulation, ce qu'ils ont déjà commencé à faire au thème 4. D'ailleurs, c'est par ce biais qu'ils aborderont le concept de dizaine, qui les prépare à la valeur de position des nombres — qu'ils verront plus tard, au thème 8 — dans notre système de numération. De plus, ils se familiariseront avec les termes *dizaine* et *unité*, de même qu'ils communiqueront leurs résultats à l'aide du langage mathématique, ce qui leur permettra d'établir des liens entre le sens de certains termes utilisés dans la vie courante (ajouter, enlever) et leur sens mathématique.

Organisation matérielle

- Le manuel *Logibul 1*, p. 78;
- Du matériel de manipulation en grande quantité : entre 50 et 70 cubes emboîtables par équipe de 3 élèves (ou tout autre matériel équivalent);
- Les fiches 69 et 70, *RA-1B*, p. 69-70;
- La fiche *De jolis autocollants*, au besoin (guide, p. 276).

1 h 30 min

Facteurs de réussite

Les élèves auront réussi la tâche :

- s'ils observent une illustration en vue d'en tirer des éléments d'information;
- s'ils utilisent une méthode adéquate pour dénombrer rapidement une grande quantité d'objets;
- s'ils dénombrent une grande quantité d'objets organisée, sans avoir à tous les compter un à un;
- s'ils établissent un lien entre certains mots du langage courant et certains mots du langage mathématique;
- s'ils prennent conscience de l'importance de protéger les biens qu'ils utilisent.

LA PRÉPARATION

Rôle de l'enseignante ou de l'enseignant	Rôle de l'élève
Annoncer aux élèves qu'au cours de cette situation d'apprentissage, ils dénombreront une grande quantité d'objets et qu'ils écriront des nombres. Leur demander s'ils se souviennent de l'avoir déjà fait, de dire comment ils y sont parvenus. Au besoin, leur rappeler le problème des amis de Logibul qui avaient du mal à dénombrer une grande quantité de pinces à linge (p. 46 du manuel).	Activer ses connaissances antérieures en exprimant, dans ses mots, sa ou ses méthodes de dénombrement d'une grande quantité d'objets. Partager ses connaissances avec ses pairs et écouter ce que les autres ont à dire.
Grouper les élèves en équipes de trois. Remettre entre 50 et 70 cubes emboîtables à chaque équipe. Demander aux élèves de disposer ces cubes de manière à les dénombrer rapidement sans toutefois tous les compter un à un. Les laisser se débrouiller pour trouver un moyen. Circuler parmi les élèves tout en les encourageant dans leur tâche. Leur allouer quelques minutes pour l'accomplir, puis les inviter à expliquer et à comparer leurs façons de dénombrer. Au cours de cette mise en commun, amener les élèves à discuter des avantages et des inconvénients des méthodes pour en mesurer l'efficacité, pour faire ressortir celles convenant le mieux à la tâche de dénombrer une grande quantité sans avoir à en compter un à un les objets. Au besoin, revoir le groupement par 10 en les invitant à consulter la p. 47 du manuel. Les amener à constater, à la lumière de ce qu'ils viennent de réaliser, que le groupement par 10 est une méthode efficace pour dénombrer une grande quantité d'objets.	Se grouper en équipe. Écouter les consignes et s'assurer de les comprendre avant d'entreprendre la tâche. Dénombrer les objets reçus. S'efforcer de trouver une méthode de dénombrement, par exemple faire des groupements, des piles ou des rangées de 10 objets. Faire des essais. Participer à la mise en commun des stratégies : expliquer la sienne, dire pourquoi ce moyen lui évite d'avoir à compter tous les objets un à un, la comparer avec celles des autres et donner son appréciation sur les moyens utilisés.
Mentionner aux élèves de laisser tels quels les objets qu'ils ont manipulés, c'est-à-dire sans en changer la disposition. Ils y reviendront plus tard, au cours de la phase qui suit.	

LA RÉALISATION

Rôle de l'enseignante ou de l'enseignant	Rôle de l'élève
■ MANUEL, P. 78, ACTIVITÉ 1 ■ Demander aux élèves de lire l'encadré en haut de page. Leur allouer quelques minutes pour qu'ils observent l'illustration. Ensuite, attirer leur attention sur le contenu de la grande étagère : — *Quelle ressemblance ou différence vois-tu dans la disposition des casques, d'une tablette à l'autre ?* — *Combien de casques y a-t-il sur chaque tablette ?* — *Combien de casques y a-t-il en tout dans cette grande étagère ?* Amener les élèves à constater qu'ils n'ont pas à compter tous les casques de chaque tablette pour trouver la réponse, que la disposition des casques, placés vis-à-vis les uns des autres, en rangées, leur permet de voir que leur nombre est pareil d'une tablette à l'autre et qu'il suffit de compter les casques d'une seule rangée, puis le nombre de rangées pour trouver combien de casques il y a dans la grande étagère. Au besoin, en faire la démonstration à l'aide de quelques dizaines de cubes emboîtables (ou autre matériel de manipulation). Ensuite, inviter les élèves à trouver combien il y a de casques en tout (activité 1).	Lire l'encadré et observer l'illustration. Prêter attention à la disposition des casques de la grande étagère et remarquer que cette disposition en rangées permet de dénombrer tous les casques sans avoir à les compter un à un, non plus à compter les casques de chaque rangée mais en comptant ceux d'une seule rangée. Dire combien il y a de casques sur chaque tablette (rangée) de la grande étagère, puis combien il y en a en tout.

NOTE DIDACTIQUE

Dans cette activité, l'élève doit trouver un moyen de dénombrer les casques de hockey sans avoir à les compter tous un à un; à l'exception, il va sans dire, de ceux de la petite étagère et d'une rangée de casques de la grande étagère. Étant donné que les casques de la grande étagère sont disposés, les uns vis-à-vis des autres, en rangées, l'élève devrait en conclure que toutes ces rangées comportent le même nombre de casques et que, par conséquent, compter les casques d'une seule rangée lui suffit et que compter tous les casques des autres rangées lui devient inutile. Cependant, en dépit de la clarté de l'illustration, certains élèves n'arriveront pas à cette même conclusion, d'autres y parviendront avec plus ou moins de conviction ou seront près d'en douter et ressentiront alors le besoin de faire des vérifications en comptant un à un tous les casques. Il faudra donc donner un coup de pouce à ces élèves en les amenant à ne compter qu'une seule rangée de casques. Si, chez certains, le doute persiste, leur demander d'exprimer quel aspect de l'illustration en est la cause : « Qu'est-ce qui te fait croire qu'il pourrait y avoir plus de casques ou moins de casques dans les autres rangées ? » Malgré cela, si certains élèves persistent à vouloir compter tous les casques un à un, en confier la tâche à quelques-uns seulement en invitant les élèves chez qui le doute subsiste encore de leur faire confiance.

Établir un lien entre cette façon de disposer des objets en rangées de 10 (illustration de l'activité 1) et d'autres groupements par 10 que des élèves ont utilisés comme moyen de dénombrement, au cours de l'activité de manipulation, à la phase Préparation (voir p. 256 du guide). Pour ce faire, revenir aux dispositions des cubes. Faire ressortir les différences et les ressemblances entre les façons. Faire remarquer que placer des objets en rangées, les uns vis-à-vis des autres, est une façon de dénombrement plus rapide; ainsi, nul besoin de compter les éléments de chaque groupement (rangée).	Observer la disposition de ses cubes et celles des autres élèves. Trouver les ressemblances et les différences dans les méthodes de dénombrement : groupement ordonné (en rangée) et groupement désordonné (groupement de 10 objets pêle-mêle). Trouver les avantages et les inconvénients de l'une et l'autre des dispositions. Constater que la disposition d'objets en rangées de 10 est une autre manière de faire des groupements, une méthode qui facilite encore plus le dénombrement d'une grande quantité d'objets.

Demander aux élèves de disposer leurs cubes en rangées de 10, à la manière des casques de la grande étagère, jusqu'à ce qu'il leur soit impossible de faire de nouvelles rangées avec leurs cubes. Puis, de compter le nombre de rangées qu'ils ont ainsi formées et le nombre d'unités qui reste. Les amener à se rendre compte que cette disposition est une façon efficace de dénombrer une grande quantité d'objets.

Tracer au tableau deux cases : écrire *dizaines* au-dessus de la première et *unités*, au-dessus de la seconde. Demander à une ou un élève de venir écrire dans ces cases, le nombre de rangées qu'il a formées et le nombre d'unités qui lui reste, puis inviter les autres élèves à faire de même sur une feuille. Leur faire remarquer le terme qui exprime un groupement de 10 objets : dizaine. Pour ce faire, revenir à la fiche 41 du *RA-1A*, à la représentation du nombre total d'araignées, en leur faisant constater que l'ensemble de 10 araignées placé au-dessus de la première case peut être remplacé par le mot *dizaine*, l'araignée unique, par le mot *unité*.

Reprendre le même exemple au tableau, en demandant aux élèves d'imaginer, au-dessus du mot *dizaines*, un ensemble de 10 cubes et 1 cube, au-dessus du mot *unités*. Poursuivre avec les questions suivantes :

— *Comment appelle-t-on un groupement de 10 objets ?*

— *Quel nom donne-t-on aux objets qui ne forment pas un groupement de 10 ?*

■ MANUEL, P. 78, ACTIVITÉ 2 ■   Avant d'entreprendre cette activité, veiller à ce que les élèves comprennent les termes *ajouter* et *enlever* en établissant des liens entre l'usage de ces mots dans le langage courant et leur usage dans le langage mathématique. Leur demander de donner des exemples de situations de la vie courante où ils utilisent ces mots. Leur présenter l'activité 2 en leur demandant de dire ce que signifie, selon eux, le *d* et le *u*. Les inviter à la réaliser en équipes, puis procéder à une mise en commun des réponses et des démarches.

Inviter les élèves à ranger le matériel de manipulation qu'ils ont employé dans le coin de mathématique de la classe. En profiter pour animer une discussion sur la pertinence de faire du rangement en amenant notamment les élèves à prendre conscience que ranger les biens qu'ils utilisent est une façon d'en prendre soin, de les protéger et d'en prolonger la durée de vie.

Reprendre les cubes et les grouper en rangées de 10 de manière à en faciliter le dénombrement. Écrire le résultat de son dénombrement. Écouter les explications de son enseignante ou enseignant. Se familiariser avec les termes *dizaine* et *unité*.

Réaliser la tâche en équipe. Établir des liens entre le langage courant et le langage mathématique en décrivant avec les mots *ajouter* et *enlever* quelques situations de la vie courante. Participer à la mise en commun en expliquant sa démarche et en écoutant celles des autres élèves.

Ranger le matériel de manipulation. Participer à la discussion en donnant des exemples pour protéger les biens mis à sa disposition, en prenant conscience de sa responsabilité en cette matière.

L'INTÉGRATION

Rôle de l'enseignante ou de l'enseignant	Rôle de l'élève
Au cours d'une brève discussion, amener les élèves à objectiver ce qu'ils viennent de vivre et à prendre conscience en quoi ils ont progressé sur le plan des compétences en jeu dans cette situation d'apprentissage.	Participer activement à la discussion. Poser des questions, s'il y a lieu. Constater les progrès accomplis et manifester sa fierté. Revoir le contenu de son portfolio, au besoin.
À cette étape, il est possible que certains élèves soient capables de lire les nombres obtenus à l'aide de la stratégie de dénombrement par dizaines. Le cas échéant et si le moment est jugé opportun, profiter de l'occasion pour amener les élèves à observer que, dans notre système de numération, le premier chiffre (à partir de la gauche) d'un nombre qui en comporte deux, représente une quantité d'objets groupés, la dizaine, et le second, une quantité d'objets non groupés en dizaine, l'unité.	
■ FICHE 69, *RA-1B*, P. 69 ■ Cette fiche permet aux élèves de revoir le groupement par 10, qui est une stratégie de dénombrement, tout en représentant ce groupement par le mot *dizaine*. Distribuer cette fiche aux élèves dans le cadre d'un travail à la maison ou l'utiliser comme activité de consolidation lors d'un moment libre en classe. Procéder à une correction collective.	Réaliser les activités de la fiche 69 individuellement. Expliquer sa démarche et sa stratégie de dénombrement aux autres élèves lors de la correction collective.
■ FICHE 70, *RA-1B*, P. 70 ■ Présenter la fiche aux élèves et leur demander de réaliser individuellement les activités. S'assurer qu'ils comprennent bien la tâche; demander à quelques élèves de la redire dans leurs mots. Circuler parmi les élèves, soutenir ceux et celles qui éprouvent de la difficulté. Amener les élèves à constater que le groupement en piles est une autre façon de dénombrer une grande quantité d'objets. Animer un retour sur cette activité : s'assurer que les élèves sont capables d'expliquer pourquoi ils n'ont pas eu besoin de compter tous les objets un à un pour les dénombrer, puis de dire, dans leurs mots, ce qu'est une dizaine.	Lire les consignes. Les redire dans ses mots. Accomplir individuellement la tâche. Se familiariser avec les mots *dizaine* et *unité*. Expliquer sa façon de procéder pour trouver les réponses et exprimer ce qu'il ou elle a appris.
Si une consolidation est nécessaire pour certains élèves, leur proposer la fiche *De jolis autocollants*. Cette fiche peut être l'occasion d'un travail individuel à la maison ou lors d'un moment libre en classe.	

Corrigé des activités du manuel, p. 78

1. Il y a **4** dizaines et **5** unités de casques.

2. **Remarque :** Au besoin, prendre soin d'expliquer les abréviations : d, pour dizaine(s) et u, pour unité(s). Par ailleurs, il est possible que certains élèves soient capables de nommer les nombres obtenus. Le cas échéant et si le moment est jugé opportun, profiter de l'occasion pour amener les élèves à observer que, dans notre système de numération, le premier chiffre d'un nombre qui en comporte deux, représente une quantité d'objets groupés, la dizaine, et le second, une quantité d'objets non groupés en dizaine, l'unité.

   a) 3 dizaines et 5 unités de casques.

   b) 5 dizaines et 5 unités de casques.

   c) 4 dizaines et 0 unité de casques.

Réinvestissement

Demander aux élèves de préparer des illustrations semblables à celle de la p. 78 (quantité d'objets disposés en rangées) ou à celle de la fiche 70 (quantité d'objets disposés en piles), puis de s'échanger leurs illustrations pour en dénombrer les éléments.

Travaux personnels

Suggérer aux élèves de former des dizaines à l'aide d'une quantité indéterminée de jetons ou d'autres objets. Ensuite, d'écrire le nombre de dizaines qu'ils ont formées et le nombre d'unités non groupés, puis dire combien il y a d'objets en tout.

▶ SITUATION D'APPRENTISSAGE **4**   Formons des équipes

Dans la présente situation d'apprentissage, les élèves formeront des équipes en vue de leur tournoi de mathématique. À l'exemple de la classe de Logibul, il leur sera proposé une façon bien amusante d'y parvenir : par le hasard. Cette méthode a l'avantage, outre d'éviter de possibles désaccords autour de la composition des équipes, de ne laisser personne en retrait étant donné que la répartition des élèves au sein des équipes n'est pas le fait d'un choix personnel mais le fruit du hasard. De la sorte, les élèves expérimenteront concrètement une facette de la probabilité, comme le fait le personnage Camille qui, les yeux bandés, pige une bille de couleur pour déterminer dans quelle équipe elle fera partie. De plus, ils exerceront leur jugement critique quand viendra le moment d'anticiper le résultat (événement certain, possible ou impossible) de Camille, ce qu'ils feront en analysant les éléments de l'illustration. Lors de leur prédiction, les élèves seront amenés à se questionner, à établir des liens entre ces éléments et à chercher des réponses à leur questionnement : est-ce certain, possible, impossible que Camille pige telle ou telle bille ?

Organisation matérielle
▓ Le manuel *Logibul 1*, p. 79;
▓ Un bocal, un contenant ou un sac;
▓ Des billes ou des jetons de couleur;
▓ Des cartons de couleur.

2 heures

Facteurs de réussite

Les élèves auront réussi la tâche :

▨ s'ils se questionnent sur des expériences liées au hasard et trouvent réponse à leur questionnement ;

▨ s'ils exercent leur pensée critique en reconnaissant des faits et des données ;

▨ s'ils expérimentent des activités liées au hasard ;

▨ s'ils prédisent le résultat d'une activité liée au hasard en terme d'événement possible, impossible, certain ;

▨ s'ils arrivent à se former en équipes en évitant des désaccords.

LA PRÉPARATION

Rôle de l'enseignante ou de l'enseignant	Rôle de l'élève
Expliquer aux élèves qu'ils vont former des équipes en vue du tournoi de mathématique. Leur mentionner que les équipes resteront les mêmes durant tout le tournoi.	Écouter la présentation de l'activité. Faire part de ses suggestions sur la façon de former les équipes. Participer à la discussion en exprimant son opinion sur le sens de ce qui est juste et injuste.
Demander aux élèves de nommer différents moyens que l'on peut prendre pour former des équipes. Leur poser ensuite ces questions :	
— *Parmi ces moyens y en a-t-il que tu juges plus simples ? plus compliqués ? plus souples ? plus justes ?*	
— *Avec lesquels es-tu plus en accord ? en désaccord ?*	

LA RÉALISATION

Rôle de l'enseignante ou de l'enseignant	Rôle de l'élève
▪ MANUEL, P. 79, ACTIVITÉS 1 ET 2 ▪ Demander aux élèves d'observer l'illustration. Leur soumettre les questions se trouvant dans l'encadré en haut de page.	Observer l'illustration de la p. 79 et décrire ce qui se passe.
Poursuivre avec les questions de l'activité 1 et les suivantes :	Répondre aux questions.
— *Pourquoi Camille a-t-elle un bandeau sur les yeux ?*	
— *Quelle bille Camille va-t-elle piger ?*	
— *Pourquoi dis-tu ça ?*	
Faire observer aux élèves les cartons de couleur que les personnages portent sur eux. Poser ensuite la question suivante :	
— *D'après les cartons, de quelle couleur était la bille pigée par Félix ? par Hoa ?*	
▪ MANUEL, P. 79, ACTIVITÉ 3 ▪ Demander aux élèves d'observer le bocal de l'activité 3 et de le comparer avec celui de l'illustration en haut de page. Leur expliquer l'activité 3, puis les inviter à la réaliser ou à l'expérimenter concrètement.	Expliquer pourquoi Camille a plus de chances d'être dans l'équipe des Bleus plutôt que dans une autre.

L'INTÉGRATION

Rôle de l'enseignante ou de l'enseignant	Rôle de l'élève
Mentionner aux élèves que, bientôt, ils formeront des équipes pour le tournoi de mathématique. Leur demander de trouver une façon de procéder pour former les équipes. Leur rappeler les points saillants de la causerie qui s'est déroulée à la phase Préparation. Accepter que les élèves proposent une variante du moyen utilisé par la classe de Logibul pourvu que le hasard intervienne. Par exemple, pour une classe de 24 élèves, préparer de petits cartons de couleur (8 couleurs, soit 1 par équipe de 3 élèves) et les placer dans un sac. Chaque élève pige un carton dont la couleur déterminera dans quelle équipe il ou elle sera.	Donner des suggestions pour la formation des équipes. Faire valoir son point de vue.

Corrigé des activités du manuel, p. 79

Encadré en haut de la p. 79 : Il y a 3 équipes : les Rouges, les Bleus, les Verts. Les élèves tirent au hasard des billes de couleur pour décider dans quelle équipe chaque élève fera partie. C'est au tour de Camille de tirer une bille du bocal.

1. On ne le sait pas encore. Parce qu'on ignore quelle bille elle va tirer.

2. Félix : bleu; Hoa : rouge.

3. Elle a plus de chances d'être dans l'équipe des Bleus étant donné qu'il y a plus de billes bleues que de rouge. Il est impossible qu'elle pige une bille verte.

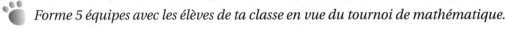 *Forme 5 équipes avec les élèves de ta classe en vue du tournoi de mathématique.*

Cette activité est liée au projet (voir la rubrique Projet ci-dessous) et se rattache à la phase Intégration.

Projet

Inviter les élèves à former des équipes en vue du tournoi de mathématique. À cette fin, il est suggéré de suivre la méthode modèle de la p. 79 du manuel; accepter que les élèves proposent une variante du moyen utilisé par la classe de Logibul pourvu que le hasard intervienne.

Réinvestissement

Suggérer aux élèves de faire une expérience avec des cartes. En sélectionner 4 : une carte de cœur, une de pique, une de trèfle et une de carreau. Retourner ces 4 cartes face contre table et les mêler. Prendre l'une d'elles au hasard et la retourner; noter la carte au tableau de la classe. La remettre parmi les 3 autres et les mêler. Faire neuf autres essais en notant chaque fois la carte pigée. Demander aux élèves d'observer quelle carte a été pigée le plus souvent. Leur poser cette question : « Est-ce que ce sera la même carte qui sera pigée le plus souvent si on recommence l'expérience ? »

Travaux personnels

Proposer aux élèves :

▨ de former des équipes de 4 et de jouer à la courte paille;

▨ de jouer à « roche, papier, ciseaux » soit au service de garde, soit à la récréation ou à la maison (les enfants connaissent ce jeu; leur demander de l'expliquer).

▶ SITUATION D'APPRENTISSAGE 5 La ronde des numéros

Dans cette cinquième situation d'apprentissage, les élèves poursuivront l'organisation de leur tournoi de mathématique. Dans une équipe sportive, les joueurs ont souvent besoin d'un numéro; il en sera de même pour les équipes du tournoi de mathématique. Avant le début de leur tournoi, les élèves de la classe seront invités à imaginer différents moyens de se trouver des numéros de joueurs en faisant intervenir le hasard. Ainsi, ils mettront en œuvre leur pensée créatrice et expérimenteront de nouveau une activité liée au hasard. Pour leur part, Léa et ses amis s'attribuent des numéros à l'aide de dés. Après avoir compris la façon dont ces derniers procèdent, les élèves auront à comparer les moyens qu'ils ont imaginés avec celui de Léa de façon à vérifier si les leurs sont en lien avec le hasard. Tout le long de cette situation d'apprentissage, ils devront s'engager dans l'action en ayant un esprit de coopération et de solidarité, état d'esprit dans lequel il convient d'aborder le tournoi. Par ailleurs, en traçant leur numéro respectif sur un carton, les élèves ont l'occasion de revenir sur l'écriture des chiffres.

Organisation matérielle

2 h 30 min

- ▨ Le manuel *Logibul 1*, p. 80;
- ▨ Des cartons aux couleurs des équipes, 1 par élève (pour y écrire son numéro de joueur ou de joueuse);
- ▨ Des dés et des crayons-feutres.

Facteurs de réussite

Les élèves auront réussi la tâche:

- ▨ s'ils imaginent des façons de former des numéros;
- ▨ s'ils distinguent parmi les différents moyens pour former des numéros ceux où le hasard intervient;
- ▨ s'ils peuvent lire des nombres à deux chiffres;
- ▨ s'ils participent à la tâche en ayant une attitude de respect et d'ouverture envers les autres.

Portfolio

Proposer aux élèves de s'imaginer en train de réaliser une activité liée au hasard, par exemple tirer une bille de couleur d'un contenant de quelques billes ou former des numéros à l'aide de deux dés, puis de dessiner leurs prédictions, c'est-à-dire des résultats probables.

LA PRÉPARATION

Rôle de l'enseignante ou de l'enseignant	Rôle de l'élève
Dire aux élèves que parfois, dans une équipe, les membres ont besoin d'avoir un numéro; ce qui est d'ailleurs le cas dans le tournoi de mathématique qui se prépare.	Écouter la présentation.
Demander aux élèves de se regrouper au sein de leur équipe respective (voir Projet, p. 262 du guide) et leur poser cette question: — *Comment peut-on s'y prendre pour former ces numéros?*	Exprimer ses idées sur la manière de former des numéros pour chacun des membres de son équipe.
Comparer les différents moyens que proposent les élèves. — *Parmi les moyens trouvés, y en a-t-il qui font intervenir le hasard?*	Essayer de répondre à la question en exprimant dans ses mots en quoi le choix d'un numéro dépend du hasard ou non.
Demander aux élèves d'expliquer leurs réponses. Conserver leurs suggestions pour l'intégration.	

LA RÉALISATION

Rôle de l'enseignante ou de l'enseignant	Rôle de l'élève
■ MANUEL, P. 80, ACTIVITÉ 1 ■ Demander aux équipes d'observer l'illustration. Laisser à chaque équipe le temps de se mettre d'accord sur une réponse à donner à l'activité 1. Inviter les équipes à comparer leurs réponses. ■ MANUEL, P. 80, ACTIVITÉ 2a ■ Demander aux élèves d'expliquer comment le numéro de Léa a été déterminé. Leur proposer ensuite de faire la même démarche pour le cas de Hoa. ■ MANUEL, P. 80, ACTIVITÉ 2b ■ En tenant compte des raisonnements déployés par les élèves lors des activités 1 et 2a, leur demander d'interpréter les données fournies par l'illustration et de déterminer quel sera le numéro de Félix. Les inviter à justifier leurs réponses.	Avec son équipe, exploiter l'information contenue dans l'illustration. Trouver une explication sur la façon dont la classe de Logibul a procédé pour trouver des numéros à chaque joueur et joueuse. Participer à la comparaison des explications. Répondre aux questions de l'activité 2 en faisant notamment appel à ses connaissances antérieures en ce qui a trait aux nombres à deux chiffres.

L'INTÉGRATION

Rôle de l'enseignante ou de l'enseignant	Rôle de l'élève
Revenir sur les suggestions que les élèves ont faites lors de la phase Préparation. Les inviter à comparer leurs moyens avec celui utilisé par la classe de Logibul. Amener les élèves à dire en quoi ce moyen est lié au hasard Demander aux élèves de trouver tous les numéros à deux chiffres qu'ils peuvent obtenir avec deux dés dont les faces sont numérotées de 1 à 6 (réponse : 36 numéros).	Comparer le moyen que Léa et ses amis ont trouvé pour former des numéros à l'aide de deux dés avec les moyens proposés par ses camarades de classe. Exprimer sa comparaison en utilisant le vocabulaire approprié. Essayer de trouver tous les numéros à deux chiffres qu'il est possible de former avec deux dés.

Corrigé des activités du manuel, p. 80

Encadré en haut de la p. 80 : Léa et Hoa ont déjà leur numéro. Félix n'a pas encore le sien. Il est en train de lancer les dés, un blanc et un noir.

1. Ils lancent 2 dés : un blanc et un noir. À partir du résultat, ils forment un numéro.

2. a) Léa a obtenu un 2 et un 3. Hoa a obtenu un 4 et un 2.

   b) Félix aura le numéro 13 ou 31, car on ignore lequel des 2 dés correspond au chiffre des unités et lequel, à celui des dizaines.

 Avec ton équipe, trouve ton numéro.

Cette question est liée au projet. Voir la rubrique Projet, à la page suivante.

Projet

■ Inviter les équipes à mettre en œuvre leur pensée créatrice afin de trouver un moyen de s'attribuer des numéros de joueurs et de joueuses en faisant intervenir le hasard. Au préalable, les élèves doivent comprendre comment Léa et ses amis s'y prennent pour se donner chacun un numéro.

■ Ensuite, les élèves de chaque équipe compareront le moyen utilisé par Léa et ses amis pour former des numéros (p. 80 du manuel) avec ceux qu'ils auront eux-mêmes imaginés. Cette comparaison leur permettra de déterminer si les moyens qu'ils ont trouvés sont en lien avec le hasard. Inviter les équipes à se faire part de leur comparaison.

■ Inviter les élèves de chaque équipe à s'attribuer des numéros en expérimentant concrètement le moyen qu'ils ont choisi.

Réinvestissement

Proposer aux élèves de continuer à explorer d'autres possibilités de former au hasard des numéros ou des nombres à l'aide de 2 dés. Par exemple, effectuer des additions ou des soustractions à partir des résultats des dés (6 + 2 ou 6 − 2).

Travaux personnels

Suggérer aux élèves de prendre 5 cartes à jouer, par exemple les 2, 3, 4, 5 et 6 de cœur. Ensuite, de trouver quels nombres d'au plus deux chiffres il est possible de former avec ces cartes.

▶ SITUATION D'APPRENTISSAGE 6 Un tournoi

La dernière situation d'apprentissage de ce thème, au cours duquel il a été question de jeux et de sports d'équipe, est consacrée à un tournoi de mathématique. Lors des situations d'apprentissage 4 et 5, les élèves ont formé des équipes et déterminé les numéros de chaque joueur et joueuse. Ils peuvent maintenant commencer le tournoi.

Il est suggéré de faire travailler les élèves en maintenant un équilibre entre le travail individuel et le travail en équipe. En effet, il est important qu'ils soient capables de travailler seuls au sein de leur équipe afin de leur permettre d'apporter leur « contribution personnelle » au travail collectif; en contrepartie, leur participation à des échanges, après chacune des situations-problèmes du tournoi, contribuera à favoriser le partage de leurs méthodes de travail, des stratégies qu'ils ont développées et employées, des notions mathématiques qu'ils ont acquises (pour plus de détails sur le déroulement du tournoi, se reporter à la rubrique Projet, guide, p. 271).

La participation active à un projet tel qu'un tournoi de mathématique nécessitera de la part de chaque élève un haut degré d'engagement dans l'action. Pour y parvenir, l'élève devra faire appel à l'esprit de coopération et de solidarité qu'il ou elle a développé au cours de la période préscolaire et depuis le début de la présente année. De plus, le contexte d'un tournoi exige des participants de valoriser et de respecter des règles de vie en groupe qui sont les fondements de la vie démocratique (respect des règlements, respect de l'autre et de son travail, etc.). Par ailleurs, la dynamique de groupe dans laquelle chaque élève va se trouver lui offrira l'occasion de mettre à profit ses ressources personnelles.

Organisation matérielle

- Le manuel *Logibul 1*, p. 81 à 85;
- L'affiche *Conseils pour faire une activité de mathématique* (au début du manuel);
- Du matériel de manipulation;
- Les fiches 71 à 75, *RA-1B*, p. 71 à 75;
- Un sablier (durée : environ 3 min);
- Les fiches de soutien *Le tournoi* et *Un peu de calcul mental* (guide, p. 277 et 278);
- Les fiches *D'une addition à l'autre* et *Les tables de Léa*, au besoin (guide, p. 279 et 280).

3 h 30 min

Facteurs de réussite

Les élèves auront réussi la tâche :

- s'ils sont conscients de leur apport au groupe;
- s'ils fournissent un effort pour contribuer au succès de leur équipe;
- s'ils emploient des stratégies et produisent des solutions aux problèmes proposés;
- s'ils choisissent les opérations arithmétiques appropriées pour résoudre des problèmes.

Portfolio

Encourager les élèves à conserver, chaque fois que cela est possible, des traces de leur démarche de résolution de problèmes en leur laissant le soin de choisir ce qu'ils veulent garder.

LA PRÉPARATION

Rôle de l'enseignante ou de l'enseignant	Rôle de l'élève
Annoncer aux élèves qu'ils vont maintenant participer au tournoi de mathématique. Mettre à leur disposition du matériel de manipulation et revoir avec eux l'affiche *Conseils pour faire une activité de mathématique*. Leur préciser qu'il y aura une limite de temps pour chacune des tâches.	Écouter les explications. Revoir les conseils pour faire une activité mathématique. Montrer son intention de collaborer au tournoi en y mettant les efforts nécessaires.
Tracer un tableau en vue de noter les points des équipes. Il est suggéré de le faire en invitant les élèves à y participer activement. Par des questions, analyser avec les élèves de quelle façon il serait pratique de classer les points que les équipes vont gagner. À partir de là, explorer avec eux la façon de tracer un tableau (au tableau de la classe ou sur une grande feuille).	Participer à l'activité collective en faisant des suggestions et en posant des questions. Suivre la démarche de l'enseignante ou de l'enseignant au moment de tracer le tableau des points.

LA RÉALISATION

Rôle de l'enseignante ou de l'enseignant	Rôle de l'élève
■ MANUEL, P. 81, ACTIVITÉ 1 ■ Faire observer l'illustration. S'assurer que les élèves lisent l'information donnée par Hoa et qu'ils comprennent bien le problème tel qu'il est posé. Leur laisser se rendre compte par eux-mêmes, qu'on ne peut être certain du résultat de la partie. Demander aux élèves de trouver tous les résultats possibles. Leur laisser environ 5 min aux élèves pour résoudre le problème.	Appliquer différentes stratégies en vue d'arriver à une solution. Au besoin, se reporter à l'affiche *Conseils pour faire une activité de mathématique*. Démontrer ses compétences : observer une illustration pour y trouver les informations pertinentes, dégager une possibilité de solution par « essais et erreurs », choisir une piste et accomplir la tâche jusqu'au bout.

Procéder ensuite à une mise en commun des réponses et des démarches et à l'attribution des points à chaque élève selon le barème suivant :
- 7 résultats donnent 3 points;
- 5 ou 6 résultats donnent 2 points;
- 3 ou 4 résultats donnent 1 point;
- moins de 3 résultats donne 0 point.

Distribuer la fiche de soutien *Le tournoi* aux élèves et leur demander de commencer à remplir la partie A.

Animer un retour avec l'ensemble de la classe en faisant expliquer par quelques élèves comment ils ont fait. En profiter pour faire observer la commutativité de l'addition.

■ MANUEL, P. 81, ACTIVITÉ 2 ■ Lire le problème avec les élèves. Leur allouer environ 3 min pour trouver leurs réponses. Au moment de la mise en commun des réponses et des démarches, attribuer un point par bonne réponse. Faire inscrire les points sur la fiche *Le tournoi* (il en sera de même pour chaque activité du tournoi).

Faire observer la commutativité de l'addition, par exemple :
— *Pour trouver le nombre de buts de la partie en a, cet élève a fait 6 + 3 mais une autre a fait 3 + 6. Croyez-vous que nos deux amis ont obtenu des sommes différentes ?*

Lors de la correction des activités, montrer de l'enthousiasme : féliciter les membres de son équipe et démontrer sa fierté d'avoir réussi. À l'occasion, se permettre d'aider un ou une élève à revoir une tâche non réussie.

Inscrire ses points dans la partie A, dans la case correspondant à l'activité 1.

Expliquer sa démarche dans ses mots, en utilisant le langage mathématique approprié; au besoin, utiliser du matériel pour communiquer ses explications.

Accomplir la tâche en respectant le temps alloué. Essayer de résoudre le problème. Lors de la correction, montrer son enthousiasme : féliciter les membres de son équipe et manifester sa fierté d'avoir bien travaillé. À l'occasion, se permettre d'aider un ou une élève à revoir un problème non réussi. Expliquer, dans ses mots, sa démarche en utilisant le langage mathématique approprié; au besoin, utiliser du matériel de manipulation ou un dessin pour communiquer ses explications.

Répondre à la question. Constater la commutativité de l'addition.

NOTE DIDACTIQUE

Pour réaliser l'activité 2, les élèves doivent additionner les buts comptés par chaque équipe lors de chaque partie. Dans le cas de 2a, par exemple, une question se pose : faut-il ajouter 3 à 6 ou 6 à 3 pour obtenir le résultat ? Autrement dit, faut-il trouver : 6 + 3 ou 3 + 6 ? C'est la question de la commutativité de l'addition qui est ainsi posée. Ce n'est pas la première fois que l'élève fait face à une situation où est en cause cette propriété de l'addition, qui permet d'intervertir l'ordre des termes sans que le résultat de l'opération ne soit changé. En effet, depuis le début de l'année, les élèves ont eu l'occasion de constater cette propriété. Ce ne sera pas la dernière non plus. Nous croyons qu'il est important, chaque fois que l'occasion se présente, d'attirer l'attention des élèves sur cette propriété. Ce n'est pas parce que les élèves ont pu la constater quelques fois qu'ils parviennent à généraliser sa portée. La majorité des enfants se comportent comme s'ils se disaient mentalement : « C'est comme ça cette fois-ci, mais peut-être que ça ne marche pas toujours. » Si certains élèves ont besoin de faire une activité de consolidation, proposer la fiche *D'une addition à l'autre*.

■ MANUEL, P. 82, ACTIVITÉ 3 ■ Remettre la fiche de soutien *Un peu de calcul mental* aux élèves. Leur allouer au plus 2 min pour compléter les tables. Procéder à une correction collective en invitant les élèves à s'échanger leurs fiches. Accorder un point par table complétée sans erreur. Demander aux élèves de réaliser l'activité 3b à la maison ou lors d'une période de travail personnel en classe.

Effectuer mentalement les calculs. Communiquer ses processus personnels aux autres élèves à l'aide du langage mathématique.

■ MANUEL, P. 83, ACTIVITÉ 4 ■ Faire réaliser l'activité individuellement, puis inviter les élèves d'une même équipe à échanger leurs réponses. Allouer environ 4 min aux élèves pour cette tâche. Procéder à une mise en commun des réponses. Accorder 1 point par bonne réponse à chaque élève.

Faire l'activité individuellement en respectant le temps alloué. Expliquer ses réponses aux camarades de son équipe.

Demander à des élèves d'ajouter ou d'enlever 1 à un nombre, ou encore d'y ajouter 0, ne semble pas, de prime abord, constituer un défi très intéressant. Toutefois, ces activités permettent aux élèves de constater que, dans la suite des nombres naturels :

• le nombre qui vient avant un nombre quelconque, c'est ce dernier moins 1 ;
• le nombre qui vient après un nombre quelconque, c'est ce nombre plus 1.

Ajouter ou enlever rapidement 1 à un nombre permettra aux élèves d'acquérir une forme de souplesse, dont ils auront besoin pour développer des processus de calcul mental personnels.

Par ailleurs, constater qu'ajouter 0 à un nombre ne modifie pas ce nombre, c'est constater que 0 est un élément neutre pour l'addition ; ce qui est évident pour un ou une adulte, mais ne l'est pas nécessairement pour un enfant.

Le 0 et le 1 sont une éternelle source de difficulté, et pas seulement pour les élèves du primaire. Vaut donc mieux les traiter comme tout autre nombre et éviter d'en faire des nombres à part.

■ MANUEL, P. 83, ACTIVITÉ 5 ■ Inviter les élèves à observer et à décrire l'illustration. Lire avec eux la consigne 5b. Laisser environ 3 min pour trouver une solution.

Accorder 2 points pour une réponse correcte. Animer un échange sur les démarches des élèves.

Partager son point de vue sur la situation-problème. Répondre à la question et, lors de la mise en commun des réponses et des démarches, juger de la pertinence des réponses des autres élèves.

■ MANUEL, P. 84, ACTIVITÉ 6 ■ Lire le problème avec les élèves. S'assurer auprès de quelques élèves qu'ils comprennent le tableau, les données et les questions.

Allouer environ 5 min aux élèves pour résoudre le problème.

Accorder 3 points pour la question a (1 point par bonne réponse) et 2 points pour la question b.

Partager son point de vue sur la situation. Y réfléchir. Répondre aux questions et juger de la pertinence des réponses des autres élèves.

■ MANUEL, P. 84, ACTIVITÉ 7 ■ Lire le problème avec les élèves et s'assurer que la question est comprise. Les prévenir qu'ils devront expliquer la réponse qu'ils donnent. Leur allouer 2 min pour résoudre le problème.

Accorder 1 point pour la réponse et 2 points pour l'explication, selon sa clarté.

S'approprier l'information contenue dans le texte et dans l'illustration. Exploiter cette information. Faire des essais. Communiquer sa réponse dans ses propres mots et expliquer, le plus clairement possible, sa démarche et ses stratégies.

■ MANUEL, P. 85, ACTIVITÉ 8 ■ Lire le problème avec les élèves et les laisser se débrouiller. Accorder 1 point pour la réponse.

Lors de la mise en commun, demander aux élèves quel problème semblable ils ont déjà fait (activité 1, p. 81).

Se rappeler avoir fait une activité semblable. Faire appel à ses savoirs antérieurs et se faire confiance pour résoudre le problème. Laisser des traces de sa démarche. Comparer son travail avec ceux des autres élèves.

■ MANUEL, P. 85, ACTIVITÉ 9 ■ Lire la situation-problème avec les élèves et les laisser se débrouiller. Leur allouer environ 5 min pour la résoudre.

Accorder 2 points pour la réponse. Lors de la mise en commun, mettre en valeur les différentes démarches des élèves.

Demander aux équipes de compter le total de leurs points; les aider au besoin. Inscrire les points obtenus par les équipes au tableau des points.

Résoudre la situation-problème en laissant des traces de sa démarche. Participer à la mise en commun en expliquant sa démarche.

Avoir complété la partie A de la fiche *Le tournoi*. Participer au comptage des points de son équipe.

L'INTÉGRATION

Rôle de l'enseignante ou de l'enseignant	Rôle de l'élève
Animer un retour sur le tournoi. Au cours d'une plénière, permettre aux élèves de s'exprimer sur ce qu'ils ont trouvé facile et difficile. Leur demander ce qu'ils ont appris.	Donner son opinion sur le déroulement du tournoi. Dire ce qu'il ou elle a trouvé facile et difficile et sur ce qu'il ou elle a appris.
Inviter les élèves à exprimer ce qu'ils pensent de la méthode qu'ils ont utilisée pour former les équipes (situation d'apprentissage 4).	Donner son opinion sur la méthode utilisée pour former les équipes.
Demander aux élèves : — *Qu'arriverait-il si on reprenait une autre fois la même démarche pour former les équipes ?* — *La composition des équipes serait-elle la même ? plus ou moins pareille ? complètement différente ?*	Anticiper ce qui arriverait si on formait à nouveau des équipes en procédant de la même manière; formuler une hypothèse.
Vérifier les hypothèses des élèves en reformant une ou deux équipes avec la même méthode que celle utilisée à la situation d'apprentissage 4.	Vérifier son hypothèse et dire ce qu'il ou elle pense maintenant de la méthode.
Revoir avec les élèves l'affiche *Conseils pour faire une activité de mathématique* et les inviter à s'autoévaluer en leur demandant de remplir la partie B de la fiche *Le tournoi*.	Faire un retour sur sa participation au tournoi à l'aide de la fiche d'autoévaluation. Être capable de reconnaître ses succès et de dire les habiletés qu'il ou elle a besoin de continuer à développer.
■ FICHES 71 ET 72, *RA-1B*, P. 71 ET 72 ■ Les fiches 71 et 72 portent sur le calcul mental (comme les activités 1 à 4 du manuel p. 81 à 83). Les réponses aux questions 3a et 3b sont personnelles; toutefois, s'assurer que les élèves donnent suite à la question 3b.	Réaliser les activités des fiches en suivant les consignes. Revoir les calculs qui ont été les plus difficiles à faire.
■ FICHES 73 À 75, *RA-1B*, P. 73 À 75 ■ L'activité 1 de la fiche 73 est semblable à l'activité 5 de la p. 83 du manuel. Les activités des autres fiches se rapportent à de la résolution de problèmes. Si, pour certains élèves, une consolidation est nécessaire, leur proposer la fiche *D'une addition à l'autre*. Elle peut être l'occasion d'un travail individuel à la maison ou lors d'un moment libre en classe.	Anticiper les tâches demandées et faire appel à ses connaissances pour les réaliser. Utiliser les informations contenues dans les illustrations pour résoudre les problèmes. Comparer son travail avec celui d'un ou d'une autre élève et communiquer ses réponses en acceptant aussi d'écouter celles de l'autre.

Corrigé des activités du manuel, p. 81 à 85

1. Les Bleus et les Roses ayant obtenu 6 points en tout, voici tous les résultats possibles pour ces 2 équipes.

Points des Bleus	0	1	2	3	4	5	6
Points des Roses	6	5	4	3	2	1	0

2. a) 9   b) 6   c) 10   d) 9

 En classe, prépare un tableau pour écrire les résultats des équipes.

Cette activité est en lien avec le projet et a lieu au cours de la phase Préparation (voir guide, p. 266). L'activité consiste à amener les élèves, par modelage, à tracer un tableau où seront consignés les résultats de l'ensemble des équipes à chaque activité du tournoi. Il est suggéré à l'enseignante ou à l'enseignant de mener le questionnement de façon que les élèves participent activement à cet aspect du projet.

3.

3	5	9	0	2	8	4	6
4	6	10	1	3	9	5	7

7	1	4	5	9	2	6	8
6	0	3	4	8	1	5	7

0	1	2	3	4	5	6	7
2	3	4	5	6	7	8	9

1	7	4	8	2	5	0	6
1	7	4	8	2	5	0	6

 Demande de l'aide si tu en as besoin.

Ce rappel est en lien avec le projet. Les activités 1 à 4 reposent sur l'emploi de processus personnels de calcul. Au terme de chaque activité, l'élève a l'occasion de partager ses propres processus et stratégies de calcul avec le groupe-classe.

4. a) On obtient le nombre suivant dans la suite des nombres naturels.

   b) On obtient le nombre précédent dans la suite des nombres naturels.

   c) On obtient le même nombre.

5. b) Il y a 7 spectateurs qui se dirigent vers les sièges; toutefois, il n'y a que 5 sièges de libres. Il y a donc 2 spectateurs qui ne pourront pas s'asseoir.

6. a) Équipe A : 4 points; équipe B : 6 points; équipe C : 5 points.

   b) 15 points.

7. a) Le numéro 19.

   b) Puisque la bouteille de Félix n'est pas la plus grande, il n'a pas la bouteille 23.

      Puisque sa bouteille n'est pas à un bout de la rangée, il n'a ni la bouteille 7 ni la 15.

      Il ne reste que la bouteille numéro 19.

8. Les Rouges et les Verts ayant obtenu 9 points, voici tous les résultats possibles pour ces 2 équipes.

Points des Rouges	0	1	2	3	4	5	6	7	8	9
Points des Verts	9	8	7	6	5	4	3	2	1	0

9. a) 4

   b) Les démarches varieront d'un élève à l'autre. Voici 2 exemples de démarches possibles :

   Exemple 1 :

   Léa mange 1 sandwich : 10 – 1 = 9

   Logibul mange 2 sandwichs : 9 – 2 = 7

   Hoa et Félix mangent 3 sandwichs : 7 – 3 = 4

   Il reste 4 sandwichs.

   Exemple 2 :

   L'élève représente la situation-problème à l'aide d'un dessin ou de matériel de manipulation.

 As-tu aimé participer au tournoi ? Quelle activité as-tu trouvé le plus facile à faire ?
le plus difficile ?

Cette activité est en lien avec le projet et fait partie de la phase Intégration (voir la p. 269 du guide).

Projet

▧ À la situation d'apprentissage 4, les élèves se sont répartis en équipes en s'inspirant de la méthode utilisée dans la classe de Logibul. À la situation d'apprentissage 5, les membres de chaque équipe ont formé leur numéro de joueur ou de joueuse à l'aide d'une méthode où le hasard intervient. Les élèves sont donc fin prêts à commencer leur tournoi de mathématique.

▧ En plénière, discuter avec les élèves des comportements à adopter lors du tournoi. Leur faire prendre conscience du fait que, au cours du tournoi, certaines équipes auront par moment plus de facilité que d'autres et que parfois, ces mêmes équipes éprouveront des difficultés. En profiter pour souligner l'importance de faire preuve d'esprit sportif. Demander aux élèves de nommer des attitudes et comportements positifs qu'ils devraient adopter pendant le tournoi de façon à en faire une réussite. Noter leurs suggestions au tableau de la classe ou sur une grande feuille de papier pour y revenir à la fin du tournoi.

Par ailleurs, il est important de souligner ici qu'il revient à l'enseignante ou à l'enseignant de veiller à ce que l'émulation entre les équipes soit saine et stimulante pour les élèves et qu'elle ne se transforme pas en une compétition ou, pire encore, en une rivalité.

■ Pour chacune des activités du tournoi, attribuer à chaque élève un nombre déterminé de points, selon sa réponse (voir les barèmes de points pour chaque activité, à la phase Réalisation, p. 266 à 269). À la fin du tournoi, chaque élève additionne les points qu'elle ou qu'il a obtenus. Le total des points obtenus par les membres d'une équipe constitue son score final. De la sorte, les élèves réalisent individuellement les activités au sein de leur équipe, contribuant ainsi au score de celle-ci. Il va sans dire que le résultat d'une équipe ne constitue en rien une forme quelconque d'évaluation. De plus, l'un des rôles de l'enseignante ou de l'enseignant pendant le tournoi est de venir en aide aux équipes qui éprouveraient des difficultés. Il serait, bien sûr, inapproprié que des écarts trop grands existent entre les scores des équipes.

■ À la fin du tournoi, laisser le tableau des points des équipes bien en vue et suggérer aux élèves d'écrire un mot de félicitations aux membres de leur équipe de façon à exprimer leur sentiment lors d'un moment qu'ils ont particulièrement apprécié.

Réinvestissement

■ Suggérer aux élèves de préparer des grilles (ou tables) d'addition ou de soustraction semblables à celles figurant sur les fiches 71 et 72 du *RA-1B*; leur demander de changer les nombres de place, de s'échanger leurs grilles (ou tables) et de compléter celles qu'ils ont reçues.

■ Proposer aux élèves la fiche *Les tables de Léa*.

Travaux personnels

Proposer aux élèves :

■ de refaire l'activité 3b de la p. 82 du manuel;

■ de préparer une table d'addition en s'inspirant de celle de la fiche 71 (et en n'omettant pas d'inscrire le symbole +). Leur expliquer comment la préparer : prendre, d'un jeu de cartes, l'as, les 2, 3, 4, 5, 6, 7, 8 et 9 de cœur (l'as vaut 1). Mêler ces 10 cartes et les disposer face contre table. Choisir au hasard l'une d'elles et inscrire le nombre qu'elle représente dans une case de la première rangée de la table d'addition. Procéder de la même façon pour les autres cases de la première rangée, puis celles de la première colonne. Les élèves s'échangent ensuite leurs tables d'addition et les complètent.

Utilisation des TIC

Suggérer aux élèves d'utiliser un tableur pour préparer des tables d'addition ou de soustraction. Les élèves complètent ensuite leur table.

Retour sur le thème

■ Sur le plan des domaines généraux de formation

Demander aux élèves d'observer la p. 72 de leur manuel et de trouver en quoi le tournoi de mathématique qu'ils viennent de terminer ressemble ou diffère de la situation représentée. En évoquant le vécu du groupe-classe au cours des situations d'apprentissage, amener les élèves à s'exprimer sur les attitudes et comportements propices à un véritable esprit de coopération et de collaboration, ce qu'ils se sont efforcés de mettre en pratique pendant le tournoi; par exemple : accepter le succès sans faire de peine aux autres, accepter que des élèves aient de la difficulté en mathématique mais qu'ils aient un autre talent.

■ Sur le plan du travail personnel

Revoir avec les élèves l'affiche *Conseils pour faire une activité de mathématique* (au début du manuel). Aider les élèves à compléter leur fiche d'autoévaluation *Mon travail pendant le tournoi* (guide, p. 277) : la leur lire et leur fournir de brèves explications au besoin. Les amener à se rendre compte que leur succès peut être attribuable au respect de ces conseils, par exemple vérifier son travail avant de montrer sa réponse.

■ Sur le plan des compétences transversales

Poser les questions suivantes aux élèves :

— *Est-ce que tu observes les illustrations attentivement avant de commencer une activité ?*

— *Est-ce qu'il arrive que les illustrations ne te permettent pas de trouver des pistes pour résoudre les problèmes de mathématique ? Que fais-tu alors ?*

— *Quand tu commences à faire une activité, comment procèdes-tu ? Prends-tu le temps de réfléchir à ce que tu vas faire ? de relire les consignes ? de comprendre le travail à faire ?*

— *Est-ce que tu penses à plus d'un moyen pour résoudre un problème ? Essaies-tu une seule manière ?*

— *Quand tu compares tes réponses avec les autres élèves, est-ce que tu donnes ton opinion ? Préfères-tu plutôt écouter l'opinion des autres sans rien dire ?*

— *Es-tu capable de dire à un ou une autre élève que tu envisages différemment une situation ?*

■ Sur le plan des compétences mathématiques

Comparer les anticipations que les élèves ont exprimées lors de la première situation d'apprentissage (ce qu'ils pensaient apprendre de nouveau) et ce qu'ils disent avoir appris. Les inviter à représenter au tableau de la classe les apprentissages qu'ils ont faits; les élèves peuvent alors soit faire des dessins, soit écrire des mots clés.

Activité de numération

Matériel : • Cartons nombres de 0 à 31;
            • Étiquettes-prénoms des élèves dans un sac.

Distribuer au hasard un carton nombre à chaque élève. Tirer une étiquette-prénom du sac. L'élève ainsi désigné se place devant la classe et il ou elle montre le verso de son carton nombre, c'est-à-dire la représentation du nombre sous forme de cubes, aux autres élèves. Ceux-ci essaient de trouver de quel nombre il s'agit, mais en se gardant bien de le dire. Inviter un ou une de ces élèves à donner sa réponse; pour le ou la désigner, tirer une étiquette-prénom. Si sa réponse est juste, l'élève vient, à son tour, montrer le verso de son carton nombre aux autres et l'activité se poursuit de la même manière; si elle est fausse, tirer une autre étiquette-prénom de façon qu'un ou une autre élève donne sa réponse. Remettre chaque fois les étiquettes-prénoms dans le sac de sorte que les élèves se préparent toujours à répondre. L'activité peut se poursuivre jusqu'à ce que tous les élèves aient pu montrer le verso de leur carton nombre.

Nom _____

Pas à pas

Réalise les 2 activités à l'aide de cubes.

1. Effectue la soustraction.
Suis les étapes.

$$7 - 5 = \boxed{?}$$

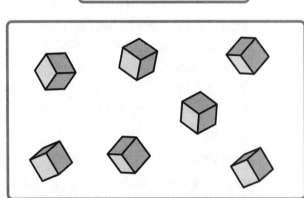

A Représente le premier
nombre par des cubes.

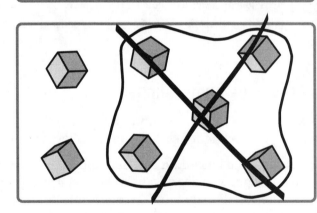

B Retire les cubes
que tu dois enlever.

C Écris le résultat
que tu obtiens.

$$7 - 5 = \boxed{}$$

---

2. Effectue les soustractions de la même façon qu'à l'activité 1.

a) $7 - 2 = \boxed{}$ c) $4 - 4 = \boxed{}$ e) $6 - 1 = \boxed{}$

b) $10 - 7 = \boxed{}$ d) $9 - 3 = \boxed{}$ f) $10 - 6 = \boxed{}$

Nom _____

Des soustractions

1. Effectue les soustractions à l'aide des illustrations.

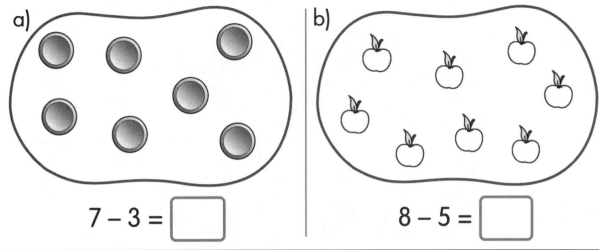

a)
$$7 - 3 = \boxed{}$$

b)
$$8 - 5 = \boxed{}$$

2. Écris l'opération qui correspond à l'illustration.

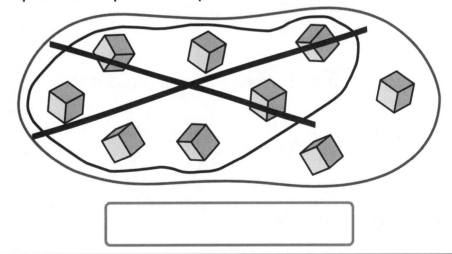

$$\boxed{}$$

3. a) Représente la soustraction
par un dessin.

b) Effectue la soustraction.

$$6 - 3 = \boxed{}$$

Nom _____

De jolis autocollants

1. Combien y a-t-il d'autocollants en tout ?
Trouve ce nombre sans compter tous les autocollants un à un.

	dizaines	unités	
Il y a	☐	☐	autocollants.

2. Combien d'autocollants va-t-il y avoir en tout si tu :

a) enlèves 2 bandes d'autocollants ?

b) ajoutes 1 bande d'autocollants ?

c) ajoutes 2 bandes d'autocollants
et 2 autocollants ?

d) enlèves 1 bande d'autocollants
et 6 autocollants ?

e) ajoutes 4 autocollants ?

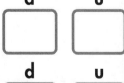

Nom _____

Le tournoi

Mon équipe : _____

A Mes points

Activité 1 : ☐   Activité 4 : ☐   Activité 7 : ☐

Activité 2 : ☐   Activité 5 : ☐   Activité 8 : ☐

Activité 3 : ☐   Activité 6 : ☐   Activité 9 : ☐

Total des points : ☐

B Mon travail pendant le tournoi

	Toujours	Quelquefois	Jamais
Avant de faire une activité,			
je lis les consignes attentivement.			
je redis les consignes dans mes mots.			
je regarde les illustrations.			
je pense à ce que j'ai déjà fait de semblable.			
Pendant l'activité,			
j'essaie plus d'une stratégie pour résoudre le problème.			
Avant de montrer mes réponses,			
je relis les consignes.			
je vérifie si j'ai fait la tâche demandée.			
je vérifie mon travail.			

Nom _____

Un peu de calcul mental

Utilise cette fiche pour faire
l'activité 3b de la page 82
de *Logibul I.*

$3 + 1 = 4$

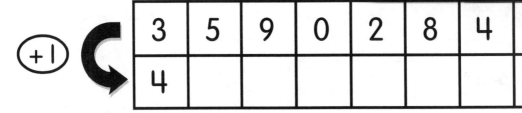

(+1)

3	5	9	0	2	8	4	6
4							

(–1)

7	1	4	5	9	2	6	8

(+2)

0	1	2	3	4	5	6	7

(+0)

1	7	4	8	2	5	0	6

Nom _____

D'une addition à l'autre

Effectue les additions dans tous les sens. Suis l'exemple.
Écris tes résultats dans les ⬜.

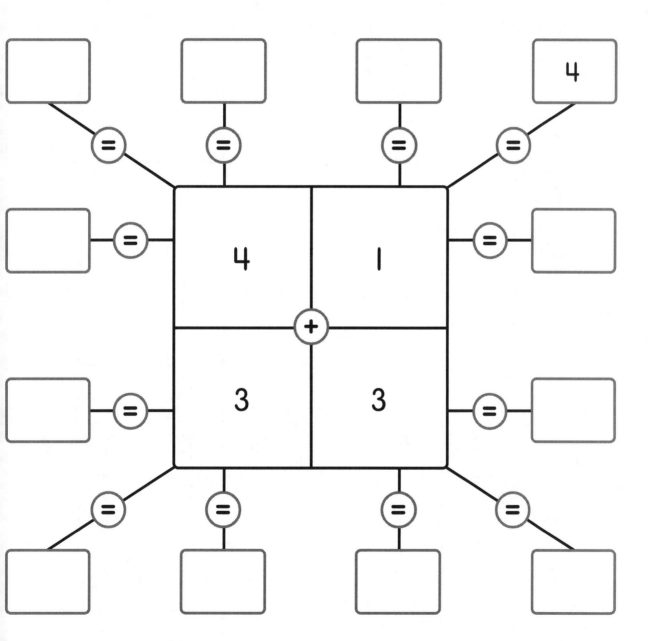

Nom

Les tables de Léa

Complète chaque table d'addition.

a)

+	2	5	0	6	1	4	8
10							
30							
50							
40							
20							

b)

+	3	5	1	4	0	2	6
23							
41							
52							

Corrigé des fiches 274, 275 et 276

Nom ....

Pas à pas

Réalise les 2 activités à l'aide de cubes.

1. Effectue la soustraction.
   Suis les étapes.

$$7 - 5 = \boxed{?}$$

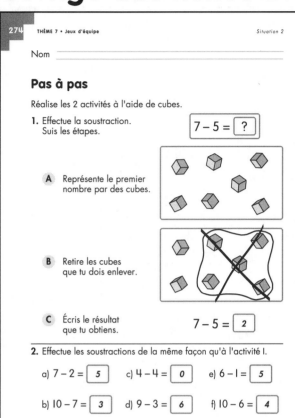

A   Représente le premier nombre par des cubes.

B   Retire les cubes que tu dois enlever.

C   Écris le résultat que tu obtiens. $7 - 5 = \boxed{2}$

2. Effectue les soustractions de la même façon qu'à l'activité I.

   a) $7 - 2 = \boxed{5}$ c) $4 - 4 = \boxed{0}$ e) $6 - 1 = \boxed{5}$

   b) $10 - 7 = \boxed{3}$ d) $9 - 3 = \boxed{6}$ f) $10 - 6 = \boxed{4}$

Nom ....

Des soustractions

1. Effectue les soustractions à l'aide des illustrations.

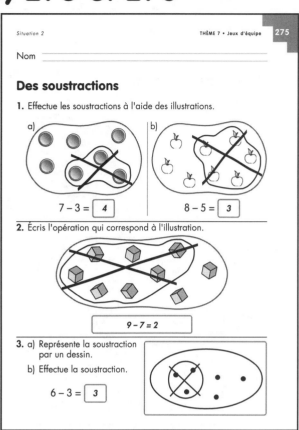

a) $7 - 3 = \boxed{4}$ b) $8 - 5 = \boxed{3}$

2. Écris l'opération qui correspond à l'illustration.

$$9 - 7 = 2$$

3. a) Représente la soustraction par un dessin.
   b) Effectue la soustraction.

   $6 - 3 = \boxed{3}$

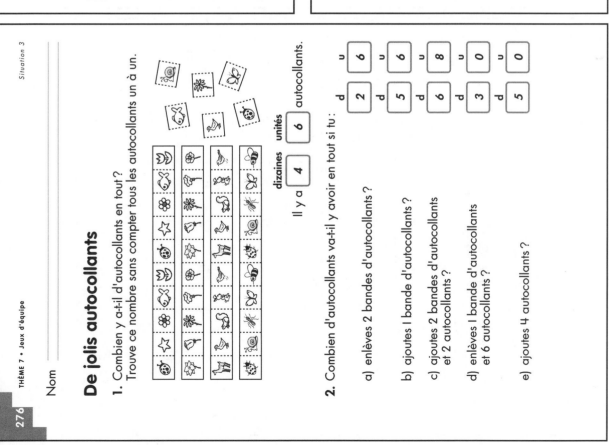

Nom ....

De jolis autocollants

1. Combien y a-t-il d'autocollants en tout ?
   Trouve ce nombre sans compter tous les autocollants un à un.

dizaines	unités
4	6

   Il y a $\boxed{6}$ autocollants.

2. Combien d'autocollants va-t-il y avoir en tout si tu :

   a) enlèves 2 bandes d'autocollants ? $\boxed{d \ 2 \ | \ u \ 6}$

   b) ajoutes I bande d'autocollants ? $\boxed{d \ 5 \ | \ u \ 6}$

   c) ajoutes 2 bandes d'autocollants et 2 autocollants ? $\boxed{d \ 6 \ | \ u \ 8}$

   d) enlèves I bande d'autocollants et 6 autocollants ? $\boxed{d \ 3 \ | \ u \ 0}$

   e) ajoutes 4 autocollants ? $\boxed{d \ 5 \ | \ u \ 0}$

Corrigé des fiches 278, 279 et 280

278   THÈME 7 • Jeux d'équipe   Situation 6 – Fiche de soutien

Un peu de calcul mental

Utilise cette fiche pour faire l'activité 3b de la page 82 de *Logibul I.*

3 + 1 = 4

+1	3	5	9	0	2	8	4	6
	4	6	10	1	3	9	5	7

−1	7	1	4	5	9	2	6	8
	6	0	3	4	8	1	5	7

+2	0	1	2	3	4	5	6	7
	2	3	4	5	6	7	8	9

+0	1	7	4	8	2	5	0	6
	1	7	4	8	2	5	0	6

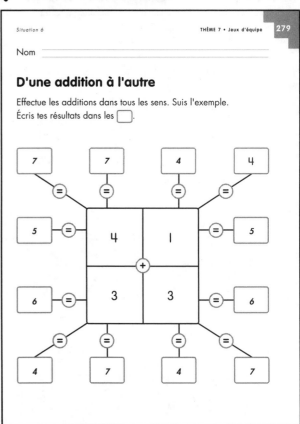

D'une addition à l'autre

Effectue les additions dans tous les sens. Suis l'exemple. Écris tes résultats dans les ☐.

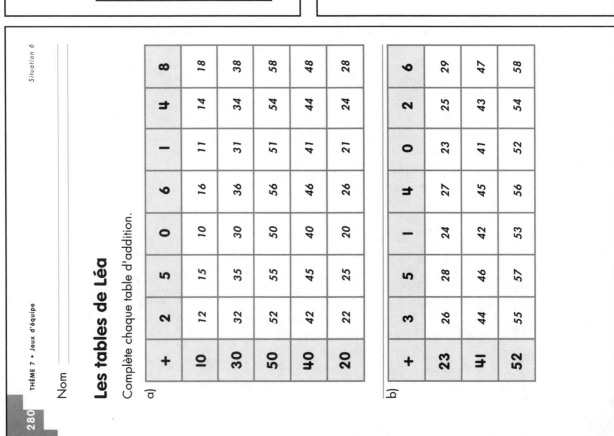

Les tables de Léa

Complète chaque table d'addition.

a)

+	2	5	0	6	1	4	8
10	12	15	10	16	11	14	18
30	32	35	30	36	31	34	38
50	52	55	50	56	51	54	58
40	42	45	40	46	41	44	48
20	22	25	20	26	21	24	28

b)

+	3	5	1	4	0	2	6
23	26	28	24	27	23	25	29
41	44	46	42	45	41	43	47
52	55	57	53	56	52	54	58

DES EXPÉRIENCES

Ce thème, qui comprend quatre situations d'apprentissage réparties sur près de deux semaines et demie, est centré sur la réalisation de deux expériences, chacune menant à la réalisation d'un projet.

Dans la première, les élèves fabriqueront et utiliseront leur propre balance. Dès le début du thème, ils aborderont le concept d'égalité à partir d'une expérience concrète nécessitant l'utilisation d'une balance à fléau. C'est à partir de jetons ou de cubes, que les élèves placeront sur les plateaux de leur balance, qu'ils découvriront que, par exemple, 5 a la même valeur que 7 − 2. Ils feront aussi un retour sur le groupement par 10 pour dénombrer une grande quantité d'objets.

Dans la deuxième, les élèves fabriqueront un panneau de signalisation. Auparavant, ils feront une petite expérience de science au cours de laquelle ils auront à mesurer des longueurs avec le mètre. Ils seront également invités à créer des formes géométriques à partir de formes qu'on leur remettra.

Ainsi, certaines situations d'apprentissage de ce thème, de même que les projets, fourniront l'occasion aux élèves d'explorer le monde de la science et de la technologie.

TABLEAUX DE PLANIFICATION	**284**
LE PORTFOLIO	**287**
PROJETS : Fabriquer une balance / Fabriquer un panneau de signalisation	**287**
Situation d'apprentissage 1 : Un instrument nouveau	**287**
Situation d'apprentissage 2 : Une expérience culinaire	**294**
Situation d'apprentissage 3 : De bonnes idées	**300**
Situation d'apprentissage 4 : Un jeu de formes	**306**
Exploitation des pages pédagogiques des thèmes 7 et 8	**311**
Retour sur le thème	**313**
Activité de numération	**313**
ANNEXE	**314**

PROJETS : Fabriquer une balance / Fabriquer un panneau de signalisation

SITUATION D'APPRENTISSAGE :	**1** UN INSTRUMENT NOUVEAU	
	Durée : 5 h	p. 86-89

DOMAINES GÉNÉRAUX DE FORMATION	COMPÉTENCES TRANSVERSALES	DOMAINES D'APPRENTISSAGE
DOMAINES, AXES DE DÉVELOPPEMENT	**ORDRES, COMPÉTENCES, COMPOSANTES**	**COMPÉTENCES DISCIPLINAIRES, COMPOSANTES**
S'approprier des stratégies liées à un projet	**I** **EXPLOITER L'INFORMATION** S'approprier l'information **RÉSOUDRE DES PROBLÈMES** Imaginer des pistes de solution Mettre à l'essai des pistes de solution **M** **SE DONNER DES MÉTHODES DE TRAVAIL EFFICACES** Analyser la tâche à accomplir S'engager dans la démarche Accomplir la tâche Analyser sa démarche	**1** **RÉSOUDRE UNE SITUATION-PROBLÈME MATHÉMATIQUE** Modéliser la situation-problème Appliquer différentes stratégies en vue d'élaborer une solution **2** **RAISONNER À L'AIDE DE CONCEPTS ET DE PROCESSUS MATHÉMATIQUES** Mobiliser des concepts et des processus mathématiques appropriés à la situation Justifier des actions ou des énoncés en faisant appel à des concepts et à des processus mathématiques **3** **COMMUNIQUER À L'AIDE DU LANGAGE MATHÉMATIQUE** Interpréter ou produire des messages à caractère mathématique **St** **EXPLORER LE MONDE DE LA SCIENCE ET DE LA TECHNOLOGIE** Se familiariser avec des façons de faire et de raisonner propres à la science et à la technologie S'initier à l'utilisation d'outils et de procédés simples Apprivoiser des éléments des langages propres à la science et à la technologie

SAVOIRS ESSENTIELS

Arithmétique

Sens et écriture des nombres naturels
Nombres naturels inférieurs à 1000 : représentation
Sens des opérations sur des nombres naturels
Opération, sens des opérations : addition (ajout), soustraction (retrait), terme manquant
Choix de l'opération : addition, soustraction
Sens de la relation d'égalité (équation)
Relations entre les opérations
Propriété des opérations : commutativité
Opérations sur les nombres naturels
Répertoire mémorisé : additions (0 + 0 à 10 + 10) en lien avec les soustractions correspondantes

Symboles   0 à 9, +, −, =

Vocabulaire   Addition, ajouter, balance, enlever, équilibrer, expérience, instrument, moins, plateaux, plus, quantités égales, soustraction

L'univers matériel   **Objets techniques usuels** (balance à fléau)
Description des pièces et des mécanismes
Identification des besoins à l'origine de cet objet

SITUATION D'APPRENTISSAGE : **2** UNE EXPÉRIENCE CULINAIRE Durée : 4 h p. 90-92

DOMAINES GÉNÉRAUX DE FORMATION	COMPÉTENCES TRANSVERSALES	DOMAINES D'APPRENTISSAGE
DOMAINES, AXES DE DÉVELOPPEMENT	**ORDRES, COMPÉTENCES, COMPOSANTES**	**COMPÉTENCES DISCIPLINAIRES, COMPOSANTES**
Prendre conscience de soi et de ses besoins fondamentaux	**EXPLOITER L'INFORMATION** Tirer profit de l'information	**RÉSOUDRE UNE SITUATION-PROBLÈME MATHÉMATIQUE** Appliquer différentes stratégies en vue d'élaborer une solution
Être présent à son milieu Contribuer à construire un environnement viable dans une perspective de développement durable	**SE DONNER DES MÉTHODES DE TRAVAIL EFFICACES** Analyser la tâche à accomplir	**RAISONNER À L'AIDE DE CONCEPTS ET DE PROCESSUS MATHÉMATIQUES** Mobiliser des concepts et des processus mathématiques appropriés à la situation
	STRUCTURER SON IDENTITÉ S'ouvrir aux stimulations environnantes Prendre conscience de sa place parmi les autres	**EXPLORER LE MONDE DE LA SCIENCE ET DE LA TECHNOLOGIE** Se familiariser avec des façons de faire et de raisonner propres à la science et à la technologie S'initier à l'utilisation d'outils et de procédés simples

SAVOIRS ESSENTIELS

Arithmétique	**Sens et écriture des nombres naturels** Nombres naturels inférieurs à 1000 (unité, dizaine) : lecture, écriture, dénombrement, représentation, ordre, régularités, groupement par 10 Approximation (estimation)
Symboles	+, −, =, >, <
Vocabulaire	Compter, de moins, de plus, dizaine, estimation, estimer, est plus petit que, est plus grand que, nombre, ordre croissant, ordre décroissant, suite, unité
L'univers matériel	**Objets techniques usuels** (balance à fléau) Description des pièces et des mécanisme Identification des besoins à l'origine de cet objet

SITUATION D'APPRENTISSAGE : **3** DE BONNES IDÉES Durée : 3 h 30 min p. 93

DOMAINES GÉNÉRAUX DE FORMATION	COMPÉTENCES TRANSVERSALES	DOMAINES D'APPRENTISSAGE
DOMAINES, AXES DE DÉVELOPPEMENT	**ORDRES, COMPÉTENCES, COMPOSANTES**	**COMPÉTENCES DISCIPLINAIRES, COMPOSANTES**
Adopter un mode de vie actif et une conduite sécuritaire	**RÉSOUDRE DES PROBLÈMES** Mettre à l'essai des pistes de solution	**COMMUNIQUER À L'AIDE DU LANGAGE MATHÉMATIQUE** Interpréter ou produire des messages à caractère mathématique
Connaître le monde du travail, les rôles sociaux, les métiers et les professions	**SE DONNER DES MÉTHODES DE TRAVAIL EFFICACES** Analyser la tâche à accomplir S'engager dans la démarche Accomplir la tâche Analyser sa démarche	**EXPLORER LE MONDE DE LA SCIENCE ET DE LA TECHNOLOGIE** Se familiariser avec des façons de faire et de raisonner propres à la science et à la technologie S'initier à l'utilisation d'outils et de procédés simples
	STRUCTURER SON IDENTITÉ S'ouvrir aux stimulations environnantes	

COMMUNIQUER DE FAÇON APPROPRIÉE
Établir l'intention de la communication
Choisir le mode de communication
Réaliser la communication

SAVOIRS ESSENTIELS

Mesure	**Longueurs : estimation et mesurage** Dimensions d'un objet Unités conventionnelles (m)
Statistique	Collecte, organisation de données Interprétation des données à l'aide d'un diagramme à bandes Représentation des données à l'aide d'un diagramme à bandes
Symboles	m, >, <, =
Vocabulaire	Congélation, diagramme à bandes, est égal à, été, expérience, glace, hauteur, hiver, largeur, liquide, longueur, mètre, pluie, plus petit que, plus grand que, solide, tableau, unité de mesure, verglas
L'univers matériel	Changement d'état (congélation de l'eau)
La Terre et l'Espace	Température (thermomètre, saison) Eau sous toutes ses formes (pluie, glace)

SITUATION D'APPRENTISSAGE : **4** UN JEU DE FORMES
Durée : 2 h 30 min
 p. 94-95

DOMAINES GÉNÉRAUX DE FORMATION	COMPÉTENCES TRANSVERSALES	DOMAINES D'APPRENTISSAGE
DOMAINES, AXES DE DÉVELOPPEMENT	**ORDRES, COMPÉTENCES, COMPOSANTES**	**COMPÉTENCES DISCIPLINAIRES, COMPOSANTES**
Adopter un mode de vie actif et une conduite sécuritaire S'approprier le matériel et les codes de communication médiatique	**RÉSOUDRE DES PROBLÈMES** Adopter un fonctionnement souple **SE DONNER DES MÉTHODES DE TRAVAIL EFFICACES** Analyser la tâche à accomplir S'engager dans la démarche Accomplir la tâche	**RÉSOUDRE UNE SITUATION-PROBLÈME MATHÉMATIQUE** Appliquer différentes stratégies en vue d'élaborer une solution Partager l'information relative à la solution

SAVOIRS ESSENTIELS

Géométrie	**Figures géométriques et sens spatial** Figures planes : comparaison et construction de figures composées de lignes brisées fermées; identification du carré, du rectangle, du triangle et du losange; description du carré, du rectangle, du triangle et du losange Frises et dallages : figures isométriques (mêmes mesures)
Vocabulaire	Carré, figure plane, grandeur, losange, plus grand, plus petit, rectangle, triangle

Au cours de ce thème, les élèves continueront à se servir de leur portfolio et y conserveront de petits travaux personnels, à raison d'un par situation d'apprentissage. Il leur est suggéré, entre autres, de garder les traces de leur démarche et leurs réponses en ce qui a trait à certaines activités du manuel (situations d'apprentissage 1 et 2). Également, les dessins faits au moment de l'évaluation d'une expérience (situation d'apprentissage 3) et un travail sur des figures géométriques (situation d'apprentissage 4). De plus, le moment est venu pour eux de prendre connaissance des progrès qu'ils ont réalisés en présentant le contenu de leur portfolio à leur enseignante ou enseignant. Par ailleurs, en s'engageant dans le projet thématique de construire une balance, les élèves feront preuve d'autonomie; il s'agit là d'une occasion privilégiée de les observer et d'apprécier leur degré d'autonomie.

PROJETS FABRIQUER UNE BALANCE
FABRIQUER UN PANNEAU DE SIGNALISATION

Il est proposé aux élèves de fabriquer une balance à fléau afin d'explorer, notamment, le sens de la relation d'égalité et les relations entre les opérations. Cela leur fournira l'occasion de se donner des méthodes de travail efficaces et de mettre en œuvre leur esprit d'entrepreneuriat. Également, de développer certaines habiletés et connaissances reliées au monde de la science et de la technologie. Il est suggéré d'amorcer ce projet thématique dès la première situation d'apprentissage, au moment où Logibul et Hoa utilisent la balance de leur classe; et de faire fabriquer une balance très simple (voir à ce sujet les schémas fournis à la p. 288 du guide).

Les élèves ont également la possibilité de s'engager dans un autre projet, soit la fabrication d'un panneau de signalisation, au début duquel ils seront confrontés à la question suivante : « Quelle est la couleur la plus appropriée à donner à un tel panneau afin de le rendre le plus visible possible ? » Les élèves émettront des hypothèses, puis les vérifieront en les expérimentant. Ainsi, ils se familiariseront avec des façons de faire et de raisonner propres à la science. L'emploi du mètre comme unité de mesure conventionnel et la construction d'un diagramme à bandes constituent des savoirs essentiels au cœur de ce projet. Dans les jours qui en précéderont l'amorce, les élèves seront invités à explorer un phénomène naturel, le verglas. En effet, il leur sera proposé de « fabriquer » du verglas et de se livrer ainsi à une observation méthodique de ce phénomène.

▶ SITUATION D'APPRENTISSAGE ▮ Un instrument nouveau

C'est avec la balance, objet technique usuel utilisé, entre autres, dans le domaine de la science et de la technologie, que débute ce thème élaboré autour de quelques expériences à réaliser. Au départ de cette situation d'apprentissage, les élèves ont l'occasion d'explorer les parties de la balance de la classe ainsi que son fonctionnement. Une fois leur exploration terminée et après avoir concrètement expérimenté la façon d'équilibrer les deux plateaux de la balance, ils orienteront leur réflexion vers quelques notions mathématiques spécifiques. Différents cas leur seront présentés sous forme de problèmes à résoudre, ce qui exigera des élèves qu'ils établissent des liens entre des concepts et mettent à l'essai toutes sortes de pistes de solution. Ainsi, par le biais de cette perspective physico-mathématique, seront abordés la relation d'égalité, le terme manquant, les relations entre les opérations et le choix de l'opération, qui sont des apprentissages ayant la réputation de représenter de grands défis à relever tant par les élèves que par les enseignantes et les enseignants.

Par ailleurs, cette première phase du projet thématique permettra aux élèves de se familiariser avec des façons de faire et de raisonner propres à la science et à la technologie, de s'initier à l'utilisation d'outils et de procédés simples et d'apprivoiser certains éléments des langages propres à la science et à la technologie.

Organisation matérielle

▨ Le manuel *Logibul 1*, p. 86 à 89;

▨ Les fiches 76, 77 et 78, *RA-1B*, p.76 à 78;

▨ La ou les balances (à fléau) de la classe;

▨ Des jetons, des réglettes, des trombones, etc.;

▨ Du matériel servant à fabriquer une balance à fléau (voir schémas ci-après) :

- de petits contenants de yogourt ou petites assiettes d'aluminium (plateaux);
- une tige ou un goujon (fléau) d'environ 30 cm de longueur pour supporter les 2 contenants;
- de la ficelle;

▨ La fiche *J'obtiens une égalité*, au besoin (guide, p. 314).

5 heures

Voici 2 schémas indiquant comment fabriquer une balance à fléau simple. La B est un peu plus simple à réaliser que la A. L'enseignante ou l'enseignant choisira le schéma qui convient le mieux à son groupe-classe.

BALANCE À FLÉAU

Schéma A

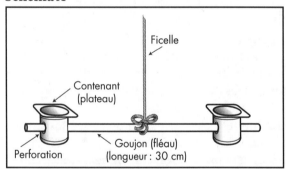

Schéma B

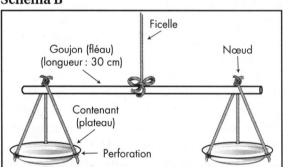

Remarque : Il va de soi qu'il est préférable d'utiliser du matériel récupéré plutôt que du neuf. Profiter de l'étape qui consiste à rechercher le matériel nécessaire à la fabrication de la balance pour observer l'attitude des élèves. Pensent-ils spontanément à utiliser des objets récupérés plutôt qu'à employer des matériaux neufs? Profiter de l'occasion pour animer un retour collectif sur les bonnes habitudes à prendre en matière de récupération.

Facteurs de réussite

Les élèves auront réussi la tâche :

▨ s'ils expliquent comment ils utilisent une balance à fléau;

▨ s'ils expriment dans un langage approprié la signification du symbole =;

▨ s'ils résolvent des problèmes et trouvent le terme manquant dans des équations;

▨ s'ils imaginent des pistes de solution et qu'ils les mettent à l'essai.

Portfolio

Inviter les élèves à réaliser l'activité 6 de la p. 89 du manuel et à laisser des traces de leur démarche sur une feuille, puis à la conserver dans leur portfolio.

LA PRÉPARATION

Rôle de l'enseignante ou de l'enseignant	Rôle de l'élève
Montrer une balance à fléau (munie de 2 plateaux) aux élèves et les questionner : — *Comment s'appelle cet instrument ?* — *Selon toi, à quoi sert-il ?* — *Comment peut-on s'en servir ?*	Observer la balance, dire à quoi cet instrument sert et essayer d'expliquer comment l'utiliser.
Amener les élèves à faire le lien entre une bascule dans un parc et cette balance ou tout autre type de balance.	Se rappeler le fonctionnement d'une bascule et établir un lien entre ce jeu et la balance à fléau.
■ MANUEL, P. 86 ■ Lire l'encadré au haut de la p. 86 du manuel. Demander aux élèves de décrire ce qu'ils voient sur l'illustration.	Participer activement à la tâche en observant l'illustration et en la décrivant.
Leur poser les questions de l'activité 1. Amener les élèves à comparer leurs réponses avec celles qu'ils ont fournies en début de préparation.	Répondre ensuite aux questions de l'activité 1 : dire ce que font Logibul et Hoa et s'exprimer sur l'utilité de la balance. Avec le groupe-classe, comparer les réponses avec celles données au début de la phase Préparation.

NOTE DIDACTIQUE

Pour l'élève, la recherche du terme manquant passe par une bonne compréhension du symbole =. Ce symbole signifie que les éléments placés à sa gauche et à sa droite ont la même valeur, ce qui n'apparaît pas clairement, et c'est normal, à l'élève les premières fois qu'il ou elle l'utilise. De plus, une conception erronée, assez répandue, peut retarder le moment où l'élève n'éprouve plus de difficulté face à cette notion. En effet, pour beaucoup d'enfants, le symbole = signifie « écrire sa réponse », tout simplement parce qu'on leur présente souvent une opération à effectuer suivie du symbole = en leur disant : « écris la réponse après le symbole ». Cette manière stéréotypée de présenter les choses, souvent accompagnée de consignes qui n'expriment pas le vrai sens du symbole, en entraîne une conception erronée.

La balance à fléau est un moyen physique de représenter le concept d'égalité, qui en est un mathématique. Ce moyen n'est pas sans défaut. Toutefois, il a l'avantage de fournir une image signifiante de ce qu'est l'égalité à la plupart des élèves. De plus, dans les cas où il n'y a pas égalité, l'équilibre des plateaux peut être rétabli en modifiant le contenu de l'un ou de l'autre, voire des deux plateaux, ce qui ouvre une perspective intéressante en ce qui a trait aux opérations arithmétiques. Si on dispose dans son école d'une balance numérique, on l'utilisera avec avantage.

L'équilibre des plateaux dépend de la masse des objets qu'on y dépose. Et bien sûr, les nombres n'ont pas de masse. C'est là la limite de l'analogie avec la balance. Toutefois, cette limite ne doit pas nous inciter à se priver d'utiliser la balance comme moyen pédagogique mais plutôt à ne pas nous attendre à ce que ce moyen fournisse une solution à tous les problèmes.

LA RÉALISATION

Rôle de l'enseignante ou de l'enseignant	Rôle de l'élève
Avec les élèves, survoler les p. 87, 88 et 89 et leur mentionner qu'ils utiliseront des balances pour réaliser les expériences de Logibul et ses amis.	Anticiper les tâches qui lui sont proposées d'accomplir.

Préparer les élèves à ces expériences en les invitant à se grouper en équipes de quatre ou cinq ou selon le nombre de balances disponibles. Mettre à leur disposition des balances, jetons, cubes, trombones, etc. S'il n'y a pas une quantité suffisante de balances, former des équipes de trois et faire réaliser les expériences avec une seule balance placée à la vue de tous. Dans ce cas, un ou une élève manipulera la balance devant le groupe-classe et les autres élèves décriront la séquence de l'expérience.

Se grouper en équipe et se préparer à faire des expériences. Prendre soin du matériel qui lui est confié.

■ MANUEL, P. 87, ACTIVITÉ 2 ■ Lire les consignes. Selon la sensibilité de la balance, utiliser des objets plus ou moins massifs tels que des trombones ou des jetons (des cubes emboîtables, par exemple).

Lire les consignes avec l'enseignante ou l'enseignant. Comprendre la tâche à accomplir et s'engager dans la démarche en faisant les expériences proposées. Partager ses découvertes et écouter ce que les autres découvrent.

Laisser du temps aux élèves pour qu'ils explorent la balance et comparent les masses de différents objets. Après l'activité 2d, inviter les élèves à comparer les masses de deux gommes à effacer différentes, mais avant de leur faire réaliser cette expérience, leur demander de prédire ce qui va arriver. Amener ensuite les élèves à vérifier leurs hypothèses en faisant l'expérience.

Reprendre la même démarche en utilisant, cette fois, d'autres matériels. Anticiper ce qui va se passer si on place deux gommes à effacer différentes sur les plateaux de la balance. Ensuite, en faire l'expérience.

■ MANUEL, P. 87, ACTIVITÉ 3 ■ Faire observer l'illustration. Lire la question et la consigne, puis laisser du temps aux élèves pour qu'ils se mettent d'accord sur une piste de solution. Généraliser l'expérience de Hoa et Logibul en posant les questions suivantes aux élèves :

— *Que devrait faire Logibul si Hoa met 12 jetons sur le plateau ? 18 jetons ? etc.*

Observer l'illustration, relire la question et la consigne, puis envisager une piste de solution. Prendre le temps de faire des estimations avant de commencer les essais à l'aide de la balance. Ensuite, faire plusieurs essais et vérifier ses estimations.

Formuler une conclusion générale.

■ MANUEL, P. 88, ACTIVITÉS 4 ET 5 ■ Inviter les élèves à poursuivre leur démarche en réalisant les activités de la p. 88 du manuel. Ne faire utiliser la balance que s'il subsiste des doutes dans l'esprit des élèves.

Formuler des hypothèses de solution en donnant son opinion sur ce que Logibul doit faire. Exploiter l'information que présente l'illustration et établir des liens entre cette activité et la précédente. Imaginer des pistes de solution et les mettre à l'essai. Appliquer une stratégie adéquate. Tenir compte de l'exigence imposée : ne pas utiliser la balance pour trouver la solution. Réaliser de la même façon l'activité 5.

Réfléchir à ce qu'il ou elle comprend et apprend. Exprimer ce qu'il ou elle sait en justifiant ses énoncés et expliciter, dans ses mots, la séquence d'actions sur le plan mental.

En plénière, animer un retour afin de comparer ce que les élèves ont trouvé. Les amener à partager leurs démarches et leurs résultats. Si les élèves trouvent d'autres réponses, les écrire au tableau et leur demander de les expliquer. Amener les élèves à se poser les questions suivantes :

— *Qu'est-ce que je comprends ?*
— *Qu'est-ce que j'apprends ?*
— *Qu'est-ce que je sais ?*
— *Comment je fais ?*
— *Que se passe-t-il dans ma tête lorsque j'essaie de résoudre un problème ?*

L'INTÉGRATION

Rôle de l'enseignante ou de l'enseignant	Rôle de l'élève
■ MANUEL, P. 89, ACTIVITÉ 6 ■ Animer un retour sur la phase Réalisation. D'abord, demander à chaque élève de trouver le terme manquant de chaque équation et de comparer ses résultats avec les autres membres de son équipe. Ensuite, faire vérifier collectivement les réponses à l'aide de la balance.	Dégager les étapes suivies pour comprendre la relation d'égalité. Réaliser individuellement l'activité 6, puis comparer ses réponses avec celles de ses camarades d'équipe. Utiliser la balance pour vérifier les réponses.
Interroger les élèves sur ce qu'ils ont retenu. Demander à quelques-uns d'expliquer ce qu'ils ont appris. Présenter des contre-arguments aux élèves pour éprouver la solidité de leurs affirmations.	Exprimer ce qu'il ou elle a appris. Répondre aux contre-arguments en démontrant ce qu'il ou elle comprend au sujet de la relation d'égalité.
Inviter les élèves à lire silencieusement la partie supérieure de l'encadré de la p. 89, puis à expliquer ce qu'ils voient sur l'illustration du premier exemple. Procéder de la même manière avec le deuxième exemple.	Lire silencieusement l'encadré. Pour chaque exemple, expliquer oralement les liens entre les illustrations, les étiquettes et l'égalité.
Demander aux élèves d'illustrer des exemples d'égalités en s'inspirant des modèles figurant dans l'encadré de la p. 89. Leur imposer qu'ils choisissent d'autres objets et d'autres quantités que celles représentées dans les exemples. Insister sur les quantités d'objets davantage que sur les objets eux-mêmes.	Trouver des exemples d'égalités.
■ FICHE 76, *RA-1B*, P. 76 ■ Demander aux élèves de lire individuellement la fiche 76. Faire expliquer par quelques-uns ce qu'ils ont compris et ce qu'ils doivent faire.	Lire individuellement les consignes de la fiche 76. Observer chaque illustration, dégager la tâche à accomplir.
Faire réaliser les activités de la fiche. Circuler parmi les élèves et observer s'ils envisagent des pistes de solution adéquates. Aider les élèves qui en éprouvent le besoin. Lorsque la tâche est terminée, animer un retour en plénière.	Mettre à l'essai (mentalement) des pistes de solution et représenter les solutions à l'aide d'égalités. Demander de l'aide au besoin. Présenter son travail aux autres élèves.
■ FICHE 77, *RA-1B*, P. 77 ■ Cette fiche peut être l'occasion d'un travail à la maison ou lors d'un temps libre en classe. Elle peut aussi être morcelée en plusieurs étapes. Lors du retour, faire observer les similitudes entre : $8 = 4 + 4$ et $4 + 4 = 8$.	Réaliser individuellement les activités de la fiche 77. Lors du retour, expliquer comment il ou elle fait pour trouver le terme manquant. Observer les similitudes entre certaines égalités et en dégager des conclusions (l'ordre des termes peut être changé sans que le résultat en soit modifié).
■ FICHE 78, *RA-1B*, P. 78 ■ Préciser aux élèves que, pour chaque addition et chaque soustraction qu'ils écriront, ils doivent utiliser trois nombres de l'ensemble.	Écouter attentivement les explications données, puis réaliser la tâche. Faire le lien entre la manière dont le problème est posé et les explications reçues.
Faire observer les cas où les termes des additions ont été inversés (commutativité).	Établir des liens entre ce qu'il ou elle a pu observer antérieurement en ce qui a trait à la commutativité et maintenant, soit qu'on peut inverser les termes d'une addition sans en modifier la somme.

Corrigé des activités du manuel, p. 86 à 89

Encadré en haut de la p. 86 : Réponses variables; exemple : Logibul et Hoa sont assis l'un devant l'autre. Sur leur table, il y a un instrument. Il y a aussi des jetons. Près d'eux, il y a le coin de mathématique.

1. a) Réponses variables; exemple : Ils placent des jetons sur les plateaux de l'instrument. Ils semblent se demander ce qui va se produire.

   b) Réponses variables; exemples de réponses :
      • Un instrument comme celui-là sert à peser des objets.
      • Un instrument comme celui-là sert à comparer la masse (le poids) de 2 objets.

   c) C'est une balance.

   Examine la balance de ta classe pour voir comment elle fonctionne. Tu peux aussi en fabriquer une.

Ces activités sont en lien avec le projet. Il est suggéré de les présenter aux élèves lors de la phase Préparation ou de les leur soumettre à un autre moment, selon la planification du projet (voir la rubrique Projet à la page suivante).

2. **Remarque :** Le but de ces expériences est de permettre aux élèves d'utiliser la balance dès le début et d'établir clairement ce que l'on entend par égalité.

   a) Les élèves placent une gomme à effacer dans un des plateaux de la balance.

   b) Réponses variables.

   c) Les élèves dénombrent les trombones qu'ils ont utilisés pour équilibrer les plateaux.

   d) Réponses variables; exemple : Non, parce que l'expérience a été faite avec une autre gomme à effacer.

   On propose à l'élève de reprendre la même démarche en utilisant des jetons à la place des trombones. Les résultats seront variables. Étant donné que la masse de chaque gomme à effacer sera vraisemblablement différente, il est peu probable que 2 équipes obtiennent un résultat identique; les élèves pourront alors constater que, par exemple, 52 trombones ce n'est pas la même quantité de trombones que 48 trombones.

3. a) 5

   b) **Remarque :** Il faut évidemment placer le même type de jetons dans les 2 plateaux de la balance.

4. **Remarque :** Il existe d'autres solutions que les 2 qui sont proposées dans cette activité. Par exemple, on pourrait ajouter 1 cube dans le plateau de gauche et en enlever 2 de celui de droite, ce qui se traduirait par : $2 + 1 = 5 - 2$. Si des élèves proposaient de telles solutions (ce qui n'est pas impossible, bien que peu probable), il faudrait évidemment les recevoir et les discuter même si elles n'apparaissent pas dans le manuel.

5. a) Exemples de réponse : Enlever 4 cubes dans le plateau de gauche : $6 - 4 = 2$ ou ajouter 4 cubes dans le plateau de droite : $2 + 4 = 6$.

   b) Exemples de réponse : Ajouter 3 cubes dans le plateau de gauche : $4 + 3 = 7$ ou enlever 3 cubes dans le plateau de droite : $7 - 3 = 4$.

   Remarque : Accepter toute autre solution correcte que l'élève pourrait expliquer et exprimer sous forme d'égalité.

6. a) 6   b) 1   c) 0   d) 3

Projet

▧ C'est lors de la première situation d'apprentissage que les élèves seront conviés à réaliser un nouveau projet. Il est suggéré de l'amorcer dès le lancement du thème en proposant aux élèves d'examiner la balance de la classe pour voir comment elle fonctionne. Leur présenter les deux schémas de fabrication d'une balance à fléau (voir p. 288 du guide). Leur proposer de voter afin de choisir le schéma qu'ils préfèrent réaliser.

(Un autre plan pour fabriquer une balance à fléau originale est présenté à l'adresse Internet suivante : http://www.educreuse23.ac-limoges.fr/gentioux/Tousenf13/blance.htm).

▧ Proposer aux élèves de construire une balance soit en équipe de deux, soit individuellement. Un remue-méninges sur le matériel à utiliser sera l'élément déclencheur du projet. En effet, il peut arriver que certains enfants hésitent à s'engager dans un projet faute d'idée quant au matériel à utiliser. À cet égard, consulter la liste suggérée à la rubrique Organisation matérielle, p. 288 du guide (d'autres objets peuvent aussi servir : petite branche ; pour les plateaux, de petites assiettes d'aluminium, petits moules à muffins ou verres en polystyrène). Faire rassembler le matériel au cours des jours suivants et informer les élèves qu'ils disposeront de périodes en classe pour construire leur balance.

▧ Prévoir du temps pour organiser et planifier le projet en plénière. Pour la planification, il est possible de se limiter à en présenter quelques étapes simples aux élèves et à leur indiquer des bornes temporelles au fur et à mesure que le projet progresse.

▧ L'un des buts visés par ce projet est de permettre aux élèves d'explorer le monde de la science et de la technologie. Il est donc important de leur laisser du temps pour qu'ils puissent examiner les divers aspects physiques comme techniques et « technologiques » de ce projet. Ainsi, pendant cette période d'exploration, ils s'approprieront le projet de façon à en faire un véritable défi à relever et se familiariseront avec des façons de faire, de raisonner et de communiquer propres à la science et à la technologie, en plus de s'initier à l'utilisation d'outils et de procédés simples.

▧ La fabrication d'une balance à fléau permettra aux élèves de développer des habiletés manuelles (dextérité, etc.) en plus de mobiliser les compétences et habiletés nécessaires pour réaliser des activités de mesurage. Ce projet offre aussi l'occasion de faire intervenir dans la classe des personnes-ressources comme des parents ou des grands-parents, ou encore de créer des maillages avec des élèves des deuxième ou troisième cycles.

Réinvestissement

Suggérer aux élèves :

▧ d'illustrer une égalité en suivant le modèle présenté dans l'encadré de la p. 89 du manuel. Ils pourront conserver leur dessin dans leur portfolio ou encore l'exploiter de façon à en faire une affiche pour la classe ou l'école.

▧ la fiche *J'obtiens une égalité.*

Travaux personnels

Inviter les élèves à préparer des équations semblables à celles qu'ils ont résolues lors des activités de la fiche 77 (du *RA-1B*), puis à se les échanger. Ainsi, chaque élève résoud les équations d'une ou d'un autre élève. Ensuite, les élèves vérifient leurs réponses en petites équipes.

Utilisation des TIC

▨ Pour permettre aux élèves de découvrir plusieurs utilités à la fonction « dessin », leur demander de dessiner une balance en représentant les cordes par des lignes et les plateaux par des cercles ou des ovales.

▨ Pour permettre aux élèves de constater que le réseau Internet recèle de ressources et de renseignements pouvant leur être utiles lorsqu'ils font un projet, les inviter à consulter un site où ils trouveront un plan pour fabriquer une balance à fléau originale :

http://www.educreuse23.ac-limoges.fr/gentioux/Tousenf13/blance.htm

▶ ## SITUATION D'APPRENTISSAGE 2 Une expérience culinaire

Camille a invité Léa à dîner chez elle. Passer du temps chez une personne, en compagnie des membres de sa famille, est une façon d'accepter une plus grande intimité avec cette personne. C'est aussi une forme de partage et de communication entre camarades et l'occasion de constater qu'une autre famille peut vivre selon des habitudes et des valeurs différentes des siennes et, par le fait même, ainsi prendre conscience de ses propres habitudes et valeurs. Au cours de cette situation d'apprentissage, les élèves auront l'occasion d'y réfléchir et de s'exprimer sur ce sujet.

Dans la situation représentée à la p. 90 du manuel, Camille pique la curiosité de Léa en lui demandant : « Combien de macaronis y a-t-il dans mon verre ? » Ce sont, bien sûr, les élèves qui relèveront ce défi qui consiste à résoudre une telle situation-problème. Ainsi, ils feront un pas de plus en numération en consolidant des savoirs qu'ils ont déjà eu l'occasion de développer, particulièrement en ce qui a trait aux groupements par 10, à la lecture et à l'écriture des nombres. Ils devront interpréter des éléments d'information que recèlent les illustrations, ce qui leur fera établir des liens entre le concept de dizaine, qu'ils avaient déjà commencé à construire, et une façon plus abstraite de la représenter.

Les tâches proposées aux élèves dans cette situation d'apprentissage les amènera à entreprendre une activité de récupération.

Organisation matérielle

4 heures

▨ Le manuel *Logibul 1*, p. 90 à 92;

▨ Les fiches 79, 80 et 81, *RA-1B*, p. 79 à 81;

▨ Du matériel de manipulation tel que des pâtes alimentaires (macaronis, coquilles, etc.) et des haricots secs;

▨ De nombreux petits contenants vides récupérés (du type pot de yogourt en portion individuelle);

▨ La fiche *Combien de balles y a-t-il en tout?*, au besoin (guide, p. 315).

Facteurs de réussite

Les élèves auront réussi la tâche :

▨ s'ils dénombrent une quantité d'objets se situant entre 50 et 100;

▨ s'ils nomment au moins une habitude différente d'une famille à une autre;

▨ s'ils participent à l'activité de récupération de contenants;

▨ s'ils disent le nombre obtenu après avoir ajouté des dizaines et des unités à une quantité donnée ou après en avoir enlevé d'une quantité donnée.

Portfolio

Y faire conserver :

▨ un dessin illustrant une visite que l'élève a fait chez un ou une amie;

▨ la feuille sur laquelle l'élève aura laissé les traces de sa démarche lors des activités 3 et 4 (p. 91 et 92 du manuel).

LA PRÉPARATION

Rôle de l'enseignante ou de l'enseignant	Rôle de l'élève
■ MANUEL, P. 90 ■ Rappeler le titre du thème aux élèves : *Des expériences*. Leur demander de lire le titre de la situation d'apprentissage. Permettre aux élèves de s'approprier le contexte de la situation fictive représentée à la p. 90 en leur allouant quelques minutes pour lire les textes de l'encadré en haut de page et des phylactères.	Se rappeler le titre du thème, puis lire celui de la situation d'apprentissage. Lire et interpréter les textes à la lumière des illustrations.
Poser aux élèves des questions, par exemple : — *À ton avis, que signifie l'expression « expérience culinaire » ?* — *Est-ce qu'on utilise la mathématique lorsqu'on cuisine ? Donne des exemples.*	Exprimer son point de vue sur la situation en répondant aux questions posées.
Expliquer aux élèves que, pour exécuter une recette, il faut faire appel à des compétences et à des habiletés, notamment celles qu'ils ont eu l'occasion de développer à la maternelle et depuis le début de l'année. En nommer et décrire certaines : exploiter l'information, avoir des méthodes de travail efficaces, mesurer, coopérer, si l'on cuisine avec une autre personne.	Écouter activement les explications et prendre conscience que certaines des compétences et des habiletés développées à la maternelle et depuis le début de l'année sont aussi mobilisées dans le cadre d'activités domestiques.
Enchaîner en invitant les élèves à dire comment les choses se passent à la maison lors de la préparation des repas. Demander à quelques élèves s'ils y participent et, s'il y a lieu, de décrire comment. Demander à chaque élève de dire quel est son mets favori et l'inviter à le décrire. Faire ressortir qu'il y a une diversité d'habitudes alimentaires qui découlent d'un même besoin, se nourrir.	Prendre conscience de soi et de sa réalité en partageant une expérience personnelle avec ses pairs. S'ouvrir aux stimulations environnantes en écoutant le témoignage de ses camarades. Respecter autrui et prendre conscience de sa place parmi les autres.
Poursuivre l'échange : — *Est-ce qu'un ou une amie t'a déjà invité à la maison ? À quelle occasion ?* — *Pour quelles raisons peut-on inviter quelqu'un à la maison ?*	Échanger sur les différences qu'il peut y avoir entre des habitudes familiales. Raconter une visite chez un ou une amie.

LA RÉALISATION

Rôle de l'enseignante ou de l'enseignant	Rôle de l'élève
Prévoir demander aux élèves de récupérer de petits contenants (de yogourt, par exemple) et de les apporter en classe; leur préciser qu'ils s'en serviront lors d'activités.	
■ MANUEL, P. 90, ACTIVITÉS 1 ET 2 ■ Inviter les élèves à former de petits groupes et à observer les illustrations de la p. 90. Leur demander de parler de cette situation : ce que vivent Camille et Léa et de quoi elles se préoccupent.	En groupe, observer les illustrations. Interpréter ce que font Camille et Léa. Exprimer ses perceptions à l'égard de la situation et discuter avec les autres élèves de son groupe de ce que vivent les deux personnages. Accepter que ses coéquipiers puissent avoir une autre perception que la sienne. S'entendre avec les autres et admettre que d'autres opinions peuvent être valables.

Leur poser les questions suivantes :

— *Est-ce difficile de compter des objets quand il y en a plusieurs ?*

— *Quelle difficulté se pose quand on a beaucoup d'objets à compter ?*

— *Pour toi, qu'est-ce que c'est « beaucoup » d'objets ?*

Demander aux élèves de répondre aux questions de l'activité 1. Mettre à leur disposition le matériel de manipulation (contenants qu'ils ont récupérés, etc.). Leur faire réaliser l'activité 2 en petits groupes. Avant que les élèves ne commencent le dénombrement, leur demander d'écrire leurs estimations. Faire dire par chaque équipe la stratégie qu'elle se propose d'utiliser et amener les élèves à discuter de l'efficacité de cette stratégie. Accepter les différentes propositions des élèves ; toutefois, s'assurer que trois ou quatre équipes formeront des groupements par 10.

Circuler parmi les équipes, prêter attention aux erreurs de comptage qui pourraient être commises. Inciter les élèves à vérifier leur résultat une seconde fois, si c'est nécessaire.

Faire décrire par chaque équipe sa démarche et le résultat obtenu. Se permettre de poser des questions supplémentaires aux élèves, par exemple :

— *Quel nombre aurais-tu obtenu s'il y avait eu un groupe de 10 de plus ? 3 haricots de moins ?*

Proposer aux élèves de faire un retour collectif en leur demandant d'expliquer leurs stratégies pour estimer et pour vérifier le nombre d'objets dans leur contenant. S'assurer que tous les élèves y incluent le groupement par 10.

■ MANUEL, P. 91 ET 92, ACTIVITÉS 3 À 7 ■   Poursuivre avec les activités des p. 91 et 92. Pour les activités 3 et 4, demander aux élèves de répondre à l'aide de l'illustration seulement. Les inviter à utiliser les mots *dizaines* et *unités* pour rendre compte des groupements ; aussi, pour interpréter les nombres écrits aux activités 5 à 7.

Faire écrire au propre, sur une feuille, la démarche employée pour réaliser les activités 3 et 4, puis inviter les élèves à dater leur travail et à le conserver dans leur portfolio.

Exprimer les difficultés qu'il ou elle éprouve dans une situation où il y a beaucoup d'objets à compter. Exprimer ce qu'il ou elle entend par « beaucoup » d'objets.

Réaliser l'activité 1. Tirer profit de l'information contenue dans les illustrations pour répondre à la question 1a. Réaliser ensuite l'expérience de l'activité 2. Écrire ses estimations, puis penser aux stratégies qu'il ou elle compte utiliser pour savoir combien il y a d'objets dans chaque contenant. Faire part de son ou ses moyens pour compter une grande quantité d'objets. Activer ses connaissances antérieures. Se demander si le moyen envisagé sera efficace. Partager ses idées avec ses coéquipiers.

Vérifier ses estimations et écouter les suggestions de son enseignante ou enseignant ; s'il y a lieu, recompter les objets.

Participer à la mise en commun en expliquant comment son équipe a procédé et en donnant le résultat obtenu.

Essayer de dire quel serait le résultat si le nombre de groupes de 10 et d'unités variaient.

Participer activement au retour collectif. S'ouvrir aux stimulations que constituent les interventions des autres élèves. Prendre conscience de sa place parmi les autres. Se rendre compte de l'efficacité du groupement par 10.

Observer les illustrations, lire les phylactères et déduire, à partir de ces informations, la stratégie que Camille et Léa ont utilisée pour compter les aliments. Compter ensuite combien de dizaines et combien d'unités apparaissent sur les illustrations. Réaliser les activités 4 à 7.

Sur une feuille, écrire au propre la démarche employée pour réaliser les activités 3 et 4 de même que les résultats obtenus, puis la conserver dans son portfolio.

NOTE DIDACTIQUE

Du thème 7 au thème 8, il y a une nette évolution sur le plan de la numération qu'il importe ici de souligner vu qu'elle touche des apprentissages fondamentaux.

Premièrement, au thème 8, en ce qui a trait à l'écriture des nombres à deux chiffres, les repères *d* et *u*, qui servaient au thème 7 à indiquer la position des dizaines et des unités dans un nombre, sont devenus inutiles car on suppose que les élèves se sont suffisamment familiarisés avec ce code pour pouvoir maintenant s'en passer.

Toutefois, il serait important de le vérifier auprès d'eux en notant, au tableau de la classe, un nombre à deux chiffres, par exemple 47, et en indiquant par les lettres *d* et *u* où sont les dizaines et les unités, puis en leur posant cette question : « Si j'efface le *d* et le *u*, est-ce que tu saurais me dire la valeur du 4 et celle du 7 dans ce nombre ? » Il est probable que le seul fait de poser cette question amènera les élèves à abandonner volontiers le recours à ces lettres.

Deuxièmement, les élèves observent des situations où il leur est impossible de compter un à un les objets qui composent une dizaine. C'est notamment le cas à la p. 91 du manuel. En effet, ce sont Camille et Léa qui indiquent qu'il y a 10 aliments dans chaque pot de yogourt. Les élèves n'ont alors d'autre choix que s'appuyer sur cet élément d'information vu qu'il leur est impossible de compter, par eux-mêmes, un à un les aliments qui sont dans les pots. Il en était autrement au thème 7 : à la situation de la p. 78 du manuel, il leur était toujours possible de compter un à un les éléments (casques de hockey) bien que l'on les incitait à ne compter que ceux d'une seule rangée et à compter ensuite le nombre de rangées de casques. Au thème 8, il y a donc une étape de plus vers l'abstraction qui oblige les élèves à se détacher graduellement de la représentation physique d'un nombre pour se satisfaire de sa représentation symbolique.

L'INTÉGRATION

Rôle de l'enseignante ou de l'enseignant	Rôle de l'élève
Placer à la vue des élèves quelques petits pots de yogourt vides contenant chacun 10 objets et quelques unités à côté. Leur dire quel est le nombre représenté, puis leur donner la consigne suivante : — *Dis le nombre que l'on obtient après que j'aurai transformé la quantité.* Ajouter ou enlever des unités ou des dizaines à plusieurs reprises. Chaque fois, demander à un élève le nouveau nombre obtenu.	Observer ce que fait l'enseignante ou l'enseignant et écouter la consigne attentivement. Se rappeler le nombre donné et comprendre qu'il se transforme selon l'ajout ou le retrait d'un certain nombre de dizaines et d'unités. Trouver le nouveau nombre obtenu.
■ FICHES 79, 80 ET 81, *RA-1B*, P. 79 À 81 ■ Faire réaliser individuellement les activités des fiches 79 et 81. Réserver la fiche 80 pour un rappel à la toute fin du thème (voir p. 312 du guide). Pour les élèves qui en éprouveraient le besoin, leur proposer la fiche de consolidation *Combien de balles y a-t-il en tout ?*	Réaliser individuellement les activités des fiches 79 et 81. S'assurer que sa réponse est exacte en la vérifiant avant de remettre sa copie ou avant de comparer ses réponses avec celles d'un ou d'une autre élève.

Corrigé des activités du manuel, p. 90, 91 et 92

Encadré de la p. 90 : L'élève devrait normalement reconnaître que Camille et Léa sont des amies et qu'elles aiment être ensemble même lorsqu'elles ne sont pas en classe. Elles ont décidé de faire une activité semblable à certaines qu'elles font à l'école. Elles comptent des macaronis et des haricots.

1. a) Elles veulent savoir combien il y a de macaronis et de haricots dans chaque verre.

   b) Réponses variables ; exemples de réponses attendues :

   • Compter les objets en faisant des groupements par 10, ce qui permet de trouver rapidement le nombre total.

   • Éviter de compter les objets un à un, du premier au dernier, car c'est une cause fréquente d'erreurs.

2. b) Les élèves estiment le nombre d'objets de chaque contenant avant d'en entreprendre le dénombrement.

   c) Réponses variables. **Remarque :** On s'attend à ce que les élèves dénombrent les objets en formant des groupements par 10.

3. a) Macaronis : 6 dizaines ; il reste 3 unités.
      Haricots : 8 dizaines ; il reste 7 unités.

   b) Macaronis : 63 ; haricots : 87.

   c) • Macaronis : 64 ; haricots : 88.
      • Macaronis : 73 ; haricots : 97.
      • Macaronis : 62 ; haricots : 86.

 Refais une expérience semblable avec d'autres objets.

Cette activité peut se dérouler soit au cours de la phase Réalisation, soit au cours de la phase Intégration. En effet, les activités 1 à 4 constituent un pas de plus vers l'abstraction, étape au cours de laquelle l'élève va se détacher graduellement de la représentation physique d'un nombre pour se satisfaire de sa représentation symbolique (voir la note didactique, p. 296 du guide). C'est pourquoi il est préférable que les élèves réalisent les activités 3 et 4 sans matériel de manipulation et en s'appuyant seulement sur les illustrations. Toutefois, certains élèves pourraient avoir besoin de refaire concrètement une expérience comme celle proposée à l'activité 2 (p. 90 du manuel). Dans ce cas, leur proposer d'utiliser du matériel de récupération (petits contenants, attaches pour sac, bouchons, etc.) et profiter de l'occasion pour amener les élèves à prendre conscience de leur attitude : Pensent-ils spontanément à utiliser des objets récupérés plutôt qu'à en employer des neufs quand ils ont besoin d'objets en mathématique ? Exploiter l'occasion pour demander aux élèves de citer quelques bonnes habitudes à prendre en matière de récupération.

4. a) 70

   b) • 71   • 80
      • 69   • 60

5. 63, 70, 87

6. a) 70, 71, 72, 73, 74, 75, 76, 77, 78, 79, 80, 81, 82, 83, 84, 85, 86, 87.

   b) 70, 69, 68, 67, 66, 65, 64, 63.

7. a) Tout entier naturel plus petit que 67, donc choisi parmi les nombres de 0 à 66.

   b) Tout entier naturel plus grand que 50. Accepter que les élèves écrivent un nombre respectant cette condition, même s'ils sont incapables de le lire.

   c) L'un des nombres suivants : 71, 72, 73, 74, 75, 76, 77, 78, 79.

 D'après toi, combien de grains de riz y a-t-il dans un verre ?

Cette question permet de faire une activité de réinvestissement, laquelle peut déborder sur une activité d'enrichissement.

En effet, pour répondre adéquatement à la question, les élèves doivent faire l'expérience qui consiste à remplir un verre de grains de riz, puis à estimer le nombre de grains qu'il contient. Quel nombre donneront-ils ? Que ce soit à l'étape de l'estimation ou du comptage, un problème va se poser : sauf exception, les élèves de la 1ʳᵉ année du premier cycle ne maîtrisent pas suffisamment la numération pour utiliser les grands nombres, bien qu'ils puissent en avoir une connaissance déclarative (par exemple, presque tous les élèves savent que 10 000 est un nombre, mais ne comprennent pas encore ce qu'il représente). Il est suggéré de faire réaliser cette activité en dyade. Ainsi, les élèves seront obligés de coopérer pour clarifier la situation dans laquelle ils se trouvent et pour se donner des méthodes de travail efficaces. De plus, il serait intéressant que soit un ou une élève de deuxième ou troisième cycle, soit une personne adulte de la maison, aide les élèves à dénombrer le nombre exact de grains de riz contenu dans le verre. De la sorte, les élèves auront l'occasion de compter le plus loin qu'ils peuvent et, ainsi, de commencer à se familiariser avec les grands nombres. Lors d'un retour sur cette activité, informer les élèves que la suite des nombres entiers naturels est infinie et leur dire que, d'ici la fin du cycle, ils connaîtront bien les nombres jusqu'à 1000.

Projet

▨ Des élèves ont-ils commencé à fabriquer leur balance ? Il serait opportun d'animer une mise en commun du travail déjà fait afin de soutenir la motivation des élèves qui doivent poursuivre leur projet, de féliciter ceux qui l'ont terminé ou d'inciter des élèves qui n'auraient pas entrepris le projet, pour quelque raison que ce soit, à le commencer.

▨ Proposer aux élèves qui ont terminé leur balance de lui trouver un nom et leur allouer du temps pour qu'ils la présente à la classe. Prévoir un endroit où exposer les balances.

Suggestion : Proposer aux élèves de faire une recherche sur la balance. Leurs résultats (images et phrases ou courts textes) peuvent également faire partie de l'exposition. Cette tâche peut être davantage développée dans le cadre d'un projet de français ou devenir le cœur d'un projet transdisciplinaire (mathématique, science et technologie, français, univers social). Fournir aux élèves quelques pistes de recherche : les types de balances, les lieux où l'on trouve des balances, les personnes qui les utilisent dans leurs activités professionnelles, les choses que l'on pèse à l'aide d'une balance, les besoins à l'origine de la création de la balance, etc.

▨ Permettre aux élèves d'expérimenter leur balance en leur suggérant d'en équilibrer les plateaux à l'aide de jetons, de cubes, de trombones ou d'attaches à sac, puis d'exprimer l'équilibre obtenu sous forme d'égalité (selon le modèle présenté à l'activité 4 de la p. 88 du manuel). En plus d'approfondir leur compréhension du concept mathématique d'égalité, cette partie du projet leur permettra de continuer à s'initier à l'utilisation d'un instrument simple, la balance à fléau.

▨ Les balances fabriquées par les élèves ne sont probablement pas aussi précises que la balance de la classe. Il serait intéressant qu'ils en découvrent les raisons. Amener les élèves à se poser les questions suivantes : Les plateaux sont-ils identiques ? Ont-ils la même masse ? La ficelle servant à suspendre la balance est-elle au centre du fléau ? Lorsque les plateaux sont vides, le fléau est-il en équilibre ? Plusieurs observations permettront aux élèves de corriger les petits défauts techniques limitant le fonctionnement de leur balance. Répondre à des questions de ce type leur permettra d'approfondir la description des pièces et du mécanisme de la balance à fléau. De plus, en faisant un retour critique sur leur réalisation technique, ils se familiarisent avec une façon de faire et de raisonner propre au monde de la science et de la technologie.

Réinvestissement

▨ Demander aux élèves d'imaginer une expérience semblable à celle que Camille et Léa ont réalisée. Leur proposer de réaliser leur expérience à la maison et d'en faire oralement un compte rendu en classe dans les jours qui suivent.

Suggestion : Proposer aux élèves d'inviter un ou une camarade de la classe à la maison pour réaliser cette expérience. Lors du retour sur cette activité, les inviter à échanger sur ce qu'ils ont vécu soit en tant que visiteurs, soit en tant qu'hôtes.

▨ Compter combien il y a de grains de riz dans un verre; à ce sujet, voir le corrigé de l'activité 🐾 à la p. 298 du guide.

Travaux personnels

Proposer aux élèves l'activité suivante : un ou une élève demande à cinq autres d'écrire chacun un nombre compris entre 50 et 100. Ensuite, l'élève doit placer les cinq nombres en ordre croissant ou décroissant.

Utilisation des TIC

Suggérer aux élèves de :

▦ réaliser l'activité suivante en dyade : un ou une élève prépare une grille de six ou sept colonnes et d'une seule rangée tandis que l'autre élève écrit dans chaque case de la grille, dans le désordre, un nombre compris entre 50 et 100, puis imprime la page. Sous la grille, les deux élèves écrivent les nombres en ordre croissant ou en ordre décroissant : ils doivent s'entendre sur la réponse.

▦ réaliser l'activité suivante en dyades : un ou une élève prépare une grille de six ou sept colonnes et d'une seule rangée et y écrit, dans le désordre, six ou sept nombres compris entre 50 et 100. L'élève cède sa place à l'ordinateur à un ou une autre élève et lui demande de placer les nombres de la grille en ordre croissant ou décroissant.

▶ SITUATION D'APPRENTISSAGE 3 De bonnes idées

Dans la forêt Mouchette, un verglas a rendu la surface du sol glissante. Conscient du danger que cela représente pour les habitants de la forêt, Logibul a installé un panneau pour le signaler. Félix reconnaît la bonne intention de Logibul. Toutefois, il soulève des doutes quant à la visibilité du panneau : il croit que le rouge serait plus approprié dans les circonstances. C'est une opinion que les élèves auront à examiner et à vérifier à l'aide d'une expérience, ce qui leur permettra, entre autres, de se familiariser avec des façons de faire et de raisonner propres à la science. La conduite de cette expérience et la cueillette des résultats constituent pour les élèves un problème à résoudre ; l'ensemble de la démarche de résolution de problème nécessitera que leur communication soit précise, notamment sur le plan mathématique. L'emploi du mètre comme unité de mesure et la construction d'un diagramme à bandes constituent des savoirs essentiels au cœur de cette situation d'apprentissage.

Au préalable, il est suggéré d'inviter les élèves à explorer un phénomène naturel, le verglas, en leur proposant de réaliser une expérience simple qui consiste à « fabriquer » du verglas et à se livrer à une observation méthodique de ce phénomène.

Organisation matérielle

▦ Le manuel *Logibul 1*, p. 93 ;

▦ La fiche 82, *RA-1B*, p. 82 ;

▦ Un arrosoir et de l'eau ;

▦ Quelques objets (en bois, en métal, en plastique, etc.) ;

▦ Les fiches de soutien *Fais une expérience* et *La visibilité des couleurs*, guide, p. 316 et 317 ;

▦ Des cartons blancs de 22 cm sur 28 cm ;

▦ Des crayons-feutres de différentes couleurs (rouge, bleu, jaune, vert pâle et brun) ;

▦ Une règle de 1 m ;

▦ Du ruban-cache.

3 h 30 min

Facteurs de réussite

Les élèves auront réussi la tâche:

▨ s'ils parviennent à communiquer entre eux de façon précise;

▨ s'ils accomplissent leurs tâches de façon méthodique;

▨ s'ils prennent conscience de l'importance de la sécurité à l'intérieur de leur école;

▨ s'ils indiquent approximativement ce qu'est une longueur de 1 m;

▨ s'ils utilisent correctement le mètre;

▨ s'ils expriment une mesure à l'aide du symbole m.

Portfolio

Demander aux élèves de conserver dans leur portfolio les dessins qu'ils auront faits lors de la phase Intégration.

LA PRÉPARATION

Rôle de l'enseignante ou de l'enseignant	Rôle de l'élève
En plénière, animer un retour sur l'expérience, réalisée au cours de récentes périodes de récréation, qui a permis aux élèves d'explorer le phénomène du verglas (voir le déroulement de l'expérience *Fabriquons du verglas*, à la rubrique Projet, p. 304 du guide). Par des questions, activer les connaissances antérieures des élèves à ce sujet.	Participer activement au retour collectif sur l'expérience qui consistait à fabriquer du verglas. Dire ce qu'il ou elle a appris au sujet de ce phénomène.
Enchaîner en amorçant une discussion sur les dangers que représente un sol verglacé et l'importance d'être prudent lorsqu'il y a du verglas. Demander aux élèves de dire ce qu'ils pensent à ce sujet. Les amener à prendre conscience des conséquences possibles de ce type de situation sur les enfants, les adultes, les personnes âgées, les piétons, les voitures.	Discuter avec le groupe-classe de l'importance d'être prudent lorsque le sol est verglacé. Donner des exemples de comportements prudents à adopter dans la rue, la cour de l'école, les sports d'hiver, etc.
Orienter la discussion sur la pertinence des panneaux qui signalent un endroit où il y a danger de glisser sur la chaussée. À cette fin, poser les questions suivantes aux élèves en leur demandant de formuler leur message de façon précise:	
— *As-tu vu de tels panneaux sur le chemin de l'école? Où exactement?*	Répondre aux questions de façon précise en justifiant ses arguments.
— *Sinon, en as-tu déjà vu ailleurs?*	
— *Comment signale-t-on, sur le panneau, qu'il y a danger de glisser sur la chaussée?*	
— *Est-ce que ces panneaux sont visibles de loin?*	
— *Est-ce important de voir les panneaux de loin?*	
— *Qu'est-ce qui peut rendre un panneau bien visible et reconnaissable?*	
— *Selon toi, la couleur joue-t-elle un rôle important?*	

LA RÉALISATION

Rôle de l'enseignante ou de l'enseignant	Rôle de l'élève
■ **MANUEL, P. 93, ACTIVITÉS 1 ET 2** ■ Faire observer l'illustration de la p. 93. Demander à un ou deux élèves qui ont dernièrement fait des progrès notables en lecture de lire le titre de la situation d'apprentissage et le texte dans l'encadré. S'assurer que tous les élèves comprennent bien la scène. Leur demander de former de petits groupes de quatre ou cinq. Les inviter à réaliser l'activité 1, puis les activités 2a et 2b.	Observer l'illustration de la p. 93 et interpréter la scène qui y est représentée. Réaliser les activités 1, puis 2a et 2b en échangeant ses idées avec les membres de son équipe. Écouter leurs idées et respecter leur droit de parole. Leur parler calmement.
Demander à chaque équipe de présenter ses réflexions. Noter les opinions pour y revenir après l'expérience de l'activité 2c.	Présenter les opinions de son équipe aux autres équipes.
Mettre en relief les opinions semblables ainsi que celles qui se contredisent. Dire aux élèves qu'on peut émettre différentes opinions, mais que des opinions, cela doit être vérifié. En science, c'est une expérience qui permet de le faire.	Se rendre compte que les opinions des autres peuvent être différentes de la sienne et comprendre que l'on peut parfois vérifier des opinions en faisant des expériences.
Distribuer un exemplaire de la fiche de soutien *Fais une expérience* à chaque équipe. Inviter les élèves à lire cette fiche et à explorer l'illustration qui y figure. Leur demander d'essayer de deviner, à partir de l'illustration, comment se déroulera l'expérience qu'ils vont faire.	Prendre connaissance de la fiche de soutien *Fais une expérience*. Essayer d'imaginer le déroulement de l'expérience à réaliser.
Décrire aux élèves l'expérience qui leur est proposée de sorte qu'ils en aient une idée globale avant de la préparer et de la réaliser. Exploiter l'illustration figurant sur la fiche. Expliquer aux élèves qu'ils vont : dessiner des points de différentes couleurs sur un carton; vérifier s'ils peuvent identifier ces couleurs à différentes distances; noter les résultats dans des diagrammes à bandes (voir le déroulement de l'expérience *Une couleur visible de loin* à la rubrique Projet, p. 305 du guide).	Écouter attentivement les explications concernant l'expérience qui permettra de savoir si Félix et certains élèves de la classe ont pensé juste ou non. Analyser la tâche à accomplir.
Inviter les élèves à réaliser l'expérience *Une couleur visible de loin*. Mettre à leur disposition le matériel dont ils ont besoin.	Préparer l'expérience avec son équipe. Pour plus d'efficacité, se donner des responsabilités au sein de l'équipe et déterminer les tâches de chaque membre de l'équipe. Accepter son rôle. Se préoccuper de l'organisation matérielle de l'expérience. Préparer les cartons en dessinant des points de couleurs différentes. À l'aide du mètre, appliquer les bandes de ruban-cache sur le sol. Nommer un ou une responsable (pointeur). Réaliser l'expérience dans le calme et la mener jusqu'au bout.

Une fois l'expérience terminée, demander aux équipes de comparer leurs diagrammes à bandes. Faire ensuite un retour sur les activités 2a et 2b pour demander aux élèves si leur opinion est toujours la même :

— *Que pensais-tu avant l'expérience ?*

— *Que penses-tu maintenant ?*

— *Est-ce qu'on obtiendrait les mêmes résultats si on refaisait l'expérience avec les adultes de l'école ou avec des parents ?*

Lorsque le groupe-classe a terminé l'expérience, observer les diagrammes à bandes et réagir aux faits en se demandant quelle couleur est la plus visible de loin pour les élèves de sa classe. Comparer les hypothèses émises avant l'expérience avec les résultats de l'expérience. Se demander si l'expérience est concluante.

L'INTÉGRATION

Rôle de l'enseignante ou de l'enseignant	Rôle de l'élève
Inviter les élèves à évaluer leur démarche en leur demandant d'illustrer trois moments importants de l'expérience. À cette fin, leur donner les consignes suivantes en les notant au tableau de la classe : — *Partage une feuille en trois parties.* — *Choisis trois moments importants de l'expérience.* — *Fais un dessin qui illustre chaque moment.*	Évaluer sa démarche en s'exprimant à l'aide de dessins. Présenter ses dessins aux élèves de la classe en leur expliquant ce qu'ils représentent. Parler de ce qu'il ou elle a appris. Dire ce qu'il ou elle pensait avant l'expérience, puis après. Justifier ses affirmations par des exemples.
■ FICHE 82, *RA-1B*, P. 82 ■ Faire réaliser l'activité de la fiche individuellement en demandant d'abord aux élèves d'expliquer ce que signifient les symboles <, >, = et m.	Analyser la tâche à accomplir : lire la consigne et comprendre ce qu'il faut faire. Activer ses connaissances antérieures et se rappeler ce que signifient les symboles <, >, = et m. Accomplir individuellement la tâche.
Procéder à une correction collective. Lors de ce retour, exiger que les élèves communiquent leurs réponses en utilisant le vocabulaire suivant : *plus petit que 1 mètre, plus grand que 1 mètre* ou *est égal à 1 mètre*.	Lors de la mise en commun, donner ses réponses en utilisant le vocabulaire approprié.

Corrigé des activités du manuel, p. 93

1. a) Faire un panneau de signalisation.

   b) Réponses variables; exemple : Oui, si le panneau est bien visible.

2. a) Réponses variables; exemple : Peut-être que Félix croit que le rouge attire davantage l'attention.

   b) Réponses variables; exemple : le rouge. On voit bien de loin le panneau rouge signalant un arrêt obligatoire à une intersection.

   c) À cette étape du questionnement, les élèves entreprennent la réalisation de l'expérience *Une couleur visible de loin* pour vérifier les hypothèses émises en *b*.

Dans ton école ou ta classe, y a-t-il un endroit où un panneau de signalisation serait utile ?

- Cette question permet d'amorcer le second projet (voir le deuxième paragraphe de la rubrique Projet ci-après). Proposer aux élèves de repérer dans l'école un endroit où il serait prudent de signaler un danger à l'aide d'un panneau. Leur suggérer d'en discuter avec des membres du personnel de l'école (responsable de l'entretien, secrétaire, directrice ou directeur). Leur demander de quelle couleur devrait être le panneau afin qu'il soit visible de loin.

- On peut également exploiter cette question de la façon suivante : demander aux élèves de préparer une affiche pour indiquer l'endroit où sont exposées leurs balances. Leur demander de quelle couleur elle devrait être pour qu'on la voie bien de loin.

Projet

▦ Inviter les élèves d'autres classes à visiter l'exposition de balances. Prévoir du temps afin que les élèves qui viennent de terminer la fabrication de leur balance puissent la présenter et expliquer comment ils l'ont fabriquée. Si les concepteurs y consentent ou le souhaitent, permettre aux visiteurs d'essayer les balances.

▦ Proposer aux élèves de se poser la question suivante : « Dans l'école ou la classe, y a-t-il un endroit où un panneau de signalisation serait utile ? » Les inviter à repérer dans l'école une situation où il serait prudent de signaler un danger à l'aide d'un panneau. Leur suggérer d'en discuter avec le ou la responsable de l'entretien. Leur demander de quelle couleur devrait être ce panneau afin de le rendre visible de loin. Y revenir lors de la situation d'apprentissage 4.

L'expérience *Fabriquons du verglas*

Avant d'entreprendre la phase Préparation, faire réaliser l'expérience *Fabriquons du verglas*.

Cette expérience doit se dérouler quelque temps avant d'entreprendre la situation d'apprentissage 3. Elle a lieu à l'extérieur, durant deux périodes de récréation. Il est nécessaire de consulter les prévisions météorologiques locales pour faire de cette expérience une réussite; en effet, il ne doit pas neiger et la température doit être nettement inférieure au point de congélation de l'eau pendant au moins les 24 heures que dure l'expérience. Le but principal de l'expérience est d'amener les élèves à développer leur capacité à observer minutieusement un phénomène naturel.

Voici une suggestion de déroulement pour cette expérience.

Matériel : • Un arrosoir et de l'eau;
          • Quelques objets récupérés en divers matériaux (bois, métal, plastique, etc.).

1. Rassembler quelques objets récupérés; par exemple : une branche morte, une planchette ou une bûche, un contenant de plastique, une boîte de conserve. Présenter ces objets aux élèves de même que l'arrosoir. Leur poser les questions suivantes :

   • *Que va-t-il se passer si je remplis l'arrosoir avec de l'eau et que j'arrose ces objets ?*

   • *Que va-t-il se passer si je fais la même chose dehors, en cette période de l'année ?*

   Laisser du temps aux élèves pour qu'ils activent leurs connaissances antérieures et qu'ils expriment leurs opinions. Noter les différentes opinions au tableau. Annoncer aux élèves qu'ils vont réaliser une expérience afin de vérifier les hypothèses qu'ils ont formulées.

2. Dès que les conditions météorologiques le permettent, proposer aux élèves de réaliser l'expérience. Ce jour-là, prolonger la récréation d'après-midi d'une quinzaine de minutes. Avec l'aide des élèves, déposer les objets dans un coin peu fréquenté de la cour de récréation. Les arroser légèrement avec de l'eau. Attendre quelques minutes et demander aux élèves d'observer ce qui se produit. Mettre en commun leurs observations. Arroser de nouveau les objets. Attendre quelques minutes en demandant aux élèves d'observer ce qui se passe. Répéter l'opération jusqu'à ce qu'une mince couche de glace se forme sur les objets.

Pour que cette expérience réussisse, il faut que les objets aient été soumis à la température extérieure plusieurs heures auparavant. Autrement, l'eau ne gèlera pas sur leur surface. Au cas où l'expérience ne donnerait pas de résultats assez convaincants, l'enseignante ou l'enseignant peut à nouveau verser un peu d'eau sur les objets à la fin de la journée, c'est-à-dire à un moment où la température est en baisse. **Remarque :** Il est fortement suggéré de réaliser cette expérience avec le ou la responsable de l'entretien de l'école. Cette personne est connue des enfants. À leurs yeux, elle est une personne particulière parmi la communauté de l'école. En gros, elle leur apparaît comme étant la personne qui a un rapport particulier à certains objets (outils, balais, articles d'entretien ménager, pelles et pics à déglacer). Demander à cette personne de participer à l'expérience. En profiter pour permettre aux élèves de lui poser des questions sur ses tâches et responsabilités. De la sorte, les élèves découvriront un métier et prendront conscience du rôle que le ou cette personne joue en matière de sécurité à l'école.

3. Le lendemain, profiter de la récréation d'avant-midi pour observer les résultats de l'expérience. De retour en classe, mettre en commun les observations des élèves. Leur expliquer ce qui s'est produit en leur présentant ce qu'est le verglas : une couche de glace qui se forme lorsqu'une pluie vient en contact avec des objets dont la température est très froide (au-dessous de 0 ˚C); normalement, ce phénomène n'a lieu qu'en hiver.

L'expérience *Une couleur visible de loin*

Lors de la phase Réalisation, proposer l'expérience *Une couleur visible de loin* aux élèves. Idéalement, cette expérience devrait se dérouler dans la grande salle de l'école. Ses buts généraux sont d'amener les élèves à découvrir le mètre, de même que son symbole (m), et à s'initier à son utilisation; à se familiariser avec des façons de faire et de raisonner propres à la science; à se donner des méthodes de travail efficaces.

Voici une suggestion de déroulement pour cette expérience.

Matériel : • La fiche de soutien *Fais une expérience*;
• La fiche de soutien *La visibilité des couleurs*;
• Une règle de 1 m;
• Du ruban-cache (communément appelé « masking tape »);
• Un carton blanc de 22 cm sur 28 cm par équipe;
• Des crayons-feutres : un bleu, un rouge, un jaune, un vert pâle et un brun.

1. Former des équipes de quatre ou cinq élèves. Inviter les élèves à s'approprier l'information contenue sur la fiche de soutien *Fais une expérience* afin qu'ils puissent en tirer profit pour réaliser l'expérience. **Remarque :** Cette fiche contient, sous la forme d'une illustration, le protocole de l'expérience à réaliser. L'utiliser pour expliquer aux élèves ce qu'ils doivent faire. En remettre un exemplaire à chaque équipe.

2. Demander aux élèves de chaque équipe de dessiner, à l'aide des crayons-feutres, un point de chaque couleur (bleu, rouge, jaune, vert pâle et brun), de la grandeur d'une pièce de 10 ¢, sur un carton. Suggérer de disposer les points en constellation. Faire coller le carton sur un mur.

3. Demander ensuite aux équipes de placer, à l'aide du mètre, des bandes de ruban-cache sur le plancher de la façon suivante : une bande à 1 mètre du mur sur lequel le carton est apposé, ensuite une autre bande à 2 mètres, une autre à 3, puis à 4, et ainsi de suite jusqu'à 10 mètres.

4. Au sein de chaque équipe, un ou une élève mène l'expérience en se chargeant de pointer du doigt un point de couleur sur le carton alors que ses autres coéquipiers, à tour de rôle, disent si cette couleur est visible en se plaçant à différentes distances du carton (celles-ci étant indiquées par les bandes de ruban). Il en va ainsi pour chacun des points de couleur. Les résultats sont consignés dans des diagrammes à bandes (fiche de soutien *La visibilité des couleurs*). Pour plus de détails sur cet aspect du déroulement de l'expérience, se reporter aux consignes de la p. 318 du guide.

5. Lorsque les équipes ont terminé leur expérience, les inviter à observer et à comparer leurs diagrammes à bandes.

Réinvestissement

Inviter les élèves à fabriquer un mètre en papier, non gradué. Leur proposer de mesurer divers objets de la classe à l'aide de cette bande de papier et de dresser un tableau semblable au suivant pour y consigner leurs résultats :

Longueur	Nom de l'objet
1 m	
2 m	
3 m	

Travaux personnels

Proposer aux élèves de mesurer des objets à la maison à l'aide de leur bande de papier de 1 m. Leur préciser de réaliser cette activité avec un ou une adulte. Demander aux élèves de noter le nom de ces objets ainsi que leurs longueurs en mètres, sur une feuille, puis de signer la feuille et de la faire signer aussi par l'adulte.

Utilisation des TIC

Suggérer aux élèves de réaliser une affiche, à l'aide d'un logiciel de dessin, sur un sujet de leur choix.

Suggestion : Une affiche pour annoncer un vêtement à vendre, un jouet ou un livre à échanger, un jeu à prêter ou une balance à vendre, etc. L'affiche devra comprendre une illustration et un court texte en plus d'être lisible de loin.

▶ SITUATION D'APPRENTISSAGE 4 Un jeu de formes

Logibul a choisi la forme qu'il a donné à son panneau de signalisation. Or, un panneau de signalisation, c'est un moyen de communiquer, en d'autres mots une sorte de code de communication médiatique. En effet, la forme d'un panneau est parfois en elle-même un message. C'est un aspect des codes de communication auquel les élèves auront l'occasion de se sensibiliser au cours de ce thème. Sur le plan disciplinaire, les activités de cette situation d'apprentissage les amèneront à tracer différentes figures planes, tantôt en les agrandissant, tantôt en les rapetissant, pour mieux cerner finalement ce que sont des figures isométriques. Le point culminant de cette exploration de différentes formes est une situation-problème où l'imaginaire mathématique des élèves pourra se manifester. Cette recherche se fera individuellement mais au sein d'un groupe afin de favoriser les échanges entre les élèves, particulièrement sur le plan des manières de travailler et des résultats que chacun obtient. Le second projet, amorcé lors de la situation d'apprentissage 3, se poursuit : les élèves auront à déterminer la forme et la couleur de leur panneau de signalisation.

Organisation matérielle
▨ Le manuel *Logibul 1*, p. 94 et 95 ;
▨ La fiche 83, *RA-1B*, p. 83 ;
▨ Les fiches de soutien *Dessine des figures planes* et *Un jeu de formes*, guide, p. 319 et 320 ;
▨ Des ciseaux et de la colle.

2 h 30 min

Facteurs de réussite

Les élèves auront réussi la tâche :

▨ s'ils établissent des liens entre des figures géométriques et certains panneaux de signalisation;

▨ s'ils tracent des figures planes ayant les mêmes dimensions que des figures données;

▨ s'ils construisent des formes en assemblant des formes données;

▨ s'ils partagent l'information relative à leur solution.

Portfolio

Suggérer aux élèves d'y conserver l'une des formes qu'ils ont créées lors de l'activité 3 de la p. 95 du manuel.

LA PRÉPARATION

Rôle de l'enseignante ou de l'enseignant	Rôle de l'élève
■ MANUEL, P. 94 ■ Expliquer aux élèves que Logibul a tracé toutes sortes de figures planes avant de choisir la forme de son panneau de signalisation. Leur poser la question suivante :	Écouter attentivement les explications.
— *Quelles formes peuvent avoir les panneaux de signalisation ou les affiches ?*	Activer ses connaissances et nommer les différentes formes que peuvent avoir les panneaux de signalisation.
Demander aux élèves de donner des exemples de panneaux de signalisation. Leur poser les questions suivantes :	Nommer les panneaux de signalisation qu'il y a sur le chemin de l'école. Dire ce qu'ils annoncent, parler de leur forme, les comparer avec celui fabriqué par Logibul. Expliquer pourquoi il y a des panneaux de signalisation, leur utilité, se rappeler ceux vus au thème 5.
— *Y a-t-il des panneaux de signalisation sur le chemin qui va de ta maison à l'école ?*	
— *Qu'annoncent ces panneaux ?*	
— *De quelles formes sont-ils ?*	
— *Ont-ils la même forme que le panneau fabriqué par Logibul ?*	
— *Pourquoi y a-t-il des panneaux de signalisation ?*	
— *À quoi cela sert-il ?* (Au besoin revenir au thème 5, particulièrement aux p. 50 et 53 du manuel.)	
— *À quel endroit pourrait-il y avoir un panneau de signalisation près de l'école ? dans l'école ?*	
— *Y a-t-il d'autres endroits où il serait utile de placer un panneau de signalisation ?*	

LA RÉALISATION

Rôle de l'enseignante ou de l'enseignant	Rôle de l'élève
■ MANUEL, P. 94, ACTIVITÉS 1 ET 2 ■ Faire observer l'illustration de la p. 94 du manuel, puis les figures planes tracées sur le quadrillage :	Observer attentivement l'illustration de la p. 94. Comparer les figures les unes avec les autres en parlant du nombre de côtés, de la longueur des côtés, des coins (à défaut de parler d'angles).
— *Qu'ont-elles de semblable ? de différent ?*	
Demander aux élèves de nommer ces figures.	Nommer les figures représentées.

Remettre à chaque élève un exemplaire de la fiche de soutien *Dessine des figures planes*. Leur demander de prévoir comment ils vont exploiter l'espace disponible sur cette fiche, car ils n'en recevront qu'une seule. Inviter les élèves à réaliser individuellement l'activité 1 à l'aide de cette fiche.

Remarque : Pour les figures plus petites et plus grandes, les élèves respecteront les proportions du mieux qu'ils peuvent en se fiant à leur perception seulement, c'est-à-dire sans qu'intervienne quelque calcul que ce soit.

Poursuivre avec l'activité 2. Lors de la comparaison, amener les élèves à constater qu'une figure géométrique donnée conserve les mêmes attributs, qu'elle soit grande ou petite. Leur demander de trouver ce que les figures semblables ont en commun ; par exemple, le rectangle, qu'il soit petit ou grand, a le même nombre de côtés (4) et garde le même nom même si ses dimensions ont changé.

■ MANUEL, P. 95, ACTIVITÉ 3 ■ Expliquer aux élèves la consigne de l'activité 3a. Prévoir photocopier en plusieurs exemplaires (de préférence sur de minces cartons) la fiche de soutien *Un jeu de formes* de façon à remettre un jeu de 3 figures à chaque élève. Demander aux élèves de découper ces trois figures planes avec minutie, puis d'en accoler deux ou trois de façon à créer une forme ; les encourager à faire plusieurs essais. Les laisser accomplir individuellement cette tâche. Les inviter ensuite à se grouper en petites équipes pour qu'ils comparent, chaque fois, les formes obtenues. Lors des comparaisons (activités 3b, 3c et 3d), circuler parmi les équipes et amener les élèves à :

- se rendre compte que certaines formes s'apparentent à des figures géométriques (carré, rectangle, triangle). Leur faire alors nommer ces figures ;

- justifier, dans leurs mots, en quoi une forme est différente ou pareille à une autre. Par exemple, dans le cas où deux formes sont pareilles mais orientées différemment, demander aux élèves qui affirment qu'elles sont différentes de justifier leur affirmation ; ensuite, les amener à s'apercevoir que les deux formes sont bel et bien pareilles en leur suggérant de donner à toutes deux la même orientation ;

- trouver un moyen de s'assurer qu'une forme est différente d'une autre (par exemple numéroter le verso des trois figures découpées ou poser chaque forme sur une feuille et en tracer le contour).

Écouter attentivement la mise en garde de l'enseignante ou l'enseignant. Réfléchir afin de trouver la meilleure façon de procéder. Anticiper l'espace à utiliser pour dessiner toutes les figures.

Accomplir la tâche en respectant à peu près les proportions. S'engager dans la démarche : prendre le temps de regarder le travail accompli jusque-là et ce qui reste à faire, évaluer l'espace disponible et poursuivre la tâche.

Observer le travail achevé et comparer les carrés, rectangles, etc. : les siens et ceux d'un ou d'une autre élève. Trouver ce que les figures semblables ont en commun et les nommer.

Lire la consigne de l'activité 3a et écouter les explications. Observer le jeu de trois figures et les comparer avec celles de la p. 95. Découper les figures de la fiche. En accoler deux ou trois de façon à créer une forme. Se grouper en équipe, puis comparer les formes obtenues en trouvant des ressemblances ou des différences entre elles. Recommencer la tâche de façon à créer d'autres formes : chaque fois, s'assurer d'en créer une différente, puis la comparer avec celles des membres de son équipe. Se rendre compte que certaines formes s'apparentent à des figures géométriques ; nommer ces figures.

Procéder à un retour collectif. Tracer au tableau de la classe le contour d'une forme qu'une ou un élève a créée, puis lancer au groupe-classe le défi de trouver comment la construire à l'aide des figures découpées. Circuler parmi les élèves et les encourager dans leur tâche.

Demander aux élèves de coller, sur une feuille ou un carton, les trois figures découpées de façon à obtenir une forme triangulaire, rectangulaire ou carrée, ou encore une forme de leur cru. Ensuite, de conserver cette feuille dans leur portfolio en prenant soin d'y inscrire leur nom et la date.

Manifester son intérêt en relevant le défi : à l'aide des trois figures découpées, créer une forme semblable à celle reproduite au tableau.

Accomplir la tâche proposée. Si la forme s'apparente à une figure géométrique, nommer cette figure.

NOTE DIDACTIQUE

Dans cette situation d'apprentissage, les élèves tracent des figures isométriques, c'est-à-dire des figures ayant les mêmes mesures que les figures qu'on leur présente comme modèle. Les figures isométriques sont l'un des savoirs mathématiques que prescrit le Programme de formation de l'école québécoise. Par contre, bien que ce dernier ne l'exige pas, les élèves tracent, lors de l'activité 1 (p. 94 du manuel), des figures (de même forme) plus petites et plus grandes. Il s'agit en fait de contre-exemples permettant de mettre en relief ce qui doit être l'objet d'apprentissage : les attributs de quelques figures géométriques. En effet, considérer des figures qui ne sont pas de même grandeur, quoique de même forme, permet de mieux faire ressortir en quoi, dans l'essentiel, elles sont semblables. Présenter un contre-exemple est presque toujours une excellente stratégie d'enseignement des mathématiques.

L'INTÉGRATION

Rôle de l'enseignante ou de l'enseignant	Rôle de l'élève
■FICHE 83, *RA-1B*, P. 83■ Demander aux élèves de réaliser individuellement les activités de la fiche ; ensuite, animer un retour collectif sur les résultats et les démarches. À cette occasion, poser les questions suivantes aux élèves : — *Est-ce que rapetisser ou agrandir une figure géométrique change sa forme ?* — *Qu'est-ce qui est le plus facile : tracer une figure plus grande, plus petite ou de la même grandeur ?* Proposer aux élèves de comparer les quatre figures se trouvant sur la fiche 83 et de dire dans leurs mots quelles sont les caractéristiques essentielles à chacune.	Réaliser individuellement les activités. Participer au retour. Observer que, en agrandissant ou en rapetissant une figure, on n'en change pas la forme ; en expliquer la raison dans ses mots. Comparer les quatre figures et exprimer dans ses mots quelles sont les caractéristiques essentielles à chacune.

Corrigé des activités du manuel, p. 94 et 95

1. L'élève trace des figures sur la fiche de soutien *Dessine des figures planes* en respectant les consignes. **Remarque :** pour les figures devant être tracées en plus petit (b) et en plus grand (c), l'élève respecte les proportions du mieux qu'il ou elle le peut, en se fiant à sa perception seulement, c'est-à-dire sans qu'intervienne quelque calcul que ce soit.

2. a) Normalement, il devrait y avoir peu de différence entre les figures que les élèves ont tracées en 1a. À peu près aucune des figures qu'ils ont tracées en 1b et 1c ne devrait avoir exactement les mêmes dimensions.

   b) 1 carré, 1 rectangle, 2 triangles, 1 losange.

3. a) L'élève utilise la fiche de soutien *Un jeu de formes* pour réaliser cette activité.

(Afin de simplifier l'exposé des réponses, on nommera ici A, le petit triangle, B le grand triangle et C le quadrilatère figurant à la p. 95 du manuel.)

Exemples de formes obtenues avec 2 figures :

Exemples de formes obtenues avec 3 figures :

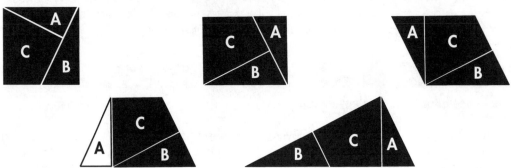

Remarque : Il y a beaucoup d'autres façons possibles d'assembler 2 ou 3 figures ; notamment, en n'accolant pas l'un des angles d'une figure à l'un de ceux d'une autre figure, comme dans cette exemple :

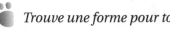

Toutefois, il n'y a là aucun défi intéressant ; il faut plutôt amener les élèves à trouver les formes illustrées plus haut. Dans leur recherche, il n'est pas nécessaire qu'ils trouvent toutes les possibilités pour qu'elle leur soit profitable.

b) Réponses variables.

c) Quand les formes obtenues s'apparentent à des figures géométriques (carré, triangle, rectangle), les élèves devraient pouvoir nommer ces figures.

d) Réponses variables.

Trouve une forme pour ton panneau de signalisation.

Cette activité est en lien avec le projet (voir la rubrique Projet à la page suivante).

Projet

▧ Il est proposé aux élèves de s'engager dans un autre projet, soit la fabrication d'un panneau de signalisation.

▧ À la situation d'apprentissage 3, les élèves ont été confrontés à la question suivante : Quelle couleur doit avoir un panneau de signalisation afin qu'il soit le plus visible possible ? Ils ont eu l'occasion de vérifier leurs hypothèses à l'aide d'une expérience, ce qui leur a permis de se familiariser avec des façons de faire et de raisonner propres à la science.

▧ Ensuite, les élèves ont repéré, dans l'école, un endroit où il serait utile de signaler un danger à l'aide d'un panneau. Ils en ont probablement discuté avec des membres du personnel de l'école (responsable de l'entretien, secrétaire, directrice ou directeur).

▧ Maintenant, il leur faut déterminer la forme à donner à leur panneau de signalisation ainsi que sa couleur. Il est suggéré d'aborder cet aspect du projet sous l'angle des moyens de communication, en soulignant le fait que la forme d'un panneau est parfois en elle-même un message (la forme et la couleur choisies doivent retenir l'attention). Sur le plan disciplinaire, les activités de cette situation d'apprentissage amèneront les élèves à explorer différentes figures géométriques, lesquelles les inspireront pour donner une forme à leur panneau.

▧ Une fois le panneau de signalisation terminé, chaque équipe devra le mettre en place à l'endroit qui a été déterminé lors de la situation d'apprentissage précédente.

Réinvestissement

Présenter aux élèves le jeu de Tangram (sept formes imposées : deux grands triangles, un moyen, deux petits, un carré et un losange ; plus de 1500 figures à former). Proposer aux élèves de découvrir ce jeu aux possibilités extraordinaires. Au début, leur permettre de créer les formes qu'ils veulent.

Travaux personnels

Proposer aux élèves de tracer deux ou trois figures planes différentes de celles qu'ils ont utilisées pour faire l'activité 3 de la p. 95 du manuel et, à l'aide de ses figures, d'essayer de former des formes qui s'apparentent à des figures planes qu'ils connaissent (triangle, rectangle, carré).

Utilisation des TIC

Suggérer aux élèves des exercices de géométrie ; les sites Internet suivants en comportent :

▧ http ://www.momes.net/education/geometrie/geometrie.html

▧ http ://www.momes.net/education/geometrie/modeles/figures.html

EXPLOITATION DES PAGES PÉDAGOGIQUES DES THÈMES 7 ET 8

Les p. 96 et 97 du manuel, de même que les fiches 84 et 85 du *RA-1B*, proposent aux élèves de faire un retour sur leurs apprentissages. En relisant ces pages pédagogiques, les élèves pourront se rappeler ce qu'ils ont appris au cours des dernières semaines.

Inviter les élèves à réaliser les activités des p. 96 et 97, puis à se grouper en équipes de quatre ou cinq en vue de préparer, en s'appuyant sur ces deux pages, une courte présentation de ce qu'ils ont appris. Voici ce qui leur est proposé de faire. Les membres d'une équipe se partagent les tâches de façon à présenter un résumé de chacun des quatre points aux autres élèves de la classe. Par exemple, une ou un élève prépare son explication en ce qui a trait au point «Je sais quand utiliser le signe + et le signe –», puis la présente à ses coéquipiers; ceux-ci émettent leurs commentaires, ajoutent des explications au besoin, en un mot s'entendent sur la façon dont leur camarade devrait présenter son résumé au reste du groupe-classe. Il en va ainsi pour chaque membre de l'équipe. Lors des présentations, qui ne manqueront pas d'être différentes, encourager les élèves à poser des questions, à demander des précisions, à corriger, s'il y a lieu, les éléments de réponses sur lesquels ils sont en désaccord, à se féliciter.

Demander aux élèves de réaliser individuellement les activités des fiches 84 et 85. Une fois qu'ils ont terminé, animer un retour collectif.

Je sais quand utiliser le signe + et le signe –.

Il y a 7 biscuits dans une assiette. Quelqu'un a pris 4 biscuits. Il reste donc 3 biscuits.
$7 - 4 = 3$.

Je suis capable de compléter des égalités.

a) 1   d) 8

b) 6   e) 0

c) 5   f) 6

Je sais ce que signifient les mots *intérieur* et *extérieur*.

a) • 3   • 2

b) Non, parce qu'il n'y a aucune pomme rouge dans le sac.

Je sais dénombrer une grande quantité d'objets.

1. 4 dizaines et 5 unités ou 45.

2. a) 6 dizaines et 9 unités ou 69.

   b) • 79   • 70

Pour t'amuser

Cette activité permet de revoir le concept d'égalité à partir d'une situation toute simple où le hasard intervient. Les élèves pourraient aussi utiliser deux dés chacun, additionner les résultats des deux dés et à partir des nombres obtenus écrire d'autres égalités.

Exemple : Soit les résultats de dés : 3 et 5. On pourrait écrire : $3 + 2 = 5$ ou $5 - 3 = 2$ ou $5 = 3 + 2$ ou $3 = 5 - 2$, etc.

Autour de moi

Le quotidien offre de multiples occasions pour représenter une situation par une addition ou par une soustraction. Proposer aux élèves d'observer les situations où ils peuvent utiliser l'une ou l'autre de ces opérations pour résoudre un problème.

Exemple : En dressant la table, compter 3 cuillères à soupe et 2 fourchettes ($3 + 2 = 5$).

Suggérer aux élèves de réaliser individuellement les activités de la fiche 80 (du *RA-1B*). Animer un retour collectif sur cette fiche, au besoin; inviter ensuite les élèves à la conserver dans leur portfolio.

Retour sur le thème

Animer un retour sur l'ensemble du thème. Revenir sur chaque situation d'apprentissage du thème en demandant aux élèves de se rappeler les expériences et les activités qu'ils ont faites. Les interroger sur leurs apprentissages, les amener à prendre conscience des progrès qu'ils ont accomplis, des compétences qu'ils ont continué à développer. À partir de situations concrètes, revoir avec eux les mots du vocabulaire avec lesquels ils se sont familiarisés tout le long du thème.

Voici d'autres pistes de questionnement qui pourront aider à préparer le retour sur ce thème.

▨ Quels sont les élèves qui éprouvent le plus de difficultés ? Comment les soutenir ?

▨ Quelle est l'attitude générale des élèves face aux situations mathématiques ?

▨ Ont-ils participé aux expériences ? Quels types de progrès le thème leur a-t-il permis de réaliser ?

▨ Ont-ils développé leurs compétences en ce qui a trait au travail en équipe ?

Les questions suivantes sont aussi l'occasion pour l'enseignante ou l'enseignant de s'interroger sur son enseignement. Ces questions peuvent également faire l'objet d'un échange entre les membres de l'équipe du premier cycle.

▨ Comment ai-je présenté l'expérience sur les balances ?

▨ Qu'ai-je fait pour que cette expérience soit signifiante pour les élèves ?

▨ Comment les élèves ont-ils réagi ?

▨ Est-ce que l'expérience de l'activité 2, p. 90 du manuel, a été motivante pour les élèves ?

▨ Est-ce que les expériences proposées à la situation d'apprentissage 3, *Fabriquons du verglas* et *Une couleur visible de loin*, ont plu aux élèves ?

▨ Quels types de commentaires les élèves ont-ils faits au cours de ce thème ? (En donner des exemples.)

▨ À la situation d'apprentissage 4, lors de périodes de travaux personnels, les élèves sont-ils parvenus, à partir de figures planes qu'ils ont eux-mêmes tracées, à créer des formes qui s'apparentent à des figures géométriques ?

▨ Quels apprentissages mon groupe d'élèves a-t-il faits, sur le plan des compétences mathématiques et sur le plan des compétences transversales ?

Activité de numération

Matériel : des bâtonnets (un peu moins d'une centaine) et des élastiques.

Montrer l'ensemble des bâtonnets aux élèves et leur proposer de les dénombrer. Pour commencer, demander aux élèves de faire une estimation du nombre de bâtonnets et de la noter.

Former des équipes de quatre ou cinq élèves, puis remettre à chacune une poignée de bâtonnets et un ou deux élastiques. Chaque équipe groupe par 10 les bâtonnets qu'elle a reçus et les assemble avec un élastique. Les équipes réunissent les bâtonnets qui leur restent pour former d'autres dizaines. Quand il n'y a plus de dizaines à former, on rassemble tous les paquets de 10 et les bâtonnets non groupés qui restent sur une table, à la vue de tous. On compte les dizaines et les unités pour connaître le nombre total de bâtonnets.

Faire comparer le résultat au nombre estimé.

Ensuite, demander à des élèves de dire le nombre de bâtonnets qu'il y aurait s'il y avait :
• 2 paquets de moins;
• 4 bâtonnets de plus;
• 3 paquets et 3 bâtonnets de moins;
• etc.

Nom _____

J'obtiens une égalité

Écris +, – ou = dans les ◯.
Tu dois toujours obtenir une égalité.

a) 4 ◯ 3 ◯ 7

   5 ◯ 3 ◯ 2

  10 ◯ 0 ◯ 10

   3 ◯ 5 ◯ 2

   0 ◯ 8 ◯ 8

c) 8 ◯ 9 ◯ 1

   1 ◯ 2 ◯ 3

   5 ◯ 5 ◯ 10

   5 ◯ 5 ◯ 0

   1 ◯ 2 ◯ 1

b) 4 ◯ 1 ◯ 5

   1 ◯ 5 ◯ 4

   5 ◯ 1 ◯ 4

   4 ◯ 5 ◯ 1

   1 ◯ 4 ◯ 5

d) 3 ◯ 6 ◯ 3

   4 ◯ 6 ◯ 10

   0 ◯ 7 ◯ 7

   2 ◯ 4 ◯ 6

   5 ◯ 6 ◯ 1

Nom _____

Combien de balles y a-t-il en tout?

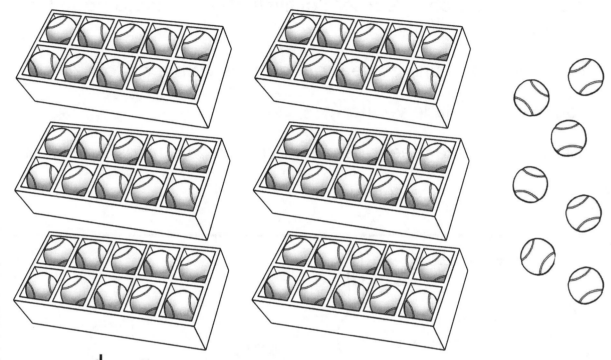

d **u**

1. Il y a 6 7 balles.

Tu peux aussi écrire ☐ et te rappeler que le 6 correspond

à 6 _____ et le 7, à 7 _____.

2. a) Si tu ajoutes une boîte de balles, il y aura ☐ balles,

car 67 + 10 = 77.

b) Si tu enlèves 7 balles, il y aura ☐ balles,

car _____.

c) Si tu enlèves 1 boîte de balles, il y aura ☐ balles,

car _____.

Nom _____

Fais une expérience

Utilise cette fiche pour réaliser l'activité 2b et 2c de la page 93 de ton manuel *Logibul I*.

- Selon toi, y a-t-il une couleur qui est plus visible de loin ?

- Comment peux-tu le vérifier ?

- Pour en avoir une idée, observe l'expérience que les 3 amis font.

- Fais une expérience semblable.

- L'unité de mesure que les 3 amis on utilisée est le **mètre**.
- Mètre peut s'écrire **m**.

Nom _____

Utilise cette fiche pour réaliser l'activité 2c de la page 93 de ton manuel *Logibul 1.* Écoute les consignes.

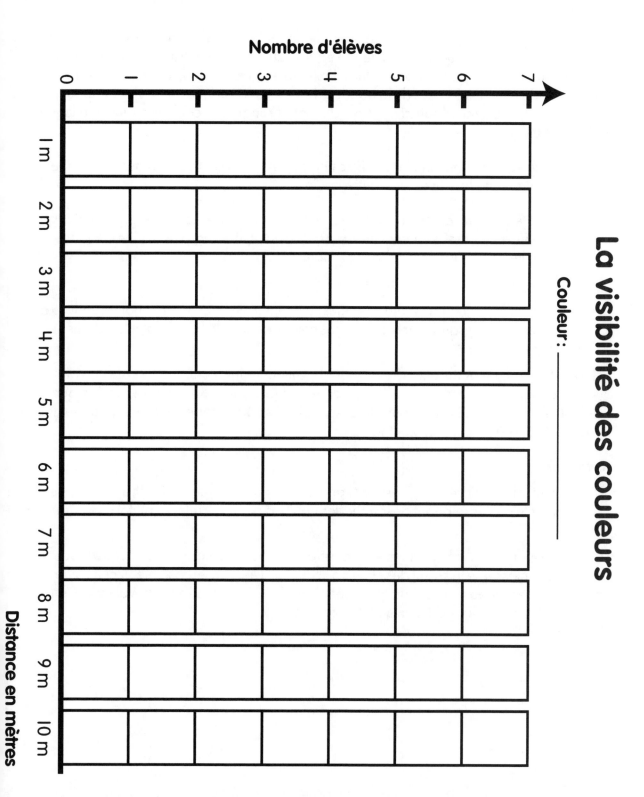

À l'enseignante ou à l'enseignant

Consignes pour utiliser la fiche *La visibilité des couleurs*

1. Un ou une élève se charge de remplir une fiche par couleur selon les résultats de son équipe lors de l'expérience. Chaque équipe remplira donc 5 fiches puisqu'il y a 5 points de couleur.

2. L'élève ayant la responsabilité de remplir la fiche colorie une case dans la bande appropriée pour chaque membre de son équipe qui parvient à distinguer la couleur pointée par un ou une de ses camarades. À titre d'exemple, si les 5 membres de l'équipe perçoivent nettement le bleu, les 5 cases de la bande « 1 m » seront coloriées. Il en va ainsi pour chaque distance jusqu'à ce qu'il soit impossible de bien distinguer la couleur ou jusqu'à la marque de 10 mètres.

3. Lorsqu'une équipe a terminé le test avec une couleur, elle poursuit l'expérience en répétant la procédure cette fois avec une autre couleur.

4. Lorsqu'une équipe a rempli ses 5 fiches, elle doit comparer les 5 diagrammes à bandes ainsi obtenus et en tirer une conclusion. La couleur qui est la plus visible de loin est celle pour laquelle un diagramme à bandes montre :

   • le plus grand nombre de bandes coloriées;

   • dans le cas où certains diagrammes présenteraient le même nombre de bandes coloriées, le plus grand nombre de cases coloriées dans la bande la plus à droite sur l'axe horizontal.

   Normalement, on doit s'attendre à ce qu'il y ait de moins en moins de cases coloriées plus on se déplace vers la droite sur l'axe horizontal (distance). De plus, on devine que, selon la couleur, il y aura plus ou moins de cases coloriées par bande à mesure qu'on se déplace vers la droite sur l'axe horizontal.

Remarques :

• L'axe vertical (nombre d'élèves) est gradué jusqu'à 7, ce qui offre la possibilité à l'enseignante ou l'enseignant de former des équipes de 6 ou 7 élèves plutôt que des équipes de 4 ou 5.

• Cette expérience pourrait permettre à l'enseignante ou l'enseignant de découvrir que, parmi son groupe-classe, se trouvent des élèves daltoniens. Dans un tel cas, retenir cette information pour que ces élèves ne soient pas pénalisés lors de situations d'évaluation en cours d'apprentissage et en parler avec leurs parents.

Nom _____

Dessine des figures planes

Utilise cette fiche pour réaliser l'activité I de la page 94 de ton manuel *Logibul I.*

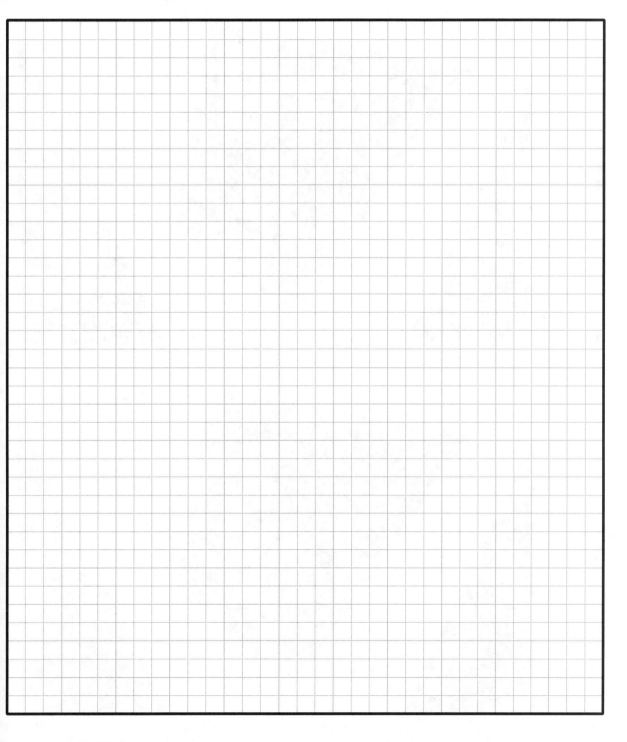

Nom

Un jeu de formes

Utilise cette fiche pour réaliser l'activité 3 de la page 95 de ton manuel *Logibul 1*.

Corrigé des fiches 314 et 315

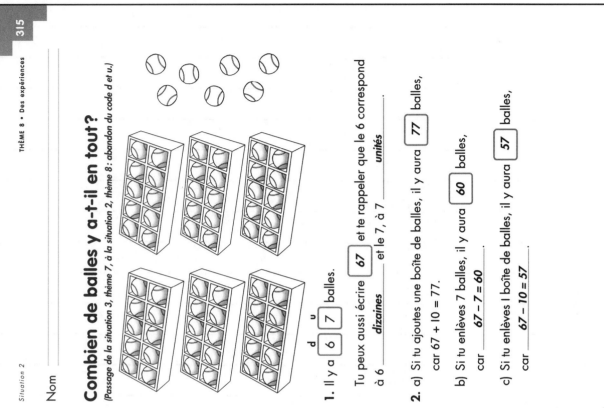

Nom

Combien de balles y a-t-il en tout ?

(Passage de la situation 3, thème 7, à la situation 2, thème 8 : abandon du code d et u.)

1. Il y a

d	u
6	**7**

balles.

Tu peux aussi écrire **67** et te rappeler que le 6 correspond
à 6 **dizaines** et le 7, à 7 **unités** .

2. a) Si tu ajoutes une boîte de balles, il y aura **77** balles,
car 67 + 10 = 77.

b) Si tu enlèves 7 balles, il y aura **60** balles,
car **67 − 7 = 60** .

c) Si tu enlèves 1 boîte de balles, il y aura **57** balles,
car **67 − 10 = 57** .

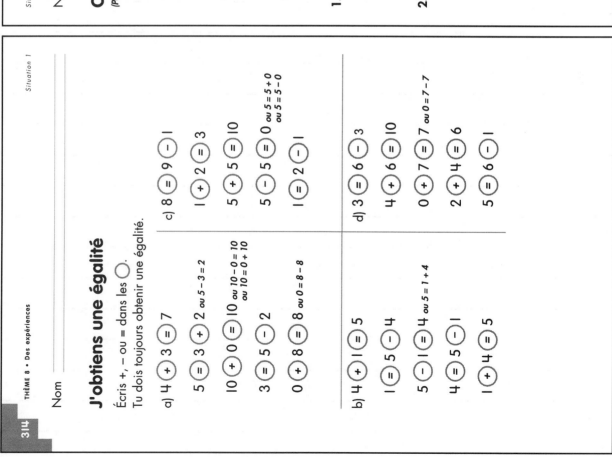

Nom

J'obtiens une égalité

Écris +, − ou = dans les ◯.
Tu dois toujours obtenir une égalité.

a) 4 ⊕ 3 ⊜ 7

5 ⊜ 3 ⊕ 2 *ou 5 − 3 = 2*

10 ⊕ 0 ⊜ 10 *ou 10 − 0 = 10*
ou 10 = 0 + 10

3 ⊜ 5 ⊖ 2

0 ⊕ 8 ⊜ 8 *ou 0 = 8 − 8*

c) 8 ⊜ 9 ⊖ 1

1 ⊕ 2 ⊜ 3

5 ⊕ 5 ⊜ 10

5 ⊖ 5 ⊜ 0 *ou 5 = 5 + 0*
ou 5 = 5 − 0

1 ⊜ 2 ⊖ 1

b) 4 ⊕ 1 ⊜ 5

1 ⊜ 5 ⊖ 4

5 ⊖ 1 ⊜ 4 *ou 5 = 1 + 4*

4 ⊜ 5 ⊖ 1

1 ⊕ 4 ⊜ 5

d) 3 ⊜ 6 ⊖ 3

4 ⊕ 6 ⊜ 10

0 ⊕ 7 ⊜ 7 *ou 0 = 7 − 7*

2 ⊕ 4 ⊜ 6

5 ⊜ 6 ⊖ 1

Notes personnelles

Ce thème comprend six situations d'apprentissage et dure environ trois semaines. Le projet consiste à écrire des problèmes et à les diffuser. Les destinataires devront pour leur part résoudre les problèmes qu'ils auront reçus; dans la mesure du possible, les élèves devront corriger les solutions proposées à leurs problèmes. L'un des domaines généraux de formation, les médias, est au cœur du thème. Les activités liées au projet demanderont aux élèves de se donner des méthodes de travail efficaces, de sélectionner les données pertinentes pour résoudre les problèmes proposés et de mettre en œuvre leur pensée créatrice pour en écrire. Au cours du thème, la décomposition du nombre, la valeur de position, la mesure en centimètres et les processus personnels de calcul mental seront vus. Par ailleurs, ce thème fournira l'occasion aux élèves d'organiser une rencontre avec un facteur ou une factrice et, ainsi, de découvrir ce métier.

TABLEAUX DE PLANIFICATION — 324

LE PORTFOLIO — 327

PROJET : Diffuser des problèmes à l'aide de médias — 327

Situation d'apprentissage 1 : Du courrier — 327

Situation d'apprentissage 2 : Composer un problème — 334

Situation d'apprentissage 3 : Des enveloppes — 340

Situation d'apprentissage 4 : Les timbres de Logibul — 346

Situation d'apprentissage 5 : Des instruments de mesure — 349

Situation d'apprentissage 6 : Au bureau de poste — 357

Retour sur le thème — 361

Activité de numération — 361

ANNEXE — 362

PROJET : Diffuser des problèmes à l'aide de médias

| SITUATION D'APPRENTISSAGE : **1** DU COURRIER — Durée : 4 h — p. 98-99 |

DOMAINES GÉNÉRAUX DE FORMATION	COMPÉTENCES TRANSVERSALES	DOMAINES D'APPRENTISSAGE
DOMAINES, AXES DE DÉVELOPPEMENT	**ORDRES, COMPÉTENCES, COMPOSANTES**	**COMPÉTENCES DISCIPLINAIRES, COMPOSANTES**
Prendre conscience de la place et de l'influence des médias dans sa vie quotidienne et dans la société	**I** RÉSOUDRE DES PROBLÈMES — Analyser les éléments de la situation — Mettre à l'essai des pistes de solution — EXERCER SON JUGEMENT CRITIQUE — Exprimer son jugement — **M** SE DONNER DES MÉTHODES DE TRAVAIL EFFICACES — Analyser sa démarche	**1** RÉSOUDRE UNE SITUATION-PROBLÈME MATHÉMATIQUE — Décoder les éléments de la situation-problème — Modéliser la situation-problème — Appliquer différentes stratégies en vue d'élaborer une solution — Partager l'information relative à la solution — **3** COMMUNIQUER À L'AIDE DU LANGAGE MATHÉMATIQUE — Interpréter ou produire des messages à caractère mathématique

| SAVOIRS ESSENTIELS |

Arithmétique	**Sens et écriture des nombres naturels** — Nombres naturels inférieurs à 1000 (unité, dizaine) : décomposition — **Sens des opérations sur des nombres naturels** — Propriété des opérations : commutativité
Repères culturels	**Nombres** — Contexte social (prix)
Vocabulaire	Centimètre, cents, courrier, cylindre, douzaine, longueur, prix, problème, pyramide, solide, somme, timbre

| SITUATION D'APPRENTISSAGE : **2** COMPOSER UN PROBLÈME — Durée : 4 h — p. 100-102 |

DOMAINES GÉNÉRAUX DE FORMATION	COMPÉTENCES TRANSVERSALES	DOMAINES D'APPRENTISSAGE
DOMAINES, AXES DE DÉVELOPPEMENT	**ORDRES, COMPÉTENCES, COMPOSANTES**	**COMPÉTENCES DISCIPLINAIRES, COMPOSANTES**
Apprécier des représentations médiatiques de la réalité	**I** EXPLOITER L'INFORMATION — Tirer profit de l'information — RÉSOUDRE DES PROBLÈMES — Évaluer sa démarche — METTRE EN ŒUVRE SA PENSÉE CRÉATRICE — Imaginer des façons de faire — S'engager dans une réalisation — **Ps** COOPÉRER — Tirer profit du travail en coopération — **C** COMMUNIQUER DE FAÇON APPROPRIÉE — Choisir le mode de communication	**1** RÉSOUDRE UNE SITUATION-PROBLÈME MATHÉMATIQUE — Appliquer différentes stratégies en vue d'élaborer une solution — Partager l'information relative à la solution — **3** COMMUNIQUER À L'AIDE DU LANGAGE MATHÉMATIQUE — Interpréter ou produire des messages à caractère mathématique

| SAVOIRS ESSENTIELS |

Arithmétique	**Sens des opérations sur des nombres naturels** — Opération, sens des opérations : addition (ajout, réunion), soustraction (retrait) — Choix de l'opération : addition, soustraction
Géométrie	**Figures géométriques et sens spatial** — Espace : relations spatiales — Figures planes : identification du carré
Vocabulaire	À l'intérieur de, carré, combien, figures géométriques, problème, résoudre, tableau

SITUATION D'APPRENTISSAGE : **3** DES ENVELOPPES
Durée : 4 h
p. 103

DOMAINES GÉNÉRAUX DE FORMATION	COMPÉTENCES TRANSVERSALES	DOMAINES D'APPRENTISSAGE
DOMAINES, AXES DE DÉVELOPPEMENT	**ORDRES, COMPÉTENCES, COMPOSANTES**	**COMPÉTENCES DISCIPLINAIRES, COMPOSANTES**
S'approprier le matériel et les codes de communication médiatique	**EXPLOITER L'INFORMATION** Tirer profit de l'information **SE DONNER DES MÉTHODES DE TRAVAIL EFFICACES** Analyser la tâche à accomplir Accomplir la tâche	**RÉSOUDRE UNE SITUATION-PROBLÈME MATHÉMATIQUE** Appliquer différentes stratégies en vue d'élaborer une solution **RAISONNER À L'AIDE DE CONCEPTS ET DE PROCESSUS MATHÉMATIQUES** Appliquer des processus mathématiques appropriés à la situation

SAVOIRS ESSENTIELS

Arithmétique	**Sens et écriture des nombres naturels** Nombres naturels inférieurs à 1000 (unité, dizaine) : lecture, écriture, groupement par 10 **Opérations sur des nombres naturels** Calcul mental, processus personnels : addition, soustraction Calcul écrit, processus personnels : addition, soustraction
Symboles	+, –, =
Vocabulaire	Ajouter, en tout, enlever, nombre, plus, moins, addition, cube, enveloppe

SITUATION D'APPRENTISSAGE : **4** LES TIMBRES DE LOGIBUL
Durée : 2 h
p. 104

DOMAINES GÉNÉRAUX DE FORMATION	COMPÉTENCES TRANSVERSALES	DOMAINES D'APPRENTISSAGE
DOMAINES, AXES DE DÉVELOPPEMENT	**ORDRES, COMPÉTENCES, COMPOSANTES**	**COMPÉTENCES DISCIPLINAIRES, COMPOSANTES**
Être présent à son milieu S'approprier le matériel et les codes de communication médiatique	**SE DONNER DES MÉTHODES DE TRAVAIL EFFICACES** Analyser la tâche à accomplir Accomplir la tâche **COMMUNIQUER DE FAÇON APPROPRIÉE** Établir l'intention de la communication	**RAISONNER À L'AIDE DE CONCEPTS ET DE PROCESSUS MATHÉMATIQUES** Justifier des actions ou des énoncés en faisant appel à des concepts et à des processus mathématiques **COMMUNIQUER À L'AIDE DU LANGAGE MATHÉMATIQUE** Interpréter ou produire des messages à caractère mathématique

SAVOIRS ESSENTIELS

Arithmétique	**Sens et écriture des nombres naturels** Nombres naturels inférieurs à 1000 (unité, dizaine) : comparaison, lecture, écriture, nombre
Symboles	>, <
Vocabulaire	Chiffre, dizaine, est plus grand que, est plus petit que, le moins, le plus, nombre, ordre croissant, symbole, timbre, unité, valeur

SITUATION D'APPRENTISSAGE :	**5**	DES INSTRUMENTS DE MESURE Durée : 4 h	p. 105-107

DOMAINES GÉNÉRAUX DE FORMATION	COMPÉTENCES TRANSVERSALES	DOMAINES D'APPRENTISSAGE
DOMAINES, AXES DE DÉVELOPPEMENT	**ORDRES, COMPÉTENCES, COMPOSANTES**	**COMPÉTENCES DISCIPLINAIRES, COMPOSANTES**
S'approprier le matériel et les codes de communication médiatique	**EXERCER SON JUGEMENT CRITIQUE** Construire son opinion Relativiser son jugement **SE DONNER DES MÉTHODES DE TRAVAIL EFFICACES** Analyser la tâche à accomplir Accomplir la tâche **STRUCTURER SON IDENTITÉ** S'ouvrir aux stimulations environnantes	**RÉSOUDRE UNE SITUATION-PROBLÈME MATHÉMATIQUE** Appliquer différentes stratégies en vue d'élaborer une solution **RAISONNER À L'AIDE DE CONCEPTS ET DE PROCESSUS MATHÉMATIQUES** Appliquer des processus mathématiques appropriés à la situation

	SAVOIRS ESSENTIELS
Mesure	**Longueurs : estimation et mesurage** Dimensions d'un objet Unités non conventionnelles : comparaison, construction de règles Unités conventionnelles (cm)
Symboles	cm
Vocabulaire	Centimètre, estimation, estimer, largeur, longueur, mesurer, règle, résultat, unité de mesure, vérifier

SITUATION D'APPRENTISSAGE :	**6**	AU BUREAU DE POSTE Durée : 4 h	p. 108-109

DOMAINES GÉNÉRAUX DE FORMATION	COMPÉTENCES TRANSVERSALES	DOMAINES D'APPRENTISSAGE
DOMAINES, AXES DE DÉVELOPPEMENT	**ORDRES, COMPÉTENCES, COMPOSANTES**	**COMPÉTENCES DISCIPLINAIRES, COMPOSANTES**
Connaître le monde du travail, les rôles sociaux, les métiers et les professions Connaître et respecter les droits et responsabilités individuels et collectifs relatifs aux médias	**EXPLOITER L'INFORMATION** S'approprier l'information Tirer profit de l'information **EXERCER SON JUGEMENT CRITIQUE** Exprimer son jugement **COMMUNIQUER DE FAÇON APPROPRIÉE** Réaliser la communication	**RAISONNER À L'AIDE DE CONCEPTS ET DE PROCESSUS MATHÉMATIQUES** Appliquer des processus mathématiques appropriés à la situation

	SAVOIRS ESSENTIELS
Arithmétique	**Sens et écriture des nombres naturels** Nombres naturels inférieurs à 1000 (unité, dizaine) : dénombrement, ordre, régularités
Mesure	**Temps : estimation et mesurage** Unités conventionnelles, durée (jour, cycle hebdomadaire)
Statistique	Interprétation des données à l'aide d'un tableau
Symbole	—
Vocabulaire	Après, avant, avant-midi, après-midi, bureau de poste, facteur, factrice, le moins, le plus, lettre, moins, nombre, ordre croissant, poster, tableau ; jours de la semaine

LE PORTFOLIO

Tout le long du thème, les élèves seront invités à conserver des manifestations concrètes de leur travail. Il leur est suggéré, entre autres, de conserver, dans leur portfolio, les traces des démarches qu'ils auront entreprises pour résoudre les problèmes de l'activité 3 de la p. 99 du manuel (situation d'apprentissage 1), ceux des p. 101 et 102 (situation d'apprentissage 2) et un problème qu'ils échangeront avec un ou une autre élève. Les questions préparées à l'occasion de la rencontre avec le facteur ou la factrice seront aussi à placer dans le portfolio (situation d'apprentissage 6).

PROJET   DIFFUSER DES PROBLÈMES À L'AIDE DE MÉDIAS

Dans ce thème, le projet proposé aux élèves va leur permettre d'aller plus avant dans le processus de résolution de problèmes. C'est par le détour des médias que les élèves seront confrontés à des situations-problèmes. Il faut entendre « médias » au sens large, car les élèves auront l'occasion de recourir tant au journal de l'école, à l'affiche qu'au courrier postal et électronique pour diffuser leurs problèmes. De façon concrète, les élèves écriront des problèmes qu'ils proposeront à d'autres personnes de résoudre.

Les deux premières situations d'apprentissage seront consacrées à la recherche d'idées et à l'écriture d'un problème. Parallèlement, les élèves auront à résoudre les problèmes que la classe de Logibul a reçus par la poste et le courrier électronique.

Les élèves feront une activité (situation d'apprentissage 1) au cours de laquelle ils seront amenés à s'interroger sur des façons qui permettent de joindre l'ensemble de la communauté-école et sur celles qui permettent de joindre des individus ciblés. Cette activité débouchera concrètement sur la publication de quelques problèmes dans le journal de l'école ou d'une affiche, et sur l'envoi de problèmes par la poste et le courrier électronique. Au cours des situations d'apprentissage 3 et 4, il sera donc question des médias et moyens de communication que les élèves peuvent utiliser pour diffuser des problèmes qu'ils auront écrits. Il sera aussi question d'enveloppes et de timbres. Si certains élèves correspondent avec des personnes qui demeurent dans d'autres pays, l'occasion sera belle de faire comparer le prix des timbres. Le projet peut prendre plus d'ampleur si les élèves en apportent en classe ou encore, si des parents sont disposés à venir présenter leur collection de timbres en classe.

La cinquième situation d'apprentissage porte sur la mesure. Les élèves mesurent d'abord une enveloppe en unités non conventionnelles, puis en centimètres. Pendant ce temps, ils se prépareront à la diffusion des problèmes selon les moyens qu'ils auront déterminés aux situations d'apprentissage 3 et 4.

Il est suggéré à la situation d'apprentissage 6 de visiter un bureau de poste, une façon vivante de toucher au domaine orientation et entrepreneuriat. Cette visite et une entrevue avec une personne dont le métier est relié à la poste pourraient être organisées.

▶ SITUATION D'APPRENTISSAGE   **1**   Du courrier

La classe de Logibul a reçu du courrier. Au cours de cette première situation d'apprentissage, les élèves prennent connaissance des lettres adressées à Logibul et à ses amis. En comparant le contenu de ces lettres, les élèves expriment leur jugement et se rendent compte qu'elles contiennent des problèmes à résoudre. Évidemment, les élèves auront à résoudre ces situations-problèmes, dont certaines sont simples et d'autres, plus complexes. Logibul et ses amis ayant reçu leurs lettres par la poste, les timbres seront objet d'attention sur le plan arithmétique, ce qui fournit l'occasion d'aborder la décomposition de certains nombres et, du coup, de faire observer la commutativité de l'addition. En explorant ce support de communication que sont les lettres, les élèves amorceront un questionnement sur les médias en général et les moyens de communication (courrier) en particulier. Ce contexte est tout indiqué pour leur présenter le projet du présent thème : écrire des problèmes et les diffuser par le biais de différents supports (affiche, journal de l'école, courrier électronique ou postal) tout en tenant compte des destinataires qui les résoudront.

Organisation matérielle

▥ Le manuel *Logibul 1*, p. 98 et 99;

▥ La fiche 86, *RA-1B*, p. 86;

▥ Des timbres;

▥ Du matériel de manipulation;

▥ Les fiches *Un achat de ballons* et *Trois dés*, au besoin (guide, p. 362 et 363).

4 heures

Facteurs de réussite

Les élèves auront réussi la tâche :

▥ s'ils appliquent des stratégies pour résoudre des situations-problèmes;

▥ s'ils utilisent leur jugement pour comparer le contenu de différentes situations-problèmes;

▥ s'ils analysent la démarche qu'ils emploient pour résoudre des problèmes;

▥ s'ils jugent à propos d'appliquer une même stratégie dans des problèmes similaires;

▥ s'ils décomposent des nombres et reconnaissent la commutativité de l'addition dans ces décompositions.

Portfolio

Inviter les élèves à conserver dans leur portfolio les traces de leur démarche en ce qui concerne l'activité 3 de la p. 99 de leur manuel.

LA PRÉPARATION

Rôle de l'enseignante ou de l'enseignant	Rôle de l'élève
■ MANUEL, P. 98 ■ Faire observer l'ensemble de la page et demander aux élèves de dire ce qui se passe dans la classe de Logibul. Animer une discussion en leur posant les questions suivantes : — *Que fait l'enseignante ?* — *Qui reçoit des lettres ?* — *Qui a écrit ces lettres ?* — *Selon toi, comment ces lettres sont-elles parvenues jusqu'à la classe de Logibul ?* — *Est-ce que tu as déjà reçu une lettre ?* — *Comment cette lettre est-elle arrivée chez toi ?* — *As-tu déjà écrit à quelqu'un ?* — *Sais-tu comment ta lettre a voyagé pour arriver à destination ?*	Observer la p. 98 du manuel. Participer activement à la discussion en répondant aux questions à partir de l'illustration et des lettres adressées à Hoa, Félix, Logibul et Léa.
■ MANUEL, P. 99, ACTIVITÉ 1a ■ Demander aux élèves de former des groupes de quatre. Inviter chaque équipe à prendre connaissance du contenu des quatre lettres de la façon suivante : chaque membre choisit une lettre, la lit, puis raconte aux trois autres le message qu'elle contient; ensuite, les autres lisent cette lettre afin de vérifier s'ils en font une même interprétation.	Se grouper en équipe. Choisir une des lettres de la p. 98, la lire puis raconter aux autres membres de son équipe le message qu'elle contient. Ensuite, lire les autres lettres. Discuter avec les autres membres de son équipe du contenu des lettres.

Animer un retour collectif après les lectures et demander aux élèves de dire ce qu'ils ont remarqué au sujet des problèmes envoyés à Logibul et ses amis. Par des questions, les amener à préciser le jugement qu'ils portent sur les différents problèmes. Exemples de questions :

— *Est-ce que tous les problèmes sont semblables ?*

— *Y en a-t-il qui t'apparaissent plus simples que d'autres ? plus complexes ?*

— *Quelle idée te fais-tu au sujet de ce qu'il faudrait faire pour répondre aux questions posées ?*

Faire part de ses remarques sur les quatre lettres. Trouver des ressemblances ou des différences dans les messages.

Juger les problèmes en disant lesquels semblent faciles ou difficiles à résoudre. Donner son idée sur ce qu'il faut faire pour répondre aux questions posées dans les lettres.

LA RÉALISATION

Rôle de l'enseignante ou de l'enseignant	Rôle de l'élève
■ MANUEL, P. 99, ACTIVITÉ 1b ■ Inviter les élèves à résoudre les problèmes individuellement. Mettre à leur disposition du matériel de manipulation. Leur demander ensuite de comparer leurs résultats et leurs démarches.	Résoudre chacun des problèmes en travaillant individuellement. Après chacun des problèmes, comparer son travail avec les autres membres de son équipe.
Revenir sur l'opinion que les élèves ont eue de chacun des problèmes pour vérifier s'ils ont toujours la même. Pour cela, revenir sur chacun des problèmes et faire une mise en commun. Il est à prévoir que la nature des interventions et le temps à leur consacrer varieront beaucoup d'un problème à l'autre. Voici quelques précisions sur chaque problème.	Participer à la mise en commun.
Le problème de Caro Au besoin, proposer aux élèves de dessiner les pommes ou de les représenter par des objets, puis de les compter. Ils pourraient aussi écrire le nombre 12 cinq fois et trouver la somme par un processus personnel.	Expliquer sa stratégie pour trouver le nombre de pommes contenues dans 5 douzaines. Écouter les explications des autres élèves et poser des questions afin de comprendre leur démarche. Trouver des ressemblances entre les divers moyens utilisés.
Le problème de Samuel Il s'agit de deux solides que les élèves ont peu eu l'occasion de nommer mais qu'ils ont vus lors du thème 4. Alors, pour trouver la réponse, une petite recherche peut s'imposer ! Mettre à la disposition des élèves un livre de la bibliothèque dans lequel ils peuvent trouver la réponse ou encore les inviter à consulter la p. 157 du manuel *Logibul 2*.	Poursuivre avec le problème de Samuel. Se demander quelles sources consulter pour trouver l'information. Consulter des livres de mathématique, un ou des livres de la bibliothèque, chercher l'information auprès d'élèves des deuxième ou troisième cycles. Vérifier sa réponse avec les élèves de son équipe et participer à la mise en commun en disant comment il ou elle a fait pour trouver le nom des solides.
Le problème d'Anne Le problème est assez difficile et il se pourrait qu'il doive être résolu collectivement. Prendre soin de lire la note didactique, p. 330 du guide. Lorsque les élèves ont trouvé une solution, les inviter à partager leurs démarches. Prévoir du temps pour leur faire réaliser les activités des fiches de consolidation *Un achat de ballons* et *Trois dés*, au besoin.	Relire le problème d'Anne. Comprendre la question qu'elle pose. Mettre à l'essai une piste de solution. Se demander si cette piste peut permettre de trouver la solution. En vérifier l'efficacité. Utiliser du matériel ou faire des dessins. Comparer son résultat avec son équipe. Reconnaître sa réussite ou qu'il ou elle a éprouvé des difficultés.

Le problème de Hugo Lancer cet autre défi aux élèves.

Remarque : Tous les élèves ne se sentiront pas prêts à relever ce défi étant donné qu'il n'a pas encore été question de centimètre jusqu'à maintenant. Il faut alors accepter que le problème soit laissé en suspens et y revenir après la situation d'apprentissage 5 de ce thème.

■ MANUEL, P. 99, ACTIVITÉ 2 ■ Faire observer les timbres sur les deux enveloppes et poser la question suivante aux élèves :

— *Que remarques-tu ?*

Les observations doivent surtout porter sur le prix des timbres.

Prévoir apporter quelques timbres en classe, idéalement encore apposés sur les enveloppes. Les faire circuler parmi les élèves et leur faire noter les différentes valeurs qu'ils perçoivent sur ces timbres. Demander aux élèves quelles sommes ils peuvent obtenir à partir de ces timbres. Demander aux élèves différentes façons de former ces sommes.

■ MANUEL, P. 99, ACTIVITÉ 3 ■ Faire observer le prix de chaque timbre et demander aux élèves, en équipe, de faire les activités a et b. Inviter quelques élèves à écrire au tableau les réponses qu'ils ont trouvées. Choisir des élèves qui n'ont pas écrit les nombres dans le même ordre; par exemple, pour 46 : 40 + 6 et 6 + 40.

Demander à tous les élèves si on obtient la même somme même si on change l'ordre des nombres. Faire observer la commutativité de l'addition.

Inviter les élèves à participer à un retour en plénière. Demander à des élèves d'écrire d'autres décompositions de 46 et 55 au tableau. Compléter par d'autres, au besoin, de façon à faire remarquer que l'ordre des nombres ne change en rien le résultat.

Lire le problème. Analyser la situation en se demandant quel est son livre préféré et quel moyen prendre pour en déterminer la longueur : activer ses connaissances antérieures et mesurer, par exemple, avec des trombones comme cela a déjà été fait au thème 5. Décider que l'unité de mesure sera le trombone et dire qu'il ou elle ne connaît pas encore les centimètres. Discuter avec les élèves de son équipe du ou des moyens qu'ils ont utilisés. Faire des comparaisons en trouvant ce qui semble le plus approprié comme réponse (ou laisser le problème non résolu, selon le décision de l'enseignante ou l'enseignant).

Observer les timbres. Faire part de ses remarques. Constater que le nombre de timbres sur chaque enveloppe est différent (il y a 1 timbre de 40 cents sur l'une et 4 timbres de 10 cents sur l'autre) et que, toutefois, le total est le même sur les deux enveloppes.

Observer les timbres et s'y intéresser. Participer à la résolution de la situation-problème.

Observer le prix de chaque timbre. Faire l'activité 3a en trouvant le plus de façons possible d'obtenir 46 cents en utilisant des timbres illustrés. Examiner sa démarche et vérifier si sa solution fait bien 46 cents. Comparer sa solution avec celle d'un ou d'une élève de son équipe. Procéder de la même façon avec l'activité 4b.

Participer à la mise en commun en partageant ses réponses.

NOTE DIDACTIQUE

Les activités proposées aux élèves dans un manuel de mathématique n'ont pas toutes la même fonction. Certaines ont pour but de leur faire acquérir des outils de base, essentiels, qui peuvent être simples mais néanmoins nécessaires à l'acquisition de concepts plus complexes. Un manuel doit proposer aussi des problèmes qui n'ont pas tous le même degré de complexité.

Dans cette situation, le problème de Caro (p. 98 du manuel) de même que celui de l'activité 3 de la p. 99 sont relativement simples. Bon nombre d'élèves pourront les résoudre seuls, ce qui ne veut pas dire que certains n'auront pas besoin d'un petit coup de pouce. Il ne faut pas oublier que, ultimement, il revient en quelque sorte à l'élève de juger du degré de complexité d'un problème.

Le problème signé par Anne (p. 98 du manuel) est plus difficile et il est souhaitable que, de temps à autre, un problème représente un défi plus difficile à relever par tous les élèves d'une classe, même pour les plus habiles en résolution de problèmes. Ce problème est plus difficile parce que, entre autres, il a plus d'une solution possible. En effet, il y a plusieurs manières de combiner des animaux à 4 pattes et des animaux à 2 pattes pour que cela fasse 16 pattes en tout. Or, la difficulté pour un élève, c'est qu'après avoir trouvé une seule solution, il ou elle arrête sa démarche en se disant: «Je l'ai trouvé.» L'élève aura à faire un effort supplémentaire pour se dire: «J'ai trouvé une solution et il y en a peut-être d'autres.» Il ou elle doit accepter que répondre avec certitude à la question posée par Anne est impossible, mais qu'il y a un éventail de possibilités. Aux fins de consolidation, utiliser les fiches *Un achat de ballons* et *Trois dés*.

L'INTÉGRATION

Rôle de l'enseignante ou de l'enseignant	Rôle de l'élève
■FICHE 86, *RA-1B*, P. 86, ACTIVITÉ 1■ Inviter les élèves à réaliser individuellement l'activité 1. Leur demander ensuite de comparer leurs réponses en équipe de trois et de les compléter par d'autres s'il y a lieu. Animer une mise en commun avec tous les élèves en leur demandant de dire combien ils ont trouvé de façons différentes de former 84. Écrire au tableau toutes ces façons.	Lire la consigne. Comprendre la tâche. Réaliser l'activité individuellement en cherchant le plus de façons possible d'obtenir 84 avec les timbres illustrés. Se donner une méthode pour ne pas répéter les mêmes façons. Examiner sa démarche tout le long du déroulement. Mettre ses «décompositions» en commun avec les membres de son équipe. Faire le relevé des façons trouvées.

Remarque: Il y a 8 séries de timbres donnant chacune la somme de 84; l'ordre des timbres peut évidemment être changé dans chaque série.

- $50 + 30 + 4$
- $50 + 20 + 10 + 4$
- $50 + 10 + 10 + 10 + 4$
- $40 + 30 + 10 + 4$
- $40 + 20 + 20 + 4$
- $40 + 20 + 10 + 10 + 4$
- $30 + 20 + 20 + 10 + 4$
- $30 + 20 + 10 + 10 + 10 + 4$

Si les élèves n'ont pas trouvé toutes les façons, leur dire qu'il y en a d'autres et leur suggérer de les chercher à la maison ou pendant un moment libre.

■FICHE 86, *RA-1B*, P. 86, ACTIVITÉ 2■ Faire réaliser l'activité 2 individuellement, puis faire comparer les réponses en équipe. Demander ensuite à un ou deux élèves d'expliquer comment ils ont procédé pour trouver la réponse.

Réaliser l'activité 2 individuellement. Se grouper en équipe afin de partager sa réponse. Expliquer sa démarche pour calculer le coût des timbres.

Corrigé des activités du manuel, p. 98 et 99

Encadré de la p. 98: Logibul ouvre une enveloppe qu'il a reçue.

1. a) Les lettres contiennent des questions ou des problèmes de mathématique.

   b) • **Lettre de Caro: 60 pommes.**

   L'élève doit d'abord établir qu'une douzaine veut dire 12 objets, ensuite qu'il ou elle aura à trouver la somme de 5 douzaines.

Plusieurs démarches sont possibles; exemples :

– Dessiner 12 pommes sur une feuille et les compter 5 fois.

– Représenter les 5 douzaines par des objets (jetons, cubes, etc.), puis faire des groupements par 10.

• **Lettre de Samuel :** pyramide et cylindre.

L'élève tente de se rappeler le nom de ces 2 solides, dont il a été question lors des situations d'apprentissage 1 et 2 du thème 4. Elle ou il peut aussi effectuer une petite recherche dans les livres mis à sa disposition, compter sur l'aide de ses pairs, d'un ou d'une élève des deuxième ou troisième cycles, etc.

• **Lettre d'Anne**

Il importe d'amener l'élève à se rendre compte qu'il y a plusieurs combinaisons possibles. Plusieurs démarches sont possibles; exemples :

– Dessiner des animaux à 4 et à 2 pattes (par exemple, chiens, chats, oiseaux).

– Représenter les animaux par des paquets de 4 et de 2 objets (des jetons, par exemple).

– Construire un tableau; toutefois, cette stratégie est moins à la portée des élèves au début du premier cycle.

Animaux à 4 pattes	Animaux à 2 pattes	Total de pattes
4	0	16
3	2	16
2	4	16
1	6	16
0	8	16

Il y a donc 5 réponses possibles, dont 2 admettent, et c'est parfaitement logique, qu'il n'y ait aucun animal à 2 pattes ou aucun animal à 4 pattes.

• **Lettre de Hugo**

Réponses variables. **Remarque :** Accepter que l'élève déclare ne pas connaître le centimètre et l'encourager à se rappeler comment il ou elle a procédé pour mesurer des objets lors du thème 5. Ce problème constitue un défi pour l'élève, qui mesurera de son mieux la longueur de son livre préféré, à l'aide, par exemple, d'unités non conventionnelles comme l'un de ses doigts, des trombones, des cubes, des jetons, des réglettes rouges, etc., ce qu'il ou elle a d'ailleurs expérimenté lors du thème 5. En profiter pour lui faire faire la distinction entre la largeur et la longueur d'un objet de forme rectangulaire (comme un livre).

2. La valeur totale des timbres n'est pas représentée par exactement les mêmes timbres.

   Remarque : Depuis la publication du manuel, l'affranchissement d'une lettre ordinaire est passé de 46 à 47 cents.

3. a) 46 cents, avec les timbres suivants : 40 et 6; 30, 10 et 6.

   b) 55 cents, avec les timbres suivants : 50 et 5; 40, 10 et 5; 30, 20 et 5.

 Cherche des idées pour composer un problème mathématique.

Cette activité de même que celles proposées aux rubriques Travaux personnels et Utilisation des TIC (p. 334 du guide) sont en lien avec le projet. Se reporter à la rubrique Projet de la page suivante. Au sujet du degré de développement que la capacité de composer un problème doit atteindre au premier cycle, consulter la note didactique de cette rubrique Projet.

Projet

▨ Proposer le projet du présent thème aux élèves : écrire un ou des problèmes et diffuser leur production dans le but de montrer leurs progrès en mathématique. Les inviter à commencer à chercher des idées pour composer des problèmes. Il leur sera suggéré de s'inspirer des problèmes figurant dans les pages du manuel et les fiches du *RA-1B* (voir la note didactique au bas de la page). Une autre bonne façon de commencer serait d'y aller d'une création collective. Animer d'abord un remue-méninges. À cette fin, on pourrait poser aux élèves les questions suivantes : « De quoi sera-t-il question dans le problème ? Y a-t-il un fait qui pourrait servir d'histoire ? Quelle question poser pour que cela constitue un problème ? » Au fur et à mesure, écrire le problème au tableau et le corriger seulement au moment où les élèves constateront des incohérences. Leur demander : « Croyez-vous que, si on posait ce problème aux élèves d'une autre classe, ils comprendraient ce qu'on veut dire ? Et pourquoi ne pas le vérifier en soumettant le problème à cette autre classe ? »

▨ Demander aux élèves ce qu'ils pensent du projet. Leur offrir l'occasion de se l'approprier en leur permettant de le modifier de façon pertinente.

▨ À qui les élèves vont-ils envoyer leurs problèmes : aux élèves d'une autre école ? à ceux d'une autre classe de l'école ? à leurs parents ? à des visiteurs qui sont de passage à l'école ? Laisser les élèves suggérer des idées. Alimenter leur réflexion en organisant une séance de remue-méninges. Les élèves correspondent-ils déjà avec une autre classe ? Profiter de l'envoi d'un nouveau courrier aux correspondants pour leur envoyer un problème. La correspondance pourrait aussi être organisée entre les classes de la première année du premier cycle. Dans ce contexte, il n'y aura pas d'envoi postal, mais ceci n'empêchera pas la visite au bureau de poste ou la rencontre avec un facteur ou une factrice. Accepter que des élèves choisissent d'utiliser Internet ou le journal de l'école (tout est possible).

▨ En profiter pour parler des différents médias et faire ressortir que certains sont plus appropriés pour joindre des groupes de personnes ciblés (affiche, journal de l'école, par exemple), alors que d'autres moyens permettent de joindre des individus (courrier postal ou électronique). Quand la réflexion des élèves sera bien amorcée, les informer qu'ils auront bientôt à décider pour qui ils veulent composer un problème, à se renseigner au sujet de l'endroit où il est possible de joindre ces personnes, etc.

NOTE DIDACTIQUE

Le nouveau Programme n'exige pas de façon formelle que l'élève de premier cycle acquiert la capacité de composer une situation-problème mathématique. D'ailleurs, l'expression *composer un problème mathématique* doit être utilisée avec une certaine circonspection. Dans le manuel, l'expression est employée sans nuance, et cela suffit pour indiquer aux élèves ce qu'on attend d'eux. Toutefois, dans le présent guide, il est nécessaire de fournir quelques précisions.

Premièrement, il importe de souligner que, dans la collection *Logibul*, toute consigne exigeant des élèves qu'ils *composent un problème* ne constitue pas une fin en soi et, de la sorte, ne saurait entraîner l'obligation d'un résultat de leur part. Au contraire, il s'agit d'un moyen pédagogique leur permettant de développer la compétence transversale « mettre en œuvre sa pensée créatrice » et les compétences mathématiques « résoudre une situation-problème mathématique » et « communiquer à l'aide du langage mathématique ». D'ailleurs, le programme précise que la communication à l'aide du langage mathématique peut prendre diverses formes et suggère que, « en arithmétique, par exemple, l'élève peut être amené à formuler une situation-problème que les autres élèves de la classe devront résoudre » (*Programme de formation de l'école québécoise*, p. 132). Dans cette perspective, écrire un problème ne doit donc pas être un contenu à enseigner, ni un résultat à atteindre.

Deuxièmement, depuis le début de l'année, les élèves ont souvent été mis en situation où ils devaient résoudre des problèmes. Ils ont alors acquis une idée intuitive de ce qu'est un problème à résoudre. En effet, à cette étape du premier cycle, lorsqu'ils font face à une situation-problème, les élèves ont une conscience plus ou moins claire des choses suivantes :

• la situation qui leur est présentée comporte un certain nombres d'éléments ou de données importantes (mots clés, images, questions) et propose une question ;

• les données de la situation permettent de se représenter quelque chose (plus ou moins clairement, selon les cas);
• la situation comporte un but à atteindre et les élèves ont déjà des connaissances qui leur permettent d'envisager qu'il est possible de faire quelque chose pour en arriver à une solution.

Lorsque nous proposons aux élèves d'écrire, de composer ou d'imaginer un problème, nous n'attendons pas d'eux qu'ils formulent des problèmes originaux et parfaitement structurés. Nous suggérons plutôt aux enseignantes et enseignants et aux élèves de s'engager dans une voie plus réaliste. Nous croyons que, en utilisant comme modèles les problèmes présentés dans les pages du thème et en en modifiant certains éléments, il est possible d'amener les élèves à faire un travail d'appropriation consciente (métacognition) de certaines composantes de la compétence « résoudre une situation-problème mathématique », soit le décodage des éléments de la situation-problème, la modélisation de la situation-problème, l'élaboration d'une solution et la possibilité d'échanger au sujet de la solution.

Réinvestissement

À partir des timbres illustrés à l'activité 3 de la p. 99 du manuel, demander aux élèves de trouver toutes les façons possibles d'affranchir une enveloppe au montant de :
• 50 cents;   réponses possibles : $50 = 40 + 10$ $50 = 30 + 20$
• 75 cents;   réponses possibles : $75 = 40 + 10 + 20 + 5$ $75 = 50 + 20 + 5$

À partir de l'activité 2 de la fiche 86 du *RA-1B*, demander aux élèves de trouver quel serait le résultat si :
• l'on ajoute un timbre de 10 cents;
• l'on enlève un timbre de leur choix;
• etc.

Travaux personnels

Suggérer aux élèves la tâche suivante. Découper dans des journaux ou des magazines des illustrations d'objets, de fleurs, d'animaux ou de personnes. À partir de ces illustrations, chercher une idée de problème à soumettre à un ou une élève de la classe ou à tous les élèves de la classe. S'inspirer des problèmes présentés à la p. 98 du manuel.

Utilisation des TIC

Proposer aux élèves de faire une séance de remue-méninges dans le but de trouver des façons d'utiliser le traitement de texte et un logiciel de dessin pour écrire et illustrer un problème. Noter les idées des élèves : elles serviront lors de la prochaine situation d'apprentissage.

▶ SITUATION D'APPRENTISSAGE **2** Composer un problème

Les élèves de la classe de Logibul ont reçu du courrier et répondent, à leur tour, en envoyant les problèmes qu'ils ont composés. Cette situation d'apprentissage est entièrement consacrée à la résolution de problèmes. Le degré de complexité varie d'un problème à l'autre et les élèves s'en rendront compte en en comparant le contenu et en s'interrogeant sur leur démarche de résolution. Les élèves travailleront tantôt seuls, tantôt en équipe. On en profitera pour les interroger sur ce qui pourrait améliorer le fonctionnement de leur travail individuel ou d'équipe.

Sur le plan des savoirs essentiels, ce sont les sens « ajout » et « réunion » de l'addition et le sens « retrait » de la soustraction qui retiennent toute l'attention. Il sera aussi question du choix de l'opération.

Organisation matérielle

- Le manuel *Logibul 1*, p. 100, 101 et 102;
- Du matériel de manipulation;
- Les affiches *Conseils pour résoudre un problème* et *Conseils pour travailler en équipe* (au début et à la fin du manuel);
- Les fiches 87, 88 et 89, *RA-1B*, p. 87, 88 et 89;
- La fiche de soutien *Écrire un problème* (guide, p. 364).

4 heures

Facteurs de réussite

Les élèves auront réussi la tâche :

- s'ils résolvent des problèmes et expliquent les démarches pour y arriver;
- s'ils comparent différentes démarches de résolution de problèmes;
- s'ils utilisent leur créativité dans la composition d'un problème à partir d'idées suggérées (ou, pour certains élèves, de leurs propres idées);
- s'ils s'expriment correctement à l'aide du langage mathématique lors de la composition d'un problème ou lors des discussions sur le contenu des problèmes.

Portfolio

Demander aux élèves de conserver dans leur portfolio le problème qu'ils auront composé (fiche 88).

LA PRÉPARATION

Rôle de l'enseignante ou de l'enseignant	Rôle de l'élève
■ MANUEL, P. 100 À 102 ■ Animer un bref retour sur la situation d'apprentissage 1 : — *Selon toi, Logibul et ses amis ont-ils aimé recevoir du courrier ?* — *Pourquoi ?* — *Selon toi, que devraient faire Logibul et ses amis ?*	Collectivement, revoir brièvement les principales étapes de la situation d'apprentissage 1 en répondant aux questions posées.
Inviter les élèves à jeter un coup d'œil sur les p. 100 à 102 du manuel et leur demander : — *Qu'est-ce que Logibul et ses amis vont faire maintenant ?* — *Quel est le titre de la situation ?* — *Te rappelles-tu avoir déjà inventé des histoires qui sont des problèmes ?* Au besoin, revenir à la p. 67 du manuel.	Survoler les p. 100 à 102 en se demandant ce que la classe de Logibul fait maintenant.
Faire observer et décrire l'illustration de la p. 100, sans toutefois s'attarder aux détails. Lire l'intention de lecture avec les élèves et leur demander : — *Comment Hoa et Logibul procèdent-ils pour trouver une idée pour composer leur problème ?*	Observer et décrire l'illustration de la p. 100. Imaginer comment Hoa et Logibul trouvent des idées pour inventer des problèmes. Tirer profit de l'information contenue dans l'illustration; remarquer que certains oiseaux s'envolent et que d'autres restent au sol.
Demander aux élèves ce qu'est, pour eux, un problème (par exemple, ils pourraient dire que dans un problème, il y a une histoire, des nombres et aussi une question).	Donner son opinion sur le sens du mot *problème*; écouter les opinions des autres.

■ MANUEL, P. 100, ACTIVITÉ 1 ■ Demander aux élèves de se grouper en dyades et de faire l'activité. Les laisser s'organiser et n'intervenir que si c'est nécessaire. Encourager la diversité des points de vue, car la scène illustrée se prête à plusieurs problèmes différents se résolvant soit par l'addition, soit par la soustraction.

Demander ensuite à chacune des équipes de présenter son problème aux autres équipes. Selon le cas, juger s'il vaut mieux faire écrire les élèves au tableau. Demander aux élèves s'ils trouvent que certains problèmes se ressemblent, ce qu'ils ont de semblable et de différent.

Vérifier avec les élèves si les problèmes sont compréhensibles en leur demandant s'ils croient qu'ils pourraient leur trouver une solution. Ne pas consacrer de temps cependant à les résoudre, car tout l'effort porte ici sur la composition.

En dyade, réaliser l'activité. Préparer un problème à partir de l'illustration. Prêter attention aux idées de son ou sa camarade d'équipe et en tirer parti pour améliorer ses propres suggestions.

Présenter son problème aux autres équipes en transmettant un message clair et pertinent.

Comparer les différents problèmes présentés par les équipes.

LA RÉALISATION

Rôle de l'enseignante ou de l'enseignant	Rôle de l'élève
■ MANUEL, P. 101 ET 102, ACTIVITÉ 2 ■ Avant d'inviter les élèves à résoudre chacun des problèmes en équipe, leur poser les questions suivantes : — *À qui s'adresse le premier problème de la page ?* — *Qui a composé ce problème ?*	En équipe de deux, prendre connaissance du problème que Hoa a écrit pour Anne. Répondre aux questions de l'enseignante ou de l'enseignant.
Faire lire le problème par un ou une élève et demander aux autres : — *De quoi Hoa parle-t-elle ?* — *Qu'est-ce que Anne doit faire si elle veut répondre à Hoa ?*	Lire à voix haute le problème, s'il y a lieu.
Inviter les équipes à résoudre le problème posé par Hoa. Laisser du temps pour que chacune des équipes trouve une solution au problème. Animer un retour collectif en demandant aux élèves de chaque équipe d'expliquer ce qu'ils ont fait; les inviter à laisser des traces de leur démarche au tableau. Comparer collectivement la démarche de chacune des équipes. Inviter les équipes ayant une démarche différente à venir l'expliquer au tableau.	S'engager dans la résolution du problème en partageant ses idées sur un moyen à utiliser pour trouver une solution. Accepter la suggestion de son ou de sa camarade. Faire un essai en dessinant ou en utilisant du matériel de manipulation. Analyser le résultat et regarder si une ou plusieurs autres pistes pourraient être envisagées. Faire d'autres essais et être disposé à expliquer la démarche qui semble la plus appropriée. Comparer sa démarche avec celles d'autres équipes.
Profiter de l'occasion pour revoir l'affiche *Conseils pour résoudre un problème.* Avec les élèves, faire la comparaison entre ce qu'ils viennent de faire et ce que leur propose l'affiche. Poursuivre avec les questions suivantes : — *Qu'est-ce que tu as fait de semblable pour résoudre le problème que Hoa a envoyé à Anne ?* — *T'es-tu demandé quoi faire ?* — *Quelle était la question ?*	Comparer sa manière de travailler avec la suggestion de l'affiche *Conseils pour résoudre un problème.* Trouver des ressemblances entre sa façon de faire et celle proposée dans l'affiche en répondant aux questions posées.

— *T'es-tu posé la question : comment va-t-on faire ?*

— *As-tu essayé plus d'une piste de solution ?*

— *T'es-tu demandé si ta réponse avait du sens ?*

— *Que penses-tu de la manière dont tu as travaillé en équipe ?*

— *As-tu des choses à améliorer pour résoudre les autres problèmes mathématiques ?*

— *Lesquelles ?*

Poursuivre en demandant aux équipes de résoudre les problèmes envoyés par Camille et Léa. Circuler parmi les équipes afin d'en observer le fonctionnement : les élèves discutent-ils de leurs stratégies ? Chacune et chacun prennent-ils leur place au sein de l'équipe ? Y en a-t-il qui prennent toute la place ? Au besoin, suggérer de revoir l'affiche : *Conseils pour travailler en équipe.*

Animer un retour en invitant deux équipes à se jumeler et à comparer leurs démarches et leur résultats. Demander ensuite aux élèves :

— *Quelle différence y avait-il entre les deux lettres : celle de Camille et celle de Léa ?*

Demander aux élèves de résoudre les problèmes écrits par Félix, Logibul et Roberta. Intervenir, au besoin, auprès des équipes d'une manière semblable à celle qui vient d'être décrite pour les problèmes précédents. Ces interventions devraient être en rapport avec :

a) la compréhension des problèmes posés ;

b) les stratégies pouvant être employées ;

c) l'adéquation entre la solution trouvée et la question posée ;

d) l'amélioration du fonctionnement du travail en équipe.

Lors du retour sur les problèmes, faire expliquer la démarche employée par chaque équipe. Insister sur la clarté du message et sa cohérence.

En équipe, poursuivre en lisant le problème composé par Camille. S'entendre sur la façon de le résoudre. Prendre sa place au sein de l'équipe ; donner son idée et respecter le point de vue de l'autre. Résoudre ensuite le problème de Léa. Consulter l'affiche *Conseils pour résoudre un problème*, au besoin. Trouver la question du problème, les informations essentielles (les données) et se donner une procédure en équipe. Ensuite, évaluer la démarche et la réponse. Lors du retour, donner son point de vue sur les aspects des problèmes de Camille et de Léa.

Résoudre les problèmes de Félix, de Logibul et de Roberta en s'entendant en premier lieu sur le fonctionnement de l'équipe. Planifier le travail : par exemple, décider avec l'autre, d'un commun accord, de se répartir les problèmes à résoudre ou de les résoudre en travaillant en coopération. Accepter de procéder de la façon qui a été décidée. Comparer ses réponses en faisant l'évaluation de sa démarche et du fonctionnement de son équipe.

Expliquer sa démarche à son ou sa camarade d'équipe d'abord, s'il y a lieu, et ensuite partager sa démarche avec les élèves du groupe-classe. Tenir compte du vocabulaire mathématique, de la clarté et de la précision des explications.

NOTE DIDACTIQUE

Composer un problème est une tâche complexe pour un ou une élève de premier cycle. Nous réitérons donc ce que nous avons précisé dans la note didactique de la situation d'apprentissage précédente (voir p. 333 du guide). Il faut se garder de mettre les élèves en situation d'échec en se montrant trop exigeant quant au résultat. Le danger, c'est de se montrer trop restrictif en ce qui concerne le style et le sujet du problème et de vouloir que les enfants imitent les adultes dans leur manière d'écrire un problème. Une bonne façon de commencer serait d'y aller d'une création collective, précédée d'abord par un remue-méninges. À cette fin, il est suggéré de poser aux élèves les questions suivantes : « De quoi sera-t-il question dans le problème ? Y a-t-il un fait qui pourrait servir d'histoire ? Quelle question poser pour que cela constitue un problème ? » Au fur et à mesure, écrire le problème au tableau et le corriger seulement au moment où les élèves constateront des incohérences. Leur demander : « Croyez-vous que, si on posait ce problème aux élèves d'une autre classe, ils comprendraient ce qu'on veut dire ? Et pourquoi ne pas le vérifier en soumettant le problème à cette autre classe ? »

L'INTÉGRATION

Rôle de l'enseignante ou de l'enseignant	Rôle de l'élève
Proposer aux élèves de composer un problème pour sa ou son camarade d'équipe. Aider les élèves qui ne trouvent pas d'idée en leur demandant de feuilleter le thème sur Noël dans leur manuel ou en leur proposant la fiche de soutien *Écrire un problème*.	Faire une première tentative pour composer un problème. Consulter les pages du manuel, des livres à la bibliothèque ou des illustrations affichées dans la classe de façon à trouver une idée pour l'histoire. Écrire son problème et l'échanger avec son ou sa camarade d'équipe.

Il ne s'agit pas ici d'avoir un problème très structuré, mais plutôt de laisser les élèves tenter un premier essai. Lorsqu'ils reçoivent le problème, leur demander de le lire, de se demander ensuite :

— *Est-ce que je sais ce que ma ou mon camarade veut savoir ?*

— *A-t-il écrit sa question ?*

— *De quoi me parle-t-il ?*

— *Est-ce que je comprends ce qu'il raconte ?*

— *Est-ce que j'ai assez d'informations pour répondre à sa question ?*

Prendre connaissance du problème que l'autre lui a écrit. En discuter en lui communiquant ses impressions, en lui disant ce qui est clair et ce qui l'est moins, en lui faisant des suggestions pour améliorer son problème afin de le rendre plus compréhensible.

Inviter ensuite les élèves à discuter du problème reçu, à le « critiquer » objectivement. Leur demander ensuite de conserver leur problème pour y revenir plus tard.

Accepter de se faire critiquer et démontrer un esprit ouvert aux améliorations. Garder le problème pour y revenir plus tard.

■ FICHE 87, *RA-1B*, P. 87, ACTIVITÉ a ■ Proposer ensuite l'activité a de la fiche 87. Dire aux élèves de résoudre le problème en suivant la démarche proposée par l'affiche *Conseils pour résoudre un problème*, non pas parce que le problème est difficile à résoudre mais pour qu'ils comprennent mieux la démarche que propose l'affiche et prennent l'habitude de s'y reporter.

Réaliser individuellement la tâche. Se servir de l'affiche *Conseils pour résoudre un problème* pour modéliser la situation-problème et développer des automatismes personnels (procédure de résolution de problèmes).

■ FICHE 87, *RA-1B*, P. 87, ACTIVITÉ b ■ L'activité b se fait individuellement et est suivie d'une mise en commun. Pour cette dernière, écrire d'abord le problème de l'activité a au tableau. Demander à quelques élèves de lire le problème qu'ils viennent de composer. Faire dire par les autres élèves ce qui a changé dans le problème. Enchaîner avec l'activité c.

Composer un problème en se servant du problème de l'activité précédente. Trouver ensuite les changements que certains élèves ont apportés au problème initial. Échanger son problème avec son ou sa camarade d'équipe et résoudre le problème de l'autre.

■ FICHE 88, *RA-1B*, P. 88 ■ Demander aux élèves de réaliser individuellement l'activité a. Apporter le soutien nécessaire aux élèves en difficulté. Faire ensuite échanger le problème en équipe de 2. Dans l'équipe, chaque élève prend connaissance du problème que l'autre a composé en essayant d'abord d'en comprendre le contenu. Il se peut que le problème lui soit incompréhensible en raison d'un manque de clarté; dans ce cas, les deux élèves en discutent et, s'il y a lieu, rectifient le problème de façon à le rendre plus clair. Circuler

Réaliser l'activité a. Demander de l'aide au besoin. En équipe de deux, réaliser l'activité b : porter un jugement sur la question du problème, les données qu'il contient et sur la manière dont il ou elle comprend le problème. Juger aussi de la faisabilité du problème : est-il facile à résoudre (nombres connus ou nombres trop grands) ?

parmi les élèves : au besoin, les soutenir afin de désamorcer des conflits ou désaccords qui peuvent surgir.

■ FICHE **89**, *RA-1B*, P. **89** ■ Faire composer le problème individuellement. Demander ensuite aux élèves de s'échanger leur problème, de résoudre le problème reçu ou encore, de le faire résoudre par un frère ou une sœur plus âgés ou un parent.

Composer un problème en se servant des mots et des nombres proposés. Se donner une méthode de travail pour composer des phrases claires (par exemple, écrire des mots sur de petits papiers et, en les déplaçant, former les phrases de son choix). Présenter le problème terminé à un ou une élève, à un frère ou une sœur plus âgés ou à un parent. Expliquer comment il ou elle a procédé pour composer son problème. Réaliser l'activité b : résoudre le problème et expliquer sa démarche.

Corrigé des activités du manuel, p. 100, 101 et 102

Encadré de la p. 100 : Les oiseaux qu'ils sont en train de nourrir les a sans doute inspirés.

1. a) Des oiseaux mangent ce que leur donnent Logibul et Hoa. Des oiseaux s'en vont.

   b) Réponses variables. Dans leurs mots, les élèves pourraient imaginer un problème comme le suivant : Logibul et Hoa nourrissent les oiseaux. Il y en a 6. Il y en a 2 qui partent. Combien en reste-t-il ?

 En équipe, trouve une situation qui va te servir à composer un problème.

Il est suggéré d'exploiter cette activité lors de la phase Préparation.

- **Problème de Hoa**
  Deux réponses sont possibles : 3 pommes et 2 oranges ou 4 pommes et 1 orange.

- **Problème de Camille**
  L'élève dessine son animal préféré à l'intérieur d'une ligne courbe non fermée.

- **Problème de Léa :** 7.
  L'élève peut écrire 10 − 3 = 7 ou encore dessiner 10 poissons et en biffer 3.

- **Problème de Félix :** 28.
  L'élève peut écrire 20 + 8 = 28 ou dessiner un ensemble de 20 billes, puis un autre de 8 billes. Accepter toute autre démarche que l'élève peut expliquer et qui montre qu'il ou elle a trouvé la solution.

- **Problème de Logibul**
  Sur l'autobus, il y a 9 carrés.

- **Problème de Roberta :** Maria.
  Maria a fait 13 biscuits, soit 8 + 5.
  Roberta a fait 12 biscuits, soit 5 + 7.
  Maria a donc fait plus de biscuits.
  Remarque : Un ou une élève pourrait répondre sans faire de calcul écrit en remarquant que les 2 personnes ont fait chacune 5 biscuits un jour, mais que Maria en a fait un de plus que Nora l'autre jour.

 Compose un problème pour un ou une élève d'une autre classe.
Récris ton problème au propre pour le lui envoyer.

Cette activité est reliée au projet (voir la rubrique Projet ci-dessous).

Projet

▨ Revoir avec les élèves où ils en sont dans la composition de leur problème à résoudre. Ont-ils choisi le ou la destinataire à qui ils enverront le problème qu'ils sont en train de composer? Ont-ils choisi le média ou le moyen de communication qu'ils comptent utiliser (journal de l'école, affiche, courriel, envoi postal)?

▨ Leur demander de reprendre le tout premier problème qu'ils ont composé et de vérifier s'ils peuvent en améliorer le contenu en lui apportant certaines corrections. Peut-être choisiront-ils de composer un autre problème; leur faire reprendre alors la même démarche. Il est suggéré de faire travailler les élèves en coopération : un ou une élève porte un jugement sur le problème de l'autre en lui donnant son appréciation (le problème est-il clair, compréhensible?); en tenant compte des commentaires émis, l'autre élève ajuste son problème.

▨ Il est fortement suggéré d'inviter les élèves à mettre leur problème au propre à l'aide d'un logiciel de traitement de texte et de l'illustrer pour le rendre plus vivant.

Réinvestissement

Demander aux élèves de mimer un ou deux problèmes, de les illustrer et de les afficher en classe. Ensuite, leur demander de choisir l'un de ces problèmes et de le résoudre.

Travaux personnels

▨ Suggérer aux élèves de trouver des idées de problèmes en consultant des livres d'histoire, de contes ou des albums de bandes dessinées à la bibliothèque.

▨ Proposer aux élèves de découvrir des histoires où il y a un aspect mathématique (par exemple, *Les trois petits cochons, Blanche-Neige et les sept nains*, etc.).

Utilisation des TIC

▨ Envoyer un ou des problèmes à une autre classe par courrier électronique.

▨ Préparer une courte histoire comportant un problème où on doit faire une addition. L'illustrer et l'envoyer à un ou une autre élève par courriel.

▶ SITUATION D'APPRENTISSAGE ❚3❚ Des enveloppes

Dans cette situation d'apprentissage, les élèves de la classe de Logibul se préparent à placer leurs lettres dans des enveloppes pour les acheminer à leurs destinataires. Les enveloppes apportées en classe seront l'occasion pour les élèves, dans un premier temps, de découvrir le fonctionnement du courrier postal. Dans un deuxième temps, elles leur permettront de faire des activités de numération et de revoir les concepts d'unité et de dizaine. En exploitant l'information et en se donnant des méthodes de travail efficaces, les élèves seront appelés à développer une certaine habileté à « jouer » mentalement avec les nombres, à les transformer par des ajouts et des retraits, ce qui est un atout ensuite pour effectuer différentes opérations sur des nombres.

Organisation matérielle

- Le manuel *Logibul 1*, p. 103;
- Les fiches 90 à 94, *RA-1B*, p. 90 à 94;
- La fiche *Beaucoup d'additions*, au besoin (guide, p. 365);
- Du matériel de manipulation (jetons, cubes, bâtonnets, etc.);
- Des enveloppes;
- L'affiche *Conseils pour résoudre un problème* (à la fin du manuel).

4 heures

Facteurs de réussite

Les élèves auront réussi la tâche :

- s'ils explorent comment fonctionne la poste;
- s'ils revoient les notions d'unité et de dizaine;
- s'ils exploitent l'information et se donnent des méthodes de travail efficaces pour ajouter ou enlever mentalement une quantité à un nombre.

Portfolio

Proposer aux élèves de construire une table d'addition comme celle figurant à l'activité 1 de la fiche 91 du *RA-1B*, de la compléter et de la conserver dans leur portfolio. Si les élèves n'ont pas le temps de construire une table d'addition, leur suggérer plutôt de conserver la fiche 91 une fois qu'ils en auront réalisé les activités.

LA PRÉPARATION

Rôle de l'enseignante ou de l'enseignant	Rôle de l'élève
■ MANUEL, P. 103 ■ Animer une discussion avec les élèves en leur posant ces questions : — *Selon toi, que fait-on après avoir écrit un message à une personne qui habite loin de chez nous ?* — *Quel moyen peut-on utiliser pour envoyer notre message ?* — *De quoi a-t-on besoin pour envoyer notre message ?* — *Selon toi, est-ce ce moyen que les élèves de la classe Logibul vont utiliser pour envoyer leurs lettres ?*	Participer activement à la discussion en répondant aux questions de l'enseignant ou de l'enseignante. Donner son point de vue et écouter celui des autres élèves. Attendre son tour de parole.
Laisser le temps aux élèves pour qu'ils répondent aux questions. Les amener à réaliser que les élèves de la classe de Logibul vont placer leurs lettres dans des enveloppes et les envoyer par courrier postal. Par d'autres questions, au besoin, les amener aussi à comprendre le fonctionnement du courrier postal et à se rendre compte que celui-ci est une façon parmi d'autres de faire parvenir du courrier aux gens.	Réaliser que les élèves de la classe de Logibul vont placer leurs lettres dans des enveloppes et les envoyer par courrier postal. Tenter de comprendre le fonctionnement du courrier postal et se rendre compte que celui-ci est une façon parmi d'autres de faire parvenir du courrier aux gens.

■ MANUEL, P. 103, ACTIVITÉ 1 ■ Demander aux élèves de lire l'intention de lecture et d'observer l'illustration. Leur poser ces questions :

— *Selon toi, sur l'illustration, y a-t-il assez d'enveloppes pour en remettre une à chaque élève de la classe ?*

— *Comment as-tu fait pour le savoir ?*

Laisser les élèves émettre des hypothèses. Les grouper ensuite en équipes de deux et les inviter à réaliser l'activité 1. Leur souligner qu'ils doivent expliquer à leur camarade d'équipe comment ils procèdent pour trouver les réponses. Leur souligner aussi qu'ils devront garder la réponse à l'activité 1a bien en vue pour l'activité 2.

Lire l'intention de lecture et observer l'illustration. Répondre aux questions de l'enseignant ou de l'enseignante en estimant le nombre d'enveloppes représenté sur l'illustration et en expliquant sa façon de faire.

Se grouper en équipe de deux et réaliser l'activité 1. Trouver les réponses et expliquer à son ou à sa camarade d'équipe sa façon de procéder.

LA RÉALISATION

Rôle de l'enseignante ou de l'enseignant	Rôle de l'élève
■ MANUEL, P. 103, ACTIVITÉ 2 ■ Grouper les élèves en équipes de trois. Leur proposer de répondre d'abord individuellement aux questions posées en a et b en les invitant à effectuer des calculs mentalement et à n'écrire, à cette étape-ci, que les résultats obtenus. Leur rappeler de prendre comme nombre de départ celui qu'ils ont trouvé à l'activité a (38). Leur demander ensuite de comparer leurs résultats avec ceux des membres de leur équipe.	Se grouper en équipe de trois. Répondre individuellement aux questions. À partir du nombre d'enveloppes trouvé à l'activité 1a, faire du calcul mental et écrire les résultats obtenus. Comparer ses résultats avec ceux des membres de son équipe. Expliquer au besoin ses processus personnels.
Circuler parmi les équipes. N'intervenir auprès des élèves que s'ils n'arrivent pas à s'entendre entre eux ou s'ils éprouvent des difficultés. Inviter ensuite les équipes à réaliser la dernière étape de l'activité, soit écrire pour chacune des questions de l'activité 2 les égalités correspondantes.	Demander, si c'est nécessaire, de l'aide à l'enseignant ou à l'enseignante. Avec ses camarades d'équipe, réaliser ensuite la dernière étape de l'activité en écrivant pour chacune des questions de l'activité 2 les égalités correspondantes.
Animer un retour collectif en demandant aux élèves qui ont éprouvé des difficultés d'expliquer leurs réponses. Leur proposer d'illustrer à l'aide de matériel de manipulation (de vraies enveloppes ou autre matériel) les ajouts et retraits qui ont été demandés.	Participer au retour collectif. Expliquer ses réponses en les illustrant à l'aide de matériel de manipulation. Partager ses processus personnels de calcul mental avec les autres élèves de la classe.
Proposer une activité de prolongement en plaçant une quantité d'enveloppes sur une table, par exemple, 5 paquets de 10 enveloppes et 9 enveloppes non groupées. Inviter un ou une élève qui éprouve des difficultés à donner, à partir de cette situation, des consignes aux autres élèves de la classe (exemple : «Si je prends 20 enveloppes, combien va-t-il en avoir sur la table ?»). Demander ensuite à l'élève de vérifier les réponses données par le groupe-classe en les illustrant de manière concrète (dans le cas donné en exemple, en retirant 20 enveloppes).	Participer à l'activité de prolongement. À partir d'une situation représentée par l'enseignant ou l'enseignante, donner des consignes aux autres élèves de la classe, puis illustrer leurs réponses de manière concrète.

L'INTÉGRATION

Rôle de l'enseignante ou de l'enseignant	Rôle de l'élève
Pour permettre aux élèves de développer leur habileté à calculer mentalement, leur proposer la fiche *Beaucoup d'additions*. Leur préciser que, pour chaque opération à effectuer, ils doivent calculer mentalement et ensuite écrire leurs résultats.	Afin de développer son habileté à calculer mentalement, compléter la fiche *Beaucoup d'additions*. Effectuer mentalement les opérations, puis écrire les résultats.
■ FICHE 90, *RA-1B*, P. 90 ■ Demander aux élèves de réaliser individuellement les activités, puis de comparer leurs réponses avec celles d'un ou d'une autre élève. L'activité b pourrait être donnée à faire comme travail à la maison. Inciter les élèves à effectuer les opérations mentalement.	Accomplir individuellement la tâche en comptant mentalement. Comparer ses réponses avec celles d'un ou d'une autre élève.
■ FICHE 91, *RA-1B*, P. 91 ■ Proposer aux élèves de réaliser individuellement les activités soit lors d'un moment libre en classe, soit comme travail à la maison.	Réaliser individuellement les activités lors d'un moment libre en classe ou à la maison.
Animer ensuite un retour collectif en demandant aux élèves quelles additions ils ont eu le plus de difficulté à effectuer. Les inviter à trouver d'autres stratégies en échangeant leurs idées avec leurs pairs.	Participer au retour collectif. Exprimer ses idées et écouter celles des autres élèves. Trouver d'autres stratégies pour améliorer ses processus personnels de calcul mental.
Proposer aux élèves de construire une table d'addition semblable à celle qui figure à l'activité 1 et de s'exercer à compter mentalement et rapidement. Leur suggérer ensuite de conserver leur table d'addition complétée ou la fiche 91 dans leur portfolio.	Construire une table d'addition pour se pratiquer à compter mentalement de plus en plus rapidement. Placer sa table d'addition ou la fiche 91 complétées dans son portfolio.
■ FICHE 92, *RA-1B*, P. 92 ■ Demander aux élèves de réaliser individuellement l'activité a. Ensuite, les inviter à expliquer comment ils ont fait pour trouver le nombre de billes.	Travailler individuellement. Expliquer sa méthode pour trouver le nombre de billes.
Avant de demander aux élèves de réaliser l'activité b, leur proposer de lire, à la fin de leur manuel, l'affiche *Conseils pour résoudre un problème*. Les inviter ensuite à lire le problème, puis à se rappeler comment ils ont déjà fait pour résoudre des problèmes semblables. Leur laisser du temps pour réaliser l'activité, puis animer un retour collectif en leur posant ces questions : — *Quelle question est posée dans le problème ?* — *Que raconte le problème ? Quelles informations contient-il ?* — *Quelles pistes de solution as-tu trouvées pour résoudre le problème ?* — *As-tu relu le problème pour vérifier ta réponse ? As-tu vérifié tes calculs ?*	Consulter l'affiche *Conseils pour résoudre un problème*. Lire ensuite le problème de l'activité, puis se rappeler sa façon de faire pour résoudre des problèmes semblables. Participer au retour collectif. Répondre aux questions de l'enseignant ou de l'enseignante en essayant de bien comprendre le problème.

Inviter un ou une élève à venir expliquer sa démarche en l'écrivant au tableau.

■FICHES **93** ET **94**, *RA-1B*, P. **93** ET **94**■ Proposer aux élèves de réaliser individuellement les activités à la maison, afin de leur permettre de bien intégrer, à leur rythme, la démarche de résolution de problème. Animer ensuite un retour en classe en demandant aux élèves qui ont éprouvé des difficultés d'expliquer leur démarche. Les inviter à en décrire toutes les étapes.

Expliquer sa démarche aux autres élèves de la classe.

Réaliser la tâche à la maison. Tenter de bien intégrer une démarche personnelle de résolution de problème. Participer au retour collectif. Au besoin, expliquer sa démarche en en décrivant toutes les étapes.

> **NOTE DIDACTIQUE**
>
> Cette situation d'apprentissage a pour but de permettre aux élèves de développer certaines de leurs connaissances en ce qui concerne le système de numération, qui est en quelque sorte l'épine dorsale de l'arithmétique au primaire. En effet, tout ce que les élèves apprendront sur les algorithmes des quatre opérations repose sur la connaissance du système de numération et sur la capacité de le manipuler adroitement. On remarquera aussi l'effort d'abstraction que l'on exige des élèves en leur demandant d'accepter comme étant des groupes de 10 les paquets d'enveloppes sur lesquels apparaît le nombre 10 (p. 103 du manuel) et ce, même s'ils ne peuvent pas en compter les enveloppes une à une. On se souviendra qu'ils avaient eu à faire un effort semblable lors de la deuxième situation d'apprentissage du thème précédent.

Corrigé des activités du manuel, p. 103

1. a) Il y a 38 enveloppes en tout sur la table (3 paquets de 10 enveloppes et 8 enveloppes individuelles).

   Remarque : On doit évidemment tenir pour acquis que les paquets illustrés sont complets et qu'ils comptent 10 enveloppes chacun comme indiqué.

   b) • 48 enveloppes; • 28 enveloppes.

   Réponses variables quant à l'explication de la démarche. Dans le premier cas, l'élève peut imaginer qu'il y a un paquet de 10 enveloppes de plus sur la table, puis compter mentalement : 10, 20, 30, 40. Quant aux enveloppes non groupées, leur nombre n'a pas changé, l'élève n'a donc pas à les recompter et ne doit pas le faire non plus. Dans le deuxième cas, l'élève procède comme ci-dessus en imaginant qu'il y a un paquet de 10 enveloppes de moins sur la table.

2. a) • 39 enveloppes; 38 + 1 = 39

   • 68 enveloppes; 38 + 30 = 68

   • 49 enveloppes; 38 + 11 = 49

   b) • 34 enveloppes; 38 − 4 = 34

   • 18 enveloppes; 38 − 20 = 18

   • 14 enveloppes; 38 − 24 = 14

 Avec ta classe, décide comment les lettres seront expédiées.

Cette activité est reliée au projet (voir la rubrique Projet, à la page suivante).

Projet

▨ À cette étape-ci du projet, les élèves ont écrit leurs problèmes et doivent maintenant déterminer les médias et moyens de communication qu'ils vont utiliser pour les diffuser et les faire connaître à d'autres personnes. Animer un échange avec les élèves en leur proposant ces possibilités : publier son problème dans le journal de l'école; l'écrire et l'illustrer sur une affiche; le faire parvenir à une personne de son entourage par le biais du courrier postal ou électronique.

▨ Écrire au tableau les moyens suggérés (journal de l'école, affiche, courrier postal, courrier électronique), puis proposer aux élèves de se grouper en équipes selon le moyen qu'ils veulent adopter (une équipe par moyen). Demander ensuite aux élèves de chaque équipe de penser aux différentes tâches dont ils devront s'occuper pour diffuser leurs problèmes. L'enseignant ou l'enseignante doit limiter son rôle à alimenter le questionnement des élèves et à orienter leurs actions. Il est important qu'ils cherchent eux-mêmes les moyens d'atteindre les buts qu'ils se sont fixés. Ainsi, les élèves de l'équipe du journal devront faire les démarches nécessaires pour obtenir les coordonnées du ou de la responsable du journal et se renseigner sur les étapes à suivre pour faire publier leurs problèmes; les élèves de l'équipe de l'affiche devront veiller à rassembler le matériel dont ils ont besoin pour fabriquer leur affiche et déterminer l'endroit où ils l'exposeront; les élèves des équipes du courrier postal et du courrier électronique devront choisir les personnes à qui ils veulent envoyer leurs problèmes et veiller à obtenir les coordonnées de ces personnes (adresse postale ou électronique); etc. Si les élèves ont choisi un autre moyen, leur demander, de la même façon, de réfléchir aux différentes tâches dont ils devront s'occuper.

▨ Par ailleurs, les élèves pourront aussi participer à des activités connexes au projet, par exemple, inviter une personne-ressource dont le métier est lié à la poste (un ou une employée, un facteur ou une factrice) à venir parler de son travail, de ses tâches et de ses responsabilités, ou préparer une sortie dans un bureau de poste. Dans tous les cas, les élèves devront prévoir les modalités de réalisation de ces activités (par exemple, les questions à poser à la personne-ressource invitée en classe, la date de cette rencontre; comment communiquer avec les gens du bureau de poste à visiter, déterminer une date de sortie; etc.), qui pourront avoir lieu lors de la dernière situation d'apprentissage du présent thème.

Réinvestissement

▨ Proposer aux élèves de se grouper en équipes de deux afin de préparer plusieurs paquets de 10 bâtonnets. Les inviter ensuite à transformer la quantité de bâtonnets qu'ils ont en enlevant ou en ajoutant des paquets de 10 bâtonnets, puis de dire combien de bâtonnets ils obtiennent alors.

▨ Suggérer aux élèves d'utiliser la fiche *Beaucoup d'additions*.

Travaux personnels

Proposer aux élèves de préparer des activités semblables à celles qui apparaissent sur la fiche 90 du *RA-1B*, puis de les placer dans le coin de mathématique de la classe.

Utilisation des TIC

Proposer aux élèves de consulter le site Internet suivant : http://championmath.free.fr/

Ce site suggère des activités mathématiques intéressantes qui portent, entre autres, sur le dénombrement, les additions et les soustractions.

▶ SITUATION D'APPRENTISSAGE **4** Les timbres de Logibul

Dans cette situation d'apprentissage, Logibul a apporté des timbres dans sa classe. Ce sera l'occasion pour les élèves de se demander pourquoi il faut apposer des timbres sur les enveloppes que l'on veut envoyer par la poste et de poursuivre leur réflexion sur le fonctionnement du courrier postal. De leur côté, les nombres qui figurent sur les timbres permettront aux élèves de réaliser des activités qui portent sur la valeur de position des nombres, de revoir les notions de dizaine et d'unité, puis de comparer des nombres à l'aide des symboles < et >. Pour réaliser les différentes activités, les élèves seront invités à se donner des méthodes de travail efficaces, puis à justifier leurs réponses à l'aide du langage mathématique approprié.

Organisation matérielle

▨ Le manuel *Logibul 1*, p. 104;

▨ Les fiches 95 et 96, *RA-1B*, p. 95 et 96;

▨ Des timbres que des élèves apportent en classe.

2 heures

Facteurs de réussite

Les élèves auront réussi la tâche :

▨ s'ils comprennent le rôle du timbre dans l'envoi postal;

▨ s'ils reconnaissent la valeur de position d'un chiffre dans un nombre;

▨ s'ils comparent des nombres à l'aide des symboles < et >;

▨ s'ils se donnent des méthodes de travail efficaces pour trouver leurs réponses;

▨ s'ils justifient leurs réponses à l'aide du langage mathématique approprié.

Portfolio

Proposer aux élèves de conserver dans leur portfolio des traces de leur travail lors des activités 4 et 5 (p. 104 du manuel) et lors de l'activité suggérée dans la rubrique Travaux personnels (guide, p. 349).

LA PRÉPARATION

Rôle de l'enseignante ou de l'enseignant	Rôle de l'élève
▮MANUEL, P. 104▮ Demander aux élèves de lire l'intention de lecture, puis d'observer les quatre timbres qui apparaissent en haut de la p. 104. Animer une discussion sur le rôle des timbres dans le fonctionnement du courrier postal en leur posant ces questions : — *Selon toi, pourquoi doit-on coller des timbres sur les enveloppes ou les colis que l'on veut envoyer par la poste ?* — *À ton avis, pourquoi le prix indiqué sur les timbres n'est-il pas toujours le même ?*	Lire l'intention de lecture, puis observer les quatre timbres de l'illustration. Participer à la discussion en répondant aux questions de l'enseignant ou de l'enseignante.
Laisser les élèves émettre des hypothèses. Par d'autres questions, au besoin, les amener à comprendre que les timbres servent à payer un service par lequel un courrier se rend à destination. Inviter les élèves à comparer ce service avec d'autres, par exemple, avec les tickets de métro et d'autobus que l'on doit acheter si l'on veut utiliser le transport en commun.	Exprimer ses idées calmement et écouter celles des autres élèves avec intérêt. Tenter de comprendre que les timbres servent à payer un service. Nommer d'autres situations où l'on doit dépenser une somme d'argent pour obtenir un bien ou un service en retour.

Poursuivre la discussion en expliquant aux élèves que la masse et parfois le format des enveloppes ou des colis à envoyer, ainsi que l'endroit où l'on veut les acheminer (la distance) sont des facteurs qui influent sur le coût des envois. Demander ensuite aux élèves de lire à voix haute les nombres inscrits sur les quatre timbres de l'illustration : 83 – 70 – 38 – 66.

Écouter les explications de l'enseignant ou de l'enseignante. Constater que le coût d'un envoi postal peut varier. Lire à voix haute les nombres représentés sur les quatre timbres illustrés (en haut de la p. 104 du manuel).

LA RÉALISATION

Rôle de l'enseignante ou de l'enseignant

Rôle de l'élève

■ MANUEL, P. 104, ACTIVITÉS 1 À 5 ■ Demander aux élèves de se grouper en équipes de trois, puis de réaliser les activités 1, 2 et 3. Leur allouer suffisamment de temps pour qu'ils puissent discuter entre eux et travailler méthodiquement. Animer ensuite un retour collectif en demandant à quelques équipes de présenter et de justifier leurs réponses. Amener les élèves à utiliser les mots *unité*, *dizaine* et *valeur* dans leurs explications.

Demander ensuite aux élèves de réaliser les activités 4 et 5. Circuler parmi les équipes. S'assurer que les élèves se souviennent de la signification des symboles < et >. Inviter les équipes à comparer leurs réponses. Pour cette étape, allouer le temps nécessaire pour que les élèves constatent qu'à l'activité 5 il y a plusieurs réponses possibles. Les amener à formuler une réponse générale. Proposer ensuite aux élèves de conserver les traces des activités 4 et 5 dans leur portfolio.

Se grouper en équipe de trois, puis répondre aux questions des activités 1, 2 et 3. Discuter avec les membres de son équipe et s'entendre sur une méthode de travail. Participer au retour collectif. Présenter et justifier ses réponses. Donner ses explications en utilisant les mots *unité*, *dizaine* et *valeur* de façon appropriée.

En équipe, réaliser les activités 4 et 5. Se rappeler la signification des symboles < et >. Comparer ses réponses avec celles d'une autre équipe. Constater qu'il y a différentes réponses possibles à l'activité 5. Tenter de formuler une réponse générale. Conserver les traces de ce travail dans son portfolio.

L'INTÉGRATION

Rôle de l'enseignante ou de l'enseignant

Rôle de l'élève

■ FICHE 95, *RA-1B*, P. 95 ■ Grouper les élèves en équipes de deux. Les inviter à réaliser l'activité 1, puis à la refaire en inversant les rôles. Leur proposer ensuite de réaliser l'activité 2 individuellement puis, une fois qu'ils l'auront terminée, de comparer leurs réponses avec celles de leur camarade d'équipe. Rappeler aux élèves de lire attentivement chaque consigne et de travailler méthodiquement pour trouver les réponses.

■ FICHE 96, *RA-1B*, P. 96 ■ Proposer aux élèves de réaliser individuellement les activités de cette fiche soit lors d'un moment libre en classe, soit à la maison. Animer ensuite un retour collectif en classe en demandant à quelques élèves de présenter et de justifier leurs réponses.

Se grouper en équipe de deux et réaliser l'activité 1. Lire un nombre de la grille et demander à son ou à sa camarade d'équipe de le pointer. Discuter ensemble, au besoin. Inverser ensuite les rôles. Réaliser l'activité 2 individuellement. Lire attentivement chaque consigne et travailler méthodiquement pour trouver les réponses. Comparer ses réponses avec celles de son ou de sa camarade d'équipe.

Travailler individuellement. Participer au retour collectif en présentant et en justifiant ses réponses. Prêter attention aux réponses des autres élèves. Corriger ses erreurs, s'il y a lieu.

Proposer ensuite aux élèves de comparer les nombres qui apparaissent à l'activité 1 à l'aide des symboles > et <.

Comparer les nombres qui apparaissent à l'activité 1 à l'aide des symboles > et <.

Corrigé des activités du manuel, p. 104

1. Le 7 vaut 7 dizaines ou 70.

2. a) Sur le timbre jaune.

   b) Il vaut 8 dizaines ou 80. Faire remarquer aux élèves qu'il vaut 8 unités sur le timbre vert.

3. a) Le 6 de droite vaut le moins, car il occupe la position des unités. Il vaut 6.

   b) Le 6 de gauche vaut le plus, car il occupe la position des dizaines. Il vaut 60.

4. a) 66 < 70   b) 70 > 38

5. Tout nombre naturel plus grand que 38 et plus petit que 66.

Apporte des timbres en classe. Examine-les avec d'autres élèves. Qu'observes-tu ?

Cette activité est reliée au projet (voir la rubrique Projet ci-dessous).

Projet

▨ Dans le cadre de leur projet thématique, proposer aux élèves d'apporter des timbres de différentes valeurs en classe et les inviter ensuite à les examiner en équipe. Amener les élèves à constater que différents prix y sont inscrits. Profiter de cette occasion pour faire un retour avec eux sur le fonctionnement du courrier postal en général et sur le rôle des timbres en particulier. Leur rappeler que le coût de l'envoi varie en fonction de la masse et parfois du format du courrier qu'on envoie, ainsi que de la distance que ce courrier a à parcourir pour se rendre à destination.

▨ Aux élèves qui ont choisi d'envoyer leur problème par la poste, leur expliquer qu'ils devront donc apposer un ou des timbres sur leur enveloppe. Ces élèves pourront aussi décider, si la visite d'un bureau de poste a été prévue, d'y acheter leur timbre et de poster leur lettre à ce moment-là. Expliquer également aux élèves que, dans la prochaine situation d'apprentissage, ils vont voir comment adresser correctement leur lettre et découvriront alors l'utilité du code postal.

▨ Par ailleurs, selon le temps disponible, proposer aux élèves d'inviter un ou deux parents qui ont des collections de timbres à la maison à venir les présenter en classe. Dans cette éventualité, demander aux élèves de préparer des questions à poser à ces personnes et de leur écrire un mot de remerciement.

Réinvestissement

Proposer aux élèves des activités avec les timbres qu'ils ont apportés en classe :

▨ lire le nombre sur chaque timbre et disposer les timbres selon leur valeur et en suivant l'ordre croissant;

▨ choisir trois timbres, écrire sur une feuille le nombre représenté sur chacun, puis indiquer pour chaque nombre, la valeur de chaque chiffre.

Travaux personnels

Proposer aux élèves de récupérer quelques timbres du courrier qui arrivera à la maison, de les classer en ordre croissant de valeur, puis de demander à une personne adulte de vérifier si le classement qu'ils ont fait est exact. Leur suggérer ensuite de coller leurs timbres sur une feuille en respectant l'ordre croissant, d'exposer leur travail dans la classe, puis de le conserver, par la suite, dans leur portfolio.

Utilisation des TIC

Proposer aux élèves de visiter deux sites Internet :

▓ http://www.csaffluents.qc.ca/ped/ciel.htm

▓ http://www.ireseau.com/usagers/marcelg/timbres.htm

Le premier propose sur la planète Mercure une activité qui touche la valeur des nombres, ainsi que l'ordre croissant et décroissant. Quant au deuxième, il captera l'attention de ceux et celles qui s'intéressent aux collections de timbres.

▶ # SITUATION D'APPRENTISSAGE ┃ 5 ┃ Des instruments de mesure

Cette situation d'apprentissage permet aux élèves d'observer et d'expérimenter des façons de mesurer les dimensions d'un objet; d'abord par le biais d'unités non conventionnelles, notamment un trombone et une gomme à effacer de différentes longueurs, puis en recourant à une unité conventionnelle, le centimètre. Ainsi, ils constateront que le résultat d'un mesurage varie selon l'unité utilisée et que la longueur de cette unité y est pour quelque chose dans cette variation. En exerçant leur jugement critique pour en arriver à ces constatations, ils remarqueront que leur choix d'une unité de mesure, qu'elle soit conventionnelle ou non, a des conséquences sur les résultats de mesurage. Par ailleurs, en se familiarisant peu à peu avec l'usage d'un instrument de mesure : une règle, ils changent leur méthode de mesurage en passant d'un objet quelconque servant d'unité non conventionnelle à l'usage d'une échelle graduée en unités conventionnelles, en l'occurrence, le centimètre.

Quelques activités de mesurage à l'aide de cet instrument les aideront à développer leur habileté manuelle de même qu'à adopter peu à peu une méthode de travail efficace. De plus, les discussions auxquelles les élèves participeront et le travail d'équipe qu'ils accompliront leur permettront de structurer leur identité.

Organisation matérielle

▓ Le manuel *Logibul 1*, p. 105 à 107;

▓ Des enveloppes de différentes dimensions en quantité suffisante
(à répartir de façon que certains élèves aient le même format d'enveloppe);

▓ Des règles graduées en centimètres;

▓ La fiche de soutien *Une règle*, au besoin (guide, p. 366);

▓ Des réglettes blanches;

▓ Les fiches 97 et 98, *RA-1B*, p. 97 et 98.

4 heures

Facteurs de réussite

Les élèves auront réussi la tâche :

- s'ils établissent un lien entre le format d'une enveloppe et ce qui peut y être inséré;

- s'ils exercent leur jugement en établissant des liens appropriés entre une unité de mesure et le résultat d'un mesurage;

- s'ils se donnent une méthode de travail appropriée pour mesurer la longueur d'un objet en recourant à une unité non conventionnelle en un seul exemplaire;

- s'ils mesurent avec méthode les dimensions d'un objet à l'aide d'une règle graduée en centimètres;

- s'ils énumèrent un ou des avantages à mesurer un objet en unité conventionnelle;

- s'ils choisissent un instrument ou une méthode appropriés pour mesurer un objet en tenant compte de ses dimensions.

LA PRÉPARATION

Rôle de l'enseignante ou de l'enseignant	Rôle de l'élève
■ MANUEL, P. 105 ■ Inviter les élèves à ouvrir leur manuel à la p.105, puis leur demander : — *As-tu déjà reçu pour ton anniversaire du courrier, une enveloppe ? De quelle forme était-elle ?* — *As-tu déjà remarqué la forme d'autres enveloppes ? De quelles formes étaient-elles ? Étaient-elles toutes de la même grandeur ?*	Commencer l'activité en repérant la p.105 de son manuel. Répondre aux questions avec enthousiasme tout en respectant le droit de parole de ses pairs.
Faire remarquer aux élèves que les enveloppes sont souvent de forme rectangulaire, mais que leurs dimensions varient. Placer des enveloppes de formats différents à la vue des élèves. Les amener à préciser qu'il y a beaucoup de formats d'enveloppe, que les dimensions des enveloppes, c'est-à-dire leur largeur et leur longueur, varient beaucoup. Leur demander pourquoi il y a tant d'enveloppes différentes.	Constater que la plupart des enveloppes sont de forme rectangulaire mais de tailles variées : certaines sont grandes; d'autres, plus petites. Émettre son opinion sur le format des enveloppes et la comparer avec celles des autres élèves. S'il y a lieu, tirer des conclusions en observant l'étalage des différentes enveloppes. Se demander pourquoi il y a plusieurs formats d'enveloppe. En fournir une explication par des exemples, s'il y a lieu.
Cette discussion devrait amener les élèves à comprendre que le choix d'un format d'enveloppe dépend de ce qu'il y sera inséré et qu'il est inutile d'utiliser une enveloppe plus grande que nécessaire, car le tarif de son affranchissement pourrait être plus élevé (le format et la masse des enveloppes, le lieu de destination déterminent, entre autres, le tarif d'affranchissement). Encourager alors les élèves à donner des exemples : — *As-tu déjà envoyé une lettre par la poste ?* — *Quel format d'enveloppe as-tu utilisé ?* — *As-tu apposé un timbre sur l'enveloppe ? Te souviens-tu du prix du timbre ?*	Au cours de la discussion, constater qu'une grande enveloppe peut contenir plus de choses qu'une plus petite; que le format de la ou des feuilles qu'on y insère est une indication dans le choix d'un format d'enveloppe approprié.
Avec les élèves, lire l'encadré de la p. 105 du manuel et leur expliquer la consigne : — *Trouve comment Félix et Camille font pour mesurer leur enveloppe.*	Avec son enseignante ou son enseignant, lire l'encadré. Réfléchir à la consigne quelques minutes en observant l'illustration de façon à trouver comment Félix et Camille procèdent. En déduire que ces deux personnages utilisent chacun une

Leur laisser quelques minutes pour y réfléchir et demander à quelques élèves de faire part de leurs constatations. Amener les élèves à préciser leurs réponses :

— *Combien de trombones et de gommes à effacer Félix et Camille utilisent-ils pour mesurer l'enveloppe ?*

— *Selon vous comment s'y prennent-ils pour mesurer l'enveloppe avec un seul objet ?*

■ MANUEL, P. 105, ACTIVITÉS 1 À 3 ■ Inviter les élèves à répondre individuellement à la question de l'activité 1. Ensuite, leur demander :

— *Comment se fait-il que deux personnes qui ont mesuré la longueur d'un même objet n'obtiennent pas le même résultat ?*

Laisser les élèves en discuter en équipe de deux, puis les inviter à faire part de leur explication.

En profiter pour transposer une situation semblable à d'autres circonstances de la vie en donnant, au besoin, des exemples ou en demandant aux élèves d'en donner. Amorcer une discussion :

— *Est-il possible qu'une personne ait des opinions différentes sur un même événement ou situation ? T'arrive-il d'avoir une opinion différente de celle d'un ou d'une camarade ?*

— *Est-il possible que deux personnes aient des opinions différentes sur un même événement ? Y en a-t-il alors une qui a tort et l'autre qui a raison ? Qu'en penses-tu ?*

Rappeler aux élèves les activités de mesure qu'ils ont réalisées au cours du thème 5 (situation d'apprentissage 3 ; au besoin, revoir avec eux la p. 56 du manuel). Les laisser en parler, se souvenir comment ils ont procédé. Leur annoncer qu'ils expérimenteront une autre méthode pour mesurer les dimensions d'un objet, cette fois à la manière de Félix et Camille. Remettre une enveloppe à chaque élève. Lire et expliquer l'activité 2a aux élèves, puis les inviter à travailler individuellement. Circuler parmi les élèves, les soutenir dans leur tâche. Demander ensuite à quatre ou cinq élèves de noter leur résultat au tableau de la classe. Poursuivre avec les questions suivantes :

— *Que remarques-tu dans les résultats ?*

— *Ton résultat est-il le même que ceux écrits au tableau ?*

— *Selon toi, pourquoi y a-t-il des résultats différents ?*

Amener les élèves à constater que recourir à une unité non conventionnelle a ses limites (voir Note didactique à la page suivante).

unité de mesure différente mais en un seul exemplaire, soit un trombone pour Félix et une gomme à effacer pour Camille ; qu'ils tracent, chaque fois qu'ils déplacent leur unité, un trait sur l'enveloppe pour indiquer combien de fois l'unité est contenue dans la longueur à mesurer ; qu'à l'aide de ces traits, ils arrivent à savoir combien d'unités mesure l'enveloppe.

Répondre individuellement à la question de l'activité 1. En équipe, discuter avec l'autre élève pour trouver une explication à la question de l'enseignante ou l'enseignant. Se préparer à en faire part aux autres élèves.

Donner des exemples où, dans la vie courante, son opinion était différente de celle d'une autre personne. Réfléchir à ses réactions devant des opinions différentes de la sienne.

Se souvenir des activités du thème 5 sur la mesure. Mesurer l'enveloppe avec sa gomme à effacer en procédant à la manière de Félix et Camille. S'appliquer dans sa tâche. Constater que l'espace entre les traits correspond à la longueur de l'unité utilisée. Noter sa réponse. Examiner les réponses notées au tableau par les élèves. Comparer sa réponse avec celles-ci, puis chercher une explication aux écarts dans les résultats. Comparer son jugement avec ceux des autres, au besoin, reconsidérer sa position et réajuster son opinion.

NOTE DIDACTIQUE

La situation d'apprentissage 5 permet aux élèves de passer à une unité de mesure convention-nelle fort utilisée, le centimètre. Avant d'y arriver cependant, il est utile de revenir, pour mesurer les dimensions d'un objet, à l'usage d'une unité non conventionnelle. Ainsi, l'emploi d'un trom-bone et d'une gomme à effacer ou de tout autre objet que l'élève a à sa portée est tout indiqué comme unité de mesure non conventionnelle.

Au cours des activités 1 et 2 de la p. 105 du manuel, il est important d'amener les élèves à constater qu'en utilisant des unités de mesure différentes et, dans ce cas-ci, de longueurs différentes, l'on obtient également des résultats de mesurage différents : plus l'unité de mesure est courte, plus elle est contenue de fois dans la grandeur à mesurer. Par ailleurs, la méthode de mesurage qui leur est suggéré dans la présente activité 2 diffère de celle qu'ils ont utilisée au cours de la situation d'apprentissage 3 du thème 5, particulièrement pendant l'activité 3 (p. 56 du manuel). En effet, les élèves plaçaient alors les unités de mesure non convention-nelles bout à bout et en utilisaient autant qu'ils en avaient besoin pour mesurer un objet. Dans la présente activité 2, ils mesurent une enveloppe à l'aide d'une seule unité, leur gomme à effacer, qu'ils déplacent autant de fois que nécessaire. En indiquant d'un trait sur l'enveloppe chaque déplacement de l'unité, ils obtiennent un résultat aussi juste que possible. L'enveloppe ainsi graduée peut devenir une règle à mesurer dont ils peuvent se servir au cours d'activités de mesurage subséquentes.

Ces façons de mesurer à l'aide d'objets de son choix, c'est-à-dire d'unités non conventionnelles, peut créer de la confusion et un problème de communication, et les élèves auront tôt fait de s'en apercevoir. Dans une perspective historique, ce problème s'est déjà posé par le passé et c'est pourquoi l'on a adopté des unités conventionnelles. Pour l'illustrer, il serait bon de raconter cette anecdote aux élèves en se reportant à la lettre de Hugo (p. 98 du manuel) : « Imaginons les difficultés de communication entre Hugo et Léa s'il avait décidé de mesurer son livre avec sa gomme à effacer. »

Par ailleurs, mesurer avec une règle est un apprentissage graduel qui peut comporter quelques difficultés pour les enfants en raison des nombreux traits sur la règle : les divisions du centimètre en millimètres, ce qui rend plus laborieuse sa lecture. De plus, les enfants ont tendance à prendre la mesure à partir du bout de la règle, qui comporte généralement une portion non graduée. Pour les élèves qui éprouveraient de telles difficultés, il est suggéré de leur distribuer une règle en papier photocopiée à partir de la fiche de soutien *Une règle*. Étant plus facile à employer, cette règle pourrait mieux leur convenir au début.

Poursuivre avec l'activité 3. Noter au tableau les réponses des élèves et leur faire préciser les objets que l'on peut mesurer avec les instruments qu'ils ont nommés, par exemple mesurer le tour de taille avec un ruban de mesurage, la longueur d'une table avec une grande règle (mètre), etc.	Participer activement à l'activité 3 en donnant des exemples.

LA RÉALISATION

Rôle de l'enseignante ou de l'enseignant	Rôle de l'élève
■ MANUEL, P. 106, ACTIVITÉ 4 ■ Annoncer aux élèves qu'ils mesureront un objet à l'aide de leur règle graduée en centimètres. Les inviter à lire la consigne de l'activité 4a, puis demander à un ou une élève d'expliquer, dans ses mots, la tâche à faire. Laisser les élèves mesurer l'enveloppe sans leur expliquer comment utiliser leur règle. Au moment de la comparaison des résultats, les élèves constateront de petites différences. Les inviter alors à consulter l'encadré « J'utilise ma règle », en bas de la p. 106 de leur manuel en regardant attentivement la manière dont Camille pose sa	Lire la consigne de l'activité 4. Dans ses mots, expliquer la tâche. Mesurer l'enveloppe avec sa règle et noter sa réponse. La comparer avec celles des autres élèves de la classe et se demander comment il se fait que les mesures obtenues ne sont pas toutes pareilles. Observer de quelle façon Camille place sa règle pour mesurer son enveloppe. Mesurer de nouveau l'enveloppe en suivant la méthode de Camille.

règle sur son enveloppe. Attirer plus particulièrement leur attention sur le grand plan de l'image, dans le cercle. Les amener à exprimer leurs observations, puis leur demander de mesurer l'enveloppe illustrée à l'activité 4 en suivant la méthode de Camille.

Si des élèves éprouvent de la difficulté à mesurer à l'aide de leur règle, leur distribuer une règle de papier photocopiée à partir de la fiche de soutien *Une règle* (voir Note didactique, p. 351 et 352). Procéder à une mise en commun des résultats pour en faciliter la comparaison par les élèves. Leur demander :

— *Que remarques-tu maintenant ?*

— *Pourquoi les résultats sont les mêmes ?*

Avec les élèves, lire l'encadré « J'utilise ma règle » (p. 106 du manuel). Ensuite, leur demander :

— *Combien de centimètres l'enveloppe (celle de l'activité 4) mesure-t-elle ?*

Leur faire écrire la mesure obtenue en utilisant le symbole cm. Poursuivre en amorçant une discussion :

— *Quels sont les avantages et les inconvénients à utiliser une règle, un trombone, une gomme à effacer pour mesurer les dimensions d'un objet ?*

■ MANUEL, P. 107, ACTIVITÉS 5 À 7 ■ Inviter les élèves à réaliser individuellement l'activité 5 en classe. Puis procéder à une mise en commun de leurs observations. Demander aux élèves de se trouver un repère pour se rappeler la longueur de 1 cm. La réglette blanche est tout indiquée.

Faire réaliser l'activité 6 individuellement, puis préciser aux élèves de noter leurs réponses en centimètres. Pour leur faciliter la tâche, prendre soin d'écrire au tableau le nom des objets qu'ils doivent mesurer. Procéder à une mise en commun des réponses.

Remarque : Laisser les élèves se débrouiller en ce qui concerne la mesure du crayon bleu : il a un peu plus de 11 cm.

Demander aux élèves de se grouper en équipes de deux pour réaliser l'activité 7a. Leur en expliquer le déroulement : dans l'équipe, **chaque** élève choisit trois objets, en mesure les dimensions à l'aide de sa règle et note ses résultats que l'autre vérifie en mesurant, à son tour, les mêmes trois objets.

Utiliser la règle de la fiche, au besoin. Comparer sa réponse avec celles des autres élèves. Dans ses mots, expliquer pourquoi, en procédant avec méthode, les élèves ont obtenu des résultats semblables.

Lire l'encadré, puis répéter le résultat obtenu à l'activité 4 en nommant l'unité de mesure : le centimètre. Noter ce résultat en utilisant le symbole cm. Participer activement à la discussion tout en respectant son tour de parole et celui des autres.

Réaliser l'activité 5 individuellement, puis se préparer à faire part de ses observations. Mesurer d'autres objets qu'il y a autour de soi afin de se donner une idée de ce qu'est une longueur de 1 cm. Trouver plusieurs objets qui mesurent environ 1 cm.

Mesurer les objets illustrés dans son manuel. Gérer son matériel : avoir sa règle et son cahier ou une feuille pour y noter ses mesures; le faire en utilisant le symbole cm.

Se grouper en équipe de deux pour réaliser l'activité. Écouter attentivement les consignes et demander des précisions, s'il y a lieu. Mesurer les trois objets. Noter ses résultats. Demander à l'autre élève de les vérifier. Pendant ce temps, vérifier les résultats de l'autre élève en mesurant les trois objets qu'il ou elle a choisis.

Poursuivre avec la suite de l'activité 7 en posant cette question aux élèves :

— *Comment fait-on pour mesurer un objet plus long que la règle ?*

Laisser les élèves s'exprimer à leur guise lors de ce remue-méninges. Il est possible qu'ils suggèrent de prendre plusieurs mesures avec leur règle et de les additionner. Toutefois, il faut plutôt s'attendre à ce qu'ils proposent d'utiliser un instrument plus long, autre que leur règle, une suggestion tout à fait appropriée à cette étape-ci de leur cheminement. Leur proposer de mesurer la longueur de leur table ou la largeur de la porte de la classe, ou encore celle d'une fenêtre avec le moyen qu'ils auront choisi.

Répondre au problème posé en suggérant des idées et des stratégies pour le résoudre.

Explorer différentes manières de mesurer, à l'aide d'une règle ou d'un autre instrument de mesure conventionnel ou non, la longueur d'une table, du tableau de la classe, etc.

L'INTÉGRATION

Rôle de l'enseignante ou de l'enseignant	Rôle de l'élève
■ Fiche 97, *RA-1B*, p. 97 ■ Inviter les élèves à réaliser individuellement les activités à l'aide de leur règle. Au besoin, leur suggérer de consulter la méthode de Camille (p. 106, de leur manuel). Leur préciser, à l'activité 2, de tracer le plus droit possible les traits à main levée, puis d'utiliser leur règle seulement au moment de la vérification de la longueur des traits. Lors de l'activité 3, les élèves doivent d'abord entourer la ficelle qui, à leur avis, mesure 9 cm sans l'aide de leur règle. Pour la vérification en b, amener les élèves à le faire avec leur règle, puis à expliquer que si les ficelles étaient rectilignes, il serait plus facile de constater que l'une d'elles atteint les 9 cm sur la règle.	Prendre connaissance de la fiche 97. Écouter attentivement les précisions. Utiliser sa règle pour mesurer le trombone et le couteau en se rappelant la méthode de Camille afin d'obtenir des mesures précises. À l'activité 3, lire les consignes, observer d'abord les longueurs des ficelles, choisir sans l'aide de la règle la ficelle de 9 cm et l'entourer. Ensuite, réfléchir au meilleur moyen de vérifier sa réponse, y recourir, puis comparer sa démarche avec celle d'un ou d'une autre élève.
■ Fiche 98, *RA-1B*, p. 98 ■ Les élèves réalisent cette fiche en deux temps. Leur expliquer de procéder par étapes. D'abord, ils travaillent individuellement : ils estiment la longueur de l'objet et notent leur estimation. (Pour cette tâche d'estimation, leur suggérer de recourir au repère qui leur rappelle la longueur de 1 cm.) Ensuite, ils comparent leur estimation avec celle d'un ou d'une autre élève, puis mesurent la longueur de l'objet à l'aide de leur règle. Leur préciser de procéder selon la même démarche, un objet à la fois. À cette étape de l'année, les élèves sont familiers avec le terme *estimation*; ils ont compris que c'est « dire à peu près, évaluer combien de centimètres ».	Écouter les explications et procéder par étapes. S'organiser de façon autonome, préparer son matériel et accomplir la tâche au complet. Estimer la longueur du domino, noter, dans la colonne appropriée, son estimation. La comparer avec celle d'un ou d'une élève. À l'aide de sa règle, mesurer la longueur du domino, puis en noter la mesure. Procéder de la même façon pour les autres objets. Lors de l'estimation, se rappeler le repère de 1 cm (un objet de cette longueur) que l'on s'est donné lors des activités de la phase de réalisation.

Corrigé des activités du manuel, p. 105, 106 et 107

Encadré de la p. 105 : Réponses variables; exemple : Félix mesure l'enveloppe avec un seul trombone. Il le déplace le long de l'enveloppe et trace, pour chaque déplacement, un trait pour marquer la longueur du trombone. Camille procède de la même façon, mais avec une seule gomme à effacer.

1. Camille et Félix n'obtiennent pas le même résultat parce que leur unité de mesure n'est pas de même longueur.

2. a) Résultats variables selon le format de l'enveloppe et la longueur de la gomme à effacer que l'élève utilise.

   b) Des résultats seront différents, car les gommes à effacer des élèves ne sont pas toutes de même longueur. Les écarts dans les résultats seront d'autant plus marqués que les enveloppes distribuées aux élèves sont de formats variés.

3. La majorité des enfants ont déjà vu un ou une adulte mesurer leur taille ou celle d'une autre personne, ou encore les dimensions d'un objet à la maison ou ailleurs. Les élèves parleront sans doute de la règle et du ruban de mesurage qui sont d'un usage très courant. Il est peu probable qu'ils parlent d'autres instruments de mesure tels que le thermomètre ou la balance, qui ne servent d'ailleurs pas à mesurer une longueur.

4. a) Si l'élève pose correctement sa règle sur l'enveloppe en faisant correspondre la marque du 0 cm au rebord de l'enveloppe, son résultat sera 14 cm de long et 7 cm de large.

   Remarque : Il ne s'agit pas ici de s'attendre à une mesure précise de la part de l'élève qui, par ailleurs, se familiarisera peu à peu avec cet instrument de mesure au cours d'autres activités de mesurage.

   b) Tous les élèves qui ont utilisé correctement leur règle obtiendront le même résultat. Les écarts dans les résultats s'expliquent par l'usage inapproprié de la règle ou les difficultés que certains élèves ont pu avoir à lire la mesure. Par ailleurs, en comparant leur règle, les élèves pourront constater que les nombres qui y apparaissent sont tous placés à égale distance les uns des autres.

5. a) 1 cm

   b) 7 cm

   La mesure obtenue correspond au nombre de réglettes mises bout à bout. Ce à quoi il fallait s'attendre puisque chacune des réglettes blanches mesure 1 cm.

   Remarque : Cette activité a pour but de permettre aux élèves de se représenter concrètement ce qu'est 1 cm à l'aide d'un objet qu'ils ont l'occasion de manipuler fréquemment. Un repère qui peut leur être utile quand vient le temps d'estimer les dimensions d'un objet.

6. Le crayon-feutre : 13 cm; l'étiquette : 6 cm; l'autocollant de fleurs : 4 cm; la réglette orange : 10 cm; le crayon bleu : un peu plus de 11 cm; la gomme à effacer : 7 cm; le coupe-papier : 14 cm.

7. a) Réponses variables.

   b) Réponses variables; exemples : un instrument plus long comme une règle de 1 m, un ruban de mesurage, une bande de papier, etc.; on peut aussi déplacer sa règle en marquant par un trait chaque mesure effectuée, ce qui exige d'agir avec méthode et de façon méticuleuse.

À qui adresses-tu ton problème ? Prépare-toi à l'envoyer.

Cette activité renvoie au projet (se reporter à la rubrique Projet de la page suivante).

Projet

C'est le moment pour les équipes de diffuser leurs problèmes mathématiques par les médias et les moyens de communication qu'elles ont déterminés (affiche, journal de l'école, courrier postal, courrier électronique) lors de la situation d'apprentissage 3. Les encourager à travailler de la façon la plus autonome possible. Chaque équipe revoie les tâches qui lui restent à effectuer et entreprend de rassembler le matériel et les renseignements dont elle a besoin, en un mot, elle mène à terme ses tâches.

▨ Pour celles qui ont choisi l'envoi postal, mettre à leur disposition des enveloppes de différents formats et des timbres. Au besoin, revenir à la discussion entreprise à la phase Préparation en leur rappelant qu'il est inutile de choisir une enveloppe plus grande que nécessaire. Les soutenir dans leur tâche en leur expliquant comment adresser une lettre et en déterminer le tarif d'affranchissement, en revenant à la valeur des timbres, en leur parlant de l'utilité du code postal, etc. (Si une visite au bureau de poste est prévue au cours de la situation d'apprentissage 6, les élèves pourraient alors y acheter les timbres et en profiter pour poster leurs lettres.)

▨ Aider les équipes qui ont opté pour le courrier électronique : leur expliquer les différentes fonctions d'un logiciel de messagerie.

▨ Permettre aux équipes ayant décidé de publier leurs problèmes mathématiques dans le journal de l'école de les remettre à la personne qui en est responsable.

▨ Mettre à la disposition des équipes qui présentent leurs problèmes sous forme d'affiches le matériel qu'elles ont déjà déterminé.

Réinvestissement

Suggérer aux élèves de dresser une liste de 10 objets qui, à leur avis, mesurent environ 5 cm de long. Ensuite, de vérifier leurs estimations en mesurant chaque objet à l'aide d'une règle, puis de noter leurs résultats en utilisant le symbole cm. Leur demander de présenter ces renseignements sous forme d'un tableau.

Travaux personnels

Proposer aux élèves de relever un défi : choisir un objet, estimer sa longueur en centimètres, puis vérifier son estimation en mesurant l'objet à l'aide d'une règle. L'élève qui réussit le plus souvent à estimer à 1 cm près la longueur de l'objet choisi reçoit les félicitations de ses pairs.

Utilisation des TIC

Suggérer aux élèves de :

▨ tracer à l'ordinateur des lignes droites, puis d'en estimer la longueur. Ensuite, d'imprimer la page, puis de mesurer ces lignes à l'aide d'une règle afin de vérifier leurs estimations;

▨ dessiner des objets qui mesurent environ 5 cm, 10 cm de long ou plus, d'indiquer sous chacun la mesure estimée en utilisant le symbole cm. Ensuite, de s'échanger leurs dessins afin de vérifier les estimations.

▶ SITUATION D'APPRENTISSAGE 6 Au bureau de poste

Dans cette dernière situation d'apprentissage, Léa, Félix et son père sont au bureau de poste. Ce sera l'occasion pour les élèves de découvrir le fonctionnement d'un bureau de poste, ainsi que le métier des gens qui y travaillent, leurs responsabilités et le professionnalisme dont ils doivent faire preuve pour qu'une enveloppe ou un colis se rende à destination. Les élèves se pencheront également sur le travail du facteur et de la factrice, qui jouent un rôle important dans l'ultime étape de la distribution du courrier. Sur le plan disciplinaire, les élèves feront des activités où ils devront compter, comparer et ordonner des nombres, interpréter les données d'un tableau et reconnaître les jours de la semaine. Parallèlement, ils auront à développer leur habileté à exploiter l'information, à exercer leur esprit critique et à communiquer de façon appropriée.

Organisation matérielle

▨ Le manuel *Logibul 1*, p. 108 et 109;

▨ Les fiches 99 et 100, *RA-1B*, p. 99 et 100.

4 heures

Facteurs de réussite
Les élèves auront réussi la tâche :

▨ s'ils expliquent globalement le fonctionnement d'un bureau de poste;

▨ s'ils décrivent certains aspects du travail d'un employé ou d'une employée d'un bureau de poste, ou d'un facteur ou d'une factrice;

▨ s'ils font du dénombrement, comparent et ordonnent des nombres;

▨ s'ils interprètent les données d'un tableau;

▨ s'ils reconnaissent les jours de la semaine;

▨ s'ils développent leur habileté à exploiter l'information, à exercer leur esprit critique et à communiquer de façon appropriée.

Portfolio
Proposer aux élèves de conserver dans leur portfolio le travail qu'ils feront lors des activités 4 et 5 de la p. 109 de leur manuel.

LA PRÉPARATION

Rôle de l'enseignante ou de l'enseignant	Rôle de l'élève
■MANUEL, P. 108■ Demander aux élèves de lire l'intention de lecture, puis d'observer l'illustration. Amorcer une discussion en posant ces questions aux élèves : — *Es-tu déjà allé(e) dans un bureau de poste ?* — *Selon toi, pour quelle raison va-t-on au bureau de poste ?* — *Es-tu déjà allé(e) porter ou chercher du courrier ou un colis au bureau de poste ?* — *Connais-tu le travail des gens qui travaillent dans un bureau de poste ?* — *Connais-tu le nom des gens qui livrent le courrier jusqu'à ta maison ? Connais-tu leur travail ?*	Lire l'intention de lecture et observer l'illustration. Participer à la discussion en répondant aux questions de l'enseignant ou de l'enseignante. Exprimer ses idées calmement et écouter celles des autres élèves avec attention.

Laisser les élèves exprimer leurs opinions. Les inviter à découvrir le fonctionnement d'un bureau de poste (c'est un lieu où on reçoit, trie et classe le courrier, et où on offre différents services comme la vente de timbres), le métier des gens qui y travaillent, ainsi que la fonction des facteurs et des factrices. Par des questions, amener les élèves à constater le rôle que jouent toutes ces personnes dans la réception, le tri et la distribution du courrier. Les amener aussi à réfléchir sur les différentes responsabilités de ces gens et sur les qualités qu'ils doivent développer pour acheminer correctement le courrier aux endroits appropriés.

■ MANUEL, P. 108, ACTIVITÉ 1 ■   Grouper les élèves en équipes de trois. Les inviter à observer à nouveau l'illustration de la p. 108, puis à répondre aux questions de l'activité 1. Circuler parmi les équipes. S'assurer que les élèves s'approprient l'information pertinente, expriment leur jugement et s'entendent sur les réponses.

Animer un retour collectif en invitant à tour de rôle les porte-parole de chaque équipe à présenter leurs réponses et à expliquer la démarche qu'ils ont utilisée pour compter les casiers. Noter au tableau les observations des porte-parole en leur demandant de ne pas répéter ce qui a déjà été dit et écrit.

Proposer ensuite une activité de prolongement en posant ces questions aux élèves :

— *Combien de casiers y aurait-il s'il y avait :*
  • *une rangée de casiers de plus;*
  • *deux rangées de casiers de plus;*
  • *une rangée de casiers de moins;*
  • *une colonne de casiers de plus;*
  • *une colonne de casiers de moins;*
  • *une rangée de casiers de plus, mais une colonne de casiers de moins.*

■ MANUEL, P. 108, ACTIVITÉ 2 ■ Animer un petit échange avec les élèves en leur posant les questions de l'activité a. Leur proposer ensuite de répondre aux questions de l'activité b individuellement. Les inviter à imaginer comment une lettre, à partir du moment où elle a été insérée dans une boîte aux lettres ou déposée au bureau de poste jusqu'au moment où elle arrive à destination, voyage. Laisser les élèves dessiner ou raconter leur scénario.

Si, dans le cadre du projet thématique, il est prévu d'inviter un facteur ou une factrice, ou une personne qui travaille à la poste à venir parler de son travail, profiter de cette occasion pour proposer à cette personne de parler du voyage d'une lettre. Dans ce cas, proposer aux élèves, groupés en équipes, d'écrire des questions à lui poser.

En faisant des hypothèses, découvrir le fonctionnement d'un bureau de poste, le métier des gens qui y travaillent, ainsi que la fonction des facteurs et des factrices. Constater le rôle que jouent ces personnes dans la réception, le tri et la distribution du courrier. Réfléchir aux différentes responsabilités de ces gens et aux qualités qu'ils doivent développer pour acheminer correctement le courrier aux endroits appropriés.

Se grouper en équipe de trois. Observer l'illustration et répondre aux questions de l'activité. Avec l'aide de ses camarades d'équipe, s'approprier l'information contenue dans l'illustration, exprimer son avis et trouver des réponses.

Participer au retour collectif. Avec ses coéquipiers et coéquipières, choisir un ou une porte-parole pour présenter les réponses de l'équipe et expliquer la démarche utilisée dans un langage approprié. Écouter les présentations et les explications des autres porte-parole.

Participer à l'activité de prolongement en répondant aux questions de l'enseignant ou de l'enseignante. Prêter attention aux colonnes et aux rangées de casiers illustrés.

Répondre aux questions de l'activité a. Raconter une expérience personnelle et écouter les propos des autres élèves. Répondre aux questions de l'activité b individuellement. Imaginer comment une lettre, de son point de départ à son point d'arrivée, voyage. Dessiner ou raconter son scénario.

Si une personne-ressource est invitée à venir parler de son travail, écrire en équipe des questions à poser à cette personne.

LA RÉALISATION

Rôle de l'enseignante ou de l'enseignant	Rôle de l'élève
■ MANUEL, P. 109, ACTIVITÉ 3 ■ Inviter les élèves à lire la première consigne de l'activité, puis à observer le tableau. Leur demander de lire chaque nombre du tableau en précisant pour chacun à quel jour et à quel moment il correspond. Leur poser ensuite cette question : — *Quels jours manque-t-il dans ce tableau pour avoir la semaine complète ?* Inviter les élèves à répondre à la question, puis à nommer tous les jours de la semaine. Grouper ensuite les élèves en équipe de trois et leur demander de réaliser la suite de l'activité 3 en écrivant leurs réponses sur une feuille. Circuler parmi les équipes. S'assurer que les élèves s'approprient correctement l'information contenue dans le tableau et utilisent leur jugement pour répondre aux questions. Les inviter ensuite à comparer leurs réponses avec celles d'une autre équipe. Animer une correction collective. Demander à chaque équipe de formuler une autre question à partir des données du tableau et de la poser au groupe-classe. ■ MANUEL, P. 109, ACTIVITÉS 4 ET 5 ■ Demander aux élèves de réaliser individuellement les deux activités. Les inviter ensuite à comparer leurs réponses en équipe de trois et à corriger leurs erreurs, s'il y a lieu. Leur proposer de conserver ce travail dans leur portfolio.	Lire la première consigne de l'activité, puis observer le tableau. Lire chaque nombre du tableau en précisant chaque fois à quel jour et à quel moment il correspond. Trouver les jours qui manquent dans le tableau, puis nommer tous les jours de la semaine. Se grouper en équipe de trois et réaliser la suite de l'activité 3 en écrivant ses réponses sur une feuille. S'approprier correctement l'information contenue dans le tableau et utiliser son jugement pour répondre aux questions. Comparer ses réponses avec celles d'une autre équipe. Participer à la correction collective. Avec ses camarades d'équipe, formuler une autre question à partir des données du tableau et la poser au groupe-classe. Réaliser les activités 4 et 5 individuellement. Comparer ses réponses en équipe et corriger ses erreurs, s'il y a lieu. Conserver son travail dans son portfolio.

L'INTÉGRATION

Rôle de l'enseignante ou de l'enseignant	Rôle de l'élève
■ FICHE 99, *RA-1B*, P. 99 ■ Demander aux élèves de réaliser individuellement la tâche. Pour l'activité 1, leur préciser de prêter attention aux données du tableau et de se rappeler, au besoin, comment ils ont réalisé l'activité 3 de la p. 109 de leur manuel. Animer un retour collectif en invitant quelques élèves à expliquer leur stratégie pour trouver leurs réponses. Pour l'activité 2, demander aux élèves d'effectuer mentalement les calculs. ■ FICHE 100, *RA-1B*, P. 100 ■ Lire la mise en situation du problème avec les élèves. Leur demander de dire, dans leurs mots, ce qu'ils comprennent. Leur poser cette question : — *Si nous postons une lettre à un ami le mardi et que celle-ci prend trois jours pour se rendre à destination, quand va-t-il recevoir la lettre ?*	Travailler individuellement. Pour l'activité 1, prêter attention aux données du tableau et se rappeler, au besoin, l'activité 3 de la p. 109 de son manuel. Participer au retour collectif. Expliquer sa stratégie aux autres élèves pour trouver les réponses. Pour l'activité 2, s'efforcer de compléter la grille mentalement. Lire la mise en situation du problème avec les autres élèves de la classe. La redire dans ses mots pour s'assurer de bien comprendre le problème.

Laisser les élèves répondre à cette question. Une fois qu'ils auront compris la tâche, leur demander de travailler en équipe de deux. Leur rappeler d'utiliser la bande des jours de la semaine qui apparaît sur la fiche. Animer ensuite un retour collectif. Si c'est nécessaire, proposer aux élèves d'autres activités semblables.

Tenter de répondre à la question de l'enseignant ou de l'enseignante pour bien comprendre la tâche. Réaliser ensuite la fiche en équipe de deux. Utiliser le tableau des jours de la semaine de la fiche pour répondre aux questions. Participer au retour collectif. Réaliser d'autres activités, au besoin.

Corrigé des activités du manuel, p. 108 et 109

1. a) Réponses variables; exemple : les casiers servent à classer le courrier.

   b) On voit nettement 33 casiers.

   c) Réponses variables; exemple : on déduit qu'il y a en tout 40 casiers, soit 4 rangées de 10 casiers chacune.

2. a) Réponses variables.

   b) Réponses variables; exemple : une lettre peut voyager par voiture, camion, train et avion. Cela peut prendre de 2 ou 3 jours à une dizaine de jours ou davantage, selon la distance qui sépare l'expéditeur du destinataire.

3. a) • Le moins de lettres : le vendredi avant-midi;

   • Le plus de lettres : le mardi après-midi.

   b) Elle a distribué 95 lettres, soit 40 l'avant-midi plus 55 l'après-midi.

   c) 37, 42, 55, 60, 92.

4. a) 39   b) 70   c) 54

5. a) 70   b) 90   c) 28

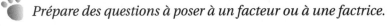

Prépare des questions à poser à un facteur ou à une factrice.

Cette activité est liée au projet (voir la rubrique Projet ci-dessous).

Projet

▨ Cette dernière étape du projet peut être consacrée à achever les préparatifs entourant la sortie dans un bureau de poste ou la visite en classe d'une personne-ressource travaillant dans le domaine de la poste (un employé ou une employée d'un bureau de poste, un facteur ou une factrice). Dans ce dernier cas, s'assurer que les élèves ont préparé des questions qui touchent tant les tâches de ces gens que leurs responsabilités. Suggérer aussi aux élèves de préparer un mot pour remercier la personne-ressource qui viendra en classe.

▨ Si le temps le permet, proposer aux élèves de représenter sur une grande feuille soit par un collage, soit par des dessins, le voyage d'une lettre et d'afficher cette réalisation en classe le jour où la personne-ressource viendra parler de son travail. Les élèves pourront alors demander à cette personne de décrire, à son tour, toutes les étapes d'acheminement d'une lettre. Par ailleurs, les élèves pourront aussi profiter de leur visite au bureau de poste pour se rappeler ces étapes d'acheminement du courrier.

Réinvestissement

Proposer aux élèves de se grouper en équipes de quatre ou cinq, puis de construire, sur une feuille, un tableau semblable à celui de la p. 109 de leur manuel mais avec des données différentes. Suggérer ensuite à chaque équipe d'écrire des questions en lien avec les données de son tableau, puis de l'échanger avec celui d'une autre équipe et de répondre aux questions.

Travaux personnels

Suggérer aux élèves d'apporter à la maison l'histoire qu'ils ont dessinée ou écrite sur le voyage d'une lettre lors de l'activité 2 de la p. 108 de leur manuel, et de la raconter à une personne adulte.

Utilisation des TIC

Proposer aux élèves qui le désirent de réaliser, à l'ordinateur, l'activité de la rubrique Réinvestissement ci-dessus.

Retour sur le thème

Animer un retour avec les élèves sur ce qu'ils ont vécu au cours des situations d'apprentissage du présent thème en leur demandant de remplir individuellement le tableau de la fiche *J'évalue mon travail* (guide, p. 367). Leur expliquer la légende du tableau. Au moment de répondre aux questions, inviter les élèves à tracer un **X** dans la case qui représente le mieux leur choix de réponse. Pour la deuxième partie de cette autoévaluation, préciser aux élèves d'utiliser une feuille.

Activité de numération

Écrire au tableau de la classe deux séries de nombres comme les suivants : 30, 60, 50, 80, 10 et 4, 7, 3, 5, 9.

Deux élèves pointent, à l'aide d'une règle, un nombre de chaque groupe. Une ou un élève de la classe est désigné pour former un nombre à partir des deux nombres : il dit ce nombre (par exemple 85, si on lui montrait 80 et 5). Un ou une autre élève doit vérifier l'exactitude de la réponse donnée.

Nom _____

Un achat de ballons

a) Béatrice a acheté 5 ballons. Les ballons se vendent
   en sacs de l, 2 et 3 ballons.

Combien de sacs de chaque sorte Béatrice a-t-elle achetés ?

Traces de ta démarche

b) Compare ta réponse avec celle d'un ou d'une autre élève.

Nom _____

Trois dés

Philippe a lancé 3 dés et a obtenu un total de 6 points.
Quel résultat de dés a-t-il obtenu ? Trouve plusieurs réponses
possibles. Dessine les points sur les dés.

Total des points

⬜ ⬜ ⬜ ⟹ 6

⬜ ⬜ ⬜ ⟹ 6

⬜ ⬜ ⬜ ⟹ 6

⬜ ⬜ ⬜ ⟹ 6

Nom _____

Écrire un problème

1. Je choisis :

A Une personne, un animal, un objet, etc.

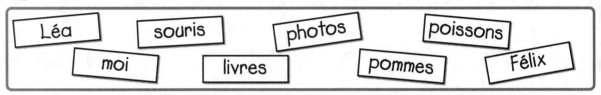

Léa   souris   photos   poissons

moi   livres   pommes   Félix

B une action,

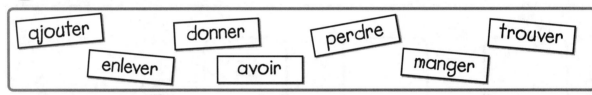

ajouter   donner   perdre   trouver

enlever   avoir   manger

C des nombres.

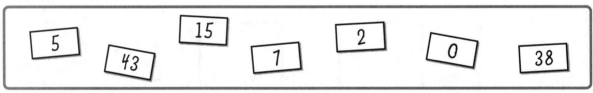

5   15   2   0

43   7   38

2. J'imagine une question.

Combien de...

3. J'écris le problème.

_____

_____

_____

Nom _____

Beaucoup d'additions

1. Trouve le résultat de chaque opération.

a) 30 + 7 = _____

b) 50 + 1 = _____

c) 20 + 20 = _____

d) 42 + 3 = _____

e) 47 – 7 = _____

f) 47 – 10 = _____

g) 47 – 40 = _____

h) 47 – 47 = _____

2. Effectue les additions.

a) 10 + 10 + 10 + 10 + 10 + 10 = _____

b) 10 + 20 + 10 + 20 = _____

c) 30 + 10 + 8 = _____

d) 3 + 30 + 10 = _____

3. Complète chaque égalité avec des nombres et le symbole + ou –.

a) 64 = _____

b) 49 = _____

c) 25 = _____

Une règle

Découper les règles. En distribuer une à l'élève qui éprouve des difficultés à mesurer avec une règle ordinaire.

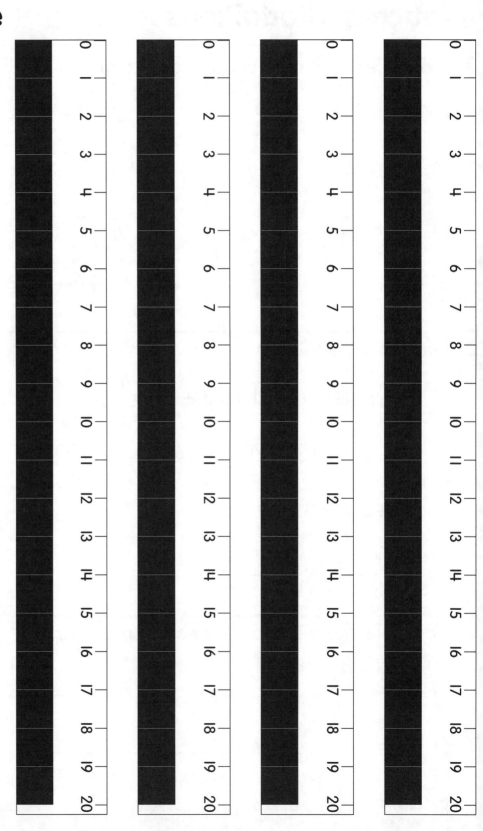

Nom _____

J'évalue mon travail

1. Lis chaque question, puis trace un ✗ dans la case appropriée selon ton choix de réponse. Au besoin, feuillette ton manuel pour te souvenir de ce que tu as réalisé.

	🙂	😐	🙁
Est-ce que tu as aimé répondre aux lettres de Hoa, Félix, Logibul et Léa ?			
Est-ce que le sujet du thème t'a plu ?			
Est-ce que tu connais mieux le travail du facteur et de la factrice ?			
Est-ce que tu connais mieux le fonctionnement d'un bureau de poste ?			
Est-ce que tu as aimé faire du calcul mental ?			
Est-ce que tu peux repérer rapidement des objets qui mesurent I cm ?			
Est-ce que tu as bien compris les tâches (les problèmes) qui t'étaient proposées ?			
Est-ce que tu as fait des progrès dans ta manière de faire les tâches ?			
Est-ce que tu exprimes tes idées quand tu travailles en équipe ?			
Est-ce que tu trouves que les autres t'écoutent quand tu exprimes tes idées ?			

2. Utilise une feuille.

a) Quelle activité as-tu aimé faire le plus ? le moins ?

b) Écris ou dessine 2 choses avec lesquelles tu te sens le plus à l'aise.

c) Écris ou dessine 2 choses que tu voudrais améliorer.

Corrigé des fiches 362, 363 et 365

Nom

Un achat de ballons

a) Béatrice a acheté 5 ballons. Les ballons se vendent en sacs de 1, 2 et 3 ballons.

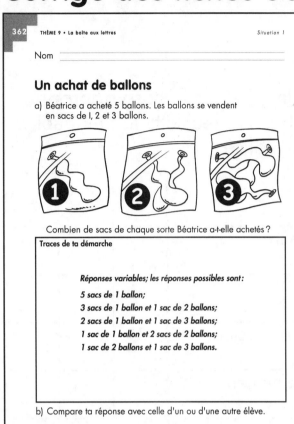

Combien de sacs de chaque sorte Béatrice a-t-elle achetés ?

Traces de ta démarche

Réponses variables; les réponses possibles sont:

5 sacs de 1 ballon;
3 sacs de 1 ballon et 1 sac de 2 ballons;
2 sacs de 1 ballon et 1 sac de 3 ballons;
1 sac de 1 ballon et 2 sacs de 2 ballons;
1 sac de 2 ballons et 1 sac de 3 ballons.

b) Compare ta réponse avec celle d'un ou d'une autre élève.

Nom

Trois dés

Philippe a lancé 3 dés et a obtenu un total de 6 points. Quel résultat de dés a-t-il obtenu ? Trouve plusieurs réponses possibles. Dessine les points sur les dés.

Réponses variables; exemples :

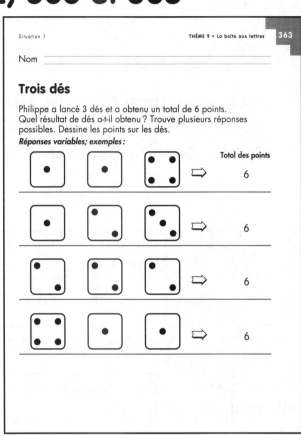

Nom

Beaucoup d'additions

1. Trouve le résultat de chaque opération.

a) $30 + 7 = \underline{37}$

b) $50 + 1 = \underline{51}$

c) $20 + 20 = \underline{40}$

d) $42 + 3 = \underline{45}$

e) $47 - 7 = \underline{40}$

f) $47 - 10 = \underline{37}$

g) $47 - 40 = \underline{7}$

h) $47 - 47 = \underline{0}$

2. Effectue les additions.

a) $10 + 10 + 10 + 10 + 10 + 10 = \underline{60}$

b) $10 + 20 + 10 + 20 = \underline{60}$

c) $30 + 10 + 8 = \underline{48}$

d) $3 + 30 + 10 = \underline{43}$

3. Complète chaque égalité avec des nombres et le symbole + ou –.
Réponses variables; exemples :

a) $64 = \underline{60 + 4}$

b) $49 = \underline{20 + 20 + 9}$

c) $25 = \underline{10 + 10 + 2 + 3}$

Dans ce thème, qui comprend six situations d'apprentissage et se déroule sur une période de deux à trois semaines, il est suggéré aux élèves de construire, à l'exemple de la classe de Logibul, des tacots miniatures à partir d'objets qu'ils récupéreront. Également, d'organiser une course de tacots. Voilà, en gros, le projet qui leur est proposé. Des situations d'apprentissage les y préparent. Les élèves auront à suivre les mêmes règlements que la classe de Logibul en ce qui concerne, notamment, les dimensions des tacots et le matériel à utiliser. Il sera, entre autres, question d'activités portant sur le mesurage du temps et des dimensions d'un objet (longueur, largeur, hauteur ou profondeur, en centimètres), sur la géométrie (comparaison et construction de solides), sur des opérations sur des nombres naturels. Aussi, les élèves auront l'occasion de se familiariser avec la calculatrice et de représenter des données à l'aide d'un diagramme à bandes. Ils développeront, notamment, leur imagination et leur compétence à communiquer. De plus, plusieurs autres compétences transversales et mathématiques, tout comme une compétence de science et technologie, seront sollicitées et développées tout le long du thème et à différentes étapes de la construction des tacots et de l'organisation de la course.

TABLEAUX DE PLANIFICATION **370**

LE PORTFOLIO **374**

PROJET : Construire un tacot miniature pour participer à une course **374**

Situation d'apprentissage 1 : En allant chez Logibul **375**

Situation d'apprentissage 2 : Inventeurs, au travail ! **381**

Situation d'apprentissage 3 : Rouler sur 1, 2, 3 ou 4 roues **387**

Situation d'apprentissage 4 : Ma calculatrice **391**

Situation d'apprentissage 5 : L'exposition de tacots **397**

Situation d'apprentissage 6 : Un, deux, trois, partez ! **401**

Exploitation des pages pédagogiques des thèmes 9 et 10 .... **405**

Retour sur le thème **407**

Activité de numération **407**

ANNEXE **408**

PROJET : Construire un tacot miniature pour participer à une course

SITUATION D'APPRENTISSAGE :	**1** EN ALLANT CHEZ LOGIBUL		
	Durée : 2 h 30 min	p. 110-112	

DOMAINES GÉNÉRAUX DE FORMATION	COMPÉTENCES TRANSVERSALES	DOMAINES D'APPRENTISSAGE
DOMAINES, AXES DE DÉVELOPPEMENT	**ORDRES, COMPÉTENCES, COMPOSANTES**	**COMPÉTENCES DISCIPLINAIRES, COMPOSANTES**
Prendre conscience de la place et de l'influence des médias dans sa vie quotidienne et dans la société	**I** **EXPLOITER L'INFORMATION** Reconnaître diverses sources d'information **EXERCER SON JUGEMENT CRITIQUE** Exprimer son jugement Relativiser son jugement **M** **SE DONNER DES MÉTHODES DE TRAVAIL EFFICACES** Analyser la tâche à accomplir S'engager dans la démarche **C** **COMMUNIQUER DE FAÇON APPROPRIÉE** Choisir le mode de communication	**1** **RÉSOUDRE UNE SITUATION-PROBLÈME MATHÉMATIQUE** Décoder les éléments de la situation-problème Modéliser la situation-problème **3** **COMMUNIQUER À L'AIDE DU LANGAGE MATHÉMATIQUE** Interpréter ou produire des messages à caractère mathématique **St** **EXPLORER LE MONDE DE LA SCIENCE ET DE LA TECHNOLOGIE** Se familiariser avec des façons de faire et de raisonner propres à la science et à la technologie S'initier à l'utilisation d'outils et de procédés simples

SAVOIRS ESSENTIELS	
Mesure	**Longueurs : estimation et mesurage** Dimensions d'un objet Unités conventionnelles (cm) **Temps : estimation et mesurage** Unités conventionnelles, durée (jour, heure, minute, cycle quotidien, cycle hebdomadaire)
Repères culturels	**Nombres** Contexte social (date)
Symboles	cm, h (codage de l'heure)
Science et technologie	Friction (faire rouler un objet) Objets techniques usuels (description des pièces et des mécanismes)
Vocabulaire	Centimètre, dimensions, hauteur, heure, jour, largeur, longueur, mesurer, nombre, profondeur; jours de la semaine

SITUATION D'APPRENTISSAGE : 2 — INVENTEURS, AU TRAVAIL !
Durée : 3 h 30 min
p. 113-115

DOMAINES GÉNÉRAUX DE FORMATION	COMPÉTENCES TRANSVERSALES	DOMAINES D'APPRENTISSAGE
DOMAINES, AXES DE DÉVELOPPEMENT	**ORDRES, COMPÉTENCES, COMPOSANTES**	**COMPÉTENCES DISCIPLINAIRES, COMPOSANTES**
Prendre conscience de soi, de son potentiel et de ses modes d'actualisation Contribuer à construire un environnement viable dans une perspective de développement durable	**I — METTRE EN ŒUVRE SA PENSÉE CRÉATRICE** S'imprégner des éléments d'une situation Imaginer des façons de faire S'engager dans une réalisation **M — SE DONNER DES MÉTHODES DE TRAVAIL EFFICACES** Analyser la tâche à accomplir **C — COMMUNIQUER DE FAÇON APPROPRIÉE** Réaliser la communication	**2 — RAISONNER À L'AIDE DE CONCEPTS ET DE PROCESSUS MATHÉMATIQUES** Mobiliser des concepts et des processus mathématiques appropriés à la situation **3 — COMMUNIQUER À L'AIDE DU LANGAGE MATHÉMATIQUE** S'approprier le vocabulaire mathématique Interpréter ou produire des messages à caractère mathématique

SAVOIRS ESSENTIELS

Géométrie	**Figures géométriques et sens spatial** Solides : comparaison et construction (prisme) Figures planes : comparaison et construction de figures composées de lignes courbes fermées ou de lignes brisées fermées Identification du carré, du rectangle, du triangle et du cercle
Mesure	**Longueurs : estimation et mesurage** Dimensions d'un objet Unités conventionnelles (cm)
Repères culturels	**Figures géométriques** Contexte interdisciplinaire (décoration)
Symboles	cm
Vocabulaire	Carré, centimètre, cercle, face, figure géométrique, figure plane, forme, ligne brisée, ligne courbe, rectangle, solide, triangle

SITUATION D'APPRENTISSAGE : 3 — ROULER SUR 1, 2, 3 OU 4 ROUES
Durée : 2 h
p. 116

DOMAINES GÉNÉRAUX DE FORMATION	COMPÉTENCES TRANSVERSALES	DOMAINES D'APPRENTISSAGE
DOMAINES, AXES DE DÉVELOPPEMENT	**ORDRES, COMPÉTENCES, COMPOSANTES**	**COMPÉTENCES DISCIPLINAIRES, COMPOSANTES**
Adopter un mode de vie actif et une conduite sécuritaire	**I — RÉSOUDRE DES PROBLÈMES** Analyser les éléments de la situation **M — SE DONNER DES MÉTHODES DE TRAVAIL EFFICACES** Analyser la tâche à accomplir	**1 — RÉSOUDRE UNE SITUATION-PROBLÈME MATHÉMATIQUE** Appliquer différentes stratégies en vue d'élaborer une solution **2 — RAISONNER À L'AIDE DE CONCEPTS ET DE PROCESSUS MATHÉMATIQUES** Cerner les éléments de la situation mathématique Mobiliser des concepts et des processus mathématiques appropriés à la situation

SAVOIRS ESSENTIELS	
Arithmétique	**Sens des opérations sur des nombres naturels** Opération, sens des opérations : addition (réunion) **Opérations sur des nombres naturels** Régularités : suite de nombres
Symboles	+, =
Vocabulaire	Addition, ajouter, nombre, plus, suite

SITUATION D'APPRENTISSAGE : **4** MA CALCULATRICE
Durée : 2 h
p. 117

DOMAINES GÉNÉRAUX DE FORMATION	COMPÉTENCES TRANSVERSALES	DOMAINES D'APPRENTISSAGE
DOMAINES, AXES DE DÉVELOPPEMENT	**ORDRES, COMPÉTENCES, COMPOSANTES**	**COMPÉTENCES DISCIPLINAIRES, COMPOSANTES**
Développer des stratégies de consommation et d'utilisation responsable de biens et de services Prendre conscience des aspects sociaux, économiques et éthiques du monde de la consommation	**EXERCER SON JUGEMENT CRITIQUE** Construire son opinion **SE DONNER DES MÉTHODES DE TRAVAIL EFFICACES** Analyser sa démarche **EXPLOITER LES TIC** S'approprier les TIC Utiliser les TIC pour effectuer une tâche Évaluer l'efficacité de l'utilisation de la technologie	**3** COMMUNIQUER À L'AIDE DU LANGAGE MATHÉMATIQUE S'approprier le vocabulaire mathématique

SAVOIRS ESSENTIELS	
Arithmétique	**Sens des opérations sur des nombres naturels** Opération, sens des opérations : addition, soustraction
Repères culturels	**Opérations** Technologie : avantages et inconvénients de la calculatrice
Symboles	+, −, =; touches de la calculatrice
TIC	**Suggestions pour l'utilisation des TIC** S'approprier des fonctions usuelles de la calculatrice Utiliser la technologie pour les opérations dont les nombres dépassent les limites proposées Utiliser la calculatrice pour l'application de différentes stratégies de résolution de problèmes
Vocabulaire	Addition, calcul, calculatrice (touches), comparer, est égal à, moins, plus, résultat, soustraction

SITUATION D'APPRENTISSAGE : **5** L'EXPOSITION DE TACOTS
Durée : 3 h 30 min
p. 118-119

DOMAINES GÉNÉRAUX DE FORMATION	COMPÉTENCES TRANSVERSALES	DOMAINES D'APPRENTISSAGE
DOMAINES, AXES DE DÉVELOPPEMENT	**ORDRES, COMPÉTENCES, COMPOSANTES**	**COMPÉTENCES DISCIPLINAIRES, COMPOSANTES**
Valoriser les règles de vie en société et les institutions démocratiques	**EXPLOITER L'INFORMATION** Tirer profit de l'information **RÉSOUDRE DES PROBLÈMES** Analyser les éléments de la situation **EXERCER SON JUGEMENT CRITIQUE** Construire son opinion **STRUCTURER SON IDENTITÉ** Mettre à profit ses ressources personnelles	**1** RÉSOUDRE UNE SITUATION-PROBLÈME MATHÉMATIQUE Décoder les éléments de la situation-problème Modéliser la situation-problème **2** RAISONNER À L'AIDE DE CONCEPTS ET DE PROCESSUS MATHÉMATIQUES Cerner les éléments de la situation mathématique Mobiliser des concepts et des processus mathématiques appropriés à la situation

SAVOIRS ESSENTIELS	
Arithmétique	**Sens et écriture des nombres naturels** Nombres naturels inférieurs à 1000 (unité, dizaine) : comparaison **Sens des opérations sur des nombres naturels** Opération, sens des opérations : addition, somme **Opérations sur des nombres naturels** Calcul mental, processus personnels : addition, soustraction
Mesure	**Longueurs : estimation et mesurage** Dimensions d'un objet Unités conventionnelles (cm)
Statistique	Collecte, description et organisation de données à l'aide de tableaux Interprétation des données à l'aide d'un tableau
Symboles	+, −, =, cm; touches de la calculatrice
TIC	**Suggestions pour l'utilisation des TIC** S'approprier des fonctions usuelles de la calculatrice Utiliser la technologie pour la preuve des opérations
Vocabulaire	Addition, autant que, calcul, calculatrice (touches), centimètre, de moins, de plus, dimensions, en tout, le moins, le plus, moins, nombre, plus, quantité, résultat, somme, soustraction, tableau, total, vérifier

SITUATION D'APPRENTISSAGE :   **6**   **UN, DEUX, TROIS, PARTEZ !**
Durée : 3 h 30 min

p. 120-121

DOMAINES GÉNÉRAUX DE FORMATION	COMPÉTENCES TRANSVERSALES	DOMAINES D'APPRENTISSAGE
DOMAINES, AXES DE DÉVELOPPEMENT	**ORDRES, COMPÉTENCES, COMPOSANTES**	**COMPÉTENCES DISCIPLINAIRES, COMPOSANTES**
Prendre conscience de soi, de son potentiel et de ses modes d'actualisation	**EXPLOITER L'INFORMATION** Reconnaître diverses sources d'information **EXERCER SON JUGEMENT CRITIQUE** Exprimer son jugement	RAISONNER À L'AIDE DE CONCEPTS ET DE PROCESSUS MATHÉMATIQUES Cerner les éléments de la situation mathématique Mobiliser des concepts et des processus mathématiques appropriés à la situation

SAVOIRS ESSENTIELS	
Mesure	**Longueurs : estimation et mesurage** Dimensions d'un objet Unités conventionnelles (cm) **Temps : estimation et mesurage** Unités conventionnelles, durée (seconde)
Statistique	Interprétation des données à l'aide d'un diagramme à bandes Représentation des données à l'aide d'un diagramme à bandes
Symboles	cm, s
Vocabulaire	Centimètre, de plus, dernier, deuxième, diagramme à bandes, distance, le plus, longueur, mesurer, nombre, premier, rang, règle, résultat, seconde, tableau, troisième

Il est suggéré de suivre les progrès accomplis par les élèves, comme de remarquer les difficultés qu'ils peuvent éprouver, tout le long des différentes activités de ce thème. Pour ce faire, les grilles d'observation sont un outil bien utile et elles pourraient figurer dans le portfolio des élèves. Par ailleurs, dans chaque situation d'apprentissage, il est suggéré aux élèves d'y conserver d'autres documents. En voici un aperçu.

- Situation d'apprentissage 1 : La fiche 101 du *RA-1B*; le calendrier des tâches relié au projet.
- Situation d'apprentissage 2 : Des modèles et motifs servant à décorer les tacots; fiche 104 du *RA-1B*.
- Situation d'apprentissage 3 : Une suite de nombres que l'élève a construite en inventant sa propre règle (par exemple + 2 ou + 3, etc.).
- Situation d'apprentissage 4 : La fiche 106 du *RA-1B*.
- Situation d'apprentissage 5 : La fiche 108 du *RA-1B*.
- Situation d'apprentissage 6 : Un dessin représentant un apprentissage particulièrement important et une photo de son tacot.

PROJET   CONSTRUIRE UN TACOT MINIATURE POUR PARTICIPER À UNE COURSE

Dans ce thème, il est proposé aux élèves de construire des tacots miniatures à l'aide, entre autres, d'objets récupérés (boîtes de carton mince, cylindres de carton, etc.) et d'en organiser la course qui consiste à les faire rouler le plus loin possible. Ce projet peut s'ouvrir sur une foule de possibilités dont on déterminera l'ampleur au gré de l'intérêt qu'il suscitera dans le groupe-classe. Par exemple, les parents ou des élèves d'un autre cycle pourraient y collaborer en apportant leur soutien. La course de tacots miniatures pourraient n'avoir lieu qu'au sein du groupe-classe ou avoir plus d'envergure en ayant lieu ailleurs dans l'école, ou encore les élèves d'une autre classe de premier cycle pourraient y participer.

Avec la situation d'apprentissage 1 s'amorce le projet. Les élèves sont alors invités à trouver des rebuts (objets récupérés) servant à la fabrication des tacots miniatures, à en planifier les étapes, à déterminer le matériel nécessaire, à mettre en branle l'organisation de la course. Dans ce contexte, les élèves déploieront, entre autres, leur imagination et leurs compétences à communiquer. De plus, plusieurs autres compétences transversales et mathématiques, tout comme une compétence de science et technologie, seront sollicitées et développées tout le long du thème et à différentes étapes de la construction des tacots et de l'organisation de la course : créativité, résolution de problèmes, esprit d'entraide, travail d'équipe, etc., sans compter les habiletés motrices. Pour certains élèves, ce sera l'occasion de dévoiler des aspects de leur personnalité que d'autres ne leur connaissaient pas. Des activités du manuel serviront de support à tout ce qui entoure la construction des tacots de même qu'à leur décoration, à leur évaluation et à la préparation de la course. Entre autres, elles permettront aux élèves d'aborder le mesurage du temps, un aspect dont ils devront tenir compte dans le déroulement de leur projet, notamment dans la préparation du calendrier d'activités liées à ce projet et, plus particulièrement, lors de la course des tacots (situation d'apprentissage 6). D'autres aspects aussi : le mesurage des dimensions d'un objet et des distances parcourues par les tacots. Avant cette course, les « bolides » feront l'objet d'une exposition (situation d'apprentissage 5) au cours de laquelle les élèves, en apprentis juges, les examineront. La course devient le moment de mettre à l'épreuve son « prototype » : ira-t-il loin, plus loin, moins loin que le tacot des autres équipes ?

Parmi tous les bricolages qui peuvent être suggérés aux élèves, la construction d'un tacot n'est certes pas le plus facile à réaliser. En effet, il y a plusieurs pièces à tailler et à assembler, et cela doit s'accomplir avec une certaine précision afin d'obtenir comme résultat un véhicule qui roule.

Il se pourrait que, étant donné ces difficultés, la tentation de renoncer à proposer ce projet aux élèves soit grande, de crainte que leurs efforts n'aboutissent pas à ce qu'ils espéraient obtenir. Cette crainte s'explique, en partie, par la tendance à accorder trop d'importance à la réussite du produit en lui-même et pas assez à la démarche. Sans doute qu'il y aura des tacots plus ou moins réussis. Cependant, pendant leur construction, si l'accent est mis sur le développement des compétences plutôt que sur l'objectif d'en arriver à des tacots parfaits, la déception que pourraient avoir les élèves devrait leur être plus facilement acceptable. Dans ces conditions, la course de tacots apparaîtra comme une activité qui vient clore le processus et non comme le but ultime servant à couronner un tacot vainqueur.

La proposition d'un tel projet ne nous apparaît pas audacieuse. En effet, notre expérience auprès de jeunes enfants nous a amenés à croire à ce que l'anthropologue Claude Lévi-Strauss, après de nombreuses années passées à observer les sociétés les plus diverses, a affirmé : « Le bricolage est la mère de toutes les sciences. » Nous souhaitons que les élèves aient la chance de relever un tel défi.

▶ SITUATION D'APPRENTISSAGE ▮ En allant chez Logibul

Par le biais d'une illustration du manuel, les élèves découvriront que Léa et Félix sont intrigués par une affiche placardée près de l'entrée du magasin général de la forêt Mouchette. Il s'agit d'une invitation à participer à une course de tacots miniatures. L'annonce qui retient l'attention de ces deux personnages est une belle occasion d'amorcer, avec les élèves, une discussion sur les fonctions des médias, tout particulièrement celles d'informer et de promouvoir, également sur un type de production médiatique : la publicité et des différentes formes qu'elle peut prendre selon son mode de diffusion (le panneau publicitaire, la télévision, la radio, le journal, etc.).

Avec l'annonce de cette course de tacots débute le projet proposé aux élèves dans le présent thème. Tout d'abord, ils auront à décoder et à lire les règlements de cette course qui leur sont présentés sous la forme d'une illustration et d'un texte dans leur manuel. Pour y arriver, ils devront faire appel, notamment, à leurs compétences à exploiter l'information et à communiquer à l'aide du langage mathématique. Dans cette situation d'apprentissage, il y a des activités reliées à la mesure du temps comme de longueurs, des aspects dont les élèves devront tenir compte dans leur projet quand, entre autres, ils détermineront la date de leur course de tacots miniatures de même que le calendrier des activités et auront à respecter les dimensions que leurs engins doivent avoir. Le tacot étant leur production personnelle, les élèves, tout en se faisant une idée de l'ampleur de cette tâche, auront à préparer les étapes de sa construction et, pour les imaginer et en ordonner la succession, ils exerceront leur jugement critique. D'ailleurs, une activité du manuel les y prépare.

Organisation matérielle

- Le manuel *Logibul 1*, p.110 à 112;
- Le calendrier de la classe et un calendrier de l'année passée ou de l'année prochaine;
- Des boîtes de formats variés que les élèves auront récupérées;
- Des règles graduées en centimètres;
- L'affiche *Conseils pour travailler en équipe* (du début du manuel);
- Les fiches 101 et 102, *RA-1B*, p. 101 et 102;
- Les fiches *Un mois de 31 jours* et *En centimètres*, au besoin (guide, p. 408 et 409).

2 h 30 min

Facteurs de réussite

Les élèves auront réussi la tâche :

▨ s'ils donnent des exemples de l'utilisation de ce type de production médiatique qu'est une annonce ;

▨ s'ils démontrent, par leurs réponses, qu'ils ont sélectionné des éléments d'information pertinents à partir de textes et d'illustrations ;

▨ s'ils exercent leur jugement critique lors de la mise en ordre des étapes de fabrication d'un tacot ;

▨ s'ils mesurent correctement, en centimètres, les dimensions d'un objet à l'aide d'une règle ;

▨ s'ils résolvent des problèmes relatifs au cycle hebdomadaire.

Portfolio

Inviter les élèves à y conserver la fiche 101 du *RA-1B*.

LA PRÉPARATION

Rôle de l'enseignante ou de l'enseignant	Rôle de l'élève
■MANUEL, P. 110■ Inviter les élèves à repérer la p.110 de leur manuel *Logibul 1* et à lire l'encadré en haut de page. Les laisser observer l'illustration et lire le texte qu'elle contient. Ensuite, leur poser les questions suivantes en les laissant chercher les réponses à l'aide des éléments d'information qu'ils ont observés : — *Que font Léa et Félix ? Où vont-ils ?* — *Où sont-ils ?* — *Pourquoi se sont-ils arrêtés en chemin ?* — *Crois-tu que l'annonce les intéresse ?* — *Quels renseignements y a-t-il sur l'annonce ?* — *Est-ce qu'il t'arrive de t'arrêter devant ce type d'affiche publicitaire ?* — *Où peux-tu voir des annonces ?* — *Est-ce que les annonces parlent toujours de course de tacots ?* — *De quoi parlent-elles ?* (Amener les élèves à parler de biens de consommation.) — *Selon toi, à quoi les annonces servent-elles ?* (Amener les élèves à préciser leurs réponses, par exemple, les annonces servent à promouvoir un produit, à annoncer un événement, à informer, etc.) — *Connais-tu d'autres sortes d'annonces ? Lesquelles ?* Au cours de cette discussion, amener les élèves à prendre conscience de l'importance qu'occupe ce type de production médiatique à la radio, à la télévision, dans les journaux, sur les panneaux publicitaires, etc., de même qu'à se questionner sur les fonctions des médias.	Se préparer à commencer l'activité en ouvrant son manuel à la p.110. Répondre aux questions en utilisant les sources d'informations de cette page : le texte de l'encadré, le titre de la situation d'apprentissage, l'illustration et l'attitude des personnages, le contenu de l'annonce. Émettre son opinion sur ce que les personnages ressentent à la vue de l'annonce sur la course. Partager ses connaissances au sujet des différents types d'annonces et des médias qui les diffusent et en nommer quelques-uns. Trouver des avantages à utiliser ce moyen pour attirer l'attention des consommateurs. Se questionner sur l'influence que peuvent avoir les annonces sur les consommateurs.
Revenir à l'affiche annonçant la course de tacots. Demander aux élèves d'en anticiper les règlements.	Anticiper les règlements de la course de tacots.

■Manuel, p. 110, activités 1 et 2■ Lire les questions de l'activité 1 aux élèves. Leur allouer du temps pour qu'ils y répondent en sélectionnant, dans l'annonce, les informations pertinentes, en faisant des déductions à partir de ces éléments d'information. Avant de procéder à la mise en commun des réponses, poursuivre avec ces questions :

— *Quelle est la première chose que Léa et Félix doivent faire pour participer à la course ?* (S'y inscrire.)

— *Qu'est-ce que cela veut dire « date limite » ?*

— *Quel jour de la semaine est le 4 mai ? le 13 mai ?*

— *Selon toi, est-ce que le 4 mai est toujours un samedi ?*

Mettre à la disposition des élèves un calendrier de l'année passée (ou de l'année prochaine) en le plaçant tout près de celui de l'année en cours et leur demander :

— *Si la course de tacots avait eu lieu l'année passée (ou l'année prochaine), quel en aurait été le jour de la semaine ?*

Leur faire observer les dates du 4 et 13 mai sur ces calendriers. Inviter les élèves à réaliser l'activité 2. Les laisser se débrouiller, en équipe, avec le problème qui leur est posé en 2b et recourir aux stratégies de leur choix pour le résoudre. Au besoin, les soutenir dans leur démarche en leur suggérant de se servir du calendrier de la classe ou en écrivant au tableau les sept jours de la semaine, en commençant par le lundi, puis en traçant deux rangées de cases sous les jours à la manière d'une page de calendrier. Procéder à une mise en commun des réponses et des stratégies.

Dans l'annonce, repérer les éléments d'information permettant de réaliser l'activité 1.

Répondre aux questions de l'enseignante ou de l'enseignant. Exprimer son opinion sur le sens de l'expression « date limite ». Se reporter aux calendriers pour repérer les dates.

Comparer la date du 4 mai sur deux calendriers d'années différentes.

Discuter avec son équipe des moyens à prendre pour résoudre le problème. Participer à la mise en commun.

LA RÉALISATION

Rôle de l'enseignante ou de l'enseignant

Rôle de l'élève

■Manuel, p. 111, activité 3■ Allouer quelques minutes aux élèves pour qu'ils observent l'illustration. Demander à quelques élèves de nommer les parties du tacot miniature. Faire lire ensuite les règlements que Léa et Félix doivent suivre s'ils veulent construire un tacot en conformité avec ceux-ci et ainsi participer à la course. Demander aux élèves d'établir des liens entre les règlements et le modèle de tacot proposé (le nom de certaines de ses parties). Leur poser la question :

— *À ton avis, que représente une longueur de 25 cm ? Montre-moi un objet qui a cette longueur. Comment peux-tu en avoir la certitude ?*

Observer l'illustration du tacot miniature et lire le nom que l'on donne à certaines des parties qui le composent. Lire ensuite les règlements en prêtant attention aux parties du tacot, en comprenant, notamment, que la longueur du tacot ne doit pas dépasser 25 cm. Montrer son intérêt en utilisant sa règle pour savoir ce qu'une longueur de 25 cm représente. Se questionner sur les règlements; par exemple, se demander si des décorations différentes de celles présentées sur le modèle pourraient faire l'affaire.

Continuer avec la question 3a. En profiter pour expliquer aux élèves les grandeurs physiques d'un objet : longueur, largeur, hauteur (ou profondeur). S'assurer que les réponses des élèves reflètent qu'ils ont bien compris que les dimensions mentionnées dans les règlements sont maximales.

Demander aux élèves de se grouper en équipes pour répondre aux questions 3b et c, puis de se préparer à expliquer leurs réponses.

■ MANUEL, P. 112, ACTIVITÉ 4 ■ Toujours groupés en équipe, les élèves observent les photos de la p. 112 et préparent leurs réponses aux questions 4b et c. Les encourager à déduire toute l'information qu'ils peuvent de ces photos, de manière à faire ressortir ce qui les distinguent les unes des autres par rapport aux différentes étapes de fabrication d'un tacot. Au besoin, soutenir les équipes dans leur démarche par les questions suivantes :

— *Qu'est-ce que Léa et Félix doivent faire en premier ?* (Déterminer le matériel dont ils ont besoin et le rassembler.)

— *Et après, que doivent-ils faire ?*

Allouer le temps nécessaire aux équipes pour qu'elles préparent leur présentation. Leur suggérer de consulter l'affiche *Conseils pour travailler en équipe*. Accepter que l'ordre des étapes ne soit pas le même d'une équipe à l'autre parce que la façon de les ordonner dépend de la manière dont le travail peut être accompli. L'important, pour les élèves, n'est pas d'arriver à une séquence unique mais de pouvoir justifier pourquoi telle étape suit ou précède telle autre. Inviter les porte-parole à faire leur présentation.

Préciser aux équipes de conserver les notes de leur présentation et de s'en inspirer quand viendra le moment de fabriquer les tacots miniatures (voir la rubrique Projet, p. 380 du guide).

Repérer les éléments d'information pertinents pour répondre à la question 3a.

Se grouper en équipe pour répondre aux questions 3b et 3c. Nommer un ou une porte-parole qui s'occupera, le moment venu, d'expliquer à la classe les réponses que l'équipe aura trouvées. Tout le long de la réalisation de l'activité, donner son opinion, dire ce que l'on comprend afin d'aider le ou la porte-parole dans sa tâche. L'encourager, au moment de son tour de parole devant la classe, en l'aidant à compléter sa réponse, en lui démontrant son appui par des signes d'encouragement, des félicitations.

Observer les photos de la p. 112 avec son équipe. Imaginer dans l'ordre les étapes qu'elles représentent, décrire ces étapes de construction du tacot. En discuter avec les membres de son équipe tout en respectant leurs idées. Au besoin, revoir les consignes de l'affiche *Conseils pour travailler en équipe*. S'entendre pour présenter une séquence d'étapes logique en justifiant ses choix. Présenter ensuite cette séquence devant la classe. Écouter la présentation des autres porte-parole.

L'INTÉGRATION

Rôle de l'enseignante ou de l'enseignant	Rôle de l'élève
■ FICHE 101, *RA-1B*, P. 101 ■ Inviter les élèves à réaliser individuellement les activités, puis à comparer leurs réponses en équipes de deux. Ne pro-	Réaliser individuellement les activités. Procéder à la correction de ses réponses en les comparant avec celles d'un ou d'une autre élève. Demander

céder à un retour collectif que si cela est nécessaire. Au besoin, à l'aide du calendrier de la classe, formuler d'autres questions ou problème semblables à ceux proposés aux activités 1c et 2, par exemple :

— *Combien de matins y a-t-il entre le mercredi soir et le dimanche soir ?*

■ FICHE 102, *RA-1B*, P. 102 ■ Avant d'inviter les élèves à réaliser individuellement l'activité 1 de cette fiche, leur demander de se rappeler comment ils ont appris à mesurer à l'aide de leur règle. Au besoin, leur suggérer de consulter l'encadré « J'utilise ma règle », p. 106 du manuel *Logibul 1*. Demander à quelques élèves d'expliquer ce que signifie le symbole cm. Une fois leur tâche terminée, les élèves comparent leurs réponses en équipes de deux.

Poursuivre avec l'activité 2a que les élèves réalisent individuellement. Puis les inviter à expliquer leur démarche en équipes de deux. Demander à quelques élèves de montrer comment ils ont mesuré leur pupitre.

Si une consolidation est nécessaire pour certains élèves, leur proposer la fiche *Un mois de 31 jours*. Cette fiche peut être l'occasion d'un travail individuel à la maison ou lors d'un moment libre en classe.

de l'aide, s'il y a lieu. Observer une page du calendrier de la classe pour répondre aux questions posées par l'enseignante ou l'enseignant.

Se rappeler comment mesurer, en centimètres, un objet avec une règle. Revoir la p. 106 du manuel *Logibul 1*, au besoin. Mesurer la longueur des objets illustrés sur la fiche. Comparer ses réponses avec celles d'un ou d'une autre élève en utilisant le vocabulaire mathématique approprié.

Réaliser l'activité 2a en prêtant attention à la façon d'utiliser sa règle, de faire correspondre la marque 0 au rebord du pupitre. Se donner une méthode pour compter le nombre de centimètres soit en traçant une marque à la mine, soit en utilisant des règles placées bout à bout. Se grouper en équipe de deux pour expliquer, à l'autre, sa démarche tout en la justifiant, en disant pourquoi elle est bonne.

Corrigé des activités du manuel, p. 110, 111 et 112

Encadré de la p. 111 : Une annonce placardée sur la devanture du magasin général attire l'attention de Léa et Félix. Elle les informe de la tenue d'une course de tacots miniatures.

1. a) Le 13 mai (à 10 :00).
   b) À 10 :00, donc en avant-midi.

2. a) Ils ont jusqu'au 4 mai pour s'inscrire.
   b) Si le 4 mai est un jeudi, le 13 mai sera un samedi.

3. a) Au plus, 25 cm de long sur 14 cm de large.
   b) Non, Léa ne peut pas utiliser cette boîte parce que sa longueur dépasse celle que les règlements permettent. Quant à la largeur, ça va; pour la hauteur aussi, car les règlements ne précisent rien à ce sujet.
   c) Elle peut rapetisser la boîte de façon à en rendre la longueur conforme aux règlements.

🐾 *À la maison ou à l'école, trouve des rebuts que tu peux récupérer pour fabriquer un tacot miniature. De quels autres objets as-tu besoin ?*

Cette activité constitue l'amorce du projet (se reporter à la rubrique Projet, p. 380 du guide). Suggérer aux élèves d'apporter plus de boîtes récupérées que nécessaire; par exemple, des boîtes de carton mince ayant servi à la présentation ou au stockage de produits tels que des mouchoirs de papier, des tisanes, des tablettes granola, des céréales, etc. Outre pour la construction des tacots, ils en auront besoin lors d'activités de manipulation, à la situation d'apprentissage 2.

Remarque : Veiller à ce que les élèves comprennent l'ensemble des règlements mentionnés à la p. 111 du manuel, car ils auront à en tenir compte dans la préparation du matériel servant à la construction des tacots. Au besoin, revenir sur ces règlements tout le long des étapes de fabrication.

4. a) Réponses variables; exemple : (photos : de gauche à droite) Décorer le tacot; construire l'habitacle; assembler les roues et les essieux; déterminer le matériel et le rassembler; préparer le châssis.

   b) Réponses variables; exemple :

   1. Déterminer le matériel et le rassembler;
   2. Préparer l'habitacle;
   3. Construire l'habitacle;

   4. Assembler les roues et les essieux;
   5. Décorer le tacot.

   Remarque : Accepter que l'ordre des étapes ne soit pas le même d'une équipe à l'autre parce la façon de les ordonner dépend de la manière dont le travail peut être accompli. L'important, pour les élèves, n'est pas d'en arriver à une séquence unique mais de pouvoir justifier pourquoi telle étape suit ou précède telle autre.

   c) Réponses variables; exemple : Il est possible d'ajouter des sous-étapes : mesurer le matériel servant à construire le châssis, tailler les roues ou d'autres pièces, coller les pièces devant être réunies, vérifier le roulement du tacot, etc.

Selon toi, comment organise-t-on une course de tacots miniatures à l'école ? Prépare un calendrier des activités.

Cette activité est en lien avec le projet (se reporter à la rubrique Projet ci-dessous). Demander aux élèves de lire les consignes de cette activité et de dire, dans leurs mots, de quoi il s'agit.

Projet

Les élèves travaillent en équipe dans ce projet. Chaque équipe fabrique un tacot. Toutes les équipes veillent à la préparation de l'exposition des tacots et de la course.

◼ Cette première étape du projet est le moment tout indiqué pour amener les élèves à développer la compétence de science et technologie du premier cycle. L'activité 3 de la p. 111 du manuel permet aux élèves de décrire les pièces et les mécanismes de l'objet technique à construire, alors que l'activité 4 de la p.112 nécessite de leur part qu'ils proposent une explication à des problèmes technologiques à leur portée. En effet, pour réaliser cette dernière activité, les élèves devront envisager la construction d'un tacot miniature en terme de procédé de fabrication. En cherchant à en déterminer les étapes, les élèves devront aborder des problèmes analogues à ceux sur lesquels les professionnels (ingénieurs, designers industriels, par exemple) doivent se pencher dans le cadre de leur pratique. Les élèves poseront des questions inhérentes aux principes physiques et techniques qui sont à la base de l'objet à fabriquer : roulement, friction, principes d'assemblage, éléments décoratifs et aspect esthétique. Cette étape de planification du projet va les obliger à faire appel à plusieurs compétences transversales d'ordre intellectuel, méthodologique et de la communication. Ils mettront notamment en œuvre leur pensée créatrice, leur capacité à résoudre des problèmes et à communiquer des solutions tout en exerçant leur jugement critique.

◼ Demander aux élèves de récupérer des boîtes de carton mince qui serviront à la construction de leurs tacots et de déterminer les autres objets dont ils ont besoin. Il serait bon de leur allouer quelques jours pour cette collecte vu que les élèves chercheront à trouver des boîtes conformes aux dimensions énoncées dans les règlements de la course. S'ils éprouvent des difficultés à en trouver, leur proposer de réfléchir à un moyen d'obtenir une boîte ayant les bonnes dimensions, par exemple, en envisageant de couper une boîte qui autrement serait trop grande. Pendant la construction des tacots, qui peut débuter à cette étape-ci du projet et qui se termine avant l'exposition des tacots prévue à la situation d'apprentissage 5, revenir sur les règlements de la course (p. 111 du manuel) et sur les étapes de fabrication d'un tacot (activité 4, p. 112 du manuel en plus des notes que les élèves ont prises pendant cette activité).

Animer un remue-méninges en amenant les élèves à proposer des idées sur la fabrication de tacots miniatures, sur l'organisation de la course et sur la manière de s'y prendre pour préparer un calendrier des tâches (fabriquer des tacots, les décorer, les exposer afin de les évaluer, organiser la course). Noter leurs suggestions au tableau. Une fois ce remue-méninges terminé, suggérer aux élèves de se partager les tâches reliées à la préparation de l'exposition et de la course par équipes de travail; il s'agit là d'une belle occasion d'enseignement coopératif. Chaque équipe réfléchit à ses tâches, puis en présente le plan à la classe. Aider les élèves à planifier le calendrier des tâches et leur suggérer d'en cocher les étapes au fur et à mesure de leur réalisation. Prévoir de remettre un exemplaire de ce calendrier à chaque élève, qui le conserve dans son portfolio.

Réinvestissement

Suggérer aux élèves :

- de mesurer, en centimètres, la largeur d'une fenêtre, la hauteur d'une table, les trois dimensions (longueur, largeur, hauteur ou profondeur) d'un objet de leur choix;
- de repérer sur le calendrier leur date d'anniversaire pour en connaître le jour de la semaine et de trouver combien il reste de temps (en semaines et en jours) avant cette date. De répéter cette tâche avec la date d'anniversaire d'une personne qui leur est chère;
- d'utiliser la fiche *En centimètres*.

Travaux personnels

Proposer aux élèves de trouver des annonces sous forme d'affichettes, d'encarts ou de dépliants publicitaires et de les apporter en classe. À partir de ces exemples, amener les élèves à parler des annonces et des fonctions des différents médias qui les diffusent.

Utilisation des TIC

Inviter les élèves à réaliser, à l'aide de la fonction « tableau » d'un logiciel de traitement de texte, une page de calendrier qui représente le mois présentement en cours (jours de semaine, dates). Une fois cette page imprimée, leur suggérer de s'en servir lors de la préparation du calendrier des tâches reliées à la fabrication des tacots et à l'organisation de la course.

▶ SITUATION D'APPRENTISSAGE 2 Inventeurs, au travail !

À l'exemple de Léa et de Félix, les élèves ont apporté de la maison des rebuts, notamment des boîtes de carton mince qu'ils ont récupérées pour la fabrication des tacots. Au cours de la présente situation d'apprentissage, certaines de ces boîtes leur serviront à réaliser des activités de manipulation. Une première tâche consistera d'ailleurs à examiner la forme de ces boîtes, tout particulièrement celle de leurs faces. Les élèves y retrouveront alors des formes qui leur sont familières : carrée, rectangulaire, triangulaire, mais dont les dimensions varient d'une boîte à l'autre. Ils poursuivront plus avant leur exploration, d'une tout autre façon, en découvrant comment des boîtes de carton sont construites. Quoi de mieux que d'en défaire une pour constater qu'elle est fabriquée à partir d'un carton à plat. Les élèves répéteront l'expérience, mais inversement en quelque sorte, en construisant cette fois un solide à partir d'un modèle : une forme à plat. Géométrie et art se trouvent réunis dans la dernière activité, où il leur est proposé d'utiliser toute leur créativité pour inventer des motifs qui leur serviront, par la suite, à décorer les tacots. De plus, cette activité leur offre l'occasion de prendre conscience que des idées nouvelles émergent des interactions entre les personnes, autrement dit, de constater que des idées jaillissent au contact d'autres idées.

Organisation matérielle

- Le manuel *Logibul 1*, p. 113 à 115;
- Des boîtes récupérées, de formes variées, que les élèves ont apportées (voir la rubrique Projet de la situation d'apprentissage 1);
- Des boîtes de carton mince ayant la forme d'un cube et autres prismes à base rectangulaire, triangulaire, etc.;
- Des solides de la classe : boule, cube et autres prismes, cylindre;
- Les fiches de soutien *Inventeurs, au travail !* (*1 à 3*), guide, p. 410 à 412;
- Les fiches 103 et 104, *RA-1B*, p. 103 et 104;
- La fiche *Un solide et ses faces*, au besoin (guide, p. 413).

3 h 30 min

Facteurs de réussite

Les élèves auront réussi la tâche :

- s'ils apportent à l'école des rebuts ou autres objets récupérés et fournissent quelques raisons justifiant leur emploi dans la construction des tacots;
- s'ils associent la forme des faces de différents solides à des figures planes : carré, cercle, triangle, rectangle;
- s'ils établissent des liens entre la forme d'une boîte et la forme du carton qui a servi à la construire;
- s'ils font preuve de créativité et d'originalité dans la production de dessins décoratifs à partir de figures géométriques.

Portfolio

Inviter les élèves à y conserver le ou les modèles de décorations et les dessins qu'ils auront créés au cours de la présente situation d'apprentissage de même que la fiche 104. Ils pourront s'en inspirer au moment de décorer les tacots.

LA PRÉPARATION

Rôle de l'enseignante ou de l'enseignant	Rôle de l'élève
Les élèves rassemblent les boîtes qu'ils ont récupérées ces derniers jours, puis les observent en les manipulant délicatement. Prévoir d'en apporter soi-même, surtout des boîtes ayant des faces triangulaires, car il est probable que les élèves n'en aient pas trouvé de ce type. Leur demander de se grouper en équipes de quatre ou cinq. Chaque équipe dispose devant elle quelques-unes de ces boîtes. Leur expliquer ensuite le déroulement de la tâche. Chaque membre de l'équipe écrit son nom sur une feuille, choisit une boîte, l'observe de tous les côtés, puis en dessine les faces sur la feuille. Il s'agit d'une tâche où l'élève reconnaît, en manipulant et en examinant la boîte, la forme des faces puis les trace, en respectant, le mieux possible, les proportions. Ensuite, recueillir les feuilles. Les distribuer au hasard, pas plus de quatre ou cinq à la fois, à des élèves. Les élèves qui les reçoivent regardent attentivement les faces figurant sur les feuilles, puis s'emploient à retrouver les boîtes qui y correspondent. S'il y a erreur, ils essaient d'en trouver l'explication. Procéder de la même façon avec le reste des feuilles.	Observer les boîtes recueillies. Se grouper en équipe et participer au partage des boîtes entre les équipes de façon que chaque élève en dispose d'une. Écouter attentivement les explications avant d'entreprendre la tâche. Choisir une boîte et en dessiner les faces sur une feuille. Ne pas oublier de noter son nom sur la feuille, puis la remettre à l'enseignante ou à l'enseignant. Observer les faces figurant sur la feuille reçue, puis repérer la boîte à laquelle associer ces faces.

Rassembler de nouveau toutes les boîtes et compléter cet ensemble avec des solides de la classe de façon que les élèves y retrouvent la forme des figures apparaissant à l'activité 1c de la p. 113. Placer cet ensemble d'objets à la vue des équipes et leur demander d'en observer la forme — en particulier la forme des faces — en faisant des comparaisons, puis de nommer les formes : carré, triangle, rectangle, etc.

L'activité se poursuit, cette fois, en équipes de deux. Avec les élèves, prendre soin de mettre de côté les boîtes qu'ils veulent utiliser dans la fabrication des tacots; au besoin, revenir aux règlements de la course (p. 111 du manuel *Logibul 1*). Parmi les boîtes qui restent, chaque équipe en choisit une, puis la défait soigneusement en prenant soin d'en décoller les rabats de façon à déplier la boîte. Cela permet aux élèves de voir comment une boîte de carton est construite à partir d'une forme en carton. Leur demander de dessiner du mieux qu'ils peuvent la forme ainsi obtenue. Demander à quelques équipes de montrer le résultat de leur travail et de faire part de leurs observations. Conserver ces boîtes dépliées pour les besoins d'une activité ultérieure (phase Réalisation de la présente situation d'apprentissage).

Avec son équipe, observer l'ensemble d'objets, tout particulièrement la forme de leurs faces. Reconnaître la forme de certaines faces.

En équipe, choisir une boîte dont les dimensions ne respectent pas les règlements de la course ou une qui ne servira pas à construire un tacot. Défaire soigneusement cette boîte en en décollant les rabats afin de mieux comprendre comment elle est construite. Dessiner la forme ainsi obtenue. Présenter son travail et ses observations à la classe, s'il y a lieu.

LA RÉALISATION

Rôle de l'enseignante ou de l'enseignant	Rôle de l'élève
■ MANUEL, P. 113, ACTIVITÉ 1 ■ Réunir des boîtes récupérées et des solides de la classe de façon à obtenir un ensemble d'objets dont certaines des faces sont de même forme que les figures apparaissant à la p. 113 du manuel. Demander aux élèves de décrire quelques-uns de ces solides et boîtes en leur permettant de les manipuler. Noter leurs observations au tableau. Accepter toutes les réponses : couleur, grandeur, forme des faces, etc.	Manipuler les boîtes et les solides pour en faire une description.
Inviter les élèves à ouvrir leur manuel à la p. 113 et à observer ce que font Félix et Léa. Les amener à comprendre que ceux-ci regardent leur boîte de tous les côtés de façon à en voir toutes les faces.	Ouvrir son manuel à la p.113. Prendre quelques minutes pour observer ce que Félix et Léa font, puis l'exprimer dans ses mots.
Revenir aux éléments de description notés au tableau et demander aux élèves d'y relever ce qui, à leur avis, se rapporte aux faces; tracer un crochet à côté des éléments ne s'y rapportant pas. Poursuivre avec les activités 1b et c en conviant les élèves à observer, en équipes, la forme des figures, à	En ayant en tête la façon dont Léa et Félix examinent leur boîte, participer au retour sur les éléments de description. Se grouper en équipe de deux pour réaliser les activités 1b et 1c. Associer les figures du manuel à des faces de certaines boîtes ou solides.

les nommer, puis à chercher, parmi l'ensemble de boîtes et de solides de la classe, les faces qu'ils peuvent associer à ces figures. Circuler parmi les équipes afin de vérifier comment les élèves effectuent leur tâche.

■ MANUEL, P. 114, ACTIVITÉ 2 ■   Inviter les élèves à observer le contenu de la p. 114. Mettre à leur disposition les boîtes qu'ils ont défaites, lors de la phase Préparation, puis leur demander d'en comparer les formes avec celles (A, B et C) du manuel. (Il serait bon de prévoir soi-même, pour les fins de cette activité, déplier une boîte qui a la forme d'un prisme à base triangulaire et de l'ajouter à l'ensemble des boîtes que les élèves ont dépliées.) Demander aux élèves de trouver, parmi leurs boîtes, celles qui sont pareilles (ou s'apparentent) aux boîtes que Léa et Félix ont défaites. En faisant ces comparaisons, les élèves remarqueront, dans les boîtes qu'ils ont dépliées, des faces ou des parties (rectangle, carré, triangle) qui sont de même forme que celles des boîtes défaites apparaissant à la p. 114 du manuel. Proposer aux élèves de « reconstruire » certaines boîtes en en pliant les parties.

Poursuivre avec l'activité 2. Distribuer les fiches de soutien *Inventeurs, au travail!* (*1* à *3*) aux élèves (ou des boîtes dépliées ressemblant aux formes illustrées dans le manuel). Leur expliquer qu'à partir des modèles de cette fiche, qui représentent les mêmes formes que celles de la p. 114 du manuel, ils construiront des solides et trouveront ainsi quelle forme (A, B ou C) correspond au solide illustré à la p. 114. Au besoin, prendre parmi les solides de la classe un prisme à base carrée qui ressemble à celui illustré dans le manuel et le montrer aux élèves. Circuler parmi les élèves et les soutenir dans leur tâche.

■ MANUEL, P. 115, ACTIVITÉ 3 ■   Demander aux élèves de lire les deux premières phrases de l'activité 3 et d'observer les dessins. Amorcer une discussion en invitant les élèves à expliquer la signification de la deuxième phrase : « En voyant ces dessins, Léa… ». Leur demander de raconter un ou des moments où quelque chose de semblable leur est arrivée; par exemple, au moment de mimer un problème ou une situation, de dessiner, d'expliquer comment résoudre un problème, il arrive qu'à partir de l'idée d'une autre personne, on imagine d'autres façons de faire. Leur faire prendre ainsi conscience qu'on apprend aussi à partir des idées des autres, de notre entourage.

Réaliser la tâche, poser des questions au besoin. Au fil de ses comparaisons, en arriver à comprendre que des faces (ou des parties) d'une boîte défaite ressemblent à l'une ou l'autre des parties (carré, rectangle, triangle) de l'une des formes présentées dans le manuel.

Trouver la forme qui correspond au solide en l'expérimentant concrètement, c'est-à-dire en construisant des solides à partir de modèles.

Lire les deux premières phrases de l'activité 3. Dans ses mots, expliquer ce que ces phrases veulent dire. Participer à la discussion : se rappeler une ou des situations où l'idée d'une autre personne lui a permis d'inventer ou de créer quelque chose, d'imaginer d'autres façons de faire, etc. Accepter que c'est aussi une façon d'apprendre.

À la p. 115 du manuel, les élèves lisent : « En voyant ces dessins, Léa a eu d'autres idées. » Il s'agit d'une courte phrase en apparence anodine, dont la portée risque de passer inaperçu, car elle n'indique aucune tâche à accomplir non plus qu'elle est une question à laquelle les élèves répondent. Pourtant, elle illustre un bel exemple de socioconstructivisme, d'ailleurs palpable dans cette situation bien précise où, en plus, le rôle de l'enseignant ou de l'enseignante est très effacé. En effet, Léa a eu des idées, mais ce sont celles de Félix qui les ont fait germer dans sa tête. Néanmoins, elle n'a pas copié les idées de celui-ci : ses dessins sont très différents de ceux de son camarade. Léa a regardé les dessins de Félix, ce qui a mis en œuvre un processus chez elle; en d'autres mots, fait émerger une idée qu'elle a probablement combinée à une autre qui était stockée dans sa mémoire. Voilà comment, en bref, certaines idées évoluent tout comme l'art, la science, la politique, les valeurs, les opinions évoluent, se transforment, se renouvellent. Aussi, pour que ses idées en fassent surgir d'autres dans la tête de Léa, Félix devait lui montrer ses dessins. Ce qui illustre qu'elle est bien loin l'époque où l'on plaçait un album ouvert et debout sur le pupitre des élèves, comme une sorte d'écran, afin de les empêcher de « copier ».

Avec le groupe-classe, faire collectivement la première partie de l'activité 3a. Pendant leurs descriptions, en profiter pour amener les élèves à utiliser les termes justes : lignes courbe ou brisée, carré, triangle, etc. Rectifier le tir au besoin. Demander aux élèves de réaliser individuellement la suite de l'activité 3a, puis de se grouper en équipes pour faire la 3b. Leur allouer du temps pour qu'ils explorent différents modèles de dessins en s'échangeant leurs idées, en se montrant leurs dessins. Demander ensuite à chaque équipe de présenter leurs dessins à toute la classe. (Préciser aux élèves de les conserver; ils s'en inspireront au moment de décorer les tacots.)

Participer à la réalisation de l'activité 3a : imaginer comment Léa et Félix ont créé leurs dessins, donner son opinion sur leur façon de faire en s'employant à utiliser le vocabulaire approprié (termes justes). Choisir un dessin de la p.115 et le reproduire sur une feuille. Se grouper en équipe pour réaliser l'activité 3b : prendre le temps d'inventer d'autres dessins à partir soit de son premier dessin (activité 3a), soit du dessin d'un membre de son équipe. Mettre en commun tous les dessins de son équipe et les observer. Puis, les présenter à la classe.

L'INTÉGRATION

Rôle de l'enseignante ou de l'enseignant	Rôle de l'élève
■ FICHE 103, *RA-1B*, P. 103 ■ Laisser des solides (cubes et prismes à base triangulaire) à la disposition des élèves au cas où ceux illustrés sur la fiche leur causeraient quelques difficultés de perception. Leur demander de travailler individuellement, puis de se grouper en équipes de deux pour la comparaison des réponses.	Travailler individuellement. Se grouper en équipe de deux, puis comparer ses réponses avec l'autre élève.
■ FICHE 104, *RA-1B*, P. 104 ■ Inviter les élèves à laisser leur créativité les guider pour réaliser, de façon individuelle, les activités. Leur préciser qu'ils peuvent tracer des lignes courbes ou brisées, que les traits peuvent ne pas être droits. (Ils pourront s'inspirer des motifs ainsi créés au moment de décorer les tacots.)	Individuellement, créer de nouveaux motifs. Prendre le temps d'imaginer des idées différentes de relier les points par des traits; par exemple, le point apparaissant au coin supérieur gauche du carré pourrait être relié, par une ligne courbe ou brisée, aux points situés au centre des côtés du carré. Colorier les motifs en se permettant d'imaginer que son travail est une œuvre d'art.
Si une consolidation est nécessaire pour certains élèves, leur proposer la fiche *Un solide et ses faces*. Cette fiche peut être l'occasion d'un travail individuel à la maison ou lors d'un moment libre en classe.	

Corrigé des activités du manuel, p. 113, 114 et 115

1. a) Félix et Léa regardent leur boîte de manière à en voir nettement les différentes faces.

   b) L'élève regarde les faces des boîtes ou des solides qu'on lui a remis.

   c) L'élève peut voir les rectangles sur différents prismes; reconnaître, entre autres, un carré sur un prisme ou sur un cube; voir un cercle sur un cylindre et des triangles, sur des prismes triangulaires. Quant au rectangle traversé, en son milieu, d'un trait noir, il correspond à ce que voit Léa (en 1a), dans la position qu'elle adopte.

2. C'est la forme C. La forme A correspond à un prisme triangulaire et la forme B, à un cube.

   Remarque : L'objet de l'activité n'est pas le concept de développement, qui est un savoir essentiel rattaché au deuxième cycle. Cette activité en est une de manipulation au cours de laquelle l'élève construit des solides. Pour ce faire, il est donc essentiel que soient mises à sa disposition les fiches de soutien *Inventeurs, au travail !* (*1* à *3*) ou des boîtes dépliées qui correspondent aux formes du manuel. L'élève répond donc à la question de cette activité par le biais d'une expérimentation.

 Défais une boîte de carton. Observe la forme que tu obtiens.

Cette activité se rattache à la phase Réalisation (se reporter à la p. 383 du guide).

3. a) Réponses variables; exemple :

   Dessins de Félix

   Le premier, à gauche : à partir d'un centre, on trace une courbe qui s'en éloigne toujours; on pourrait aussi la tracer de l'extérieur vers l'intérieur.

   Le deuxième, au centre : on trace un carré, 2 lignes droites qui rejoignent les coins du carré et 2 lignes droites qui rejoignent le milieu des côtés du carré. Cela forme des triangles.

   Le troisième, à droite : on trace un carré, un cercle dans le carré et un triangle dans le cercle.

   Dessins de Léa

   Le premier, à gauche : on trace un carré dans lequel on trace 2 lignes droites qui rejoignent le milieu des côtés opposés : on obtient alors 4 carrés. Dans l'un de ces carrés, on reprend la même opération, laquelle peut être répétée autant de fois que l'on peut.

   Le deuxième, à droite : on trace un carré dans lequel on trace 2 lignes droites qui rejoignent le milieu des côtés opposés. Cela forme 4 carrés.

   b) Résultats variables.

 Décore ton tacot miniature en y mettant ton sens artistique.

Cette activité est en lien avec le projet. Y revenir au moment où les élèves décorent les tacots : ils pourront alors s'inspirer des idées de Félix et Léa de même que les motifs et dessins qu'ils auront créés au cours de l'activité 3 (p. 115 du manuel).

Projet

Les élèves commencent ou poursuivent la fabrication des tacots. Au besoin, revenir aux règlements énumérés à la p. 111 du manuel, au calendrier des tâches et aux étapes de fabrication des tacots que les équipes ont déterminés. Parmi les boîtes qu'ils ont apportées, en choisir quelques-unes, dont certaines respectent les dimensions énoncées dans les règlements. Demander aux élèves de dire comment ils peuvent vérifier si ces boîtes sont conformes, puis de trouver comment les rendre conformes si elles ne le sont pas; voilà une belle occasion de résolution de problème. Suggérer aux équipes de consulter l'affiche *Conseils pour travailler en équipe*.

Les activités de la p. 115 du manuel ainsi que la fiche 104 du *RA-1B* préparent les élèves à la décoration des tacots. Ils pourront s'inspirer des motifs et dessins ainsi réalisés quand viendra le moment de décorer les tacots.

Réinvestissement

Suggérer aux élèves d'explorer de nouvelles façons de créer des motifs en s'inspirant de la p. 115 du manuel et de la fiche 104. Leur indiquer de choisir quelques dessins à conserver dans leur portfolio.

Travaux personnels

Proposer aux élèves d'effectuer une recherche à la bibliothèque de l'école ou à celle du quartier ou de la ville afin de trouver des volumes traitant de motifs ou de formes géométriques. Ils pourront s'en inspirer pour créer des motifs.

Utilisation des TIC

Inviter les élèves à :

▨ consulter des sites Internet sur des œuvres dans la composition desquelles les formes ou motifs géométriques sont à l'honneur; par exemple, certaines œuvres de peintres d'ici, comme Marcelle Ferron et Serge Tousignant, ou d'ailleurs, par exemple Wassily Kandinski, Piet Mondrian, etc. Par ailleurs, les expressions clés : forme géométrique, motif géométrique, musée d'art contemporain ou d'art moderne, peuvent aussi servir à trouver d'autres sites. Demander aux élèves d'examiner quelques œuvres ou motifs et de trouver des ressemblances de formes dans les dessins ou motifs qu'ils ont eux-mêmes créés ou vus dans leur manuel au cours de la présente situation d'apprentissage.

▨ créer, à l'aide d'un logiciel (dessin vectoriel), des motifs composés de lignes courbes ou brisées et de figures géométriques. Les élèves pourraient ainsi composer des tableaux qu'ils peuvent colorier, puis les afficher en classe.

▶ SITUATION D'APPRENTISSAGE 3 Rouler sur 1, 2, 3 ou 4 roues

Bon nombre de véhicules sont dotés de roues, ce que les élèves auront sans doute déjà constaté. Et quoi de mieux pour faire rouler leurs tacots miniatures que de les en munir! Lors de la course, leurs bolides démarreront-ils sur les chapeaux de roues? C'est à suivre. Dans cette situation d'apprentissage, les élèves auront l'occasion d'observer divers types de véhicules qui se distinguent notamment par leur nombre de roues et d'en apprendre le nom. Aussi, de remarquer que le début de certains mots donne parfois une indication pour en découvrir le sens. Au passage, il est question de l'habileté requise pour conduire certains véhicules et des règles de sécurité à suivre lors d'une promenade à bicyclette, de l'importance de porter un casque protecteur. Aussi, les élèves auront à se donner des méthodes de travail afin de résoudre des problèmes consistant à compléter des suites de nombres. Ils auront également l'occasion d'en construire.

Organisation matérielle
▨ Le manuel *Logibul 1*, p. 116;
▨ Du matériel de manipulation (jetons, petits cubes, bâtonnets, etc.);
▨ La fiche 105, *RA-1B*, p. 105.

2 heures

Facteurs de réussite

Les élèves auront réussi la tâche :

- s'ils observent les véhicules qui leur sont présentés et trouvent quelques-unes de leurs caractéristiques ;
- s'ils participent à une discussion sur les comportements sécuritaires lors d'une promenade à bicyclette ;
- s'ils établissent des liens entre différents mots ayant comme préfixes : mono, bi, tri ;
- s'ils résolvent des problèmes consistant à compléter des suites de nombres.

Portfolio

Inviter les élèves à y conserver une suite de nombres qu'ils auront construites en choisissant leur propre règle (par exemple + 2 ou + 3, etc.). Aussi d'y repérer, pour le consulter, le calendrier des tâches relatif à leur projet.

LA PRÉPARATION

Rôle de l'enseignante ou de l'enseignant	Rôle de l'élève
■MANUEL, P. 116■ Noter au tableau les mots *monocycle*, *bicyclette* et *tricycle*, les lire aux élèves, puis leur demander s'ils les connaissent, les inviter à dire, dans leurs mots, ce que ces termes représentent pour eux. Amener les élèves à déduire, à partir du mot *bicyclette* dont le sens leur est familier, ce que signifient « tricycle » et « monocycle ». Laisser les élèves émettre des hypothèses. Les noter au tableau. Au cours de cette discussion, faire remarquer aux élèves qu'il s'agit de véhicules dotés de roues et que chacun n'en a pas le même nombre. En profiter pour dire aux élèves qu'il existe d'autres mots français commençant par « bi », « tri » et « mono » et leur demander s'ils en connaissent. En noter quelques-uns au tableau, en prenant soin de les répartir en trois colonnes, puis indiquer à haute voix leur signification ou laisser les élèves l'imaginer ; par exemple : « bicolore » (deux couleurs), « bicorne » (chapeau à deux cornes), « bimoteur » (qui a deux moteurs), « biculturel » (qui possède deux cultures), « triangle » (figure à trois côtés), « tricolore » (trois couleurs), « tricorne » (chapeau à trois cornes), « monochrome » (une seule couleur), « monoplace » (véhicule à une place), « monomoteur » (qui n'a qu'un seul moteur), etc. Cette activité permet, outre l'occasion d'enrichir le vocabulaire des enfants, de leur faire remarquer que le début de certains mots donne parfois une indication pour en découvrir le sens.	Dans ses mots, dire ce que représentent les mots notés au tableau. À partir du mot *bicyclette*, imaginer ou trouver le sens des mots *monocycle* et *tricycle*. Émettre des hypothèses et accepter que celles des autres diffèrent des siennes. Expliquer sa déduction dans ses mots ; par exemple que « bicyclette » et « tricycle » sont des véhicules à deux et à trois roues et que « monocycle », lui, laisse supposer qu'il s'agit d'un véhicule à une seule roue.
■MANUEL, P. 116, ACTIVITÉ 1■ Demander aux élèves de repérer la p. 116 de leur manuel et d'observer les quatre véhicules illustrés à l'activité 1. Les laisser établir des liens entre ceux-ci et l'activité à laquelle ils viennent de participer.	Ouvrir son manuel à la p. 116. Observer les véhicules illustrés à l'activité 1 et établir des liens entre ceux-ci et l'activité précédente.

Leur soumettre la question de l'activité 1 et les inviter à y répondre collectivement. Amorcer une discussion avec les élèves sur les caractéristiques de chaque véhicule (ont des roues, leur nombre de roues, servent à se déplacer, roulent, etc.), sur les habiletés requises pour les conduire et, plus particulièrement, sur les règles de sécurité à suivre quand ils se déplacent à bicyclette. Voici des suggestions pour animer la discussion :

— *Quels véhicules as-tu déjà conduits ? Lequel préfères-tu ? Pourquoi ?*

— *Quel est le premier que tu as conduit ? Selon toi, pourquoi a-t-il été le premier ?*

— *Selon toi, lequel des quatre véhicules est le plus sécuritaire ? le moins ? Pourquoi ?*

— *Classe ces véhicules du plus sécuritaire au moins sécuritaire. Explique tes choix.*

— *Quand tu vas à bicyclette, que fais-tu pour te protéger ?*

— *Où roules-tu ? Y a-t-il des endroits où tu ne devrais pas rouler à bicyclette ?*

— *Connais-tu des règles de conduite sécuritaire ? Explique ces règles.*

Participer à la discussion ; s'employer à compléter ses idées, ses phrases de façon à se faire comprendre des autres. Trouver des caractéristiques aux véhicules. Justifier en quoi, à son avis, un véhicule est moins sécuritaire qu'un autre. Nommer des règles de sécurité lors de ses déplacements à vélo (porter un casque protecteur, rouler sur le trottoir plutôt que dans la rue, adopter des comportements sécuritaires, etc.)

LA RÉALISATION

Rôle de l'enseignante ou de l'enseignant	Rôle de l'élève

■MANUEL, P. 116, ACTIVITÉ 2■ Mettre du matériel de manipulation à la disposition des élèves en leur mentionnant de s'en servir s'ils en ont besoin pendant l'activité. Les inviter à se grouper en équipes de deux pour la réaliser. Leur expliquer la consigne. S'assurer que les élèves comprennent que le nombre sur l'étiquette indique le nombre de véhicules et qu'ils doivent trouver le nombre de roues que cela représente. Leur préciser qu'ils doivent, pour chaque série d'étiquettes, aligner leurs réponses en les séparant par une virgule ; ils forment ainsi une suite de nombres. Circuler parmi les équipes pour les soutenir dans leur tâche. Procéder à la mise en commun des réponses en demandant aux élèves d'expliquer comment ils s'y sont pris pour trouver les suites de nombres et, s'il y a lieu, de quelle manière ils ont utilisé le matériel de manipulation. Ensuite, les amener à observer chaque suite de nombres et à en remarquer la régularité, le nombre qui s'ajoute à chaque nombre (sauf le dernier) de la suite. Leur demander de comparer la suite obtenue en 2a avec celle obtenue en 2b, de trouver ce qui les différencie ; cependant, ne pas insister si l'explication ne vient pas.

Se grouper en équipe de deux. Avant d'entreprendre la tâche, s'assurer de la comprendre en posant des questions si c'est nécessaire. Au besoin, utiliser du matériel de manipulation. Expliquer sa démarche aux autres équipes. Observer chaque suite de nombres et en remarquer la régularité. Comparer la suite obtenue en 2a avec celle obtenue en 2b.

En réalisant l'activité 2, l'élève forme des suites de nombres. Il s'agit ici de suites arithmétiques que l'on obtient en ajoutant toujours le même nombre — celui-ci est différent d'une suite à l'autre — au nombre précédent. Ainsi, la première que l'élève doit former s'obtient en ajoutant toujours 1, à partir de 1. Cette suite lui est bien familière; il s'agit de la suite des 5 premiers nombres naturels hormis le 0. Pour les suivantes, cela revient successivement à compter par 2 à partir de 2, par 3 à partir de 3 et par 4 à partir de 4. Pour trouver ces quatre suites de nombres, l'élève peut utiliser du matériel de manipulation, par exemple en représentant les roues par des jetons. Toutefois, une autre manière de procéder pourrait lui être proposée. D'abord, l'élève bâtit les suites sans recourir à du matériel de manipulation, inventant ainsi des processus de calcul mental personnels; ensuite, il vérifie ces suites à l'aide du matériel de manipulation. Par ailleurs, l'activité 2 pourrait se poursuivre en suggérant aux élèves de prolonger les suites b, c et d avec ou sans leur matériel et d'inventer d'autres suites de nombres.

L'INTÉGRATION

Rôle de l'enseignante ou de l'enseignant	Rôle de l'élève
■FICHE 105, *RA-1B*, P. 105■ Inviter les élèves à réaliser individuellement l'activité 1a de la fiche. Ensuite, groupés en équipes de deux, les élèves observent la suite de nombres qu'ils ont trouvée de façon à en remarquer la régularité. Mettre en commun leurs observations: les élèves expliquent alors comment ils ont obtenu une telle suite (ajouter 5). Les amener à voir que, dans cette suite de nombres, il y a alternance des chiffres 5 et 0 à la position des unités. Leur demander de passer à l'activité 2 en y travaillant individuellement.	Réaliser individuellement l'activité 1a. Pour trouver les premiers nombres de la suite, compter le nombre de points sur les dominos, puis comprendre que pour compléter cette suite il faut ajouter 5 à chaque nombre. Observer l'alternance des chiffres 5 et 0 à la position des unités. Se grouper en équipe de deux et faire part de ses observations à l'autre élève en utilisant le vocabulaire mathématique approprié, par exemple: «J'ai remarqué que pour compléter la suite il fallait toujours ajouter 5 au dernier nombre.» Réaliser individuellement l'activité 2.
Leur proposer d'écrire d'autres suites de nombres, cette fois en ajoutant toujours 10 à chaque nombre. Leur indiquer de commencer une première suite par le nombre 0, une deuxième par le nombre 2 et une troisième par le nombre 3. Leur mentionner d'aller le plus loin qu'ils peuvent dans chaque suite.	Écrire d'autres suites de nombres en respectant les consignes.

Corrigé des activités du manuel, p. 116

1. Monocycle : 1 roue; bicyclette : 2 roues; tricycle : 3 roues; auto : 4 roues.

2. a) 1 roue; 2 roues; 3 roues; 4 roues; 5 roues.
   Ce qui donne la suite de nombres : 1, 2, 3, 4, 5.

   b) 2 roues; 4 roues; 6 roues; 8 roues; 10 roues.
   Ce qui donne la suite de nombres : 2, 4, 6, 8, 10.

   c) 3 roues; 6 roues; 9 roues; 12 roues; 15 roues.
   Ce qui donne la suite de nombres : 3, 6, 9, 12, 15.

   d) 4 roues; 8 roues; 12 roues; 16 roues; 20 roues.
   Ce qui donne la suite de nombres : 4, 8, 12, 16, 20.

Projet

Les élèves poursuivent la fabrication des tacots. Au besoin, revenir aux règlements énumérés à la p. 111 du manuel, au calendrier des tâches et aux étapes de fabrication des tacots que les équipes ont déterminés. Veiller que les élèves utilisent, comme outil de suivi, le calendrier des tâches qu'ils ont conservé dans leur portfolio et qu'ils doivent prendre l'habitude de consulter afin de voir où ils en sont rendus, s'ils n'ont pas oublié d'effectuer une tâche, etc.; ainsi, ils développent une méthode de travail efficace.

Réinvestissement

Suggérer aux élèves de :

■ construire une suite de nombres à partir de 0 en ajoutant toujours 2, d'observer ce qui arrive et de l'expliquer à une ou un élève;

■ choisir un nombre plus grand que 2 et plus petit que 6. Construire une suite de nombres à partir de 1, ajouter à ce nombre le nombre choisi et continuer la suite de la même manière, c'est-à-dire en ajoutant toujours le nombre choisi au nombre obtenu. Échanger sa suite avec celle d'un ou d'une autre élève. Demander à l'autre élève de trouver, en observant la suite, le nombre choisi. Faire de même en observant la suite de l'autre;

■ compter à haute voix par bonds de 10 à partir de 5, puis d'écrire la suite de nombres ainsi obtenue.

Travaux personnels

Proposer aux élèves de :

■ continuer le plus loin possible des suites de nombres. Leur fournir le début de chaque suite. Par exemple : 3, 13, 23, 33, ...;

■ construire une suite de nombres en en choisissant la règle, puis de conserver cette suite dans leur portfolio.

▶ SITUATION D'APPRENTISSAGE ４ Ma calculatrice

La présente situation d'apprentissage fournit l'occasion aux élèves d'utiliser, tout en se familiarisant avec ses différentes touches usuelles, la calculatrice, de l'employer de façon responsable en la manipulant avec délicatesse et en la rangeant soigneusement après usage, de prendre conscience qu'il s'agit d'un instrument dont il faut prendre soin. La première activité propose aux élèves d'explorer cet instrument, puis d'échanger entre eux leurs impressions et leurs connaissances à son sujet. L'occasion est alors belle pour continuer cette discussion en les amenant à comprendre que la calculatrice est aussi un bien de consommation, dont il faut prendre soin. Il est proposé aux élèves quelques activités de calcul à l'aide de la calculatrice, dont le but est de leur faire découvrir quelques-unes des caractéristiques de cet instrument de même que les avantages et les inconvénients à s'en servir. Aussi, de se rendre compte qu'ils peuvent commettre des erreurs en l'utilisant. D'ailleurs, les élèves pourront tirer profit de ces erreurs, car, pour en retracer l'origine, ils auront à analyser leur démarche.

Organisation matérielle

■ Le manuel *Logibul 1*, p. 117;

■ La fiche 106, *RA-1B*, p. 106;

■ Des calculatrices;

■ La fiche *Avec ma calculatrice*, au besoin (guide, p. 414).

2 heures

Facteurs de réussite

Les élèves auront réussi la tâche :

- s'ils se rendent compte que la calculatrice est un objet de consommation dont il faut prendre soin;
- s'ils prennent soin de leur calculatrice en la manipulant délicatement, en la rangeant après en avoir fait usage;
- s'ils trouvent quelques caractéristiques à la calculatrice en explorant son fonctionnement;
- s'ils utilisent la calculatrice pour effectuer des opérations dont les nombres dépassent les limites proposées;
- s'ils font preuve de jugement critique dans la sélection de bons ou de mauvais usages de la calculatrice;
- s'ils utilisent correctement le langage mathématique pour communiquer de quelle façon ils ont utilisé une calculatrice.

Portfolio

Suggérer aux élèves d'y conserver la fiche 106 du *RA-1B*.

LA PRÉPARATION

Rôle de l'enseignante ou de l'enseignant	Rôle de l'élève
■ MANUEL, P. 117, ACTIVITÉ 1 ■ Commencer l'activité d'exploration de la calculatrice par une discussion. Demander d'abord aux élèves d'exprimer tout ce qu'ils savent sur cet instrument : — *Connais-tu la calculatrice ?* — *As-tu déjà vu une personne s'en servir à la maison ?* — *Selon toi, à quoi sert-elle ?* — *Que sais-tu faire avec la calculatrice ?* Noter leurs réponses au tableau. Insister pour que les élèves démontrent ce qu'ils affirment; par exemple, si un élève dit savoir effectuer une addition ou une soustraction à l'aide de la calculatrice, alors lui demander d'expliquer comment il s'y prend, de quelles touches il se sert, etc. En profiter pour amener les élèves à considérer la calculatrice comme étant un instrument qu'ils doivent manipuler avec précaution.	Participer à la discussion avec intérêt. S'exprimer sur la calculatrice : sur l'utilité de cet instrument, la façon de s'en servir, etc. S'il y a lieu, faire la démonstration de son savoir-faire.
Grouper les élèves en équipes. Leur allouer du temps pour que les élèves explorent à leur guise la calculatrice, partagent leurs découvertes et leurs connaissances. Leur rappeler de la manipuler avec soin. Ensuite, revenir sur les notes du tableau et demander aux élèves : — *As-tu d'autres commentaires à ajouter au sujet de la calculatrice ?* — *As-tu fait d'autres découvertes avec ton équipe ? Lesquelles ?*	En équipe, explorer le fonctionnement de la calculatrice en la manipulant avec délicatesse, en examinant ses différentes touches. Appuyer sur des touches et observer ce qui arrive. Montrer aux autres membres de son équipe ce qu'elle ou il sait faire avec la calculatrice. Accepter que les autres fassent de même et regarder leur démonstration. Ne pas hésiter à faire des essais. Partager ses découvertes avec les autres, puis en faire part à la classe. Prendre connaissance des découvertes des autres équipes.

Au besoin prolonger cette activité d'exploration en laissant les équipes se faire part de leurs découvertes. Noter, au tableau, les nouvelles découvertes qui en ressortent.

Poursuivre la discussion en amenant les élèves à prendre conscience que la calculatrice est un instrument, mais aussi un bien de consommation dont ils doivent prendre soin. Leur demander comment ils peuvent l'utiliser de façon responsable :

— *Que peux-tu faire pour prendre soin de ta calculatrice?* (Exemples de réponses : la manipuler délicatement, prendre soin de la ranger après usage, etc.)

Leur indiquer qu'elle fait peut-être tout naturellement partie de leur environnement, mais que voilà une trentaine d'années, elle n'était pas un bien de consommation aussi usuel que maintenant. Voici quelques suggestions pour animer la discussion :

— *Selon toi, depuis combien de temps peut-on se procurer des calculatrices comme celles-ci?*

— *Selon toi, est-ce que cela fait peu de temps? quelque temps? beaucoup de temps? depuis combien d'années?*

— *À ton avis, qu'est-ce qui est arrivé en premier : la calculatrice ou l'automobile?*

Laisser les élèves émettre leurs opinions et hypothèses.

Participer à la discussion et se rendre compte que la calculatrice est un bien de consommation. Exprimer ses idées et donner des exemples sur la façon d'en prendre soin.

Donner son opinion et émettre des hypothèses en les illustrant, s'il y a lieu, par des exemples.

LA RÉALISATION

Rôle de l'enseignante ou de l'enseignant

■ MANUEL, P. 117, ACTIVITÉ 2 ■ Annoncer aux élèves qu'ils réaliseront des activités à l'aide de la calculatrice. Les inviter à lire la consigne de l'activité 2 du manuel; celle-ci leur permet de se familiariser davantage avec les touches usuelles de la calculatrice (entre autres, 0 à 9, ON, OFF, +, −, =). S'assurer qu'ils comprennent la consigne et procèdent une série de touches à la fois. Sans intervenir, les laisser réaliser les activités 2a et 2b et observer ce qui se passe à l'écran de la calculatrice. Mettre en commun leurs observations. Amener les élèves à se rendre compte que même si des symboles comme +, − et = n'apparaissent pas à l'écran quand ils appuient sur ceux-ci, la calculatrice effectue quand même l'opération. Leur demander quels inconvénients cela représente et quelles précautions ils doivent alors prendre. Les inviter à poursuivre l'activité avec les deux autres séries (2c et 2d), puis procéder à une autre mise en commun des observations.

Rôle de l'élève

Lire la consigne de l'activité 2, puis se mettre à la tâche, une série de touches à la fois. Regarder attentivement ce qui se passe à l'écran de la calculatrice, se rendre compte, par exemple, que les touches des opérations ne s'affichent pas à l'écran. Participer à la mise en commun en faisant part de ses observations. S'exprimer sur ce qui a bien et moins bien fonctionné et essayer d'en expliquer les raisons. Trouver des moyens pour éviter de commettre des erreurs en utilisant la calculatrice.

■MANUEL, P. 117, ACTIVITÉ 3■ Les élèves continuent à se familiariser avec la calculatrice, cette fois en travaillant en équipe, et l'utilisent, entre autres, pour effectuer des opérations sur des grands nombres. Les inviter à accomplir l'activité 3; faire comparer les résultats obtenus après chaque équation. Amorcer une discussion afin de faire ressortir les raisons qui expliquent que des résultats ont pu être différents. Écrire d'autres équations au tableau et demander aux élèves de les résoudre à l'aide de leur calculatrice, puis de comparer leurs résultats avec ceux des autres membres de leur équipe. Amener ensuite les élèves à objectiver les difficultés éprouvées lors de l'utilisation de la calculatrice :

— *Quelle difficulté as-tu éprouvée le plus souvent ? Pourquoi ?*

— *Comment as-tu corrigé ce problème ?*

— *Quels avantages vois-tu à utiliser la calculatrice ?*

Poursuivre la discussion en amenant les élèves à émettre leur opinion sur les questions suivantes et à la préciser :

— *Est-ce que les calculs sont toujours exacts quand on utilise la calculatrice ? Pourquoi ?*

— *Dirais-tu que les calculs se font plus rapidement avec la calculatrice ? Dis pourquoi.*

En équipe, résoudre les équations à l'aide de la calculatrice en s'efforçant d'appliquer, afin d'éviter les erreurs, les moyens précédemment trouvés. Comparer ses résultats avec ceux d'un autre membre de son équipe. Reprendre les calculs au besoin. Résoudre individuellement les équations proposées par l'enseignante ou l'enseignant, puis faire la comparaison des résultats avec les autres membres de son équipe. Participer au retour sur l'utilisation de la calculatrice. Nommer les difficultés éprouvées et essayer d'en expliquer les raisons. Faire part aux autres élèves des moyens utilisés pour corriger les problèmes qui ont pu surgir. En tenant compte de ce qui s'est passé au cours des activités 2 et 3, trouver des avantages et des inconvénients à utiliser une calculatrice.

Donner son opinion en expliquant les raisons de ses choix.

NOTE DIDACTIQUE

Même si les élèves n'en sont pas à leur première expérience avec la calculatrice, il est fort probable qu'ils commettront des erreurs en réalisant l'activité 3, comme oublier d'entrer un nombre ou un chiffre, en entrer un de trop, appuyer deux fois sur la même touche par mégarde ou, tout simplement, appuyer sur la mauvaise touche. Il n'y a pas à s'en surprendre puisque les activités de calcul qui y sont proposées ont été sciemment conçues de façon à rendre probable la survenue de telles erreurs.

Une première constatation à faire avec les élèves consiste à examiner le type de raisons qu'ils trouvent pour expliquer que, dans une même opération, leurs résultats puissent être différents. Il n'est pas encore certain que, à l'âge de six ans, tous les enfants conviennent que chacune des équations qu'ils ont eu à résoudre dans cette activité ne peut avoir qu'un et un seul résultat. Pour eux, et jusqu'à ce qu'ils atteignent un certain âge, il est possible d'obtenir des résultats différents selon les circonstances. De même, certains pourraient attribuer la cause des erreurs à la calculatrice elle-même en avançant, par exemple, que : « Avec cette calculatrice, on obtient tel résultat mais avec une autre, on en obtient un différent ! » Évidemment, il convient, sans toutefois perdre de vue que la maturité doit faire son œuvre, de tenter de dissiper cette perception. Par exemple, en revenant à des calculs plus simples, donc plus évidents pour les enfants de cet âge, et en leur suggérant d'effectuer les calculs simultanément sur deux calculatrices.

Les élèves pourraient aussi expliquer les résultats différents en invoquant que des erreurs du même type que celles mentionnées au premier paragraphe ont été commises. Ils sont ainsi sur la bonne piste puisqu'ils remettent en cause leur manière de faire : première étape pour s'améliorer. Il n'y a alors qu'une seule façon de remédier à la situation où des résultats sont différents : reprendre les calculs une fois, deux fois, même trois fois si c'est nécessaire, afin d'en arriver à être certain du résultat et à être en mesure de trouver une explication possible aux réponses erronées. Dans ces conditions, l'erreur n'est pas considérer comme une catastrophe ou un échec mais plutôt comme un moyen d'apprendre et de progresser.

L'INTÉGRATION

Rôle de l'enseignante ou de l'enseignant	Rôle de l'élève
■ FICHE 106, *RA-1B*, P. 106 ■ Demander d'abord aux élèves d'observer les trois illustrations de l'activité a, puis de lire les étiquettes. Leur allouer quelques minutes pour faire la tâche, puis leur lire les étiquettes. Les amener à déduire à partir des illustrations ce que représentent ici les mots *duo* (deux musiciens), *trio* (trois musiciens) et *quatuor* (quatre musiciens).	Observer les trois illustrations de l'activité a. Lire les étiquettes. Déduire à partir des illustrations ce que représentent les mots sur les étiquettes et en faire part aux autres.
Demander à quatre élèves de se former en duo, en trio, puis en quatuor. Après chaque groupement, demander aux autres élèves s'il s'agit bien d'un duo, d'un trio, etc. Ensuite, former deux duos d'élèves et leur demander combien ils sont en tout. Former un trio d'élèves, puis demander : — *Combien d'élèves y aurait-il en tout si je formais trois trios ?* Poursuivre avec la question : — *Si je forme deux équipes de quatre élèves, de combien d'élèves aurai-je besoin ?*	Participer à l'activité proposée par l'enseignante ou l'enseignant en vue de comprendre le problème à résoudre.
Inviter ensuite les élèves à réaliser l'activité b. Procéder à un retour collectif ; au besoin, inviter les élèves à mimer leurs réponses en se groupant.	Réaliser la dernière activité de la fiche. Utiliser la calculatrice au besoin. Partager ses réponses avec la classe.

Corrigé des activités du manuel, p. 117

1. Réponses variables ; exemple : elle fonctionne à pile ou avec l'énergie de la lumière ; il y a des boutons (touches) indiquant les chiffres de 0 à 9. Il y a d'autres boutons comme : +, –, =, ON, OFF, etc. Il y a des chiffres qui apparaissent à l'écran quand on appuie sur les boutons ; on peut composer de gros nombres, faire des additions, calculer vite, etc.

2. a) 5   b) 3   c) 9   d) 1

   Les remarques des élèves varieront ; exemples : quand on appuie sur les touches, la calculatrice affiche les nombres mais pas les symboles +, –, =. En c, la calculatrice affiche le résultat de 5 + 5 quand on appuie sur la touche – et en d, le résultat de 9 – 9 quand on appuie sur la touche +.

3. a) 21   b) 55   c) 1001   d) 999   e) 15

   Des résultats différents peuvent s'expliquer de plusieurs façons ; exemples : par le fait de ne pas avoir appuyé sur toutes les touches de la séquence ou d'avoir appuyé deux fois sur la même touche, ou encore d'appuyer sur plus de touches qu'il ne le fallait, d'avoir omis d'appuyer sur une touche, de se tromper de touche en appuyant sur celle d'à côté, etc.

Projet

Les élèves poursuivent la construction des tacots miniatures qui doit se terminer avant l'exposition prévue à la situation d'apprentissage 5. À cette étape-ci du déroulement du projet, les élèves auront à décorer leurs tacots. Les activités de la situation d'apprentissage 2 les y ont d'ailleurs préparés.

▨ À partir des dessins, modèles et autres motifs qu'ils ont ainsi créés, et dont ils ont conservé la trace dans leur portfolio, les élèves déploient toute leur créativité pour décorer les tacots.

▨ Les élèves revoient les règlements de la course et s'assurent que leurs tacots miniatures y sont conformes, notamment en en vérifiant les dimensions à l'aide d'une règle graduée en centimètres. Si un problème de dimensions se pose, encourager les élèves à s'efforcer de le résoudre; les soutenir dans cette tâche.

Réinvestissement

Suggérer aux élèves :

▨ de se grouper en équipes de deux pour composer, à l'aide de cartons nombres, une séquence d'opérations. Chaque membre effectue les opérations avec sa calculatrice. Les deux élèves comparent ensuite leurs résultats. Si ceux-ci sont différents, ils tentent d'en expliquer les raisons, puis revoient comment ils ont utilisé leur calculatrice en effectuant de nouveau la séquence d'opérations, autant de fois que nécessaire. Répéter l'activité, cette fois, avec une autre équipe;

▨ la fiche *Avec ma calculatrice*.

Travaux personnels

Proposer aux élèves d'effectuer, auprès des membres de leur famille, une recherche sur l'utilisation de la calculatrice. Par exemple, en se demandant si leurs grands-parents en utilisaient une à l'école lorsqu'ils avaient le même âge qu'eux ou s'ils ne s'en sont servis que plus tard à l'école; si leur grand frère ou leur grande sœur utilisent une calculatrice à l'école et si oui, leur demander s'ils leur arrivent de se tromper en l'utilisant, etc. Une fois leur recherche terminée, les élèves partagent leurs résultats en classe, les comparent et essaient d'y trouver des explications.

Utilisation des TIC

Suggérer aux élèves des activités libres qu'ils réaliseront à l'aide de la calculatrice (ce peut aussi être celle de l'ordinateur).

▨ Écrire des équations sur une feuille et les résoudre en employant la calculatrice. Partager ces équations avec deux ou trois élèves et leur demander, à leur tour, de les résoudre avec la calculatrice. Vérifier ensuite les résultats. Au besoin, les soumettre à la vérification d'une personne adulte.

▨ Construire des suites de nombres à l'aide de la calculatrice; utiliser la constante additive (+), par exemple : + 11, à partir de 1.

▶ SITUATION D'APPRENTISSAGE 5 L'exposition de tacots

La construction des tacots miniatures est maintenant terminée. C'est le moment pour les élèves de préparer une exposition de leurs tacots, dont le but est de partager les résultats du travail des équipes. Mais avant, il faudra vérifier si les règlements qu'il fallait respecter pour la fabrication des tacots ont été suivis (dimensions, matériel récupéré, décorations). Dans la classe de Logibul, il a été décidé de faire appel à des juges pour faire cette vérification. L'évaluation des tacots sera pour les élèves l'occasion de vivre une expérience où ils développeront leur jugement critique, qu'ils devront exercer en respectant des règles de vie en société. Ainsi, ce sera pour eux une façon vivante et signifiante de participer à un processus démocratique.

Sur le plan disciplinaire, les élèves compareront des nombres en utilisant des fiches de points. Les élèves devront d'ailleurs compléter une telle fiche à partir d'indices présentés à l'aide du vocabulaire mathématique et recourir à des processus de calcul mental pour trouver un total de points. La calculatrice leur sera d'une aide précieuse lors de la vérification de ce total.

Organisation matérielle

3 h 30 min

▦ Le manuel *Logibul 1*, p. 118 et 119;
▦ Les fiches 107 et 108, *RA-1B*, p. 107 et 108;
▦ Des calculatrices;
▦ Les fiches *Des activités de fin de semaine* (*1* et *2*), au besoin (guide, p. 415 et 416).

Facteurs de réussite

Les élèves auront réussi la tâche :

▦ s'ils repèrent des situations de la vie courante où des personnes sont appelées à porter un jugement;
▦ s'ils reconnaissent le rôle démocratique que peut jouer un ou une « juge » dans une situation de leur vie courante;
▦ s'ils affirment leur point de vue en faisant valoir des arguments qui s'appuient soit sur l'intuition, soit sur un raisonnement;
▦ s'ils démontrent une utilisation correcte des termes : le plus, le moins, de plus, de moins, autant que;
▦ s'ils utilisent correctement la calculatrice pour vérifier des additions de plusieurs nombres.

Portfolio

Proposer aux élèves d'y conserver la fiche 108 du *RA-1B*.

LA PRÉPARATION

Rôle de l'enseignante ou de l'enseignant	Rôle de l'élève
■MANUEL, P. 118■ Faire observer les tacots des équipes de Félix et Léa et de Logibul et Hoa. Laisser quelques minutes aux élèves pour qu'ils émettent leurs commentaires.	Observer les illustrations représentant les tacots des équipes de Félix et Léa et de Logibul et Hoa. Porter un jugement sur ces tacots et l'exprimer.
Leur faire ensuite observer les deux fiches montrant les points obtenus par chaque équipe.	Prendre connaissance des deux fiches de points de la p. 118.
Animer une discussion sur le jugement que les juges ont porté sur les deux tacots illustrés à la p. 118 et le propre jugement que les élèves portent sur les mêmes tacots. Pour amorcer la discussion, leur poser les questions suivantes : — *Comment les juges ont-ils jugé les tacots ?*	S'exprimer sur le jugement porté par les juges, dire s'il ou elle est en accord ou non; justifier sa réponse.

— Est-ce possible qu'une équipe ne soit pas satisfaite du jugement?

— Dans ce cas, que doit faire cette équipe?

Expliquer aux élèves qu'il faut accepter les règles du jeu telles qu'elles ont été établies au départ et accepter la décision des juges en admettant que leur tâche n'est pas toujours facile. Amener les élèves à s'exprimer sur le rôle des personnes à qui on demande d'être juge, soit dans la classe, à l'école, à la maison ou ailleurs. Leur demander de donner des exemples de situations où on a recours à des juges (exemples: compétition, concours artistique, justice, arbitre dans les sports: tennis, hockey, soccer, etc.).

Leur demander quelles qualités, à leur avis, doit avoir un ou une juge. Leur demander d'interpréter les points 3, 4 ou 5 des fiches apparaissant à la p. 118. Poser aux élèves les questions suivantes:

— Selon toi, que signifie obtenir 5 points pour le respect des dimensions? 4 points pour l'originalité? 3 points pour la solidité?

Amener les élèves à donner des exemples de ce qu'ils avancent.

Se demander ce que les équipes de Félix et de Logibul peuvent penser du jugement des juges.

Réfléchir au rôle des personnes à qui on demande d'être juge. Discuter des attitudes et des comportements qu'on doit avoir envers les juges, les arbitres et les autres personnes qui doivent exprimer une opinion sur soi ou sur son travail.

Énumérer des qualités que doit avoir une personne à qui on demande d'être juge. Interpréter le sens des informations contenues sur les fiches.

LA RÉALISATION

Rôle de l'enseignante ou de l'enseignant	Rôle de l'élève
■ MANUEL, P. 118, ACTIVITÉS 1 ET 2 ■ Inviter les élèves à former des équipes et à réaliser les activités 1 et 2 de la p. 118. Préciser à un ou une élève de chaque équipe de noter les réponses.	En équipe, réaliser les activités de la p. 118. Utiliser la calculatrice pour vérifier le nombre total de points obtenus dans chaque cas. Noter les réponses et les comparer avec celles d'une autre équipe.
■ MANUEL, P. 119, ACTIVITÉ 3 ■ Faire réaliser l'activité 3 en équipe. Demander ensuite à quelques élèves d'exprimer leur compréhension de la tâche en leur posant la question suivante: *— Quelle tâche dois-tu faire?*	En équipe, observer les tableaux et lire les consignes de l'activité 3. Expliquer ce qu'il ou elle a compris. Répondre ensuite aux questions posées par l'enseignante ou l'enseignant en se demandant si ce que son équipe avait compris était exact. Faire l'activité 3. Noter les réponses.
Animer un retour collectif sur toutes les activités de la situation. Demander à l'élève qui, dans chaque équipe se chargeait de noter les réponses, d'en faire part.	Avec le groupe-classe, partager les réponses des activités 1, 2 et 3.
Quand cela se justifie, faire reprendre le raisonnement ou le calcul conduisant à un résultat donné pour trouver une explication à une erreur. Éviter toutefois que les élèves en arrivent à considérer qu'un résultat est juste seulement si toutes les équipes obtiennent le même résultat.	Revoir certaines démarches, au besoin. Comprendre que: 1) le fait que toutes les équipes obtiennent le même résultat ne garantit pas que le résultat est juste, car tout le monde pourrait s'être trompé; 2) ce qui fait la justesse d'un résultat, c'est la démarche et le raisonnement suivis, de même que l'exactitude des calculs, s'il y en a.

L'INTÉGRATION

Rôle de l'enseignante ou de l'enseignant	Rôle de l'élève
■ FICHES 107 ET 108, *RA-1B*, P. 107 ET 108■ Présenter les fiches 107 et 108. Demander aux élèves de travailler individuellement.	Travailler individuellement. Lire les problèmes, observer les tableaux, utiliser les informations des tableaux pour accomplir les tâches.
Pour l'activité 1 de la fiche 108, laisser les élèves choisir la stratégie de leur choix; par exemple, utiliser des processus de calcul personnels, représenter les quantités par des objets, utiliser la calculatrice, etc.	Se donner confiance en relisant les consignes, en observant à nouveau les tableaux, en essayant d'autres pistes de solution et en poursuivant le travail jusqu'au bout. Au besoin, demander de l'aide.
Inviter les élèves à faire un retour sur les fiches en équipe. Demander aux élèves de comparer leurs réponses et de les corriger, s'il y a lieu.	Comparer ses réponses avec celles des membres de son équipe et apporter des corrections, s'il y a lieu.
Si une consolidation est nécessaire pour certains élèves, leur proposer les fiches *Des activités de fin de semaine* (*1* et *2*). Elles peuvent être l'occasion d'un travail individuel à la maison ou lors d'un moment libre en classe.	

Corrigé des activités du manuel, p. 118 et 119

Encadré de la p. 118 : Les juges ont évalué les tacots sur les aspects suivants : respect des dimensions, solidité, originalité, décoration, matériel récupéré. Ils ont accordé des points pour chacun de ces aspects.

1. a) Le tacot de Félix et Léa.
   b) Le tacot de Logibul et Hoa.

2. a) et b) Le tacot de Félix et Léa a obtenu 22 points. On obtient ce résultat en faisant la somme de : 5 + 4 + 4 + 5 + 4.
   Le tacot de Logibul et Hoa a obtenu 20 points. On obtient ce résultat en faisant la somme de : 4 + 3 + 5 + 4 + 4.

3. a) Le tacot B a obtenu :
   • 5 points pour la solidité;
   • 3 points pour l'originalité;
   • 2 points pour le matériel récupéré.

   b) Le tacot A a obtenu 18 points, soit la somme de : 4 + 3 + 3 + 4 + 4.
   Le tacot B a obtenu 17 points, soit la somme de : 3 + 5 + 3 + 4 + 2.

Évalue les tacots miniatures que toi et les autres élèves de ta classe avez faits.

Cette question est en lien avec le projet (voir la rubrique Projet à la page suivante).

Projet

▨ Inviter les équipes à présenter leurs tacots dans le cadre d'une exposition. Les élèves pourraient, s'ils le désirent, donner un nom à leur tacot. Il est suggéré d'inviter soit les parents, soit les élèves d'une autre classe à venir visiter cette exposition.

▨ Proposer à chaque équipe de reproduire une fiche d'évaluation semblable au modèle fourni dans le manuel, aux p. 118 et 119. Des critères d'évaluation peuvent être ajoutés ou modifiés, selon ce que le groupe-classe décidera. Il est suggéré que le critère «dimensions» y soit; ainsi, les élèves pourront mesurer des longueurs et largeurs à l'aide d'une règle. Si les élèves n'éprouvent aucune difficulté à calculer mentalement avec de petits nombres, il est proposé d'attribuer les points en fonction d'une échelle de 10 (1 à 10) au lieu de 5 (1 à 5).

▨ Inviter chaque équipe à évaluer le tacot d'une autre équipe à l'aide de sa fiche d'évaluation. Rappeler aux élèves la discussion collective (phase Préparation) au sujet de la tâche des juges et de leurs responsabilités; préciser aux élèves de tenir compte des principaux points de cette discussion quand vient le moment d'évaluer le tacot d'une autre équipe.

Réinvestissement

Demander aux élèves d'imaginer un tableau de points pour juger d'un travail ou d'un dessin fait par des élèves de leur classe ou d'une autre classe, puis de s'échanger les tableaux et de compter les points à l'aide de la calculatrice.

Travaux personnels

▨ Proposer aux élèves de poser des questions à une personne de leur entourage qui est appelée au cours de ses activités à porter un jugement ou à évaluer des choses ou des personnes (par exemple, des travaux, des recherches, des dessins, des performances sportives, des employés). Ce pourrait être, par exemple, une enseignante de l'école (qui doit évaluer ses élèves).

▨ Suggérer aux élèves de trouver des questions à poser à cette personne; par exemple :

— *Est-ce que vous trouvez votre travail de «juge» ou d' «arbitre» difficile ?*

— *Qu'est-ce qui est le plus difficile dans votre travail ?*

— *Qu'est-ce que vous aimez le plus dans votre travail ?*

▨ Présenter les résultats de l'enquête à l'ensemble du groupe-classe.

Utilisation des TIC

Suggérer aux élèves de refaire l'activité 2 de la p. 116 de leur manuel en utilisant la calculatrice qui est intégrée au système d'exploitation de l'ordinateur.

▶ SITUATION D'APPRENTISSAGE 6 Un, deux, trois, partez !

Cette situation d'apprentissage, consacrée à la course de tacots, comporte de nombreuses possibilités sur le plan pédagogique. Dans le petit monde de Logibul, c'est au tour de Logibul et Hoa de propulser leur tacot. Ils sont déçus, car ils s'attendaient à un meilleur résultat. Ce sera l'occasion pour les élèves, de formuler quelques hypothèses sur la piètre performance du tacot de Logibul et Hoa. Au-delà des raisons techniques, comme des roues mal façonnées, il y a avant tout l'acceptation de soi-même comme étant responsable de ses succès et de ses échecs. Finalement, les résultats des différentes équipes rassemblés dans un diagramme à bandes montrent que Hoa et Logibul n'ont pas obtenu de si mauvais résultats. Les élèves auront à tirer tous les éléments d'information qu'ils peuvent de ce diagramme et auront à les interpréter les uns par rapport aux autres. Plusieurs de ces informations portent sur le mesurage en centimètres.

Comme ce fut le cas au cours des situations d'apprentissage précédentes, cette dernière du thème permettra aux élèves de transposer dans leur projet une situation modèle représentée dans leur manuel. Ce sera pour eux l'occasion de vivre une expérience riche en émotions, au cours de laquelle ils prendront conscience de leur potentiel. De plus, la complexité de la situation va grandement stimuler les élèves, favorisant ainsi le développement de plusieurs compétences, notamment leur capacité à exploiter l'information et à exercer leur jugement critique.

Organisation matérielle

▒ Le manuel *Logibul 1*, p. 120 et 121;

▒ La fiche 109, *RA-1B*, p. 109;

▒ Des calculatrices;

▒ Des règles (graduées en centimètres);

▒ Une grande feuille;

▒ Quelques grands cartons, une boîte de carton et du ruban adhésif;

▒ Les tacots de toutes les équipes.

3 h 30 min

Facteurs de réussite

Les élèves auront réussi la tâche :

▒ s'ils expriment un jugement critique sur ce qui cause la déception de Hoa et de Logibul;

▒ s'ils acceptent le fait qu'ils sont les premiers responsables de leurs succès comme de leurs échecs;

▒ s'ils décodent une information de même nature mais provenant de deux sources différentes;

▒ s'ils réalisent quelques mesurages en centimètres;

▒ s'ils interprètent correctement différentes données apparaissant dans un diagramme à bandes.

Portfolio

Proposer à chaque élève de faire un dessin représentant un apprentissage que le projet lui a permis de réaliser et qui lui semble particulièrement important. Lui demander de le conserver dans son portfolio. De plus, prévoir photographier les tacots des élèves; ils pourront ainsi garder une photographie de leur tacot dans leur portfolio.

LA PRÉPARATION

Rôle de l'enseignante ou de l'enseignant	Rôle de l'élève
■ MANUEL, p. 120 ■ Faire observer l'illustration de la p. 120 du manuel. Poser les questions suivantes aux élèves :	Observer la piste de course et se poser des questions sur la façon dont elle est construite; constater qu'il s'agit d'un plan incliné à partir d'une boîte et que la pente pourrait être différente.

— *Comment les élèves de la classe de Logibul ont-ils construit la piste de course ?*

— *Est-ce que la piste pourrait être construite de façon différente ?*

Poursuivre avec les questions de l'activité 1. Ensuite, demander aux élèves :

— *Selon toi, quelles raisons donnerais-tu à Logibul et à Hoa pour expliquer leur piètre résultat ?*

Répondre aux questions de l'activité 1. Analyser les attitudes de Hoa et Logibul. Lire le texte contenu dans la bulle et déduire que le tacot n'a pas franchi une distance suffisante aux yeux de Hoa et Logibul. Exprimer son opinion sur la problématique et écouter attentivement l'opinion des autres.

Accepter que les élèves donnent différentes explications; par exemple, que Logibul et Hoa n'avaient pas un bon plan de tacot ou que le matériel choisi ne convenait pas, ou encore qu'ils n'ont pas découpé les pièces avec précision ou ne sont pas tellement habiles dans ce genre d'activité.

Amorcer une discussion avec les élèves sur les talents personnels, puis les amener à prendre conscience du fait :

• qu'on peut toujours chercher à améliorer son travail quel qu'il soit;

• qu'on est toujours responsable de ses succès et de ses échecs;

• qu'il faut accepter que, parfois, on est moins bon que les autres;

• qu'il faut accepter que, parfois, on est meilleur que les autres.

Participer activement à la discussion; exprimer son opinion sur les talents personnels et prendre conscience du fait que, dans son équipe, il peut y avoir un ou une élève qui a plus de facilité dans une activité que dans une autre (par exemple, éprouver des difficultés dans le bricolage mais être à l'aise en calcul mental et écrit).

Demander aux élèves ce que Hoa et Logibul devraient faire pour améliorer les performances de leur tacot. Ensuite, de trouver des suggestions qu'ils pourraient mettre à l'essai pour que leurs propres tacots aillent plus loin (par exemple : pente plus élevée et plus inclinée, tacot plus lourd, roues plus grandes).

Trouver des suggestions pour que l'équipe de Hoa et de Logibul améliore les performances de son tacot. Activer ses connaissances antérieures au sujet du plan incliné et d'un système de roulement simple, et exprimer ses intuitions sur des possibilités d'amélioration du tacot.

Remarque : Si le temps le permet, mettre à l'essai ces différentes suggestions au moment de la course. Autrement, les considérer comme étant des hypothèses que l'on pourrait éventuellement vérifier.

LA RÉALISATION

Rôle de l'enseignante ou de l'enseignant	Rôle de l'élève
■ MANUEL, P. 121, ACTIVITÉ 2 ■ Inviter les élèves à observer, groupés en équipes, le diagramme à bandes de la p. 121. Leur demander d'expliquer quels renseignements présente ce diagramme (s'en tenir uniquement au diagramme sans poser, dans l'immédiat, les questions qui s'y rattachent). **Remarque :** On présente un diagramme à bandes horizontales aux élèves pour la première fois. Il est donc possible (et même souhaitable) que cela crée quelque doute dans l'esprit des élèves. Faire expliquer le diagramme par chaque équipe. Demander aux équipes de répondre par écrit aux questions de l'activité 2. Ensuite, de comparer leurs réponses entre elles. Exploiter le diagramme en posant d'autres questions aux élèves, par exemple : — *Quelle longueur aurait parcouru le tacot de Aiden et Luis s'il avait roulé 5 cm de plus ?* — *Que deviendrait le rang de chaque tacot si un autre tacot avait parcouru 23 cm ?*	En équipe, observer le diagramme à bandes et se demander quelles informations il contient. Dresser une liste afin de pouvoir expliquer à la classe ce que l'équipe a trouvé. Partager avec les élèves de la classe le travail de son équipe. Répondre ensuite aux questions de l'activité 2 par écrit. Comparer ses réponses avec les réponses d'une autre équipe. Répondre aux questions de son enseignante ou son enseignant, après avoir discuté de la solution avec un ou une élève.

L'INTÉGRATION

Rôle de l'enseignante ou de l'enseignant	Rôle de l'élève
■ FICHE 109, *RA-1B*, P. 109 ■ Présenter la fiche aux élèves. Les laisser travailler individuellement. On suggère de demander aux élèves de vérifier leurs résultats en équipe de deux. Il n'y a pas lieu de faire une mise en commun (en effet, la tâche n'est pas difficile à comprendre; elle demande de l'attention et il suffit pour les élèves d'être méticuleux). Proposer aux élèves qui en éprouvent le besoin un atelier de mise au point sur la méthode à employer pour mesurer efficacement avec une règle.	Se donner une méthode efficace pour mesurer les trajets avec précision. Mesurer chacun par sections. Noter chaque fois la mesure obtenue. Utiliser la calculatrice pour additionner la mesure de chacune des sections d'un trajet. Faire la même démarche pour les autres trajets. Vérifier ses résultats avec un ou une autre élève. Au besoin, participer à l'atelier de mise au point.

Corrigé des activités du manuel, p. 120 et 121

1. a) La première marque indique le point à partir duquel on calcule la distance parcourue. C'est pourquoi on lui a donné la valeur de 0. Les autres, vis-à-vis les pointillés, marquent les distances de 10 cm en 10 cm.

   b) Si l'on prend le devant du tacot comme référence, il a parcouru plus de 20 cm mais moins de 30 cm.

   c) Réponses variables; exemple : Hoa n'est pas satisfaite du résultat; elle le dit et elle a l'air déçu. Elle aurait voulu que son tacot aille plus loin.

Trouve des idées pour construire une piste. Partage-les avec les élèves de ta classe.

Cette activité est en lien avec le projet (voir la rubrique Projet de cette page).

2. a) Le tacot de Félix et Léa; il a parcouru 40 cm.

   b) L'équipe de Aiden et Luis. Leur tacot a parcouru 17 cm.

   c) Au 3e rang.

   d) L'équipe de Roberta et Émile.

   e) 15 cm de plus.

 En classe, organise une course de tacots. Présente les résultats de la course.

Cette activité est en lien avec le projet (voir la rubrique Projet ci-dessous).

Projet

▨ Inviter les élèves à participer à une séance de remue-méninges dans le but de trouver des idées pour construire une piste de course. Afin d'orienter la recherche d'idées, il est suggéré que les élèves analysent l'illustration de la p. 120 du manuel. Il est également possible d'utiliser cette illustration comme plan à suivre pour construire une piste. Dans ce cas, utiliser une boîte de carton, de grands cartons et du ruban adhésif.

▨ Il serait bon de partager les tâches à réaliser dans cette dernière partie du projet entre quelques équipes d'élèves. Il y a assez de choses à préparer pour répartir des tâches entre tous les élèves. Par exemple, demander à :

– une équipe de construire la piste. La laisser s'organiser; lui venir en aide au besoin seulement.

– d'autres élèves d'utiliser une règle (graduée en centimètres) et de tracer sur la piste (ou sur le plancher) des marques à tous les 10 cm.

– des élèves de préparer une grande feuille de papier sur laquelle tracer, après la course, le diagramme à bandes grâce auquel on présentera les résultats de la course.

– d'autres élèves d'inviter soit les parents, soit les élèves d'autres classes, selon ce que le groupe-classe aura préalablement décidé. Établir en plénière qui seront les invités et par quel moyen de communication les joindre (carton ou lettre d'invitation, affiche, journal ou radio de l'école, etc.). Profiter de cette occasion pour faire appel aux connaissances antérieures des élèves en ce qui a trait aux médias.

– des élèves de préparer des fiches d'inscription pour les tacots de toutes les équipes. Inviter ces élèves à laisser libre cours à leur imagination pour déterminer le format et les renseignements que contiendra cette fiche (suggestions : nom des membres de l'équipe; nom du tacot; dimensions du tacot; dessin ou photo du tacot).

▨ Lorsque tout est prêt, inviter les élèves à vivre la course, à noter les résultats, puis à les présenter sous la forme d'un diagramme à bandes. Aussi, de mesurer la durée du parcours de quelques tacots, ainsi ils prendront conscience de la courte durée que représente la seconde. Afficher le diagramme à bandes dans le coin mathématique de la classe.

Réinvestissement

Faire glisser de petits objets sur une table ou sur le plancher (par exemple : cubes, pièces de monnaie, figurines en plastique, véhicules fabriqués avec des pièces de Lego, modèles réduits de voiture, cailloux, objets façonnés en pâte à sel). Organiser une compétition amicale. Mesurer la distance parcourue par chaque objet. Noter les résultats et les communiquer à l'aide d'un diagramme à bandes.

Travaux personnels

Proposer aux élèves de s'inspirer de la fiche 109 du *RA-1B*, et d'imaginer une piste de course, puis de la dessiner sur une feuille. Dire aux élèves de dessiner sur la piste deux ou trois trajets et autant d'animaux ou de personnages. Inviter les élèves à s'échanger leur feuille et faire mesurer, en centimètres, chaque trajet figurant sur la feuille. Demander aux élèves d'inscrire leurs résultats dans un tableau. Faire faire une vérification des résultats de mesures en dyade.

Utilisation des TIC

Inviter les élèves à explorer une nouvelle fonction du tableur en leur proposant de tracer un diagramme à bandes à partir des résultats de la course de tacots qui a eu lieu en classe.

122-123

EXPLOITATION DES PAGES PÉDAGOGIQUES DES THÈMES 9 ET 10

Les p. 122 et 123 du manuel de même que les fiches 110 et 111 du *RA-1B* proposent aux élèves de se pencher sur leurs apprentissages. Sans leur présenter immédiatement ces pages, animer un bref retour sur les thèmes 9 et 10 en invitant les élèves à feuilleter leur manuel et leur portfolio. Leur demander de se rappeler ce qu'ils ont fait et ce qu'ils ont appris, d'en donner des exemples, et d'expliquer comment ils font pour ne pas l'oublier. Noter au tableau les éléments importants de leurs réponses. Il est aussi suggéré de demander aux élèves de dessiner sur une feuille un élément qu'ils ont retenu et de conserver ce dessin dans leur portfolio. Enchaîner avec la présentation des p. 122 et 123 du manuel. Avec les élèves, lire les consignes des activités, puis leur demander d'y répondre en utilisant, au besoin, du matériel de manipulation. Ensuite, leur distribuer les fiches 110 et 111 du *RA-1B* et les inviter à en réaliser individuellement les activités. Lors d'une correction collective, exploiter ces fiches de façon à amener les élèves à constater les progrès qu'ils ont accomplis dans leurs apprentissages.

Je sais résoudre un problème.

Préciser aux élèves de laisser des traces de leur démarche sur une feuille en représentant, par exemple, les tacots par des points de couleur (rouge et bleu).

Il y a 25 tacots en tout.

Je sais reconnaître la valeur d'un chiffre dans un nombre.

Pour se rappeler la valeur de position d'un chiffre dans un nombre, les élèves font appel à leur mémoire ou consultent, à la p. 152 du manuel *Logibul 1*, le repère « Quand je change les chiffres… ».

a) 30 ou 3 dizaines
b) 40 ou 4 dizaines
c) 3 ou 3 unités
d) 1 ou 1 unité
e) 4 ou 4 unités
f) 80 ou 8 dizaines

Je suis capable d'additionner.

Indiquer aux élèves de compléter oralement la table d'addition à partir du manuel ou de la dessiner sur une feuille, puis de la compléter par écrit.

+	7	12	50	25	8	10	36	49	4
40	47	52	90	65	48	50	76	89	44
30	37	42	80	55	38	40	66	79	34

Je sais mesurer en centimètres.

D'abord, demander aux élèves de se fermer les yeux et leur indiquer de repenser à la manière dont ils s'y prennent pour mesurer un objet avec leur règle graduée en centimètres. Leur demander ensuite de mesurer la longueur des objets illustrés et de noter leurs résultats en utilisant le symbole cm. Inviter les élèves à comparer leurs réponses.

- Bobine de fil : 5 cm.
- Pièce emboîtable : 3 cm.
- Clé : 7 cm.
- Crayon : 12 cm.

Je peux estimer la longueur d'un objet.

Demander à quelques élèves d'estimer, en centimètres, la longueur de la brosse à tableau. Noter leurs estimations. Si les estimations sont identiques, demander à d'autres élèves d'y aller de leur estimation jusqu'à l'obtention d'une ou deux estimations différentes. Ensuite, demander au reste de la classe : « Trouvez-vous que ces estimations sont correctes ? » Inviter quelques élèves à vérifier les estimations en mesurant la longueur de la brosse à l'aide d'une règle.

J'ai appris à reconnaître des solides.

Demander aux élèves de pointer le solide correspondant à la forme illustrée, puis de dire pourquoi ils l'ont choisi. Si des élèves éprouvent de la difficulté à se représenter les trois solides qui sont illustrés, leur en montrer de véritables (cube, prisme à base carrée et prisme rectangulaire).

Le prisme à base carrée correspond à la forme illustrée.

Autour de moi

Grouper les élèves en équipes de deux ou trois. Leur expliquer la tâche :

— Observer la situation. La décrire dans ses mots;

— Trouver la question du problème;

— Poser la question aux autres élèves de la classe.

Réponses variables; exemple : Il y avait 12 œufs. On a pris 3 œufs. Combien d'œufs reste-t-il ?

Inviter les élèves à faire de même, cette fois en cherchant, lors du retour à la maison, une situation qui s'y prête. Par exemple, il y avait 10 enfants dans l'autobus. Il y a 2 enfants qui ont débarqué de l'autobus. Combien d'enfants reste-t-il dans l'autobus ? Le lendemain, leur demander de raconter leur trouvaille.

Pour t'amuser

Indiquer aux élèves d'écrire toutes les façons qu'ils trouvent, puis de les comparer avec celles d'un ou d'une autre élève. Réponses variables; exemple : $40 - 30 + 2 = 12$.

Retour sur le thème

Étant donné la nature du projet réalisé au cours du thème, il est proposé de faire un retour collectif. Voici des pistes de questionnement pour animer une réflexion avec les élèves.

Questions sur le projet

▨ As-tu aimé construire un tacot ?

▨ Quelles activités as-tu aimé le plus ? le moins ?

▨ Quelle partie du projet a été la plus difficile à réaliser ? la plus facile ? la plus agréable ?

▨ Qu'as-tu apporté à ton équipe pendant le projet ?

▨ Qu'est-ce que ton équipe t'a apporté ?

▨ Est-ce que tu as des suggestions à faire qui permettraient d'améliorer un autre projet de ce type ?

Questions sur les compétences développées

▨ Lorsque tu travailles en équipe pour réaliser les activités, qu'est-ce qui te plaît le plus ?

▨ Est-ce que tu as des choses à proposer pour mieux travailler avec ton équipe ?

▨ As-tu observé des stratégies utilisées par d'autres équipes et que tu pourrais utiliser ?

▨ Comment t'y prends-tu pour comprendre les consignes et les tâches à faire en équipe ?

▨ Nomme une chose (un comportement, une attitude, une habileté) que chaque membre de l'équipe a améliorée.

▨ Quel serait le point à travailler dans le prochain thème pour que ton travail en équipe soit plus efficace ?

Activité de numération

Écrire trois chiffres au tableau (par exemple : 2, 5 et 7).

Donner les consignes suivantes aux élèves qui sont groupés en équipes de deux.

▨ À l'aide de ces trois chiffres, écrire le plus de nombres à deux chiffres possible (par exemple : 27, 72, 25, 57, 52, 75).

▨ Placer les nombres trouvés en ordre croissant.

Nom _____

Un mois de 31 jours

1. Complète la page de calendrier. Ajoute les dates et les jours
qui manquent pour ce mois de 31 jours.

			Jeudi			
					17	

Réponds aux questions à l'aide de ce calendrier.

2. Quel jour est le 27 ? _____

3. Combien y a-t-il :

a) de lundis ? _____   c) de dimanches ? _____

b) de vendredis ? _____

4. a) Combien de jours a duré un festival
qui a commencé le 10 et s'est terminé le 18 ? _____

b) Pendant cette période, combien y a-t-il eu :

• de vendredis ? _____   • de dimanches ? _____

5. Combien de jours reste-t-il après le 18 ? _____

Nom _____

En centimètres

1. Mesure la longueur de chaque ficelle.

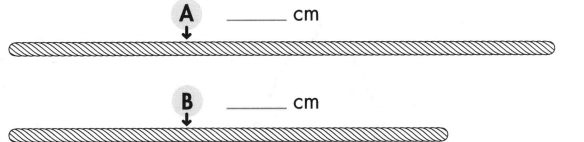

A _____ cm

B _____ cm

C _____ cm

2. Quelle longueur obtiens-tu si tu mets les ficelles **A** et **B**

bout à bout ? _____ cm

3. De quelle ficelle s'agit-il ?

- La ficelle qui est plus grande que la ficelle **B** de 5 cm. _____
- La ficelle qui est plus petite que la ficelle **C** de 2 cm. _____

4. Autour de toi, trouve 2 objets qui mesurent entre 30 cm et 40 cm.

Objet		
Mesure	_____ cm	_____ cm

Nom _____

Inventeurs, au travail ! (I)

Utilise cette fiche pour faire l'activité 2, page 114, de ton manuel *Logibul I*.

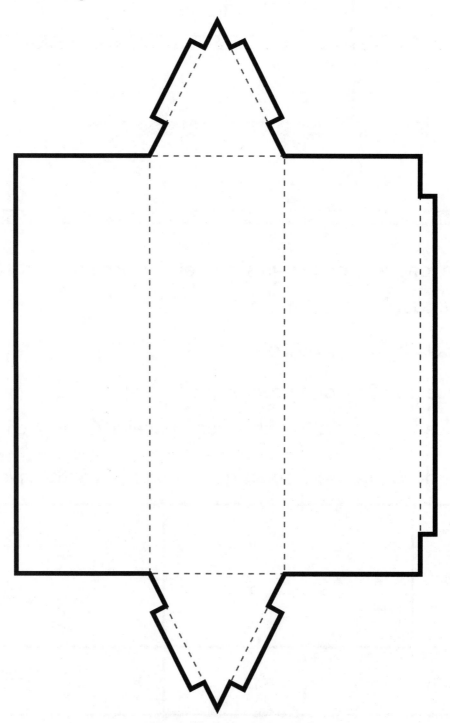

Nom _____

Inventeurs, au travail ! (2)

Utilise cette fiche pour faire l'activité 2, page 114, de ton manuel *Logibul 1.*

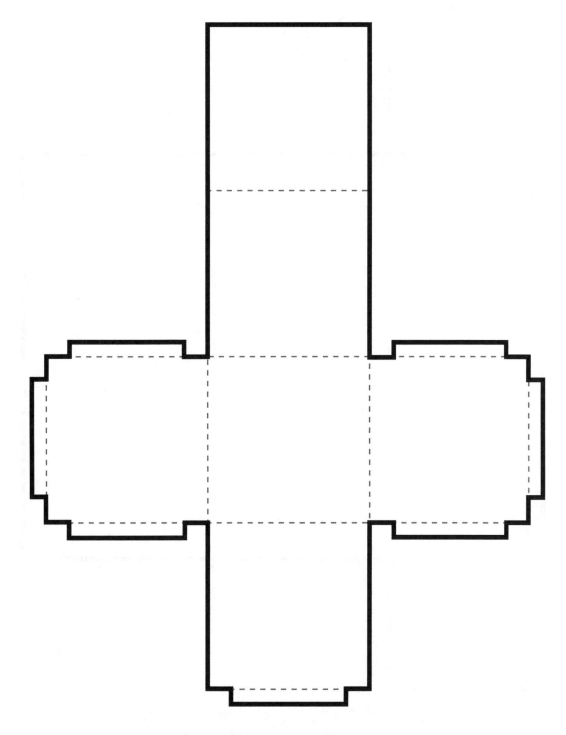

Nom _____

Inventeurs, au travail ! (3)

Utilise cette fiche pour faire l'activité 2, page 114, de ton manuel *Logibul 1*.

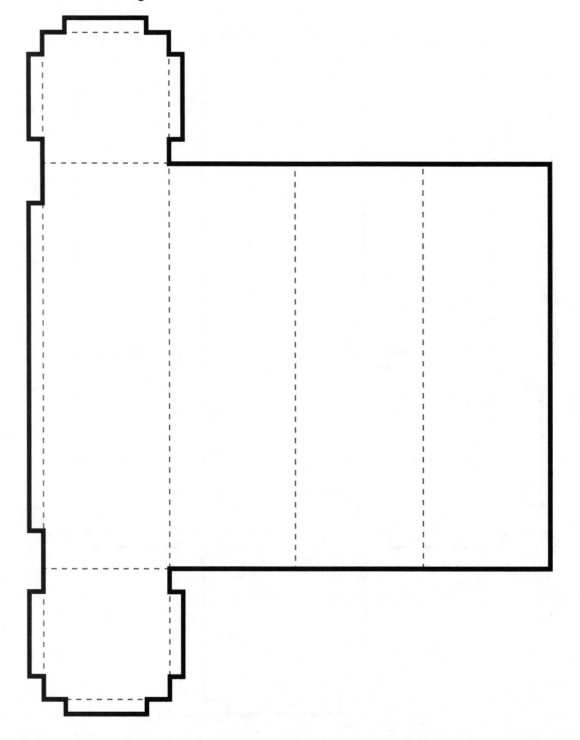

Nom _____

Un solide et ses faces

Dessine du mieux que tu peux toutes les faces de chaque solide.

a)

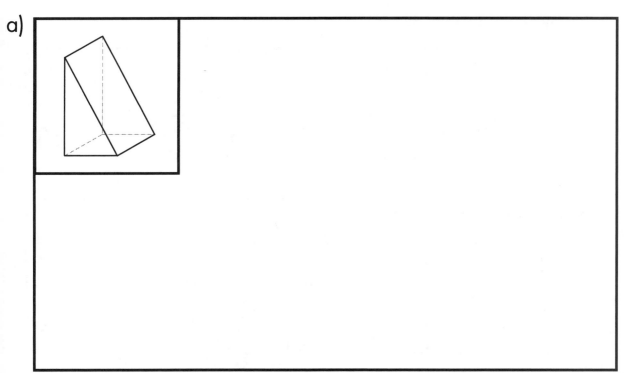

b)

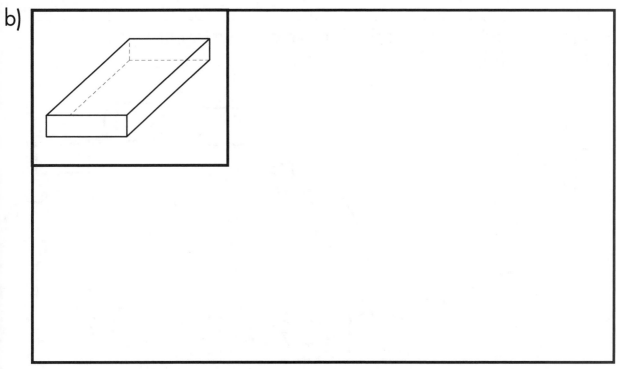

Nom _____

Avec ma calculatrice

1. Complète chaque suite de nombres. Tu peux utiliser ta calculatrice.

a) Ajoute toujours 4.

3,   7,   ☐, ☐, ☐, ☐, ☐, ☐,

☐, ☐, ☐, ☐, ☐, ☐, ☐,   63

b) Ajoute toujours 5.

1,   ☐, ☐, ☐, ☐, ☐, ☐, ☐,

☐, ☐, ☐, ☐, ☐, ☐, ☐,   76

2. Effectue cette série d'additions et de soustractions avec ta calculatrice.

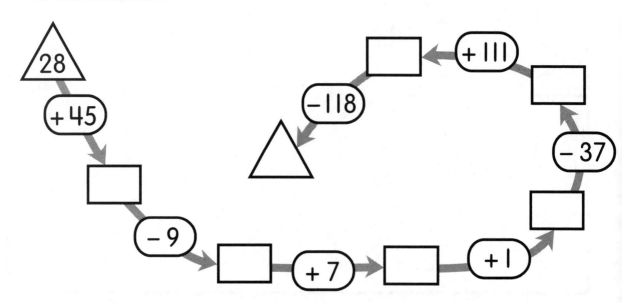

Nom _____

Des activités de fin de semaine (1)

Voici les inscriptions des élèves de 2 classes aux activités
du samedi matin.

Classe de Louise	
Activité	**Nombre d'élèves**
Judo	4
Bricolage	3
Magie	6
Danse	5

Classe de Gilles	
Activité	**Nombre d'élèves**
Judo	2
Bricolage	7
Magie	5
Danse	3

Fais du calcul mental seulement.
Note tes réponses sur la feuille qu'on te remet.

1. Dans les 2 classes réunies, combien d'inscriptions y a-t-il :

a) au judo ?   b) au bricolage ?   c) à la magie ?   d) à la danse ?

2. Dans la classe de Louise, combien d'inscriptions y a-t-il en tout
aux activités :

a) du bricolage et de la magie ?   c) du judo et de la danse ?

b) de la magie et du judo ?   d) de la danse et de la magie ?

3. Dans la classe de Gilles, combien d'inscriptions y a-t-il en tout
aux activités :

a) du judo et de la magie ?

b) du judo, de la magie et de la danse ?

4. Avec ta calculatrice, trouve le nombre total d'inscriptions pour
les 2 classes.

Nom _____

Des activités de fin de semaine (2)

1. a) Judo ☐ b) Bricolage ☐ c) Magie ☐ d) Danse ☐

2. a) Bricolage et magie ☐ c) Judo et danse ☐

 b) Magie et judo ☐ d) Danse et magie ☐

3. a) Judo et magie ☐ c) Judo, magie et danse ☐

4. Nombre total d'inscriptions dans les 2 classes ☐

✂ -

Nom _____

Des activités de fin de semaine (2)

1. a) Judo ☐ b) Bricolage ☐ c) Magie ☐ d) Danse ☐

2. a) Bricolage et magie ☐ c) Judo et danse ☐

 b) Magie et judo ☐ d) Danse et magie ☐

3. a) Judo et magie ☐ c) Judo, magie et danse ☐

4. Nombre total d'inscriptions dans les 2 classes ☐

Corrigé des fiches **408** et **409**

Situation 1

Nom _____

En centimètres

1. Mesure la longueur de chaque ficelle.

A→ **15** cm

B→ **12** cm

C→ **17** cm

2. Quelle longueur obtiens-tu si tu mets les ficelles **A** et **B** bout à bout ? **27** cm

3. De quelle ficelle s'agit-il ?

• La ficelle qui est plus grande que la ficelle **B** de 5 cm. **C**

• La ficelle qui est plus petite que la ficelle **C** de 2 cm. **A**

4. Autour de toi, trouve 2 objets qui mesurent entre 30 cm et 40 cm.

Objet	*Réponses variables.*	
Mesure	_____ cm	_____ cm

Situation 1

Nom _____

Un mois de 31 jours

1. Complète la page de calendrier. Ajoute les dates et les jours qui manquent pour ce mois de 31 jours.

Lundi	Mardi	Mercredi	Jeudi	Vendredi	Samedi	Dimanche
			1	*2*	*3*	*4*
5	*6*	*7*	*8*	*9*	*10*	*11*
12	*13*	*14*	*15*	*16*	*17*	*18*
19	*20*	*21*	*22*	*23*	*24*	*25*
26	*27*	*28*	*29*	*30*	*31*	

Réponds aux questions à l'aide de ce calendrier.

2. Quel jour est le 27 ? **mardi**

3. Combien y a-t-il :

a) de lundis ? **4**   c) de dimanches ? **4**

b) de vendredis ? **5**

4. a) Combien de jours a duré un festival qui a commencé le 10 et s'est terminé le 18 ? **9**

b) Pendant cette période, combien y a-t-il eu :

• de vendredis ? **1**   • de dimanches ? **2**

5. Combien de jours reste-t-il après le 18 ? **13**

Corrigé des fiches 413, 414 et 416

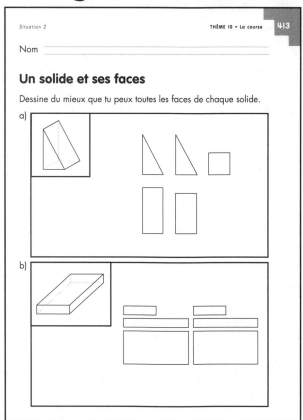

Situation 2   THÈME 10 • La course   **413**

Nom _____

Un solide et ses faces

Dessine du mieux que tu peux toutes les faces de chaque solide.

a)

b)

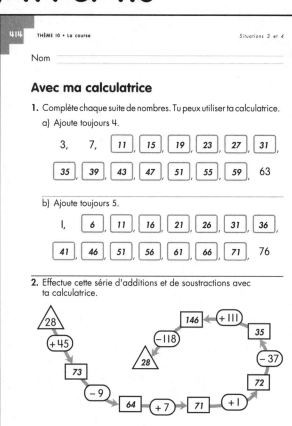

414   THÈME 10 • La course   Situations 3 et 4

Nom _____

Avec ma calculatrice

1. Complète chaque suite de nombres. Tu peux utiliser ta calculatrice.

   a) Ajoute toujours 4.

   3,   7,   11 , 15 , 19 , 23 , 27 , 31 ,

   35 , 39 , 43 , 47 , 51 , 55 , 59 , 63

   b) Ajoute toujours 5.

   1,   6 , 11 , 16 , 21 , 26 , 31 , 36 ,

   41 , 46 , 51 , 56 , 61 , 66 , 71 , 76

2. Effectue cette série d'additions et de soustractions avec ta calculatrice.

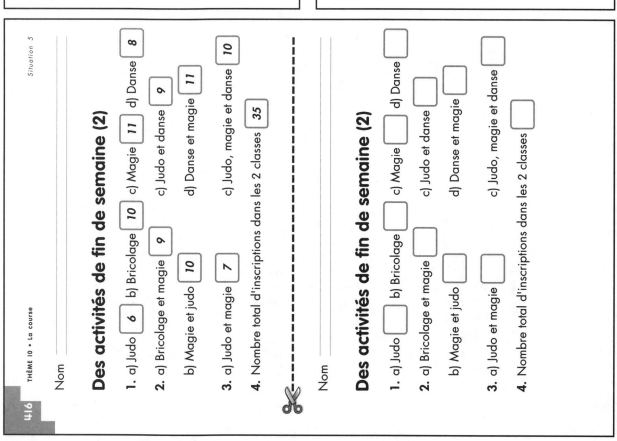

Situation 5

Nom _____

THÈME 10 • La course

416

Des activités de fin de semaine (2)

1. a) Judo 6   b) Bricolage 10   c) Magie 11   d) Danse 8

2. a) Bricolage et magie 9   c) Judo et danse 9

   b) Magie et judo 10   d) Danse et magie 11

3. a) Judo et magie 7   c) Judo, magie et danse 10

4. Nombre total d'inscriptions dans les 2 classes 35

Nom _____

Des activités de fin de semaine (2)

1. a) Judo ☐   b) Bricolage ☐   c) Magie ☐   d) Danse ☐

2. a) Bricolage et magie ☐   c) Judo et danse ☐

   b) Magie et judo ☐   d) Danse et magie ☐

3. a) Judo et magie ☐   c) Judo, magie et danse ☐

4. Nombre total d'inscriptions dans les 2 classes ☐

UN PIQUE-NIQUE

Le présent thème comprend six situations d'apprentissage se déroulant durant au moins trois semaines. L'organisation d'un pique-nique est le projet proposé aux élèves au cours de ce thème. À l'exemple de la classe de Logibul, ils en détermineront la date et le déroulement tout en travaillant en coopération à sa réussite. Logibul et ses amis ont décidé de préparer un pique-nique spécial à leur école. Outre le repas en plein air, une activité sur les points cardinaux et des jeux ont lieu durant ce pique-nique. Cela peut servir à donner des idées aux élèves de la classe pour leur propre pique-nique, mais leur offre surtout l'occasion de faire appel à certains concepts et processus mathématiques qu'ils ont déjà utilisés pour résoudre des problèmes rattachés au mesurage de longueurs en centimètres et du temps, à la numération, à des opérations sur des nombres naturels et à la statistique.

TABLEAUX DE PLANIFICATION **420**
LE PORTFOLIO **424**
PROJET : Préparer un pique-nique à l'école **424**
Situation d'apprentissage 1 : Un dimanche chez Félix **425**
Situation d'apprentissage 2 : La journée du pique-nique **430**
Situation d'apprentissage 3 : Un goûter en sachet **435**
Situation d'apprentissage 4 : Le temps et l'espace **442**
Situation d'apprentissage 5 : Viser juste **447**
Situation d'apprentissage 6 : Saute-grenouille **453**
Retour sur le thème **458**
Activité de numération **459**
ANNEXE **460**

PROJET : Préparer un pique-nique à l'école

SITUATION D'APPRENTISSAGE : **1** UN DIMANCHE CHEZ FÉLIX Durée : 2 h 30 min		p. 124-125
DOMAINES GÉNÉRAUX DE FORMATION	**COMPÉTENCES TRANSVERSALES**	**DOMAINES D'APPRENTISSAGE**
DOMAINES, AXES DE DÉVELOPPEMENT	ORDRES, COMPÉTENCES, COMPOSANTES	COMPÉTENCES DISCIPLINAIRES, COMPOSANTES
Adopter un mode de vie actif et une conduite sécuritaire	**EXPLOITER L'INFORMATION** S'approprier l'information **EXERCER SON JUGEMENT CRITIQUE** Relativiser son jugement **COMMUNIQUER DE FAÇON APPROPRIÉE** Choisir le mode de communication	**2** RAISONNER À L'AIDE DE CONCEPTS ET DE PROCESSUS MATHÉMATIQUES Justifier des actions ou des énoncés en faisant appel à des concepts et à des processus mathématiques

SAVOIRS ESSENTIELS

Arithmétique	**Sens et écriture des nombres naturels** Nombres naturels inférieurs à 1000 (unité, dizaine) : régularités Approximation (estimation)
Mesure	**Temps : estimation et mesurage** Unités conventionnelles, durée (jour, heure, minute, seconde)
Repères culturels	**Nombres** Contexte social (quantité, masse)
Symboles	h, min, s (codage de l'heure)
Vocabulaire	Balance, demain, demi-heure, durée, heure, horloge, jour, minute, moment, règle, seconde, thermomètre

SITUATION D'APPRENTISSAGE : **2** LA JOURNÉE DU PIQUE-NIQUE Durée : 3 h		p. 126-127
DOMAINES GÉNÉRAUX DE FORMATION	**COMPÉTENCES TRANSVERSALES**	**DOMAINES D'APPRENTISSAGE**
DOMAINES, AXES DE DÉVELOPPEMENT	ORDRES, COMPÉTENCES, COMPOSANTES	COMPÉTENCES DISCIPLINAIRES, COMPOSANTES
S'engager dans l'action dans un esprit de coopération et de solidarité	**EXPLOITER L'INFORMATION** Tirer profit de l'information **SE DONNER DES MÉTHODES DE TRAVAIL EFFICACES** Analyser la tâche à accomplir Accomplir la tâche	**3** COMMUNIQUER À L'AIDE DU LANGAGE MATHÉMATIQUE Interpréter ou produire des messages à caractère mathématique

SAVOIRS ESSENTIELS

Mesure	**Temps : estimation et mesurage** Unités conventionnelles, durée (jour, heure, minute, cycle quotidien)
Statistique	Interprétation des données à l'aide d'un tableau
Symboles	h, min (codage de l'heure)
Vocabulaire	Après-midi, aujourd'hui, avant-midi, demi, demi-heure, durée, heure, horaire, jour, journée, midi, minute, pendant, tableau

SITUATION D'APPRENTISSAGE : **3** UN GOÛTER EN SACHET
Durée : 8 h

p. 128-131

DOMAINES GÉNÉRAUX DE FORMATION	COMPÉTENCES TRANSVERSALES	DOMAINES D'APPRENTISSAGE
DOMAINES, AXES DE DÉVELOPPEMENT	**ORDRES, COMPÉTENCES, COMPOSANTES**	**COMPÉTENCES DISCIPLINAIRES, COMPOSANTES**
Prendre conscience des conséquences sur sa santé et son bien-être de ses choix en matière d'alimentation, d'activité physique, etc.	**I** EXPLOITER L'INFORMATION S'approprier l'information RÉSOUDRE DES PROBLÈMES Mettre à l'essai des pistes de solution **M** SE DONNER DES MÉTHODES DE TRAVAIL EFFICACES Analyser la tâche à accomplir Accomplir la tâche **C** COMMUNIQUER DE FAÇON APPROPRIÉE Réaliser la communication	**1** RÉSOUDRE UNE SITUATION-PROBLÈME MATHÉMATIQUE Partager l'information relative à la solution

SAVOIRS ESSENTIELS

Arithmétique

Sens et écriture des nombres naturels
Nombres naturels inférieurs à 1000 (unité, dizaine) : lecture, écriture dénombrement (groupement par 10), comparaison

Sens des opérations sur des nombres naturels
Opération, sens des opérations : addition (ajout), soustraction (retrait), terme manquant
Choix de l'opération : addition, soustraction
Sens de la relation d'égalité (équation)

Opérations sur des nombres naturels
Régularités : suite de nombres

Symboles   +, −, =

Vocabulaire   Ajouter, autant que, de moins, de plus, dizaine, en tout, enlever, groupement, moins, nombre, opération, plus, tableau

SITUATION D'APPRENTISSAGE : **4** LE TEMPS ET L'ESPACE
Durée : 3 h 30 min

p. 132-133

DOMAINES GÉNÉRAUX DE FORMATION	COMPÉTENCES TRANSVERSALES	DOMAINES D'APPRENTISSAGE
DOMAINES, AXES DE DÉVELOPPEMENT	**ORDRES, COMPÉTENCES, COMPOSANTES**	**COMPÉTENCES DISCIPLINAIRES, COMPOSANTES**
Être présent à son milieu	**I** EXPLOITER L'INFORMATION Reconnaître diverses sources d'information EXERCER SON JUGEMENT CRITIQUE Exprimer son jugement **Ps** COOPÉRER Contribuer au travail collectif	**2** RAISONNER À L'AIDE DE CONCEPTS ET DE PROCESSUS MATHÉMATIQUES Cerner les éléments de la situation mathématique **St** EXPLORER LE MONDE DE LA SCIENCE ET DE LA TECHNOLOGIE Se familiariser avec des façons de faire et de raisonner propres à la science et à la technologie Apprivoiser des éléments des langages propres à la science et à la technologie

SAVOIRS ESSENTIELS	
Géométrie	**Figures géométriques et sens spatial** Espace : repérage d'objets et de soi dans l'espace
Mesure	**Temps : estimation et mesurage** Unités conventionnelles, durée (jour, heure, minute, cycle quotidien, cycle hebdomadaire)
La Terre et l'Espace	Lumière et ombre; système Terre—Lune—Soleil
Symboles	h, min (codage de l'heure)
Vocabulaire	Après-midi, avant-midi, fin de semaine, heure, jour, journée, matin, midi, moment, nuit, points cardinaux (nord, sud, est, ouest), semaine, situer, soir

SITUATION D'APPRENTISSAGE : **5** **VISER JUSTE**
Durée : 6 h

p. 134-135

DOMAINES GÉNÉRAUX DE FORMATION	COMPÉTENCES TRANSVERSALES	DOMAINES D'APPRENTISSAGE
DOMAINES, AXES DE DÉVELOPPEMENT	**ORDRES, COMPÉTENCES, COMPOSANTES**	**COMPÉTENCES DISCIPLINAIRES, COMPOSANTES**
Adopter un mode de vie actif et une conduite sécuritaire	**EXPLOITER L'INFORMATION** S'approprier l'information **RÉSOUDRE DES PROBLÈMES** Imaginer des pistes de solution **METTRE EN ŒUVRE SA PENSÉE CRÉATRICE** S'engager dans une réalisation Adopter un fonctionnement souple **SE DONNER DES MÉTHODES DE TRAVAIL EFFICACES** S'engager dans la démarche Analyser sa démarche **EXPLOITER LES TIC** S'approprier les TIC	**RÉSOUDRE UNE SITUATION-PROBLÈME MATHÉMATIQUE** Partager l'information relative à la solution

SAVOIRS ESSENTIELS	
Arithmétique	**Sens et écriture des nombres naturels** Nombres naturels inférieurs à 1000 (unité, dizaine) : représentation, ordre, décomposition **Opérations sur des nombres naturels :** Calcul écrit, processus personnels : addition
Statistique	Interprétation des données à l'aide d'un tableau
Symboles	+, −, =
Vocabulaire	Calcul, calculatrice, nombre (de), plus, tableau, total

SITUATION D'APPRENTISSAGE :	**6**	**SAUTE-GRENOUILLE** Durée : 2 h	p. 136-137

DOMAINES GÉNÉRAUX DE FORMATION	COMPÉTENCES TRANSVERSALES	DOMAINES D'APPRENTISSAGE
DOMAINES, AXES DE DÉVELOPPEMENT	**ORDRES, COMPÉTENCES, COMPOSANTES**	**COMPÉTENCES DISCIPLINAIRES, COMPOSANTES**
Prendre conscience de soi et de ses besoins fondamentaux	**EXPLOITER L'INFORMATION** Tirer profit de l'information **EXERCER SON JUGEMENT CRITIQUE** Exprimer son jugement **COMMUNIQUER DE FAÇON APPROPRIÉE** Choisir le mode de communication	**2 RAISONNER À L'AIDE DE CONCEPTS ET DE PROCESSUS MATHÉMATIQUES** Mobiliser des concepts et des processus mathématiques appropriés à la situation

SAVOIRS ESSENTIELS	
Arithmétique	**Sens et écriture des nombres naturels** Nombres naturels inférieurs à 1000 (unité, dizaine) : lecture, écriture, dénombrement (groupement par 10), ordre Approximation (estimation) **Sens des opérations sur des nombres naturels** Choix de l'opération : addition, soustraction **Opérations sur des nombres naturels** Calcul écrit, processus personnels : addition, soustraction
Mesure	**Longueurs : estimation et mesurage** Unités conventionnelles (cm)
Statistique	Interprétation des données à l'aide d'un tableau
Symboles	cm
Vocabulaire	Centimètre, compter, de moins, dernier, deuxième, différence, en tout, estimation, estimer, longueur, moins, premier, rang, tableau

Tout au long du thème, les activités proposées aux élèves fournissent l'occasion à l'enseignante ou l'enseignant d'observer ceux-ci et de mener des entrevues individuelles avec eux; il y a donc lieu de leur suggérer de conserver, dans leur portfolio, des documents, autrement dit des preuves de ce qu'ils auront appris.

Voici un aperçu de ces suggestions :

■ Situation d'apprentissage 2 : au cours du réinvestissement, réaliser une affiche représentant un horaire d'activités.

■ Situation d'apprentissage 3 : des traces de sa démarche de résolution d'un problème (activité 5 du manuel).

■ Situation d'apprentissage 4 : des exemples d'activités, sous forme d'une illustration ou d'une phrase, pour les six moments d'une journée (matin, avant-midi, midi, après-midi, soir, nuit).

■ Situation d'apprentissage 5 : des traces de l'activité sur la décomposition du nombre 30.

■ Situation d'apprentissage 6 : la fiche *Saute-grenouille*.

PROJET   PRÉPARER UN PIQUE-NIQUE À L'ÉCOLE

Lors de la première situation d'apprentissage, Félix se prépare à vivre une chouette expérience de plein air : un pique-nique à l'école; il a d'ailleurs l'idée d'apporter une collation spéciale pour cet événement. C'est alors l'occasion pour les élèves d'amorcer le projet de pique-nique qu'il leur est suggéré d'organiser. L'ampleur de ce projet dépendra de l'intérêt qu'il suscite chez les élèves, et leur collaboration aux différents aspects de son organisation découlera des décisions prises au terme du remue-méninges auquel ils participeront (situation d'apprentissage 1). La classe de Félix a décidé, pour sa part, de faire de son pique-nique une sorte de fête du plein air où, outre le repas et les collations (situation d'apprentissage 3), une activité sur les points cardinaux (situation d'apprentissage 4) et des jeux (situations d'apprentissage 5 et 6) sont à l'honneur. Au cours du remue-méninges, les élèves s'exprimeront sur le déroulement qu'ils envisagent pour leur pique-nique. Celui-ci peut être à l'image du pique-nique de la classe de Félix ou s'en inspirer, comporter ou non des activités et des jeux différents.

Il serait même indiqué d'inviter en classe le ou la responsable d'une association locale qui viendrait s'entretenir avec les élèves du fonctionnement d'un groupe structuré : le comité organisateur. Les élèves pourront tirer profit de cette rencontre en se formant eux-mêmes en petits comités organisateurs pour la préparation de leur pique-nique (situation d'apprentissage 1). Par ailleurs, la situation d'apprentissage 2, en présentant l'horaire de la journée de pique-nique de la classe de Félix, aidera les élèves à préparer leur propre horaire du pique-nique (modelage). Tout au long des situations d'apprentissage, comme des différentes étapes de leur projet, les élèves mettront notamment en œuvre leur savoir-faire, auront à coopérer et à s'engager dans l'action, à développer des méthodes de travail et leur compétence à résoudre des problèmes, à mettre à contribution leur pensée créatrice.

▶ SITUATION D'APPRENTISSAGE ▌▌ Un dimanche chez Félix

Par le biais des illustrations du manuel, les élèves verront Félix, chez lui, avec sa mère à deux moments distincts d'un avant-midi du dimanche. La première illustration les montre en train de déjeuner; la seconde, préparant des biscuits que Félix a l'intention d'apporter au pique-nique de l'école. Cette situation se prête bien au domaine de formation générale : santé et bien-être. En effet, elle permettra d'attirer l'attention des élèves sur les précautions à prendre lors de la manipulation d'instruments ou d'appareils de cuisine et sur les règles d'hygiène qui s'imposent. Aussi, le contenu des deux illustrations de la p. 124 du manuel de même que la recette de biscuits de Félix donnent l'occasion aux élèves de réaliser des activités sur le mesurage du temps.

Au passage, il est question d'autres aspects de la mesure : la masse et la température, non pas pour que les élèves en aient une entière compréhension, mais seulement parce qu'il s'agit là de repères culturels incontournables. Par ailleurs, les élèves auront à estimer la durée d'activités personnelles en unités conventionnelles, minutes ou secondes. Il s'agit là d'une tâche moins simple qu'elle n'y paraît et qui constitue, pour eux, un exercice complexe dans lequel leur jugement critique sera mis à contribution.

Organisation matérielle

▨ Le manuel *Logibul 1*, p.124 et 125;

▨ La fiche 112, *RA-1B*, p. 112;

▨ Différents instruments de mesure, comme une tasse ou un contenant gradué en millilitres, une balance, un pèse-personne, si c'est disponible;

▨ Quelques produits alimentaires du commerce : soupe en sachet, mets préparé en conserve ou étiquette (liste des ingrédients) d'un mets préparé;

▨ La fiche *Sur mesure*, au besoin (guide, p. 461);

▨ La fiche de soutien *L'heure*, au besoin (guide, p. 460).

2 h 30 min

Facteurs de réussite

Les élèves auront réussi la tâche :

▨ s'ils donnent des exemples du danger qu'il peut y avoir à manipuler des instruments de cuisine (couteau, batteur électrique, etc.) et des exemples de précautions à prendre lors de cette manipulation ou de l'utilisation d'appareils de cuisine;

▨ s'ils donnent des exemples de règles d'hygiène lors de la préparation d'une recette ou de la manipulation d'aliments;

▨ s'ils déterminent, d'après les informations contenues dans une illustration, le moment de la journée et nomment l'activité qui y est représentée;

▨ s'ils donnent des exemples d'activités ayant une durée approximative d'une demi-heure, de 10 minutes, de 10 secondes;

▨ s'ils repèrent une régularité dans la façon de disposer des objets et qu'ils s'en servent pour dénombrer ces objets.

LA PRÉPARATION

Rôle de l'enseignante ou de l'enseignant	Rôle de l'élève
■ MANUEL, P. 124 ■ Amorcer une discussion en demandant aux élèves s'il leur arrive de «préparer» un mets à l'aide d'une recette ou d'assister à la préparation d'une recette, avec qui ils la préparent. Ensuite, de décrire, dans leurs mots, ce qu'est une recette et de dire les informations qu'elle peut contenir. Laisser les élèves raconter leurs expériences culinaires librement. En profiter pour aborder ce qu'est une saine alimentation. Au passage, souligner que, en général, les aliments que l'on prépare soi-même à la maison sont plus sains que les mets vendus sur le marché. Et ce, pour différentes raisons, par exemple, parce qu'ils sont susceptibles de contenir moins de produits colorants, d'arômes artificielles et d'agents de conservation, ce qui n'est généralement pas le cas de la plupart des mets préparés vendus sur le marché. Apporter en classe un mets acheté en épicerie, par exemple une soupe en sachet, et en lire la liste des ingrédients aux élèves.	Parler de ses expériences culinaires à la maison : préparation des repas ou de recettes, en racontant comment cela se passe, en parlant de ses recettes préférées et des conseils de prudence qu'il lui faut suivre lors de la préparation d'une recette, etc. Se questionner sur de saines habitudes alimentaires.
Revenir sur les expériences culinaires des élèves en leur demandant de faire part des recommandations qui leur sont faites ou des précautions qu'ils doivent prendre quand ils «préparent» ou assistent à la préparation d'une recette. Les amener à donner des exemples.	Donner des exemples de précautions à prendre lors de la préparation d'une recette : se laver les mains, manipuler avec soin les instruments de cuisine, en utiliser des propres, prendre garde de se brûler au contact des éléments chauffants de la cuisinière, d'une casserole ou d'un poêlon chauds, etc.
■ MANUEL, P. 124, ACTIVITÉ 1 ■ Inviter les élèves à ouvrir leur manuel à la p. 124 et à observer ce qui se passe dans les deux illustrations. Leur allouer le temps nécessaire pour qu'ils prennent connaissance du contenu de l'encadré, en haut de page, du titre de la situation et de la petite histoire qui en découle. Leur demander de décrire chacun des moments illustrés, puis de dire lequel, dans le temps, vient avant l'autre; de préciser ce qu'il y a sur la table dans la deuxième illustration. Leur poser des questions de façon à les amener à distinguer les ingrédients servant à fabriquer les biscuits et les instruments dont Félix et sa mère se servent pour mesurer et mélanger les ingrédients. Leur parler de ces instruments : balance, tasse à mesurer et des autres instruments de mesure illustrés : horloge et thermomètre extérieur.	Observer les deux illustrations, prendre connaissance du contenu de l'encadré, du titre de la situation. À l'aide de ces éléments d'information et de ses observations, décrire ce qui se passe dans la cuisine de Félix. Comprendre qu'il s'agit de deux moments distincts. Constater qu'il y a, dans la deuxième illustration, des ingrédients et des instruments de cuisine dont se servent Félix et sa mère pour la préparation d'une recette de biscuits. Nommer ces ingrédients et ces instruments. Dans les illustrations, repérer les instruments de mesure : tasse, balance, horloge, thermomètre extérieur.
Poursuivre avec l'activité 1. Procéder à une mise en commun des réponses. Au besoin, revenir sur la lecture de l'heure. Au cours de la journée, demander plusieurs fois aux élèves de dire l'heure qu'il est.	Réaliser l'activité 1. Participer à la mise en commun.

LA RÉALISATION

Rôle de l'enseignante ou de l'enseignant	Rôle de l'élève
■ MANUEL, P. 125, ACTIVITÉ 2 ■ Grouper les élèves en équipes et leur demander de trouver des activités qui durent environ une demi-heure. Leur préciser de noter ces activités. Inviter les équipes à comparer leurs réponses entre elles. Animer un retour collectif afin de vérifier si les activités ont une durée d'environ 30 minutes. Lorsqu'il y a désaccord entre les élèves, par exemple jouer à l'extérieur avant le souper peut durer 30 minutes pour un élève et 60 minutes pour une autre, leur faire constater que la durée de certaines activités dépend de l'ampleur que l'on veut bien leur donner.	Se grouper en équipe. Trouver une activité qui dure environ une demi-heure. Noter son activité et en faire part aux membres de son équipe et prendre connaissance, à son tour, des leurs. Avec les membres de son équipe, comparer les activités avec celles d'une autre équipe pour en discuter la pertinence.
■ MANUEL, P. 125, ACTIVITÉ 3 ■ Demander aux élèves s'ils ont déjà fait des biscuits ou cuisiné autre chose. Dans l'affirmative, inviter quelques élèves à faire part de leur expérience à la classe en leur demandant, entre autres, s'ils se souviennent qu'il fallait suivre les indications de la recette en ce qui concerne la quantité d'ingrédients, la durée de cuisson, la température du four, etc. Ensuite, inviter les élèves à lire la recette de biscuits, qui en est d'ailleurs une véritable, apparaissant à la p. 125. Les soutenir dans cette lecture, notamment en leur précisant que « 1 pincée », « 200 grammes », « 30 millilitres », etc., sont des quantités. Leur demander s'ils ont une idée de ce qu'elles représentent. Si l'on dispose d'un contenant gradué en millilitres et d'une balance, on pourrait leur donner un ordre de grandeur de ces quantités, sans toutefois en faire un objet d'enseignement. Poursuivre avec le reste de l'activité 3. En prolonger ensuite le questionnement :	Se rappeler une expérience culinaire, s'il y a lieu et en faire part à la classe. Lire la recette de biscuits. Écouter les explications de son enseignante ou enseignant. Émettre des hypothèses sur ce que représentent les quantités indiquées dans la recette. Réaliser le reste de l'activité 3.
— *Nomme des activités qui durent plus ou moins 5 minutes.* — *Quand tu traces la lettre* a, *combien de temps cela te prend-il ? Et quand tu clignes les yeux ?*	Nommer des activités qui durent plus ou moins 5 minutes, par exemple attendre l'autobus scolaire, se rendre de la classe à la cour d'école, boire un jus, manger une collation, etc.
Demander aux élèves de quelle unité de mesure on se sert habituellement pour exprimer la durée d'une activité très courte. Leur proposer de fermer les yeux, puis de les rouvrir quand ils estiment que 10 secondes se sont écoulées. Leur demander des exemples d'activités ou d'actions qui ne durent pas plus de 10 secondes. En profiter pour leur indiquer que l'on utilise, pour exprimer une durée, les symboles : h, pour heure; min, pour minute et s, pour seconde.	Se rendre compte que l'unité « seconde » sert à exprimer une courte durée, par exemple, le temps d'écrire une lettre de l'alphabet ou de cligner les yeux. Estimer la durée de 10 secondes. Nommer une action qui ne dure pas plus de 10 secondes, par exemple éternuer, tousser, dire « bonjour ! », allumer le téléviseur, ouvrir une porte, etc.

■Manuel, p. 125, activité 4■ Inviter les élèves à observer, puis à décrire la disposition des biscuits sur la plaque. Leur poser les questions de l'activité 4b. Les laisser se débrouiller. Une fois leur tâche terminée, procéder à une mise en commun des réponses. Si les élèves ne l'ont pas déjà fait, leur faire observer que les biscuits sur la plaque sont disposés en rangées de 5 et que, par conséquent, on peut les compter par 5 : 5, 10, 15.

Réaliser l'activité 4. Participer à la mise en commun en expliquant sa démarche pour trouver les réponses.

NOTE DIDACTIQUE

Le domaine de la mesure est sujet à de nombreuses confusions chez les enfants et, même, chez les adultes. Cela s'explique sans doute en raison de notre façon d'en parler qui laisse parfois place à de nombreuses ambiguïtés. Il serait peut-être indiqué, dans les conversations de tous les jours, de corriger certains mots par des plus justes, mais il faut bien, parfois, se rendre à l'évidence en acceptant, dans certains cas, que ce soit une façon courante de dire les choses. L'on peut constater que, dans beaucoup de cas, l'unité de mesure, l'instrument de mesure et ce qui fait l'objet du mesurage sont confondus. Par exemple, une consigne à l'élève formulée ainsi : « Va chercher le mètre dans l'armoire » contribue, à coup sûr, à entretenir l'idée qu'un mètre est un bout de bois alors qu'il s'agit en fait d'une règle et que le mètre est une unité de mesure n'ayant pas d'existence concrète. Il vaudrait mieux lui dire : « Va chercher la règle de un mètre. » Il lui arrive, aussi, que cette question lui soit posée : « Combien mesures-tu ? », laissant entendre par là quelle est la longueur de son corps alors qu'il pourrait aussi s'agir de sa masse. Pour être juste, la question devrait en fait être formulée ainsi : « Quelle est ta taille ? » Voici d'autres exemples d'imprécisions. Dans une recette, il arrive qu'une tasse exprime une quantité, par exemple dans « Ajouter 1 tasse de lait »; cette phrase est en soi correcte, mais il faut admettre qu'elle est moins précise que : « Ajouter 250 millilitres de lait. » En effet, la tasse est à la fois une unité de mesure, couramment utilisée en cuisine, et l'instrument de mesure propre à cette unité. La situation d'apprentissage 1 est donc l'occasion de montrer aux élèves qu'il y a une distinction à faire entre une unité de mesure, l'instrument dont ils se servent pour effectuer un mesurage et l'objet à mesurer, du moins dans des domaines qui leur sont familiers. Voici quelques suggestions pour les amener à constater cette distinction. Mesurer la taille d'un élève. Faire part du résultat au groupe-classe, par exemple : *Marc mesure 115 cm. Qu'est-ce que c'est le centimètre ?* (C'est une unité de mesure.) *Avec quoi ai-je mesuré la taille de Marc ?* (Avec une règle.) *Avec la règle, qu'est-ce que j'ai mesuré de Marc ?* (Sa grandeur, sa taille.) *Si on veut mesurer sa masse, de quel instrument se servira-t-on ?*, etc.

L'INTÉGRATION

Rôle de l'enseignante ou de l'enseignant	**Rôle de l'élève**
■Fiche 112, *RA-1B*, p. 112■ Demander aux élèves de réaliser les activités individuellement. Ensuite, de comparer leurs réponses avec celles d'une ou d'un élève ou de le faire en équipe de trois.	Travailler individuellement. Comparer ses réponses avec celles d'un ou d'une élève.
Revenir sur l'activité 1 de la fiche. Demander aux élèves :	Participer activement au retour sur la fiche. Répondre aux questions.
— *Combien de temps dure une récréation ?*	
— *Peut-on mesurer la durée d'une récréation avec autre chose qu'une horloge ? Avec quoi ?* (Par exemple, une montre.)	
— *Qu'est-ce qu'on peut mesurer avec une règle ?*	
— *À quoi sert une balance ou un pèse-personne ?*	
Revenir sur l'activité 2 en demandant aux élèves comment ils ont procédé pour trouver leurs réponses.	Partager sa stratégie de dénombrement avec la classe.

Corrigé des activités du manuel, p. 124

Encadré de la p. 124 :

1ʳᵉ illustration

Réponses variables; exemple : Félix et sa mère sont assis à la table. Ils mangent et parlent.

2ᵉ illustration

Réponses variables; exemple : Ils sont en train de cuisiner; Félix verse un ingrédient dans le bol et sa mère mélange une préparation dans ce bol; selon le texte, ils préparent des biscuits.

C'est le matin. On peut le déduire de certains éléments de l'illustration, des indices suivants : Félix est en pyjama et sa mère, en robe de chambre; la nourriture qui est devant eux se prend habituellement pendant le déjeuner; le soleil est visible mais il est encore bas, cela ne ressemble pas à un coucher de soleil.

1. a) • 09:00   • 09:30

   b) 30 minutes (30 min).

2. Réponses variables; exemples : faire ses devoirs; prendre un repas; regarder une émission de télévision; se rendre à l'école, etc.

3. a) Réponses variables.

   b) Environ 10 minutes.

   c) Réponses variables; exemples :
   - Aller en récréation; faire un casse-tête de 100 pièces; regarder un film au cinéma, etc.
   - Écrire son nom; se brosser les dents; aiguiser son crayon, etc.

4. a) Les biscuits sont placés en rangées et alignés en colonnes. Il y a 3 rangées de 5 biscuits, mais on pourrait dire aussi 5 colonnes de 3 biscuits.

   b) • Sur la plaque, il y a 15 biscuits.
   - Sur 2 plaques comme celle-ci, il y aura 30 biscuits, soit 15 + 15 = 30.

 Prépare un pique-nique à l'école.

Cette activité marque le début du projet. Se reporter à la rubrique Projet ci-dessous.

Projet

Avec la première situation d'apprentissage, s'amorce le projet.

▧ Animer un remue-méninges sur la préparation d'un pique-nique à l'école. Amener les élèves à s'exprimer sur son déroulement, à se demander comment ils veulent « vivre » leur pique-nique et noter leurs idées et décisions. Par exemple, souhaitent-ils, en plus du repas ou de la collation en plein air, organiser des jeux ? À quel endroit le pique-nique aura-t-il lieu ? Quand ? Qui fera quoi ? Proposer aux élèves de feuilleter le thème pour voir ce que la classe de Félix a envisagé comme pique-nique.

▧ Si c'est possible, inviter le ou la responsable d'une association locale à venir présenter aux élèves comment le comité organisateur veille à la préparation des activités de l'association, en d'autres mots, à leur expliquer simplement le fonctionnement de ce groupe organisé. Les élèves pourraient tirer profit de cette rencontre en formant, à leur tour, un tel comité chargé de préparer, en tenant compte des décisions prises lors du remue-méninges, les grandes lignes du pique-nique et d'en répartir les tâches (par exemple, préparation du matériel, des jeux, etc.) entre d'autres petits comités. La rencontre pourrait avoir lieu au cours de la présente situation d'apprentissage ou, préférablement, pendant la suivante.

Réinvestissement

▨ Suggérer aux élèves de se grouper en équipes de cinq. Avec son équipe, chaque élève écrit l'heure de son déjeuner sur une feuille. Ensuite, les équipes se présentent leurs résultats.

▨ À divers moments de la journée, demander à brûle-pourpoint à un ou une élève de dire l'heure qu'il est. Il est suggéré de le faire régulièrement, plusieurs fois par jour, jusqu'à la fin du premier cycle. Il est aussi suggéré de proposer aux élèves d'autres activités sur la lecture de l'heure, en utilisant un réveil muni d'aiguilles, ou sur la notation de l'heure (la fiche de soutien *L'heure* peut alors être utile).

Travaux personnels

Chercher une recette de biscuits dans un livre de recettes, à la maison ou à la bibliothèque.

Utilisation des TIC

Suggérer aux élèves de :

▨ calculer la durée d'une activité à l'aide de l'horloge de l'ordinateur, puis de noter cette durée en minutes et en secondes;

▨ un petit projet dont voici le déroulement. Recueillir les meilleures recettes de biscuits auprès de son entourage, les transcrire à l'aide de l'ordinateur. Réunir toutes les recettes de la classe pour en former un recueil.

▶ SITUATION D'APPRENTISSAGE 2 La journée du pique-nique

La classe de Logibul a planifié sa journée de pique-nique. Les élèves le constateront en en observant l'horaire, à la p. 126 de leur manuel. Force est de reconnaître qu'une journée aussi bien remplie n'est possible que s'il y a engagement dans l'action et coopération entre ceux et celles qui l'ont planifiée. C'est à cela que le projet convie les élèves de la classe. Cet horaire ne se laisse pas décoder si facilement. Groupés en équipes, les élèves devront bien l'analyser pour en tirer tous les renseignements et, ainsi, répondre aux questions qui s'y rattachent. Plusieurs de ces questions sont relatives à l'heure et à la durée des activités, tâches et jeux prévus à l'horaire. Pour témoigner de leur perspicacité, les équipes seront ensuite invitées à communiquer à toute la classe comment elles ont décodé l'horaire et répondu aux questions qui y sont liées. Ainsi, cela favorise les échanges entre les équipes et leur permet, en considérant les commentaires des uns et des autres, de réajuster leur tir, de corriger leurs réponses.

Organisation matérielle

▨ Le manuel *Logibul 1*, p. 126 et 127;

▨ Les fiches 113 et 114, *RA-1B*, p. 113 et 114;

▨ La fiche *Mon dimanche*, au besoin (guide, p. 462);

▨ La fiche de soutien *L'heure*, au besoin (guide, p. 460).

3 heures

Facteurs de réussite

Les élèves auront réussi la tâche :

▨ s'ils démontrent qu'ils comprennent que certaines réalisations ne sont possibles que s'il y a engagement, coopération et solidarité dans l'action;

▨ s'ils interprètent correctement et mettent en relation les différents éléments d'information contenus dans un tableau relativement complexe;

▨ s'ils communiquent, en employant le langage et les conventions appropriées, des informations relatives à l'heure et à la durée d'activités;

Portfolio

Proposer aux élèves d'y conserver une affiche représentant un horaire d'activités (voir Réinvestissement, p. 434).

LA PRÉPARATION

Rôle de l'enseignante ou de l'enseignant	Rôle de l'élève
▣ MANUEL, P. 126 ▣ Demander aux élèves d'ouvrir le manuel à la p. 126. Leur lire l'encadré en haut de page, puis leur allouer quelques minutes pour qu'ils regardent l'horaire de la journée de pique-nique. Leur proposer de se mettre dans la peau des équipes que la classe de Logibul a formées. Pour ce faire, répartir d'abord les élèves en quatre équipes, puis jumeler celles-ci, par un tirage au sort, aux quatre équipes de la classe de Logibul. Au besoin, noter sur des étiquettes : équipe de Logibul, de Hoa, de Léa, de Félix et les utiliser pour l'identification des équipes du groupe-classe. Leur expliquer que leur tâche consiste à prendre connaissance de l'horaire de la journée de la classe de Logibul et, en particulier, des activités des équipes qu'ils représentent. Ainsi, les élèves se préparent aux questions qui leur seront posées lors de la phase Réalisation.	Repérer la p. 126 du manuel. Regarder l'horaire et comprendre que les élèves de la classe de Logibul se sont répartis en quatre équipes. Se grouper en équipe et accepter de représenter l'une des équipes de la classe de Logibul. Écouter les explications. Faire comme si son équipe était l'une de celles de la classe de Logibul.
Allouer le temps nécessaire aux équipes pour qu'elles lisent le tableau «Horaire de la journée» et qu'elles s'en approprient les informations. Circuler parmi les équipes en leur posant quelques questions afin de s'assurer que la tâche est bien comprise, par exemple :	S'approprier l'information que contient le tableau intitulé «Horaire de la journée» en le lisant afin de repérer les tâches et activités de son équipe. Répondre aux questions de son enseignante ou de son enseignant à l'aide du tableau.
— *À quelle heure commence votre activité sur les points cardinaux ?*	
— *Qui doit préparer le jeu « Saute-grenouille » ?*	
Poursuivre le questionnement selon les besoins de la classe; par exemple, en demandant aux équipes de lever la main chaque fois que la question les concerne :	Lever la main s'il s'agit de son équipe. Réagir si une équipe a fait une erreur; le vérifier à l'aide du tableau.
— *Qui doit préparer le jeu « Viser juste » ?* (L'équipe représentant celle de Félix lève la main.)	
— *Qui doit s'occuper du nettoyage ? (*Toutes les équipes lèvent la main.)	
— *Qui va jouer au ballon ?* (L'équipe représentant celle de Hoa lève la main.)	
Amener les élèves à vérifier, à l'aide du tableau, si les réponses données sont justes.	

S'assurer que les élèves comprennent bien le tableau (l'horaire), y repèrent les informations et sont en mesure d'expliquer comment ils reconnaissent l'heure du début et l'heure de la fin d'une activité, les activités ou jeux qui ont lieu simultanément, ceux qui commencent à la même heure, etc. Éviter cependant de leur fournir trop d'explications.

Les laisser développer des méthodes de travail et les amener à exprimer comment ils s'y prennent. Voici d'autres exemples de questions à leur poser :

— *À quelle heure l'équipe de Léa commence-t-elle à préparer le jeu de ballon ? À quelle heure cette équipe doit-elle avoir terminé cette tâche ?*

— *À quelle heure se termine l'activité sur les points cardinaux ? Qu'est-ce qui vient après cette activité ?*

— *L'équipe de Hoa participe à l'activité sur les points cardinaux à 09 :00. Est-ce vrai ou faux ?*

— *L'équipe de Félix va jouer au jeu « Viser juste ». Est-ce vrai ou faux ?*

Établir des liens entre les différentes données du tableau. Expliquer sa démarche.

LA RÉALISATION

Rôle de l'enseignante ou de l'enseignant	Rôle de l'élève
■ Manuel, p. 127, activités 1 à 6 ■ Indiquer aux élèves de réaliser les activités de la p.127 avec leur équipe. Leur expliquer la tâche. Les encourager tout le long de leur travail et leur allouer le temps nécessaire pour l'accomplir.	Avec son équipe, prendre connaissance de la tâche et des consignes de la p. 127. Écouter les explications; au besoin, poser des questions pour obtenir des précisions. Réaliser les activités, à l'aide du tableau de la p. 126, en établissant des liens entre les informations qu'il contient.
Proposer aux équipes de rendre compte de leur travail à toute la classe. Mais avant, encourager les élèves à développer leur talent d'« entrepreneuriat » en leur demandant de trouver un moyen original de présenter ce compte rendu. Au besoin, circuler parmi les équipes pour leur donner quelques suggestions, par exemple :	Se préparer à présenter les résultats de son équipe à la classe. Exercer sa créativité afin de trouver une façon originale de rendre compte du travail fait.

• un ou une membre de l'équipe se charge d'animer le déroulement de la présentation en questionnant, à tour de rôle, les autres membres de son équipe à l'aide des consignes de la p. 127;

• en se relayant, les membres de l'équipe expliquent le déroulement de la journée de pique-nique à l'aide des consignes;

• les membres de l'équipe se répartissent les consignes et y répondent;

• une ou un porte-parole se charge de noter les réponses de son équipe et d'en faire part au reste de la classe.

Demander ensuite à chacune des équipes d'y aller de leur présentation; veiller alors à ce que les élèves utilisent un langage mathématique correct, principalement en ce qui a trait au cycle quotidien.

Participer à la présentation de son travail d'équipe selon ce qui a été décidé. Au cours de la présentation, s'efforcer d'utiliser un langage mathématique correct (heure, minute, demi-heure, etc.). Écouter avec attention la présentation des autres équipes.

L'INTÉGRATION

Rôle de l'enseignante ou de l'enseignant	Rôle de l'élève
■FICHES 113 ET 114, *RA-1B*, P. 113 ET 114■ Demander aux élèves de réaliser individuellement les activités.	Réaliser individuellement les activités des fiches 113 et 114.
Pour la correction de la fiche 113, inviter les élèves à se grouper avec leur équipe respective pour effectuer la comparaison de leurs réponses.	Comparer ses réponses avec celles d'un ou d'une élève de son équipe.
Animer un retour collectif sur la fiche 114. Demander aux élèves de se rappeler des activités qu'ils font le samedi, puis de les comparer avec celles de Hoa. Par exemple, amener l'élève à formuler ses comparaisons ainsi: Hoa se lève à 08:00 et moi, je me lève à (telle heure); le samedi, Hoa se rend à la bibliothèque à 09:00 tandis que moi je fais (telle activité à telle heure). De plus, leur demander de donner la durée d'une de leurs activités du samedi.	Participer au retour collectif sur la fiche 114: comparer les activités de Hoa à ses propres activités du samedi en utilisant le vocabulaire relié au cycle quotidien (heure, minute). Donner la durée de l'une de ses activités du samedi, par exemple: «Le samedi, je joue pendant 1 heure chez mon ami, de 10:00 à 11:00.»

Corrigé des activités du manuel, p. 126 et 127

1. a) À 08:30. b) À 13:00.

   Remarque: En profiter pour revoir la lecture et le codage de l'heure avec les élèves.

2. a) Il prépare le jeu «Viser juste» avec son équipe.

   b) Au début, il prépare les cartons des 4 points cardinaux avec son équipe. Ensuite, il participe à l'activité sur les points cardinaux.

   Remarque: Mentionner brièvement aux élèves qu'il existe 4 points cardinaux: est, ouest, nord et sud. Ils auront l'occasion d'y revenir lors d'une prochaine activité, à la situation d'apprentissage 4 du présent thème.

3. a) À 13:00. b) À 10:00.

4. a) 1 heure et 30 minutes (1 h 30 min) ou 1 heure et demie.

   b) 30 minutes (30 min) ou une demi-heure.

   c) 1 heure et 30 minutes (1 h 30 min) ou 1 heure et demie.

   d) 1 heure (1 h).

   Remarque: En profiter pour montrer aux élèves que l'on peut utiliser, pour exprimer une durée, les symboles: h, pour heure; min, pour minute et s, pour seconde.

5. a) L'activité du nettoyage et de la récupération qui dure 30 minutes (ou une demi-heure).

   b) En après-midi.

6. L'activité sur les points cardinaux, le pique-nique, le nettoyage et récupération ou le retour en classe.

 Avec ta classe, prépare les cartons des 4 points cardinaux.

Cette activité peut être en lien avec le projet (voir la rubrique Projet ci-dessous) ou être une préparation à l'activité sur les points cardinaux, dont le déroulement est proposé au cours de la situation d'apprentissage 4 du présent thème.

Projet

▨ Avec les élèves, convenir de la date du pique-nique et de sa durée, également du temps dont ils disposent pour le planifier. Reporter cette date sur le calendrier de la classe. Revenir sur les notes prises lors du remue-méninges.

▨ Si une rencontre avec la ou le responsable d'une association locale est prévue, demander aux élèves de s'y préparer. Leur en donner un aperçu.

▨ Faire en sorte que les élèves se donnent une structure d'organisation. Leur suggérer de former un comité organisateur ou une équipe organisatrice et d'en nommer les responsables, de déterminer les tâches reliées à l'organisation de leur pique-nique (préparation du matériel, des jeux, etc).

▨ Proposer aux élèves de se répartir les tâches entre différents petits comités. D'ailleurs, le tableau « Horaire de la journée », apparaissant à la p. 126 du manuel, peut constituer un modèle dont les élèves pourraient s'inspirer dans la planification de leur journée de pique-nique.

▨ Si une activité sur les points cardinaux est prévue lors du pique-nique, demander aux élèves d'écrire les points cardinaux sur des cartons, à la manière de l'équipe de Logibul (voir le modèle de carton illustré dans le tableau « Horaire de la journée », p. 126 du manuel).

Réinvestissement

Proposer aux élèves de préparer une affiche illustrant des activités auxquelles ils s'adonnent et d'indiquer sous chacune d'elles le moment de la journée (matin, après-midi, soir, etc.) et l'heure à laquelle elles peuvent avoir lieu. Au besoin, mettre à leur disposition la fiche de soutien *L'heure;* ils pourraient se servir de ces modèles d'horloge pour indiquer l'heure des activités. Leur mentionner d'utiliser des coupures de journaux ou de magazines, ou encore d'y aller de leurs propres dessins; par exemple, représenter l'heure de la collation par des biscuits et un verre de lait. Laisser ensuite chaque élève présenter son affiche et expliquer ce qu'elle représente.

Travaux personnels

Suggérer aux élèves :

▨ de choisir une journée de la fin de semaine, d'en noter les principales activités et d'écrire l'heure du début et de la fin de chacune d'elles;

▨ la fiche *Mon dimanche.*

Utilisation des TIC

Proposer aux élèves de visiter un site Internet sur la lecture et la notation de l'heure.

▨ http://exercices.free.fr (Cliquer sur « Divers », puis sur « Lecture de l'heure ».)

Les élèves y trouveront des jeux d'association : indication de l'heure sur une horloge et notation de l'heure. Ils prendront aussi plaisir à faire avancer l'aiguille des minutes et des heures d'une horloge : une belle occasion de comprendre, intuitivement du moins, le rapport entre la rotation de la grande aiguille et celle de la petite.

▶ SITUATION D'APPRENTISSAGE 3 Un goûter en sachet

Le déroulement du pique-nique va bon train dans la classe de Logibul alors que des élèves ont apporté des collations épatantes qui serviront à combler un petit creux pendant leur journée de plein air. Parmi ces collations, se trouvent des sachets de crudités et des brochettes de fruit. Que de goûters, dont la variété n'a que du bon! Un bel exemple de collations, dont l'analyse révèle qu'elles sont bonnes pour la santé, mettant ainsi en évidence les bienfaits d'une saine alimentation sur son bien-être. Au passage, il sera question des quatre groupes alimentaires. De plus, cette diversité de collations se prête merveilleusement bien à des problèmes de comparaison sur la nature comme sur la quantité des aliments enfilés sur les brochettes ou contenus dans les sachets. Ainsi, les élèves continueront à développer quelques compétences transversales. Également, des compétences et concepts mathématiques ayant trait à la numération, à l'addition et à la soustraction, au choix de l'opération, au sens de l'égalité et aux régularités.

Organisation matérielle

8 heures

- Le manuel *Logibul 1*, p. 128 à 131;
- Les fiches 115 à 121, *RA-1B*, p. 115 à 121;
- La fiche de soutien *Un goûter en sachet*, au besoin (guide, p. 463).

Facteurs de réussite

Les élèves auront réussi la tâche :

- s'ils nomment des aliments reconnus comme étant bons pour la santé; s'ils en tiennent compte dans la préparation d'un menu (repas ou collation);
- s'ils résolvent des problèmes;
- s'ils exploitent correctement l'information contenue dans une illustration pour résoudre des problèmes;
- s'ils se donnent des méthodes de travail les amenant à mettre à l'essai des pistes de solution en vue de résoudre des problèmes;
- s'ils s'efforcent de communiquer ce qu'ils ont compris d'une tâche ou d'un problème et la démarche choisie pour l'accomplir ou le résoudre.

Portfolio

Demander aux élèves de conserver, dans leur portfolio, les traces de leur démarche rattachée à la résolution du problème de l'activité 5, p. 131 du manuel *Logibul 1*. Ils peuvent aussi faire de même avec d'autres problèmes qu'ils auront résolus au cours de la présente situation d'apprentissage.

LA PRÉPARATION

Rôle de l'enseignante ou de l'enseignant	Rôle de l'élève
■ MANUEL, P. 128 ■ Amorcer une discussion sur les bienfaits d'une saine alimentation. D'abord, demander aux élèves de lire l'encadré en haut de la p. 128 du manuel et de répondre, en équipe, à la question qui leur est posée. Leur allouer quelques minutes pour réaliser cette tâche et leur suggérer de prendre des notes ou de dessiner.	Participer à la discussion. Lire d'abord l'encadré de la p. 128. Se grouper en équipe pour répondre à la question. Donner son opinion et respecter celles des autres. Noter ou dessiner des aliments qui, à son avis, font partie d'un bon repas ou d'une bonne collation. En discuter avec les membres de son équipe.

Inviter ensuite les équipes à dire ce qu'est, à leur avis, un bon repas. Noter leurs réponses au tableau, c'est-à-dire les aliments qui, selon eux, sont bons pour la santé. Lorsque toutes les équipes se sont exprimées, leur poser la question suivante :

— *Connaissez-vous les quatre groupes d'aliments ?*

Compléter les réponses des élèves en leur précisant les quatre groupes alimentaires : produits céréaliers, produits laitiers, légumes et fruits, viandes et substituts. Noter ces quatre groupes au tableau en donnant des exemples d'aliments qui y sont rattachés. Demander aux équipes de classer, en fonction de leurs connaissances, les aliments qu'ils ont plus tôt relevés selon ces quatre groupes. Accepter toutes les suggestions. Ensuite, attribuer une couleur à chacun des groupes alimentaires et, à l'aide de craies de couleur, faire correspondre à ces groupes les aliments que les élèves ont trouvés.

En profiter pour expliquer aux élèves qu'un bon repas doit inclure des aliments des quatre groupes alimentaires. Leur présenter brièvement le *Guide alimentaire canadien.* Inviter ensuite les élèves à composer le menu d'un « bon repas » en tenant compte de ce qu'ils avaient déjà noté. Les grouper en équipes pour qu'ils en discutent. Demander à quelques équipes de faire part de leur menu. Amener les élèves à y réagir et à dire pourquoi, à leur avis, ces menus sont bons ou non pour leur santé.

Exprimer son opinion sur ce qu'est un bon repas.

Prendre connaissance des quatre groupes alimentaires. En équipe, classer les aliments selon ces groupes; faire part de ce classement à toute la classe. Écouter les explications de son enseignante ou de son enseignant.

En équipe, composer le menu d'un « bon repas » tout en tenant compte des groupes alimentaires. En discuter ensuite avec la classe.

LA RÉALISATION

Rôle de l'enseignante ou de l'enseignant	Rôle de l'élève
■ MANUEL, P. 128, ACTIVITÉS 1 ET 2 ■ Demander aux élèves d'ouvrir leur manuel à la p. 128 et d'en observer l'illustration, puis de lire la consigne de l'activité 1. Poursuivre avec la question : — *Combien de morceaux de légume y a-t-il dans chaque sachet ?* Amener les élèves à y répondre, non pas en comptant les morceaux qu'ils voient dans les sachets mais en dégageant plutôt de la consigne 1 l'information pertinente, surtout que dans certains sachets, des morceaux ne sont pas visibles étant cachés par d'autres. Faire répondre collectivement aux questions a, b et c de l'activité 1.	Observer l'illustration de la p.128. Lire la consigne de l'activité 1. Réaliser le reste de l'activité avec le groupe-classe. Répondre aux questions a, b et c en se reportant à l'illustration et en se donnant un moyen efficace de donner des réponses précises.

> **NOTE DIDACTIQUE**
>
> La façon dont la question 1b, à la p. 128 du manuel, est formulée pourrait paraître curieuse. En effet, pourquoi ne pas l'avoir formulée ainsi : « Combien d'unités reste-t-il ? » Cela s'explique par le fait qu'il y a une distinction à faire entre les unités et la position des unités. Quand il est demandé aux élèves de dire lequel des chiffres occupe la position des unités dans le nombre 37, ils auraient raison de répondre 7, car, dans l'écriture positionnelle, on a déterminé par convention que la première position de droite d'un nombre entier est réservée aux unités, sous-entendu qu'elles sont alors non groupées. Cependant, s'il est demandé aux élèves de dire combien il y a d'unités dans 37, ils auraient raison de répondre 37, ce qui correspond aux 7 unités non groupées et aux 30 autres qui sont groupées en dizaines. Car, même en faisant partie d'une dizaine, des unités demeurent des unités. Parler d'unités non groupées ou groupées en dizaines apparaît donc approprié afin d'éliminer toute ambiguïté.

Inviter les élèves à réaliser l'activité 2. Mettre à leur disposition du matériel de manipulation, s'il y a lieu. S'assurer d'abord qu'ils sont à l'aise avec le groupement par 10 en leur demandant par exemple :

— *Combien de morceaux de légume cela fait-il si on enlève 1 sachet ? 3 sachets ? 6 morceaux de carottes ?*

Laisser les élèves travailler individuellement pour le reste de l'activité 2. Procéder à une mise en commun des réponses.

Répondre aux questions, puis réaliser individuellement l'activité 2. Participer à la mise en commun des réponses.

■ **MANUEL, P. 129, ACTIVITÉ 3** ■ Demander aux élèves de réaliser l'activité 3 en équipe. Le problème n'étant pas facile à résoudre, se rendre disponible auprès des équipes qui sont en panne d'idée. Procéder à un retour collectif en demandant à quelques élèves d'expliquer comment ils ont fait pour résoudre le problème. Écrire les étapes de résolution de deux ou trois élèves ayant une méthode de travail facile à comprendre. Comparer les étapes de ces élèves entre elles et demander aux élèves ayant éprouvé des difficultés d'expérimenter l'une ou l'autre de ces méthodes. Vérifier avec eux l'efficacité de la démarche choisie.

Avec son équipe, observer les quatre sachets. Lire la consigne et les indices. Analyser la tâche. Mettre des pistes à l'essai pour résoudre le problème. Partager ses pistes avec les membres de son équipe. Discuter de la pertinence de ses choix. Discuter de la validité de ses réponses. Reprendre une autre piste de solution au besoin. Comparer la solution finale avec celle d'un ou d'une autre élève de son équipe ou de la classe.

■ **MANUEL, P. 130, ACTIVITÉ 4** ■ Inviter les élèves à lire la phrase qui précède l'illustration des sachets, à la p.130. Veiller à ce qu'ils comprennent que, pour réaliser les activités 4 à 6, ils doivent revenir à ces sachets. Leur lire la consigne de l'activité 4a. Faire en sorte que chaque élève note le contenu de chacun des sachets sur une feuille en prenant soin d'y faire correspondre les noms de Miguel et Yasmine. Animer un retour collectif sur cette tâche.

Lire la phrase qui précède l'illustration des sachets. Lire à voix basse la consigne avec son enseignante ou enseignant. Écrire le contenu de chaque sachet en identifiant d'abord à qui il appartient. Vérifier ses réponses avec les élèves de la classe.

Demander aux élèves de lire l'activité 4b en leur mentionnant de ne pas chercher, pour l'instant, à trouver la réponse, mais simplement de comprendre la tâche qu'ils doivent entreprendre. Inviter quelques élèves à dire ce qu'ils ont compris de leur lecture; les amener à utiliser un vocabulaire précis et à donner leurs explications de manière brève.

Lire l'activité 4b dans le but de comprendre la tâche. Renforcer sa compréhension de la tâche en écoutant les explications données par d'autres élèves. Poser des questions ou compléter les explications par des éléments pertinents, s'il y a lieu.

Une fois que la tâche est bien comprise, les élèves la commencent. Leur faire écrire sur une feuille, les opérations leur permettant de trouver le nombre d'aliments que Miguel doit enlever de son sachet ou ajouter à son sachet. Allouer du temps aux élèves pour qu'ils vérifient leur travail. Procéder à un retour collectif en demandant à deux ou trois élèves d'écrire les opérations au tableau de la classe.

■ MANUEL, P. 131, ACTIVITÉ 5 ■ D'abord, demander aux élèves de lire l'activité 5 et leur indiquer qu'ils résoudront ce problème en équipe de quatre ou cinq. Avant de procéder à la formation des équipes, rappeler aux élèves de se reporter aux sachets de Miguel et de Yasmine apparaissant en haut de la p. 130 (non pas au sachet dont le contenu s'est trouvé transformé à la suite de la résolution du problème 4b). Leur mentionner également qu'ils doivent écrire les opérations et les solutions sur une feuille que chacun et chacune conservera dans son portfolio. Les inviter à se grouper en équipes, puis à résoudre le problème de l'activité 5. Au besoin, mettre du matériel de manipulation à leur disposition. Circuler parmi les équipes afin de vérifier le travail des élèves.

■ MANUEL, P. 131, ACTIVITÉ 6 ■ Inviter les élèves à lire à voix basse la question de l'activité 6, puis à observer le sachet de Miguel à la p. 130. Ensuite, d'observer le tableau de la p. 131. Leur demander :

— *Quelles informations y a-t-il dans ce tableau ?*

Par cette question, amener les élèves à dégager les informations du tableau : chaque type d'aliment est représenté par une illustration; des nombres indiquent combien il y a de morceaux de chaque type dans 1 sachet; des cases vides sont prévues pour inscrire combien il y en aura dans 2, 3, 4, 5 et 6 sachets. Demander aux élèves de compléter le tableau sur une feuille (au besoin, leur distribuer la fiche de soutien *Un goûter en sachet).*

Procéder à un retour collectif. Sur le tableau de la classe ou sur une grande feuille, tracer un tableau semblable à celui de la p. 131. Avec les élèves, remplir le tableau ainsi reproduit. Lorsque que toutes les données y sont inscrites, demander aux élèves de dire ce qu'ils observent : une suite de nombres dans chaque rangée, ce qui correspond à compter par 2, à partir de 2; par 1, à partir de 1; par 5, à partir de 5 et par 10, à partir de 10. Ajouter une colonne « 7 sachets » au tableau. Demander aux élèves de répondre oralement à ces questions :

— *S'il y avait sept sachets, combien faudrait-il de morceaux de fromage ? de raisins ? de bâtonnets de carotte ? de bâtonnets de céleri ?*

Écrire les opérations sur une feuille ou dans un cahier. Vérifier si les égalités correspondent bien à ce que Miguel veut obtenir. Comparer ses réponses avec celles que les élèves notent au tableau.

Lire le problème de l'activité 5. Se grouper en équipe pour résoudre ce problème. Décider avec les membres de l'équipe d'un moyen à prendre pour trouver la solution, par exemple mimer le problème. Deux élèves représentent Yasmine et Miguel qui aident Nour, représentée par un ou une autre membre de l'équipe, à composer le contenu de son sachet. L'élève incarnant Nour demande aux deux autres, Miguel et Yasmine, de mentionner le nombre de morceaux de chaque sorte qu'il y a dans les deux sachets; par exemple : « J'ai 5 morceaux de fromage. Et moi, j'en ai 3. » Toute l'équipe énonce oralement l'opération à effectuer (5 + 3), puis chaque membre écrit l'opération et la solution sur une feuille.

Lire à voix basse la question. Observer le contenu du sachet de Miguel. En indiquer le nombre de morceaux de carotte, de céleri, de fromage et de raisins. Observer le tableau et en dégager les renseignements. Établir des liens entre le problème de l'activité 6, le sachet de Miguel et le tableau. Relire le problème et le redire dans ses mots. Trouver les informations nécessaires pour le résoudre. Sélectionner les informations contenues dans l'illustration du sachet de Miguel, à la p. 130, et dans le tableau. Essayer une piste de solution pour accomplir la tâche, par exemple dessiner les 2 morceaux de carotte du sachet de Miguel et imaginer 2 autres sachets en dessinant 2 fois 2 morceaux de carotte. Reproduire le tableau de la p. 131 sur une feuille pour y inscrire ses réponses ou utiliser la fiche de soutien.

Vérifier son tableau en participant au retour collectif et en comparant ses réponses avec les données que son enseignante ou enseignant inscrit dans un tableau semblable au sien. Observer ce dernier une fois rempli. Faire part de ses observations en utilisant le vocabulaire approprié, par exemple : « Pour les morceaux de carotte, on ajoute toujours 2 à un nombre précédent; pour les raisins, on compte par 10, etc. »

Compléter les suites de nombres en répondant aux questions.

Proposer aux élèves de poursuivre la recherche au-delà de sept sachets, sans toutefois leur fixer de limite particulière. Leur faire dire, oralement si c'est possible, les suites de nombres qu'ils ont obtenues, c'est-à-dire sans les lire.

■ MANUEL, P. 131, ACTIVITÉ 7 ■ Inviter les élèves à lire les consignes de l'activité 7 et à observer les illustrations. Leur demander de se grouper en équipes. Leur préciser que chaque membre de l'équipe doit trouver une manière différente de décrire les brochettes en les comparant. Insister pour que chaque description soit différente au sein de l'équipe et que les mots *plus, autant, moins* soient employés. Allouer du temps aux élèves pour qu'ils décrivent le contenu de chaque brochette, se préparent individuellement à comparer le contenu des deux brochettes, puis en fassent part aux autres membres de leur équipe pour finalement en arriver à des descriptions différentes.

Inviter ensuite les élèves d'une équipe à dire, à tour de rôle, les descriptions qu'ils ont trouvées. Les écrire au tableau de la classe, puis demander aux autres équipes de comparer leurs descriptions avec celles écrites au tableau. Lorsque tous les élèves de l'équipe choisie se sont exprimés, inviter les élèves qui ont d'autres descriptions à les dire. Noter celles-ci au tableau. Ensuite, faire remarquer aux élèves qu'il y avait de nombreuses façons de comparer les brochettes.

Prendre connaissance de l'activité 7. Se grouper en équipe. Indiquer le contenu de chaque brochette. Individuellement, trouver une phrase pour comparer les brochettes; ne pas oublier d'utiliser l'un des mots : *plus, autant* ou *moins*. Partager sa phrase avec les membres de son équipe. Voir si elle est différente de la description d'un ou d'une autre membre. Au besoin, trouver une autre façon de décrire les brochettes. Écouter les descriptions des membres de l'équipe et en vérifier l'exactitude. S'assurer que les descriptions sont différentes.

Participer au retour collectif en comparant sa description et celles des membres de son équipe avec ce qui est noté au tableau de la classe. Faire part de sa description si elle est différente des autres.

L'INTÉGRATION

Rôle de l'enseignante ou de l'enseignant

Rôle de l'élève

■ FICHE 115 À 121, *RA-1B*, P. 115 À 121 ■ Il est suggéré d'échelonner les fiches sur plusieurs périodes de mathématique, car les problèmes qui y sont proposés exigent des élèves un travail de quelques heures. Leur proposer de réaliser individuellement les activités.

La correction des fiches peut se faire de différentes manières. Voici quelques possibilités :

• Les élèves comparent, en petites équipes, leurs réponses et démarches.

• Si des élèves ont éprouvé des difficultés à réaliser certaines activités, en faire la correction avec eux.

• L'occasion est aussi indiquée de procéder à des rencontres individuelles afin de vérifier les progrès accomplis et le degré de développement des compétences depuis la dernière rencontre du genre.

Réaliser individuellement les activités. Participer à leur correction : comparer ses démarches et résultats avec ceux d'un ou d'une élève. Se rendre compte des progrès accomplis et en manifester de la fierté. Conserver dans son portfolio des traces de son travail, s'il y a lieu.

Corrigé des activités du manuel, p. 128 à 131

Encadré de la p. 128 : Réponses variables. L'important est que l'élève considère comme étant de bons aliments les légumes, les fruits, le lait, les œufs, le pain à grains entiers, la viande, le poisson, par rapport à d'autres aliments sans valeur nutritive et même nuisibles pour sa santé.

1. a) 9 groupes de 10 morceaux.

    b) 6 morceaux.

    c) 96 morceaux.

2. a) Ces 4 morceaux ajoutés aux 6 qui y sont déjà formeront un autre groupe de 10 morceaux.

    b) Il y aura 100 morceaux en tout.

    Remarque : C'est dans le thème 3 de *Logibul 2* que les élèves auront l'occasion d'aborder de façon formelle le concept de centaine. Ici, à cette étape de la construction du concept, il suffit que les élèves forment concrètement une centaine en groupant 10 dizaines. On peut aborder la question de l'écriture du nombre 100; toutefois, on ne demande pas ici aux élèves qu'ils comprennent la structure de cette écriture.

3. b) • Hoa n'aime pas le fromage. Elle ne peut donc avoir les sachets A ou D.

    Il reste alors les sachets B et C comme étant les possibles sachets de Hoa.

    • Léa et Logibul ont le même nombre de bâtonnets de carotte dans leurs sachets.

    Ce sont les sachets C et D qui ont chacun 3 bâtonnets de carotte.

    Dès lors, il devient certain que Hoa ne peut avoir le sachet C et qu'elle a donc le sachet B.

    • Félix a plus de bâtonnets de céleri dans son sachet que Léa.

    Vu que Hoa a le sachet B et que Léa et Logibul ont les sachets C et D, il ne reste que le sachet A pour Félix. Ce sachet A a plus de bâtonnets de céleri que le sachet D. Le sachet D est donc celui de Léa et le C, celui de Logibul.

    En résumé, Hoa a le sachet B; Logibul a le sachet C; Félix a le sachet A et Léa, le sachet D.

    c) Réponses variables.

    Remarque : Si les deux élèves ont obtenu les mêmes résultats, il est possible que ces résultats soient justes. S'ils n'ont pas les mêmes résultats, il est certain que l'un ou l'une des deux élèves ou peut-être même les deux n'ont pas la bonne réponse. Dans un cas ou l'autre, leurs réponses doivent être comparées avec celles de plusieurs élèves. Un retour sur cette activité, à l'échelle de la classe, est plus que souhaitable; elle s'impose.

4. a) Sachet de Miguel : 10 raisins; 5 bâtonnets de fromage; 2 bâtonnets de carotte et 1 bâtonnet de céleri.

    Sachet de Yasmine : 3 bâtonnets de fromage; 6 bâtonnets de carotte et 8 bâtonnets de céleri.

    b) • Bâtonnets de carotte : $2 + 4 = 6$
    • Bâtonnets de céleri : $1 + 7 = 8$
    • Bâtonnets de fromage : $5 - 2 = 3$
    • Raisins : $10 - 10 = 0$

5. Le sachet de Nour contient :
    • 8 bâtonnets de carotte : $2 + 6 = 8$
    • 9 bâtonnets de céleri : $1 + 8 = 9$
    • 8 bâtonnets de fromage : $5 + 3 = 8$
    • 10 raisins : $10 + 0 = 10$

6.

	1 sachet	2 sachets	3 sachets	4 sachets	5 sachets	6 sachets
Bâtonnets de carotte	2	4	6	8	10	12
Bâtonnets de céleri	1	2	3	4	5	6
Bâtonnets de fromage	5	10	15	20	25	30
Raisins	10	20	30	40	50	60

7. Sur la brochette A, il y a 3 morceaux d'orange, 2 raisins et 2 fraises; sur la brochette B, 4 raisins, 2 morceaux de banane et 1 morceau de pomme.

En ce qui a trait aux descriptions par comparaison, à l'aide des mots *plus, autant* et *moins*, plusieurs réponses sont possibles. En voici un exemple : Sur la brochette A, il y a *plus* de morceaux d'orange qu'il y a de morceaux de banane sur la brochette B. Il y a *autant* de fraises sur la brochette A que de morceaux de banane sur la brochette B. Il y a *moins* de raisins sur la brochette A qu'il y en a sur la brochette B.

Projet

C'est le moment pour les élèves de faire le point sur la planification de leur pique-nique.

▓ L'horaire de la journée de pique-nique est-il conçu ? Y a-t-il des ajustements à y apporter ? Les élèves y vont de leurs suggestions. Une fois déterminé, l'horaire pourrait prendre la forme d'une affiche.

▓ Les équipes ont-elles chacune leur responsabilité ? Où en sont-elles dans l'accomplissement de leur tâche, par exemple dans la préparation du matériel nécessaire aux activités et aux jeux ? Éprouvent-elles des difficultés ?

▓ Si un comité organisateur est déjà constitué, suggérer aux responsables de ce comité de veiller au bon déroulement des différentes tâches, de relever les problèmes s'il y en a et de les soumettre à toute la classe en vue de les régler.

Réinvestissement

▓ Suggérer aux élèves de construire un tableau semblable à celui de la p. 131 du manuel et leur demander de le remplir à partir, non pas du sachet de Miguel, mais de celui de Logibul (p. 129, numéro 3, sachet C). Les élèves peuvent utiliser un logiciel de traitement de texte pour la construction de leur tableau. Au besoin, leur distribuer la fiche de soutien *Un goûter en sachet*.

▓ Sur le tableau de la classe, illustrer trois cubes, sept jetons et deux bâtonnets et les entourer de façon à former un ensemble. Demander aux élèves de dire combien il y aurait de chacun de ces objets si on dessinait 2, 3, 4 et 5 ensembles pareils.

Travaux personnels

Proposer aux élèves :

▓ de noter les complémentaires de 7, 8 et 9 sur une feuille;

▓ de continuer, le plus loin possible, certaines des suites de nombres qu'ils ont remarquées en réalisant l'activité 6 de la p. 131 du manuel, soit : 2, 4, 6, 8, 10, 12, ...; 5, 10, 15, 20, 25, 30, ...; 10, 20, 30, 40, 50, 60, ... D'en inventer d'autres sur le même modèle, par exemple : 3, 6, 9, ... ou 0, 4, 8, 12, ...

Utilisation des TIC

Lors du réinvestissement, suggérer aux élèves de construire leur tableau à l'aide d'un logiciel de traitement de texte (voir Réinvestissement, p. 441). Par ailleurs, voici l'adresse du site où l'on peut trouver *Le guide alimentaire canadien* :

▨ http://www.hc-sc.gc.ca/hppb/la-nutrition/pubf/guidalim/

Et un autre où il est question de saine alimentation :

▨ http://www.juniorweb.com/aliment.htm#LaBoîte

▶ SITUATION D'APPRENTISSAGE 4 Le temps et l'espace

Une journée de plein air offre des possibilités, sur le plan pédagogique, qui valent la peine d'être exploitées. L'exploration du cycle quotidien est au centre de cette situation d'apprentissage. Dans un premier temps, les élèves aborderont le sujet à l'aide d'illustrations montrant le mouvement apparent du soleil dans le ciel au cours d'une journée. Ils observeront ces illustrations, une à une, puis dans leur ensemble, pour y découvrir des liens qui existent entre elles. On fera appel à leur jugement afin qu'ils associent des activités familières aux différents moments d'une journée. Dans un second temps, les élèves délaisseront les illustrations et les explications générales pour se rendre à l'extérieur, dans la cour de récréation, afin de constater par eux-mêmes le mouvement apparent du soleil dans le ciel. Ils auront alors l'occasion d'observer méthodiquement le phénomène des ombres qui raccourcissent ou s'allongent sur le sol au fur et à mesure que le soleil se déplace. Les élèves découvriront que leur ombre, objet de fascination depuis le début de leur enfance, peut constituer un moyen permettant de s'orienter dans le temps et dans l'espace. Quelques fiches leur permettent de consolider les aspects plus mathématiques de cette expérience.

Organisation matérielle
▨ Le manuel *Logibul 1*, p. 132 et 133;
▨ Les fiches 122 et 123, *RA-1B*, p. 122 et 123;
▨ La fiche *À l'heure pile*, au besoin (guide, p. 464).

`3 h 30 min`

Facteurs de réussite
Les élèves auront réussi la tâche :
▨ s'ils exploitent les éléments d'information contenus dans plusieurs illustrations et s'ils établissent des liens entre celles-ci;
▨ s'ils associent différentes activités aux différents moments d'une journée;
▨ s'ils arrivent à décoder l'heure;
▨ s'ils déterminent dans leur environnement des repères leur permettant de s'orienter dans l'espace.

Portfolio
Les élèves peuvent conserver, dans leur portfolio, le travail qui leur est proposé à la phase Réalisation, lequel consiste à créer une fiche représentant six activités, une pour chaque moment important d'une journée.

LA PRÉPARATION

Rôle de l'enseignante ou de l'enseignant	Rôle de l'élève
■ MANUEL, P. 132, ENCADRÉ ■ Poser aux élèves les questions de l'encadré. Accueillir les réponses, sans les rectifier; faire ressortir les convergences et les divergences entre les réponses, s'il y a lieu.	Répondre aux questions. Prêter attention aux réponses des autres et respecter leur point de vue.
■ MANUEL, P. 132, ACTIVITÉ 1 ■ Faire observer les illustrations apparaissant aux p. 132 et 133, puis les faire décrire en laissant les élèves s'exprimer sur la séquence des phénomènes qu'elles représentent. Faire observer en particulier la position du soleil par rapport à la ligne d'horizon, les reflets du soleil sur l'arbre, l'ombre plus ou moins longue qu'il produit.	Observer les illustrations des p. 132 et 133. Décrire les illustrations en indiquant où se trouve le soleil par rapport à la ligne d'horizon, indiquer à quel moment de la journée le soleil est à cette position, parler de l'ombre et des rayons du soleil sur l'arbre.
Par des questions, amener les élèves à établir des liens entre ces phénomènes et les moments de la journée; à mettre ces illustrations en relation avec leurs expériences personnelles.	Associer un moment de la journée à une activité faite pendant la semaine. Faire part d'expériences personnelles.
Remarques:	
1. Si une activité sur l'orientation a déjà eu lieu dans une autre discipline, faire un simple rappel sur la question des points cardinaux et des repères déjà connus des élèves, puis animer les activités de la situation d'apprentissage 4.	Participer au rappel, s'il y a lieu.
2. Si les élèves font une activité d'orientation dans l'espace et le temps pour la première fois, en profiter pour leur proposer l'activité d'orientation à l'extérieur lors d'une journée ensoleillée. Dans ce cas, se reporter à la rubrique Projet, p. 446 du guide.	Participer à l'activité d'orientation à l'extérieur, s'il y a lieu.

LA RÉALISATION

Rôle de l'enseignante ou de l'enseignant	Rôle de l'élève
■ MANUEL, P. 132, ACTIVITÉ 2 ■ Faire trouver collectivement des exemples d'activités pouvant être associées à chacun des moments de la journée, pendant la semaine et pendant la fin de semaine.	Nommer des activités qu'il ou elle fait le matin et indiquer l'heure à laquelle cette activité a eu lieu. Faire la même chose pour d'autres moments des journées de la semaine. Reprendre l'activité pour une journée de fin de semaine.
Poser à nouveau les questions qui sont dans l'encadré (p. 132 du manuel). Amener les élèves à reconnaître le moment de la journée et l'heure auxquels ont lieu les récréations. Faire un retour sur les réponses données lors de la phase Préparation.	Répondre à nouveau aux questions. Faire un retour sur les réponses fournies lors de la phase Préparation; adapter ses connaissances, s'il y a lieu.

Suggérer aux élèves d'illustrer ou d'écrire le nom d'une activité qu'ils ont l'habitude de faire à chacun des six moments de la journée illustrés aux p. 132 et 133. Leur proposer de faire ce travail individuellement sur une feuille séparée en six parties et d'identifier chacun des moments en question. Faire de même pour une journée de fin de semaine.

■ MANUEL, P. 133, ACTIVITÉ 3 ■ Cette activité pourrait être réalisée lors de la sortie à l'extérieur (voir la rubrique Projet, p. 446).

Remarque : Faire trouver les points cardinaux à l'extérieur de la classe comporte l'avantage de se donner des points de repères qui changeront peu, ce qui n'est pas le cas lorsque les élèves réalisent l'expérience à l'intérieur de l'école, par exemple dans la classe, au gymnase ou au local de musique ; des repères qui ne sont valides, alors, que pour l'endroit en question. En effet, un point cardinal particulier, le nord, par exemple, sera associé, dans un local, à un mur où se trouve l'horloge et, dans un autre local, à un objet situé derrière le bureau de l'enseignante ou l'enseignant.

Exploiter ses connaissances tout en exerçant son jugement critique afin de réaliser la tâche. Mobiliser sa pensée créatrice.

Faire l'activité 3 avec son enseignante ou enseignant. Si l'activité se passe à l'extérieur, comparer l'illustration représentant Léa avec ce qui s'est passé au cours de l'expérience. Participer à l'activité permettant de savoir où se situent les points cardinaux.

NOTE DIDACTIQUE

Repérer les points cardinaux, et s'orienter grâce à eux dans un milieu donné, n'est pas simple pour les adultes, encore moins pour les enfants. Pour s'orienter, on se donne souvent un repère fixe. Par exemple, on se dit que les Laurentides sont au nord, donc, que le fleuve est au sud. De même, dans une classe, on peut afficher sur les murs les noms des points cardinaux. Ces repères sont valides dans un milieu donné et ne dépannent que dans des circonstances bien précises. Imaginons l'adulte qui se retrouve à Boston, privé des Laurentides, ou l'élève qui, l'année suivante, se retrouve dans une autre aile de l'école. Où est le nord ? l'ouest ?, etc. Mieux vaut se fier au soleil, un repère valide en tout lieu, utilisable quand il fait soleil, évidemment !

Voici une suggestion permettant d'aborder cette question d'une façon à la fois simple et pratique. Écrire sur un carton les quatre points cardinaux, puis les relier en traçant deux segments perpendiculaires. À l'intersection, fixer un pion ou une tige. En somme, cela devrait ressembler à l'illustration que l'on voit à l'activité 3 de la p. 133 du manuel. À midi, faire placer le carton sur le rebord de la fenêtre d'un endroit (classe ou autre local) où le soleil pénètre en orientant le mot *sud* vers le soleil. Fixer le carton avec de la gommette. De la sorte, l'ombre du pion ou de la tige sera orientée vers le nord. Demander aux élèves de pointer avec leur bras les directions est et ouest en se référant à l'illustration de la p. 133. Refaire l'expérience ailleurs dans l'école afin que les élèves n'associent pas les points cardinaux à des repères inhérents au milieu immédiat.

■ FICHE 122, *RA-1B*, P. 122 ■ Demander aux élèves de former des dyades et de faire les activités de la fiche 122. Mettre à leur disposition quelques horloges, réveils ou horloges jouets, si c'est possible.

Faire les activités en collaborant avec l'autre élève.

L'INTÉGRATION

Rôle de l'enseignante ou de l'enseignant	Rôle de l'élève
■ FICHE 123, *RA-1B*, p. 123 ■ Faire réaliser les activités individuellement et demander aux élèves de comparer leurs réponses avec celles d'un ou d'une autre élève. Proposer aux élèves qui en éprouvent le besoin de réaliser les activités de consolidation de la fiche *À l'heure pile*.	Répondre par écrit aux questions de la fiche 123. Comparer ses réponses avec celles d'un ou d'une autre élève.

Corrigé des activités du manuel, p. 132 et 133

Encadré de la p. 132 : Il y a une récréation vers le milieu de l'avant-midi et une autre vers le milieu de l'après-midi. Exemple : de 10:00 à 10:15.

1. a) Réponses variables; exemple : Sur les 5 premières illustrations, on voit le soleil qui se lève, s'élève dans le ciel, puis se couche. On voit aussi un arbre et l'ombre qu'il produit au sol. Sur la dernière illustration, apparaissent un quartier de lune et des étoiles.

   b) Première illustration : il est environ 06:00.

   Deuxième illustration : il est environ 09:00.

   Troisième illustration : il est environ 12:00.

   Quatrième illustration : il est environ 16:00.

   Cinquième illustration : il est environ 19:00.

   Sixième illustration : il peut être toute heure entre 22:00 et 04:00.

2. a) Réponses variables; exemple : Je vais à l'école, je dîne à l'école, j'écoute telle émission de télévision, je me couche à 20:00, etc.

   b) Réponses variables; exemple : Je vais à mes cours de patins, je fais des courses avec mes parents, je vais jouer chez une amie, etc.

3. a) Nord, sud, est, ouest.

   b) Elle a lieu environ à midi, au moment où le soleil est au sud.

   Avec les élèves de ta classe, situe les points cardinaux dans la cour de ton école.

Cette activité est reliée au projet (voir la rubrique Projet, p. 446 du guide).

Projet

▨ Il est proposé aux élèves de réaliser une expérience toute simple qui consiste à situer les points cardinaux dans la cour de l'école. Cette expérience peut constituer en elle-même un miniprojet. Elle peut également faire partie des activités qui auront lieu lors du pique-nique, qui est le projet au centre du présent thème. Dans les deux cas, l'expérience proposée permet de se familiariser avec des façons de faire et de raisonner propres à la science, de même qu'elle permet d'apprivoiser des éléments des langages propres à la science.

▨ Faire vivre aux élèves l'expérience réalisée par Léa (illustration de l'activité 3, p. 133 du manuel). De préférence, répéter l'expérience trois fois, soit le matin, puis vers midi et aussi à la fin de la journée en la réalisant toujours au même endroit. Prendre soin d'indiquer l'endroit précis où un ou une élève doit se placer lorsque l'expérience est faite la première fois. Tracer sur le sol, à l'aide d'une craie, le pourtour de l'ombre projetée. Les fois suivantes, le ou la même élève se place au même endroit et l'ombre est tracée selon sa nouvelle position. Proposer aux élèves de se donner des repères pour situer les points cardinaux en fonction du référentiel qu'est la cour de l'école. Par exemple, le nord est en direction de la maison avec le toit rouge et le sud est en direction de l'église, etc.

▨ Au moment du retour sur cette expérience, s'assurer que les élèves ont retenu les faits suivants :
- le soleil n'occupe pas toujours la même place dans le ciel;
- le soleil se lève et se couche à l'horizon;
- vers midi, le soleil est très haut dans le ciel;
- c'est à midi que notre ombre est la plus courte;
- à midi, le soleil est au sud et notre ombre est orientée vers le nord.

Réinvestissement

▨ Proposer aux élèves de préparer un tableau pour indiquer ce qu'ils ont fait samedi ou dimanche dernier.

▨ Suggérer aux élèves qui le désirent d'explorer des propriétés de l'ombre et de la lumière à l'aide d'une lampe électrique (ou une torche électrique, communément appelée « lampe de poche ») et de quelques objets. Suggérer aux élèves d'éclairer divers objets selon différents angles et de faire des dessins qui illustrent ce qu'ils ont observé.

Travaux personnels

Profiter d'une journée ensoleillée de la fin de semaine pour situer les points cardinaux à l'extérieur de leur maison en reproduisant l'expérience qu'ils ont réalisée à l'école. Proposer aux élèves de noter l'heure à laquelle leur ombre est dirigée vers le nord, vers l'ouest ou vers l'est. Présenter sa recherche à un ou une adulte à la maison.

Utilisation des TIC

Suggérer aux élèves de préparer un tableau qu'ils intituleront « Horaire de ma prochaine journée de congé ». Leur préciser que les données suivantes devront faire partie du tableau : l'heure à laquelle ils se proposent de faire chaque activité et le nom de chaque activité.

▶ SITUATION D'APPRENTISSAGE 5 Viser juste

La journée de plein air bat son plein dans la cour d'école de Logibul. C'est le moment de la période de jeux. D'ailleurs, l'équipe de Léa s'adonne au jeu «Viser juste». C'est ce que vont constater les élèves en observant l'illustration de la p. 134 du manuel. À partir de cette illustration, ils déduiront les règles de ce jeu, auquel ils pourraient, à leur tour, participer lors de leur journée de pique-nique. De plus, ils se pencheront sur les comportements sécuritaires à adopter dans la cour d'école. Les résultats que Léa et son équipe obtiennent à ce jeu deviennent, pour l'occasion, des données de problèmes que les élèves sont invités à résoudre au cours de diverses activités.

L'un de ces problèmes consiste à trouver comment Léa peut obtenir, en lançant 5 pochettes, plus de 10 points au jeu «Viser juste». Ce problème semble anodin au départ. Cependant, les élèves auront tôt fait de se rendre compte qu'ils devront y mettre le temps qu'il faut pour résoudre ce problème aux multiples solutions. La validation des solutions est encore plus exigeante. En effet, à partir du moment où les élèves acceptent de répondre, en équipe, à la question : «Avons-nous imaginé toutes les solutions possibles ?», ils ne peuvent s'en tirer sans se doter d'une excellente méthode de travail ni sans mettre en œuvre leur pensée créatrice, non plus sans imaginer des pistes de solution. Aussi, les élèves devront exploiter de manière astucieuse l'information que recèlent des tableaux de données, soit des résultats de parties, pour comparer des sommes. Tout au long des activités de la présente situation d'apprentissage est également présente la décomposition de nombres, une aide précieuse au développement du sens numérique.

Organisation matérielle
▨ Le manuel *Logibul 1*, p. 134 et 135;

▨ Affiche *Mes stragégies*, au besoin (à la fin du manuel);

▨ La fiche de soutien *Viser juste*, au besoin (guide, p. 465);

▨ Les fiches 124 à 127, *RA-1B*, p. 124 à 127.

6 heures

Facteurs de réussite
Les élèves auront réussi la tâche :

▨ s'ils justifient, par des exemples, l'importance de respecter une aire de jeu au regard des dangers possibles;

▨ s'ils font preuve de créativité dans leur façon de comparer des nombres ou de les combiner pour produire des solutions;

▨ s'ils résolvent un problème comptant un grand nombre de solutions;

▨ s'ils se donnent une méthode de travail pour vérifier ces solutions.

Portfolio
Intituler une feuille «Décomposition de 30». Demander aux élèves de trouver au moins une vingtaine de manières de décomposer 30 par addition. Les inviter ensuite à reporter leurs égalités sur la feuille. Si cette tâche s'est déroulée en équipe, photocopier la feuille de façon à pouvoir en distribuer un exemplaire à chaque élève, qui la conservera alors dans son portfolio.

LA PRÉPARATION

Rôle de l'enseignante ou de l'enseignant	Rôle de l'élève
■ MANUEL, P. 134, ACTIVITÉS 1a ET b ■ Demander aux élèves d'ouvrir leur manuel à la p. 134 et d'en observer l'illustration. Leur allouer quelques minutes avant de leur poser les questions suivantes :	Repérer la p. 134 et en observer l'illustration pendant quelques minutes. Répondre aux questions en se servant de cette illustration. Faire un rapprochement entre le jeu «Viser juste» et le jeu d'adresse communément appelé «jeu de poches».

■ MANUEL, P. 134, ACTIVITÉS **1a** ET **b** ■ Demander aux élèves d'ouvrir leur manuel à la p. 134 et d'en observer l'illustration. Leur allouer quelques minutes avant de leur poser les questions suivantes :

— *À quel jeu Léa joue-t-elle avec ses amis ?*

— *Combien de pochettes a-t-elle lancées ?*

— *Connais-tu ce jeu ou un jeu qui lui ressemble ?*

Poursuivre avec l'activité 1a. Laisser les élèves émettre leurs hypothèses. Demander ensuite aux élèves :

— *Est-il possible de jouer à plusieurs au jeu «Viser juste» ?*

— *Selon toi, comment compte-t-on les points à ce jeu ? Y a-t-il d'autres façons de les compter ?*

Attirer l'attention des élèves sur le grand rectangle, tracé à la craie, qui délimite l'aire de jeu :

— *À quoi peut servir le grand rectangle qui fait le tour du jeu ?*

— *Selon toi, est-il essentiel au bon déroulement du jeu ?*

Par des questions, amener les élèves à constater que ce rectangle n'est pas essentiel mais qu'il sert à délimiter l'espace où se déroule le jeu, c'est-à-dire : 1) qu'il est utile aux joueurs à qui c'est le tour de lancer les pochettes, en ce sens qu'un des côtés leur sert de repère : c'est la ligne à ne pas franchir lors du lancement des pochettes; 2) qu'il est également un repère pour les joueurs qui attendent leur tour : ils doivent se tenir à l'extérieur du rectangle. En profiter pour établir un lien entre cette délimitation et celle de différents endroits tels que les aires de jeux dans un parc, la cour ou le gymnase de l'école, du centre communautaire, etc. Mentionner aux élèves que respecter un espace, c'est respecter également les personnes qui l'occupent. C'est aussi se prémunir de dangers possibles, par exemple, l'aire de jeux dans un parc en étant délimitée empêche les enfants, dans le vif de leurs jeux, de se retrouver dans la rue. Amener les élèves à donner d'autres exemples.

Demander aux élèves de lire la question 1b et d'y répondre. Faire ensuite un retour collectif afin de s'assurer que les élèves ont compris la façon de compter les points du jeu «Viser juste».

Rôle de l'élève (colonne de droite) :

Émettre des hypothèses sur le déroulement du jeu «Viser juste»; par exemple, expliquer, dans ses mots, que plusieurs joueurs, formés en équipe ou non, peuvent y participer; que les joueurs comptent leurs points après le lancement des cinq pochettes; que si les joueurs forment des équipes, les points s'accumulent de manière à obtenir un score d'équipe à la fin du jeu : on additionne alors les points de chaque joueur et chaque joueuse de l'équipe.

Répondre aux questions de son enseignante ou de son enseignant en exprimant son opinion. Respecter les opinions des autres élèves. Se rappeler des délimitations des aires de jeux dans un parc, de la cour ou du gymnase de l'école. Participer à la discussion en donnant des exemples qui illustrent l'importance de respecter les délimitations d'une zone de jeux ou d'activités, notamment en ce qui a trait à sa sécurité.

Lire la question 1b et faire part de sa réponse à la classe. Participer au retour collectif.

LA RÉALISATION

Rôle de l'enseignante ou de l'enseignant	Rôle de l'élève
■ MANUEL, P. 134, ACTIVITÉ 1c ■ Inviter les élèves à lire la question 1c tout en s'assurant qu'ils en saisissent bien la portée. Leur allouer deux minutes pour qu'ils trouvent quelques façons d'obtenir plus de 10 points. Demander à quelques élèves d'écrire, sur le tableau de la classe, ce qu'ils ont trouvé sous forme d'additions. Demander aux autres élèves s'ils ont trouvé les mêmes combinaisons que celles notées au tableau et s'ils existent d'autres possibilités d'obtenir plus de 10 points au jeu «Viser juste». Les élèves constateront alors qu'il y a sans doute d'autres façons.	Lire le problème de l'activité 1c. Prendre quelques minutes pour trouver de quelle façon Léa peut obtenir plus de 10 points. Faire part de sa réponse, s'il y a lieu. Comparer sa réponse avec celles notées au tableau. Se demander s'il existe d'autres possibilités en s'imaginant en train de lancer des pochettes sur d'autres cibles.

NOTE DIDACTIQUE — En répondant à la question 1c, l'élève aura l'occasion de travailler un aspect du nombre qui ne lui avait pas été donné d'explorer de manière aussi évidente jusqu'à maintenant. Il s'agit du nombre pour lui-même, en tant que concept. Jusqu'à maintenant, les activités proposées aux élèves amenaient ceux-ci à considérer qu'un nombre est toujours un nombre de quelque chose, en d'autres mots d'objets concrets, par exemple : un nombre de joueurs, un nombre de boîtes de jus, un nombre de bâtonnets, un nombre de jetons, etc. Il fallait faire ainsi; il s'agit là d'un cheminement normal que les nombres se découvrent d'abord à partir du cardinal d'ensembles d'objets concrets, d'objets qui nous entourent. Dans cette activité-ci, comme dans celles qui sont proposées à la p. 135 du manuel, force est de constater que ce que les élèves ont à dénombrer ce sont des points et encore des points; cela est, en quelque sorte, abstrait en ce sens que les points n'ont pas d'existence concrète. Pour inciter les élèves à rester à ce degré d'abstraction, il faut se garder de les inviter à représenter les points par des objets concrets. Il est même souhaitable que, au cours de leur recherche, les élèves oublient totalement qu'ils sont en train de chercher un certain nombre de points. Ainsi le problème de Léa en devient un purement mathématique, et l'objet de la recherche qu'ont entreprise les élèves consiste à trouver quelles sont toutes les combinaisons additives possibles qui ont un résultat supérieur à 10.

Grouper les élèves en équipes et leur faire entreprendre une recherche qui consiste à trouver le plus de manières différentes possible d'obtenir plus de 10 points. Indiquer à chaque équipe de noter, sur une feuille, toutes les combinaisons qu'elle trouve. Prévoir une demi-heure, peut-être davantage, pour cette longue recherche. Circuler parmi les équipes, encourager celles prétendant avoir terminé après une dizaine de combinaisons à poursuivre leur recherche.	Se grouper en équipe pour effectuer la recherche d'autres possibilités. Ne pas oublier de noter sur une feuille ses réponses sous forme d'additions. Persévérer dans sa tâche. Encourager les autres membres de l'équipe. Trouver des stratégies permettant de poursuivre la recherche entreprise. Consulter, au besoin, l'affiche *Mes stratégies*. Vérifier si les possibilités trouvées sont justes.
Un retour sur ce travail est essentiel. Il peut se dérouler selon l'une ou l'autre des trois modalités suivantes : • Faire écrire au tableau les différentes combinaisons trouvées par les équipes, en s'assurant que les élèves ne notent pas deux fois la même. Si certaines ne sont pas justes, demander aux élèves de les vérifier à l'aide du moyen de leur choix.	Participer au retour collectif. Comparer son travail d'équipe avec ce qui est noté sur le tableau de la classe ou avec le contenu de la fiche.

- Reproduire la fiche de soutien *Viser juste* sur un transparent. À l'aide du rétroprojecteur, rendre visible ce document de façon que les équipes puissent comparer leurs solutions avec celles qui y apparaissent.

- Distribuer un exemplaire de cette fiche à chaque équipe et laisser les élèves trouver une manière de l'utiliser pour fins de vérification.

L'étape des comparaisons étant terminée, demander aux équipes s'ils leur manquaient beaucoup de combinaisons à trouver et comment elles auraient pu procéder pour qu'il leur en manque moins. Le but de cette activité n'est pas d'exiger des équipes qu'elles trouvent toutes les possibilités mais de les amener, entre autres, à se rendre compte que plusieurs solutions sont possibles, à développer des méthodes de travail efficaces, à procéder par étapes, à persévérer dans leur tâche. En profiter pour encourager les équipes qui auraient trouvé des combinaisons ne figurant pas sur la fiche ou sur le tableau de la classe à en faire part au reste de la classe et, ainsi, soumettre ces combinaisons à la vérification de leurs pairs.

Procéder à une rétroaction sur le travail accompli. Manifester sa fierté. Si son équipe a trouvé des combinaisons différentes en faire part au reste de la classe.

■ MANUEL, P. 135, ACTIVITÉS 2 ET 3 ■ Inviter les élèves à observer les deux tableaux de la p. 135. Demander à quelques élèves d'indiquer le nombre de points qu'a obtenu, au jeu «Viser juste», chaque membre de l'équipe de Léa. Si des élèves s'interrogent sur le nombre de points de Paulo, leur dire que l'équipe de Logibul n'a pas encore calculé les points de ce joueur.

Observer les deux tableaux de la p. 135. Lire la phrase précédant les tableaux, puis les observer. Y repérer le nombre de points que chaque joueur et joueuse ont obtenu dans l'équipe de Léa.

Leur poser ensuite la question :

— *Combien de points Logibul a-t-il eus ?*

Leur faire observer l'équation de l'activité 2 et indiquer aux élèves d'en trouver la solution. Leur demander ensuite :

— *Est-ce bien le nombre de points notés dans le tableau ?*

Répondre à la question en utilisant un processus personnel. Repérer, dans le tableau, le nombre de points de Logibul. Résoudre l'équation, puis comparer sa solution avec le résultat de Logibul qui est indiqué dans le tableau.

Poursuivre le questionnement :

— *Qui a obtenu le plus de points dans l'équipe de Logibul ? dans celle de Léa ?*

Répondre aux questions à l'aide des tableaux.

Inviter les élèves à réaliser individuellement l'activité 3a. En faire une correction collective et poursuivre, en procédant de la même façon, avec l'activité 3b.

Réaliser individuellement l'activité 3a, puis la 3b. Participer à la correction collective pour chacune de ces activités en comparant ses réponses avec celles des autres élèves.

■ MANUEL, P. 135, ACTIVITÉ 4 ■ Mentionner aux élèves de réaliser individuellement l'activité 4a, puis de se grouper en équipes pour la suite de l'activité.

Écouter les précisions de son enseignante ou de son enseignant.

Leur préciser qu'ils ne doivent pas effectuer un calcul pour répondre à la question 4a, mais en trouver la réponse par un autre moyen. Au besoin, leur mentionner de ne pas oublier le résultat de Paulo, qu'ils ont calculé à l'activité 3a. Avant d'effectuer un retour collectif, demander aux élèves de se grouper en équipes de deux pour les tâches 4b et 4c. Animer le retour collectif en demandant à quelques élèves d'expliquer comment ils ont procédé pour trouver l'équipe qui a le plus de points; en profiter pour amener les élèves à comparer leurs moyens.

Trouver quelle équipe a obtenu le plus de points en observant les données des deux tableaux. Se donner un moyen d'y parvenir sans faire de calcul, par exemple comparer les points des deux tableaux. Constater alors que des joueurs ont le même nombre de points : 35 points pour Kim et Camille, 20 points pour Luc et Émile, 25 points pour Logibul et Paulo; que Lucie a 5 points, mais que Léa en a 10. Cette dernière comparaison entre les deux joueuses permet de dire que l'équipe de Léa est celle qui a obtenu le plus de points. Comparer sa réponse avec celles d'un ou d'une autre élève, ensuite vérifier sa réponse en calculant le total des points de chaque équipe à l'aide de la calculatrice. Participer au retour collectif; expliquer sa démarche en s'efforçant d'utiliser le vocabulaire approprié.

L'INTÉGRATION

Rôle de l'enseignante ou de l'enseignant	Rôle de l'élève
■ Fiches 124 à 127, *RA-1B*, p. 124 à 127 ■ Indiquer aux élèves de se grouper en équipes de deux. Leur préciser que chaque élève de l'équipe doit d'abord travailler de façon individuelle, ensuite comparer son travail avec celui de sa coéquipière ou de son coéquipier. Au moment des comparaisons, inviter les élèves, s'ils n'arrivent pas aux mêmes résultats, à refaire leurs calculs, puis à se servir de la calculatrice pour revoir de nouveau les calculs.	Se grouper en équipe avec un ou une élève. Prendre connaissance du travail à accomplir; demander des explications, au besoin. D'abord, réaliser les activités individuellement. Ensuite, comparer son travail avec son ou sa camarade d'équipe. Si des réponses sont différentes de celles de l'autre élève, vérifier les équations ou les solutions, refaire les calculs et, au besoin, les vérifier de nouveau, cette fois, en utilisant la calculatrice. Constater alors que certains problèmes ne comportent pas qu'une seule solution.
Animer un retour collectif en amenant les élèves à parler des difficultés qu'ils ont pu éprouver et à dire comment ils les ont surmontées, à partager leurs stratégies, à constater les progrès accomplis, à expliquer comment ils ont utilisé la calculatrice, à comprendre que certains problèmes comportent plus d'une solution (c'est le cas de ceux des fiches 125, activité 1, et 127), etc.	Participer activement au retour collectif. Manifester de la fierté pour le travail et les progrès accomplis, partager ses stratégies avec la classe.

Corrigé des activités du manuel, p. 134 et 135

Encadré de la p. 134 : Léa a lancé 5 pochettes.

1. a) Réponses variables. L'élève peut cependant supposer que le jeu consiste à lancer 5 pochettes dans des cercles (cibles), que la joueuse ou le joueur qui y parvient récolte les points inscrits dans les cercles que ses pochettes ont atteints.

   b) Léa a obtenu 10 points, soit 5 + 5.

c) Voici des réponses possibles :

$5 + 5 + 5 = 15$	$10 + 10 + 10 + 10 = 40$	$20 + 20 + 20 + 20 = 80$
$5 + 5 + 5 + 5 = 20$	$5 + 20 = 25$	$10 + 20 = 30$
$5 + 10 = 15$	$5 + 5 + 20 = 30$	$10 + 10 + 20 = 40$
$5 + 5 + 10 = 20$	$5 + 5 + 5 + 20 = 35$	$10 + 10 + 10 + 20 = 50$
$5 + 5 + 5 + 10 = 25$	$5 + 20 + 20 = 45$	$10 + 10 + 20 + 20 = 60$
$5 + 5 + 10 + 10 = 30$	$5 + 5 + 20 + 20 = 50$	$10 + 20 + 20 + 20 = 70$
$5 + 10 + 10 = 25$	$5 + 20 + 20 + 20 = 65$	$5 + 10 + 20 = 35$
$5 + 10 + 10 + 10 = 35$	20	$5 + 5 + 10 + 20 = 40$
$10 + 10 = 20$	$20 + 20 = 40$	$5 + 10 + 10 + 20 = 45$
$10 + 10 + 10 = 30$	$20 + 20 + 20 = 60$	$5 + 10 + 20 + 20 = 55$

Remarque : Il est suggéré de reproduire la fiche de soutien *Viser juste* sur un transparent, puis de le projeter à l'aide du rétroprojecteur afin que les élèves vérifient leurs réponses. En ce qui concerne l'exploitation de cette activité, se reporter aux autres suggestions, à la p. 449 du présent guide.

2. 25; l'élève utilise l'un de ses processus personnels.

3. a) $10 + 10 + 5 =$ (ou toute autre équation valable, comme $10 + 5 + 10 =$); 25 points.

   b) Toute autre façon de lancer les pochettes qui donnerait 25 points au total; par exemple : $10 + 5 + 5 + 5$. (Se reporter au corrigé de l'activité 1c pour y repérer d'autres façons d'obtenir 25.)

4. a) L'équipe de Léa a obtenu plus de points. Il est possible d'arriver à cette réponse en comparant les points entre les 2 équipes. Dans les 2 équipes, des joueurs ont obtenu le même nombre de points, soit 35 points (Kim et Camille), 25 points (Logibul et Paulo), 20 points (Luc et Émile); mais Lucie a obtenu 5 points alors que Léa en a obtenu 10.

   b) Les élèves comparent leurs réponses en équipe de 2.

   c) Avec la calculatrice, l'élève trouve le total de points de chaque équipe : l'équipe de Logibul a obtenu 85 points et celle de Léa, 90.

Projet

La journée du pique-nique arrive à grands pas. C'est le moment pour les élèves de vérifier si les tâches se déroulent comme prévu ou de les terminer. Bref, de s'apprêter à vivre pleinement leur pique-nique.

▧ Inviter les équipes à faire le point sur l'état d'avancement des tâches, à déterminer les préparatifs de dernière minute.

▧ Les élèves pourraient inclure à leur journée de pique-nique le jeu « Viser juste » (ou un autre jeu qui s'en inspire; à ce sujet, consulter la rubrique Travaux personnels, p. 453). Ils devront alors prévoir le matériel nécessaire, demander la permission de tracer, à la craie, les cibles sur le revêtement de la cour d'école, préparer les tableaux des points, etc.

▧ Leur suggérer de vérifier les prévisions météorologiques de la journée de leur pique-nique par le biais du site Internet d'Environnement Canada [http://www.meteo.ec.gc.ca/canada_f.html]. Si les prévisions météorologiques sont défavorables, les élèves peuvent envisager de déplacer d'un jour la date du pique-nique ou décider qu'il aura lieu à l'intérieur de l'école. Inviter alors les élèves à considérer les ajustements qu'ils devront apporter ou les aider à entreprendre les démarches qui s'imposent.

▨ Inviter les élèves à réfléchir aux comportements et conduites sécuritaires à adopter lors du pique-nique. À ce sujet, animer une discussion : amener les élèves à donner des exemples de conduites ou de comportements sécuritaires. Noter leurs suggestions sur une grande feuille ou un grand carton et y revenir au moment du pique-nique.

Réinvestissement

Exploiter l'activité 1c, p. 134 du manuel, d'une autre façon. Suggérer aux élèves le problème suivant : Léa ne dispose que de trois pochettes pour jouer au jeu « Viser juste ». Trouve tous les résultats qu'elle pourrait obtenir.

Travaux personnels

Proposer aux élèves de préparer un jeu en s'inspirant du jeu « Viser juste ». Ce nouveau jeu consiste à lancer un nombre de jetons déterminé dans des boîtes de conserve ou de petites boîtes de carton. Les élèves décident de la valeur à attribuer à chaque cible et du nombre de jetons que chaque joueur ou joueuse lance. Ils se partagent les tâches : récupérer des boîtes, tracer la valeur des cibles sur de petits cartons, construire les tableaux des points, etc. Une fois leurs préparatifs terminés, ils présentent le jeu à des adultes ou aux élèves d'une autre classe. Ce jeu pourrait même se dérouler au cours du pique-nique que les élèves sont à préparer dans le cadre de leur projet.

Utilisation des TIC

Suggérer aux élèves de consulter, dans le cadre de leur projet, les prévisions météorologiques d'Environnement Canada [http://www.meteo.ec.gc.ca/canada_f.html]. Voir avec eux la signification des différents pictogrammes qui sont utilisés pour représenter des conditions météorologiques.

▶ SITUATION D'APPRENTISSAGE ⬛6 Saute-grenouille

La journée du pique-nique tire à sa fin dans la cour d'école de Logibul. Félix y va d'un saut magnifiquement réussi dans le cadre du jeu « Saute-grenouille ». Un coup d'œil sur ce jeu est l'occasion pour les élèves de la classe de revenir sur les concepts de centimètre, d'ordre dans les nombres, de comparaison et du choix de l'opération appropriée en vue de trouver la différence entre deux nombres. C'est à cela, notamment, que cette situation d'apprentissage convie les élèves. Également, à déployer leur raisonnement et à mobiliser des processus mathématiques, tout particulièrement lors d'une activité d'estimation, la dernière du genre avant la fin de l'année. Cette estimation porte sur des quantités relativement grandes (entre 75 et 100 unités). Tout au long de cette situation d'apprentissage, les élèves auront à exprimer leur jugement critique tout en le justifiant. Aussi, ils s'interrogeront sur l'utilité d'une saine collation après une activité physique ou une journée bien remplie.

Organisation matérielle

▨ Le manuel *Logibul 1*, p. 136 et 137 ;

▨ La fiche de soutien *Saute-grenouille* (guide, p. 466) ;

▨ Transparent et rétroprojecteur ;

▨ Des jetons et cubes ;

▨ La fiche *Les billes de Léa*, au besoin (guide, p. 467).

2 heures

Facteurs de réussite

Les élèves auront réussi la tâche :

▪ s'ils expliquent, dans leurs propres mots, que jouer ou travailler engendre une dépense énergétique qui se récupère par l'absorption de nourriture ;

▪ s'ils utilisent leur jugement critique dans l'établissement des règles d'un jeu, la comparaison de nombres et l'estimation d'une grande quantité ;

▪ s'ils tirent profit de l'information pour interpréter un tableau de résultats et s'ils se servent d'un repère pour estimer une grande quantité.

Portfolio

Indiquer aux élèves d'y conserver la fiche *Saute-grenouille*. Pour la réaliser, les élèves auront d'abord à estimer une quantité en se donnant un repère, puis à vérifier leur estimation en recourant à la stratégie de dénombrement de leur choix. Leur demander de vérifier une seconde fois leur estimation.

LA PRÉPARATION

Rôle de l'enseignante ou de l'enseignant	Rôle de l'élève
▪ MANUEL, P. 136 ET 137 ▪ Inviter les élèves à observer, pendant quelques minutes, l'illustration de la p. 136 de façon à avoir une idée de ce qu'est le jeu « Saute-grenouille ». Leur demander de se grouper en équipes pour trouver comment se déroule ce jeu. Préciser aux élèves qu'ils rendront compte de leurs explications et que celles-ci feront l'objet de vérifications, dont le but est de s'assurer de leur justesse et de leur précision, en un mot, de vérifier si elles aident à la compréhension des règles du jeu. Il est suggéré et même souhaitable d'expérimenter chacune de ces explications afin que les élèves se rendent compte de l'efficacité de leurs explications. Pour ce faire, prévoir une sortie dans la cour d'école ou profiter de la récréation, ou encore prévoir utiliser le gymnase de l'école.	Observer individuellement l'illustration en se demandant comment Félix s'adonne au jeu « Saute-grenouille ». Se grouper en équipe pour discuter du déroulement de ce jeu, pour en expliquer les règles. Accepter que les explications qui en ressortiront seront soumises à une vérification. Garder en tête qu'elles serviront à faire comprendre à une autre équipe le déroulement du jeu. Émettre ses idées, considérer celles des autres membres de son équipe. Tout au long de ce travail, exercer son jugement critique de façon à fournir des règles de jeu applicables ; par exemple, avec son équipe, décider si la longueur du saut doit se mesurer à partir du talon ou du bout du pied.
Au moment de l'expérimentation, se garder de suggérer aux élèves des précisions rattachées au déroulement du jeu ou de chercher à éclaircir leurs explications. Par exemple, s'abstenir de leur mentionner d'utiliser ou d'apporter un instrument de mesure si les élèves n'y ont pas pensé ou l'ont oublié. Au passage, souligner aux élèves l'importance d'adopter des attitudes ou comportements sécuritaires au cours de cette expérimentation.	Se préparer à l'expérimentation des explications de son équipe. Penser à tout ce qui est nécessaire pour jouer à « Saute-grenouille » selon les règles que son équipe a établies, effectuer le mesurage des sauts, marquer les résultats, etc. Participer à l'expérimentation dans le respect des autres. Exercer son jugement critique dans l'appréciation des explications.
Choisir une équipe qui se charge d'expliquer le déroulement du jeu et une équipe qui en exécutera les consignes. Les autres équipes jouent alors le rôle d'observateurs. Procéder de même avec toutes les équipes de façon à vérifier chacune de leurs explications.	

Lorsque l'expérimentation est terminée, amener les élèves à en faire l'objectivation en leur demandant de dire ce qui a été réussi et ce qui doit être modifié, d'indiquer les règles du jeu qui fonctionnent, etc.

Participer à l'objectivation dans un esprit de coopération : donner son appréciation des règles du jeu qui ont été expérimentées de façon à faire ressortir celles qui sont applicables de celles qui ne le sont pas ou le sont moins, à les modifier, etc.

LA RÉALISATION

Rôle de l'enseignante ou de l'enseignant	Rôle de l'élève

■ MANUEL, P. 136, ACTIVITÉS 1 À 3 ■ Grouper les élèves en équipes et les inviter à réaliser les activités 1 à 3 de la p. 135. Leur préciser de noter leurs réponses, de s'efforcer de s'exprimer en des termes justes. Circuler parmi les équipes pour les encourager dans leur tâche, pour soutenir celles qui pourraient éprouver des difficultés.

Au moment du retour sur ces activités, demander à quelques élèves de dire comment leur équipe a procédé pour trouver les résultats, comment ce travail d'équipe s'est déroulé. En profiter pour amener les élèves à partager leurs stratégies.

Prolonger les activités. Demander aux élèves d'ordonner en ordre croissant tous les nombres du tableau apparaissant à la p. 136. Proposer d'autres questions semblables à celle de l'activité 2a, par exemple :

— *Combien de centimètres manque-t-il à Henri pour arriver au deuxième rang ?*

■ MANUEL, P. 137, ACTIVITÉ 4 ■ Amorcer une discussion en demandant aux élèves d'expliquer ce que signifie la phrase : « Jouer, cela creuse l'appétit. » Au cours de cette brève discussion, amener les élèves à comprendre que lorsqu'on travaille ou joue, on dépense de l'énergie, puis qu'on la récupère en absorbant de la nourriture. Leur demander de l'illustrer par des exemples.

Aborder l'estimation avec les élèves en leur demandant d'exprimer leurs connaissances et stratégies à ce sujet :

— *Comment t'y prends-tu pour estimer une quantité ?*

— *Est-ce que faire une estimation suppose une réponse exacte ?*

Les amener à comprendre que le résultat d'une estimation peut être exprimé en disant : « c'est environ... » C'est une approximation.

Lire les consignes de l'activité 4 aux élèves. Leur allouer quelques minutes pour qu'ils estiment le nombre de raisins et notent le résultat de leur

En équipe, se donner un mode de fonctionnement pour répondre aux questions des activités 1 à 3. Exploiter les données du tableau en l'interprétant. Faire appel aux concepts mathématiques, notamment sur l'ordre de grandeur : le plus, le rang, le centimètre, le moins, etc., à ses stratégies et à ses connaissances antérieures. Donner son point de vue au sein de son équipe en le justifiant et en utilisant un vocabulaire clair et précis (par exemple : « Henri arrive au dernier rang parce qu'il a sauté le moins loin : son saut fait 79 centimètres de long. » ou « C'est Henri parce que 79 est le nombre le plus petit dans le tableau. »). Participer au retour collectif, partager les résultats, démarches et stratégies de son équipe avec les autres élèves de la classe. Participer au prolongement des activités.

Lire les deux premières phrases de l'activité 4. Dans ses mots, expliquer ce que veut dire la première phrase. Participer à la discussion : donner des exemples de situations où il y a eu dépense énergétique, par exemple, ressentir la faim après avoir joué avec un ou une camarade, après un match de soccer, après une matinée à l'école, etc.

Faire appel à ses connaissances antérieures sur l'estimation. Dans ses mots, dire ce qu'est une estimation.

Observer l'illustration de la p. 137. Estimer le nombre de raisins, puis noter son résultat sur une feuille. Refermer son manuel. Participer à la mise estimation. Leur indiquer de refermer leur manuel. Leur demander ensuite de faire part de leur résultat. Noter ces nombres au tableau de la classe, puis inviter quelques élèves à partager avec le reste de la classe leur démarche et stratégie d'estimation. Amener les élèves à constater l'utilité de se servir d'un repère dans leur tâche d'estimation.

Distribuer la fiche de soutien *Saute-grenouille* aux élèves, puis leur demander de vérifier leur estimation en utilisant la stratégie de dénombrement de leur choix. Procéder à une mise en commun des stratégies.

en commun des réponses en expliquant sa démarche d'estimation; par exemple, regarder le sachet de raisins dans le coin de l'illustration, puis s'en servir comme point de repère dans sa tâche d'estimation en imaginant des sachets semblables pour le reste des raisins.

À l'aide de la fiche, vérifier son estimation. Expliquer aux autres élèves sa stratégie de dénombrement.

Au cours de l'activité 4, les élèves estiment le nombre de raisins apparaissant à la p. 137 du manuel. Il est à noter qu'une estimation se fait toujours à partir de repères, que les élèves ont d'ailleurs peaufinés ou enrichis au fil de leurs expériences d'estimation.

L'INTÉGRATION

Rôle de l'enseignante ou de l'enseignant	Rôle de l'élève
Grouper les élèves en équipes de quatre. Demander à chaque équipe de construire un tableau semblable à celui de la p. 136 de leur manuel et d'en changer les données. Chaque équipe y inscrit le prénom de ses membres et imagine des résultats fictifs, puis prépare deux ou trois questions semblables à celles de la p. 136 du manuel. Une fois cette tâche terminée, inviter une équipe à se joindre à une autre. L'une pose à l'autre équipe les questions qu'elle a préparées et qui sont en lien avec son tableau; l'autre équipe y répond à l'aide de ce tableau. Les autres équipes procèdent de la même façon. Ensuite, inviter les équipes à inverser les rôles.	En équipe de quatre, préparer un tableau semblable à celui de la p. 136 du manuel en suivant les consignes de son enseignante ou son enseignant. Avec ses camarades d'équipe, se joindre à une autre équipe. À l'aide du tableau des résultats de cette équipe, répondre aux questions qu'elle a préparées. Inverser les rôles.
Cette activité peut se dérouler de la même façon mais, au lieu de résultats fictifs, les équipes jouent à «Saute-grenouille», mesurent la longueur des sauts et en reportent les résultats dans leur tableau. Cette activité de mesurage peut avoir lieu au cours de la récréation ou lors du pique-nique organisé dans le cadre du projet (voir la rubrique Projet, p. 457 du guide).	S'il y a lieu, participer au jeu «Saute-grenouille» avec son équipe : mesurer la longueur des sauts de ses camarades et en reporter les résultats dans le tableau de l'équipe.
Sur le rétroprojecteur, placer une poignée de jetons ou de cubes. Demander aux élèves d'en estimer la quantité. Noter leurs estimations au tableau de la classe. Inviter quelques élèves à expliquer leur méthode d'estimation, à dire s'ils ont utilisé un ou des repères. Ensuite, procéder collectivement à la vérification des estimations.	Participer à l'activité d'estimation. Partager son résultat et sa méthode d'estimation avec les autres élèves de la classe. Vérifier son estimation.

Si une consolidation est nécessaire pour certains élèves, leur proposer la fiche *Les billes de Léa*. Cette fiche peut être l'occasion d'un travail individuel à la maison ou lors d'un moment libre en classe.

Corrigé des activités du manuel, p. 136 et 137

Encadré de la p. 136 : Réponses variables; exemple : On peut déduire de l'illustration que le jeu consiste à sauter, à pieds joints et sans élan, le plus loin possible.

1. a) Isa.

   b) Henri.

   c) Au deuxième rang.

2. a) Il lui manque 10 cm.

   b) Son résultat serait 79 cm. Félix arriverait troisième, à égalité avec Henri.

3. a) 10 cm.

   b) 20 cm.

4. b) Il y a 10 raisins dans le sachet.

   Réponses variables. Le sachet sert de repère pour estimer l'espace que prennent 10 raisins. Les élèves pourraient estimer qu'il peut y avoir 8, 9 ou 10 de ces sachets sur la page. Donc, leur estimation variera de 80 à 100 raisins.

 Joue à « Saute-grenouille ». Mesure la longueur de ton saut.

Cette activité peut avoir lieu lors d'une récréation (voir la phase Intégration, p. 456) ou lors du pique-nique (voir la rubrique Projet ci-dessous).

Projet

▨ Si la journée de pique-nique n'a pas encore eu lieu, suggérer aux élèves d'y intégrer le jeu « Saute-grenouille ». Les inviter alors à préparer le matériel dont ils auront besoin.

▨ La journée de pique-nique est peut-être chose du passé. Pourquoi ne pas en prolonger le plaisir en invitant les élèves à jouer à « Saute-grenouille » ? Ce serait une belle occasion pour eux de développer d'autres stratégies de calcul et de mettre en œuvre leurs stratégies de mesurage de longueurs; à ce sujet, se reporter à la phase Intégration de la présente situation d'apprentissage, p. 456.

Réinvestissement

Proposer aux élèves des activités d'estimation. En voici deux :

▨ Sur une table, disposer une quantité de jetons non groupés et demander aux élèves d'en estimer le nombre. Les inviter ensuite à partager leur méthode d'estimation.

▨ Sur une table, disposer une quantité de petits cubes et sur une autre, une même quantité de gros cubes. Demander aux élèves d'estimer la quantité de chacun de ces ensembles. Les inviter ensuite à expliquer leur démarche d'estimation, à dire s'ils ont utilisé un repère pendant leur estimation.

Travaux personnels

Suggérer aux élèves de repérer, dans un magazine ou un journal, une page sur laquelle apparaît un grand nombre d'objets ou une grande quantité d'un même objet et de l'apporter en classe. Réunir les trouvailles des élèves en vue d'une activité d'estimation. Demander aux élèves de participer à cette activité. Noter leurs estimations au tableau de la classe, puis demander à l'élève qui a trouvé la page de les vérifier en dénombrant la quantité d'objets qui y apparaît.

Utilisation des TIC

Proposer aux élèves de préparer, à l'aide d'un logiciel, des feuilles sur lesquelles ils auront reproduit une même image en grande quantité, par exemple 25, 50 ou 75. Pour ce faire, ils choisissent une image dans la banque d'images du logiciel et la répètent un nombre déterminé de fois dans la page à l'aide des commandes « copier » et « coller ». Les élèves s'échangent leurs feuilles pour en estimer le nombre d'images.

Retour sur le thème

Voici des pistes de questionnement qui pourront aider à préparer le retour sur ce thème.

- Quelle nouvelle stratégie les élèves ont-ils développée ?
- Quels sont les élèves qui éprouvent le plus de difficultés ? Comment les soutenir ?
- Ont-ils participé au projet ? Quels types de progrès le projet leur a-t-il permis de réaliser ?
- Y a-t-il eu une amélioration dans leur travail en équipe ?

Le retour sur le thème est également l'occasion pour l'enseignante ou l'enseignant de s'interroger sur son enseignement.

- Ai-je soutenu et incité les équipes à aller plus loin dans leur recherche de solution à un problème ?
- Ai-je facilité la circulation d'informations, d'idées, de trucs entre les élèves ou les équipes, par exemple, en invitant l'élève à aller voir un tel ou une telle élève et en lui disant : « Va lui demander de t'expliquer sa façon de procéder. »
- Ai-je insisté pour que les élèves s'écoutent mutuellement lors des mises en commun collectives en leur demandant, par exemple : « Peux-tu me dire, dans tes mots, ce que ta camarade vient de dire ? »
- Est-ce que j'explique clairement ce que j'attends des élèves ? Est-ce que j'explique la pertinence de la tâche ? Est-ce que je vérifie si les élèves comprennent la tâche ?
- Est-ce que je donne l'occasion aux élèves d'exprimer leurs connaissances antérieures sur le sujet ou sur les concepts abordés ?
- Est-ce que je permets aux élèves de construire leur identité et leurs connaissances en interaction avec les autres ? Est-ce que j'offre l'occasion à mes élèves d'être des « élèves-acteurs » ?
- Est-ce que je fais régulièrement des retours pendant les activités ?
- Est-ce que mes élèves présentent leurs solutions, expliquent comment ils ont fait, disent ce qu'ils ont appris, ce qu'ils pourraient faire avec les nouvelles connaissances ?

Activité de numération

Matériel : réglettes Cuisenaire.

Les élèves sont groupés en équipes de trois; chacune d'elles dispose d'une boîte de réglettes Cuisenaire. Chaque élève choisit un nombre et le représente en mettant des réglettes bout à bout. Par exemple, l'élève a choisi le nombre 23 et le représente par 2 réglettes orange et 3 blanches. Sur une feuille, il ou elle note alors : 10 + 10 + 1 + 1 + 1 = 23. Il ou elle forme avec d'autres réglettes un « train » de la même longueur et écrit chaque fois son résultat, par exemple : 4 + 7 + 9 + 3 = 23. L'élève cherche ainsi plusieurs façons de décomposer le nombre choisi au départ.

Après un certain temps, mettre un terme à l'activité. Les élèves n'ont pas tous le même nombre de décompositions évidemment. Il n'y a pas lieu de faire une correction de ce travail mais plutôt d'amener les élèves à prendre conscience de la grande variété de manières différentes de décomposer un nombre.

Nom _____

L'heure

Utilise cette fiche pour les activités sur la notation de l'heure.

```
┌─────────────┐
│      :      │
└─────────────┘
```

```
┌─────────────┐
│      :      │
└─────────────┘
```

```
┌─────────────┐
│      :      │
└─────────────┘
```

```
┌─────────────┐
│      :      │
└─────────────┘
```

Nom _____

Sur mesure

1. a) Ordonne ces activités selon leur durée : de la plus courte à la plus longue.

A Souper à la maison.

B Écrire ton nom sur une feuille.

C Te brosser les dents.

D Écouter ta chanson préférée.

☐ , ☐ , ☐ , ☐ .

b) Quelles activités durent moins de 5 minutes ?

_____

2. Indique ce que chaque instrument peut mesurer.

Trace un ✗ dans la bonne case.

La durée d'une promenade				
La température extérieure				
Ce que tu pèses				
La largeur de ta main				

Nom _____

Mon dimanche

Complète les , les [:] et les phrases.

Je me lève à  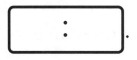 .

Je déjeune à 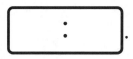 .

Ensuite, je _____

de  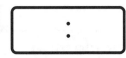 à  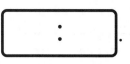 .

Je dîne à  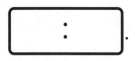 .

L'après-midi, je _____

de  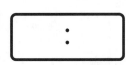 à  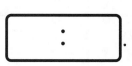 .

Je me couche à  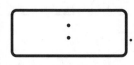 .

Nom _____

Un goûter en sachet

Utilise cette fiche pour faire l'activité 6 de la page 131 de ton manuel *Logibul I*.

	I sachet	2 sachets	3 sachets	4 sachets	5 sachets	6 sachets	7 sachets
	2						
	I						
	5						
	10						

	I sachet	2 sachets	3 sachets	4 sachets	5 sachets	6 sachets	7 sachets
	2						
	I						
	5						
	10						

Nom _____

À l'heure pile

1. Écris l'heure de chaque horloge.

Avant-midi	Après-midi	Soirée
⏰	⏰	⏰
:	:	:
Matin	**Soirée**	**Nuit**
⏰	⏰	⏰
:	:	:

2. Indique la durée.

a) Une émission de télévision commence à

et se termine à . _____

b) Une balade en voiture commence à

et se termine à  . _____

Nom

Viser juste

Voici des façons possibles d'obtenir plus de 10 points
(activité 1c, page 134 du manuel *Logibul 1*).

- $5 + 5 + 5 = 15$
- $5 + 5 + 5 + 5 = 20$
- $5 + 10 = 15$
- $5 + 5 + 10 = 20$
- $5 + 5 + 5 + 10 = 25$
- $5 + 10 + 10 = 25$
- $5 + 10 + 10 + 10 = 35$
- $10 + 10 = 20$
- $10 + 10 + 10 = 30$
- $10 + 10 + 10 + 10 = 40$
- $5 + 20 = 25$
- $5 + 5 + 20 = 30$
- $5 + 5 + 5 + 20 = 35$
- $5 + 20 + 20 = 45$
- $5 + 5 + 20 + 20 = 50$

- $5 + 20 + 20 + 20 = 65$
- 20
- $20 + 20 = 40$
- $20 + 20 + 20 = 60$
- $20 + 20 + 20 + 20 = 80$
- $10 + 20 = 30$
- $10 + 10 + 20 = 40$
- $10 + 10 + 10 + 20 = 50$
- $10 + 10 + 20 + 20 = 60$
- $10 + 20 + 20 + 20 = 70$
- $5 + 10 + 20 = 35$
- $5 + 5 + 10 + 20 = 40$
- $5 + 10 + 10 + 20 = 45$
- $5 + 10 + 20 + 20 = 55$
- $5 + 5 + 10 + 10 = 30$

Nom _____

Saute-grenouille

a) Note l'estimation que tu as faite à l'activité 4b de
la page 137 de ton manuel *Logibul 1*.   Mon estimation :

b) Vérifie ton estimation.

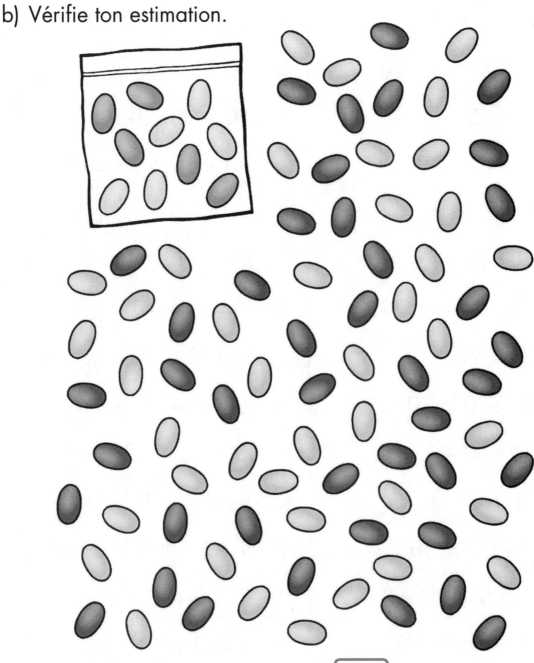

J'ai vérifié mon estimation. Il y a ⬚ raisins en tout.

Nom _____

Les billes de Léa

1. Estime le nombre de billes.
Donne-toi un repère.

Mon estimation : ☐

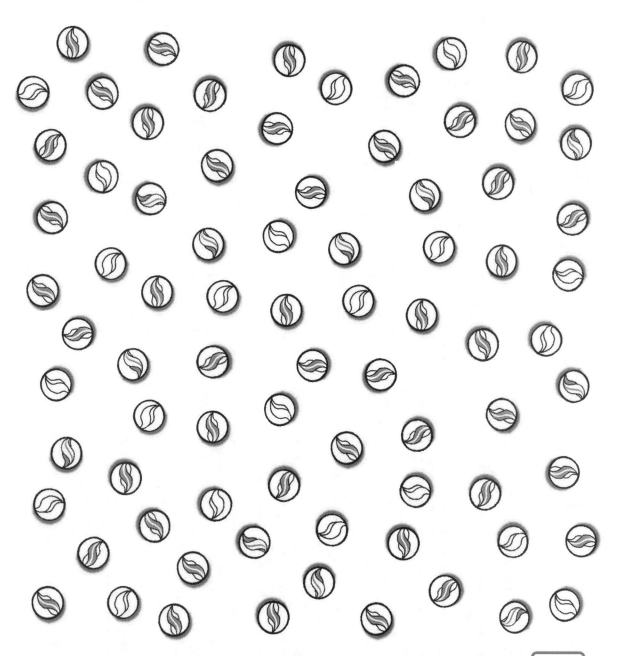

2. Vérifie ton estimation. Combien de billes comptes-tu ? ☐
As-tu vérifié une deuxième fois ?

Corrigé des fiches 461, 462 et 463

Nom _____

Sur mesure

1. a) Ordonne ces activités selon leur durée : de la plus courte
à la plus longue. *Réponses variables; exemple :*

    A   Souper à la maison.

    B   Écrire ton nom sur une feuille.

    C   Te brosser les dents.

    D   Écouter ta chanson préférée.

    B , C , D , A .

   b) Quelles activités durent moins de 5 minutes ?
      Réponses variables; exemple : B, C.

2. Indique ce que chaque instrument peut mesurer.

    Trace un ✗ dans la bonne case.

	règle	pèse-personne	thermomètre	horloge
La durée d'une promenade				✗
La température extérieure			✗	
Ce que tu pèses		✗		
La largeur de ta main	✗			

Nom _____

Mon dimanche

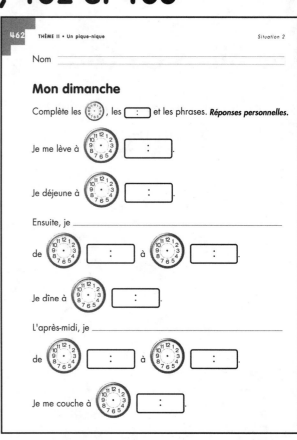

Complète les ⏰, les [:] et les phrases. *Réponses personnelles.*

Je me lève à 🕐 [:] .

Je déjeune à 🕐 [:] .

Ensuite, je _____

de 🕐 [:] à 🕐 [:] .

Je dîne à 🕐 [:] .

L'après-midi, je _____

de 🕐 [:] à 🕐 [:] .

Je me couche à 🕐 [:] .

Situation 3 – Fiche de soutien

Nom _____

Un goûter en sachet

Utilise cette fiche pour faire l'activité 6 de la page 131
de ton manuel *Logibul 1.*

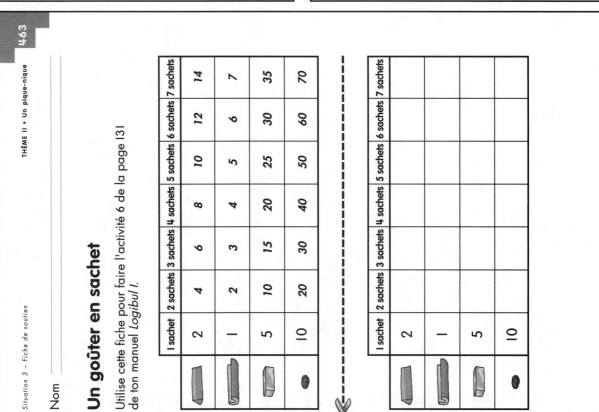

	1 sachet	2 sachets	3 sachets	4 sachets	5 sachets	6 sachets	7 sachets
	2	4	6	8	10	12	14
	1	2	3	4	5	6	7
	5	10	15	20	25	30	35
	10	20	30	40	50	60	70

	1 sachet	2 sachets	3 sachets	4 sachets	5 sachets	6 sachets	7 sachets
	2						
	1						
	5						
	10						

Corrigé des fiches 464, 466 et 467

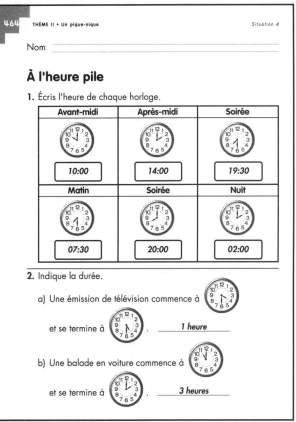

464 THÈME II • Un pique-nique

Situation 4

Nom ....

À l'heure pile

1. Écris l'heure de chaque horloge.

Avant-midi	Après-midi	Soirée
10:00	**14:00**	**19:30**
Matin	Soirée	Nuit
07:30	**20:00**	**02:00**

2. Indique la durée.

a) Une émission de télévision commence à

et se termine à . _____ **1 heure**

b) Une balade en voiture commence à

et se termine à . _____ **3 heures**

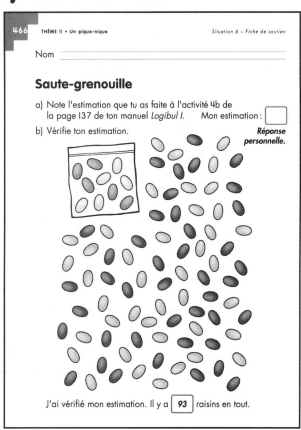

466 THÈME II • Un pique-nique

Situation 6 – Fiche de soutien

Nom ....

Saute-grenouille

a) Note l'estimation que tu as faite à l'activité 4b de
la page 137 de ton manuel *Logibul 1*. Mon estimation : ☐

*Réponse
personnelle.*

b) Vérifie ton estimation.

J'ai vérifié mon estimation. Il y a **93** raisins en tout.

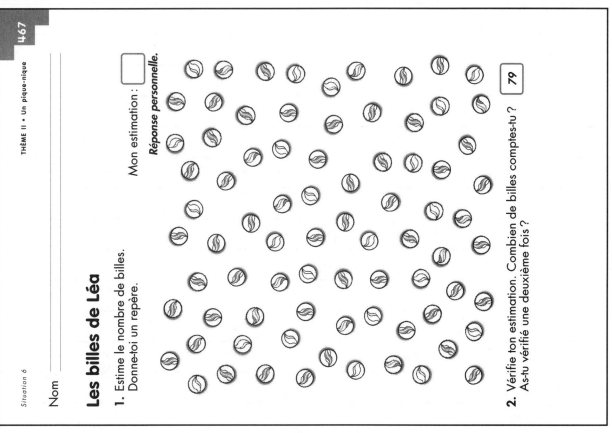

Situation 6

Nom ....

THÈME II • Un pique-nique

467

Les billes de Léa

1. Estime le nombre de billes.
Donne-toi un repère.

Mon estimation : ☐

Réponse personnelle.

2. Vérifie ton estimation. Combien de billes comptes-tu ? **79**
As-tu vérifié une deuxième fois ?

Notes personnelles

UN COFFRET DE JEUX

Ce dernier thème de l'année se déroule sur environ deux semaines. Il comporte cinq situations d'apprentissage, ayant toutes pour sujet les jeux d'intérieur. L'idée de départ est la suivante : Quoi faire quand il pleut ? Tout le long du thème, différents jeux d'intérieur sont présentés aux élèves. Avec, il va sans dire, des indications sur le matériel nécessaire et les règles. S'agit-il pour autant d'un pur divertissement pour terminer l'année ? Que non ! Pour jouer, les élèves devront faire appel à des notions qu'ils ont déjà vues, particulièrement celles relatives à la numération, et à d'autres qui leur sont nouvelles, comme la reconnaissance des nombres pairs et impairs. Dans ce contexte, participer à ces jeux devient autant d'occasions, notamment, de résoudre des problèmes, d'exploiter l'information, de communiquer, d'exercer son jugement critique, d'expérimenter des activités liées au hasard. Aussi, les élèves pourront s'inspirer de ces jeux pour en garnir leur coffret de jeux et, ainsi, rendre plus agréables certaines de leurs journées de vacances où la pluie est de la partie. C'est à cela que les convie le projet du présent thème.

TABLEAUX DE PLANIFICATION _____ **472**
LE PORTFOLIO _____ **475**
PROJET : Préparer un coffret de jeux _____ **475**
Situation d'apprentissage 1 : La dégringolade _____ **475**
Situation d'apprentissage 2 : Gibul ! _____ **481**
Situation d'apprentissage 3 : Des tours _____ **488**
Situation d'apprentissage 4 : La marelle d'intérieur _____ **493**
Situation d'apprentissage 5 : La roulette _____ **497**
Exploitation des pages pédagogiques des thèmes 11 et 12 _____ **502**
Retour sur le thème _____ **503**
Activité de numération _____ **504**
ANNEXE _____ **505**

PROJET : Préparer un coffret de jeux

SITUATION D'APPRENTISSAGE : **1** LA DÉGRINGOLADE	Durée : 2 h	p. 138-139

DOMAINES GÉNÉRAUX DE FORMATION	COMPÉTENCES TRANSVERSALES	DOMAINES D'APPRENTISSAGE
DOMAINES, AXES DE DÉVELOPPEMENT	**ORDRES, COMPÉTENCES, COMPOSANTES**	**COMPÉTENCES DISCIPLINAIRES, COMPOSANTES**
S'engager dans l'action dans un esprit de coopération et de solidarité	**I** EXPLOITER L'INFORMATION S'approprier l'information **C** COMMUNIQUER DE FAÇON APPROPRIÉE Réaliser la communication	**3** COMMUNIQUER À L'AIDE DU LANGAGE MATHÉMATIQUE Interpréter ou produire des messages à caractère mathématique

SAVOIRS ESSENTIELS	
Arithmétique	**Sens et écriture des nombres naturels** Nombres naturels inférieurs à 1000 (unité, dizaine) : lecture, écriture, nombre, classification, ordre, régularités
Probabilité	Expérimentation d'activités liées au hasard
Vocabulaire	Dernier, grille, nombre, ordre croissant, ordre décroissant, suite

SITUATION D'APPRENTISSAGE : **2** GIBUL !	Durée : 2 h 30 min	p. 140-141

DOMAINES GÉNÉRAUX DE FORMATION	COMPÉTENCES TRANSVERSALES	DOMAINES D'APPRENTISSAGE
DOMAINES, AXES DE DÉVELOPPEMENT	**ORDRES, COMPÉTENCES, COMPOSANTES**	**COMPÉTENCES DISCIPLINAIRES, COMPOSANTES**
Prendre conscience des conséquences sur sa santé et son bien-être de ses choix en matière d'alimentation, d'activité physique, etc.	**I** RÉSOUDRE DES PROBLÈMES Analyser les éléments de la situation Mettre à l'essai des pistes de solution EXERCER SON JUGEMENT CRITIQUE Exprimer son jugement **M** SE DONNER DES MÉTHODES DE TRAVAIL EFFICACES Analyser la tâche à accomplir Accomplir la tâche	**I** RÉSOUDRE UNE SITUATION-PROBLÈME MATHÉMATIQUE Décoder les éléments de la situation-problème Modéliser la situation-problème Appliquer différentes stratégies en vue d'élaborer une solution **3** COMMUNIQUER À L'AIDE DU LANGAGE MATHÉMATIQUE Interpréter ou produire des messages à caractère mathématique

SAVOIRS ESSENTIELS	
Arithmétique	**Sens et écriture des nombres naturels** Nombres naturels inférieurs à 1000 (unité, dizaine) : lecture, écriture, nombre, classification, ordre, régularités **Sens des opérations sur des nombres naturels** Opération, sens des opérations : addition (réunion)
Probabilité	Expérimentation d'activités liées au hasard
Vocabulaire	Colonne, grille, horizontal, ligne, nombre, numéro, solution, vertical

SITUATION D'APPRENTISSAGE :	3	DES TOURS	Durée : 3 h 30 min	p. 142-144			

DOMAINES GÉNÉRAUX DE FORMATION	COMPÉTENCES TRANSVERSALES	DOMAINES D'APPRENTISSAGE
DOMAINES, AXES DE DÉVELOPPEMENT	**ORDRES, COMPÉTENCES, COMPOSANTES**	**COMPÉTENCES DISCIPLINAIRES, COMPOSANTES**
Prendre conscience de soi, de son potentiel et de ses modes d'actualisation	**I EXPLOITER L'INFORMATION** S'approprier l'information **RÉSOUDRE DES PROBLÈMES** Analyser les éléments de la situation Mettre à l'essai des pistes de solution **EXERCER SON JUGEMENT CRITIQUE** Relativiser son jugement **M SE DONNER DES MÉTHODES DE TRAVAIL EFFICACES** Accomplir la tâche	**2 RAISONNER À L'AIDE DE CONCEPTS ET DE PROCESSUS MATHÉMATIQUES** Appliquer des processus mathématiques appropriés à la situation Justifier des actions ou des énoncés en faisant appel à des concepts et à des processus mathématiques **3 COMMUNIQUER À L'AIDE DU LANGAGE MATHÉMATIQUE** S'approprier le vocabulaire mathématique Interpréter ou produire des messages à caractère mathématique

SAVOIRS ESSENTIELS

Arithmétique	**Sens et écriture des nombres naturels** Nombres naturels inférieurs à 1000 (unité, dizaine) : représentation, classification, propriétés (nombres pairs, nombres impairs), régularités
Vocabulaire	À la verticale, à l'horizontale, cube, égal, ensemble, grille, hauteur, nombre impair, nombre pair

SITUATION D'APPRENTISSAGE :	4	LA MARELLE D'INTÉRIEUR	Durée : 3 h 30 min	p. 145			

DOMAINES GÉNÉRAUX DE FORMATION	COMPÉTENCES TRANSVERSALES	DOMAINES D'APPRENTISSAGE
DOMAINES, AXES DE DÉVELOPPEMENT	**ORDRES, COMPÉTENCES, COMPOSANTES**	**COMPÉTENCES DISCIPLINAIRES, COMPOSANTES**
Valoriser les règles de vie en société et les institutions démocratiques	**I EXPLOITER L'INFORMATION** Tirer profit de l'information **RÉSOUDRE DES PROBLÈMES** Imaginer des pistes de solution **EXERCER SON JUGEMENT CRITIQUE** Exprimer son jugement **M EXPLOITER LES TIC** S'approprier les TIC **Ps STRUCTURER SON IDENTITÉ** Mettre à profit ses ressources personnelles	**I RÉSOUDRE UNE SITUATION-PROBLÈME MATHÉMATIQUE** Décoder les éléments de la situation-problème Appliquer différentes stratégies en vue d'élaborer une solution **3 COMMUNIQUER À L'AIDE DU LANGAGE MATHÉMATIQUE** Interpréter ou produire des messages à caractère mathématique

SAVOIRS ESSENTIELS

Arithmétique	**Sens des opérations sur des nombres naturels** Opération, sens des opérations : addition, somme, soustraction (complément), différence Propriété des opérations : commutativité **Opérations sur des nombres naturels** Calcul mental, processus personnels : addition, soustraction
Statistique	Interprétation des données à l'aide d'un tableau
Probabilité	Expérimentation d'activités liées au hasard
Symboles	+, −, =
Vocabulaire	Addition, additionner, calculatrice, combinaison, différence, résultat, somme, soustraction, soustraire, tableau

SITUATION D'APPRENTISSAGE : 5 LA ROULETTE
Durée : 3 h
p. 146-147

DOMAINES GÉNÉRAUX DE FORMATION	COMPÉTENCES TRANSVERSALES	DOMAINES D'APPRENTISSAGE
DOMAINES, AXES DE DÉVELOPPEMENT	**ORDRES, COMPÉTENCES, COMPOSANTES**	**COMPÉTENCES DISCIPLINAIRES, COMPOSANTES**
S'approprier des stratégies liées à un projet	**EXPLOITER L'INFORMATION** Reconnaître diverses sources d'information **RÉSOUDRE DES PROBLÈMES** Analyser les éléments de la situation Imaginer des pistes de solution **SE DONNER DES MÉTHODES DE TRAVAIL EFFICACES** S'engager dans la démarche	**1 RÉSOUDRE UNE SITUATION-PROBLÈME MATHÉMATIQUE** Modéliser la situation-problème **2 RAISONNER À L'AIDE DE CONCEPTS ET DE PROCESSUS MATHÉMATIQUES** Appliquer des processus mathématiques appropriés à la situation Justifier des actions ou des énoncés en faisant appel à des concepts et à des processus mathématiques **3 COMMUNIQUER À L'AIDE DU LANGAGE MATHÉMATIQUE** Interpréter ou produire des messages à caractère mathématique

SAVOIRS ESSENTIELS

Arithmétique	**Sens et écriture des nombres naturels** Nombres naturels inférieurs à 1000 (unité, dizaine) : lecture, écriture, nombre, classification, ordre, propriétés (nombres pairs, nombres impairs)
Probabilité	Expérimentation d'activités liées au hasard
Symboles	+, =, >, <
Vocabulaire	Dizaine, moins, nombre, nombre impair, nombre pair, ordre croissant, ordre décroissant, plus, est plus grand que, est plus petit que, position, résultat probable, unité

Le thème 12 est la dernière occasion de l'année pour les élèves d'enrichir leur portfolio de documents significatifs. Voici un bref aperçu de ce qui leur est suggéré.

■ Situation d'apprentissage 1 : une grille de nombres de 0 à 100;

■ Situation d'apprentissage 2 : un court texte d'environ 20 mots où l'élève raconte ce qu'il ou elle a ressenti en jouant à Gibul;

■ Situation d'apprentissage 3 : activité sur des nombres pairs et impairs;

■ Retour sur le thème : fiches *Je m'évalue (1* et *2)*.

De plus, suggérer aux élèves qu'ils conservent, dans leur portfolio, des documents rattachés à l'évaluation proposée après le thème 12 (voir guide cycle, p. 164).

PROJET   PRÉPARER UN COFFRET DE JEUX

Avec la réalisation de ce dernier thème du manuel *Logibul 1*, les élèves sont conviés à un projet très créatif : préparer un coffret de jeux d'intérieur. Ces jeux leur seront bien utiles les jours de pluie : ces moments peu propices à une sortie au parc, à une promenade à bicyclette et où les jeux de plein air sont compromis. Aussi, les élèves pourraient présenter leurs jeux à d'autres enfants du quartier ou à des amis qui ne fréquentent pas la même école qu'eux.

Pour constituer leur coffret de jeux, les élèves s'inspireront des jeux qui leur sont présentés tout le long du thème. Ils auront à préparer, notamment, des plateaux de jeu, des cartes-nombres, des grilles de nombres, des cartes de jeu, des pions. Pour ce faire, il est suggéré d'inviter les élèves à récupérer des objets de toute sorte. Ainsi, en récupérant des boîtes de carton mince, ils pourraient s'en servir pour confectionner les plateaux de jeu; ils pourraient transformer des bouchons de liège ou de plastique en pions. L'occasion est belle de récupérer des objets de toute sorte et de leur faire subir quelques modifications mineures de façon à les réutiliser pour un autre usage. L'esprit créatif des élèves sera ainsi mis à contribution dans un contexte de coopération. Ils auront également l'occasion de se donner des méthodes de travail efficaces tout en appliquant des stratégies de résolution de problèmes.

Au cours de ce projet, il est aussi possible, et même souhaitable, de laisser les élèves choisir le ou les jeux qui leur font le plus envie de préparer. Dans ce cas, les élèves ne préparent pas tous les mêmes jeux.

▶ SITUATION D'APPRENTISSAGE ▮ La dégringolade

Ennuyant, un jour de pluie ? Voilà une question opportune à la veille des vacances d'été. Pour Logibul et ses amis, l'ennui n'a pas sa place, surtout depuis qu'ils ont eu une idée du tonnerre : inventer des jeux pour les jours de pluie… comme d'orage.

La situation présente aux élèves un jeu que Léa a inventé, la dégringolade. Dans ce jeu, il est question de mathématique, ce qui permettra aux élèves de travailler le nombre, la suite de nombres, l'ordre et les régularités, en particulier. Les élèves, en combinant des informations livrées sous différentes formes, devront interpréter les règles du jeu avant d'y jouer. Ils pourront même fabriquer leur propre matériel pour jouer à la dégringolade. Toutefois, rassembler des caractères et des tempéraments différents pour réaliser une telle tâche peut donner lieu à des frictions. L'occasion sera bonne pour rendre les élèves conscients des comportements qui peuvent devenir des irritants lorsqu'on vit un projet collectif. Ils auront l'occasion de constater que, en misant sur l'établissement de rapports égalitaires et en privilégiant un processus de prise de décision satisfaisante pour tous, il est possible de vivre un projet collectif dans un véritable esprit de coopération et de solidarité. De plus, comme les élèves devront justifier les gestes qu'ils feront à chaque étape du jeu, ils devront communiquer clairement à l'aide du vocabulaire mathématique qu'ils ont acquis depuis le début de l'année.

Organisation matérielle

▦ Le manuel *Logibul 1*, p. 138 et 139;

▦ Les fiches 128 et 129, *RA-1B*, p. 128 et 129;

▦ Un grand carton ou une grande feuille de papier;

▦ De la gommette;

▦ Les fiches de soutien *Grille de nombres, La dégringolade* et *Une autre dégringolade*, reproduites en grand format, au besoin (guide, p. 505 à 507).

2 heures

Facteurs de réussite

Les élèves auront réussi la tâche :

▦ s'ils donnent des exemples d'attitudes et de comportements à éviter ou à adopter lorsqu'ils se réunissent pour accomplir une tâche collective ou jouer ensemble;

▦ s'ils exploitent l'information de nature écrite, visuelle et verbale pour accomplir une tâche;

▦ s'ils communiquent de façon suffisamment claire à l'aide du vocabulaire mathématique approprié pour faire part des régularités observées dans des grilles de nombres;

▦ s'ils communiquent clairement, à l'aide du vocabulaire mathématique approprié, dans le but de justifier les gestes faits pendant un jeu mathématique.

Portfolio

S'il y a des ordinateurs dans la classe, proposer aux élèves de préparer une grille de nombres de 0 à 100. Leur suggérer de changer la taille des caractères, d'utiliser la couleur, etc. Pour les élèves qui trouveraient facile de réaliser cette activité, les inviter à compléter la grille, colonne par colonne. Les inviter à conserver leur grille dans leur portfolio.

LA PRÉPARATION

Rôle de l'enseignante ou de l'enseignant	Rôle de l'élève
Commencer le thème en demandant aux élèves : — *Que fais-tu lorsqu'il pleut ?* — *Quels sont les jeux d'intérieur que tu connais ?* — *Quels sont ceux auxquels tu peux jouer individuellement ? à plusieurs ?*	Participer à la discussion en parlant des activités qu'il ou elle fait les jours de pluie. Nommer les jeux d'intérieur qu'il ou elle connaît.
Noter les noms des jeux donnés par les élèves au tableau. Leur demander ensuite de consulter la table des matières de leur manuel et de chercher s'il y est question de jeux.	Consulter la table des matières de son manuel afin de chercher s'il y est question de jeux. Repérer les titres ou les sous-titres qui répondent à sa recherche.
■MANUEL, P. 138■ Inviter les élèves à ouvrir leur manuel à la p. 138 et à feuilleter les pages du thème 12. Poser ensuite la question suivante : — *Quels sont les jeux qui ressemblent à ceux que tu connais ?* Suggérer aux élèves de lire les titres des situations d'apprentissage du thème 12. Entourer les jeux écrits au tableau qui, selon les élèves, ressemblent à ceux du thème.	Recueillir les informations contenues dans les pages du thème 12 pour comparer les résultats de sa recherche d'informations avec les jeux que les élèves de la classe connaissent.

Faire lire l'encadré en haut de la p. 138. Poser les questions suivantes :

— *Selon toi, est-ce que Logibul et ses amis ont eu une bonne idée ? Pourquoi ?*

— *Crois-tu que c'est facile d'inventer des jeux avec d'autres amis ?*

— *Selon toi, est-ce que Logibul et ses amis ont éprouvé des difficultés ?*

— *Selon toi, lesquelles ?*

Faire parler les élèves sur les difficultés mentionnées et leur faire trouver comment Logibul et ses amis ont pu réussir à s'entendre.

Leur demander de donner des exemples de difficultés que peuvent éprouver des amis qui se réunissent pour accomplir une tâche, jouer ou inventer des jeux. Leur demander également quels comportements et quelles attitudes peuvent contribuer à une bonne entente entre les personnes et qui, par le fait même, permettent d'obtenir des résultats dont tout le monde est satisfait.

Lire l'encadré de la p. 138 et donner son opinion sur l'idée que Logibul et ses amis ont eue d'inventer des jeux. Émettre son opinion sur cette idée et l'expliquer. Réfléchir à ce que cela implique d'inventer des jeux avec d'autres personnes même si ce sont nos amis. Entrevoir des voies de compromis qu'il faut faire pour mener à bien ce type de projet.

Fournir des exemples de difficultés. Discuter des comportements et des attitudes qui contribuent à créer un climat de bonne entente dans une équipe en projet, par exemple considérer les opinions de tous, discuter sans s'emporter, ne pas imposer sa manière de voir, trouver un moyen démocratique de prendre des décisions, accepter de faire des compromis, etc.

LA RÉALISATION

Rôle de l'enseignante ou de l'enseignant

Rôle de l'élève

■ MANUEL, P. 138, ACTIVITÉ 1 ■ Faire lire le texte de présentation de l'activité 1. Demander à un ou une élève de dire ce qu'a fait Léa. Demander aux élèves de vérifier la grille de Léa.

Demander aux élèves d'examiner la grille et de faire part de leurs observations. Les amener à observer :

• que dans une rangée, d'une case à la suivante, il y a toujours 1 de plus ;

• que dans une colonne, le chiffre en position des unités est toujours le même (p. ex. 3, 13, 23, …);

• que dans une rangée, le chiffre en position des dizaines est toujours le même (p. ex. 50, 51, 52, 53, …);

• que dans une colonne, d'une case à la suivante, il y a toujours 10 de plus;

• qu'en diagonale, du haut vers le bas et de la gauche vers la droite, il y a toujours 11 de plus (p. ex. 10, 21, 32, …).

Faire répondre à la question 1a oralement. Faire répondre à la question 1b soit oralement, soit de la façon suivante : reproduire au tableau le bas de la grille, à partir de la rangée 60 à 72. Envoyer au tableau des élèves qui viendront écrire les nombres qui vont dans les cases que l'enseignante ou l'enseignant leur montre, en ayant soin de choisir ces cases sans suivre un ordre particulier.

Lire le texte de présentation de l'activité 1. Observer la grille de nombres préparée par Léa.

Trouver en quoi les rangées et les colonnes se ressemblent ou se distinguent. Trouver des régularités dans la grille. Communiquer ce qu'il ou elle observe en utilisant le vocabulaire mathématique approprié.

Répondre aux questions 1a et 1b en utilisant les régularités découvertes.

Remarque : Les élèves doivent trouver quel nombre va dans telle case à partir de régularités comme celles données en exemple plus haut.

■ Manuel, p. 138, activité 2 ■ Faire compléter la suite de nombres de l'activité 2 individuellement dans un cahier ou sur une feuille.

Inviter les élèves à construire une grille de nombres de 0 à 100 ou distribuer la fiche de soutien *Grille de nombres*. Cette grille permettra d'obtenir les cartes-nombres qui seront utilisées tout le long du thème. **Remarque :** Sur les diverses façons possibles de construire cette grille de nombres, voir la rubrique Projet (p. 480). Pour le jeu de *La dégringolade*, avant de distribuer aux élèves les fiches des p. 505 à 507, prendre, évidemment, soin de les reproduire en grand format.

Grouper les élèves en équipes de cinq et leur proposer de jouer au jeu de la dégringolade qui est présenté à la p. 139 de leur manuel. À cette fin :

- lire avec les élèves les règles du jeu qui figurent dans l'encadré de la p. 139 et leur poser quelques questions;
- s'assurer que les règles du jeu sont bien comprises par la majorité;
- inviter les élèves à sélectionner les cartes-nombres de 0 à 70 parmi celles qu'ils ont fabriquées;
- mettre à la disposition de chaque équipe une copie de la fiche de soutien *La dégringolade*;
- demander à chaque équipe de désigner une personne qui exécutera les consignes suivantes : battre les cartes-nombres; en distribuer cinq à chaque personne; mettre le reste des cartes à l'envers et en une pile au centre de l'équipe;
- demander ensuite à chaque élève de placer les cartes côté nombre devant lui ou elle.

Avant une partie, donner une démonstration collective sur la façon de jouer à la dégringolade. Pour cela, choisir une équipe dont les membres placeront tour à tour une carte-nombre sur la fiche *La dégringolade*. Au besoin, passer en revue les règles du jeu, particulièrement la section «Quand c'est ton tour»; ajouter tous les commentaires nécessaires pour que les élèves comprennent bien les règles du jeu. **Remarque :** si un élève a la carte 52, il la place dans la première case de la troisième rangée. Si un élève a la carte 37, il la place sur le 37 de la grille. À chaque fois que c'est au tour d'un élève à jouer, il doit piger une carte, qu'il ait placé une carte ou non.

Compléter par écrit la suite de nombres de l'activité 2.

Construire la grille de nombres selon les indications données par l'enseignante ou l'enseignant. Exploiter les observations faites antérieurement sur les régularités inhérentes à la grille des nombres de 0 à 100.

Se grouper en équipe de cinq et se préparer à jouer au jeu en suivant les explications. Lire et interpréter les règles du jeu à l'aide de l'illustration de la p. 139, des explications données par l'enseignante ou l'enseignant et des questions posées par les autres élèves.

Mobiliser son attention. Participer à la démonstration collective en se préparant à jouer au jeu de façon autonome. Poser des questions pour bien comprendre le déroulement du jeu.

Laisser ensuite les équipes jouer une partie de façon autonome. Circuler parmi les équipes et venir en aide aux équipes qui éprouvent des difficultés.

■ MANUEL, P. 139, ACTIVITÉ 3 ■ Après la partie, inviter les élèves à faire les activités 3a, b et c à l'aide de la fiche de soutien *La dégringolade*. Demander aux élèves d'indiquer la case où ils placeraient les cartes de Félix (faire placer les cartes au bon endroit)

Poursuivre avec les cartes de Logibul et ensuite avec les cartes de Léa. Faire expliquer après chaque carte jouée pourquoi on peut ou non la placer sur la grille. Attention ! Placer une carte à droite d'une autre correspond à constituer l'ordre décroissant. Laisser cependant les élèves faire eux-mêmes cette constatation.

Utiliser les renseignements fournis par l'encadré de la p. 139, par l'illustration et par l'enseignante ou l'enseignant pour jouer au jeu de façon autonome. Trouver les réponses aux activités. Expliquer et justifier ses réponses. Utiliser les règles du jeu et les savoirs mathématiques pour justifier pourquoi une carte doit être placée à tel ou tel endroit. Observer la disposition des nombres sur le plateau de jeu. Remarquer l'ordre décroissant et en tenir compte pendant le jeu.

NOTE DIDACTIQUE

Ce dernier thème de *Logibul 1* fournit l'occasion de revenir sur plusieurs notions (numération, propriétés des nombres, suite de nombres) qui ont graduellement contribué à enrichir le sens du nombre chez l'élève, depuis le début de l'année. Le retour proposé a lieu par l'intermédiaire de différents jeux présentés tout le long du thème et dans lesquels le nombre est toujours présent. L'emploi de jeux pour développer le sens numérique et logique des enfants est un atout d'une grande force. Par ailleurs, on peut dire que, d'une façon générale, employer des jeux à l'école est bénéfique. C'est pourquoi nous recommandons de créer dans la classe un coin « jeux » (à ce sujet, voir les pistes d'exploitation de la littérature enfantine et de certains jeux proposées dans le guide cycle). De plus, quand cela est possible, on suggère aux enseignantes et aux enseignants de rappeler aux parents que certains jeux de société peuvent contribuer grandement au développement des compétences prescrites par le *Programme de formation de l'école québécoise*. L'exercice suivant peut facilement convaincre.

Considérons un jeu aussi simple que le jeu des serpents et échelles et examinons le contenu mathématique qu'il permet de travailler à l'aide du volet Savoirs essentiels du programme disciplinaire. Pas moins du tiers du contenu s'y retrouve. Il faut commencer jeune avec les enfants, dès l'âge de quatre ou cinq ans, à jouer à des jeux semblables. D'ailleurs, on peut souvent percevoir, chez les élèves de première année du premier cycle, ceux qui ont développé, grâce à la pratique de certains types de jeux, une manière particulière et perspicace d'aborder les activités et les problèmes de mathématique et de logique.

L'INTÉGRATION

Rôle de l'enseignante ou de l'enseignant	Rôle de l'élève
En plénière, faire un retour sur la partie et les activités de la p. 139 du manuel. Permettre aux élèves d'exprimer ce qu'ils ont aimé et n'ont pas aimé, ce qu'ils ont trouvé facile et difficile. Demander à chaque équipe de faire le point sur son fonctionnement. Y a-t-il des problèmes ? De quels types ? Demander aux équipes de trouver des solutions pour améliorer la coopération au sein des équipes. Procéder à une mise en commun et à une discussion collective sur l'efficacité des solutions proposées. Sur une grande feuille, noter les problèmes les plus importants et noter les solutions proposées. Cette feuille, affichée sur un mur de la classe, servira de guide tout le long du projet.	Participer avec enthousiasme au retour. Prendre sa place dans le groupe-classe. Proposer des moyens pour résoudre des conflits, pour prendre démocratiquement des décisions, s'engager dans l'action dans un esprit de coopération et de solidarité.

Proposer au élèves de rejouer à la dégringolade en classe, si l'intérêt est toujours là. Faire former de nouvelles équipes.

■ Fiches **128** et **129**, *RA-1B*, p. **128** et **129**■ Faire réaliser les activités individuellement. Faire vérifier les réponses en dyades.

Rejouer à la dégringolade, s'il y a lieu.

Se faire confiance et réaliser les activités individuellement. En dyade, partager ses réponses et sa démarche en respectant l'effort de l'autre.

Corrigé des activités du manuel, p. 138 et 139

Encadré en haut de la p. 138 : Quand il pleut, on fait des activités à l'intérieur. On peut accomplir des travaux, comme faire le ménage de sa chambre ou de ses effets personnels; on peut se livrer à un passe-temps ou jouer à un jeu auquel on n'a pas joué depuis longtemps.

1. a) 72   b) Les nombres de 73 à 100.
2. 90, **89**, 88, **87**, **86**, 85, **84**, **83**, **82**, **81**, 80.

 Construis une grille de nombres de 0 à 100. Utilise la fiche qu'on te remet.

Cette activité a lieu au cours de la phase Réalisation (p. 478). On peut donner à cette activité une ampleur qui variera selon le choix de l'enseignante ou de l'enseignant (voir la rubrique Projet ci-après).

3. Remarques sur les règles du jeu de la dégringolade.
   - L'élève ne peut poser, sur le plateau de jeu, qu'une seule de ses cartes quand c'est son tour, même s'il ou elle en a d'autres qui conviendraient.
   - On considère que les nombres qui doivent être placés à droite de ceux qui apparaissent dans la dernière colonne de droite de la grille seront placés dans la colonne d'extrême gauche de la grille, dans la rangée qui suit.

   a) Félix peut poser la carte 25 à droite de 26 et la carte 58, à droite de 59.
   b) Logibul peut placer la carte 37 sur la case 37 et la carte 3, à droite de 4.
      Léa peut poser la carte 59 sur la case 59 et la carte 5, à droite de 6.

 Joue à la dégringolade avec une autre grille de nombres. Construis cette grille.

Cette activité peut avoir lieu soit au cours de la phase Intégration, soit dans le cadre du projet. On peut donner à cette activité une ampleur qui variera selon le choix de l'enseignante ou de l'enseignant (voir la rubrique Projet ci-dessous). Cette activité peut avoir aussi lieu lors d'un moment de réinvestissement.

Projet

Pour jouer à la dégringolade, il faut des cartes-nombres et un plateau de jeu. Il est possible d'utiliser les fiches de soutien des p. 505 (grille de nombres), 506 et 507 (plateaux de jeu) du guide, qu'on aura pris soin de reproduire en grand format avant d'en distribuer des exemplaires aux élèves. Toutefois, s'il est décidé de donner une ampleur plus grande à cette activité de jeu, proposer aux élèves de laisser place à leur créativité en préparant eux-mêmes ce matériel.

▥ D'abord, une grille de nombres de 0 à 100, par équipe de cinq, à partir de laquelle les élèves découperont les cases (nombres) de façon à obtenir les cartes-nombres dont ils ont besoin pour jouer à la dégringolade ainsi qu'aux autres jeux du thème 12. Voici des suggestions pour le déroulement de cette tâche. Les élèves, groupés en équipes de cinq, peuvent tracer, sur une feuille, une grille de 10 colonnes et 11 rangées (comme celle présentée à la p. 138 du manuel *Logibul 1*) et y noter les nombres de 0 à 100 ou remplir la fiche de soutien *Grille de nombres* (guide, p. 505). Il est également possible de proposer aux élèves de compléter leur grille de toutes sortes de façons plus ou moins difficiles. Par exemple : en procédant colonne par colonne (par bonds de 10); en commençant soit par la gauche (ordre croissant), soit par la droite (ordre décroissant); en commençant par 100, etc.

▨ Ensuite, un plateau de jeu de 70 cases (ou plus, s'il est décidé d'offrir aux élèves un plus grand défi) par équipes. En s'inspirant du modèle de la p. 139 du manuel *Logibul 1* (ou de la fiche de soutien *Une autre dégringolade*), les équipes préparent le plateau de jeu à l'aide d'un carton récupéré (une boîte rapportée du supermarché, par exemple). Prévenir alors les élèves que les cartes-nombres ne doivent pas être plus grandes que les cases de leur plateau de jeu.

Réinvestissement

▨ Proposer aux élèves de jouer à la dégringolade avec une autre grille de nombres. Un modèle est suggéré sur la fiche de soutien *Une autre dégringolade*.

▨ Si certains élèves ont de la difficulté à ordonner une série de nombres : choisir les nombres qui font problème et demander à ces élèves de les placer en ordre croissant ou décroissant. Faire faire l'activité oralement et par écrit.

Travaux personnels

Suggérer aux élèves de jouer à la dégringolade ou de modifier certaines règles du jeu ou encore d'en inventer de nouvelles de façon à créer un nouveau jeu.

Utilisation des TIC

En utilisant un tableur, faire construire les grilles dont les élèves ont besoin pour jouer au jeu de la dégringolade. Mandater certains élèves pour faire la grille de 100 cases et d'autres pour faire le plateau de jeu de 70 cases (selon les modèles des p. 138 et 139 du manuel).

▶ SITUATION D'APPRENTISSAGE ⬛2 Gibul !

Les élèves auront tôt fait, sans doute, d'établir des liens entre le jeu Gibul, qui leur est présenté dans cette situation d'apprentissage, et un jeu bien connu, le bingo. On les amènera à prendre conscience qu'une période de jeu peut leur procurer un moment de détente et un sentiment de bien-être. Le jeu Gibul sert bien la cause de l'apprentissage des mathématiques, entre autres, en ce qui concerne des suites de nombres, l'observation de régularités et, surtout, la résolution de problèmes. Les problèmes que les élèves auront à résoudre exigeront, tout particulièrement, qu'ils analysent des données tout en exerçant leur sens critique et en appliquant des stratégies de résolution. Leur sens critique s'exercera également lors de la gestion du travail d'équipe. De plus, bon nombre d'activités leur fournissent des occasions de développer des manières de travailler, ce qui contribue à rendre leurs méthodes de travail plus efficaces.

Organisation matérielle

▨ Le manuel *Logibul 1*, p. 140 et 141;

▨ Les fiches de soutien *Gibul ! (1 et 2)*, guide, p. 508 et 509;

▨ Un contenant et des jetons;

▨ Les cartes-nombres de 0 à 99 (que les élèves ont fabriqués à la situation d'apprentissage 1);

▨ Les affiches *Conseils pour résoudre un problème* et *Conseils pour travailler en équipe* (au début et à la fin du manuel);

▨ La fiche 130, *RA-1B*, p. 130.

2 h 30 min

Facteurs de réussite

Les élèves auront réussi la tâche :

◼ s'ils expliquent, dans leurs mots, ce que le jeu leur apporte, ce qu'ils ressentent en jouant, le bien-être que peut procurer une période de jeu pour l'esprit;

◼ s'ils résolvent des situations-problèmes en prêtant une attention particulière à l'analyse des données de chacune;

◼ s'ils font appel à leur jugement critique dans la prise de décisions pendant la résolution de situations-problèmes et la concertation d'efforts déployée au cours de travaux en équipe;

◼ s'ils accordent de l'importance à l'analyse du travail à accomplir pour en arriver à exécuter ce travail de manière plus efficace.

Portfolio

Demander aux élèves d'écrire un court texte d'environ 20 mots pour exprimer ce qu'ils ressentent quand ils jouent à Gibul; par exemple, quand ils étaient près de gagner la partie mais qu'ils ne l'ont pas remportée parce qu'il leur manquait un seul nombre ou deux nombres (gestion de stress). Profiter de cette occasion pour demander aux élèves de partager leurs expériences en les invitant à lire leur texte à la classe. Les amener alors à prendre conscience que ce qu'ils peuvent ressentir ne leur est pas unique; d'autres aussi peuvent ressentir les mêmes choses.

LA PRÉPARATION

Rôle de l'enseignante ou de l'enseignant	Rôle de l'élève
Avec les élèves, amorcer une discussion sur les jeux : — *À quoi aimes-tu jouer ?* — *Quand joues-tu ? Avec qui ?* — *Pourquoi joues-tu ?* En profiter pour faire ressortir que le jeu est un moyen de se divertir mais aussi de se détendre; ainsi, le jeu peut nous procurer un sentiment de bien-être; qu'il nous arrive parfois de ressentir le besoin de jouer après une période de travail particulièrement intense ou de stress; que jouer est un besoin pour l'esprit tout comme l'activité physique en est un pour le corps.	Participer à la discussion. S'exprimer sur la place qu'occupent les jeux dans ses loisirs, sur ce qu'il ou elle peut ressentir en jouant, sur le sentiment de bien-être que peut lui procurer le jeu. Prendre conscience que les moments de jeux peuvent contribuer à sa santé et à son bien-être général.
◼MANUEL, P. 140◼ Inviter les élèves à lire l'encadré de la p. 140, le phylactère de Logibul et à regarder la grille de même que les cartes du jeu Gibul (p. 141). Établir un lien entre la discussion de la situation d'apprentissage 1 (au cours de laquelle les élèves ont peut-être parlé du bingo) et le jeu Gibul. Leur dire que Gibul est aussi un jeu de hasard dont les règles sont semblables à celles du bingo; leur expliquer brièvement les règles du Gibul (voir la rubrique Corrigé des activités…, p. 487).	Observer la grille et les cartes Gibul. Établir des liens entre ce jeu et la discussion qui a eu lieu lors de la précédente situation d'apprentissage.

■ MANUEL, P. 140, ACTIVITÉ 1 ■ Inviter les élèves à entreprendre l'activité 1. En premier lieu, leur faire observer la grille Gibul apparaissant à la p. 140 du manuel. Les amener à rendre compte de leurs observations. Faire ressortir que :

- les nombres sont placés en ordre croissant de haut en bas;
- le premier nombre est 0;
- chaque colonne comporte des nombres différents.

Poursuivre l'activité d'observation en demandant aux élèves, par exemple :

— *Quel nombre écrirais-tu dans la troisième case de la colonne G ? Pourquoi ?*

— *Quel nombre va dans la première case de la colonne I ? dans la première case de la colonne B ?*

— *Quel nombre va à droite du 29 ?*

— *Quel nombre va dans la dernière case de la colonne L ?*

Inviter les élèves à réaliser l'activité 1a. Animer un retour sur cette activité en demandant aux élèves de justifier, dans leurs mots, leurs réponses. Ensuite, les grouper en équipes de deux pour qu'ils réalisent l'activité 1b.

Annoncer aux élèves qu'ils vont préparer le matériel nécessaire pour jouer à Gibul : d'abord la grille (activité 1c, p. 140 du manuel), ensuite les cartes. Leur distribuer la fiche de soutien *Gibul ! (1)* et leur demander d'en compléter la grille de nombres. Leur allouer le temps nécessaire à l'accomplissement de cette tâche. Une fois qu'ils l'ont terminée, animer un retour de façon à leur faire remarquer s'ils ne l'ont pas déjà fait :

- que les nombres sont placés en ordre croissant de haut en bas;
- que les premiers nombres de chaque colonne sont : 0, 20, 40, 60 et 80;
- qu'il y a 20 nombres dans chaque colonne;
- que dans une rangée, les nombres comportent tous le même chiffre à la position des unités.

Observer pendant quelques minutes la grille Gibul. Faire part de ses observations à la classe.

Répondre aux questions en tenant compte de ses observations. Analyser la structure de la grille et les éléments présents pour trouver ceux qui sont absents. Observer des propriétés et des régularités dans les nombres de la grille.

Participer à la mise en commun des réponses en expliquant ses raisons d'attribuer telle place dans la grille à tel nombre. Se grouper en équipe. Choisir une colonne de la grille. Trouver les nombres qui manquent dans cette colonne en travaillant individuellement. Comparer sa solution avec celle de l'autre élève.

Compléter la grille Gibul. Participer au retour en observant des propriétés et des régularités dans les nombres de cette grille.

LA RÉALISATION

Rôle de l'enseignante ou de l'enseignant	Rôle de l'élève
Avant de passer à l'activité 2 de la p. 141 du manuel *Logibul 1*, il est suggéré d'expliquer aux élèves les règles du jeu Gibul qui s'apparentent à celles du bingo. Pour cette démonstration de Gibul, prévoir :	

- reproduire en grand format l'une des grilles Gibul que les élèves ont complétées (ou la reproduire sur un transparent en vue de la projeter à l'aide du rétroprojecteur);

- reproduire la fiche *Gibul! (2)* de façon à obtenir quelques cartes Gibul, puis les compléter par des nombres de 0 à 99 en prenant soin d'établir une correspondance avec les nombres de la grande grille Gibul; c'est-à-dire que dans la colonne G, il ne peut y avoir que des nombres de 0 à 19; dans la I, de 20 à 39; dans la B, de 40 à 59; dans la U, de 60 à 79; dans la L, de 80 à 99;

- placer les cartes-nombres de 0 à 99 dans un contenant.

| À l'aide de ce matériel, procéder à la démonstration du jeu Gibul. Avant, demander aux élèves de dire comment, à leur avis, se déroule ce jeu; si certains élèves connaissent le jeu de bingo, les amener à établir des liens entre ce jeu et Gibul. Expliquer qu'une personne mène le jeu à l'aide des cartes-nombres et de sa grille Gibul tandis que les joueurs disposent de jetons et de leur carte Gibul. Le ou la gagnante s'exclame tout haut « Gibul! » quand il y a, sur sa carte, une rangée ou une colonne complète de jetons, ou encore une série de jetons placés en diagonale. Expliquer aux élèves que plusieurs joueurs peuvent jouer à Gibul en même temps, même que toute la classe le pourrait ou encore tous les élèves de l'école; il suffit que chaque joueur ou joueuse ait une carte Gibul. | Participer à la démonstration du jeu Gibul. Poser des questions et s'exprimer sur le déroulement de ce jeu, s'il y a lieu. Établir un lien entre la grille de nombres et les cartes Gibul. |
| ■ MANUEL, P. 141, ACTIVITÉ 2 ■ Distribuer une carte Gibul à chaque élève [fiche de soutien *Gibul! (2)*]. Inviter les élèves à lire, individuellement, la consigne de l'activité 2 et à l'accomplir. Laisser les élèves résoudre le problème qui leur est posé. Les inviter ensuite à comparer ce qu'ils ont fait en se groupant en équipes de deux. Si des opinions diffèrent, mentionner aux élèves qu'ils peuvent consulter leur grille Gibul (activité 1c). Leur demander alors de repérer, sur cette grille, les nombres qu'ils ont inscrits sur leur carte, puis les amener à remarquer que ces nombres sont dans l'une ou l'autre des colonnes de la grille et que, sur leur carte, ces mêmes nombres doivent se trouver dans les mêmes colonnes. | Observer la carte Gibul. Se rendre compte qu'elle comporte cinq colonnes comme la grille de nombres Gibul et qu'elle est un élément du jeu Gibul. Lire la consigne de l'activité 2 et l'accomplir à l'aide de sa carte Gibul. Confronter son travail avec les données de la situation-problème et la tâche à réaliser. Se doter d'une méthode de travail permettant d'exécuter la tâche et de justifier ses résultats. Se grouper en équipe de deux en vue de comparer son travail avec celui de l'autre élève. En discuter à deux. Établir des liens entre la carte Gibul et la grille Gibul. Rectifier les nombres sur sa carte, s'il y a lieu. |

Lorsque les corrections sont terminées, demander aux élèves de compléter leur carte avec d'autres nombres (ceux-ci devant, évidemment, être plus petits que 100) tout en respectant la correspondance avec les nombres de la grille. Les inviter à se regrouper en équipes de deux de façon qu'ils puissent vérifier leur carte. Mentionner aux élèves de conserver leurs grilles et cartes Gibul en vue d'y jouer ultérieurement (voir les rubriques Projet, p. 487, et Réinvestissement, p. 488).

■ MANUEL, P. 141, ACTIVITÉ 3 ■   Grouper les élèves en équipes de trois ou quatre. Demander à chaque élève de lire le problème de l'activité 3 à voix basse ou dans sa tête, puis d'expliquer ce qu'il ou elle a compris aux membres de son équipe. En s'adressant à toute la classe, demander à deux ou trois élèves ce qu'ils retiennent de ce problème : les inviter alors à le raconter dans leurs mots, par exemple, en le mimant ou en l'expliquant. Au besoin, compléter leur explication, comme si Logibul et ses deux amis jouaient à Gibul :

— *Logibul est le meneur du jeu Gibul. Il a pigé la carte-nombre 16 en premier. Il l'a lue à haute voix. Léa et Félix ont regardé s'ils avaient le nombre 16 sur leur carte Gibul. Selon toi, y a-t-il le nombre 16 sur la carte de Félix ? sur la carte de Léa ? dans quelle colonne ?*

Poursuivre le questionnement de façon à s'assurer que tous les élèves cernent la situation-problème. Laisser ensuite les équipes travailler. Par ailleurs, cette situation-problème se prête à la discussion, à l'émission d'opinions, peut-être à la confrontation et à la coopération. Circuler parmi les équipes afin de les encourager à poursuivre leur recherche ou pour la stimuler, si c'est nécessaire, et d'intervenir de manière à favoriser de bonnes interactions entre les élèves. Au besoin, leur suggérer de consulter les affiches *Conseils pour résoudre un problème* et *Conseils pour travailler en équipe*.

Un retour collectif sur cette situation-problème s'impose. Mettre alors en évidence les éléments de solution que chaque équipe a trouvés. Attirer l'attention sur le fait que, sous certains jetons, il est impossible d'avoir la certitude qu'un nombre en particulier s'y trouve et que, par conséquent, il faut se contenter de nombres possibles. En profiter pour animer une brève discussion sur le fonctionnement du travail en équipe.

Compléter sa carte Gibul avec les nombres de son choix tout en respectant la correspondance avec les nombres de la grille.

Se grouper en équipe. Lire la situation-problème et faire part de sa compréhension du problème aux membres de son équipe et, s'il y a lieu, aux autres élèves de la classe.

Cerner les éléments de la situation-problème. Se préparer à accomplir la tâche. Discuter avec les autres de la manière dont l'équipe va fonctionner ; faire alors preuve de jugement critique. En faire également preuve dans le choix de la méthode utilisée pour aborder le problème, dans le choix des stratégies et la façon de les appliquer, dans la manière d'annoter et de formuler les résultats.

Participer au retour collectif en faisant part des éléments de solution trouvés en équipe. Accepter qu'il y ait plus d'un nombre possible. S'exprimer sur son travail d'équipe en indiquant, dans ses mots, comment ce travail s'est déroulé, ce qui a bien fonctionné, les points à améliorer, etc.

L'activité 3 de la p. 143 du manuel propose un problème que certains élèves peuvent trouver plus difficile à résoudre que d'autres. En voici l'explication. Les élèves ayant trouvé que les nombres 16, 11 et 1 sont nécessairement dans la colonne G ne peuvent néanmoins savoir lequel de ces nombres se trouve sous tel ou tel jeton. Tout au plus, pourront-ils affirmer que, sous tel jeton de la colonne G, il peut y avoir soit 1, soit 11 ou soit 16 et, ainsi, se contenter d'une réponse aussi imprécise, en un mot, se contenter de ces possibilités. Or, cela a quelque chose de rébarbatif pour l'enfant de six ans que d'accepter une réponse qui ne lui semble pas en être vraiment une. Il lui faudra pourtant accepter, et pas seulement dans un contexte mathématique, qu'un problème puisse admettre plusieurs solutions possibles. C'est également le cas pour les nombres 65 et 71 qui sont forcément dans la colonne U, mais l'histoire ne dit pas sur quelle carte (celle de Félix ou celle de Léa) chacun se trouve. Par contre, ce n'est pas le cas pour les nombres 39, 48 et 99 qui ne peuvent être que les seuls nombres cachés par les jetons, dans les colonnes I, B et L des deux cartes.

■ MANUEL, P. 141, ACTIVITÉ 4 ■ Indiquer aux élèves de se grouper en équipes de deux, puis leur demander de lire le problème de l'activité 4 à voix basse et de le résoudre. Animer un retour sur cette activité au cours duquel les équipes raconteront leur démarche.	Se grouper en équipe de deux en vue de résoudre la situation-problème. Avec l'autre élève, lire à voix basse ce problème, puis en décoder les éléments. Réaliser la tâche en donnant ses idées, en partageant sa ou ses stratégies avec l'autre. Au moment de rendre compte de sa démarche, justifier l'opération choisie, expliquer le processus utilisé pour effectuer l'addition.

L'INTÉGRATION

Rôle de l'enseignante ou de l'enseignant	**Rôle de l'élève**
■ FICHE 130, *RA-1B*, P. 130 ■ Inviter les élèves à se grouper en équipes de trois. Avec les équipes, lire les indications sur la fiche 130, mais se garder de leur lire les numéros. S'assurer que toutes les équipes comprennent le déroulement du jeu de bingo. Suggérer à chaque équipe de mimer le déroulement du jeu : elle choisit qui, de ses membres, jouera les rôles de Léa, Logibul et Hoa. Préciser qu'il est très important que l'élève qui mène le jeu suive l'ordre des numéros pigés, tels qu'ils apparaissent sur la fiche, sauf pour l'activité 2 où il y aura inversion des deux derniers nombres. Préciser également à chaque équipe d'utiliser une seule fiche, c'est-à-dire que les élèves incarnant les rôles de Logibul et Hoa tracent leurs X sur la même fiche 130.	Se grouper en équipe de trois : avec les autres membres de son équipe, décider qui jouera les rôles de Léa, Logibul et Hoa. Accepter de jouer son rôle comme cela a été décidé. Réaliser les activités de la fiche en participant au déroulement du jeu. Confronter constamment son travail avec les données de la situation pour en arriver à résoudre les problèmes.
Une fois la tâche terminée, inviter les membres de chaque équipe à inverser les rôles et à reprendre le jeu, cette fois avec une nouvelle fiche 130. Demander ensuite aux équipes si leurs réponses sont les mêmes.	Reprendre le jeu en jouant un autre rôle. Participer à la mise en commun des réponses.

Corrigé des activités du manuel, p. 140 et 141

Encadré en haut de la p. 140 : Certains élèves établiront peut-être un rapprochement entre le jeu Gibul et le bingo. Mentionner aux élèves que Gibul est un jeu de hasard, dont les règles sont semblables à celles du bingo. Expliquer en gros le déroulement du jeu Gibul : une personne mène le jeu à l'aide d'une grille de nombres, comme celle illustrée à la p. 140, sur laquelle elle reporte les nombres qu'elle pige d'un contenant, tandis que les joueurs disposent d'une carte Gibul, semblable à celles illustrées à la p. 141, sur laquelle ils déposent un jeton quand l'un des nombres de leur carte est le nombre tiré.

1. a) 68 : colonne U ; 42 : colonne B ; 60 et 79 : colonne U.

   b) Voici les nombres attribués à chaque colonne dans la grille Gibul.

Colonne G	Colonne I	Colonne B	Colonne U	Colonne L
De 0 à 19	De 20 à 39	De 40 à 59	De 60 à 79	De 80 à 99

   L'élève compare son travail avec celui d'un ou d'une élève qui a choisi de compléter la même colonne.

   c) L'élève complète la grille de nombres [fiche de soutien *Gibul! (1)*] comme indiqué en b.

2. Dans la colonne G : 12, 18, 16, 4.

   Dans la colonne I : 39, 21.

   Dans la colonne B : 43, 51, 56.

   Dans la colonne U : 65, 76.

   Dans la colonne L : 89, 80, 97, 99.

3. Réponses variables.

   Dans la colonne G des cartes de Félix et de Léa, on pourrait trouver sous l'un ou l'autre des jetons les nombres 1, 11 et 16.

   Dans la colonne I de la carte de Léa, ce ne peut être que 39 sous le jeton.

   Dans la colonne B des cartes de Félix et Léa, c'est nécessairement 48 qui se trouve sous le jeton.

   Dans la colonne U des cartes de Félix et de Léa, il peut s'agir des nombres 65 ou 71.

   Dans la colonne L de la carte de Léa, c'est nécessairement le nombre 99 qui est sous le jeton.

4. Félix doit préparer 49 cartes Gibul. Ce nombre est la somme de l'addition : 25 + 24, que l'élève trouve par le biais d'un processus personnel.

 Joue au Gibul. Écoute les consignes.

Cette activité en est une de réinvestissement (voir la rubrique Réinvestissement, p. 488). Elle peut se dérouler après l'activité 2 de la p. 141 du manuel.

Projet

Le jeu Gibul, dont les élèves ont appris les règles au cours de la présente situation d'apprentissage, peut en devenir un de plus à leur coffret de jeux.

▨ Les élèves préparent d'autres cartes Gibul ; au besoin, leur distribuer un exemplaire de la fiche de soutien *Gibul (2)*. Ils pourront en compléter les cartes à leur guise et au moment de leur choix. Ainsi, ils pourront jouer avec plus d'une carte à la fois lors d'une prochaine partie de Gibul, ou encore en enrichir leur coffret de jeux.

▨ Proposer aux élèves de trouver un moyen d'agrandir leur grille Gibul de façon que, lors d'une prochaine partie, la personne qui mène le jeu puisse placer les cartes-nombres qu'elle pige sur la grille.

Réinvestissement

Suggérer aux élèves :

▨ d'expérimenter leurs cartes et grilles Gibul, qu'ils ont complétées lors de la phase Réalisation. Grouper alors les élèves en équipes de six ou sept. Leur rappeler les règles du jeu Gibul. Dans chaque équipe, une ou un élève se charge de mener le jeu à l'aide des cartes-nombres de 0 à 99 et de la grille Gibul tandis que les autres disposent de jetons et de cartes Gibul. Ainsi, en jouant avec le matériel qu'ils ont eux-mêmes préparé, les élèves seront à même de constater s'ils l'ont fait correctement.

▨ de présenter le jeu Gibul à une personne de son entourage (parents, grands-parents, une grande sœur, un grand frère, un ami ou une amie).

Travaux personnels

Proposer aux élèves de choisir un jeu parmi ceux de la maison, mais pas n'importe lequel : un jeu où ils peuvent exercer leurs compétences mathématiques ou utiliser leurs connaissances mathématiques (par exemple, savoir compter, additionner, lire les nombres, etc.). Ensuite, de présenter ce jeu à la classe, d'en expliquer les règles et de dire quelles compétences ou connaissances mathématiques il est souhaitable d'avoir pour y jouer. (Pour cette présentation, les élèves peuvent apporter leur jeu en classe.)

Utilisation des TIC

Suggérer aux élèves de préparer, à l'aide de l'ordinateur (menu « Tableau » d'un logiciel de traitement de texte), des cartes pour jouer au jeu Gibul ou au bingo. Sur leurs cartes, ils peuvent changer le nom *Gibul* ou *bingo* par un autre nom de cinq lettres et insérer au centre des cartes le motif de leur choix.

▶ SITUATION D'APPRENTISSAGE ⟨3⟩ Des tours

La classification des nombres naturels en nombres pairs et impairs est un travail important et difficile mais néanmoins accessible à des enfants de six ans. Pour y parvenir (sans demeurer sur le seul plan du vocabulaire), nous avons choisi d'aborder ces notions sous l'angle du partage d'un ensemble en deux ensembles équipotents. Si les élèves parviennent à faire ce partage, c'est qu'ils sont en présence d'un nombre pair. Dans le manuel, c'est par l'intermédiaire de Hoa que cette idée est amenée. Hoa et son petit frère jouent avec des cubes; ils essaient de faire des tours de même hauteur (deux ensembles équipotents). Voilà une façon vivante de mettre en contexte la classification « nombres pairs – nombres impairs ». Cette situation d'apprentissage va permettre à l'élève de construire progressivement ces notions au fil de tâches à accomplir et de problèmes à résoudre. Pour pouvoir déterminer si tel ou tel nombre est pair ou impair, l'élève devra raisonner à l'aide de concepts et de processus mathématiques. Les diverses activités proposées lui donneront, une fois de plus, l'occasion de développer des façons efficaces de travailler.

Organisation matérielle

▨ Le manuel *Logibul 1*, p. 142, 143 et 144;

▨ Les fiches 131 et 132, *RA-1B*, p. 131 et 132;

▨ Du matériel de manipulation (cartes à jouer, cubes, jetons, bâtonnets, etc.).

3 h 30 min

Facteurs de réussite

Les élèves auront réussi la tâche :

▓ s'ils donnent quelques exemples de ce qu'ils ont déjà fait (ou pourraient faire) pour amuser un enfant plus jeune qu'eux;

▓ s'ils portent un jugement critique sur des opinions émises à ce sujet;

▓ s'ils s'approprient l'information nécessaire et en disposent pour répondre à des questions;

▓ s'ils résolvent des problèmes dans lesquels ils doivent déterminer si des nombres sont pairs ou impairs;

▓ s'ils se donnent des méthodes de travail permettant d'atteindre leur but en résolvant des problèmes.

Portfolio

Demander aux élèves de faire une affiche sur laquelle ils exprimeront comment ils font pour savoir si un nombre est pair. Ils le feront à l'aide de mots, de dessins, d'exemples, etc. Ensuite, leur dicter une liste d'une quinzaine de nombres. Leur faire classer ces nombres en deux ensembles : celui des nombres pairs et celui des nombres impairs.

Avant d'inviter les élèves à conserver ce travail dans leur portfolio, y jeter un œil et établir avec chaque élève s'il y a lieu d'apporter des améliorations ou des corrections.

LA PRÉPARATION

Rôle de l'enseignante ou de l'enseignant	Rôle de l'élève
■ MANUEL, P. 142, ACTIVITÉS 1 ET 2 ■ Faire observer l'illustration de la p. 142. Poser les questions suivantes aux élèves : — *Que se passe-t-il ?* — *Avec qui Hoa est-elle ?* — *Que fait-elle ?* — *As-tu déjà amusé un enfant plus jeune que toi ?* — *Qu'as-tu fait ?* — *Comment se sent-on quand on s'occupe d'un plus jeune ?* — *Est-ce difficile de s'occuper d'un plus jeune ?* — *Quelle façon Hoa a-t-elle trouvée pour amuser son petit frère ?*	Montrer de l'intérêt pour la réalité des enfants plus jeunes que soi. Se questionner sur ses capacités, ses talents à amuser un enfant plus jeune que soi. Partager ses expériences sur ce sujet. Imaginer ce qu'il ou elle pourrait faire. Comparer ses idées avec celles des autres.
Poursuivre collectivement avec les questions des activités 1 et 2. Laisser les élèves répondre aux questions sans juger leurs réponses. Les laisser recourir à des processus personnels ainsi qu'à du matériel de manipulation et discuter de leur façon de voir le problème. Laisser le problème sans réponse, s'il y a lieu.	Répondre aux questions des activités 1 et 2 à l'aide de processus personnels. Partager sa façon d'envisager le problème. Argumenter et prendre sa place dans le groupe-classe.

LA RÉALISATION

Rôle de l'enseignante ou de l'enseignant	Rôle de l'élève
■ MANUEL, P. 143, ACTIVITÉ 3 ■ Lire avec les élèves la présentation de l'activité. Ensuite, poser les questions suivantes aux élèves : — *Que fait Hoa ?* — *Qu'est-ce qu'on te demande ?* — *Que réponds-tu ? Pourquoi ?* — *Comment en être sûr ?*	S'approprier l'information en lisant la présentation de l'activité et en interprétant l'illustration. Remarquer que Hoa fait deux paquets à partir d'un seul jeu de cartes. Mettre à l'essai des pistes de solution et recourir à des stratégies.
Demander aux élèves de vérifier leurs réponses. Mettre à leur disposition du matériel de manipulation et les faire travailler en dyades.	Avec un ou une autre élève, trouver une façon de répondre avec certitude aux questions. Chercher une ou plusieurs stratégies pour y parvenir (exemple : faire des calculs, des dessins, représenter les cartes par des objets manipulables).
■ MANUEL, P. 143 ET 144, ACTIVITÉS 4, 5 ET 6 ■ Lire le problème de l'activité 4 avec les élèves. Demander aux élèves, toujours regroupés en dyades, de tracer une grille semblable à celle de la p. 143 dans leur cahier ou sur une feuille. Les laisser accomplir la tâche sans leur faire de suggestion.	Faire une grille du mieux qu'il ou elle peut. Se donner une méthode de travail et des stratégies pour accomplir la tâche. Observer que les nombres entourés sont toujours séparés d'un nombre qui ne l'est pas.
Animer un retour collectif en demandant à quelques équipes de dire comment elles ont procédé et quels nombres elles ont entourés. Rectifier les réponses au besoin.	Partager sa démarche et ses réponses. Observer que les nombres entourés ont toujours 0, 2, 4, 6, ou 8 à la position des unités.
Inviter les élèves à poursuivre avec l'activité 5. Leur poser les questions suivantes : — *Que voulait faire Hoa ?* — *Était-il possible de faire deux paquets égaux avec 33 cartes ? avec 24 ?* — *As-tu entouré 24 dans la grille de l'activité 4 ?*	Répondre aux questions en faisant appel à son expérience.
Annoncer aux élèves que les nombres qu'ils ont entourés sont des nombres pairs. Faire exécuter les consignes a et b de l'activité 5.	Écouter les précisions de l'enseignante ou de l'enseignant.
Animer un bref retour sur les activités a et b. Poser ensuite la question suivante aux élèves : — *Comment nomme-t-on un nombre comme 33, avec lequel on ne peut pas faire 2 paquets ayant le même nombre d'éléments ?*	Participer au retour en partageant ses réponses et sa démarche. À partir des observations faites sur les nombres entourés, dire cinq autres nombres pairs. Répondre à la question.
Dire aux élèves de lire l'énoncé sur les nombres impairs. Ensuite faire réaliser l'activité 5c. Demander à un élève de lire les nombres impairs qu'il ou elle a écrits. Demander à tous les élèves s'ils sont d'accord avec cet élève. S'il y a désaccord, faire trouver un moyen pour tirer la question au clair.	Réaliser l'activité à partir des connaissances nouvellement acquises. Faire part de ses résultats aux autres élèves et en discuter.

Inviter quelques élèves à tracer deux rectangles et à écrire «nombres pairs» dans l'un et «nombres impairs», dans l'autre. En convier d'autres à venir écrire, autour de ces rectangles, les nombres de l'activité 6. Ensuite, demander à deux ou trois élèves de tracer un trait pour relier chaque nombre, selon qu'il est pair ou impair, au rectangle approprié. Chaque fois, demander au groupe-classe de vérifier et de justifier ce que l'élève a fait.

Avec les élèves, lire l'encadré au bas de la p. 144 du manuel et leur demander ce qu'ils en pensent.

Participer activement à l'activité selon son rôle. Exposer les raisons qui fait qu'un nombre est pair ou impair. Partager son point de vue et respecter autrui même si l'on n'est pas d'accord avec son point de vue.

On peut définir les nombres pairs de deux façons :
1) les nombres pairs sont les nombres entiers qui sont divisibles par 2;
2) les nombres pairs sont les nombres entiers qui sont multiples de 2.

Nous avons adopté, pour des raisons d'ordre didactique, la définition suivante : les nombres pairs sont les nombres naturels qui se divisent par 2.

Il faut présenter les nombres pairs à des élèves de six ans en s'appuyant sur des concepts qu'ils connaissent déjà, ou qui leur sont facilement accessibles, sans procéder à l'aide d'une définition. C'est ce qu'on propose indirectement aux élèves lorsqu'on leur demande si, avec telle ou telle quantité de cubes ou de cartes, ils peuvent faire 2 tours égales ou 2 paquets égaux. Mathématiquement, cela revient à leur demander si tel ou tel nombre est divisible par 2. Comme résultat, on obtient la suite des nombres : 0, 2, 4, 6, 8, ...

Il n'est pas facile, à partir des manipulations qui sont proposées, d'accepter zéro comme nombre pair. Il est certain qu'il faut franchir un pas vers l'abstraction pour accepter des tours de cubes contenant 0 cube et des paquets de cartes de 0 carte chacun. En fait, zéro est bel et bien un nombre pair, car il est divisible par 2. $0 \div 2 = 0$ car $0 \times 2 = 0$. Il n'y a pas lieu de présenter aux élèves un tel raisonnement qu'ils ne comprendraient pas à ce moment-ci. Il ne faut d'ailleurs pas le leur présenter. Ce qui importe ici, c'est qu'on leur pose la question « Zéro est-il un nombre pair ou impair? » et qu'ils y répondent à l'aide des explications simples se trouvant dans l'encadré de la p. 144 du manuel.

L'INTÉGRATION

Rôle de l'enseignante ou de l'enseignant	Rôle de l'élève
Animer un retour sur l'ensemble de la démarche des élèves. Revoir les réponses qui avaient été données aux activités 1 et 2 de la p. 142. Faire le point sur les notions de nombres pairs et de nombres impairs.	Partager son savoir et revoir les réponses données aux activités 1 et 2 de la p. 142. Se familiariser avec ces nouveaux termes.
Demander aux élèves si les nombres suivants sont pairs ou impairs : le nombre de filles dans la classe; le nombre de garçons dans la classe; le nombre d'élèves dans la classe; de livres sur la table; de chaises, etc.	Se donner une méthode de travail pour trouver si chacune des quantités peut être partagée en deux ensembles ayant le même nombre d'éléments. Utiliser les termes *pairs* et *impairs* à bon escient. S'il y a mésentente, recourir à l'un ou l'autre des moyens utilisés pour vérifier si un nombre donné est pair ou impair.
■ FICHE 131, *RA-1B*, P. 131 ■ Proposer la fiche 131 comme un travail à faire à la maison. Animer un retour en demandant aux élèves de comparer leurs réponses avec un ou une autre élève. Faire dire comment ils ont procédé.	Faire les activités individuellement. Partager ses réponses et sa démarche lors de la mise en commun.

■FICHE **132,** *RA-1B,* P. **132**■   Faire réaliser les activités individuellement. Pour la correction, faire nommer les nombres sur lesquels Léa passe pour se rendre à la clé. Pour la correction de l'activité 2, faire comparer les réponses soit en équipe, soit avec un ou une autre élève.

Faire les activités individuellement. Partager ses réponses et sa démarche lors de la mise en commun.

Corrigé des activités du manuel, p. 142, 143 et 144

Encadré en haut de la page : Avec son petit frère, Hoa construit des tours en empilant des cubes.

Encadré en bas de l'illustration : Réponses variables.

1. a) Non.

    b) En tenant compte du fait que Hoa dispose de 11 cubes roses, elle peut en retirer 1; il y aura alors 10 cubes et elle pourra construire 2 tours pareilles.

2. a) Il y a 10 cubes bleus; on peut en faire 2 tours de même hauteur comptant 5 cubes chacune.

    b) Il y a 6 cubes jaunes; on peut construire 2 tours de même hauteur comptant 3 cubes chacune.

    c) Il y a 9 cubes rouges; on ne peut pas construire 2 tours de même hauteur.

    d) Il y a 7 cubes verts; on ne peut pas construire 2 tours de même hauteur.

   Peux-tu construire 2 tours d'une même hauteur avec 33 cubes ?

Cette activité est en lien avec la phase Réalisation. Expérimentalement, avec des cubes, l'élève constate qu'il ne peut construire 2 tours de même hauteur ou former 2 colonnes de même longueur.

3. Avec des cartes ou des objets quelconques, l'élève constatera :

    a) que Hoa ne peut former 2 groupes égaux avec 33 cartes;

    b) que Hoa peut former 2 groupes égaux de 12 cartes chacun avec 24 cartes.

4. Les élèves entourent les nombres pairs soit 2, 4, 6, 8, ..., 30. Ils sélectionnent ces nombres soit à partir de la connaissance qu'ils en ont déjà (par exemple, ils savent sans doute que 10 peut se décomposer en 5 + 5), soit de manière empirique en expérimentant avec du matériel de manipulation. Leur faire remarquer que les nombres entourés ont tous 0, 2, 4, 6 ou 8 à la position des unités.

5. a) L'élève tente de dire la suite des nombres pairs de 2 à 30 sans regarder la grille.

    b) L'élève peut nommer 5 autres nombres pairs qui suivent 32, 34, 36, 38, 40 ou tout autre nombre pair.

    c) 31, 33, 35, ..., 59.

6. Nombres pairs : 94, 66, 0, 80, 52, 28;

    Nombres impairs : 75, 13, 57, 31, 49.

Projet

Suggérer aux élèves de poursuivre la fabrication de cartes Gibul afin d'en avoir un nombre suffisant pour jouer avec leurs amis ou avec les membres de leur famille.

Réinvestissement

Suggérer aux élèves de jouer au jeu de cartes : le « jeu des paires ». Ce jeu, dont le but est de former des paires (exemples : 2 huit, 2 dames, 2 as), se joue à quatre joueurs.

Prendre un jeu de 52 cartes ordinaires. Battre les cartes. Distribuer les cartes en nombre égal à chaque joueur ou joueuse. À l'aide d'un dé, déterminer qui commencera à jouer.

Le premier joueur classe ses cartes et s'il a deux cartes pareilles, il les place devant lui en les montrant aux autres joueurs. Avec les cartes pareilles, le joueur forme une pile qui demeure sur la table pour la durée du jeu. Lorsqu'il s'est débarrassé de toutes ses paires, il pige une carte dans le jeu de la personne qui est à sa gauche et place la carte pigée dans son jeu. S'il a pigé une carte qui lui permet de faire une paire, il annonce aux autres joueurs qu'il a une nouvelle paire et la place sur sa pile devant lui. Ensuite, c'est au joueur placé à la gauche de celui qui vient de jouer de faire la même chose.

Le jeu se termine lorsqu'un joueur ou une joueuse n'a plus de carte.

Travaux personnels

Proposer aux élèves de trouver tous les nombres pairs de 60 à 100.

▶ SITUATION D'APPRENTISSAGE 4 La marelle d'intérieur

La plupart des élèves connaissent la marelle, dont ils tracent parfois les contours à la craie sur les trottoirs. Cette situation d'apprentissage leur en dévoile une autre version : la marelle d'intérieur… dont les contours ne se dilueront pas sous l'action de la pluie ! Cette marelle se joue à l'aide de dés. Ce jeu leur donnera l'occasion, notamment, d'expérimenter des activités liées au hasard. Mais le hasard n'est pas que de la partie ! Jouer à la marelle d'intérieur exige des élèves, entre autres, qu'ils résolvent des problèmes, choisissent l'opération la plus avantageuse selon les circonstances, les forçant du coup à exercer leur jugement, recourent au calcul mental. De plus, par le biais des résultats de dés que Léa et Camille ont obtenus lors d'une partie, les élèves devront imaginer comment ces deux amies ont joué. Apprendre un nouveau jeu, c'est aussi en respecter les règles. Cela s'apparente à l'apprentissage de la vie en société, à l'école, en classe où il existe aussi des règles mais d'un autre ordre. Les élèves seront d'ailleurs invités à reconnaître la nécessité des règles de vie en société, par exemple la nécessité de respecter certaines règles de conduite à l'école, quand ils traversent la rue ou sont à bord de l'autobus scolaire. La présente situation d'apprentissage, bien que ne comportant qu'une seule page d'activités dans le manuel, est riche et exigeante en ce qui concerne l'investissement personnel des élèves.

Organisation matérielle
▨ Le manuel *Logibul 1*, p. 145 ;
▨ Les fiches 133 à 135, *RA-1B*, p. 133 à 135 ;
▨ Des dés à 6 faces (2 par équipe d'élèves) ;
▨ Des jetons ou pions qui peuvent être de petits boutons, des cubes ou des carrés de papier, etc. (13 d'une même couleur par joueur ou joueuse).

3 h 30 min

Facteurs de réussite
Les élèves auront réussi la tâche :
▨ s'ils prennent conscience de l'importance des règles dans différentes sphères de la vie en société, tout comme il y en a dans les jeux ;

■ s'ils établissent des liens entre des sources d'information écrite et visuelle;

■ s'ils résolvent un problème en tenant compte de tous les éléments de la situation-problème;

■ s'ils mettent à profit leurs ressources personnelles dans la résolution de problèmes.

LA PRÉPARATION

Rôle de l'enseignante ou de l'enseignant	Rôle de l'élève
■ MANUEL, P. 145 ■ Inviter les élèves à ouvrir leur manuel à la p. 145 et à l'observer. Avec les élèves, amorcer une brève discussion sur le jeu de marelle, celle qui se joue à l'extérieur, en les amenant à en expliquer les règles.	En utilisant les mots justes, exposer avec clarté comment se joue le jeu de marelle.
Leur demander de se grouper en équipes de deux ou trois, puis de lire les règles que Camille et Léa ont inventées pour leur jeu de marelle. Lorsque cette lecture est terminée, suggérer aux équipes d'essayer de jouer à la marelle d'intérieur. Mettre à leur disposition des jetons de couleur (ou des boutons, cubes, etc.) et des dés. Laisser les équipes se débrouiller seules. Leur allouer le temps nécessaire pour qu'elles jouent en tentant de comprendre les règles du jeu et de les respecter; qu'elles terminent leur partie ou non n'a pas d'importance à ce moment-ci.	Se grouper en équipe. Tirer profit des éléments d'information du texte et de l'illustration. Avec son équipe, jouer une partie de marelle d'intérieur. S'il y a désaccord sur l'interprétation des règles, sur l'importance de les suivre pour que le jeu se déroule bien, essayer de résoudre le problème par soi-même avant de demander l'aide de l'enseignante ou de l'enseignant.
Animer un retour sur cette activité en amenant les élèves à exprimer ce qui a bien fonctionné dans le jeu et ce qui a été difficile. Revenir sur les règles du jeu et s'assurer que les élèves les ont comprises; au besoin, faire faire une démonstration du jeu par des élèves tout en soulignant l'importance d'en respecter les règles.	Expliquer, dans ses mots, les règles de la marelle d'intérieur. S'exprimer sur le déroulement du jeu d'équipe. Revoir les règles de ce jeu et se rendre compte de l'importance de les respecter si on veut que le jeu se déroule bien. En se reportant à l'expérience de jeu avec son équipe, donner des exemples où le jeu s'est bien déroulé.
Amener les élèves à réfléchir à l'importance de suivre des règles et de les respecter, d'abord celles d'un jeu, puis dans d'autres situations de la vie, par exemple les règles de conduite à l'école, dans la classe, à bord de l'autobus scolaire, à vélo, etc. Voici des pistes permettant d'enrichir la discussion :	Justifier le rôle des règles dans un jeu et l'importance de s'y conformer. Réfléchir aux règles de la vie en société, par exemple à celles de l'école. Se rendre compte que la vie en société comporte des règles.

— *Pourquoi y a-t-il des règles dans un jeu ? À quoi servent-elles ?*

— *Est-ce seulement dans les jeux qu'il existe des règles ?*

— *Dans quelles autres situations y a-t-il des règles ?*

— *Peux-tu t'imaginer ce qui arriverait s'il n'y avait pas de règles de conduite dans l'école, dans la cour d'école ? Si les automobilistes ne respectaient pas les règles sur la route, comme s'arrêter au feu rouge ?*

— *Selon toi, qu'arrive-t-il quand on ne suit pas les règles ?*

LA RÉALISATION

Rôle de l'enseignante ou de l'enseignant	Rôle de l'élève
■ **MANUEL, P. 145,** ACTIVITÉS 1 ET 2 ■ Proposer aux élèves de rejouer à la marelle d'intérieur. Changer les équipes selon les besoins du groupe-classe; par exemple grouper des élèves qui éprouvent des difficultés à suivre les règles du jeu avec des élèves les ayant bien comprises et assimilées. Circuler parmi les équipes de façon à s'assurer que tous les élèves comprennent les règles du jeu. En profiter pour revoir une propriété de l'addition, la commutativité, en demandant à chacune des équipes les additions que l'on peut effectuer si les résultats de dés sont 2 et 5.	Rejouer à la marelle avec d'autres élèves de la classe. Respecter son tour. Vérifier les additions et les soustractions des autres joueurs et accepter que les autres vérifient ses additions et soustractions. Observer qu'on peut former deux additions si on obtient 5 et 2 comme résultats de dés : 2 + 5 et 5 + 2. Remarquer qu'en effectuant ces additions, on arrive à la même somme, c'est-à-dire 7.
Procéder à un retour collectif sur cette partie, plus particulièrement, sur ce que les élèves ont pu remarquer :	Participer au retour collectif en faisant part de ses remarques sur le déroulement du jeu.
— *As-tu trouvé plus difficile d'obtenir les nombres 10, 11 et 12 ?*	
— *Comment peux-tu obtenir 12 avec les deux dés ? Selon toi, est-ce la seule façon possible ?*	
— *Quelle stratégie peux-tu employer pour y remédier ?*	
Amener les élèves à trouver une stratégie. Par exemple, vu que l'on peut obtenir, avec les résultats des dés, les nombres 6, 7, 8, 9, 10, 11 ou 12 seulement en effectuant une addition, il conviendrait de privilégier d'abord les additions pour tenter d'obtenir ces sommes; ce serait notamment le cas si les résultats de dés sont 5 et 6 ou 6 et 6.	
Poursuivre avec l'activité 2. Lire les consignes aux élèves. Leur expliquer cette activité : ils doivent trouver quels nombres Camille et Léa peuvent obtenir à partir des résultats de leurs lancers de dés. Leur expliquer les données du tableau et veiller qu'ils l'interprètent de façon appropriée, par exemple :	Observer le tableau de l'activité 2 en vue d'en interpréter les données.
— *À son premier lancer de dés, Camille a obtenu 3 et 2. Qu'est-ce que Léa a obtenu à son premier lancer ?*	
Leur indiquer de travailler avec méthode de façon à pouvoir tirer une conclusion sur l'issue de la partie. De temps en temps, interrompre le travail des élèves pour qu'ils puissent comparer leurs démarches. L'activité pourrait aussi se réaliser en équipes de deux : chaque membre d'une équipe joue alors le rôle de l'une ou l'autre des joueuses (Léa et Camille).	S'efforcer de travailler avec méthode de façon à trouver les nombres que Camille et Léa ont pu obtenir avec leurs résultats de dés et ainsi connaître qui des deux gagne la partie.

L'INTÉGRATION

Rôle de l'enseignante ou de l'enseignant	Rôle de l'élève
■FICHES 133 ET 134, *RA-1B*, P. 133 ET 134■ Demander aux élèves de se grouper en équipes de deux pour la fiche 133. Leur lire les règles du jeu et leur faire une brève démonstration du jeu. Préciser aux équipes de jouer chacune deux parties en procédant comme suit:	Se grouper en équipe de deux. Écouter les consignes de son enseignante ou enseignant. Avec son ou sa camarade d'équipe, décider qui jouera les rôles de Logibul et Félix. Accepter de jouer son rôle comme cela a été décidé. Effectuer les suites d'opération de l'encadré qui correspond au personnage qu'il ou elle incarne. Pour la seconde partie, inverser les rôles. Après chaque partie, s'assurer de l'exactitude de chaque résultat avant de déclarer qui gagne. Procéder de la même façon avec la fiche 134.

• utiliser une fiche par partie;

• décider qui jouera les rôles de Logibul et de Félix lors de la première partie; pour la seconde, inverser les rôles;

• demander aux équipes de procéder de la même façon avec la fiche 134.

■FICHE 135, *RA-1B*, P. 135■ Inviter les élèves à réaliser, individuellement, les activités, puis à comparer leurs réponses en équipes de deux. Demander à quelques élèves de faire part de leurs réponses; en profiter pour faire remarquer aux élèves qu'il existe plusieurs façons de combiner les nombres des activités 1 et 2. S'ils ne l'ont pas déjà remarqué, leur souligner qu'à l'activité 3, il ne faut pas considérer comme étant différentes deux combinaisons qui n'en font, en réalité, qu'une; par exemple: 5, 2 et 3 n'est pas une combinaison différente de 3, 2 et 5.

Réaliser les activités. Avant de comparer ses réponses avec celles d'un ou d'une élève, vérifier s'il y a deux combinaisons pareilles. Au moment des comparaisons, remarquer qu'il y a plus d'une combinaison possible.

Corrigé des activités du manuel, p. 145

1. Voici quelques remarques sur les règles de la marelle d'intérieur qu'il importe de considérer.

   • Pour effectuer une soustraction, l'élève soustrait, bien évidemment, le plus petit nombre du plus grand.

   • L'élève peut poser un jeton sur une case même si l'adversaire y a déjà posé le sien.

   • Le jeu peut se jouer à 2, 3 joueurs (ou même davantage de joueurs si l'on prend soin d'agrandir le plateau du jeu).

2. Les élèves doivent vérifier les nombres que peuvent obtenir Camille et Léa, à partir des résultats des lancers qui apparaissent dans le tableau. Ainsi, au premier lancer, avec 3 et 2, Camille peut obtenir le nombre 5 (3 + 2) ou 1 (3 – 2) et Léa, avec 5 et 2 peut obtenir la somme 7 ou la différence 3. Avec méthode, les élèves prennent en note tous les nombres obtenus et peuvent ainsi constater que:

   • Camille a obtenu tous les nombres de 0 à 12;

   • Léa n'a pu obtenir le nombre 11 vu qu'aucun de ses lancers ne lui a permis d'obtenir les résultats de dés: 5 et 6; Léa ne peut donc pas gagner cette partie.

 Joue à la marelle d'intérieur avec d'autres élèves de ta classe.

Cette activité se déroule lors de la phase Réalisation. Pour plus de précisions, se reporter à la p. 495.

Projet

La marelle d'intérieur est un jeu de plus que les élèves peuvent conserver dans leur coffret de jeux.

▨ Les élèves peuvent reproduire, en grand format, le plateau de jeu de la marelle d'intérieur sur une feuille, puis en colorient les cases à leur guise. Également, illustrer, par un dessin ou quelques mots, les règles et le matériel de ce jeu.

▨ Les élèves peuvent fabriquer des pions pour le jeu de marelle. Pour ce faire, leur proposer de récupérer des bouchons de liège ou de plastique qu'ils coloreront, ou encore des boutons d'une même couleur.

▨ Proposer aux élèves une variante du jeu. Lorsqu'une case est occupée par un jeton ou un pion, un joueur ou une joueuse ne peut y placer le sien. Une fois que toutes les cases sont occupées, la personne qui gagne est celle qui a réussi à placer le plus de jetons sur les cases.

Réinvestissement

Suggérer aux élèves de présenter le jeu de marelle d'intérieur à une personne de leur entourage, puis d'inviter celle-ci à en jouer une partie avec eux.

Utilisation des TIC

À l'aide d'un logiciel de traitement de texte, transcrire les règles de la marelle d'intérieur et reproduire le plateau de jeu. Imprimer le tout sur une feuille et la conserver dans son coffret de jeux.

▶ SITUATION D'APPRENTISSAGE 5 La roulette

Dans cette dernière situation d'apprentissage du thème, les personnages Félix et Camille proposent aux élèves de la classe de jouer à la roulette, un jeu qu'ils ont conçu. Concevoir un jeu exige de s'y investir à fond à l'aide de tous ses talents, ses ressources, ses habiletés, ses connaissances. Les élèves en prendront d'ailleurs conscience en constatant que derrière toute création ou tout produit, il y a, au départ, une conceptrice ou un créateur. Ils auront aussi l'occasion de se demander quelles qualités, en particulier, sont requises pour mener à bien la conception d'un jeu. Le jeu de la roulette permet aux élèves d'exploiter des concepts liés à la numération, à l'idée d'ordre, à la propriété de parité des nombres. Ce jeu requiert également des élèves qu'ils maîtrisent, tout en appliquant les règles du jeu, de mieux en mieux ces notions, ce qui constitue en soi une situation-problème à résoudre. Ainsi, ils s'engagent dans une démarche et justifient chacune de leurs décisions en faisant appel à des concepts et à des processus.

Organisation matérielle

▨ Le manuel *Logibul 1*, p. 146 et 147;

▨ Les fiches 136 à 138, *RA-1B*, p. 136 à 138;

▨ Les cartes-nombres de 0 à 100 (que les élèves ont faites à la situation d'apprentissage 1);

▨ La fiche de soutien *La roulette*, à distribuer à chaque équipe de cinq joueurs (guide, p. 510);

▨ Un gros trombone et un crayon par équipe.

3 heures

Facteurs de réussite

Les élèves auront réussi la tâche :

- s'ils donnent des exemples de différents talents, habiletés et intérêts que chacun ou chacune peut avoir et développer;
- s'ils établissent des liens entre des informations présentées sous différentes formes;
- s'ils se compromettent dans une démarche visant à se donner des méthodes de travail efficaces;
- s'ils analysent avec attention les éléments d'une situation-problème;
- s'ils justifient, à l'aide de concepts et de processus, les actions et les choix effectués pour résoudre un problème.

LA PRÉPARATION

Rôle de l'enseignante ou de l'enseignant	Rôle de l'élève
■ Manuel, p. 146 ■ Échanger avec les élèves sur les jeux que Logibul et ses amis leur ont présentés, sur ceux qu'ils ont eux-mêmes préparés au cours du présent thème. Relancer cette discussion à l'aide de ces questions : — *Connais-tu des personnes qui ont inventé des jeux ? As-tu déjà inventé un jeu ?* — *Que penses-tu des personnes qui inventent des jeux ?* — *Selon toi, quelles qualités doivent avoir ces personnes ?* — *Crois-tu que c'est facile d'inventer des jeux ?* — *Selon toi, inventer un jeu peut-il être le travail de certaines personnes ? leur métier ?* — *As-tu déjà vu des jeux mathématiques sur les rayons des magasins ? Lesquels ?*	Au cours de la discussion, émettre ses opinions et exprimer ses perceptions; prendre conscience que des personnes consacrent plusieurs heures ou journées à concevoir et à mettre au point des jeux de toute sorte (jeux de société, jeux d'adresse, jeux de cartes, jeux multimédias, etc.) et qu'elles y arrivent grâce à leur imagination, leur créativité, mais aussi leurs connaissances mathématiques; que concevoir des jeux peut être un emploi; que les talents, habiletés et compétences varient d'une personne à l'autre. Se rendre compte aussi qu'il ou elle utilise ses talents, habiletés et compétences lors d'une tâche ou d'un travail.
Lire aux élèves l'encadré de la p. 146. Leur demander d'observer les illustrations, puis de lire silencieusement les règles du jeu de la roulette. Les inviter ensuite à se grouper en équipes de cinq. Mettre à leur disposition les cartes-nombres de 0 à 100 (qu'ils ont faites à la situation d'apprentissage 1), de gros trombones et des exemplaires de la fiche de soutien *La roulette*. Expliquer la tâche : • Les membres de l'équipe se parlent des règles qu'ils ont lues, de leur compréhension de ces règles; • L'équipe essaie de jouer une partie en utilisant le matériel mis à sa disposition. Allouer du temps aux équipes pour qu'elles se familiarisent avec le jeu. Circuler parmi elles et observer leur fonctionnement; au passage, leur préciser que les nombres compris entre 29 et 49 n'incluent pas 29 ni 49.	Prendre connaissance du jeu de la roulette en observant les illustrations et en lisant les règles du jeu. Se grouper en équipe et se préparer à jouer à ce jeu. Expliquer, dans ses mots, le déroulement du jeu. Déterminer avec les autres membres la façon de s'y prendre pour jouer. Utiliser le matériel mis à sa disposition et accepter de le partager avec les autres. À l'aide de ce matériel, jouer à la roulette, s'y familiariser. Respecter son tour de jeu.
Animer un retour en demandant aux élèves d'émettre leurs commentaires sur le déroulement du jeu. S'assurer qu'ils en comprennent les règles.	Participer au retour sur le jeu. Émettre son opinion. Dire ce qui a bien fonctionné, ce qui pourrait être amélioré.

LA RÉALISATION

Rôle de l'enseignante ou de l'enseignant	Rôle de l'élève
■ MANUEL, P. 147 ■ Inviter les élèves à prendre connaissance de la situation-problème qui leur est proposée à la p. 147. Grouper les élèves en équipes de cinq. Proposer aux membres de chaque équipe de jouer les rôles de Félix et ses amis et, ainsi, trouver les cartes-nombres qui correspondent aux énoncés. Leur expliquer les tâches. Pour chacun des énoncés : • à tour de rôle, vérifier, dans la série de cartes-nombres du personnage qu'il ou elle incarne, s'il y a une ou des cartes qui correspondent à l'énoncé; • le cas échéant, noter ces nombres et vérifier s'ils correspondent bel et bien à l'énoncé; également, si d'autres cartes-nombres de la série peuvent y correspondre. Circuler parmi les équipes pour les observer. Selon ses observations, juger de la pertinence d'animer ou non un retour collectif ou de procéder à une correction des réponses. Si celle-ci se révèle nécessaire, écrire les réponses au tableau de la classe et laisser les équipes se débrouiller pour la comparaison de leurs réponses.	Comprendre la situation-problème et les tâches à accomplir. Se grouper en équipe de cinq. Se répartir les rôles et entreprendre le travail. Mettre en branle concepts et processus permettant d'établir des liens entre un énoncé et des séries de nombres. Pour chaque énoncé, écrire le ou les nombres que chaque membre a choisis, parmi la série de cartes-nombres qui lui est attribuée, de façon à garder des traces de la démarche. Vérifier si ces nombres correspondent bel et bien à l'énoncé et s'il n'y a pas d'autres nombres de la série qui y correspondent aussi. Se donner une méthode de travail pour comparer ses réponses avec celles qui apparaissent au tableau de la classe, s'il y a lieu.

L'INTÉGRATION

Rôle de l'enseignante ou de l'enseignant	Rôle de l'élève
■ FICHES 136 À 138, *RA-1B*, P. 136 À 138 ■ Inviter les élèves à réaliser, individuellement, les activités des fiches 136 à 138. Veiller que tous les élèves comprennent les consignes. Après chaque fiche, animer un retour collectif en amenant les élèves à partager leur démarche et les difficultés qu'ils ont pu éprouver. Si des élèves éprouvent des difficultés, prévoir un prolongement de certaines activités des fiches en en changeant les données; par exemple, pour la fiche 136, l'énoncé de l'une ou l'autre des sections de la roulette devient : • Les nombres pairs plus petits que 30 et plus grands que 18; • Les nombres de 85 à 70 placés en ordre décroissant; • Les nombres impairs entre 55 et 75.	Prendre connaissance de la tâche. Poser des questions, s'il y a lieu. Réaliser individuellement les activités. À l'aide de concepts et de processus, établir un réseau de concepts entre les nombres à partir de leurs propriétés. Participer aux retours collectifs en partageant sa démarche avec les autres élèves, en s'exprimant sur ce qui a bien fonctionné, sur ses difficultés, etc. S'il y a lieu, participer au prolongement des activités.

NOTE DIDACTIQUE

Au cours de ce thème, tout particulièrement dans cette dernière situation d'apprentissage, il est suggéré de revenir, avec l'élève, sur des notions qui ont été objet d'apprentissage lors de l'un ou l'autre des thèmes vus tout le long de l'année. Certains y verront une révision de fin d'année, mais le but de ces retours fréquents est de permettre à l'élève de créer des liens entre différents concepts en les rapprochant les uns des autres. C'est ainsi que l'élève pourrait se rendre compte qu'un nombre comme 55 peut avoir simultanément plusieurs propriétés : être compris entre 40 et 70, avoir le même chiffre à la position des unités et des dizaines et être impair. L'importance de créer un réseau de concepts en mathématique ressort explicitement dans le *Programme de formation de l'école québécoise*. Ainsi, à la p. 128, à la compétence mathématique 2, « Raisonner à l'aide de concepts et de processus mathématiques », on peut y lire : « Pour pratiquer un raisonnement mathématique, il faut appréhender la situation, mobiliser les concepts et les processus pertinents et établir des liens. Une telle démarche amène l'élève à construire le sens des concepts et des processus mathématiques et à les lier entre eux. » Et un peu plus loin, à la p. 129, sous la rubrique Cheminement de l'élève : « Au premier cycle, l'élève s'engage dans la constitution d'un réseau de concepts et de processus mathématique. »

La progression en spirale adoptée dans la collection *Logibul* permet, non seulement à la fin mais tout le long de l'année, de revenir périodiquement sur des concepts et des processus de façon à en enrichir le sens, à les présenter à l'élève dans une perspective différente, lui permettant ainsi de les « construire » au fur et à mesure. Il importe de ne pas rater les occasions où les élèves peuvent établir des liens sinon ils risquent de percevoir l'apprentissage de la mathématique comme étant une enfilade d'activités isolées et décousues, qui se succèdent les unes aux autres sans lien entre elles.

Corrigé des activités du manuel, p. 146 et 147

Parmi les nombres de 0 à 100, voici ceux qui correspondent aux différentes sections de la roulette.
- Section orange : 0, 10, 20, 30, 40, 50, 60, 70, 80, 90, 100
- Section bleue : de 60 à 79
- Section jaune : 0, 2, 4, ..., 20
- Section bleu poudre : de 30 à 48
- Section rose : de 90 à 100; il faut inclure 100, car il est composé d'au moins 9 dizaines puisqu'il en comprend 10
- Section verte : 1, 3, 5, 7, 9

a) Félix : aucun
   Camille : 0, 30
   Logibul : aucun
   Hoa : aucun
   Léa : aucun

b) Félix : 78, 63
   Camille : aucun
   Logibul : 67
   Hoa : 61
   Léa : aucun

c) Félix : 4, 12
   Camille : 0, 16, 6
   Logibul : aucun
   Hoa : 2, 18
   Léa : 14

d) Félix : 45
   Camille : 38, 47, 30
   Logibul : 48, 37
   Hoa : 44
   Léa : 43

e) Félix : 92
   Camille : aucun
   Logibul : 97
   Hoa : 91
   Léa : 93

f) Félix : aucun
   Camille : 1, 9
   Logibul : 5
   Hoa : 3, 7
   Léa : aucun

Projet

▧ Au cours d'une plénière, questionner les élèves de façon à les amener à objectiver l'appropriation de leurs stratégies liées au projet.

▧ Les élèves poursuivent la fabrication de la marelle d'intérieur ou entreprennent la préparation du jeu de la roulette. Pour ce dernier jeu, leur proposer de changer les nombres dans les énoncés de la roulette ou d'en inventer d'autres.

Réinvestissement

▧ Prévoir, si c'est possible, inviter une personne dont le travail consiste à créer, concevoir ou inventer des choses dans un domaine particulier (design, architecture, littérature, etc.) Demander à cette personne d'exposer aux élèves comment elle s'y prend pour effectuer son travail de création et quelles sont les aptitudes ou connaissances qui lui sont utiles. Veiller à préparer les élèves à cette rencontre.

Voici, à titre indicatif, des renseignements permettant d'organiser une telle rencontre.

• Association des inventeurs du Québec
4050, boul. Rosemont, bureau 1506
Montréal, Qc
H1X 1M4
Tél. : (514) 376-1273

• Conseil des métiers d'art du Québec
350, rue Saint-Paul E.
Montréal, Qc
H2Y 1H2
Tél. : (514) 861-2787

• Association des designers industriels du Québec
360, place Royale
Montréal, Qc
(514) 287-6531

• Union des écrivains québécois
3492, rue Laval
Montréal, Qc
(514) 849-8540

▧ Suggérer aux élèves de se grouper en équipes de deux ou trois en vue de réaliser une activité semblable à celle de la p. 147 du manuel. Leur expliquer qu'elle se déroule de la même façon à la différence qu'au lieu d'utiliser les cartes-nombres illustrées à la p. 147 du manuel, chaque membre de l'équipe pige 10 cartes-nombres parmi celles de 0 à 99.

Travaux personnels

Proposer aux élèves d'effectuer une recherche à la bibliothèque pour y consulter des livres de jeux de toutes sortes. Ensuite, inviter les élèves à faire connaître à la classe le ou les jeux qu'ils ont trouvés en décrivant ce jeu et en indiquant quelles compétences ou connaissances mathématiques il faut pour y jouer.

Utilisation des TIC

Inviter les élèves à trouver des idées de jeux à l'aide d'un moteur de recherche Internet; l'expression clé « jeux pour les enfants » pourrait être le point de départ de cette petite recherche.

p. 148-149

EXPLOITATION DES PAGES PÉDAGOGIQUES DES THÈMES 11 ET 12

Les p. 148 et 149 du manuel de même que les fiches 139 et 140 du *RA-1B* proposent aux élèves de se pencher sur leurs apprentissages. Sans leur présenter immédiatement ces pages, animer un bref retour sur les thèmes 11 et 12 en invitant les élèves à feuilleter leur manuel et leur portfolio. Leur demander de se rappeler ce qu'ils ont fait et ce qu'ils ont appris, d'en donner des exemples, et d'expliquer comment ils font pour ne pas l'oublier. Noter au tableau les éléments importants de leurs réponses. Il est aussi suggéré de demander aux élèves de dessiner sur une feuille un élément qu'ils ont retenu et de conserver ce dessin dans leur portfolio. Enchaîner avec la présentation des p. 148 et 149 du manuel. Avec les élèves, lire les consignes des activités, puis leur demander d'y répondre. Ensuite, leur distribuer les fiches 139 et 140 du *RA-1B* et les inviter à réaliser les activités individuellement. Lors d'une correction collective, exploiter ces fiches de façon à amener les élèves à constater les progrès qu'ils ont accomplis dans leurs apprentissages.

• Je sais reconnaître les nombres pairs et les nombres impairs.

Demander aux élèves de lire, dans leur tête, les nombres pairs illustrés. Ensuite, inviter quelques élèves à le faire, mais à haute voix. Procéder à un retour collectif au cours duquel les élèves expriment comment ils font pour reconnaître les nombres pairs.

Les nombres pairs sont 24, 10, 74, 92, 46, 18.

• Je sais ordonner les nombres de 0 à 100 dans l'ordre croissant et décroissant.

Grouper les élèves en équipes de deux pour qu'ils réalisent cette activité. Chaque élève de l'équipe lit, à tour de rôle, les nombres en suivant l'ordre croissant, puis l'ordre décroissant.

En ordre croissant : 5, 25, 36, 40, 69, 76, 87, 98, 100.

En ordre décroissant : 100, 98, 87, 76, 69, 40, 36, 25, 5.

• Je connais les nombres de 0 à 99.

a) Cette activité se déroule collectivement. Demander aux élèves d'écrire leurs réponses au tableau de la classe.

- Les nombres de 70 à 99.
- Les nombres impairs de 1 à 49.

b) • Distribuer au hasard des cartes-nombres de 0 à 99 aux élèves, à raison de 4 ou 5 cartes par élève. Animer une activité sur les nombres en demandant aux élèves de brandir les cartes-nombres qui correspondent à un énoncé. Les énoncés se trouvent, sous forme d'étiquettes, sur les fiches de soutien *Révisons ensemble (1 et 2)*, p. 511 et 512 du guide. Découper les étiquettes de la fiche *Révisons ensemble (1)* et les placer dans un contenant ou un sac. Tirer au hasard l'un de ces énoncés et le soumettre aux élèves qui cherchent, parmi celles qu'ils ont, la ou les cartes-nombres qui y correspondent. Avant de passer à un autre énoncé, demander au groupe-classe de vérifier si les cartes-nombres que les élèves ont brandies correspondent bien à l'énoncé.

Reprendre le jeu, cette fois avec les étiquettes de la fiche de soutien *Révisons ensemble (2)* (ou avec toutes les étiquettes des deux fiches de soutien).

- Voici une variante pour ce jeu de nombres. Grouper les élèves en équipes de quatre ou cinq. Au lieu de piger soi-même un énoncé, demander aux membres d'une équipe de le faire à tour de rôle. Répartir les cartes-nombres de 0 à 99 entre les autres équipes. Celles-ci trouvent, parmi leurs cartes-nombres, le ou les nombres qui correspondent aux énoncés que leur lit l'équipe qui mène le jeu.

Autour de moi

▨ Donner l'occasion aux élèves qui ont effectué une recherche de présenter leurs résultats à la classe.

▨ Demander aux élèves qui ont consulté des livres de jeux, de décrire un des jeux, puis de dire quelles compétences ou connaissances mathématiques il faut pour y jouer.

● Je connais les moments d'une journée.

Cette activité se déroule collectivement. Amener les élèves à justifier leurs réponses.

a) avant-midi

b) midi

c) nuit (soir est aussi une réponse acceptable)

d) après-midi

● Je suis capable de résoudre des problèmes.

Inviter les élèves à se grouper en équipes de trois. Ils travaillent en coopération pour résoudre chaque problème. Leur mentionner de noter, sur une feuille, leurs réponses sous forme d'additions. Animer une mise en commun des réponses en faisant ressortir qu'il y a plus d'une solution possible en a et en b.

Réponses variables sauf en c; exemple :

a) 5 + 10 + 20 + 10

b) 20 + 5

c) 20 + 20 + 20 + 20 + 20

Pour t'amuser

Allouer quelques minutes aux élèves pour qu'ils réfléchissent à cette activité, qui peut, par ailleurs, se poursuivre à la maison. Donner ensuite la parole aux élèves qui ont envie d'émettre des idées. Inciter les élèves à poursuivre leur réflexion en d'autres moments. Dans les jours qui suivent, revenir sur cette activité en invitant les élèves à présenter leurs découvertes à la classe.

Retour sur le thème

▨ Revenir sur chaque situation d'apprentissage du thème 12 en invitant les élèves à exprimer ce qu'ils y ont appris, comment ils ont développé leurs compétences tant mathématiques que transversales. Leur poser des questions qui les amènent, notamment, à cerner ce qui a été objet d'apprentissage, par exemple : « Tu as appris à jouer à la dégringolade. En jouant à ce jeu, qu'as-tu appris sur les nombres ? »

▨ Leur distribuer les fiches *Je m'évalue (1 et 2)*, p. 513 et 514 du guide, et leur demander de les remplir, puis de les conserver dans leur portfolio.

▨ Inviter les élèves à se demander ce qu'ils apprendront l'année prochaine en suivant les aventures de Logibul et ses amis. Leur donner quelques exemples à l'aide du manuel *Logibul 2*.

Activité de numération

Matériel :   • Rétroprojecteur;
                • Jetons de plastique non opaques et minces : 9 rouges et 9 verts.

Expliquer l'activité aux élèves en en faisant une démonstration. Au départ, établir clairement pour les élèves que les jetons verts représentent des unités et les rouges, des dizaines. Sur le rétroprojecteur, placer 8 jetons rouges et 3 verts, puis leur dire que cette représentation correspond au nombre 83. Laisser ces jetons en place sur le rétroprojecteur. Voici le déroulement de l'activité.

Grouper les élèves en deux équipes, A et B.

Chaque équipe forme un rang; les équipes A et B sont donc placées côte à côte. Le premier ou la première élève de l'équipe A dit un nombre, que sa voisine ou son voisine de l'équipe B représente à l'aide de jetons; pour ce faire, l'élève modifie la quantité de jetons qui se trouve déjà sur le rétroprojecteur en ajoutant ou en enlevant des jetons verts ou rouges.

Si la représentation de jetons correspond au nombre énoncé par l'élève de l'équipe A, on procède de même avec l'élève qui le ou la suit. Sinon, l'élève qui a fait l'erreur demande l'aide de ses coéquipiers, qui lui proposent les modifications qui s'imposent en ce qui a trait à la quantité de jetons posés sur le rétroprojecteur.

Après un tour complet, inverser les rôles des équipes.

Grille de nombres

Complète la grille de nombres de 0 à 100.

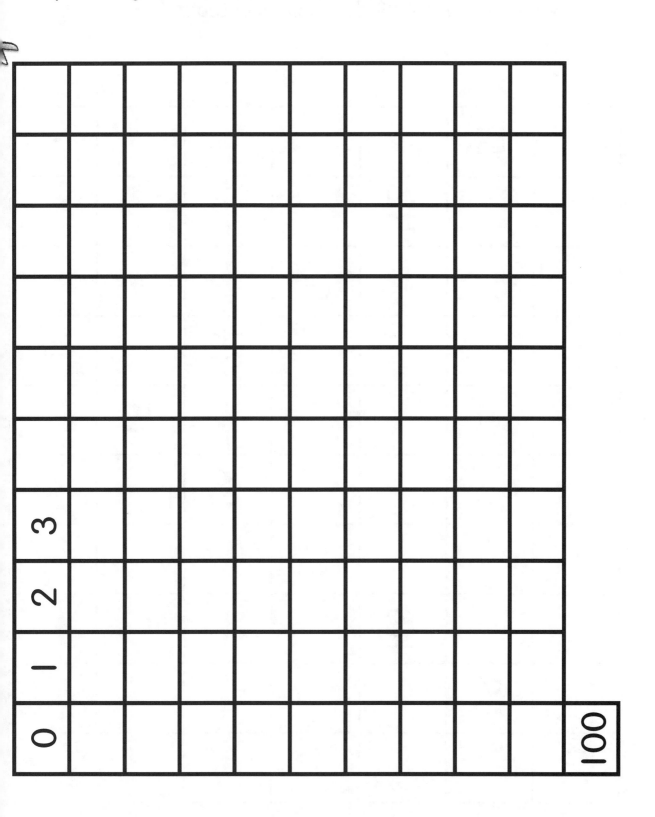

La dégringolade

Utilise cette fiche pour jouer à la dégringolade et pour faire les activités de la page 139 de ton manuel *Logibul I.*

	51					1
		42				
			33			
				24		4
					15	
				26		6
			37			
		48				
	59					
70						

Une autre dégringolade

Utilise cette fiche pour rejouer à la dégringolade.

						1
				22	12	
			33			
		44				
	55		35			5
		46				
67						
					18	
				29		
	60					10

Gibul ! (1)

Utilise cette fiche pour faire l'activité 1c de la page 140 de ton manuel *Logibul 1*.

G	I	B	U	L
0				
1				
			62	
	23			83
		45		
	26			
			67	
				88
9	29			
			70	
	31			
12		52		
				93
	34			
16				
		57		
	38			
19				

Gibul ! (2)

Distribuer une carte Gibul à chaque élève dans le cadre de l'activité 2, p. 141 du manuel Logibul 1.

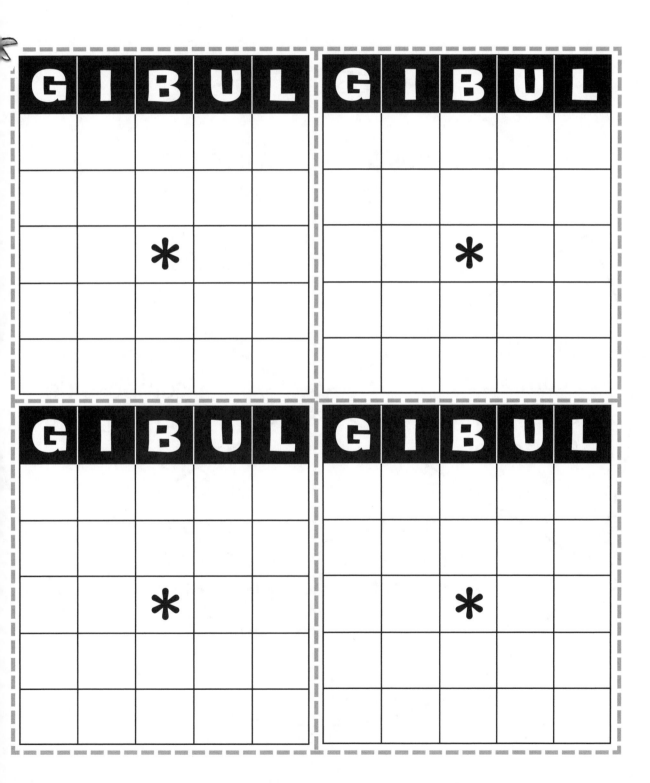

La roulette

Utilise cette fiche pour jouer à la roulette.

Révisons ensemble (1)

Découper les étiquettes en vue de l'activité b, « Je connais les nombres de 0 à 99 », p. 148 du manuel Logibul 1.

$72 - 20 = \boxed{?}$	Un nombre qui a le chiffre 0 à la position des unités.
$58 < \boxed{?} < 85$	Le nombre de pattes d'une araignée.
$15 + 15 = \boxed{?}$	Un nombre qui se trouve dans cette suite : 5, 10, 15, ...
Un nombre impair plus grand que 81.	$\boxed{?} - 7 = 60$
Le nombre de faces d'un .	1 dizaine et 1 unité de moins que 95.

Révisons ensemble (2)

Découper les étiquettes en vue de l'activité b, « Je connais les nombres de 0 à 99 », p. 148 du manuel Logibul 1.

Le nombre qui vient immédiatement avant 80.	3 de plus que 38.
Un nombre compris entre 48 et 53.	? > 77
Un nombre qui a le même chiffre à la position des unités et des dizaines.	Le nombre de côtés dans un triangle.
3 + 70 = ?	Un nombre pair plus grand que 50.
Le nombre de jours dans une semaine.	10 de plus que 10.

Nom _____

Je m'évalue (1)

Évalue le travail que tu as accompli pendant le thème 12.

● Pour chaque énoncé, trace un ✗ dans la case qui convient.

	Parfaitement	Pas très bien	Pas du tout
Je comprends le jeu de la dégringolade.			
Je suis capable de montrer à un ou une camarade comment jouer à la dégringolade.			
Je sais où placer les nombres sur une carte Gibul.			
Je peux nommer des nombres pairs.			
Je peux nommer les 5 plus petits nombres impairs.			
Je peux écrire des nombres qui ont le chiffre 2 à la position des unités.			
Je sais ce que veut dire « plus petit que 50 ».			
Je sais ordonner des nombres en ordre croissant.			

	Oui	Non
Quand je fais une activité mathématique individuellement ou en équipe :		
J'observe les illustrations et je lis les consignes.		
Je choisis les informations qui me semblent les plus importantes.		
Je prends le temps d'écouter les idées des autres élèves de l'équipe.		
Je donne mon opinion sans me gêner.		
Je suggère de bons moyens de résoudre un problème.		
Je suis capable de demander de l'aide.		

Nom _____

Je m'évalue (2)

Évalue le travail que tu as accompli pendant le thème 12.

● Ce que j'ai appris :

_____

_____

_____

_____

_____

_____

● Quelle activité as-tu préférée ?

_____

_____

● J'ai préféré cette activité parce que

_____

_____

_____

_____

_____

_____

Notes personnelles